त्रिलोचन के बारे में

पत्तल को थाली की मर्यादा

त्रिलोचन के बारे में

पत्तल को थाली की मर्यादा

चारु गोयल

वाणी प्रकाशन

वाणी प्रकाशन

4695, 21-ए, दरियागंज, नयी दिल्ली 110 002

फ़ोन : +91 11 23273167 फ़ैक्स : +91 11 23275710

शाखाएँ

अशोक राजपथ, पटना 800 004, बिहार

कॉफ़ी हाउस कैम्पस, महात्मा गांधी मार्ग, इलाहाबाद 211 001, उत्तर प्रदेश

महात्मा गांधी अन्तरराष्ट्रीय हिन्दी विश्वविद्यालय, वर्धा 442 001, महाराष्ट्र

सुल्तानिया रोड, नजदीक पानी टंकी, मोतिया पार्क, भोपाल 462 001, मध्य प्रदेश

www.vaniprakashan.in
marketing@vaniprakashan.in
sales@vaniprakashan.in

PATTAL KO THALI KI MARYADA
by Charu Goyal

ISBN : 978-93-88434-77-5
Criticism

प्रथम संस्करण 2019

मूल्य : ₹ 695

सिटी प्रेस, दिल्ली-110 095 में मुद्रित

वाणी प्रकाशन का लोगो मक़बूल फ़िदा हुसेन की कूची से

भूमिका

"क्यों कही यह बात वीणा पाणि ने तुझसे त्रिलोचन्
आज ओ कुक्नुस गाकर तार जीवन के हिला दो।"

'कुक्नुस' एक यूनानी मिथक-पक्षी है जिसे फीनिक्स (Phoenix) भी कहा जाता है। कबीर-काव्य में यही पक्षी सम्भवत: 'अगिनपाखी' है। इसके सम्बन्ध में मान्यता यह है कि जब यह गाता है तो इसके मुख से ज्वाला निकलती है जिसमें जलकर यह खाक हो जाता है। बारिश होती है तो फिर यह जिन्दा हो जाता है। यानी हर साल यह पुनर्नवा हो जाता है। इस पक्षी को सर्जनात्मक सन्दर्भ देते हुए त्रिलोचन कहते हैं '...कविता तो एक जीवन तोड़कर सकल जीवन बनाती है। और जो जीवन टूटता है, वह कवि का है।" गरज कि त्रिलोचन आधुनिक कविता के 'कुक्नुस' हैं जिन्होंने अपनी साँसों के एवज़ में रचनात्मक संघर्ष एवं साधना की है, अपनी जीवनानुभूति की आग में भस्म होकर सर्जनानुभूति की बारिश में पुनर्नवा होकर साहित्य-सृजन किया है। हिन्दी भाषा के इसी 'कुक्नुस' की रागिनी का विवेचन एवं विश्लेषण ही प्रस्तुत पुस्तक 'त्रिलोचन के काव्य की भाषिक संरचना' का आयोजन है।

गुस्ताव जैनुक से बातचीत के क्रम में काफ्का ने कहा है कि सच्ची कला समय का दर्पण होती है...एक ऐसी घड़ी है जो समय से तेज चलती है। यानी कि इसके बरक्स कुछ कलाएँ ऐसी भी होती हैं जो सुस्त होती हैं और समय से काफी पीछे होती हैं। त्रिलोचन के समय में ऐसी भी काव्य-कला थी जो यथास्थितिवादी थी और प्रयोग के नाम पर नग्नता का प्रदर्शन करती थी। इसके ही समांतर एक ऐसी भी धारा थी जो प्रगति के नाम पर मार्क्सवाद का कीर्त्तन कर रही थी। इन दोनों काव्यधाराओं की शक्ति और सीमाओं को पहचान कर अपने जीवन-विवेक से काव्य-विवेक का आविष्कार त्रिलोचन ने किया तथा अपनी सर्जनशीलता के लिए नयी जमीन और ज़मीर की तलाश

की। प्रगति, प्रयोग की आधुनिकता की आँधी में तथा उपेक्षा एवं तिरस्कार के आवर्त्त में अपनी अर्जित भावभूमि को सुरक्षित रख पाना त्रिलोचन के ही वश की बात थी। कारण कि आरम्भ से ही ये भवभूति सिंड्रोम के शिकार हो गये और पाठकों तथा आलोचकों की 'जड़ीभूत सौन्दर्यानुभूति' के आखेट बन गये। न तो वे मार्क्स-मुकुटधारी प्रगतिवादियों को रास आये न ही छायावाद के कन्वर्जन प्रयोगवादियों को ही। कारण कि, इनकी प्रगतिशीलता और आधुनिकता भारतीय थी और भाषिक धरातल पर 'प्राग्-आधुनिक' थी। 'कष्मै हविषां विधेयम्' की दृष्टि से भी इनका प्रयोजन इन दोनों से सर्वथा भिन्न था। उनके काव्य-सर्जन की साधारण प्रतिज्ञा ही थी–

"भाव उन्हीं का सबका है जो थे अभावमय,
पर अभाव से दबे नहीं जागे स्वभावमय।"

किसी भी कवि-कर्म के साथ पीछे की रचनाओं की माटी लगी होती है। इनकी रचना-दृष्टि में कबीर, तुलसी, गालिब और निराला की पूर्वदीप्ति थी तो अपने जनपद की आँखों के उजले आँसू भी थे। अपने ताए हुए दिनों के जलते सपने भी थे। इन्हीं कारणों से वासुदेव सिंह 'त्रिलोचन' थे, आधुनिक हिन्दी कविता के त्रिलोचन। 'शब्द योगी', 'शब्द साधक' और 'पंचमुख' होते हुए भी न तो प्रगतिशीलों की 'लिस्ट' में पांक्तेय हो सके और न ही साहित्येतिहासकारों के 'लिफ्ट' में आसीन हो सके। देर-सबेर सभी प्रगतिशीलों को समुचित स्थान मिल गया। शमशेर, केदारनाथ अग्रवाल, मुक्तिबोध, नागार्जुन आदि सबको। मगर त्रिलोचन को यथोचित स्थान कभी नहीं मिला। न तब, न अब, अभी हाल में शंभूनाथ की 'कवि की नयी दुनिया' आयी है त्रिलोचन इस 'दुनिया' के भी नागरिक नहीं हैं। जनपद के कवि का कविता के जनपद से निर्वासन का प्राथमिक कारण भाषा की सादगी और जनपद की ताज़गी है। तुर्गनेव ने कभी कहा था कि रूस के हम सभी कहानीकार गोगोल के ओवरकोट की जेब से निकले हैं। इस मुहावरे में थोड़ी छूट ली जाये तो कहा जा सकता है कि केदार, त्रिलोचन और नागार्जुन का भाषाई कौशल भवानी भाई के कुरते की जेब से निकला है जिनका काव्य प्रमेय था–

'जिस तरह हम बोलते है, उस तरह तू लिख।
और इसके बाद भी हमसे बड़ा तू दिख।'

इसके बावजूद केदार और नागार्जुन से त्रिलोचन की काव्यभाषा भिन्न थी। उसमें अतिरिक्त सादगी और ताजगी का अरघान था जो 'धरती' से लेकर 'दिगन्त' तक अभिभूत था। इसी काव्य की भाषिक संरचना का अध्ययन

प्रस्तुत पुस्तक का अभीष्ट है। लोक के गर्भ से उत्पन्न साहित्य मनुष्य की अस्मिता और उसकी असली जमीन का पता देता है। इस सन्दर्भ में त्रिलोचन की कविताओं की भाषिक संरचना को देखने से ज्ञात होता है कि इनकी कविता उस लोक-हृदय से साक्षात्कार कराती है जिसमें बाजार के लिए कोई स्थान नहीं है। अतः बाजार से बेज़ार होते इस लोक के लिए त्रिलोचन की कविताएँ सहारा बनती हैं। मानव की मूल संवेदनाओं, उसकी बोली-बानी को सच्चाई से प्रतिष्ठित करने एवं आदमी से आदमी की भाषा में बात करने का साहस त्रिलोचन जैसे बहुविज्ञ कवि में ही सम्भव है। इस दृष्टि से त्रिलोचन के काव्य का अध्ययन-विश्लेषण उपादेय है। वैसे तो 'कवित्त विवेक एक नहीं मोरे', इसके बावजूद बालसुलभ जिज्ञासा है जिसकी वजह से 'मैंने ऊँचाए हैं हाथ उन फलों के लिए जिनकी बड़े हाथों की प्रतीक्षा थी।' अतः इस महत्वपूर्ण कवि की गरिमा और महिमा में समृद्धि करने एवं उसके रचनात्मक पक्षों को सही सन्दर्भ में प्रस्तुत करने का प्रयास ही इस पुस्तक की प्रतिज्ञा है। यह भी उल्लेखनीय है कि इस विषय के चयन में कवि त्रिलोचन के प्रति अभिरुचि की प्रबल-भूमिका है। अध्ययन-सौकर्य की दृष्टि से यह पुस्तक पाँच अध्यायों में विभक्त है। प्रथम अध्याय 'त्रिलोचन : जीवन और रचना-कर्म' है। आमतौर पर आधुनिकतावादी टी.एस. इलियट के मुहावरे में मानते हैं कि जीवनानुभूति और काव्यानुभूति में पर्याप्त अन्तर होता है। महान रचनाओं में तो यह अन्तर अनंत होता है। मगर प्रगतिशील कवियों एवं समीक्षकों का अभिमत है कि कवि भोक्ता और द्रष्टा दोनों होता है। डॉ. मैनेजर पाण्डेय कहते हैं कि 'कवि अपनी रचना का स्रष्टा और भोक्ता, लेखक और पाठक दोनों होता है।' यानी 'केवल राख ही जानती है जलने का अनुभव।' इसलिए त्रिलोचन ने अपने समकालीनों में सर्वाधिक आत्मपरक कविताएँ लिखी हैं, मगर वे आत्मग्रस्त रचनाएँ नहीं हैं। उनकी ऐसी कविताओं में त्रिलोचन व्यक्तिवाचक संज्ञा नहीं हैं, जातिवाचक संज्ञा हैं। त्रिलोचन के कवि को उत्तम पुरुष को अन्यपुरुष में बदलने में महारत हासिल है बिना किसी 'वस्तुनिष्ठ समीकरण' के ही। इसलिए उनके कृतित्व की समझ के लिए व्यक्तित्व का ज्ञान अनिवार्य है। उनका व्यक्तित्व एवं कृतित्व एक ही सिक्के के दो पहलू हैं। इस तथ्य को प्रगतिशील आलोचकों ने ही नहीं, आधुनकितावादी आलोचनों ने भी स्वीकार किया है। इसलिए प्रथम अध्याय में उनके व्यक्तित्व एवं कृतित्व को केन्द्रीयता प्राप्त है और आपसी सम्बन्धों एवं सरोकारों को रेखांकित किया गया है। काव्यधारा और

जीवनधारा तथा विचारधारा की पारस्परिकता भी त्रिलोचन में मिलती है। इनकी रचनाशीलता में इन तीनों का आवयविक संयोग है। इसलिए इस त्रिवेणी में विचार की भी उपस्थिति सरस्वती जैसी है। इस सारस्वत धारा को भी इस अध्याय में समुचित स्पेस प्राप्त है। प्रगतिशील परम्परा में त्रिलोचन के स्थान का मूल्यांकन प्रथम अध्याय के तृतीय उपध्याय का विषय है। पुस्तक का द्वितीय अध्याय 'काव्यभाषा और त्रिलोचन' है। इसके प्रथम उपध्याय में सामान्य भाषा एवं काव्यभाषा के पार्थक्य को रेखांकित किया गया है। काव्यभाषा के वैशिष्ट्य पर प्रकाश डालना ही इस उपध्याय का लक्ष्य है। द्वितीय अध्याय के दूसरे उपध्याय में प्रगतिशील विचारधारा के समर्थकों की नज़र में भाषा का महत्व बताया गया है तथा उसमें भी त्रिलोचन की भाषाविषयक मान्यताओं का उल्लेख किया गया है। तृतीय उपध्याय में त्रिलोचन की काव्य-भाषा के आधारभूत ढाँचे को समझने का प्रयास किया गया है।

त्रिलोचन की कविताओं की भाषा का समुचित मूल्यांकन भाषावैज्ञानिक शोध-प्रविधि द्वारा ही सम्भव है। अतः पुस्तक के तृतीय अध्याय का केन्द्रीय विषय 'भाषाविज्ञान का सैद्धान्तिक पक्ष' है। इसके प्रथम उपध्याय में भाषाविज्ञान के स्वरूप एवं क्षेत्र की सैद्धान्तिक विवेचन को केन्द्र में रखा गया है। ध्यातव्य है कि भाषा कथ्य और अभिव्यक्ति की समन्वित इकाई है। इसका आधार भाषिक संरचना के विविध स्तर-ध्वनि, रूप/शब्द, वाक्य एवं अर्थ है। द्वितीय उपध्याय में भाषिक संरचना और इन भाषिक स्तरों का रेखांकन किया गया है। चतुर्थ अध्याय 'त्रिलोचन का काव्यः भाषावैज्ञानिक अध्ययन' पर एकाग्र है। इसके प्रथम उपध्याय में कवि त्रिलोचन की कविताओं का ध्वनि के स्तर पर, द्वितीय उपध्याय में शब्द के स्तर पर, तृतीय उपध्याय में वाक्य के स्तर पर तथा चतुर्थ उपध्याय में अर्थ के स्तर पर भाषावैज्ञानिक प्रविधि द्वारा विश्लेषण किया गया है।

कविता का सौन्दर्य उद्घाटित करना शैलीविज्ञान का मुख्य ध्येय होता है। इसी के मद्देनजर पंचम अध्याय 'त्रिलोचन का काव्यः शैलीवैज्ञानिक अध्ययन' की योजना की गयी है। इस अध्याय के प्रथम उपध्याय में शैलीविज्ञान की सैद्धान्तिक आधारभूमि को स्पष्ट करने का प्रयास किया गया है। इसके शेष उपध्यायों में क्रमवार विचलन, समानान्तरता, चयन तथा अन्य शैलीवैज्ञानिक उपकरणों के सैद्धान्तिक पक्ष पर व्यापक विमर्श करते हुए कवि त्रिलोचन की कविताओं में इन उपकरणों के व्यावहारिक अनुप्रयोग की उपस्थिति दर्ज की गयी है।

आभार या कृतज्ञता की अनुभूति एक मनोगत प्रक्रिया है जिसकी तीव्रता की अभिव्यक्ति सर्वाधिक कठिन कार्य है। कारण कि, औपचारिक सन्दर्भों में इनके मुहावरों का इतना ज्यादा प्रयोग होता है कि अब इनका 'मुलम्मा' ही छूट गया है। दरअसल, औपचारिकता वही मानीखेज होती है जो हमारी अन्तःचेतना के उपचार में सक्षम होती है।

अध्ययन को 'पैशन' और इस शोध-कार्य को 'मिशन' का भाव प्रदान करने में मेरे बाबूजी का अध्ययन अध्यवसाय तथा स्नेह-सौहार्द की भूमिका अक्षर-उद्दीपन की रही है। इसलिए उनके प्रति आभार अभिव्यक्ति मेरे रागात्मक अस्तित्व की अनिवार्य शर्त है। अपने अनुशब्द के प्रति तो धन्यवाद-ज्ञापन महज औपचारिकता होगी क्योंकि उन्होंने अपने जिस सहयोग सद्भाव से इस पुस्तक के उपस्थापन में मेरी मदद की है, वह दाम्पत्य-प्रेम की उस प्रगतिशील भावभूमि को स्पष्ट करता है जिसकी चर्चा त्रिलोचन सरीखे कवियों ने अपनी कविताओं में की है। मेरे मन-प्राणों में वात्सल्य के प्रथम प्रस्फुटन और स्पन्दन ने भी इस पुस्तक के अन्तिम चरणों को स्फूर्ति अर्पित की है। इस भूमिका-लेखन के समय अपनी हँसमुख 'अनुकृति' को देखती हूँ तो वह नागार्जुन की 'दंतुरित मुस्कान' की जीवन्त आकृति प्रतीत होती है।

अन्त में, भावजगत की सम्पूर्ण आस्तिकता के साथ अपने अग्रज और माता-पिता के प्रति कृतज्ञता-बोध से श्रद्धावनत हूँ जिनके वत्सल सन्दर्भों के स्नेह-स्वप्नों का रसायन इस पूरे अनुष्ठान में उत्प्रेरक-तत्व (कैटेलेटिक एजेंट) रहा है। मेरा संकल्प है कि अपनी उपलब्धियों से इसी प्रकार उनकी जीवन-चारुता को निरन्तर विकसित करूँगी। इसके बाद मैं वाणी प्रकाशन के प्रबन्ध निदेशक श्री अरुण माहेश्वरी जी के प्रति आभार ज्ञापित करती हूँ जिन्होंने इस पुस्तक के प्रकाशन में तत्परता बरती। जिसकी वजह से आज यह आपके हाथों में है।

मैंने इस विषय के साथ भरपूर न्याय करने की कोशिश की है। मेरी यह पुस्तक शब्दसाधक त्रिलोचन को समझने में किंचित् भी योगदान कर सकी तो मैं अपना श्रम सार्थक समझूँगी।

–चारु गोयल

अनुक्रम

त्रिलोचन : जीवन और रचना-कर्म

1.1 त्रिलोचन : औसत भारतीय आत्मा

आधुनिक आलोचना का एक पक्ष यह है कि कवि और कविता के बीच कोई ख़ास रिश्ता नहीं होता, कवि के जीवन और लेखन के बीच कोई पारस्परिक सरोकार भी नहीं होता। कविता का कवि से स्वतन्त्र अस्तित्व होता है, वह अपने देशकाल के बन्धनों से मुक्त होती है। ज्ञान-विज्ञान के अनुशासनों से भी वह निर्लिप्त होती है। उसका अपना स्वायत्त संसार होता है, उसका होना ही अपने आप में पर्याप्त होता है। इसका अर्थ हो ही, यह कोई मायने नहीं रखता। ये सारी बातें स्वच्छन्दतावादी मान्यताओं के विरोध की उपज हैं जिनके बीज टी.एस. इलियट की संकल्पनाओं में मिलते हैं। उसकी इस स्थापना से हम सभी परिचित हैं कि कविता व्यक्तित्व की अभिव्यक्ति नहीं, व्यक्तित्व से पलायन है। अपने इस सूत्र को सत्यापित करने के लिए उन्होंने निर्वैयक्तिकता का सिद्धान्त प्रस्तुत किया और उसकी सिद्धि को एक वैज्ञानिक रूपक में उपस्थित किया। उनकी दृष्टि में कवि-मन तो एक माध्यम होता है जिसमें अनेक प्रकार के भावों-विचारों एवं अनुभवों का संयोजन होता है और लम्बे समय के बाद काव्यानुभूति का रसायन तैयार होता है। कवि-व्यक्तित्व की भूमिका इस प्रक्रिया में मात्र एक 'कैटलिस्ट' की होती है जो प्रक्रिया को सम्भव तो बना देता है मगर काव्यानुभूति में कोई भी अंश मौजूद नहीं होता। "वी कैन ओन्ली से दैट अ पोइम, इन सम सेंस, हैज इट्स ओन लाइफ, दैट इट्स पार्ट्स फ्रॉम समथिंग क्वाइट डिफरेंट फ्रॉम अ बॉडी ऑफ नीटली आडर्ड बाइग्रॉफिकल डाटा; दैट द फीलिंग ऑ इमोशन, ऑ विज़न रिजल्टिंग फ्रॉम द पोइम इज समथिंग डिफरेंट फ्रॉम द फीलिंग, ऑ इमोशन, ऑ विजन इन द माइंड ऑफ द पोइट" यानी कि कविता की उत्पत्ति से कवि की चेतना का कोई प्रत्यक्ष और परोक्ष सम्बन्ध नहीं होता। उसका अर्थ कवि के अर्थ से सर्वथा भिन्न होता है और वह एक ही नहीं अनेक भी होता है। यहाँ इलियट

प्रकारांतर से कलाकृति की स्वायत्तता की वकालत करते हैं तो 'ऑब्जेक्टिव कोरिलेटिव' के प्रसंग में यह भी कहते हैं कि "द नेचर ऑफ वर्क इज डिटरमिंड बाइ अ डेलिकेट इंटररैक्शन बिटवीन ट्रैडिशन एंड द इंडिविजुअल टैलैंट"[2] उपर्युक्त उद्धरण में वे जहाँ यह कहते हैं कि कविता का अपना निजी जीवन होता है वहीं दूसरी ओर यह भी कहने का लोभ नहीं संवरण कर पाते हैं कि "ऑन द अदर हैंड, पोएट्री ऐज़ सर्टेन्लि हैज समथिंग टु डू विद् मोरल्स, एंड विद् रिलीज़न एंड इवन विथ पॉलिटिक्स परहैप्स, दो वी कैन नॉट से हवाट"।[3] उनका यह स्वातोव्याघात ही निर्वैयक्तिकता तथा स्वायत्तता के सिद्धान्त की अपूर्णता को नंगा कर देता है। दरअसल, उनके दोनों ही सिद्धान्त उत्तर स्वच्छन्दतावाद और शास्त्रीयता के द्वन्द्व-प्रतिद्वन्द्व के निष्कर्ष मात्र हैं। हकीकत यह है कि कविता न तो सिर्फ स्वानुभूति की अभिव्यक्ति है और न ही विचारों और सिद्धान्तों की उपस्थापना। कविता कवि-व्यक्तित्व तथा देश-काल के आपसी अन्तर्द्वन्द्व की उपज होती है। उसकी सही समझ के लिए दोनों की जानकारी पाठकों एवं आलोचकों के लिए अनिवार्य होती है। इसलिए डॉ. विश्वनाथ त्रिपाठी कवि के जीवन के शीत एवं वसन्त-दोनों की जानकारी को पठनीयता एवं आलोचना के लिए उपयोगी एवं फायदेमन्द बताते हैं : वे दो टूक लहजे में लिखते हैं कि "आजकल आलोचना में यह कहा जा रहा है कि कविता का कवि के जीवन से बहुत ज्यादा लेना-देना नहीं होता। मैं समझता हूँ कि जानकारी जितनी ज्यादा आपको मिले, वह कभी अहितकर नहीं होती। वन-टू-वन रिलेशनशिप कायम कर लेना-यह दूसरी बात है। लेकिन उसकी जो जिन्दगी है, जिन स्थितियों में उनका जीवन रहा है, उनसे तालमेल ढूँढ़ना, कहीं तालमेल न मिले तो कहना कि तालमेल नहीं है, यह काम मुझे ज्यादा मुनासिब, संगत और वैज्ञानिक लगता है क्योंकि होता यह है कि आपके विचार जो कुछ भी हों, आपकी धारणाएँ कुछ भी हों लेकिन जब एक साक्षात् जीवन्त स्थिति आपके सामने आ जाती है तो वह एक फिनॉमिनन बन जाती है, उसकी उपेक्षा आप नहीं कर सकते हैं।"[4]

इस प्रसंग में ध्यातव्य है कि लेखक के जीवन और लेखन में आपसी सरोकार नहीं होता तो आज के अस्मितावादी सौन्दर्यशास्त्र में सह-अनुभूति तथा स्व-अनुभूति के विमर्श को इस कदर स्पेस ही नहीं मिलता। काव्य की अपेक्षा उपन्यास वस्तुपरक विधा माना जाता है, उसके स्वरूप के सम्बन्ध में भी सार्त्र जैसे अस्तित्ववादी की भी अवधारणा को प्रस्तुत करते हुए लारेंस आई. लिपकिंग और ए. वाल्टॅन लिट्ज लिखते हैं कि "ज्याँ पॉल

सांत्र अनालाइजेज दि नॉवेल एग्जैक्टली एज अ प्रॉजेक्ट थ्रू ह्विच दि ऑथर डिफाइन्स हिमसेल्फ"[5] हमारे यहाँ के प्रसिद्ध आलोचक रमेशचन्द्र शाह ने भी इस तथ्य के प्रति अपनी सहमति व्यक्त की है। वे निर्वैयक्तिकता के सिद्धान्त का संकेत करते हुए भी कवि-व्यक्तित्व के अध्ययन को आलोचना के लिए महत्त्वपूर्ण मानते हैं, वे लिखते हैं, "एक साहित्यकार का साहित्यकार के रूप में मूल्यांकन तो सर्वाधिक महत्त्वपूर्ण और आवश्यक तो होता ही है, उसके पीछे जो भोगने वाला प्राणी है–अपनी निपट मानवीयता में निष्कवच और वेध्य, उसका भी यथावत् मूल्यांकन अपनी जगह महत्त्व रखता है। त्रिलोचन सरीखें सामान्य मनुष्य के जीवन के सन्दर्भ में तो वह और भी प्रासंगिक हो उठता है"।[6] जीवन और लेखन की पारस्परिकता के सम्बन्ध में हमारे संस्कृत आचार्यों ने भी चिन्तन-मनन किया है। उन्होंने काव्य और जीवन के सम्बन्ध में दो स्थितियों का उल्लेख किया है। पहली सांकर्य और दूसरी संसृष्टि। इनको स्पष्ट करते हुए राधावल्लभ त्रिपाठी लिखते हैं, "संकर अंगागिभाव से अविभाज्य रूप से दोनों (लेखन और जीवन) की समवेत उपस्थिति है। संसृष्टि में तिलतंडुलवत् दो चीजों का परस्पर निरपेक्ष मिश्रण होता है। वे मिली रहती हैं, अलग भी की जा सकती हैं।"[7]

कहने की आवश्यकता नहीं कि त्रिलोचन का कवि-कर्म और जीवन-कर्म दोनों ही एक दूसरे के पर्याय हैं। उनको एक दूसरे से अलग करना सम्भव नहीं। उन्होंने कविताओं को रचा है और कविताओं ने उनको रचा है। दोनों में बिल्कुल अयुत सम्बन्ध-सरोकार है। इस मायने में वे कबीर और निराला के उत्तराधिकारी सिद्ध होते हैं। घनानन्द ने भी कहा है कि 'लोग हैं लागि कबित्त बनावत, मोहि तो मोरे कबित्त बनावत'। मगर घनानन्द और त्रिलोचन के जीवन-सन्दर्भ अलग अलग रहे हैं। परिस्थिति की भिन्नता तो कबीर और निराला में भी मिलती है पर रचनाशीलता के मनोविज्ञान में समानता मिलती है। उत्तराधिकार का मसला भी इसी मनोविज्ञान पर तय होता है। दिविक रमेश भी लिखते हैं कि 'मेरी शुरू से ही यह मान्यता रही है कि रचनाकार यानी व्यक्ति और रचना में तालमेल होना चाहिए। कवि त्रिलोचन को भी मैंने कहते सुना है कि कवि जो लिखता है, उसे वैसा ही होना चाहिए। मेरे ख्याल में त्रिलोचन के व्यक्तित्व और उनकी रचना में जितनी अधिक नजदीकी है, वह अत्यंत दुर्लभ है। इसीलिए कवि के व्यक्तित्व से परिचय पा लेना, उनकी रचना और रचना-दृष्टि को समझना और कवि की रचना को समझ लेना, उनके व्यक्तित्व को समझ लेना आसान कर देता है"।[8] व्यक्तित्व और कृतित्व

की इसी आपसी समझ और सरोकार के कारण इस पुस्तक में उनका जीवन, उनका संघर्ष समुचित 'स्पेस' का अधिकारी हो गया है। मगर इस पुस्तक का अभीष्ट उनके सम्पूर्ण जीवन का सविस्तर वर्णन नहीं है। यहाँ उनके उन अनिवार्य सन्दर्भों का ही उल्लेख सम्भव हुआ है जिन्होंने उनके कृतित्व के निर्माण में महती भूमिका का निर्वाह किया है और उनकी भाषा-संवेदना के विकास में महत्वपूर्ण हस्तक्षेप किया है। अर्थात् उनके भाव-संवेदन और भाषा-संवेदन को प्रेरित और प्रभावित किया है, उन्हीं जीवन-सन्दर्भों को केन्द्रीयता इस अध्याय में प्राप्त है। शेष आनुषंगिक रूप से प्रस्तुत हैं।

जन्म और जन्मभूमि

त्रिलोचन की जन्मतिथि के सम्बन्ध में कोई विवाद नहीं है। उनका जन्म 20 अगस्त सन् 1917 में हुआ था। यह सर्वस्वीकृत तथ्य है। मगर स्वयं त्रिलोचन ने इस तिथि के बारे में एक साक्षात्कार में आशंका व्यक्त की है। उन्होंने एक साक्षात्कार में कहा है कि "मेरी वास्तविक उम्र सर्टिफिकेट की उम्र से डेढ़ साल अधिक है। मेरा जन्म सन् 1917 में नहीं अपितु सन् 1916 में हुआ था।"[9] अपनी जन्मतिथि को भी स्पष्ट करते हुए उसी स्थान पर कहते हैं कि- "मेरी वास्तविक जन्मतारीख पता नहीं। पहले स्कूलों में जन्म की तारीख के साथ जनवरी या जुलाई इसलिए लिख दी जाती थी ताकि गणना करने में सुविधा हो। इस तरह मेरी जन्मतारीख 20 अगस्त लिख दी गयी।"[10] इनका जन्म एक ठाकुर परिवार में हुआ था। इनके पिता का नाम जगरदेव सिंह था जिनको लोग 'वैरागी बाबू' के नाम से जानते थे और उनकी माता का नाम मनबरता देवी था। दादा का नाम बलिराज सिंह और दादी का नाम रजासी (राज्यश्री) देवी था। त्रिलोचन के बचपन का नाम वासुदेव सिंह था, जिसे इनके माता-पिता या परिवार ने दिया था। 'त्रिलोचन' नाम तो इनके प्रारंभिक गुरु ने दिया था। संस्कृत विषय में सन् 1936 में 'शास्त्री' की उपाधि त्रिलोचन ने पायी थी। इसलिए इनका पूरा नाम त्रिलोचन शास्त्री था। मगर साहित्य जगत में त्रिलोचन के नाम से ही ख्यात हैं। इनका जन्म-स्थान चिरानीपट्टी है जो कादीपुर तहसील में स्थित है। यह गाँव उत्तर प्रदेश के जिला सुलतानपुर में अवस्थित है।

कहा जाता है कि त्रिलोचन के व्यक्तित्व और कृतित्व के निर्माण में उनके गाँव और बनारस की महती भूमिका रही है। एक ने उनकी लोक-संस्कृति का निर्माण किया था तो दूसरे ने उनकी काव्य-संस्कृति का। यह सच है।

उनका पैत्रिक निवास यानी गाँव चिरानीपट्टी है। यह उनकी जन्मभूमि ही नहीं, रचना-भूमि भी है। उनके काव्य के कई पात्र चिरानीपट्टी के ही निवासी हैं। उनकी काव्यनायिका 'चंपा' उनके गाँव के ही ग्वाले की लड़की है। उनका 'नगई महरा' भी उनके ही गाँव में रहता है। उनका काव्यपात्र निरघिन भी उनके गाँव का ही बाशिंदा था। ये सब पात्र ऐसे हैं जो उनकी काव्य-चेतना में बराबर मौजूद रहे। सुखद आश्चर्य की बात यह भी है कि उन्होंने कई भाषाएँ अपने गाँव के लोगों से ही सीखीं, जैसे, मोहम्मद नसीर से उर्दू, अरबी और फारसी सीखी थी। श्री दीपनारायण सिंह ने उन्हें अंग्रेजी की शिक्षा दी थी। यहाँ तक कि बर्मी भाषा भी अपने ही गाँव की एक महिला से सीखी थी। उनका नाम जयकल्ली कुँवर था, जो राम औतार सिंह की अर्द्धांगिनी थीं। त्रिलोचन उन्हें अपना गुरु मानते थे। गाँवों में प्रचलित लोकगीतों से ही काव्य-सर्जन की प्रेरणा मिली थी। त्रिलोचन ने एक साक्षात्कार में इस बात की पुष्टि की है-

"बचपन में मेरी रुचि फगुआ (गीत की एक लोक विधा) की ओर बढ़ी। यहीं से मैंने चौताल सीखा। जहाँ से मैंने कविता लिखने का स्वरूप पाया। साहित्य के लिए मैंने कँहारों का नाच, नगाड़े का बिरहा तथा अन्य लोकमंचों से बहुत कुछ सीखा।"[11] त्रिलोचन ने वाचिक रूप में ही नहीं, लिखित रूप में भी इस तथ्य का ज़िक्र किया है-"उस समय गाँवों में शादी-ब्याह, मेले-त्योहारों में दूर-दूर से कव्वाल, नौटंकी, आल्हा, नाच, केवट, कहार आदि लोक नृत्यों-गीतों के आयोजन होते थे... चारण, भाट और जोगी घूमते थे। उन्हें सैकड़ों कवित्त, सवैये याद रहते थे। इन लोगों के मुँह से मैंने तब सेनापति, केशव, भूषण और मतिराम के सवैये और कवित्त सुने... साहित्य में मेरी दिचलस्पी बढ़ाने में विभिन्न लोककाव्यों के रूपों का प्रभाव रहा। मेरे बचपन में वसन्त पंचमी से ही होली और चौताल गाये जाते। चौताल के बाद उलारा गाया जाता। यह डेढ़ पंक्तियों का होता... रामचरितमानस, भक्त कवि मीरा, कबीर, सूर के पद और गाँव-घर के पुरखे-पुरनियों से सुनी कथाओं के जरिए मेरे मन में बचपन से ही काव्य-संस्कार जागा।"[12]

इस तरह से उनका गाँव उनकी लोक-संस्कृति की ही जन्मभूमि नहीं है, बल्कि काव्य-संस्कृति की भी कार्यशाला रहा है। किसी ने उनके गाँव को उनका 'विश्वविद्यालय' कहा है तो कोई ग़लत नहीं कहा है। गाँव में ही उनके कवि का 'बपतिस्मा' हुआ था। जिस कवि के जीवन में जन्मभूमि की इतनी अहम् भूमिका हो, तो निश्चय ही, उसके लिए और 'स्पेस' की फरियाद गैर-मुनासिब नहीं है।

चिरानीपट्टी में त्रिलोचन के पूर्वज कहाँ से आये, क्यों आये और कब आये, इन ककार प्रश्नों के उत्तर सही-सही किसी को अभी तक मालूम नहीं हैं। कुछ आलोचकों के अनुमान हैं, कुछ अटकलें हैं जिनसे जिज्ञासा की हल्की-फुल्की तुष्टि हो जाती है। मसलन डॉ. रामप्यारे प्रजापति कहते हैं कि "त्रिलोचन के पूर्वज पहले जटौली गाँव में रहते थे। वे चार भाई थे सबसे छोटे भाई पहलवान सिंह को किन्हीं कारणों से तीनों भाइयों ने खदेड़ दिया। वे आकर उसी मंसा और कपरिया तालाब के बीच स्थित भीटे पर फूस की छप्पर डाल रहने लगे।"[13] आगे वे यह भी दर्ज करते हैं कि "उन्होंने सुरक्षा के कारण इस जलवृत्त से सुरक्षित क्षेत्र को चुना था। बाद में पहलवान सिंह के तीनों भाई बनके गाँव, शेषपुरा और जटौली के निवासी हो गये। इनके भी पूर्वज तवक्कलपुर से आये थे। यह गाँव मेवपुर स्टेट में था।"[14]

अपने आलेख 'सन्दर्भ त्रिलोचन: कुछ अपने कुछ औरों के हवाले से' में सुरेश सलिल लिखते हैं कि "उनके (त्रिलोचन के) पुरखे जंगजू स्वभाव के थे। और शाही जमाने में किसी जंग में हिस्सा लेकर और पराजित होकर चिरानीपट्टी में आ बसे थे। इस तरह चिरानीपट्टी को उनकी पूर्वज परम्परा का अधिवास कहना ही उचित होगा।"[15] इन परस्पर विरोधी अनुमानों में दूसरा अनुमान कुछ ज्यादा सटीक प्रतीत होता है। दूसरी बात यह गौरतलब है कि यह अनुमान आलोच्य कवि द्वारा समर्थित भी है। त्रिलोचन पचपन के बाद बचपन को याद करते हुए लिखते हैं कि "हमारे पुरखे अजमेर से गये होंगे- चिरानी पट्टी। पृथ्वीराज चौहान पर तीन सर्ग मिले हैं। जयचन्द का शुद्ध नाम जयिमचन्द था। (इस नाम की जानकारी सम्भवत: इतिहासकारों को भी नहीं होगी!) इसके नाम पर बनारस में जैतपुरा मोहल्ला भी है। भाई साहब, (त्रिलोचन की वार्त्ताशैली) मुख्य दो लड़ाइयाँ हुईं- पृथ्वीराज चौहान और गोरी में। अन्य सोलह लड़ाइयाँ भी कल्पित नहीं। राजपूतों में एक बेवकूफी थी। शत्रु घायल हो जाय तो चिकित्सा कराकर छोड़ते थे।... युद्ध के उपरांत हमारे पूर्वज चिरानीपट्टी बस गये थे। यही हमारे वंशानुक्रम का आदि परिचय है।"[16]

उल्लेखनीय यह भी है कि त्रिलोचन की चिरानीपट्टी उसी सुल्तानपुर जनपद में है जो मजरूह, पं. रामनेरश त्रिपाठी तथा कथाकार संजीव की मातृभूमि के रूप में ख्यात है। कहने की जरूरत नहीं कि इस जनपद की माटी में साहित्य के लिए पर्याप्त उर्वराशक्ति है, भाषा-संस्कृति के लिए काफी जीवनी-शक्ति है। त्रिलोचन के गाँव में दस पुरवे (उपगाँव) हैं: कटघरा, हियाई, चिरानीपट्टी, केवटहिया, कयथना, कँहरौटी, हरिजन बस्ती इत्यादि। इन

नामों से स्पष्ट है कि इसमें विभिन्न जाति-समूहों की रहाइश है। डॉ. प्रजापति ने इन जातियों के घरों का ब्यौरा देते हुए लिखा है कि "500 घर केवट, 400 घर हरिजनों, 90 घर कहाँरों, 10 घर कायस्थ, 15 घर मौर्य, 10 घर कुम्हार, 2 घर यादव तथा 15 घर मुसलमानों के हैं। चिरानीपट्टी में 20 घर राजपूतों के तथा 3 घर कँहारों के हैं।"[17] अपने गाँव का भौगोलिक संस्मरण सुनाते हुए त्रिलोचन का वक्तव्य है कि "मेरे गाँव के चारों तरफ गहरा ताल था। उसमें पूरे साल पानी रहता था। गाँव की सुरक्षा के लिहाज से यह बेहतर स्थिति थी, जब गाँव के लोगों को बाहर जाना होता या लौटना होता तो पटरों के सहारे ताल पार किया जाता... तब गाँव में जंगल काफी था। घरों के आस-पास बाँसों के झुरमुट थे।"[18] पहले तालों का विस्तार बीस बीघे जमीन पर था। मगर आज उनका अस्तित्व लुप्तप्राय है। वे खेत-खलिहान में तब्दील हो गये हैं। अपने गाँव की आर्थिकी का ज़िक्र करते हुए कहा है कि "गाँव में सभी घरों का मुख्य आहार मछली और भात था। खेती काफी थी लेकिन उस पर ध्यान न था। इक्के-दुक्के घर थे जो मकई बोते, ज्यादातर परिवार जड़हन या कहें कि धान की खेती करते। गाँव में रहनेवाली छोटी जातियों(?) घरों तब खुद अधिया के आधार पर खेती करते और फसल बड़े(!) के लोग में पहुँचा देते। उस समय भेड़-बकरी पालने का शौक था, इन्हें खाने का भी चलन था। ताल में आनेवाली तरह-तरह की चिड़ियों के शिकार का भी शौक था।"[19] गाँव के स्वास्थ्य एवं आयुष्य की चर्चा भी उन्होंने इसी स्थल पर की है, "गाँव के लोग खाने-पीने और कसरत के शौकीन थे। लेकिन गाँव में इलाज की सुविधा नहीं थी, छह किलोमीटर दूर जाना पड़ता। वहाँ कभी डॉक्टर नहीं मिलता तो कभी दवा के लिए भटकना होता। गाँव में साफ-सफाई रखने पर ध्यान नहीं था। वहाँ होने वाली ज्यादातर बीमारियाँ थीं: सन्निपात, तेजबुखार, मलेरिया और हैजा। समुचित इलाज के अभाव में मौतें होतीं। लोग इन बीमारियों एवं मौतों के साथ ढेरों बातें जोड़ लेते। कहा जाता था कि जिन घरों में मौतें हुईं, उसकी (उनकी) वजह पढ़ाई है।"[20] आज भी सुदूर देहातों का समाज मनोविज्ञान प्राय: ऐसा ही है। वहाँ आज भी दवा-दारू, पढ़ाई-लिखाई को अपशकुन ही माना जाता है। चिकित्सकों के बनिस्पत ओझाओं एवं तांत्रिकों की घुसपैठ ज्यादा है। जब दिल्ली-मुंबई जैसे महानगरों में तांत्रिकों का वर्चस्व बरकरार है और पिछली सदी के महानायक भी उनके सम्मोहन के शिकार हैं, तो चिरानीपट्टी जैसे गाँव-गिराँव की क्या बिसात्! त्रिलोचन को ऐसे समाज-मनोविज्ञान से काफी चिढ़ थी। आरम्भ से ही वैज्ञानिक सोच के बीज

उनके जेहन में मौजूद थे, जिन्होंने अपने घर-परिवेश से भिन्न विवेकशीलता एवं संवेदनशीलता को उनमें विकसित किया। इसके बावजूद उनको जन सामान्य से गहरा लगाव था। उनके पास उठने-बैठने से ही काव्यानुभूति के ताजा तंतु मिलते थे। त्रिलोचन अपने गाँव-घर के लोगों से कहा करते थे कि "निराला सबसे बातें नहीं करते थे, वे मेहनतकश मजदूर, तीर्थयात्री, अशिक्षित, श्रमशील नंगे पैर वालों से ही बाते करते थे, वे पढ़े-लिखे समाज से बचते थे",[21] निराला से ही अनुप्रेरित होकर केवट, नगेसर धोबी, मनकू नाइं, प्रयाग कोहार, घुरहू बिन्द, फलगू नाइ, इत्यादि से उनके अन्तरंग रिश्ते आजीवन बने रहे। उनके ये लंगोटिया यार उनसे पहले ही मर चुके हैं, ऐसे लोगों से उनकी गाढ़ी छनती थी। रामप्यारे प्रजापति ने एक संस्मरण में इसकी पुष्टि भी की है-"मैं आज भी कमजोर, कमेरी जातियों के बीच बैठकर आनन्द महसूस करता हूँ। अवध के गाँवों को मैं विश्वविद्यालय मानता हूँ। अवध की बोली का एक-एक शब्द एक किताब जैसा है। पाण्डेय जी के नगई महरा को मैं साहित्य के लिए गुरु मानता हूँ।'[22]

गरज की चिरानीपट्टी जैसे विश्वविद्यालय में नगई महरा जैसे प्रेरक गुरुओं के बीच "त्रिलोचन का घर चिकनी मिट्टी का है। ताल की काली मिट्टी से बना हुआ है। वह मिट्टी अगर हाथ में लग जाये तो पौन घण्टे उसे छुड़ाने में लगेंगे..."[23] प्रजापति लिखते हैं कि "त्रिलोचन का ईंट वाला ओसारा अब 53 वर्ष का हो गया। घर बहुत पुराना है जिसमें त्रिलोचन जन्मे थे। उनके भतीजे श्री प्रकाश सिंह उसे स्मारक मानकर जीर्णोद्धार कराते रहते हैं। यद्यपि अब वहाँ राजमहल बन सकता है, गाड़ियों की लाइनें हो सकती हैं, पर भतीजे को उनकी सादगी का ध्यान रखकर एक स्मारक के रूप में ही कृतज्ञता मिलते रहने की जिज्ञासा है।"[24]

पारिवारिक परिवेश एवं शिक्षा-दीक्षा

इस महान कवि (त्रिलोचन, अपने को 'महाकवि' नहीं मानते थे, वे यह विशेषण केवल वाल्मीकि, महर्षि व्यास एवं तुलसी के लिए सुरक्षित रखा था।) और इस भाषाविद् के पिता जगरदेव सिंह की कद-काठी ऐसी थी कि शारीरिक सौष्ठव तथा शक्ति-बल के लिए पूरे इलाके में उनकी पहचान थी, शोहरत थी। यह बात सुनी-सुनायी नहीं है, त्रिलोचन के संस्मरण में भी सौ फीसदी सही है। उनका कद 7 फीट 3 इंच था। दूर से ही भीड़ में पहचान लिए जाते थे। शरीर हृष्ट-पुष्ट था और इतना बलिष्ट था कि पहलवानों

को भी दंगल में चित कर देते थे। वे पढ़े-लिखे थे तथा रामायण-प्रेमी थे। रामायणी के रूप में उनकी शिनाख्त दूर-सुदूर ज़िलों में थी। 'मेरा जनपद: जीवन और सृजन' शीर्षक संस्मरणात्मक आलेख में लिखते हैं-"जब भी दो-चार लोग इकट्ठे होते, 'रामचरितमानस' का पाठ ढोल-मंजीरे के साथ होता। लोग सुनते-दुहराते-गाते।"[25] वे धर्मभीरु थे और आध्यात्मिक रुझान की वजह से 'वैरागी बाबू' के नाम से भी जाने जाते थे। उनके स्वर में गांभीर्य था। निराला ने 'सरोज-स्मृति' में अपनी पुत्री के स्वर-माधुर्य को गौरवान्वित किया है तो त्रिलोचन ने अपने पिता के स्वर-गांभीर्य को 'नगई महरा' में महिमान्वित किया है। जिसमें नगई महरा कहता है-

"तुम्हारे बाबू कहते थे जैसे
अब कोई क्या कहेगा
उनकी भीतरी आँख खुली थी
सुर भी क्या कंठ से निकलता था
जैसे असाढ़ के मेघ की गरज"[26]

उनमें अन्तः प्रज्ञा भी थी, और, स्वाध्याय का 'इंटुएशन' भी। इनके घर में एक स्वामी जी आते थे। घर-परिवार में उनका बहुत मान-सम्मान था। एक दिन ठाकुर जगरेदव सिंह ने उनसे अनुरोध किया कि मुझे भी कुछ पढ़ा-लिखा दीजिए। स्वामी जी ने हिन्दी के सारे अक्षर घर के दरवाजे पर लिख दिये और कहा, इनका अभ्यास कर लो। पढ़ने-लिखने लग जाओगे। बस, इतनी-सी क्लास के सहारे निरंतर अभ्यास से ठाकुर पढ़ना (शायद लिखना नहीं) सीख गये और 'रामचरितमानस' का पाठ करने लगे। यह घटना उनके प्रयत्न एवं प्रतिभा की गवाही के लिए पर्याप्त है। ये नागार्ज़ुन के पिता के विपरीत थे, शील-स्वभाव में, व्यवहार-सरोकार में। इसलिए त्रिलोचन ने अपने पिता को नागार्जुन की तरह न तो गाली दी है और न कोसा है- बल्कि एक अनौपचारिक श्रद्धांजलि अर्पित की है-

"...विचारता हूँ मैं किनमें
गिनूँ तुम्हें-देवो में या ऋषियों में, जो हो,
तुम महिमा-मंडित मनुष्य थे, पाट ताल को
खेत बनाया, मँड़ई से घर किया, दिया धो
कल्मष दरिद्रता का, बस में किया काल को,
ज्ञान-पिपासा और धर्म से हुए यशस्वी
धीर-वीर-गम्भीर, तपोधन और मनस्वी।"[27]

यह शोक-गीत नहीं है, जिसमें आलम्बन को महिमा-मंडित करने की परम्परा मिलती है। यह एक पुत्र का पिता के प्रति श्रद्धान्वित उद्‌गार है। मनस्विता के साथ-साथ शक्तिमत्ता भी थी, जिसकी चर्चा उनके गाँव के संगी-साथी किया करते थे। अपने साक्षात्कारों में त्रिलोचन भी इसका उल्लेख किया करते थे।

रामप्यारे प्रजापति ने इस प्रसंग में दो-एक संस्मरणों का ज़िक्र किया है। वे लिखते हैं कि "त्रिलोचन ने अपने पिता का दूसरा संस्मरण सुनाया था। गाँव वाले बताते हैं कि मेरे पिता श्री जगरदेव सिंह किशोरावस्था में पहलवानी हेतु कुश्ती लड़ने अखाड़े में गये। अखाड़ा, सुग्रीवनट कई वर्षों से गाँव में बाँधता था। मेरे पिताजी ने अखाड़े में पहुँच कर सुग्रीव उस्ताद से हाथ मिलाए। सुग्रीव कद-काठी का बौना था। मेरे पिता साढ़े सात फिटी (या सवा सात फिटी?) जवान थे। हाथ मिलाते ही उसे ऊपर ही उठाते चले गये। जैसे ही जमीन पर उसके पैर छोड़, वह छटपटा कर बोला- 'अरे बाबू, आप तो पूरे गुरु हो चुके हो। अब आपको अखाड़े में आने की जरूरत नहीं है।' एक संस्मरण में तो 20-25 लाठियों से लैस दुश्मनों को तो अकेले ही पछाड़ दिया था। ये उनका आँखों-देखा हाल है।"[28]

वे अपने बाहुबल का प्रयोग केवल आत्मरक्षा के लिए नहीं करते थे, बल्कि दूसरों की रक्षा करके भी क्षात्र धर्म का निर्वाह करते थे। 'झेलकर कसाला परहित करते थे' (त्रिलोचन)। "जिन्हें आवश्यकता थी उन्हें सहारा' भी देते थे। परोपकार में ही अपनी जान से उन्हें हाथ धोना पड़ा था। त्रिलोचन ने विगलित स्वर में लिखा है कि 'पिता का निधन परोपकार में हुआ। गाँव और आस-पास हैजा फैला था। वे तीमारदारी और लाशों के अन्तिम संस्कार में लगे रहते। आखिर, वे भी रोग की चपेट में आये और इलाज की उचित व्यवस्था न हो पाने के चलते चल बसे।"[29]

एक सॉनेट में त्रिलोचन ने अपने पिता को सम्बोधित करते हुए लिखा है कि 'तुम पौसाला देते थे अपने बल पर, गर्मी के दिन में अहरी नित्य चलाते थे।' इस पौसाला के सम्बन्ध में एक प्रसंग की चर्चा भी मिलती है जिसका सरोकार त्रिलोचन के जन्म से है। इनके जन्म से पहले उनके दो भाई और दो बहनें गुजर चुकी थीं। शैशव में ही इसलिए उनके पिता किसी सन्त के संकेत पर ग्राम बगल बछैया गाँव में अहरी भरने लगे थे। एक कुएँ पर चरखी-कुण्ड-बरेत लगाकर पानी चलाते जिसमें पास-पड़ोस के जानवर पानी पीते तथा आने-जाने वाले राहगीर भी पानी पीकर भीषण गर्मी में छाती जुड़ाते।

अगर यह सच है तो निश्चय ही जिसे त्रिलोचन ने अपने पिता के परोपकार भाव से सम्पृक्त किया है, उसमें उनका स्वार्थ भाव भी सलंग्न था। और, यह गलत भी नहीं था। कारण कि उनके पिता आदमी ही थे, देवता तो नहीं थे। रही बात त्रिलोचन के सच की तो उसमें श्रद्धावश मिथकीय संस्पर्श का आ जाना स्वाभाविक है। इसे पुण्यार्जन का प्रभाव कहिए या संयोग-सौभाग्य, 20 अगस्त 1917 ई. को हरितालिका व्रत के दिन ही उनके एक बच्चे का जन्म हुआ जिसने वासुदेव सिंह से त्रिलोचन शास्त्री तक की 91 वर्षीय यात्रा सम्पन्न की। इतनी लम्बी आयु उनके किन्हीं भाई-बहनों को प्राप्त नहीं हुई। जैसा कि उल्लेख किया गया है त्रिलोचन से पूर्व उनके दो भाई और बहनें अल्पायु में ही काल-कवलित हो गयी थीं। इस वजह से उनके आयुष्य के लिए सामाजिक विश्वास के अनुसार उन्हें एक दूबे परिवार में बेच दिया गया था। कुछ दिनों के बाद पुनः अपने घर लाया गया था। इस तरह के अन्धविश्वास का गाँवों में भी दम घुट चुका है। अब यह चलन में कतई नहीं है।

इसी तरह का एक अन्धविश्वास त्रिलोचन के गाँव-जवार में था कि हैजा-मलेरिया जैसी संघातक बीमारियों से किशोरों की मृत्यु के लिए उत्तरदायी उनकी पढ़ाई-लिखाई होती है। यानी कि पढ़ने वाले बच्चों को आसानी से संघातक बीमारियाँ अपनी खुराक बना लेती हैं। इस अन्धविश्वास का प्रकोप त्रिलोचन के परिवार को भी था। गनीमत है कि उनके पिता तथा बुआ इस मनोरुग्णता से मुक्त थे। लेकिन उनकी माँ तो उनकी पढ़ाई-लिखाई की घोर विरोधी थीं। उनका भावुक ममत्व तथा वात्सल्य बराबर संशक रहा करता था। एक कविता में त्रिलोचन ने इसकी चर्चा भी की है। इसका उल्लेख 'मेरा जनपद: जीवन और सृजन' नामक अपने आलेख में भी किया है। कविता का ही अंश देखें–

"बुआ ने कहा : दुलहिन, इस बच्चे को
मैंने श्रद्धा से विद्या को दान कर दिया है
जानबूझकर दान कैसे फेर लूँ
ऐसा कभी नहीं हुआ
विद्या माता ही अब इसको निरखें-परखें
रक्षा और पालन-पोषण करें"[30]

इसी कविता में माँ का विरोध भी दर्ज़ है–

"रोज-रोज कहती हूँ
पढ़-लिखकर क्या होगा, पढ़ना अब बन्द करो इसका

घर-काम करे
पढ़ना हमारे नहीं सहता, पर बात मेरी कौन यहाँ सुनता है।
रान-पड़ोसी कहते हैं, लड़का इन्हें भारी है, इसी राह खो रहे हैं।
× × ×
देखते हुए मक्खी लीलते नहीं बनता
पढ़-लिख कर ही फलाने विक्षिप्त हुए
पढ़ते-लिखते ही तीन-चार जने मर गये"[31]

जाहिर है ऐसे अन्धविश्वास समाज के प्रतिगामी तत्त्वों की उपज होते हैं। वे तत्त्व यथास्थितिवाद के पोषक होते हैं। मगर उसी समाज में कुछ प्रगतिशील तत्त्व भी होते हैं जो परिवर्तनकामी होते हैं। लोगों के लाख विरोध के बावजूद पिता और बुआ के प्रगतिशील विचारों से त्रिलोचन पढ़ने-लिखने में कामयाब रहे। अन्यथा उन्हें भी कम प्रताड़ित नहीं किया गया था। पढ़ाई का 'भूत' उतारने के लिए ओझैती और झाड़-फूँक की यन्त्रणादायक प्रक्रियाओं से गुजरना पड़ा था। उन्होंने इसका भी उल्लेख किया है-"आमतौर पर पढ़ने-लिखने के बाद घर लौटने में देर हो जाती। घर में मेरी ख़ासी कूटमास होती। हर बार उम्मीद की जाती कि सुधरेगा। लेकिन जिस काम से मुझे रोका जाता, मैं वहीं करता। आख़िर सबने मान लिया कि यह सुधरेगा नहीं। इसे प्रेत लगा है जो इसे पढ़ा-लिखाता है, प्रेतों को झाड़-फूक से भगाने वालो के यहाँ मुझे ले जाया जाता। झाड़-फूँक की प्रक्रिया बड़ी लम्बी, थकाऊ और परेशान कर देने वाली होती। सिर चकराने लगता। लोबान के धुँए की गन्ध अजीब-सी होती। उससे बचने के लिए मैं सिर झटकता रहता। मुजावर (मुसलमान ओझा) चीखता-'प्रेत खतरनाक है'। माँ उसकी बात सुनकर कहती-'हाँ, भूत भयंकर है'। मेरी बुआ (दादी) कहतीं-'ठीक है, उसे रहने दो'।"[32] और सच है, लाख यन्त्रणा और प्रताड़ना के बाद भी पढ़ाइ के उस 'भयंकर भूत' ने मरते दम तक इनकी जान नहीं छोड़ी। अशक्त स्थिति में भी कविताएँ लिखने की कोशिश करते रहे। शब्दों से उनका नाता जीते जी कभी नहीं टूटा घोर परेशानियों के बावजूद। दरअसल यह नाता जन्मना था। प्रयत्न और प्रतिभा उनकी जन्मजात विशेषताएँ थीं। इन्हीं के बल पर शिक्षण-विरोधी परिवेश में भी वासुदेव सिंह काव्य-साहित्य के 'त्रिलोचन' हो गये।

त्रिलोचन स्वभाव से ही आत्मगोपन के पक्षधर थे। आज की तरह आत्मविज्ञापन उन्हें कभी रास नहीं आया। सम्भवत: इसीलिए वे जीते-जी असंख्य किंवदंतियों के शिकार हो गये थे। कहा जाता है कि जो जीते-जी

किंवदंतियों का प्रिय पात्र हो जाता है, उसका सही मूल्यांकन सम्भव नहीं होता। आत्मगोपन के प्रवृत्ति के बावजूद कभी-कभार वे खुल भी जाते थे। इसी स्थिति का एक प्रसंग हैं–"मैं सात वर्ष का था। पं. देवदत्त साठ वर्ष के रहे होंगे। उन्होंने एक बार माहेश्वर सूत्र सुना दिया फिर बोर्ड पर लिख दिया। गुरुजी बोले- बोलते हुए लिख रहा हूँ। तुम सब दुहराते जाओ। पंडित किसी आवश्यक कार्य से गाँव चले गये। मैंने बच्चों को एकत्र कर कबड्डी शुरू की। मैंने कहाँ-क्यों बेकार बैठो हो, कबड्डी खेलें। हम कबड्डी खेलने लगे। मेरी पीठ पीछे की ओर थी। पंडित जी आ गये। मुझसे डाँटकर कहा–'चमड़ी उधेड़ दूँगा। सूत्र सुनाओ। खेलने आये हो या पढ़ने? मैंने कहा–'यह सूत्र नहीं, अक्षर हैं। मैंने सूत्र सुना दिया और आगे की बात बताने लगा कि स्वरों में विस्तार होता है, सन्धि होती है, पंचम वर्ण एक जगह आता है।' यह सुनकर गुरुजी बोले–'किसी से पढ़ते हो? मैंने कहा–'आप ही मेरे पहले गुरु हैं।' गुरुजी ने हर्ष से मुझे गले लगा लिया और बोले–'वासुदेव सिंह, तुम्हारे पास प्रतिभा की तीसरी आँख है। अब तुम त्रिलोचन हो, वासुदेव कभी मत लिखना। त्रिलोचन के आगे सिंह मत लगाना, क्योंकि मैं 'तिवारी' हूँ मगर देवदत्त ही लिखता हूँ। तो सुनिये, बाल्यकाल में संस्कृत के गुरु ने त्रिलोचन नाम दिया। यह तो उन्हीं का दिया हुआ नाम है।"[33] इस लम्बे उद्धरण का मकसद मात्र यही है कि इस महान कवि की वास्तविक प्रतिभा और स्वाध्याय की प्रवृत्ति को ज्ञापित और सत्यापित किया जा सके। कहने की जरूरत नहीं कि त्रिलोचन में बाल्यकाल से ही अध्ययन का शौक व्यसन के स्तर तक था। कभी-कभी तो पागलपन की हद तक। वे पाठ्यक्रम के अलावा भी अन्य विषयों में भी गहरी दिलचस्पी रखते थे। पढ़ने-लिखने वालों की दूर-दूर तक तलाश करते थे। उनके साहचर्य में पढ़ते-लिखते और सीखते थे। (उन दिनें शिक्षितों की संख्या अत्यल्प थी) वैसे, इनकी प्राथमिक शिक्षा प्राथमिक विद्यालय, मुड़िलाडीह में सम्पन्न हुई थी। और, हाईस्कूल की शिक्षा छीतेपट्टी इंटर कॉलेज से। इस कॉलेज में आने-जाने में त्रिलोचन जी को 24 कि.मी. की दूरी रोज तय करनी पड़ती थी। त्रिलोचन जी के लिए यह कोई बड़ी बात नहीं थी। 'यात्री' नाम नागार्जुन जी का भले ही हो मगर सबसे ज्यादा पैदल चलने वाले आधुनिक साहित्यकारों में एक मात्र त्रिलोचन ही हैं। यह कीर्त्तिमान अकेले उनको ही प्राप्त है। इंटरमीडिएट की शिक्षा क्वींस कॉलेज, वाराणसी से प्राप्त की। पढ़ाई के खर्च के लिए त्रिलोचन को रिक्शा भी चलाना पड़ता था। एक बार उनके रिक्शे पर सम्पूर्णानन्द बैठ गये थे। उन्होंने रिक्शे की

डिग्गी में वेदग्रन्थ को देख लिया। और, पूछा कि यह किसका ग्रन्थ छूट गया है। त्रिलोचन ने संक्षिप्त उत्तर दिया था–'किसी का नहीं, मेरा है। अवकाश में पढ़ता हूँ। सम्पूर्णानन्द चकित रह गये। उन्होंने त्रिलोचन को आमंत्रित किया और सहयोग का आश्वासन भी दिया, पर त्रिलोचन के स्वाभिमान ने उनकी पेशकश को स्वीकार नहीं किया। उनका स्वाभिमान ही आजीविका के स्थायित्व में आड़े आ जाता था। वह उनको कहीं भी स्थायी रूप से काम नहीं करने देता था। त्रिलोचन को आत्मसम्मान पर हल्की चोट भी सह्य नहीं थी।

त्रिलोचन छह साल की उम्र में ही अनाथ हो गये थे। उनके सर से पिता का साया उठ चुका था। पिता को महिमामंडित करते हुए त्रिलोचन ने भले ही लिख दिया हो कि उन्होंने अपने श्रम-पसीने से 'कल्मष द्ररिद्रता का' धो दिया था। मगर हकीकत यह है कि गरीबी ने उनका पीछा कभी नहीं छोड़ा। वे रोजी-रोटी के लिए बचपन से ही संघर्ष करते रहे। संघर्ष उनका जीवन-साथी था। जिसकी चर्चा उन्होंने अपने व्याख्यान 'मेरा जनपदः जीवन और सृजन' में सविस्तर की है। बानगी के तौर पर उसके कुछ उद्धरण दिये जा सकते हैं। वे कहते हैं- "मुझे घर से बाहर निकलकर न केवल पढ़ाई, बल्कि तरह-तरह के छोटे-मोटे काम करते हुए गाँव के घर में सहयोग करना पड़ता था। मेरी पत्नी 1929 में आ गयी थीं। एक स्वाध्यायी और श्रमिक की भूमिका में रहते हुए मैं शहर में पैसा जोड़ता, अलग-अलग मौसम के अनुसार गाँव लौट कर खेती भी सँभालता। शहर से गाँव में अनाज(भी) ले जाता... अपने खेतों में मजदूर की तरह खटता। घर में कुल दो भाई, गाँव के घर-खेतों की तमाम जिम्मेदारी, शहर की कठिन जिन्दगी और अपनी पढ़ाई और लिखने की इच्छा मुझे बेहद पस्त करने लगी।... मेरी दिलचस्पी साहित्य, पढ़ने, लिखने और साथ के रचनाकारों के साथ साहित्य की उलझनों पर बातचीत करने, व्यायाम करने और घूमने-टहलने में। लेकिन सारा समय निकल जाता था दो जून की रोटी जुगाड़ने के लिए नौकरी करने और ट्यूशन करने में। मैं स्वाध्यायी ही रह गया। स्कूल और विश्वविद्यालय की नियमित पढ़ाई नहीं हो सकी जो बेहतर नौकरी का आधार थी।"[34]

उनके जीवन-संघर्ष के दो पक्ष हैं। पहला नकारात्मक और दूसरा सकारात्मक। नकारात्मक पक्ष का संकेत यह है कि उनके जीवन की अधिकांश ऊर्जा तथा ऊष्मा रोटी सेंकने में ही व्यय हो गयी, सकारात्मक पक्ष यह है कि "इस संघर्ष ने उसकी चेतना को मात्र विकसित ही नहीं किया है उसे प्रसरणशील भी बनाया है और जीवन के विविध अंगों को समझने

की शक्ति भी दी है। इस वैविध्य के प्रति संघर्षात्मक प्रसरणशील अनुरक्ति ने उसके मन को वस्तून्मुख और बुद्धिप्रधान भी कर दिया है। इसके कारण उसके काव्य में बेचैनी और विह्वलता नहीं है, बल्कि एक विशेष प्रकार की तटस्थता है।"[35]

दुःख-पीड़ा, अवसाद-करुणा, छलना-प्रवंचना, उपेक्षा-अपमान आदि उनके जीवन में पर्याप्त मात्रा में थे और ये सारे भाव-विभाव उनके लेखन में मिलते हैं। मगर इन सारी स्थितियों में और मनोदशाओं में अपराजेय बने रहने का भाव सर्वत्र दिखायी देता है। इस अपराजेय भाव में धैर्य, आत्म-विश्वास तथा स्वाभिमान उनके व्यक्तित्व को जितना तेजस्वी संस्पर्श देता है, उतना ही मनस्वी सौन्दर्य भी। गोविन्द प्रसाद का आकलन बिल्कुल सही है कि 'उनकी कविताओं से भी बड़ा है उनका व्यक्ति... आँखों में अतीत का संघर्ष और दुःखों की भट्टी में तपकर निखरे हुए सोने-से कुंदन बन जाने की चमक।'[36]

इस तपन में भी सपनों को जिन्दा रखने में और दीनता में भी अदीन बने रहने में उनकी पत्नी का भी योगदान कम नहीं था। वैसे तो पढ़ी-लिखी नहीं थीं। पर अपढ़ होती हुई भी गँवार नहीं थीं। उनके हर सुख-दुःख में मनोयोगपूर्वक साथ देती रहीं। उनकी पत्नी का नाम श्रीमती जयमूर्त्ति देवी था। त्रिलोचन जी की उम्र ग्यारह वर्ष की थी, तभी उनका विवाह इनसे हो गया था। उम्र में ये उनसे छह वर्ष बड़ी थीं। त्रिलोचन 18 वर्ष के थे तो उन्हें पुत्ररत्न की प्राप्ति हो गयी। उनका नाम जयप्रकाश सिंह हैं, वे बी.एच. यू. में प्राचीन इतिहास के प्रोफेसर थे। और अब सेवानिवृत्त होकर मलदहिया, वाराणसी में अपने ही आवास में रहते हैं। इनके छोटे पुत्र अमित प्रकाश हैं जयमूर्त्ति को दस्तख़त करना शमशेर ने सिखाया था। और, चाय बनाने की कला उनको रामविलास शर्मा ने दी थी। सबसे बड़ी बात यह है कि जयमूर्ति जी को त्रिलोचन बहुत प्यार करते थे। प्रवास में प्रायः उनको याद किया करते थे। जयमूर्त्ति जी का देहावसान 19 दिसम्बर 1988 में हो गया। मृत्यु के बाद संवाददाता ने पूछा कि आप कैसा फील कर रहे हैं तो उनका जवाब था कि अब तो 'मैं पलिहर का बानर हो गया हूँ।' 'पलिहर का बानर होना' एक मुहावरा है जिसके अर्थ को उन्होंने अपनी कई रचनाओं में व्यंजित किया है–

"आज मैं अकेला हूँ
अकेला रहा नहीं जाता
... ...
ओखी धार दिन की

अकेले बहा नहीं जाता।

× × ×

जब जिस छन मैं हारा
हारा, हारा, हारा
मैंने तुम्हें पुकारा।"[37]

या

"मेरी दुर्बलता को हर कर
नयी शक्ति नव साहस भरकर
तुमने फिर उत्साह दिलाया
कार्यक्षेत्र में बढ़ूँ सँभलकर
तब से मैं अविरत बढ़ता हूँ
बल देता है प्यार तुम्हारा।"[38]

ऐसा नहीं था कि वैचारिक साम्य था दोनों में या दोनों में भावात्मक एकात्म्य था। दोनों परस्पर विरोधी स्वभाव के थे। त्रिलोचन लापरवाह और स्वच्छन्द मन-मिजाज के व्यक्ति थे तो जयमूर्त्ति जी बहुत ही सख़्त स्वभाव तथा दृढ़ चरित्र की महिला थीं। अपने अक्खड़ और घुमक्कड़ स्वभाव के कारण त्रिलोचन रात-रात भर ग़ायब रहा करते थे। वे दिन-दिन भर दोस्त-मित्रों की कविताएँ सुनते और अपनी सुनाते, लापता रहते थे। इस बात को लेकर उनकी पत्नी प्रायः नाराज़ रहा करती थी। इस आदत के कारण उनको पत्नी की डाँट-फटकार भी सुननी पड़ती थी। इस बात का खुलासा करते हुए शमशेर ने लिखा है कि "भई, वह घबराते किसी से नहीं, सिवाय सच्ची बात अपनी शास्त्राणी के। और दरअसल वही इनको ठीक-ठाक समझती भी हैं।"[39] हकीकत तो यह है कि दोनों ही सफल दाम्पत्य-जीवन के इस सूत्र से वाकिफ़ थे। एक दूसरे को ठीक से समझना और सहना, आपसी समझ और सामंजस्य ही सफल दाम्पत्यजीवन का रहस्य है। इसलिए दोनों ही मान-मनुहार की कला में माहिर थे। वे 'डायरी के पृष्ठ में लिखते हैं–'पत्नी रात से अब तक की ग़ैरहाजिरी पर क्षुब्ध थीं, मना लिया।"[40]

ऐसे मान-मनोव्वल के कई दृश्य 'धरातल' में प्रकाशित 'डायरी के पृष्ठ' तथा 'रोजनामचा' में मिल जाते हैं। जयमूर्ति जी पढ़ी-लिखी तो थी नहीं। कविता का मर्म तो जानती नहीं थी। इसलिए त्रिलोचन की काव्य-रचना से काफी चिड़ती थीं। कारण कि इनसे कोई आर्थिक आय नहीं होती थी। हाँ, पत्रकारिता तथा कहानी-लेखन से सन्तुष्ट रहती थीं। इनसे तात्कालिक लाभ

होता था। फाँकेबाजी तथा फाँकेमस्ती से वे ऊब चुकी थीं। 'हालाँकि त्रिलोचन जी इसका कारण अशिक्षा मानते थे, वे 25 जनवरी, 1953 की दैनन्दिनी में लिखते हैं–"अपढ़ औरतों में सन्तुलन की बेहद कमी रहती है। शिक्षा के बाद आदमी में कुछ समगम आ जाता है। मेरी पूछ-ताछ से ही जया सुबकने लगी। आगा-पीछा विचारे बिना जो भी में आता है, कर गुजरती है। पीछे टेसुए ढालती है।"[41]

एक अनपढ़ और निरक्षर औरत की सामान्य कमजोरियों को समझते हुए भी त्रिलोचन ने अपनी पत्नी को औपचारिक शिक्षा देने की कभी जरूरत नहीं समझी। और, न ही उन्हें कभी पढ़ाने-लिखाने की चेष्टा ही की। दस्तख़त करना तो सम्भवत: शमशेर ने सिखाया था। मगर कभी-कभार के क्षोभ और नोंक-झोंक के बावजूद त्रिलोचन ने उन्हें काफी प्यार दिया था। रीतिकाल जैसे परकीया प्रेम औरश्रृंगार के लिए ख्यात है, वैसे ही प्रगतिशील काव्य स्वकीया प्रेम के लिए विख्यात है। पत्नी-प्रेम और दाम्पत्य प्रेम पर जितनी कविताएँ प्रगतिशील कवियों ने लिखी हैं, उतनी कविताएँ नारी-विमर्श के दौर में भी नहीं लिखी जा रही हैं। जैसे नागार्जुन ने लिखा है कि–

"झुकी पीठ को मिला
किसी हथेली का स्पर्श
तन गयी रीढ़"[42]

वैसी ही ऊर्जा त्रिलोचन अपनी पत्नी के स्पर्श और स्मरण से हासिल करते थे। इस मायने में बहुत हद तक त्रिलोचन शिव जैसे थे। वे भी अपनी पार्वती से शक्ति अर्जित करते रहते थे और जीवन-संग्राम में हर सुबह उत्साहपूर्वक सन्नद्ध हो जाते थे। त्रिलोचन की इच्छा थी–

"सर दर्द क्या है
मुझे इच्छा थी
तुम्हारे इन हाथों का स्पर्श
कुछ और मिले।"[43]

आजीविका और जीवन-संघर्ष

त्रिलोचन के जीवन-संघर्ष के मूल्यांकन और रेखांकन में सबसे बड़ा बाधक उनका 'किंवदंती पुरुष' होना है। इस विशेषण से उनको सम्भवत: सबसे पहले उनके प्रिय मित्र नागार्जुन ने पुरस्कृत किया था। कारण कि उनके अभिन्न और अनन्य मित्र ढेर सारी किस्से-कहानियाँ रसरंजन के लिए गढ़ा करते थे।

ऐसे मित्रों में काशीनाथ सिंह, नामवर सिंह और केदारनाथ जैसे स्वीकृत एवं स्थापित हस्ताक्षर भी शामिल थे। इनसे पहले यह सौभाग्य और दुर्भाग्य निराला को प्राप्त था। 'जीवन की लय में मुक्ति का राग' शीर्षक निबन्ध में डॉ. मैनेजर पाण्डेय लिखते हैं–"नागार्जुन कहते हैं कि त्रिलोचन किंवदंती पुरुष हैं। निराला के बाद सबसे अधिक किस्से त्रिलोचन के बारे में कहे-सुने गये हैं। उनको किंवदंती पुरुष बनाने में सबसे अधिक योगदान उनके मित्रों का है, लेकिन कुछ सहयोग उनका भी है। वे अपने बारे में किस्से सुनकर या तो चुप रहते हैं या मुस्करा देते हैं, जैसे कि उन किस्सों से उनका कोई सम्बन्ध ही न हो।"[44] जिस समय नामवर सिंह और केदारनाथ सिंह को त्रिलोचन सृजन-कर्म की दीक्षा दिया करते थे और शब्दविद् होने का मन्त्र दिया करते थे, उस समय शुकदेव सिंह के यहाँ इन दोनों नवोदित हस्तियों की गोष्ठी हुआ करती थी और उसमें त्रिलोचन रसरंजन के विषय हुआ करते थे। त्रिलोचन फाँकीबाजी से राहत पाने के लिए एक लड़की को बनारस में ट्यूशन पढ़ाते थे और यू. पी. कॉलेज में अच्छी-ख़ासी नौकरी की लालसा में अध्ययन भी कर रहे थे। उन दिनों की एक कहानी नामवर जी प्राय: सुनाया करते थे। पता नहीं, यह कहानी सच है या झूठ। उस लड़की ने त्रिलोचन के मर्म को सहलाया था। इसी वाकये पर नामवर जी कहा करते थे कि "त्रिलोचन का दिल तो बनारस के यू.पी. कॉलेज में खजूर के पेड़ के नीचे छुट गया था। अभी तक उन्होंने उसे नहीं उठाया।"[45] एक बार एक साक्षात्कार में मंगलेश डबराल ने उनके मिथकीय व्यक्तित्व के बारे में अपनी जिज्ञासा व्यक्त की थी तो त्रिलोचन ने प्रत्यक्षत: तो नहीं, पर परोक्षत: अपने जीवन के कटु यथार्थ को उत्तरदायी बताया था। यह प्रसंग इस सन्दर्भ में इतना मौजूँ है कि उसको उद्धृत करने का लोभ संवरण नहीं कर पाती- "अच्छा त्रिलोचन जी, आपके बारे में हिन्दी में कई कहानियाँ प्रचलित हैं जो अतिरंजनाएँ लगती हैं। मसलन, आप हफ्तों तक शहतूत खाकर गुजारा करते रहे, आप बनारस में गंगा को पूरा तैरकर पार कर लेते थे। तनख़्वाह का सारा पैसा किताबों पर खर्च कर डालते थे या आप बहुत ज्यादा भोजन करते रहे। यह सब सुनकर आप महाभारत काल के किसी चरित्र की तरह लगते हैं। इनमें कितना सच है?"[46] इसका उत्तर देते हुए त्रिलोचन ने कहा है कि "बढ़ा-चढ़ा तो लोग देते ही हैं। सुनी हुई बातों में लोगों को मजा आता है, जब कुछ जोड़ते भी हैं, मेरा जीवन बीहड़ तो कुछ जरूर रहा।"[47] मगर ऐसा नहीं कि अपनी किंवदंतियों से उनको हर्ष ही होता था, अमर्ष नहीं होता था। वे अपने बारे में कही-सुनी बातों से मुग्ध

ही होते थे, क्षुब्ध नहीं होते थे। वे कभी-कभी अपनी आपत्ति भी दर्ज़ करते थे। यहाँ एक मिसाल प्रस्तुत करना अनुचित नहीं होगा। उन्होंने अपनी राग-द्वेष मुक्त आलोचना-पद्धति का उल्लेख करते हुए एक साक्षात्कार में कहा है- "हमने 1944 में एक लेख लिखा था 'जानकीवल्लभ शास्त्री'। उनकी दो पुस्तकें मिली थीं। जानकीवल्लभ ने व्यंग्य कविताएँ दी हैं 'गाथा' में। अगर रूमानियत आ गयी व्यंग्य कविता लिखते हुए तो आपके व्यंग्य की धार कुंठित हो जायेगी। वे आज भी मेरे अत्यंत आदरणीय प्रतिभाशाली ऊँचे कवि हैं। पर मैंने उसे रेखांकित किया। तो मैत्री तो है। वे तो मेरे बारे में सुनी-सुनायी बातें भी कह देते हैं, मैं नहीं कहता। लोगों से बात करते हुए कहा- वे नाली में गिरे हुए रहते हैं, इतना पीते हैं, भाई, उन दिनों की याद मुझे आती है जब मैं बनारस में था। इतने पैसे ही न थे कि हम परिवार का ही पोषण कर पाएँ। नाली में गिरने का सौभाग्य कहाँ मिलता! किसी ने उनको सुनाया होगा और उन्होंने मुझसे पूछा नहीं"[48] इस प्रकार की अनेक आपत्तियों के बावजूद उनका व्यक्तित्व और उनका असली स्वरूप अवगुंठित रहा और वे आत्मप्रदर्शन और आत्मविज्ञापन से दूर रहे। उनके निजंधरी व्यक्तित्व का राज विश्वनाथ त्रिपाठी ने उनकी रचनात्मक ईमानदारी में लक्ष्य किया है, उनकी सहज और सरल जीवन-चर्या में देखा है। "सबसे अधिक अवमूल्यन शब्दों का हुआ है, हमारे लिए शब्द और शब्द की देवी सरस्वती, स्वार्थ-साधन की देवी हो गयी हैं। वे सस्ता माल महंगा बेचने में सहायक विज्ञापन का काम करती हैं। ऐसे माहौल में शास्त्री के शब्द अर्थवान थे, मूल्यवान थे और उन शब्द-सम्बन्धों से प्रेरित जीवन-आचरण निराला की ही तरह उनको इस उठाईगीर समाज से बहिष्कृत कर देता था और किंवदंती पुरुष बना देता था। और, इसी शब्द आचरण में निष्ठा रखने वाले त्रिलोचन के डर से राहें रिकुड़ भी जाती थीं...किंवदंती पुरुष प्रायः सहज नहीं होता, लेकिन त्रिलोचन की सहजता ही यानी शब्द और अर्थ में संगति रखने की टेक ही उन्हें किंवदंती पुरुष बनाती है। निराला के साथ भी यही हुआ था। त्रिलोचन ने लिखा भी है: 'आँखों में रहे निराला।"[49]

मगर इस तरह का सकारात्मक और सर्जनात्मक विवेक रखने वाले समीक्षक कम हैं और सहृदय बन्धु-बांधव भी न के बराबर हैं। नतीजतन, इन किस्सों-कहानियों एवं लंतरानियों से उनके जीवन का संघर्ष एवं अमर्ष ही अलक्षित नहीं रह गया है, उनका कृतित्व भी वास्तविक महत्त्वांकन से वंचित रह गया है। तात्पर्य यह है कि इन किंवदंतियों ने उनके व्यक्तित्व एवं कृतित्व दोनों का ही नुकसान किया है। इस तथ्य की सही पहचान अरुण देव ने भी

की है- "त्रिलोचन की चर्चा उनके मिथकीय व्यक्तित्व की रस-चर्चा में ही अक्सर सीमित हो जाती है। आलोचना के श्रमसाध्य कार्य और मूल्यांकन के जोखिम से बचने के लिए उनके अतिरंजित रूप को सामने लाकर उनकी कविताओं को पारदर्शी छोड़ दिया जाता है। उनकी कविताओं को नज़रअन्दाज करने या फिर उड़ती नज़र से देखने का प्रयास करते रहे हैं।"[50]

इसलिए उनकी जीवन-अर्चा एवं काव्य-यात्रा की परख और पहचान इस निजंधरी व्यक्तित्व के अवगुंठनों को भेदकर ही सम्भव है। यहाँ पर त्रिलोचन की उस संघर्ष-गाथा को अंकित करने का विनम्र प्रयास है जिसके बार में डॉ. मैनेजर पाण्डेय ने कहा है कि "राजनीति की तरह साहित्य में भी पाखण्ड के प्रसार से शब्दों का अर्थ भ्रष्ट करने की प्रक्रिया तेजी से चल रही है। कई दूसरे शब्दों की तरह संघर्ष भी इस प्रक्रिया का शिकार हुआ है... फिर भी कुछ लेखकों ने अपने जीवन और रचना-कर्म से 'संघर्ष' के अर्थ की रक्षा की है। त्रिलोचन उन सबमें आगे हैं। दूसरों के लिए संघर्ष विशेषण है, लेकिन त्रिलोचन की वह संज्ञा है।"[51] त्रिलोचन की इस दूसरी संज्ञा को परिभाषित करने में उनकी आत्मगोपन की प्रवृत्ति भी आड़े आती है। वे दुनिया-जहान की सारी बातें कहने-सुनने में माहिर थे। मगर अपनी व्यथा-कथा को सुनाने में काफी संकोच करते थे। सम्भवतः इस मायने में रहीम, प्रसाद और निराला से सबक लिया था। आरम्भिक जीवन में वे अपने बारे में प्रायः खुलकर बातें कर लेते थे, पर रोजी-रोटी जैसी बुनियादी जरूरतों के लिए भी काफी जद्दोजहद और मशक्कत से आजिज़ आकर उन्होंने अपना दुःख दर्द शेयर करना स्थगित कर दिया था। इस बात को उनके मित्र रामविलास शर्मा भी महसूस करते थे। उन्होंने लिखा है कि "पहले-पहल जब वे मिलते थे तो वह अपने बारे में काफी बातें करते थे, अब वह वैसा कोई प्रसंग आने ही नहीं देते थे।"[52] एतदसम्बन्धी एक प्रश्न के उत्तर में एक स्थल पर कहते हैं कि "आत्मकथा लिखना तथ्यवादी काम है। मैं मूलतः कवि हूँ। मैं फँसना और विवाद में पड़ना नहीं चाहता हूँ। वैसे भी मैं अपने अजीबो-गरीब अनुभवों पर बात करने में कतराता हूँ।"[53] मगर इसके बरक्स वे बहुत बड़े गल्पी भी थे। अपने शौर्य और साहस के किस्से भी सुनाने में उनको महारत हासिल थी। जिनका उल्लेख उनके आत्मीय लोगों ने अपने संस्मरणों में किया है। लेकिन उनके झूठे सच में भी विश्वसनीयता की खूशबू मिलती है। कारण कि वे पूर्णतः कपोलकल्पित नहीं होते थे। हाँ, उन्होंने ढेर सारी आत्मकथात्मक सॉनेटों की भी रचना की है, आत्मपरक कविताएँ भी लिखी हैं। उनमें उनके जीवन के

वास्तविक संघर्ष के चित्र मिल जाते हैं, जिनके आधार पर उनका जीवन-चरित लिखा जा सकता है। पर वे कविताएँ आत्मग्रस्त नहीं हैं। उनमें वस्तुपरकता के तत्त्व भी पर्याप्त मिलते हैं। इसके लिए एक मन्तव्य पर्याप्त होगा। वे मंगलेश डबराल को सम्बोधित करते हुए कहते हैं–"मेरी कविताओं में बहुत जगह आपने देखा होगा कि त्रिलोचन शब्द मैंने डाल दिया है। अन्य पुरुष में है त्रिलोचन वहाँ "भीख माँगते उसी त्रिलोचन को देखा कल'। त्रिलोचन के जीवन को जो जानेगा, उससे मिलने-जुलने वालों से तो वह जानेगा कि यह भीख नहीं माँगता था। तब भीख माँगते उसी त्रिलोचन को देखा कल? साहित्य में बहुत-से ऐसे अकिंचन थे जिनके अन्दर माँगने का संकोच था ही नहीं। वहाँ अगर ऐसों का नाम देकर कविता लिखता तो असम्मानजनक होता। 'मो सम कौन कुटिल खल कामी'। कोई सबूत नहीं मिलता, पर खल भी कहा है, कुटिल भी और कामी भी।"[54] काव्य-रचना के बारे में उनकी स्पष्ट धारणा थी कि "असह्‌यता में कविता नहीं होती। कुछ सह्‌यता होती है, कुछ अलगाव जब होता है तब कविता बनती है। विषय से अनुराग भी और विराग भी दोनों साथ चाहिए।"[55] गरज कि उनकी आत्मपरक रचनाएँ भी वैयक्तिक और निर्वैयक्तिकता के सन्तुलन पर प्रतिष्ठित हैं। इसलिए ऐसी कविताओं के आधार पर भी उनकी संघर्ष-चेतना का आकलन एक बारीक काव्य-विवेक की माँग करता है।

इस बात को दुहराने की जरूरत नहीं कि वे बचपन में ही अनाथ हो गये थे। मात्र छह वर्ष की अवस्था में ही गुरु गम्भीर पिता की वत्सल छाँव से वंचित हो गये थे। यही उनकी संघर्ष-यात्रा का प्रस्थान बिन्दु है जिसका सिलसिला आजीवन चलता रहा। अभाव और गरीबी उनको विरासत से मिली थीं। उनका पैतृक परिवार किसान था। किसानी से किसी तरह पेट पल जाता था। खेती-बाड़ी से आय इतनी नहीं थी कि जीवन की बुनियादी जरूरतों को भी पूरा किया जा सके। इसलिए आजीविका के लिए सबसे पहले काशी आये। इधर-उधर घूमघाम कर जीविका-वृत्ति की तलाश की, पर सफलता नहीं मिली। पास में इतने पैसे नहीं थे कि भर पेट भोजन का भी जुगाड़ हो पाता। रहने के लिए कोई स्थान भी काशी में नहीं था। अन्ततः कुछ दिनों तक उन्हें चने पर ही गुजारा करना पड़ा। जिसके बारे में तुलसी ने लिखा है–'जानत हौ चारि फल चारि ही चनक को' ऐसी ही स्थिति में मिलेरापा ने कहीं कहा है कि–'दुनिया की सबसे सुन्दर प्रार्थना, एक मकई के दाने में निवास करती है।'

एक दिन घूमते-घूमते सरस्वती प्रेस चले गये। उन दिनों प्रेमचन्द 'हंस' के सम्पादक थे। वे त्रिलोचन से प्रभावित हो गये और 30 रुपये वेतन पर प्रूफ-रीडर के पद पर नियुक्त कर लिया। बाद में त्रिलोचन ने प्रेमचन्द को एक संकट से उबार लिया। उन दिनों 'हंस' के लिए रचनाओं का अकाल था और त्रिलोचन ने कई नामों कई विषयों पर आलेख प्रस्तुत कर प्रेमचन्द को अपनी प्रतिभा का कायल बना दिया। हालाँकि इस बात की जानकारी उनको बहुत बाद में सरस्वती प्रेस के एक कर्मचारी से मिली थी। इस तरह उन्होंने कई शहरों में काम किया, कहा जाता है कि वे एक बार काम की तलाश में सौराष्ट्र भी चले गये थे और वहाँ वे प्रसिद्ध साहित्यकार झवेरचन्द मेघाणी के साथ प्रूफरीडिंग का भी काम किया था। इलाहाबाद, राँची, भोपाल, दिल्ली आदि शहरों में भी जाकर नौकरी की। 'आज', 'जनवार्त्ता', 'समाज', 'प्रदीप', 'चित्ररेखा', 'हंस', 'कहानी' इत्यादि पत्रिकाओं में भी सह-सम्पादन का दायित्व बखूबी सँभाला, अनेक शब्द-कोशों का सम्पादन भी किया। देशी-विदेशी छात्रों को हिन्दी, उर्दू, संस्कृत की शिक्षा भी दी। मगर अपने अक्खड़ स्वभाव और फक्कड़ व्यक्तित्व के कारण कहीं भी अधिक दिनों तक नहीं टिक पाये। उन्होंने अपने आलेख 'मेरा जनपद: जीवन और सृजन' में अपने संघर्ष का संकेत किया है- "मुझे घर से बाहर निकलकर न केवल पढ़ाई, बल्कि तरह-तरह के छोटे-मोटे काम करते हुए शहर से गाँव के घर में सहयोग करना पड़ रहा था। मेरी पत्नी 1929 में आ गयी थीं, एक स्वाध्यायी और श्रमिक की भूमिका में रहते हुए मैं शहर में पैसा जोड़ता अलग-अलग मौसम के अनुसार गाँव लौटकर खेती भी सँभालता। शहर से गाँव में अनाज ले जाता।... गाँव के घर-खेतों की तमाम जिम्मेदारी, शहर की कठिन जिन्दगी और अपनी पढ़ाई और लिखने की इच्छा मुझे बेहद पस्त करने लगी... मुझे लगा कि मुझपर आर्थिक बोझ घट नहीं रहा है और शारीरिक श्रम बढ़ता जा रहा है... मेरी दिलचस्पी थी साहित्य पढ़ने, लिखने और साथ के रचनाकारों के साथ साहित्य की उलझनों पर बातचीत करने, व्यायाम करने और घूमने-टहलने में। लेकिन सारा समय निकल जाता था दो जून की रोटी जुगाड़ने के लिए नौकरी करने और ट्यूशन करने में। मैं स्वाध्यायी ही रह गया। स्कूल और विश्वविद्यालय की वह नियमित पढ़ाई न हो सकी जो बेहतर नौकरी का आधार थी... उम्र के पचपन साल तक मैं देश के छोटे लेकिन शिक्षा और संस्कृति के लिहाज से महत्त्वपूर्ण नगरों में पत्रकारिता, शब्दकोश, शब्द सागर के काम विदेशी छात्रों को हिन्दी, उर्दू और संस्कृत की जानकारी देता। साहित्य

ही पढ़ता-लिखता रहा। काम के लम्बे घण्टों को तुलना में मुझे वेतन उतना ही मिलता, जिससे पूरे महीने काम करने की अनिवार्यता बनी रहे। मुझे लगता कि ऐसों की ताबदारी क्यों सही जाये। बिना नयी नौकरी मिले मैं नौकरी छोड़ देता और कहीं निकल जाता, कहीं और की तलाश में जुटता। कभी मैंने अपनी मेहनत में न ढील दी और न स्वाभिमान छोड़ा।"[56] कवि के आत्मवक्तव्य से जीवन-संघर्ष की प्रामाणिक जानकारी मिल जाती है। अपनी आर्थिक स्थिति का संकेत अपनी कविताओं में भी उन्होंने प्रस्तुत किया है-

"विदा किया तब कहा कि यह लाना वह लाना
ग्वैंड़े आया, और हाथ दोनों हैं खाली
सजी खूब थी हाट, मगर मुश्किल था पाना
पैसों बिना।"[57]

पत्नी-बच्चों की छोटी-छोटी इच्छाओं की पूर्त्ति अभावों के कारण न कर पाने की आत्मीय कचोट और अफसोस कवि को बराबर सालता रहा। उनके अभाव का आलम यह था कि कई-कई दिनों तक उनके घर में चूल्हा नहीं जलता था। उनकी आर्थिक स्थिति को याद कर नागार्जुन की बहुचर्चित कविता 'अकाल और उसके बाद' स्मृति में ताजा हो जाती है। वहाँ अकाल प्राकृतिक आपदा की उपज है पर त्रिलोचन के यहाँ तो वह सामाजिक आपदा थी, दैनिक आपदा थी। एक बार की बात है कि उनके घर में चार-पाँच दिनों तक धुँआ ही नहीं उठा तो उनकी पड़ोसन श्यामा से रहा नहीं गया। हाथ जोड़कर दरवाजे पर खड़ी हो गयीं और उलाहने के लहजे में निवेदन किया था- 'हमें आप अपना नहीं समझती हैं, अम्मा?' सवाल है कि 'गर्बीली गरीबी' आखिर किसी के सामने हाथ कैसे पसारे? ऐसी भुखमरी प्राय: आजीवन बनी रही जैसे बुराई में भी अच्छाई का कुछ अंश मौजूद रहता है, उसी तरह त्रिलोचन के इस जीवन-संघर्ष का भी एक सकारात्मक पक्ष है। "इस संघर्ष ने उसकी चेतना को मात्र विकसित ही नहीं किया, उसे प्रसरणशील भी बनाया है और, जीवन के विविध अंगों को समझने की शक्ति भी दी है। इस वैविध्य के प्रति संघर्षात्मक प्रसरणशील अनुरक्ति ने उसके मन को वस्तून्मुख और बुद्धिप्रधान भी कर दिया है। इसके कारण उसके काव्य में बेचैनी और विह्वलता नहीं है, बल्कि एक विशेष प्रकार की तटस्थता है।"[58]

साहित्य जगत में अपनी उपेक्षा से सन्तप्त त्रिलोचन अपनी जीवन-संध्या में कहते हैं-'देखो, मैं बूढ़ा हो चुका हूँ... लेकिन मेरे साथ ये पत्र-पत्रिकाएँ हैं जिसके साथ मैं अपना समय गुजारता हूँ। यही आज मेरे मित्र हैं... एक

फटे अखबार की तरह पड़ा हूँ... इस शहर में कोई पढ़ने वाला नहीं मुझे' गरज़ कि साहित्य-क्षेत्र में तो वह 'भवभूति-सिंड्रोम' के शिकार तो रहे ही, वे परिवार में उपेक्षा और तिरस्कार के भी पात्र रहे, बेटे-बहुओं से भरे-पूरे परिवार में जो सम्मान और सहानुभूति मिलनी चाहिए थी, उससे भी वे वंचित रहे। यह तो सर्वाधिक दुर्भाग्यपूर्ण स्थिति है। उनके दो बेटे थे–जयप्रकाश और अमितप्रकाश। पंजाब से शास्त्री की उपाधि अर्जित कर चिरानीपट्टी लौटे थे तो बड़े बेटे जयप्रकाश का जन्म हुआ था और जौनपुर के गणेशराय नेशनल इंटर कॉलेज में अंग्रेजी के प्रॉफेसर थे तो छोटे बेटे अमितप्रकाश का जन्म हुआ था। जय प्रकाश जी इंडोलॉजी की उच्च शिक्षा प्राप्तकर बनारस हिन्दू विश्वविद्यालय में प्रॉफेसर बने थे और फिर नार्थ ईस्ट हिल यूनिवर्सिटी में इतिहास के प्रॉफेसर हुए। अमितप्रकाश 'जनसत्ता', नयी दिल्ली के विशेष संवाददाता रहे। यह संयोग की बात है कि उनकी दोनों ही पुत्रवधुओं का नाम उषा सिंह है। बड़ी बहू जोरहट, असम और छोटी बहू ज्वालापुर, हरिद्वार में वकील हैं। पोते-पोतियों के बावजूद वे अपने घर में ही बेघर-सा रहते थे। उनकी ख़ामोशी गैरों से ज्यादा अपनों की दी हुई थी। अन्तिम दिनों में शास्त्री जी अपने बड़े बेटे से नाराज रहते थे। रुग्णावस्था में भी उनकी मिजाजपुर्सी तक के लिए ज्वालापुर नहीं गये। अंत्येष्टि में बनारस से चल कर दिल्ली जाने की जरूरत नहीं समझी। पता नहीं, किस बात की नाराजगी थी पिता से कि तेरहवीं की रस्म पर ही चिरानीपट्टी जाने की औपचारिकता पूरी की। ऐसी भी बात नहीं थी कि त्रिलोचन पिता के दायित्व निर्वाह में विफल रहे हो। तमाम अभावों से गुजरते हुए भी जयप्रकाश जी को 'उदय प्रताप कॉलेज', वाराणसी में मोटी फीस 450 रुपये मासिक देकर पढ़ाया-लिखाया था। उन दिनों त्रिलोचन को पत्रकारिता से मात्र 150 रु. वेतन मिलता था। शेष की व्यवस्था वे ट्यूशन वगैरह से किया करते थे। दिसम्बर 1999 में जब शास्त्री जी को एक लाख रुपये का सुलभ साहित्य पुरस्कार मिला था तो सारी राशि डॉ. जयप्रकाश सिंह को ही दे दी थी। उन दिनों छोटी बहू उषा सिंह से वे नाराज रहते थे। गरज कि जयप्रकाश सिंह और अमित सिंह का अपने पिता के प्रति आचरण किसी भी तर्क पर उचित नहीं था। इसके लिए छोटी बहू उषा सिंह को शहादत देनी पड़ी। उन्हें हमेशा अपने पति से अलग रहना पड़ा। 23 अप्रैल 2005 को शास्त्री जी पहली बार गम्भीर रूप से बीमार हुए। 4 मई से 14 मई तक अस्पताल में भर्ती रहे और पुनः 4 दिसम्बर से 14 दिसम्बर तक सी.एम.आई. में भर्ती हुए। इस दौरान 'अमर उजाला' के तत्कालीन सम्पादक

प्रताप सोमवंशी एवं उनके सहयोगियों ने शास्त्री जी की देख-रेख में योगदान किया। तत्कालीन उत्तरांचल सरकार ने चिकित्सा व्यय का इंतजाम किया था। अस्पताल में केवल उषा सिंह थी सेवा-सुश्रुषा के लिए, अमित जी भी साथ नहीं थे। एक बूढ़े फकीर की यह कैसी त्रासदी थी कि जो सबके लिए था, उसके लिए बहुत कम लोग थे। देहरादून के तमाम वामपंथी साथियों ने उनकी सेवा तो दूर की बात थी, हाल-चाल पूछने की भी कृपा नहीं की। हमारी इन्हीं उपेक्षाओं के कारण तमाम प्रगतिशील लोग, ऐसी शक्तियों के संग हो जाते हैं जिनसे ताउम्र वैचारिक मतभेद रहा है। क्या हम ऐसी परिस्थितियाँ नहीं पैदा करते जा रहे हैं कि कोई तस्लीमा अपनी हिफाजत के लिए मोदी जैसों का साथ स्वीकार कर ले?

तीसरी और अन्तिम बार शास्त्री जी 14 जून 07 को बीमार हुए। 14 जून से 14 जुलाई 07 तक उत्तरांचल सरकार के सहयोग से जिला अस्पताल, हरिद्वार में भर्ती रहे। उनका स्वास्थ्य वहाँ लगातार गिरता जा रहा था। अन्त में अमित जी के पास गाजियाबाद ले जाये गये, जहाँ उनका देहावसान 09 दिसम्बर 2007 को हो गया। दोस्त-मित्रों की संवेदनशीलता एवं अपनों के उपेक्षा भाव से ही सम्भवतः त्रस्त होकर उन्होंने लिखा था–

'मरने में क्या है, जो जब चाहे मर जाये'[59]

और,

"मुझे अपने मरने का
थोड़ा भी दुख नहीं
मेरे मर जाने पर
शब्दों से
मेरा सम्बन्ध
छूट जायेगा"[60]

व्यक्तित्व का महत्त्वांकन

त्रिलोचन का बाह्य व्यक्तित्व आनुवंशिकता से प्रभावित था। कद-काठी में तो पैतृक अवदान की उतनी झलक नहीं मिलती पर शक्तिमत्ता में उनका कोई सानी नहीं था। घण्टों वे कुदाल-चलाते थे। मीलों पैदल चलते थे, घण्टों दण्ड-बैठक करते थे, कुश्ती लड़ते थे, बिना विश्राम के गंगा पार कर जाते थे, भोजन भी पंचगुना करते थे आदि किंवदंतियाँ या लंतरानियाँ नहीं है, ये सब उनकी शक्ति और सेहत की असामान्य विशेषताएँ थीं। उनका

रहन-सहन भी विलक्षण था। खान-पान और पहनावे में खाँटी देसीपन का वर्चस्व था। नागार्जुन में जो देसीपन था, उससे कहीं ज्यादा तद्भवता त्रिलोचन के रहन-सहन और बोल-चाल में थी। अभिजात्य तो कहीं था ही नहीं, बनाव-श्रृंगार तो दूर की बात है। पन्त और अज्ञेय की सज-धज के प्रतिलोम थे त्रिलोचन। उन्होंने एक सॉनेट में दर्ज़ भी किया है–

"वही त्रिलोचन है, वह-जिसके तन पर गंदे
कपड़े हैं, कपड़े भी कैसे-फटे-लटे हैं,
यह भी फैशन है। फैशन से कटे-कटे हैं।"[61]

यहाँ आत्मचित्रण भी है और आत्म व्यंग्य भी। "मुख पर खुरदुरी काली सफेद दाढ़ी और झड़ गये-से बाल। बदन पर कुरता-पाजामा, पैर में चप्पल, खुले बटन, उन्मुक्त वक्ष।"[62] उनका यह 'स्केच' प्रस्तुत किया है श्यामादास मुखर्जी ने। उनके इस अन्तर एवं बाह्य का समन्वित चित्र प्रस्तुत करती हैं उनकी ये निम्न पंक्तियाँ–

"...चलना तो देखो इसका–
उठा हुआ सिर, चौड़ी छाती, लम्बी बाँहें
सधे कदम, तेजी, वे टेढ़ी-मेढ़ी राहें
मानो डर से सिकुड़ रही हैं, किसका किसका
ध्यान इस समय खींच रहा है कौन बताए
क्या हलचल है इसके रुधे-रुंधाए जी में
कभी नहीं देखा है इसको चलते धीमे।"[63]

त्रिलोचन जी जितने शक्तिमान थे उतने ही विनम्र और सहनशील भी। व्यक्तित्वारोपण उनके स्वभाव में था ही नहीं। शिवप्रसाद सिंह उनकी इस चारित्रिक विशेषता को बहुत बड़ी सिद्धि मानते थे। "त्रिलोचन व्यक्तित्वों का शिकार हुए हैं, उनका व्यक्तित्व हमेशा निरामिष रहा है।"[69] नम्रता के साथ-साथ दृढ़ता भी उनका स्थायी भाव था। निर्भीकता इस स्थायी भाव की सहचर थी। वे अपनी दैनंदिनी में लिखते हैं- कुछ देर बाद मालूम हुआ। कल डूबे लड़के की लाश अस्सी के पास मिल गयी है। गया, खासी भीड़ थी। मृत रमेशचन्द्र सिंहल पेट के बल लहरों में हिल-डुल रहा था, पुलिस आयी। लिखा-पढ़ी हुई। लाख निकाली गयी... विद्यार्थी ठट के ठट थे, पर कोई आगे नहीं बढ़ रहा था। मैंने कंधा दिया।"[65] त्रिलोचन जी संकट के समय दूसरों की मदद करने में बराबर तैयार रहते थे। रुपयों-पैसों से मदद करने की क्षमता तो थी नहीं, मगर अपने खून-पसीने से दूसरों की हर सम्भव मदद करने में

तत्पर रहा करते थे। मित्रों की सेवा-सुश्रूषा करने में कभी नहीं कतराते थे। जिनके घर रहते, उनके घर को अपना समझते थे और उनके चौके तक उनकी पहुँच होती थी। वे गरीबों के साथ अक्सर रहते थे, देहात में गरीब-गुरबों के अनुभवों को शेयर करते थे और अपनी गरीबी पर गर्व भी करते थे। गाँव उनकी रग-रग में रचा-बसा था। शहर में रहते हुए भी गाँव में ही खोये रहते थे। उनकी यह ग्रामात्मा उनके जीवन ही नहीं लेखन में भी परिलक्षित होती है। इसीलिए नागार्जुन ने उनको 'ग्रामात्मा' की संज्ञा दी थी।[66] शिवप्रसाद सिंह भी लिखते हैं कि "त्रिलोचन, शमशेर और नागार्जुन, ये तीन ही ऐसे व्यक्ति हैं हिन्दी में, जो चाहकर भी अपने व्यक्तित्व से भारतीय ग्राम्य संस्कृति की कड़ियल सोंधी गन्ध और अक्खड़ आत्मीयता को अलग नहीं कर सके हैं।"[67]

त्रिलोचन में अपरिमित धैर्य और धृति थी। गरीबी और भुखमरी का आखेट होते हुए भी, आत्मीय परिजनों एवं समकालीन समीक्षकों एवं साहित्य प्रेमियों की उपेक्षा का शिकार होते हुए भी कभी भी उनके चेहरे पर दर्द और दंश की शिकन नहीं आती थी। अपनी आन्तरिक पीड़ा एवं यन्त्रणा को अहसास के सागर में डुबा देने की अद्‌भुत क्षमता थीं। वे जब भी मिलते थे, वे बराबर हँसते थे और हँसाते भी थे। जीवन का जहर पीते-पीते वे नीलकंठ हो गये थे और शिवत्व को आत्मसात कर लिया था। डॉ. रामविलास शर्मा लिखते हैं कि "अब भी वह हँसते हुए मिलते हैं, उनकी बातों में वैसा ही रस होता है। सड़कों पर घूमते हुए साहित्य-चर्चा में डूब जाने की क्षमता बरकरार है और तीस साल से बरकरार है। यह कोई जीवन की साधारण सफलता नहीं है।"[68] अमर्ष का आश्रय होते हुए भी वे दूसरों के लिए अट्‌टहास के आलम्बन थे मगर वे अट्‌टहास से अपने अमर्ष का विरेचन करते थे अट्‌टहास उनके समस्त अपमानों एवं तिरस्कारों का उपचार था और रचनात्मक रसायन भी था। उन्होंने एक सॉनेट में इसका बखूबी ज़िक्र भी किया है–

"अट्‌टहास कर, अट्‌टहास कर, अट्‌टहास में
मन को गड़ने वाले दर्द डूब जाते हैं
... .
दुःखों का दुरतिक्रम घेरा
अट्‌टहास ही तोड़ सका है अभियान में"[69]

इसलिए दुःखों-दुत्कारों ने, तटस्थाओं एवं प्रवंचनाओं ने उनकी छाती को वज्र बना दिया था और उसी से कवित्व का सोता भी फूटता था।

"अगर न पीड़ा होती तो भी
क्या गाता मैं
यदि गाता तो
क्या उसमें ऐसा स्वर आ पाता।"[70]

यही कारण है कि कवि अपनी जीवन-यात्रा के सारे आघातों एवं अवरोधों के प्रति आभार व्यक्त करता है-

"आभारी हूँ मैं पथ के सभी आघातों का,
मिट्‌टी जिनसे वज्र हुई उन उत्पातों का।"[71]

'मेरी छाती वज्र की बनी है, प्रहार हो फिर प्रहार हो, बस न कहूँगा।'[72] कहने वाले धैर्य के विग्रह त्रिलोचन कभी-कभी घोर निराशा और अवसाद के दबाव में आ जाते थे और झोंक में सुरापान भी कर लिया करते थे। वह भी कम नहीं, कुछ ज्यादा ही। सन्तुलन भी खो दिया करते थे। मगर वह उनकी आदत में शुमार नहीं था। इसकी चर्चा उनके कुछ अन्तरंग मित्रों ने की है। अपने संस्मरण में श्याम विमल लिखते हैं-"गत अस्सी के दशक में एक रात लाजपतनगर मेरे घर पर दिविक रमेश द्वारा मंगा ली गयी ओल्डमंक की बोतल के साथ जमावड़ा हो गया। खाना सामिष मँगवा लिया गया था... शास्त्री जी खा कम रहे थे, जाम ज्यादा चढ़ाए जा रहे थे... सो पीते-पीते त्रिलोचन शास्त्री खुद ओल्डमंक सरीखे हो चले थे।"[73] इस प्रकार की एकाध घटनाओं की चर्चा और लोगों ने भी की है मगर उनकी चर्चा यहाँ अनिवार्य प्रतीत नहीं होती, कारण कि ये उनकी दिनचर्या की संगिनी नहीं थीं। इसीलिए वे यह लिखने का साहस भी कर पाते हैं कि-

"नाम त्रिलोचन का लेते हो, यह नादानी
है, पीता है वह लोटे पर लोटे पानी
कहाँ शराब मयस्सर उसको! नाम घटाओ
कवि, कविता, शराब-तीनों का पक्का नाता
तीनों साथ न हों तो काव्य नहीं बन पाता।"[74]

हाँ, दुराव और छिपाव भी उनके स्वभाव में शामिल नहीं था। वे सभी के लिए खुली किताब जैसे थे। मांसल सौन्दर्य के प्रति भी उनमें आकर्षण था। कई स्थलों पर अपने 'रोजनामचा' में इसका बेबाकी से संकेत भी किया है। सन् 50 की बात है। उनकी अवस्था 36-37 के आस-पास थी। गाँव में अशिक्षित पत्नी थी जिसके साथ विवाह को एक युग बीत चुका था। 'शिक्षित लड़कियों के लीलामय स्वभाव' (रोजनामचा) की चर्चा विश्वविद्‌यालय में

स्वाभाविक थी। एक दिन त्रिलोचन अपने साथी दीनानाथ के साथ साइकिल पर चौक से मैदागिन जा रहे थे। बात बनारस की है। सहसा दीनू ने उनसे पूछा "आपके जीवन में रोमांस रहा है?'... मैंने कहा- सड़क पर यह पूछे की बात है? अभी तो वह दिन भी दूर है जब कहा जाता है: केसव के केसनि असकरी"[75] गरज कि शास्त्री जी सौन्दर्य के प्रति आँख मूँदकर चलने वाले आदमी नहीं थे। बस गँवई संस्कार उन्हें मर्यादा से बाहर जाने से रोकते थे। अन्यथा कविता-पाठ की अवधि में मन्त्रमुग्ध किशोरियों के आँचल गिरने पर मन के 'लहरा' उठने की चर्चा खूब रस लेकर 'रोजनामचा' में की है। 'साहित्य-सहकार' की एक सभा में मित्रों की उदासीनता के जवाब में सबसे पीछे बैठकर अपनी उदासीनता तो जाहिर करते थे। मगर उसमें भी सौन्दर्य के प्रति उदासीन और तटस्थ नहीं रह पाते थे। वे लिखते हैं, "प्रो. असरानी के साथ-साथ बड़ी-बड़ी आँखों वाली कोई युवती, शायद सीता असरानी थी। देखकर आनन्द हुआ। बाबा राखवदास का भाषण सुनता रहा और उस युवती की करारी आँखे देखता रहा..."[76] एक जगह और लिखते हैं–"चौक में हरे कपड़ो में युवती सलंकार, सहज आकर्षक। उसे देखने के लिए कुछ देर मन्द चला..."[77] एक जगह मित्रों के बीच 'मानसिक विकार' की भी चर्चा मिलती है। उसके उपचार के लिए 'बाजार' की भी बात आती है। उस सन्दर्भ में त्रिलोचन की टिप्पणी है–"मैंने कहा मैं भी मनुष्य हूँ। बाजार जाना मैं बुरा नहीं मानता पर मैं स्वयं नहीं जाता।"[78] यह है त्रिलोचन जी का सौन्दर्य-बोध एवं नैतिकता-बोध, जो ग्राम्य शील और संस्कार की उपज है। उनका यही शील और संस्कार अपने समकालीन साहित्यकारों के लिए 'सावधान और मर्यादित जीवन' जीने का सन्देश देता है। यही उनके भीतर 'धरती' की बास का मोह भी उपजाते हैं। उनको स्वाध्याय और स्वास्थ्य के प्रति मोहाविष्ट करते हैं और 'जीवन की प्राणमयी भाषा' को कविता की ऊँचाई प्रदान करते हैं।

तात्पर्य यह कि गुड़, अमरूद, भीगे चने, भुने अनाज, गंगा-स्नान और उषःपान से कवि त्रिलोचन का व्यक्तित्व अपने ताप के ताए हुए दिनों से ही अपने कवि-कर्म के लिए ऊर्जा ग्रहण करता है और अपने जनोन्मुखी-संस्कार को दलगत सीमाओं से परे ले जाता है; सादगी, संघर्ष और साफगोई उनके जीवन का ही नहीं, लेखन का भी स्थायी भाव है। वे साफ-साफ लहज़े में कहते हैं–

> "जीवन इसका जो कुछ है पथ पर बिखरा है
> तप-तप कर ही भट्टी में सोना निखरा है।"[79]

1.2 त्रिलोचन की काव्य-यात्रा

"यह कूट प्रश्न कि नागार्जुन में क्या जोड़ दिया जाय और मुक्तिबोध में क्या कम कर दिया जाय तो वह त्रिलोचन हो जायेगा? किसका था, यह याद नहीं, परन्तु प्रश्न सचमुच ऐसा था कि आजतक किसी ने इसका उत्तर नहीं दिया..."[80] यकीनन भगवान सिंह प्राश्निक को ही नहीं भूल गये हैं, वे इस पहेली के मुख्यांश को भी भूल गये हैं। कहने की जरूरत नहीं कि इस अबूझ पहेली को फणीश्वरनाथ रेणु ने अपने 'त्रिलोचन' शीर्षक निबन्ध के अन्त में प्रस्तुत किया था। मूल पाठ इस प्रकार है–"त्रिलोचन को देखते ही हर बार मेरे मन के ब्लैक बोर्ड पर, एक अगणितिक, असाहित्यिक तथा अवैज्ञानिक प्रश्न अपने आप लिख जाता है : 'वह कौन-सी चीज है जिसे त्रिलोचन में जोड़ देने पर वह शमशेर हो जाता है और घटा देने पर नागार्जुन।"[81] भगवान सिंह ने इसी तर्ज पर एक और यक्ष प्रश्न प्रस्तुत कर दिया इसी निबन्ध में कि "मुक्तिबोध में क्या जोड़ दिया जाय कि वह त्रिलोचन हो जायें और त्रिलोचन में क्या जोड़ दिया जाये कि वह नागार्जुन बन जायें?' इन दोनों ही सुधी समीक्षकों के कूट प्रश्नों के केन्द्र में त्रिलोचन ही हैं। इससे इतना तो स्पष्ट हो ही जाता है कि त्रिलोचन हिन्दी की प्रगतिशील चेतना के केन्द्र में अवस्थित हैं और उनका कवि-व्यक्तित्व प्रगतिशील काव्यधारा का संजीवन है। वह प्रगतिशील तत्त्वों का ऐसा रसायन है जिसके मुख्य घटकों के योग-वियोग से शमशेर, मुक्तिबोध, नागार्जुन और केदारनाथ अग्रवाल जैसी हस्तियों को शक्ति एवं स्फूर्त्ति मिली है। सम्भवत: इसीलिए रेणु ने महसूस किया है कि अगर मैं कवि हुआ होता तो त्रिलोचन न हो पाने का मलाल अवश्य रहता। इस बात को उनके ही मुहावरे में बेहतर तरीके से समझा जा सकता है- "कविता मेरे लिए समझने-बूझने या समझाने का विषय नहीं, जीने का विषय है। कवि नहीं हो सका, यह कसक सदा कलेजे को सालती रहेगी। और, अगर कहीं कवि हो जाता तो, त्रिलाचेन नहीं हो पाने का मलाल जीवन-भर रहता।"[82] आज के प्रतिष्ठित हस्ताक्षर केदारनाथ सिंह भी लिखते हैं कि–

> "आगे-आगे कवि त्रिलोचन
> पीछे-पीछे मैं
> एक ऐसे बाघ की तालाश में
> जो एक सुबह धरती पर गिर कर
> टूट जाने से पहले
> वह था।"[83]

अब सवाल यह सामने आता है कि आखिर त्रिलोचन के कृती व्यक्तित्व के वे कौन से विधायक तत्त्व हैं जिनकी वजह से त्रिलोचन निराला की तरह ही पुरानी एंव नयी पीढ़ियों के प्रेरणा-स्रोत रहे हैं। जो कवि-व्यक्तित्व अपने यौवन काल में उपेक्षित था, सन् साठ-सत्तर के दशकों में इतना कैसे उर्वर और उत्पादक हो गया। इन प्रश्नों के उत्तर के लिए उनके कृतित्व की पड़ताल एवं पहचान जरूरी हो जाती है।

पिछले अध्याय में संकेत किया गया है कि त्रिलोचन जन्मजात प्रतिभा सम्पन्न व्यक्ति थे। पिता के समान उनकी शारीरिक संरचना तो नहीं थी, मगर बाहुबल उनमें पर्याप्त था। और, दैनिक जीवन में उसका उपयोग भी करते थे। उसी तरह पिता के समान ही प्रतिभा सम्पन्न व्यक्ति थे। माहेश्वर सूत्र को पल भर में याद कर लेना, उपनिषदों को बाल्यावस्था में ही कंठस्थ कर लेना उनकी असाधारण स्मरणशक्ति के परिचायक हैं। काव्यत्व के बीज भी उनके डी.एन.ए. में मौजूद थे। इसलिए वे स्वभाव से ही स्वाध्यायी थे और अप्रतिम जिज्ञासु भी थे। अकादमिक सान्निध्य के लिए दूर-दूर तक चले जाते थे और किसी को भी अपना गुरु मान लेने में उनको संकोच नहीं था। यह ज्ञानार्जन के प्रति उनकी गहरी ललक व्यंजित करता है। उनमें काव्य-सृजन की इच्छा तो ग्राम्य गीतों एवं लोकगीतों के श्रवण एवं मनन से पैदा हुई थी। भारतीय गाँवों में कविता का एक परिवेश बराबर मौजूद रहा है जिसे कायम रखने में भाटों या कविराजों की असाधारण भूमिका थी। उनकी यजमानी का एक क्षेत्र था जिसमें वे पहुँचते तो सारे गाँव के लोग उन्हें घेर कर बैठ जाते थे और उनकी माँग पर वे अकुंठ भाव से अपनी कविताएँ सुनाते थे। लम्बे अभ्यास के कारण उनमें आशुकवित्व भी आ जाता था और तत्काल रचना करके वे श्रोताओं को चकित एवं अभिभूत भी कर देते थे। बहुत प्राचीन काल से उनका यह व्यवसाय चलता आ रहा था। भारतीय इतिवृत्तों एवं सारस्वत परम्पराओं के निर्वाह में इनकी महती भूमिका थी, इसी भूमिका से उनकी आजीविका भी चलती थी। इससे भी महत्त्व की बात उनके लिए यह थी कि ग्राम्य जनता की आत्मीयता और सहानुभूति उन्हें स्वतः मिल जाती थी एवं श्रद्धा-सम्मान के पात्र भी बन जाते थे। अब ये संस्थाएँ तिरोहित हो गयी हैं। त्रिलोचन को इन्हीं लोक संस्थाओं से सिसृच्छा की प्रेरणा मिली थी, 'मेरा जनपद: जीवन और सृजन' नामक व्याख्यान में कहते हैं- "पहले गाँवों में चारण, भाट और जोगी घूमते थे। उन्हें सैकड़ों कवित्त-सवैये याद रहते थे... इन लोगों के मुँह से मैंने तब सेनापति, केशव, भूषण और मतिराम के

सवैए और कवित्त सुने। गाँव के आस-पास अहीर परिवार में बिरहे गाते। मैं सुनता। मुझे काफी याद हो गये... साहित्य में मेरी दिलचस्पी बढ़ाने में विभिन्न लोक काव्य-रूपों का प्रभाव रहा। मेरे बचपन में, बसन्त पंचमी से ही होली और चौताल गाये जाते... 'रामचरितमानस' और भक्तकवि मीरा, सूर, कबीर के पद और गाँव-घर के पुरखे-पुरनियों से सुनी कथाओं के जरिए मेरे मन में बचपन से ही काव्य-संस्कार जागा। इसके साथ ही विभिन्न लोकभाषाओं और बोलियों की विविधता जानने में मेरी दिलचस्पी बढ़ी।"[84] यही कारण है कि उनका जीवन ही नहीं, लेखन भी लोकोन्मुखी है और उनमें लोकजीवन तथा लोकभाषा के प्रति भी गहरी सम्पृक्ति मिलती है। उनकी काव्यकला का केन्द्रीय बिन्दु भाषा है। भाव-बोध के अनुरूप वर्णों एवं शब्दों का संयोजन एवं लयात्मकता का आयोजन उनकी रचना-प्रक्रिया का अहम पक्ष रहा है। वे कविता में भाषा को "लैंग्युएज' के रूप में नहीं, 'स्पीच' के रूप में बरतते हैं। उनकी काव्य-प्रतिज्ञा है कि 'भाषा समाज की देन है यानी भाषा को समृद्ध करने का प्रमुख कारक है समाज और समाज भी एकभाषी नहीं, बहुभाषी समाज। बहुभाषी समाज के सम्पर्क में ही ज्यादा-से-ज्यादा भाषाएँ सीखने का सुयोग जुटता है और पता चलता है कि भाषाएँ कितना दे रही हैं और फिर कवि कितना दे रहा है।"[85] इस प्रसंग में भाषा त्रिलोचन की कविता की मूल पंक्ति है और उन्होंने उस पंक्ति को किन-किन प्रेरणा-स्रोतों के आलोक में अर्पित किया, यह विचारणीय है। एकाध साक्षात्कारों में ही नहीं, अनेक साक्षात्कारों में उन्होंने तुलसी और निराला के प्रति आभार व्यक्त किया है और गालिब की बदंगी की है। एक सॉनेट में तो स्पष्ट लिखा है कि–

'तुलसी बाबा, भाषा मैनें तुमसे सीखी
मेरी सजग चेतना में तुम रमे हुए हो।"[86]

भाषा सीखने के लिए तुलसी का सान्निध्य त्रिलोचन की प्राथमिकता कैसे बना, क्यों बना, इनका उत्तर सम्भवत: आनुवंशिकता में हो। त्रिलोचन के निरक्षर पिता साक्षरता के अभ्यास की वज़ह से 'रामचरितमानस' में रम गये थे और रमे भी ऐसे-वैसे नहीं, गाँव-जवार को भी उसमें रमाया। इस प्रसंग में नगई महरा का कथन याद आ जाता है–

"तुम्हारे बाबू कहते थे जैसे
अब कोई क्या कहेगा
उनकी भीतरी आँख खुली थी।
सुर भी क्या कंठ से निकलता था

जैसे आषाढ़ के मेघ की गरज।"[87]

फिर आगे वह त्रिलोचन को असीसता है–

"बाबू की तपस्या का फल
तुम्हें मिला है, मिलेगा।"[88]

'नगई महरा' की इस ध्वनि में त्रिलोचन की प्रतिध्वनि है। कवि प्रकारांतर से पितृऋण का ही तर्पण करता है। एक निजी बातचीत में तो त्रिलोचन ने 'नगई महरा' की भूमिका का भी संकेत किया है। "पिता के संस्कार तो थे ही, लेकिन बचपन में नगई से जो प्रोत्साहन मुझे मिला, उससे भी हैं... रामचरितमानस के निकट से निकट सरकता गया... शायद नगई को लेकर इतनी लम्बी कविता लिखने की मूल प्रेरणा में यह प्रतीति रही हो।"[89] तुलसी के बाद त्रिलोचन अपने रचना–समय को गालिब से जोड़ते हैं जिसे रामविलास शर्मा 'जातीय परमपरा' कहते हैं। त्रिलोचन गालिब से अपने लगाव को कई कारणों से रेखांकित करते हैं–

"गालिब की बोली ही आज हमारी बोली
है। नवीन आँखों में जो नवीन सपने हैं
वे गालिब के सपने हैं। गालिब ने खोली
गाँठ जटिल जीवन की। बात और वह बोली
आप तुली थी, हलकेपन का नाम नहीं था।"[90]

त्रिलोचन के करीबी जानते हैं, गालिब के इस व्यक्तित्व में त्रिलोचन की परछाई भी मिलती है। खासकर तब, जब वे कहते हैं इसी कविता में–

"सुख की आँखों ने दुःख देखा और ठिठोली
की, यों जी बहलाया। बेशक दाम नहीं था
उनकी अंटी में, दुनिया से काम नहीं था
लेकिन उसको साँस–साँस पर तोल रहे थे।
...   .
कवि थे, अक्षर में अक्षर की महिमा जोड़ी।"[91]

इसके बाद त्रिलोचन ने कथ्य ओर कथन के स्तर पर निराला की संवेदना से स्वयं को सम्बद्ध किया है। "आँखों में रहे निराला, मानदण्ड, मानव के तन के, तो भी पीस परिस्थितियों ने डाला"[92] तुलसी से लेकर निराला से इस सम्बद्धता के कारक तत्त्व भाषा और समाज–दर्शन तो हैं ही, जीवन के निजी सन्दर्भों की तारतम्यता भी है। तुलसी के 'माँग के खइबों और मसीत में सोइबो' के समांतर निराला के 'जला है जीवन यह आतप में दीर्घकाल' का ही

दूसरा संस्करण त्रिलोचन का 'ताप के ताए हुए दिन' है। और, अपने सम्पूर्ण कृतित्व में हिन्दी भाषी समाज खासकर अपने जनपद का ऐसा कवि-रूपक निर्मित करते हैं जो हिन्दी कविता के इतिहास में एक अलग अध्याय की माँग करता है तथा एक अलग सौन्दर्यशास्त्र की भी। उनके रचना-संसार में वह कबीर भी आते हैं जिन्होंने अपनी रचनाओं में नवीन और सार्थक समाजशास्त्र की रचना की है, और हैबरबास के लोकवृत्त की भी सृष्टि की है–

"ब्राह्मण को तुकारने वाला वह काशी का
जुलाहा जो अपने घर नित्य सूत तनता था
लोगों की नगई ढाँकता था। काशी का
उन्मूलन करता था। जिसका विष बनता था
जाति, वर्ण, अहंकार की कब्रें खनता था
मुल्लों, मौलवियों की झूठी शान के लिए
रूढ़ि और भेड़ियाधसान को हनता था
शब्द बाण से, जीता था बस ज्ञान के लिए
गिरे हुए को खड़ा कर गया मान के लिए।"[93]

इस प्रकार त्रिलोचन ने कबीर, तुलसी, गालिब और निराला की परम्परा से शक्ति और ऊर्जा ग्रहण कर अपने काव्य-व्यक्तित्व को निर्मित किया। उन्होंने शब्दों का कोई ताजमहल तो नहीं बनाया है, मगर ऐसा घर अवश्य बनाया है जिसमें सामान्य जन की रहाइश सम्भव हो। इसकी एक वज़ह यह भी है कि त्रिलोचन ने कबीर, तुलसी, गालिब और निराला का अन्धानुकरण नहीं किया है और न ही उनकी जमीन का ज्यों का त्यों अधिग्रहण किया है। देश और काल की मति और गति की सापेक्षता में उनके दाय को स्वीकार किया है। न साधु सर्वम् या 'संग्रह त्याग बिनु पहचाने' के प्रत्यभिज्ञान को अपनाया है। यही वजह है कि वे परस्पर विरोधी साहित्यिक 'वादों' की गहन वादियों में अपने लिए अलग मार्ग की तलाश में सफल हो सके और आने वाली पीढ़ी के लिए उस कंटकित मार्ग को सुविधाजनक बना सके।

अब उन साहित्यिक सन्दर्भों की ओर संकेत करना भी आवश्यक हो गया है जिनके बीच से त्रिलोचन ने अपनी जमीन तलाश की। त्रिलोचन ने साहित्य-जगत में जब आँखें खोलीं तब छायावाद का अवसान और प्रगतिवाद का उत्थान हो रहा था। छायावाद का काल भारतीय जनता के राजनीतिक और सामाजिक जागरण का समय था और इस जागरण की अभिव्यक्ति छायावादी रचनाशीलता में हो रही थी।

सन् 1935 में 'कामायनी' का प्रकाशन हो चुका था, 'सरोज-स्मृति' की रचना हो चुकी थी और सन् 1936 में 'राम की शक्ति पूजा' अस्तित्व में आ चुकी थी। ये सभी रचनाएँ छायावाद की उच्चतम शिखर हैं। इसी वक्त लोगों को अहसास होने लगा था कि छायावाद अपना सर्वोत्तम दे चुका, उसे जो कुछ करना था, वह कर चुका। अब उसमें कोई सम्भावना नहीं रही। सम्भवतः इसीलिए पन्त ने सन् 1936 में अपने काव्य-संग्रह का नाम 'युगांत' रखकर छायावाद के अन्त की घोषणा कर दी। अतः नयी ऐतिहासिक आवश्यकताओं के अनुरूप कवियों को नयी काव्यानुभूति एवं शिल्प प्रविधियों के अन्वेषण की आवश्यकता महसूस हुई। और, छायावाद की कुक्षि से ही प्रगति और प्रयोग का जन्म हुआ, जिनका विकास प्रगतिवाद तथा प्रयोगवाद में हुआ। इसी समय प्रगतिशील लेखक संघ की स्थापना हुई और उसी वर्ष प्रेमचन्द उसके वार्षिक अधिवेशन के सभापति हुए। सन् 1943 में 'तारसप्तक' का प्रकाशन हुआ और इसके साथ ही साहित्य-क्षेत्र में प्रयोगवाद का भी पदार्पण हुआ। इसके सूत्रधार अज्ञेय थे। इन दोनों वादों के प्रवर्त्तकों एवं समर्थकों के बीच लम्बे संघर्ष का सिलसिला चला। पहले तो इनके संघर्ष का मुद्दा छायावाद रहा। प्रयोगवाद की नजर छायावाद की सीमाओं की ओर थी तो प्रगतिवाद की छायावाद सम्भावनाओं की ओर। प्रगतिशील समीक्षकों की दृष्टि में छायावाद सामन्तवाद विरोधी एवं साम्राज्यवाद विरोधी आन्दोलन था और उपन्यास के क्षेत्र में जो कार्य प्रेमचन्द ने किया, वही कार्य छायावादियों ने कविता के माध्यम से किया। मुक्तिबोध ने प्रेमचन्द और छायावाद-काल के बारे में लिखा है कि "वह भारतीय समाज के क्रान्तिकारी आन्दोलन का काल था। प्रेमचन्द में इस सामाजिक क्रान्ति की सुसंगत अभिव्यक्ति हुई है और छायावाद में वह क्रान्ति व्यक्तिवाद के दायरे में प्रकट हुई।"[94] गरज की छायावाद की वेदना के जो सामाजिक गर्भितार्थ थे, उनसे मुक्तिबोध की आसक्ति थी। 'कामायनी: एक पुनर्विचार' उसकी ही फलश्रुति थी। इसी प्रकार त्रिलोचन भी छायावादी उत्कर्ष को सम्मान देते हैं। निराला उनके रचनात्मक एंकर तो थे ही, पन्त से भी वे कम प्रभावित नहीं थे। वे पन्त और प्रसाद के प्रति भी सम्मान व्यक्त करते हैं। वे कहते हैं कि "इन तीनों (पन्त, प्रसाद, निराला) को मैं ऊँचा कवि मानता हूँ। इसमें सन्देह नहीं कि निराला में कई ऐसी खूबियाँ हैं जिनके कारण मैं उनकी सराहना करता हूँ। लेकिन फिर पन्त में भी कम नहीं हैं। यह जरूर है कि पन्त की श्रेष्ठ काव्य-पुस्तकें 'पल्लव' से 'गुंजन' तक हैं। बाकी अच्छी कविताएँ ढूँढ़नी पड़ती हैं। पर इससे वे छोटे नहीं हो जाते। प्रसाद

बराबर विकास करते हैं।"[95] आरम्भ में त्रिलोचन की कुछेक रचनाओं पर पन्त का प्रभाव भी लक्षित होता है–

"दूर, अति दूर क्षितिज के पार
कनक का स्व सुंदर संसार
हरि अंकुर ले उठा उभार
प्राप्त कर जग का मृदु व्यवहार"[96]

इसी प्रकार निराला का प्रभाव भी इस समय की रचनाओं पर स्पष्टतः दिखायी देता है–

"स्रस्त-नखत-हारावलि अलकावलि-जाल,
विमनस्कता की कथा-व्यथा थी विशाल
अरुण-तरुण-वरुण स्वर नाचे दे ताल।"[97]

मगर छायावादी भाव-बोध की सीमाओं से वे शीघ्र ही परिचित हो गये और निराला की उत्तरवर्त्ती रचनाओं से प्रेरणा ग्रहण करते हुए उन्होंने प्रगतिवाद के प्रचारवादी कविताओं से भिन्न रास्ता चुना। वे प्रयोगवाद तथा नयी कविता की कमजोरियों से भी वाकिफ़ थे। दूसरे शब्दों में कहा जा सकता था कि उनकी रचनाशीलता अपने सामाजिक दायित्वों के प्रति सदा सजग और सतर्क रही। वह रचनाकार की स्वतन्त्रता और सामाजिकता दोनों की हिमायती थी। इसीलिए त्रिलोचन 'जनभाषा और काव्यभाषा' शीर्षक निबन्ध में अपने समय में सक्रिय रचनाशीलता की शक्ति और सीमाओं का उल्लेख करते हुए लिखते हैं कि–"छायावाद काल में काव्य का स्तर ऊँचा हुआ है किन्तु भाषा घायल दिखायी देती है। संस्कृत गर्भित वाक्यों में हिन्दी का स्वरूप खुलता नहीं दिखायी देता। इस भाषा की प्रतिक्रिया गोपाल सिंह नेपाली, नरेंद्र शर्मा, बच्चन और अंचल जैसे कवियों द्वारा प्रकट हुई। पर कविता केवल आभोग के घेरे में संयोजन का समर्थ माध्यम नहीं बनती... प्रगतिवाद ने भाषा की सरलता का आग्रह किया जो उथलेपन से कम बचा। विद्रोह भी प्रायः शब्दमय ही मिलता है। कवियों ने व्यापक समाज से सम्बन्ध बनाया होता तो खतरा टल सकता था। प्रयोगवाद में वैयक्तिक आग्रह और शालीनता का विशेष मोह छायावादी प्रवृत्तियों से अधिक दूर नहीं है '50 के बाद कवियों ने कुछ सँभलकर डग भरना शुरू किया।"[98]

जहाँ इनके समकालीन प्रगतिशील कवि केदारनाथ अग्रवाल की दृष्टि में हमारे अतीत का सम्पूर्ण साहित्य यथास्थिति का पोषक था, प्रगतिशीलता का कोई भी अंश उसमें मौजूद नहीं था। वे 'युग की गंगा' की भूमिका में

लिखते हैं कि "पिछला समस्त भारतीय साहित्य केवल मात्र (?) ईश्वर, भूपति, पुरोहित, चमूपति और और व्यापारियों के संसार की मानसिक प्रक्रिया का साहित्य है... वह यथास्थिति में जीते रहने की प्रवृत्ति का ही साहित्य था।'[99] इसका आशय यह है कि समाजवादी देशों में क्रान्तियों के बाद जाकर प्रगतिशील साहित्य की रचना शुरू हुई। और, प्रगतिवाद एक आयातित आन्दोलन था जिसे फ्रांस की धरती से उठाकर भारत की जमीन पर रोप दिया गया था। मगर इसके विपरीत त्रिलोचन अपनी काव्य-परम्परा में ही प्रगतिशीलता के बीज देखते हैं। यहाँ तक कि उन्हें रीतिकाल में उसके स्फुट स्वर सुनायी पड़ते हैं। वे लिखते हैं कि "अगर रीतियुग मात्र इन दरबारी कवियों का काव्य-युग होता तो निश्चय ही यह साहित्यिक और सामाजिक दृष्टि से घोर अन्धकार का युग होता। परन्तु इस युग में धार्मिक आन्दोलनों से अनेक नये समुदायों का गठन हुआ। इनके प्रभाव में पूरे हिन्दी क्षेत्र में अनेक कवि हुए जिनका जनजीवन से निकट सम्बन्ध था। भले ही ये आन्दोलन विशेष रूप से उभर न पाये हों पर वे भीतर से बराबर समाज का संचालन करते रहे।"[100] रीतिकालीन कवि देव के स्वकीया प्रेम को भी त्रिलोचन एक प्रगतिशील कदम मानते हैं एवं आश्रयदाताओं के झूठे प्रशंसकों की निन्दा को भी प्रगतिशीलता का लक्षण मानते हैं। गरज कि वे भक्तिकाल से प्रगतिशील तत्त्वों के उद्भव और विकास की कभी उदीयमान तो कभी क्षीणकाय परम्परा को लक्षित करते हैं जो स्वाधीनता के बाद अपने चरम उत्कर्ष को प्राप्त करती है। इसमें कोई सन्देह नहीं कि राजनीतिक और आर्थिक दृष्टि से प्रगतिवाद के जन्म के पूर्व ऐसे परिवेश का निर्माण हो गया था कि प्रगतिशीलता का जन्म अवश्यम्भावी हो गया था। 'रूपाभ' के प्रारंभिक अंक की भूमिका में पन्त ने प्रस्तावित किया है कि "इस युग की वास्तविकता ने ऐसा उग्र आकार ग्रहण कर लिया है कि उससे प्राचीन विश्वासों में प्रतिष्ठित हमारे भाव और कल्पना के मूल हिल गये हैं... अतएव इस युग की कविता स्वप्नों में नहीं पल सकती। उसकी जड़ों को अपनी पोषण सामग्री धारण करने के लिए कठोर धरती का आश्रय लेना पड़ रहा है।"[101] मगर प्रगतिवादी आन्दोलन में मार्क्सवादी विचारधारा का वर्चस्व था। अधिकांश रचनाएँ द्वन्द्वात्मक-भौतिकवाद का भावानुवाद बन गयी थीं। कवियों की जीवन-धारा और विचार-धारा में कोई तादात्म्य नहीं था। वह प्रचारवादी साहित्य बन गया था। उसकी नीयत और नियति का उल्लेख करते हुए शमशेर लिखते हैं कि "हिन्दी का प्रगतिशील साहित्यांदोलन सन् 1937-38 से लेकर लगभग '52 तक अपना जैसा-तैसा

रोल पूरा करके खासा निशक्त हो गया। इस आन्दोलन में पन्त, निराला, नरेंद्र शर्मा, शिवमंगल सिंह 'सुमन' और कुछ लोककवियों के बाद जो चार कवि दृढ़ता से बराबर जनता के मनोबल में विश्वास रखते हुए अपना नाता उसकी आन्तरिक रचनाशीलता से जोड़ रहे थे, वे मात्र केदारनाथ अग्रवाल, त्रिलोचन, मुक्तिबोध और नागार्जुन थे। शेष सभी कवि व्यक्तिगत साधनाओं की ओर उन्मुख होकर साहित्य की प्रगतिशील धारा के लिए खो गये।"[102] शमशेर का यह आकलन बिल्कुल सही है कि कोई भी साहित्यिक आन्दोलन संवेदना और सर्जनात्मकता से पंगा लेकर दीर्घायु नहीं हो सकता। ये दोनों ही कवि-कर्म की अनिवार्य शर्तें हैं। इसके अतिरिक्त कवि-कर्म के लिए ईमानदारी और समझदारी की भी अनिवार्यता होती है। मगर प्रगतिवादियों एवं प्रयोगवादियों में इनका सर्वथा अभाव था। एक का स्ट्रेस कथ्य पर था तो दूसरे का शिल्प पर। ऐसी स्थिति में शब्द और कर्म की अन्विति के लिए 'स्पेस' कहाँ! इसलिए प्रगतिशील कवियों की रचनाएँ न तो प्रगतिवादियों तथा प्रयोगवादियों को सुहाती थीं और न प्रगतिशीलों को इनकी रचनाएँ। प्रगतिशील कवियों की रचनाओं में जनपक्षधरता तो थी ही, उनमें जनजीवन और जनसंघर्षों से सीधा सरोकार था। इसलिए त्रिलोचन की रचनाएँ बहुत दिनों तक भवभूति सिंड्रोम की शिकार तो रहीं ही, वे समकालीन समीक्षकों के तिरस्कार की भी शिकार रहीं। उनकी काव्यभाषा में सहजता और सरलता में उनको कोई कवित्व नजर आता ही नहीं था। इसलिए वे न तो प्रगतिशील समीक्षकों को ही प्रिय नजर आती थीं और न आधुनिकतावादी समीक्षकों को ही। यह दुर्दशा केवल त्रिलोचन की ही नहीं थी, मुक्तिबोध, केदारनाथ अग्रवाल और शमशेर की भी थी। केदारनाथ अग्रवाल तो रामविलास शर्मा के कृपा-पात्र आरम्भ से ही थे। मगर शेष तो गत शती के छठे और सातवें दशक में ही दृश्य में आये। फिर भी शमशेर और अग्रवाल को भी बराबर आशंका रहती थी कि मेरी कविताएँ समीक्षकों की स्वीकृति हासिल कर पाएँगी कि नहीं। अग्रवाल चिन्ता व्यक्त करते हुए लिखते हैं कि "इन कविताओं का स्वर और स्वभाव ऐसा है कि प्रचलित मान्यता के बल पर इन्हें प्रगतिशील रचना का सौभाग्य प्राप्त न हो। लोग तो प्रगतिशील कविता में राजनीति की चर्चा मात्र चाहते हैं। वे कविताएँ जो प्रेम से, प्रकृति से, आस-पास के आदमियों से, लोक जीवन से, सुंदर दृश्यों से, भू-चित्रों से, यशावत् चल रहे व्यवहारों से और इसी तरह की अनेकरूपताओं से विरचित होती हैं, प्रगतिशील नहीं मानी जातीं।"[103] अग्रवाल की तरह की त्रिलोचन की रचनाओं में तथाकथित वर्जित विषय-वस्तुओं का बहिष्कार नहीं

था। बल्कि उनमें जनपदीय आग्रहों के कारण उनका पर्याप्त आविष्कार था, जनजीवन से उपजी भाषिक संवेदना का गहरा संस्कार था। तात्पर्य यह कि प्रगतिशील रचनात्मकता को मतांध प्रगतिशीलता एवं प्रयोगशीलता से बार-बार टकराते हुए अन्वेषणधर्मी प्रगतिशीलता ने शब्दों का ऐसा घर बनाया जो सबके लिए आत्मीय एवं अन्तरंग हो–

"महल खड़ा करने की इच्छा है शब्दों का
जिसमें सब रह सकें रम सकें लेकिन साँचा
ईंट बनाने का मिला नहीं है, अब्दों का
समय लग गया, केवल काम चलाऊँ ढाँचा
किसी तरह तैयार किया है। सबकी बोली
ठोली, लाग-लपेट, टेक, भाषा, मुहावरा
भाव, आचरण, इंगित विशेषता फिर भोली
भूली इच्छाएँ, इतिहास विश्व का, बिखरा
हुआ रूप-सौन्दर्य। भूमिका, स्वर की धारा
विविध तरंग-भंग भरती लहराती गाती
चिल्लाती, इठलाती फिर मनुष्य आवारा
गृही, असभ्य, सभ्य, शहराती या देहाती
सबके लिए आमन्त्रण है अपना जन जानें
और पधारें इसको अपना ही घर मानें।"[104]

यह है त्रिलोचन की रचनाशीलता का घर-द्वार और संवेदना का संसार। दुर्भाग्य की बात है कि ऐसे समृद्ध और संजीवन घर का खुला आमन्त्रण बहुत कम लोगों ने स्वीकार किया है। ऐसा नहीं कि त्रिलोचन का 'घर' विचारशून्य है या उसमें विचारों का कोई मूल्य नहीं है। हाँ, वे विचारों को भावों से भिन्न नहीं मानते। उनका दोनों के अद्वैत में विश्वास था, द्वैत और द्विधा में नहीं। वे एक साक्षात्कार में कहते हैं कि "बन्धुवर, कभी-कभी जीवन के संचालक विचार होते हैं... यह विचार आपके जीवन का संचालक है तो जितने सावधान सचेत लोग हैं, तो उस विचार का काव्य में विरोध करनेवाला विचार मूढ़ होगा। क्योंकि विचार का ही दूसरा रूप होता है भाव। जो आकार से मिलकर चेष्टा आदि में परिवर्तित होता है और क्रिया बनता है तो गति के साथ मिलकर।"[105] यानी कि सकर्मक विचारों और ईमानदार भावों में कोई फ़र्क नहीं होता। दोनों में आवयविक सम्बन्ध-सरोकार होता है। जैसे पौधों में फूल उगते हैं, उसी तरह कविताओं में विचार उगते हैं और अपनी सुरभि से

सबको सुरभित कर देते हैं और पूरे परिवेश को नयी शक्ति और स्फूर्ति से अभिभूत कर देते हैं। इसी लिए त्रिलोचन कहते हैं–

"पत्र-पुष्प जितने भी चाहो
अभी ले जाओ
जिसे चाहो, उसे दो, लो
जो भी चाहो लो
एक अनुरोध मेरा मान लो
सुरभि हमारी यह
हमें बड़ी प्यारी है
इसे सँभालकर जहाँ जाना
ले जाना
इसे
तुम्हें सौंपता हूँ।"[106]

इस मायने में तो त्रिलोचन मार्क्स के सच्चे अनुयायी थे। उसने स्पष्ट किया है कि "रचना में लेखक के सिद्धान्त प्रच्छन्न रूप से आने चाहिए।"[107] एंगेल्स की तो इस सम्बन्ध में स्पष्ट धारणा है कि "लेखक के (राजनीतिक) विचार जितने ही छिपे हों, कलाकृति के लिए उतना ही अच्छा है... मेरे विचार से (किसी रचना में चित्रित) परिस्थिति और कार्य के द्वारा (लेखक का) उद्देश्य व्यक्त होना चाहिए- बिना विशेष रूप से जो दिये। लेखक इस बात के लिए विवश नहीं है कि जिन सामाजिक संघर्षों का चित्रण कर रहा है, उनका कोई बना-बनाया भावी समाधान भी दे।"[108]

वे आधुनिकतावादियों की तरह अनुभूति की प्रामाणिकता की बात नहीं करते, वे अनुभूति की ईमानदारी की बात करते हैं। वे जीवन सत्य को काव्य-सत्य बनाने के आग्रही हैं। उन्हें शब्दाडंबर से सख़्त परहेज है। जो जीवन में काल्पनिक उल्लास और विजय की बात करते हैं या लोक जीवन की कविता में केवल आशा और उल्लास को दर्ज करते हैं, उनको लक्ष्य करते हुए त्रिलोचन ने लिखा है कि–

"अगर न हो हरियाली
कहाँ दिखा सकता हूँ? फिर आँखों पर मेरी
चशमा हटा नहीं है। यह नवीन ऐय्यारी
मुझे पसन्द नहीं है जो इसकी तैयारी
करते हों वे करें–अगर कोठरी अँधेरी

है तो उसे अँधेरी समझने-कहने का
मुझको है अधिकार।"[109]

अपने इस अधिकार की रक्षा के लिए अपना सर्वस्व दाँव पर लगा देते हैं। उनकी स्पष्ट धारणा है कि कविता पूरा जीवन माँगती है। वीणापाणि को रेफर करते हुए कहते हैं–

"क्यों कही यह बात वीणापाणि ने तुमसे त्रिलोचन
आज ओकुक़नुस, गाकर तार जीवन के हिला दो।"[110]

इसकी व्याख्या करते हुए साक्षात्कार में कहते हैं कि "कुकनुस जैसे अपने ही स्वर की अग्नि में जल जाता है, वैसा ही मैं यह मानता हूँ कि कविता अगर बनती जायेगी तो कवि नष्ट होता जायेगा। कोई कवि सहज और स्वस्थ रहे तो समझ लीजिए कुछ कसर है। कविता तो एक जीवन तोड़कर सकल जीवन बनाती है। और जो जीवन टूटता है वह कवि का है। भोगना उसे है। मानो यह इंद्र का वह वज्र है जिसे रघु ही झेल सकता था।"[111]

यह है कविता के प्रति त्रिलोचन का 'विजन'। इस 'विजन' को हासिल करने के लिए उसका मूल्य चुकाना पड़ता है, जीवन के छोटे-छोटे स्वार्थों को ही नहीं, बड़े-बड़े स्वार्थों को भी त्यागना पड़ता है। उन्होंने कविता के लिए और मनुष्यता की रक्षा के लिए कितना संघर्ष किया, कितनी साधना की, इसका अनुमान उनके अकादमिक कार्यों के अवलोकन से ही सम्भव है।

सन् 1930 से 1935 तक प्राइवेट शिक्षक तथा पत्रकार के रूप में कार्य किया। 'प्रभाकर' नामक साप्ताहिक का आगरा में सम्पादन किया। सन् 1936 में अहमदाबाद में झवेरचन्द्र मेघाणी के प्रेस में पहले प्रूफरीडिंग की और बाद में सहायक सम्पादक के रूप में कार्य किया। सन् 1938 में रामनरेश त्रिपाठी के साथ 'वानर' मासिक का वाराणसी में सम्पादन किया। सन् 1941 से 1943 तक 'प्रदीप' का मुरादाबाद में सम्पादन किया। इसी समय दैनिक 'आज' के भी सम्पादक-मंडल में शामिल रहे। सन् 1944 से 1946 तक 'हंस' में सहायक सम्पादक रहे। सन् 1946-1950 तक ज्ञानमण्डल (काशी) में बृहद हिन्दी कोश का सम्पादन किया और 'आज' साप्ताहिक का भी। सन् 1952 से 1953 तक गणेशराय इंटर कॉलेज, जौनपुर में अंग्रजी का अध्यापन किया। सन् 1953 से 1954 तक हिन्दी साहित्य सम्मेलन, प्रयाग से प्रकाशित अंग्रेजी-हिन्दी कोश के लिए मुख्य उपसम्पादक की भूमिका का निर्वाह किया। सन् 1954-57 तक नागरी प्रचारिणी सभा में 'हिन्दी शब्द सागर' के सहायक सम्पादक रहे। सन्

1967 से 72 तक अमेरिकी विश्वविद्यालयों से आये छात्रों को 'काशी हिन्दू विश्वविद्यालय', वाराणसी में 'हिन्दी-संस्कृत-उर्दू की व्यावहारिक शिक्षा दी। सन् 1972 से 1975 तक 'मध्यप्रदेश हिन्दी ग्रन्थ अकादमी', भोपाल में भाषा-सम्पादक के तौर पर काम किया। सन् 1978 से 1984 तक उर्दू विभाग 'दिल्ली विश्वविद्यालय' में द्वैभाषिक कोश परियोजना में सहायक सम्पादक के रूप में कार्य किया। सन् 1984 से 1990 तक मुक्तिबोध सृजनपीठ, डॉ. हरिसिंह गौर विश्वविद्यालय, सागर के अध्यक्ष का दायित्व-निर्वाह किया। सन् 1990 से 91 तक अलीगढ़ मुस्लिम विश्वविद्यालय में विजिटिंग प्रॉफेसर के रूप में अध्यापन किया। सन् 1992-1995 तक 'ईरानी कल्चरल हाउस', नयी दिल्ली में फारसी-अंग्रेजी-हिन्दी डिक्शनरी परियोजना में सहायक सम्पादक के रूप में कार्य किया। सन् 1995 से मार्च 2002 से फिर 'मुक्तिबोध सृजनपीठ' की अध्यक्षता की और अन्त में शारीरिक अस्वस्थता के कारण त्याग-पत्र देना पड़ा। त्यागपात्र और नियुक्तिपत्र का सिलसिला उनके संघर्ष और स्वाभिमान का मिला-जुला श्वेत-पत्र है। इनके दरम्यान वे अपने अनुभवों को दर्ज़ करते हुए निष्कर्ष प्रस्तुत करते हैं कि "काम के लम्बे घण्टों की तुलना में मुझे वेतन उतना ही मिलता जिससे पूरे महीने काम करने की अनिवार्यता बनी रहे। काम लेने और उसका आकलन करने वालों की क्षमता मुझे बेचैन करती। मुझे लगता कि ऐसों की ताबदारी क्यों सही जाये। बिना नयी नौकरी मिले मैं नौकरी छोड़ देता और कहीं निकल जाता। कहीं और की तलाश में जुटता लेकिन सहृदय गिने-चुने ही होते हैं। फिर कहीं इंतजाम होता। कभी मैंने अपनी मिहनत में ढील नहीं दी और न स्वाभिमान छोड़ा।"[112] ऐसी ही स्वाभिमान पूर्ण श्रमशीलता और संघर्षशीलता के बीच त्रिलोचन ने अपनी रचनाशीलता को विकसित किया था। साहित्येतिहासकारों की उपेक्षा के बावजूद अपने समकालीन रचनाकारों एवं भावी रचनाकारों का मार्ग प्रशस्त किया और आलोचकों की अन्यमनस्कता के बावजूद इतिहास में अपनी जगह बना ली है। मैनेजर पाण्डेय का यह प्रस्ताव कि "नयी कविता के आधुनिकतावादी वातावरण में त्रिलोचन की कविता महानगर में बसे-बचे गाँव की तरह है। यह आपकी मानसिकता पर निर्भर है कि उसे आप पिछड़ेपन की निशानी मानें या रेगिस्तान में नखलिस्तान।"[113] डॉ. पाण्डेय का यह प्रस्ताव है या प्रस्तावना। इसकी पड़ताल के लिए जरूरी है कि हम त्रिलोचन की रचनाओं का अवलोकन करें और त्रिलोचन की काव्य-प्रतिज्ञाओं के आधार पर उनका मूल्यांकन करें।

'धरती'

जैसा कि पहले संकेत किया गया है, नये कवियों खासकर लीक से हटकर लिखने वालों को प्रकाशक नहीं मिलते और पत्र-पत्रिकाओं में यदा-कदा छपने के बाद भी उनको 'नोटिस' लेनेवाले नहीं मिलते। अगर मिलते हैं तो बहुत देर से। आधुनिक काव्य-साहित्य में प्रगतिशील रचनाकार इस अन्यमनस्कता के सर्वाधिक शिकार रहे हैं। उनमें भी खासकर त्रिलोचन और मुक्तिबोध। आजीविका के लिए कई पत्र-पत्रिकाओं में काम करने के बावजूद त्रिलोचन का सबसे पहला काव्य-संग्रह 'धरती' सन् 1945 में प्रकाश में आया। यह कृपा किस प्रकाशन ने की, सम्भवतः किसी को नहीं मालूम, खोजी आलोचक रामविलास शर्मा को भी नहीं और, आलोचकों में उसको सबसे पहले किसी और ने नहीं, मुक्तिबोध ने ही 'नोटिस' लिया। जिनकी आरभिक पंक्तियाँ हैं- "मुझे कहने दीजिए कि धरती (त्रिलोचन का काव्य संग्रह) के गीतों का क्षेत्र बहुत अधिक व्यापक है, जिनमें मात्र काव्यसामर्थ्य ही नहीं प्रकट होता, वरन् जीवन के विस्तृत दायरे के विभिन्न भागों का काव्यात्मक आकलन करने की क्षमता भी प्रकट होती है।"[114] इस उद्धरण के पहले जुमले में व्यक्त आग्रह से ही तद्युगीन त्रिलोचन विरोधी मनोविज्ञान का संकेत मिल जाता हैं। उनकी प्रारम्भिक कविताओं के सम्बन्ध में मुक्तिबोध का यह मन्तव्य त्रिलोचन की काव्य सम्भावनाओं को भी परिभाषित करता है। ये रचनाएँ छायावाद का 'क्रिटिक' रचती हैं। इसमें छायावादी कल्पना की रमणीयता की जगह पर धरती की वास्तविकता को केन्द्रीयता प्राप्त है। गो कि यह काव्यसंग्रह छायावादी काव्यभाषा से पूर्णतः मुक्त नहीं है। लेकिन कथ्य के धरातल पर जीवन का कुरुक्षेत्र भी इसमें प्रतिष्ठित है। कवि का अनुराग औसत आदमी के जीवन-समर से है। गरज कि सामाजिक यथार्थ से है–

"मुझमें जीवन की लय जागी
मैं धरती का हूँ अनुरागी।
जड़भूत करती थी मुझको
वह सम्पूर्ण निराशा त्यागी।"[115]

छायावादी कविताओं की समानान्तरता में देखने पर 'धरती' की रचनाओं का सही महत्त्वांकन सम्भव है। त्रिलोचन के अनुरागी समीक्षक गोबिन्द प्रसाद लिखते हैं कि "इन कविताओं में काव्य के प्रत्यक्ष व्यापार पर बल है जिसमें किसानी जीवन के सामूहिक श्रम और संघर्ष के चित्रों को सहज और अनलंकृत ढंग से बेबाकी के साथ रखा गया है"[116]–

"है धूप कठिन सिर-ऊपर
थम गयी हवा है जैसे
दोनों दूबों के ऊपर
रख पैर सींचते पानी
उस मलिन हरी धरती पर
मिलकर वे दोनों प्रानी
दे रहे खेत में पानी"[117]

यह उद्धरण गोविन्द प्रसाद के मन्तव्य की पुष्टि के लिए पर्याप्त है। दरअसल, त्रिलोचन किसान थे और किसानी संस्कृति आरम्भिक रचनाओं में ही नमूदार हो गयी है और अन्तिम रचनाओं तक फलती-फूलती रही है। इनकी रचनाओं में संघर्ष का स्वर काफी प्रबल है, जिसको मुक्तिबोध ने सर्वाधिक महत्त्व दिया है। उन्होंने स्पष्ट शब्दों में लिखा है कि "धरती पढ़ जाने पर मालूम होता है कि उसके संघर्ष भाग को निकाल देने पर जो भी काव्य बचता है, वह लंगड़ा है, यानी मस्तिष्क और हृदय को नहीं काट दिया गया है तो चरण और भुजाओं को तो अवश्य उच्छिन्न कर डाला है।"[118] मैं यहाँ मुक्तिबोध के द्वन्द्व और द्विधा को निरस्त करके कहना चाहूँगी कि संघर्ष 'धरती' का दिलो-दिमाग है। हाथ-पैर नहीं। कारण कि, कवि ने प्रेम-प्रसंगों को भी अपनी रचनाओं का विषय बनाया है तो उसमें स्वकीया प्रेम की महिमा है और गार्हस्थ्य प्रेम की ही गरिमा है। 'मिलकर वे दोनों प्रानी', 'जब जिस छन मैं हारा', 'मैं जब कभी अकेला बिल्कुल हो जाता हूँ', 'आज मैं अकेला', 'मुझे तुम्हारी याद आती' आदि कविताओं में प्रेम का स्वरूप यथार्थवादी है। ना तो इनमें रूप के प्रति आकर्षण है और ना ही जैविक जरूरतों का दुराग्रह ही। प्रेम का मूलाधार श्रम, सहयोग और साहचर्य है। और, यही प्रगतिशीलता का सौन्दर्यशास्त्र है और समाजशास्त्र भी।

यहाँ दाम्पत्य प्रेम श्रम-संस्कृति की उपज है, ऐशो आराम और विलासिता की उपज नहीं है। यह प्रेम कामोत्तेजना नहीं पैदा करता, और श्रम करने के लिए शक्ति और स्फूर्त्ति देता है। यह प्रेमी को निष्क्रिय और अकर्मक होने की प्रेरणा नहीं देता, बल्कि जीवन के कर्मक्षेत्र में निंतर सक्रिय एवं सकर्मक होने के लिए प्रोत्साहित एवं पुरस्कृत करता है–

"जब जिस छन मैं हारा, हारा
मैंने तुम्हें पुकारा / तुम आये
मुस्काए / पूछा / कमजोरी है?

बोला- नहीं, नहीं है

किसने तुमसे कहा कि मुझको कमजोरी है।"[119]

मैं इसी सन्दर्भ में उस कविता की ओर ध्यान आकृष्ट करना चाहती हूँ जिसको आरम्भ में लोगों ने कविता मानने से ही इंकार कर दिया था। लेकिन आज की तारीख में वह कविता त्रिलोचन की आठ-दस श्रेष्ठ कविताओं में शामिल है। वह कविता इसी संकलन की है। नाम है 'चंपा काले-काले अच्छर नहीं चीन्हतीं।' इस कविता में अवध की प्रेम-संस्कृति है। चंपा उस सीता की वंशज है जो राजकुमारी और राजरानी होते हुए भी जंगल के भयानक संकटों को सुनकर भी पिया का साथ नहीं छोड़ती है। इसलिए वह ज़ोरदार शब्दावली में कहती है-

"मैं तो अपने बालम को संग-साथ रखूँगी

कलकत्ता मैं कभी न जाने दूँगी

कलकत्ते पर बजर गिरे।"[120]

यह प्रेम भौतिक सुख-साधनों को नकारता है और चंपा की यह एकनिष्ठ आसक्ति-संसक्ति बज्र बन कर कलकत्ता पर गिरती है। त्रिलोचन के प्रेम का आदर्श यही है। यहाँ 'अरबियन नाइट्स' की प्रेमकथाओं की तरह पहाड़ काटने का नहीं, जीवन को अभावों में भी जीने की ऊर्जा देता है। त्रिलोचन के यहाँ प्रेम केवल आदर्श की भावभूमि पर ही नहीं, यथार्थ की कठोर भूमि पर भी खड़ा है। त्रिलोचन के यहाँ भी प्रेम की मजबूरियाँ हैं, दो जून की रोटी की मजबूरियाँ-

"आज मैं अकेला हूँ

अकेला रहा नहीं जाता

... ...

सुख दुःख एक भी

अकेले सहा नहीं जाता।"[121]

कारण कि प्रिया का साहचर्य संघर्ष की शक्ति देता है। दुर्बल को सबल बनाता है। यानी प्रेम प्राणों का संजीवन है। प्रेम की यह प्रकृति छायावादी प्रेम का प्रतिपक्ष तैयार करती है।

प्रकृति-चित्रण में भी सौन्दर्य-चेतना एवं सामाजिक-चेतना का सामंजस्य है। उनका सौन्दर्यशास्त्र भी समाजशास्त्र का पर्याय है। प्रकृति भी उनके लिए मानव-जीवन का अंग है। बिल्कुल अभिन्न और अन्तरंग। इन पंक्तियों में भाषा की सादगी और कथ्य का सौन्दर्य दर्शनीय है-

"धूप सुन्दर

धूप में जगरूप सुन्दर

सहज सुन्दर
व्योम निर्मल
दृश्य जितना
स्पृश्य जितना
भूमि का वैभव
तरंगित रूप सुन्दर
सहज सुन्दर।"[122]

लेकिन उनकी भाषिक संवेदना कहीं-कहीं शब्दों के रूप-सौष्ठव के प्रति आकर्षित भी है और छायावादी प्रभावों से थोड़ी-बहुत आक्रांत भी। लेकिन ऐसी प्रवृत्ति क्षीण है और काव्य की विकास-प्रक्रिया में क्षीणतर होती गयी है।

इस संग्रह में प्रगतिशील भाव-भूमि की भी रचनाएँ हैं। इनमें कुछ तो प्रगतिशील चिन्तन का भावानुवाद प्रतीत होती हैं, मगर अधिकांश जीवन-विवेक से उपजी संवेदनात्मक ज्ञान हैं। अपनी वैचारिकी को स्पष्ट करते हुए वे लिखते हैं–

"पूँजीवाद ने महत्त्व नष्ट कर दिया सबका
जीवन का, जन का, समाज का, कला का
बिना पूँजीवाद को मिटाये किसी तरह भी
यह जीवन स्वस्थ नहीं हो सकता
ज्ञान-विज्ञान से किसी प्रकार
कोई कल्याण नहीं हो सकता।"[123]

ऐसे स्थलों पर भाषा भी इतनी गद्यात्मक हो गयी है कि लोगों को कविता मानने में संकोच होता है। ऐसे प्रसंगों में गद्य की लयात्मकता तो है मगर काव्य की लयात्मकता गायब हो गयी है। यह स्थिति सामाजिक सरोकारों वाली रचनाओं की नहीं है। ऐसी रचनाओं की संख्या अधिक है। जैसे, 'मिलकर वे दोनों प्रानी', 'मोरई केवट के घर', 'उठ किसान ओ', 'चंपा काले-काले अच्छर नहीं चीन्हती'। इन कविताओं में कवि की संघर्ष-चेतना और जिजीविषा को अभिव्यक्ति मिली है। मुक्तिबोध उनके इस सामाजिक भाव-बोध पर फ़िदा हैं। वे लिखते हैं और सही लिखते हैं कि–"इसी संघर्ष ने उनकी चेतना को मात्र विकसित ही नहीं किया है, उसे प्रसरणशील भी बनाया है और जीवन के विविध अंगों को समझने की शक्ति भी दी है... संघर्ष उन्हें आत्मध्वंस की ओर नहीं ले जाता वरन् निर्माण की ओर ले जाता है। वही उसे वस्तून्मुख बनाता है।"[124]

भवानीप्रसाद मिश्र की भावनाओं में जो भव्यता और उदारता है, जो गद्यात्मक तकनीक है, वह त्रिलोचन में भी उपस्थित है। मगर उससे कहीं अधिक परिष्कृत एवं संयमित रूप में। सम्भवतः निराला के उत्तराधिकार के कारण उनमें यह वैशिष्ट्य आ गया है। भाषा-शिल्प तथा गीतात्मकता हृदय-पक्ष की देन कम, बुद्धि-पक्ष की सम्पदा ज्यादा प्रतीत होती है।

गरज कि उस रोमांटिक माहौल में त्रिलोचन की पहली रचना ही 'धरती' है। यह होना ही सर्वाधिक मानीखेज है।

'गुलाब और बुलबुल'

त्रिलोचन का द्वितीय काव्य-संग्रह 'गुलाब और बुलबुल' है जो सन् 1956 ई. में प्रकाशित हुआ था। इसमें उनकी रूबाइयाँ और गजलें संकलित हैं। इनमें प्रेम और सामाजिक सन्दर्भों के दृश्य हैं। गो कि इस संग्रह का नाम भ्रमोत्पादक है। लेकिन इसमें कवि का 'विजन' भी व्यंजित है। इसमें कवि प्रगतिशील होने के साथ-साथ सौन्दर्य-चेतना के प्रति भी सजग है। उनकी गजलें संघर्ष के लिए शक्ति नहीं देतीं, जीवन के सौन्दर्य का साक्षात्कार करती हैं। लेकिन यह प्रेम सौन्दर्य तक ही सीमित नहीं है, समूचे जीवन-अस्तित्व में है। वशिष्ठ अनूप के शब्दों में "इस अस्तित्व का धरातल उन सामान्य प्रयत्नों और अनुभूतियों का है जो हमारे जीवन के यथार्थ परिवेश की उपज हैं।"[125]

उन दिनों हिन्दी में गजल इनती लोकप्रिय विधा नहीं हुई थी। वैसे तो भारतेंदुकालीन और द्विवेदीकालीन प्रमुख हस्ताक्षरों ने इस विधा में अपनी कलम की आजमाइश की है। मगर उनका ऐतिहासिक महत्त्व ही है। इस क्षेत्र में निराला, शमशेर और त्रिलोचन को ही स्वीकृति मिल सकी है और इसको व्यापक लोकप्रियता दुष्यंत कुमार ने प्रदान की। आज तो इस विधा को जनभाषाओं में भी गति एवं दिशा मिल रही है। आमतौर पर गज़ल खासकर उर्दू गजल, जिसकी जन्मभूमि अरबी रही है, का विषय प्रेम रहा है। मगर हिन्दी गजल की प्रवृत्ति आरम्भ से ही समाजोन्मुख एवं लोकोन्मुख रही है। इसका स्वभाव हमेशा व्यवस्था विरोधी भले ही नहीं रहा हो, मगर सत्ताविरोधी अवश्य रही है। कोई भी साहित्यिक विधा जनता का पक्ष ले रही है या सत्ता का, इसकी परख-पहचान उसकी भाषा और विषय-वस्तु से होती है। इस आधार पर त्रिलोचन की गजलें ज्यादातर औसत आदमी की पक्षधर हैं और उनका तेवर सत्ताविरोधी है। त्रिलोचन मूलतः लोककवि हैं, लोक जीवन के

उद्गाता है। देखिए, इनकी गजलों में मिट्टी की गन्ध कितनी रची-बसी है। उनको सोने से मिट्टी ज्यादा प्यारी है–

"यह जरा हल्का है, कुछ-कुछ सुगन्ध जैसी है
सोना हर्गिज नहीं, मिट्टी का डला है कोई।"[126]

त्रिलोचन नागार्जुन की तरह तात्कालिकता के कवि नहीं हैं मगर इनकी भी नजर समय की नब्ज पर बराबर रही है। वर्तमान उपभोक्तावादी संस्कृति ने किस कदर नकारात्मक जीवन-मूल्यों को विकसित किया है, इसका सही पता ये शेर देता है–

"कल अँधेरे में जिसने सर काटा
नाम मत लो हमारा भाई है।"[127]

इनकी गजलों में व्यंग्य की धार भी तीखी है। और, इसके निशाने पर राजनीतिज्ञ और शोषक तथा सेठ-साहुकार हैं।

पूँजीवाद के वर्चस्व का हमारे समाज-मनोविज्ञान पर क्या प्रभाव पड़ा है उसका अंकन भी त्रिलोचन ने किया है–

"प्रेम का वह वेग अब क्या हो गया
देह में वह रेशमी कम्पन नहीं।
आदमी में आदमियत क्या रही
पास में उसके अगर कंचन नहीं।"[128]

इस प्रकार त्रिलोचन ने अपनी गजलों में व्यवस्था की पोल भी खोली है और सामान्य जन को उसके खिलाफ संघर्ष के लिए ललकारा भी है। उन्हें इस बात की कतई चिन्ता नहीं है कि संघर्ष में हार होगी या जीत। वे असफलता को भी सफलता की ही सीढ़ी मानते हैं। उस शख्स के लिए जद्दोजहद ही बड़ी चीज है। कारण कि कवि को सकारात्मक संघर्ष में और एकजुट प्रयास में गहरी आस्था है। नर-नारी मिल कर ही एक नये संसार की सृष्टि कर सकते हैं। अकेले चना भाँड नहीं फोड़ सकता। उनके नये संसार पर न तो सिर्फ मर्द का वर्चस्व रहेगा ओर न ही औरत का वर्चस्व। दोनों के समान सहयोग एवं साहचर्य का ही प्रभुत्व रहेगा–

"साथ निकलेंगे आज नर-नारी
लेंगे काँटों का ताज नर-नारी
दोनों संगी और सहचर हैं,
अब रचेंगे समाज नर-नारी।"[129]

उनके स्त्री विमर्श का यह स्वरूप है। गरज कि नये समाज की रचना के लिए नये मनुष्य की जरूरत है, नये सोच और सरोकार की जरूरत है। सामन्ती और पूँजीवादी मूल्यों के घाल-मेल से अभीष्ट संसार का उद्‌भव सम्भव नहीं।

त्रिलोचन ने इस संग्रह में गज़ल के साथ-साथ रुबाइयों की भी रचना की है। ये रुबाइयाँ शास्त्रीय दृष्टि से खरी नहीं हैं और गजल ही। दोनों ही काव्य-शैलियों में उन्होंने हिन्दी के मन-मिजाज के अनुसार परिवर्तन किया है। कथ्य भी इनका परम्परागत रूप से काफी भिन्न है। सम्भवतः कथ्य के अनुसार भी इनका अन्दाजे बयाँ और है। इसलिए उर्दू के शास्त्रीय अध्येताओं की कसौटी पर ये उतनी खरी नहीं उतरतीं। जैसे, भारत-पाकिस्तान की नयी जमीन की स्वीकृत हस्ती जनाब मजहर इमाम लिखते हैं–

"त्रिलोचन शास्त्री के मजमू-ए-कलाम में एक सौ एक रुबाइयाँ शामिल हैं जिनमें से शायद एक को भी, रुबाई नहीं कहा जा सकता है"[130] इसका कारण यह है इन रुबाइयों में बहरों का सही प्रयोग नहीं है। उनके अनुसार रुबाइयों में जो बहर इस्तेमाल की जाती है वो है... लाहौल विला कूव्वत इल्लाह बिल्लाह। इसमें सत्रह जहाफत भी आते हैं। कहा जाता है कि रुबाई का इन्हीं बहरों में होना जरूरी है, वरना रुबाई नहीं होगी, 'कता' और 'दो बैती' हो सकती है। गरज कि त्रिलोचन की रुबाइयाँ, रुबाइयाँ नहीं। कता हो सकती हैं। उनका दूसरा आरोप इनके कथ्य के मिजाज पर भी है। उनका मन्तव्य है कि रुबाई में आम तौर पर एखलाकी और फलसफियाना मुजामी शामिल किये जाते हैं। सूफियों ने इस शिन्फ को खास तौर पर अपनाया था। ऐसी संजीदा और गम्भीर शिन्फ चुटकुलों में बदल गयी है, त्रिलोचन के यहाँ, इसलिए यह अच्छी शाइरी नहीं है। अन्तर्वस्तु और छन्द को लेकर यह आरोप बहुत सही नहीं है। कारण कि त्रिलोचन प्रगतिशील विचार-धारा के शाइर रहे हैं, प्रगति और प्रयोग के हिमायती रहे हैं। मगर कथ्य को एवं कथन में लयात्मकता को प्राथमिकता देते थे। सॉनेट जैसे सख़्त शिल्प में भी उन्होंने प्रयोग किये हैं। उनकी रचनाशीलता का यह 'त्रिलोचनपन' है। इसी प्रकार इन्होंने गजल का फार्म इस्तेमाल अवश्य किया है, उर्दू-फारसी बहरों को भी तवज्जों दी है। मगर हिन्दी मिजाज की मुनासबत का ख्याल जरूरी रखा है। आशय यह है कि "त्रिलोचन शास्त्री की ग़जलें ऊँची न सही, लेकिन एक खास मेयार को जरूर बरकरार रखती हैं। हो सकता है, उर्दू वालों को इन गजलों में कोई ताजगी और नयापन न महसूस हो, लेकिन हिन्दी को उर्दू

गजल की नरमी, लताफत और नफासत का थोड़ा-बहुत एहसास दिलाने में त्रिलोचन शास्त्री जरूर कामयाब रहे।"[131]

गरज कि जिस त्रिलोचन ने शिन्फ को इतना ज्यादा सम्मान दिया, उसको शिन्फ के फनकारों ने समुचित सम्मान नहीं दिया है। कारण कि उन्होंने सिर्फ फन को समझा है, फनकार की मुहब्बत को नहीं। उन्होंने पहले ही घोषणा कर दी है कि–

"मैंने इंसान को देखा है रात में दिन में
बात जो कहता हूँ अनुभव की है, इलहाम की नहीं।"[132]

अपने इस संकलन के कथ्य और शिल्प का उद्घाटन करते हुए त्रिलोचन ने लिखा है कि "धरती के प्रकाशन के लगभग ग्यारह साल बाद ग़ज़ल और रुबाइयों का संकलन 'गुलाब और बुलबुल' आया। उस दौर के संघर्ष, सामाजिक तरक्की, और प्रेम को पकड़ती गजलों एवं रुबाइयों का संकलन था।.. रुबाई को लेंकर अबतक साफ व्याख्या नहीं है। रुबाई में 128 भेद हैं। लेकिन किसी एक को भी दावे से रुबाई नहीं कहा जा सकता। उन दिनों रुबाइयाँ लिखने पर जोर था...मेरी रुबाइयाँ चार चरणों की कविताएँ हैं।"[133] इस वक्तव्य से साफ स्पष्ट हो जाता है कि त्रिलोचन को रुबाई के व्याकरण का पूरा ज्ञान था। संज्ञान में उनको लेते हुए उन्होंने ये रुबाइयाँ लिखी हैं और हिन्दी के मिजाज के अनुसार उनका संस्कार किया है। मज़हर इमाम रुबाइयों में जिस फलसफाई मुद्रा की अपेक्षा करते हैं, त्रिलोचन का कथ्य उसकी इजाजत नहीं देता और न हिन्दी का नेपथ्य ही।

जाहिर है कि जो अनुभव की बात करता है, उससे इलहाम की अपेक्षा करना नाइंसाफी है। कहना तो यह मुनासिब होगा कि त्रिलोचन ने हरिवंश राय बच्चन से दो कदम आगे बढ़कर हिन्दी रुबाइयों को शख़्सियत दी है और गजलों को वह पहचान दी है जिसके लिए उर्दू ग़ज़ल भी आभारी है। इनकी ग़ज़लों में उर्दू शाइरी का 'तगज्जुल' नहीं है, न वह अस्पष्टता ही जिसे 'इब्हाम' कहा जाता है। मगर हिन्दी ग़जल एक लोकतांत्रिक विधा है। वह ग़जल में सामाजिक, आर्थिक, सांस्कृतिक, राजनीतिक आलोचना के लिए स्वतन्त्र है। यह सही मायने में प्रगतिशील विधा है, जो उर्दू अजीमों को रास नहीं आती। उसकी स्वतन्त्रता और प्रगतिशीलता इस्लामविरोधी लगती है।

'दिगंत'

इस काव्य-संग्रह में सन् और सॉनेट की संख्याओं में अद्भुत साम्य है। इस संग्रह में सत्तावन सॉनेट संकलित हैं और सन् सत्तावन में ही इसका प्रकाशन

सम्भव हुआ था। यह सादृश्य सायास है अथवा अनायास, इसका निर्णय कठिन है। कारण कि इसके सम्बन्ध में कोई साक्ष्य नहीं मिलता। कवि की 'धरती' से लेकर 'दिगंत' तक की यात्रा रचनात्मक विकास का द्योतक है। यह बात कथ्य तक ही सीमित नहीं है, शिल्प तक विस्तृत है। 'दिगंत' संग्रह में कवि की कल्पना धरती को त्यागकर दिगंत में विचरण नहीं कर पाती है, अपितु काव्यगत अनुभूतियों की उदात्त भूमिकाओं का परिचय देती हुई इस धरती से अनुप्राणित है। नामवर सिंह लिखते हैं–"धरती' के बाद लगभग बीस वर्षों तक ज्यादातर उन्होंने सॉनेट ही लिखे। लगभग एक हजार...वही सॉनेट जिसके लिए नागार्जुन कई बार त्रिलोचन को डाँट चुक थे–बन्द करो यह सॉनेटबाजी।"[134] गरज कि यह संग्रह एक विजातीय काव्यशिल्प को सजातीय बना लेने के कारण ही नहीं, बल्कि इसलिए भी महत्त्वपूर्ण है कि बौद्धिकता के मुलम्मे के अभाव में भी इसकी अभिव्यक्ति में सुनहरी दीप्ति आ गयी है। इस संग्रह में मुख्यत: दो तरह की रचनाएँ हैं। एक प्रणयसम्बन्धी तो दूसरी सामाजिक यथार्थसम्बन्धी। लेकिन प्रेम का सामाजिक सन्दर्भ ही सर्वाधिक मुखर है। प्रेम का उदात्त एवं यथार्थ चित्रण इन सॉनेटों में मुख्य है। इसमें न तो अतिशय भावुकता के लिए जगह है और न ही बौद्धिक संवेदनशील स्वरों के लिए। भावुकता और बौद्धिकता के बीच कलात्मक संयम। मुग्धावस्था में प्रेमानुभूति की जागृति का एक दृश्य–

"जब भौंरे ने आकर पहले-पहले गाया
कली मौन थी। नहीं जानती थी वह भाषा
इस दुनिया की, कैसी होती है अभिलाषा
इससे भी अनजान पड़ी थी, तो भी आया
जीवन का वह अतिथि, ज्ञान का सहज सलोना
शिशु जिसका दुनिया में प्यार कहा जाता है

... .

बिन बुलाए जो आता है प्यार वही है
प्राणों की धारा उसमें चुपचाप बही है।"[135]

त्रिलोचन के प्यार की यह है परिभाषा। न कोई तीव्र उत्तेजना और न कोई शारीरिकता का आवेग। 'क्या जाने / कौन राग छाती में लगता है अकुलाने/ इन्द्रधनुष-सी लहराती है पत्ती-पत्ती।' रोम-रोम में बस प्यार का इंद्रधनुषी उमंग-उल्लास, पवित्र और निश्छल। यही है प्रेम।

इसी प्रकार विदा का एक दृश्य देखें जिसमें प्रणयी के सहज उत्सर्ग का उद्‌गार है; न आँसू, न अफसोस, न अवसाद, सिर्फ एक सुखद आश्वस्ति–

"आज सदा के लिए अलग होने से पहले
आओ पुनः गले मिल लें हम, फिर तुम जाओ
जहाँ कहीं जी चाहे, जिसमें जीवन पाओ
उसको अपनाओ, जैसे भी तबियत बहले
वैसा काम करो..."[136]

इसी प्रकार सामाजिक यथार्थ के भी दृश्य समायोजित है इसके सॉनेट में। वे सभी दृश्य प्रगतिशील चेतना से सम्पन्न और समृद्ध हैं। कवि ने बिना लाग-लपेट के स्वीकार किया है-

"नयी चेतनाओं के मुझको बाण अनोखे
सीधे लगे मर्म में आकर चोखे-चोखे।"[137]

इसलिए उसकी शुभकामना है कि 'मानव ने जो दुःख पाये हैं / वे जायें / जीवन में नयी उमंगे लायें।' कवि को आम आदमी की शक्ति पर भरोसा है। क्रान्ति के उद्‌गीथ वही गा सकता है। निराला की तरह वे क्रान्ति के लिए बादलों का आह्वान नहीं करते। और, न इंतजार ही। वे पूरा आस्था और आत्मविश्वास के साथ कहते हैं कि-

"नये युग के उद्‌गाता
वे हैं जो निपट निरक्षर लेकिन जिनकी
प्राणों की ललकार जानती कभी न रुकना
क्रान्ति उन्हीं लोगों के पास पला करती है
दुख के तम में जीवन-ज्योति जला करती है।"[138]

इसके अलावा इस संकलन में 'काशी का जुलाहा', 'तुलसी बाबा', 'गालिब', 'माओत्से-तुंग' आदि कविताएँ हैं जिनमें साहित्यिक और राजनीतिक हस्तियों-शख्सियतों के प्रति प्रेरक और प्रणम्य श्रद्धांजलि अर्पित की गयी है और उनके प्रदेय के प्रति आभार-ज्ञापन किया गया है। 'तुलसी बाबा, भाषा मैंने तुमसे सीखी... मेरी सजग चेतना में तुम रमे हुए हो' या 'गालिब ग़ैर नहीं हैं, अपनों से अपने हैं 'आदि बहुश्रुत-बहुउद्‌धृत पंक्तियाँ इसी संकलन में दर्ज हैं, जिनसे त्रिलोचन की अपने साहित्यिक पूर्वजों के प्रति गहरी निष्ठा तथा आत्मीयता को अभिव्यक्ति मिलती है।

मलयज ने 'दिगंत' के सॉनेट को पढ़ते हुए लिखा है कि "अपनी (भारतीयता की) यही पहचान हम त्रिलोचन की कविता में पाते हैं। एक दुखती हुई पहचान। यह पहचान हमें हमारी उन जड़ों की तरफ़ ले जाती है

जिनमें से कुछ सूख गयी हैं, कुछ सूख रही हैं, पर उसमें से अब भी रस फूट रहा है। त्रिलोचन की कविता खुद उन जड़ों की उपज है।"[139]

जिस मलयज ने त्रिलोचन को कभी 'औसत भारतीयता का कवि' कहा था और उनकी कविता को भारतीयता की उपज बताया था, उसी कवि-आलोचक ने बाद में उनकी भारतीयता को अप्रांसगिक भी सिद्ध किया था। उन्होंने अपनी डायरी में उल्लेख किया है कि "मुझे यह साफ दीख पड़ रहा है कि आज त्रिलोचन, केदार अग्रवाल और नागार्जुन की भारतीयता को लेकर हम नहीं चल सकते। इनकी भारतीयता में बौद्धिक ऊर्जा की कमी है। नितांत कमी है। ये हद-से-हद लिरिकल किस्म के भारतीय हैं। इनमें टकराहट नहीं है। ये बस अपने को सुरक्षित रखे हुए हैं, अपनी अस्मिता बचाये हुए हैं। बह नहीं गये हैं एक जमीन इनके पास है, उस पर टिके हुए हैं।"[140] मलयज रामचन्द्र शुक्ल, प्रेमचन्द और गाँधी की भारतीयता में उस बौद्धिक ऊर्जा को काम्य और सन्दर्भवान बताते हैं जिसमें अपनी जमीन का विवेक और पश्चिम से टकराने का साहस है।

उनकी इस अवधारणा का प्रतिकार करते हुए नामवर सिंह ने कहा है कि "इस धारणा में ही कहीं बुनियादी ग़लतफहमी है। यदि आज हमारे देश के अन्दर पश्चिम का अर्थ शहर, शहर की सभ्यता, उद्योग और प्रौद्योगिकी, विज्ञान और बौद्धिकता आदि है तो यह कहना ग़लत होगा कि नागार्जुन, केदारनाथ अग्रवाल के साथ त्रिलोचन बेखबर हैं... उनकी कविता का भारत रामचन्द्र शुक्ल, प्रेमचन्द और गाँधी के बाद का भारत है और इस भारतीयता में उन पूर्वपुरुषों से कम ऊर्जा नहीं है।"[141] प्रकारांतर से यह बात मैनेजर पाण्डेय भी कह रहे हैं, "किसान-जीवन और जातीय मन का यह (त्रिलोचन का) काव्य नयी कविता के आधुनिकतावाद का प्रतिपक्षी और प्रतिरोधी है। नयी कविता के आधुनिकतावादी वातावरण में त्रिलोचन की कविता महानगर में बसे-बचे गाँव की तरह हे। यह आपकी मानसिकता पर निर्भर है कि उसे आप पिछड़ेपन की निशानी मानें या रेगिस्तान में नखलिस्तान।"[142]

संक्षेप में 'सॉनेट' काव्यशिल्प की चर्चा भी अपेक्षित है। सन् 1950 के आस-पास त्रिलोचन ने अपनी अभिव्यक्ति के लिए 'सॉनेट' फार्म को चुना था। किंवदंती तो यह है कि वर्ड्सवर्थ से भी ज्यादा सॉनेट इन्होंने लिखे हैं। इसकी भूमिका भी सॉनेट फार्म में है। त्रिलोचन की मानसिकता आवेगों की संयमित अभिव्यक्ति एवं स्वरों के प्रति तटस्थता की हिमायती रही है। अष्टपदी में लय का अनुशासन तथा षष्टपदी में लय की स्वतन्त्रता के द्वैत ने

त्रिलोचन के भारतीय मन को आकर्षित किया होगा। इसको अपनाने का दूसरा कारण यह भी हो सकता है कि सॉनेट के परंपरागत रूप में अपनी प्रेमिका को सम्बोधन की प्रवृत्ति मिलती है। कविता में बातचीत की कला के कारण त्रिलोचन में भी उद्‌बोधन एवं सम्बोधन का रुझान है। वे सबसे अधिक समर्थ रूप में भारतीय अन्तर्वस्तु को विदेशी काव्य-शिल्प में व्यक्त करने में सफल हो सके। वैसे त्रिलोचन की इस कठिन शिल्प-साधना में उनकी हठधर्मिता का भी योगदान माना जाता है जिसे कुछ समीक्षकों ने रचनात्मक शक्ति का अपव्यय भी माना है। इसके बावजूद केदारनाथ सिंह की यह स्थापना ग़लत नहीं है, कि "सॉनेट और त्रिलोचन हिन्दी में पर्याय बन गये हैं।"[143]

'ताप के ताएँ हुए दिन'

'ताप के ताए हुए दिन' त्रिलोचन की कविताओं का चौथा संग्रह है। इसका प्रकाशन सन् 1980 में हुआ था। 'धरती' से पैंतीस साल बाद। 'धरती' की जमीन से जुड़ी इक्कीस छोटी कविताएँ, दस सॉनेट और चार लम्बी कविताएँ इसमें संकलित हैं। विषय-वैविध्य और कलात्मक श्रेष्ठता के कारण यह संकलन साहित्य अकादमी सम्मान से पुरस्कृत है। बकौल त्रिलोचन "'ताप के ताए हुए दिन' मेरी फुटकर कविताओं का नया संकलन है। इस संकलन को राजेश जोशी ने तैयार किया। इस काम में उन्होंने पत्र-पत्रिकाओं में प्रकाशित कविताओं को भी लिया है। कुछ कविताएँ उन्होंने शायद मेरे हस्तलेखों से चुनी हैं... संकलन का नाम भी उन्हीं का सुझाया हुआ है जिसे मैंने स्वीकार किया।"[144]

इस संग्रह की भावभूमि का संकेत त्रिलोचन ने अपनी कविता में किया है–

"...जन जीवन के चित्र मिलेंगे,
घर के वन के सबके मन के
भाव मिलेंगे...
भाव उन्हीं का सबका है जो थे अभावमय
पर अभाव से दबे नहीं जागे स्वभावमय।"[145]

गरज कि समग्र सामाजिक यथार्थ, मानवीय मूल्य एवं आत्मसंघर्ष तथा प्रकृति-परिवेश की उपस्थितियाँ इस संग्रह में हैं। त्रिलोचन अपने समकालीन आधुनिकों से भिन्न हैं। कारण कि, इनके पास ठोस जनपदीय आधार है। इनका जनपद बड़ा है और व्यापक है। इनके जनपद में वैविध्य है, सामाजिक यथार्थ के विभिन्न स्तर हैं, सोच-समझ और संस्कार में भी वैभिन्य है।

इसलिए इनकी कविता विराट सामाजिक जीवन विविधताओं की कविता है। 'ताप के ताए हुए दिन' कवि के अपने भी हो सकते हैं, उसके जनपद के भी और जातीय जीवन के भी। 'धरती का धैर्य' और 'दृगों में व्योम' बसाने वाले कवि के लिए कुछ भी सम्भाव्य है। इस संकलन में 'ताप के ताए हुए दिन' नाम की एक कविता भी है, संरचना में नवगीत की तरह–

> "ताप के ताए हुए दिन ये। क्षण के लघुमान से
> मौन नया किये। चौंध के अक्षर
> पल्लव-पल्लव के उर में चुपचाप छपा किये
> कोमलता के सुकोमल प्राण यहाँ उपताप में नित्य तपा किये"[146]

त्रिलोचन की कविता एक समग्र इकाई की तरह होती है कि अलग से कोई अंश निकाल कर प्रस्तुत करना मुश्किल होता है। इसके बावजूद पूरे उद्धरणों का उल्लेख यहाँ सम्भव नहीं है। कविताओं में यह अन्विति सिर्फ कविता या भाषा के स्तर पर ही नहीं अनुभव के स्तर पर भी घटित होती है। इसलिए इनकी कविताओं में समय की मनोदशाओं को 'स्पेस' तो मिला है, पर तत्कालीन स्थितियों एवं घटनाओं का चित्रण नहीं मिलता। इसलिए त्रिलोचन उस अर्थ में तात्कालिकता के कवि नहीं है, जिस अर्थ में नागार्जुन। इस तथ्य को नामवर सिंह ने भी लक्ष्य किया है–"नागार्जुन की राय है कि स्पष्ट राजनीति के अभाव ने त्रिलोचन का काफी नुकसान किया है... यदि काव्य के स्तर पर देखें तो स्पष्ट राजनीति के प्रभाव से नुकसान तो नागार्जुन को ही हुआ है, त्रिलोचन से अधिक, बल्कि त्रिलोचन बहुत कुछ बच गये हैं।"[147] इस संग्रह में एक नन्हीं-सी कविता है–'अब वह कामधेनु है'। इसमें प्रकृति से मनुष्य के लम्बे संघर्ष का इतिहास दर्ज है। कम लफ्जों में मनुष्य और प्रकृति के बदलते सम्बन्धों का ज़िक्र है। नदी को कामधेनु में बदल देना मनुष्य के लम्बे संघर्ष का निष्कर्ष है–

> "नदी ने कहा था : मुझे बाँधो
> मनुष्य ने सुना और
> आखिर उसे बाँध लिया
> बाँधकर नदी को
> मनुष्य दुह रहा है
> अब वह कामधेनु है।"[148]

मगर ध्यातव्य है कि यहाँ संघर्ष में वैमनस्य भाव नहीं, सौमनस्य भाव है, सहभाव है। यह भी लक्ष्य करने योग्य बात है कि सामाजिक विसंगतियों

एवं विडम्बनाओं को अपनी छोटी कविताओं का विषय नहीं बनाते हैं। वे समय की संवेदनाओं को उनमें दर्ज करते हैं। ऐसी ही कविताओं के पक्ष में 'मनोवैज्ञानिक काव्य' का मन्तव्य पेश किया गया है। उनकी एक बानगी प्रस्तुत है। इसमें प्रेम का सादगीपूर्ण प्रसंग प्रदर्शित है–

"बाँह गहे कोई
अपरिचय के
सागर में
दृष्टि को पकड़कर
कुछ बात कहे कोई।"[149]

"सचमुच, इधर तुम्हारी याद तो नहीं आयी
झूठ क्या कहूँ, पूरे दिन मशीन पर खटना
बासे पर आकर पड़ जाना और कमाई
का हिसाब जोड़ना, बराबर चित्त उचटना।"[150]

ये पंक्तियाँ ग़ालिब से लेकर फैज़ तक यात्रा कर लेती हैं–

'गो मैं रहा रहीने-सितम हाए रोज़गार
लेकिन तेरे ख्याल से गाफिल नहीं रहा' –ग़ालिब

× × × ×

'दुनिया ने तेरी याद को बेगाना कर दिया
तुझसे भी दिलफरेब हैं ग़म रोजगार के' –फैज़

ऊब-अकेलेपन की अनुभूतियाँ ऐसी कविताओं में प्रायः मिलती है। मगर जीवन में आस्था उनको इन दारुण मनोदशाओं से उबार लेती हैं–

"जीवन जड़ के ऊपर छा गया
जहाँ रंग न था रंग आ गया।"[151]

इन छोटी कविताओं की सराहना करते हुए केदारनाथ सिंह कहते हैं कि त्रिलोचन की हिन्दी एक ऐसी हिन्दी है, "जिनके शब्दों में लगभग एक हजार वर्षों के संघर्षों की गूँजे हैं और वह (इस संकलन की कविताओं में) इनका भरपूर इस्तेमाल करते हैं।" वाकई, ये छोटी कविताएँ सांकेतिक भाषा में हैं। व्यावहारिक जीवन में त्रिलोचन शब्दों के प्रति जितने ही उदार थे, कविताओं में उतने ही कंजूस थे।

यह तो छोटी कविताओं की बातें हुईं। उनके कथ्य और कथन के सम्बन्ध में यहाँ उनकी बहुचर्चित लम्बी कविताओं की भी संक्षेप में चर्चा आवश्यक

है जो इसी संकलन में प्रकाशित हुई थीं। 'मैं तुम', 'नगई महरा', 'चित्रा जाम्बोरकर' और 'छोटू' लम्बी कविताएँ हैं। हिन्दी में लम्बी कविताओं की लम्बी परम्परा है जिसमें निराला की 'राम की शक्ति पूजा', नरेश मेहता की 'समय देवता' अज्ञेय की 'असाध्यवीणा', मुक्तिबोध की 'अँधेरे में' रघुवीर सहाय की 'आत्महत्या के विरुद्ध' का महत्त्वपूर्ण हस्तक्षेप है। इस दृष्टि से त्रिलोचन की 'नगई महरा' और 'चित्रा जाम्बोरकर' मानीखेज रचनाएँ हैं। 'नगई महरा' ग्राम्य समाज का समग्र बिम्ब है। निराला के 'चतुरी चमार' का नवीन संस्करण है। इसकी समान्तरता में नागार्जुन की 'हरिजनगाथा' को रखा जाता है। पर दोनों में काफी अन्तर है, स्वरूप और संवेदना के स्तर पर भी–

"क्या मिला क्या मिला जो भटके-अटके
फिर मंगल मन्त्र जपा किये!"[152]

यहाँ ताप के तीन संस्तर हैं। ताप के साथ उपताप है, अन्यथा अनुताप भी। एक सार्थक बिम्ब यहाँ उपस्थित है। जो ध्यान बरबस खींच लेता है–

"चौंध के अक्षर
पल्लव पल्लव के उर में चुपचाप छपा किये!"[153]

सहज-सरल गद्यात्मक पंक्तियों के बीच यह बिंब हीरे की तरह चमक रहा है। ऐसी सघन व्यंजनापरक पंक्ति त्रिलोचन के ही वश की बात है। त्रिलोचन ने लिखा है–'तुलसी बाबा भाषा मैंने तुमसे सीखी।' लेकिन यहाँ 'सीखना' अनुकरण नहीं है, प्रभाव है और प्रगति भी। कारण कि तुलसी का समाज और जीवन अब नहीं रहा और कविता अपने समय की स्याही से लिखी जाती है, उसके रुह की रंगत से लिखी जाती है–

"तुलसी और त्रिलोचन में अन्तर जो झलके
वे कालांतर के कारण हैं, देश वही है
लेकिन तुलसी ने जब-जब जो बात कही है
उसे समझना होगा सन्दर्भों में कल के
वह कल कब का बीत चुका है...
पहली स्वरधारा साँसों में कहाँ रही है...
त्रिलोचन के सन्दर्भों का पहनावा
युग ही समझे...
...अब बाज पुराना नहीं बजेगा।
उसके मन का। मान चाहिए, सबको सबका।"[154]

यह है कवि की लोक चेतना, लोकमंगल की भावना। राजेश जोशी ने

सही जगह पर ऊँगली रखी है–"[156] त्रिलोचन की कविता में ये दोनों भाव (प्रेम और करुणा) बहुत महत्त्वपूर्ण हैं, लेकिन दूसरी ओर वे लोकरंजन के लिए वह राम को नहीं चुनते हैं और उसका मंगल करने की शक्ति जो स्वयं उसी के अन्दर अन्तर्निहित है, उसे पहचानते हैं... यही वह बड़ा फर्क है जिसके कारण तुलसी का दैन्य उनके यहाँ स्वाभिमान बन जाता है।"[155]

यह बहुत लम्बी कविता है। यहाँ वह आंशिक रूप में प्रस्तुत है। त्रिलोचन के अनुसार "नगई महरा का एक ही अध्याय 'ताप के ताये हुए दिन' में प्रकाशित हुआ है। यह कविता कुल पाँच अध्यायों में है। चार अध्याय अभी कच्चे रूप में 'अनफिनिश्ड' पड़े हैं।" यह कविता एक समाजीकृत मनुष्य की कहानी है। नगई की सामाजिकता को कविता सारे अन्तर्विरोधों में पकड़ती है। पंचायत, डाँड़-बाँध, 'जाति-गंगा' इसी समाजिकता के प्रतीक हैं। "सतही तौर पर यह कविता वर्णनात्मक है। सतह पर इस कविता के मंच पर कुछ भी नाटकीय या महत्त्वपूर्ण घटित नहीं होता। पर सीधे-सपाट शब्दों के पीछे एक समूची दुनिया है जहाँ बिना किसी घोषणा के चुपचाप एक पुरा युद्ध लड़ा जा रहा है। बहुत कुछ होरी के युद्ध की तरह।"[157]

'चित्रा जांबोरकर' तीन-चार वर्ष की बालिका का चरित्र-चित्रण है, वात्सल्य की भावभूमि पर। 'चंपा काले-काले अच्छर नहीं चीन्हती' की मनोभूमि पर यह अगली कविता है। ये दोनों कविताएँ चंपा से अधिक सघन और समृद्ध कविताएँ हैं। नैसर्गिक जीवन के साथ नैसर्गिक भाषा। इनमें परम्परावाद ही नहीं, परम्परा की सक्रिय समीक्षा भी है। इन कविताओं में हर समय हर जगह परम्परागत काव्यशास्त्र का बहिष्कार ही नहीं है, फिर भी इनके अध्ययन और आलोचना के लिए नये सौन्दर्यशास्त्र की अनिवार्यता है। बहरहाल, केदारनाथ सिंह के शब्दों में ही कहना ज्यादा लाजिमी होगा कि "'ताप के ताए हुए दिन' की कविताएँ एक संघर्षरत कवि के अनुभव के ताप से ताई हुईं कविताएँ हैं। उनके पक्ष-विपक्ष में बहुत कुछ कहा जा सकता है और कहने वाले कहेंगे भी। पर इतना निर्विवाद है कि इस संग्रह के प्रकाशन से समकालीन हिन्दी कविता का दायरा कुछ और चौड़ा हुआ है।"[158]

'शब्द'

यह संकलन वाणी प्रकाशन, दिल्ली से सन् 1980 में प्रकाशित हुआ था। इसमें एक सौ सत्रह सॉनेट संग्रहीत हैं। इसमें पहली जनवरी सन् 1962 से लेकर 10 अप्रैल '62 तक की अवधि में रचे गये सॉनेट शामिल हैं। त्रिलोचन

की नजर में यह संकलन सर्वोत्कृष्ट है और सर्वाधिक सन्तोषप्रद है। यह आत्म-आशंसा नहीं। यह आलोचक की अनुशंसा भी है। श्री दिविक रमेश के शब्दों में "त्रिलोचन की किताबों में मुझे सबसे जानदार और शानदार 'शब्द' ही लगती है। 'शब्द' को पढ़ते हुए मुझे कबीर याद आते हैं, ज्याँ पाल सार्त्र याद आते हैं और याद आते हैं पाब्लो नेरूदा, नेरूदा की 'शब्द' शीर्षक वाली कविता याद आती है कि शब्द ही विरासत हैं।"[159] 'शब्द' में त्रिलोचन की काव्यानुभूति को भी नयी जमीन मिल गयी है। इस संग्रह की यह अतिरिक्त विशेषता है।

'बीन बजाने वाली', 'कोलाहल का बीजारोपण', 'अभी-अभी तो चला गया', 'शब्दकार', 'स्वर-समुद्र', 'आहत शब्दों में', 'शब्द-शब्द से', 'शब्दों से', 'शब्दों के द्वारा', 'बोले मुझसे शब्द' आदि रचनाओं का केन्द्रीय विषय शब्द और कविता है। त्रिलोचन शब्दों को जीवित प्राणी मानते हैं और उन्हें इंसान की तरह बरतते भी हैं–

"शब्दकार, इन शब्दों में जीवन होता है
ये भी चलते-फिरते और बात करते हैं।
तोष, रोष–जब जैसे भावों में भरते हैं
तब वैसे ही अर्थों का व्यंजन होता है।"[160]

त्रिलोचन काव्य-कला को सरस्वती का वरदान मानते हैं और उनके प्रति अपनी कृतज्ञता भी व्यक्त की है। जीवन की समस्याओं का समाधान भी वे सारस्वत साधना का ही परिणाम मानते हैं। लेकिन वे सरस्वती की आराधना-उपासना अनाहत शब्दों से नहीं, आहत शब्दों से करते हैं। यही परम्परा की नयी प्रगति है।

"आहत शब्दों से तेरा अर्चन की
मैं करता हूँ अगर ठिठाई माँ, तो इसमें
तेरा प्रोत्साहन है
कैसे और कहाँ से शब्द अनाहत पाऊँ।"[161]

गरज कि कवि ने 'शब्दों के द्वारा जीवित अर्थों की धारा' प्रवाहित की है। 'शब्दों से ही वर्ण-गन्ध का काम लिया है'। इन जीवित अर्थों की धारा भाव और शिल्प दो कूलों के बीच प्रवाहमान् है, दोनों ही तट आस-पास हैं।

'दिगंत' के बाद भी कवि ने अपने पैरों को धरती पर जमाये रखा है। इसमें अनेक कविताएँ प्रकृति-केन्द्रित हैं। पर उनका प्रत्यक्ष-परोक्ष सरोकार अपने समय और जीवन के यथार्थ से है। 'कल गुलाब जो खिला हुआ था', 'देख रहा हूँ उड़ते हैं पारावत', 'जाड़े का दिन' आदि कविताएँ प्रकृति के

विविध दृश्यों को रेखांकित करती हैं। इन कविताओं में भी त्रिलोचन अपने प्रगतिशील आशयों को सन्दर्भित करने से बाज नहीं आये हैं। कारण कि, किसी भी कवि की मूल चेतना रचनाओं में अनायास मौजूद हो जाती है। यानी काव्य-चेतना का डी.एन.ए. सर्वत्र मौजूद रहता है। उदाहरण के लिए इस संग्रह के दो-एक कविताओं की चर्चा काफी होगी-'बादल छाए हैं' और 'नाव चल रही है।' आभा की ग्लानि होने पर भी प्राणियों की इच्छाएँ-आकांक्षाएँ जागरित हैं यानी नयी समाज-व्यवस्था बादल का किरदार निभायेगी-

"अगर बदली छाई है
तो आभा की चाहे जितनी ग्लानि हो
शेष प्राणियों में जगकर नवीन कांक्षाएँ
शक्ति जगाएँगी-ऐसी बेला आयी है।"[162]

कुछ लोगों ने 'जल के हिल जाने पर', 'जीवन अब तक', 'कभी-कभी लगता है', 'मिली कहाँ', 'तितिक्षा' आदि कविताओं से गुजरते हुए छायावादी रहस्यवाद की भनक पायी है। मगर वस्तुस्थिति यह है कि इन कविताओं में सामाजिक यथार्थ ही जीवनानुभूति का रसायन बनकर अभिव्यक्त हुआ है। 'धूल चरण से जो उड़ती है', 'हृदय-हृदय के भाव-वसन', 'दुख से दबे हुए मानव', 'अपना ही दुख, गृह-गृह में', 'धूल', 'जरूरतें', 'ईश्वर' आदि कविताओं में प्रगतिशील वैचारिकता मुखरित है, मगर वक्तव्य के रूप में नहीं, अनुभूति के रूप में।

इनके अलावा वैयक्तिक अनुभूति की भी रचनाएँ इस संग्रह में आयी हैं। ये प्यार, एकाकीपन, अपनापन, अवसाद आदि मनोभावों को भी केंद्र में रखकर रची गयी हैं। ऐसी कविताओं में 'एक समय आता है', 'उड़ने वाले पक्षी', 'चिन्ताओं के ऊपर', 'सूख गये हैं लोर', आदि महत्व की हैं। प्रगतिशील एवं गार्हस्थ्य-प्रेम की किसानी अभिव्यक्ति त्रिलोचन ने इस कविताओं में भी की है-

"...ध्यान तुम्हारा खींच रहा है
उस अतीत की ओर जहाँ से स्वर आते हैं
जीवन का सन्देश लिए। मेरे इस सुख को
अन्तः स्पन्दन नित्य रक्त से सींच रहा है।"[163]

इसके अलावा कुछ कविताएँ महात्मा गाँधी, सुभाषचन्द्र बोस आदि महान व्यक्तियों पर भी लिखी गयी हैं और आत्मपरक रचनाएँ भी हैं। व्यंग्यात्मकता से भी 'शब्द' के सॉनेट अछूते नहीं हैं। पत्थरोपासकों पर गहरा व्यंग्य है।

अष्टग्रही से भयभीत लोग, भविष्य व्यवसायी, दल, शांति के कोरे प्रयत्न और सैन्य स्पर्द्धा जैसे विषय त्रिलोचन की व्यंग्य-चेतना के अंग हैं। उपयोगितावाद, उपभोक्ता संस्कृति, और पूँजीवाद पर भी त्रिलोचन ने तीखा प्रहार किया है। काव्यांदोलनों पर व्यंग्य और अपना दृष्टिकोण उन्होंने व्यक्त किया है। इस प्रकार इस संकलन में भारतीय इतिहास और सभ्यता का लम्बा संघर्ष चित्रित है। श्री विष्णुचन्द्र शर्मा मे शब्दों में "त्रिलोचन जी की कविता व्यक्ति, परिवार, राष्ट्र के बीच में शब्द और शब्द के अन्तर्गत अर्थों की यात्रा है।"[164]

'उस जनपद का कवि हूँ'

सॉनेट सम्राट त्रिलोचन का 'उस जनपद का कवि हूँ'–"त्रिलोचन की काव्य-यात्रा के एक महत्त्वपूर्ण मोड़ का रचनात्मक दस्तावेज है। 1950 के आस-पास का समय समकालीन भारतीय इतिहास और त्रिलोचन की कविता में एक विलक्षण उथल-पुथल के साथ प्रवेश करता है। लगभग इसी समय त्रिलोचन सॉनेट की तरफ मुड़ते हैं। त्रिलोचन का सॉनेट की तरफ मुड़ना एक ऐसी घटना थी जो बिल्कुल चुपचाप घटित हुई लेकिन जिसने आगे आनेवाली कविता की नियति को दूर तक प्रभावित किया।"[165] आरम्भ में ही कवि-आलोचक केदारनाथ सिंह को उद्धृत करने की जरूरत इसलिए महसूस हुई कि इन कविताओं के चुनाव और अनुक्रम के उपक्रम में नामवर सिंह के साथ-साथ इनकी भी भागीदारी है। ये दोनों ही त्रिलोचन की जीवन-यात्रा और काव्य-यात्रा के साक्षी रहे हैं, अन्तिम यात्रा के भले ही न हों। इस संग्रह में कुल 106 सॉनेट सम्मिलित हैं और इनका रचनाकाल सन् 50 से 54 तक का है। रचना-काल की समीपता के कारण संवेदनात्मक स्तर पर भी 'दिगंत' के समीप और समकक्ष है। इस संकलन में भी पूर्ववर्ती संग्रहों की तरह रचनात्मक वैविध्य मिलता है। प्रेम, प्रकृति, आत्मपरक एवं सामाजिक सरोकारों वाली कविताओं की धूम-धाम है।

जैसा कि पहले संकेत किया है कि त्रिलोचन की प्रेमानुभूति घरेलू एवं पारिवारिक है। हम जानते हैं उनके समय में प्रेम स्वकीय नहीं था, न अंचल में और न नरेंद्र में ही। उस दौर में त्रिलोचन ने स्वकीया प्रेम को प्रतिष्ठित किया जिसका इनके समकालीन प्रगतिशील कवियों ने भी समादृत किया और स्वकीया-प्रेम की परम्परा को गति और दिशा दी–

"जबसे देखा तुम्हें, तुम्हीं को पाना चाहा
जीवन का क्रम अकस्मात कुछ और हो गया

अब तक जो कुछ पाया उसका मूल्य खो गया
हृदय-सिन्धु की गहराई को तुमने चाहा..."[166]

यह प्रथम दृष्टया प्रेम नहीं है, दाम्पत्य प्रेम है, जो 'फ्लैश बैक' में आया है।

यह आग्रह और आत्मीयता निराला की प्रेम-संवेदना एवं शिल्प को ताजा कर देती हैं। कवि की अभावजन्य विवशता का दंश हर अभावग्रस्त प्रेमी या पति का दंश है–

"बिदा किया तब कहा कि यह लाना, वह लाना
ग्वैंड़े आया और हाथ दोनों हैं खाली
सजी खूब थी हाट, मगर मुश्किल था पाना।"[167]

जाहिर है, खाली हाथ रिक्तता बाँटते लाज बहुत लगती हैं। खासकर छठे-चौमासे परदेस से कमा कर आने पर। पता नहीं 'अपने मन में क्या-क्या सोचे बैठी होगी...' परमानन्द श्रीवास्तव सही फरमाते हैं–"यह प्रेम जीवन के खटराग से अलग नहीं है। आकाश-कुसुम तोड़ने का सब्जबाग नहीं दिखाया जा रहा है। अशरीरी (प्लेटॉनिक) प्रेम भी नहीं, लौकिक प्रेम। जद्दोजहद के बीच। मुक्तिबोध जैसा सकर्मक प्रेम। शमशेर की-सी मांसलता त्रिलोचन के यहाँ नहीं है। प्रिय के प्रति मित्र भाव है।"[168]

प्रकृति-प्रेम भी त्रिलोचन शास्त्री का स्थायी भाव है। प्रकृति के विभिन्न दृश्यों एवं पक्षों का चित्रण इस संग्रह में किया है। प्रकृति की दृश्यता का अनुभव पदे-पदे किया जा सकता है। उसका गौण अंश भी महत्त्वपूर्ण हो जाता है। इसके लिए रचना-दृष्टि उत्तरदायी है। कहीं-कहीं कभी-कभी परम्परागत प्रतीत होता है तो कहीं-कहीं मौलिक भी–

"खिली दृश्यता आज, शरद ऋतु कुछ ऐसी
होती है, दे जाती है वह साज कि धरती
अपने आप बदल जाती है, नव श्री जैसी
आती और सुनहले धानों से मन हरती
...करते हैं किसान खेतों में काज"[169]

शरद ऋतु के बीच कार्य करते, श्रम करते किसानों की प्रतिष्ठा कवि की बुनियादी आवश्यकता बन गयी है। प्रकृति और कृषकों का सहभाव दृश्यता को सजीव बना देता है। यह भिन्न सन्दर्भ भी है। पुरवैया की एक रसीली भूमिका दर्शनीय है–

"उड़ा-उड़ा जाती थी बालों को पुरवैया
बड़ी मुँह लगी सखि सरीखी..."[170]

मार्के की बात यह भी है कि प्रकृति अपने अस्तित्व को सँभालते हुए भी लाक्षणिक पुकारों एवं गुहारों की वजह से 'डायडैक्टिक' बन गयी है इससे कलात्मकता क्षतिग्रस्त नहीं हुई है।

बहरहाल, त्रिलोचन किसानी संवेदना के कवि हैं। प्रकृति की दुनिया में प्रवेश करते हैं तो 'ग्रामों-नगरों, गिरि-उपत्यका-कांतारों में' भ्रमण तो करते हैं, पर सबसे ज्यादा वे रमते हैं 'ऊपर बंजर में, पलिहर में, खलिहानों में / मेड़ों पर, घर में, आँगन में, मैदानों में / शिखी-कृषक के लास-हासमय उपहारों में' यहाँ भी उनकी प्रतिबद्धता पार्श्व में खड़ी है।

इस संकलन में कुछ ऐसी कविताओं को भी 'स्पेस' मिला है जिनमें उनकी प्रतिबद्धता ओट में नहीं, बिल्कुल सामने खड़ी है। और, सामाजिक-आर्थिक विषमताओं से सीधे टकराती है; ऐसी कविताओं में 'आओ, मुकाबला करें', 'कितना भी ढँक दिया जाय', 'दीवारें दीवारें चिन्ता आज और कुछ', 'कोई भूखा हो तो', 'इस उबड़-खाबड़ दुनिया से' आदि प्रमुख हैं–

"दीवारें दीवारें दीवारें
चारों ओर खड़ी हैं, तुम चुपचाप खड़े हो...
...मुक्ति चाहते हो तो आओ धक्के मारे
और ढहा दें।"[171]

ऐसी कविताओं के सन्दर्भ में केदारनाथ सिंह ने अपनी अनुशंसा व्यक्त की है और उनके वैशिष्ट्य को रेखांकित करते हुए लिखा है कि "उस जनपद का कवि हूँ' की कविताएँ एक जनपद से उठकर अपने समय की सम्पूर्ण जनचेतना के अनेक ज्ञात-विज्ञात छोरों को छू लेने वाली कविताएँ हैं, जिनमें स्वाधीनता के बाद के कुछ आरम्भिक वर्षों की सबसे सच्ची और समर्थ धड़कने सुनी जा सकती हैं।"[172]

इस संग्रह में कुछ ऐसे भी सॉनेट हैं जिनके मुख्य पात्र स्वयं त्रिलोचन हैं। इन सॉनेटों के सम्बन्ध में 'भूमिका' में त्रिलोचन ने लिखा है कि "इसमें सन्देह नहीं कि इन तीनों में त्रिलोचन नाम का उपयोग है, किन्तु इस नाम के माध्यम से सत्य का विशेषीकरण करने का प्रयास किया गया है।"[173] इस दृष्टि से 'वही त्रिलोचन है', 'चीर भरा पाजामा', 'भीख माँगते', 'इधर त्रिलोचन ने' शीर्षक कविताएँ हमारा ध्यान सहज ही आकृष्ट करती हैं। इनमें अभिव्यक्त सत्य व्यष्टिगत होते हुए भी समष्टिगत है और जन-सामान्य की स्थितियों से उत्पन्न हैं। यहाँ एक और बात उल्लेखनीय है। अपनी आत्मपरक रचनाओं में त्रिलोचन ने अपने जीवन-संघर्ष, गरीबी, दरिद्रता, उपेक्षा की चर्चा

जितने संयम एवं सहजता से की है उतनी अन्यत्र दुर्लभ है। इन रचनाओं के आधार पर उनकी जीवनी लिखी जा सकती है। मगर कहीं भी ऐसे प्रसंगों में दैन्य नहीं है। दीन-हीन अदीन भाव से सभी प्रसंग उपस्थित हैं। इसलिए कहना गलत नहीं होगा कि "सम्भवत: आधुनिक हिन्दी कविता में अपनी दरिद्रता का हिला देने वाला, फिर भी नियंत्रित और कहीं भी गरिमाच्युत नहीं, वर्णन 'उस जनपद का कवि हूँ' में ही मिलता है।"[174]

त्रिलोचन ने इस संग्रह में अपनी सर्जनशीलता के बारे में कहा है-'प्रखर वेग के पार अडिग जीवन ने पाई सोची हुई सिद्धि जीवन की।' गरज की यहाँ जीवन की सोची हुई सिद्धि है जो मन और शब्दों को साध कर हासिल हुई है, वह अचेत और अनायास नहीं है। जीवन में अनेक विषम परिस्थितियाँ हैं, भावों एवं विचारों के घात-प्रतिघात हैं, लेकिन इन सबको शांत चित्त में, संयमपूर्वक काव्यानुभूति का विषय बनाया है। स्थितियों, अनूभूतियों के चयन एवं संयोजन से लेकर शब्दों की परख-पहचान तक अपने स्थिर बुद्धि-विवेक का उपयोग किया है। सबकुछ सुचिन्तित एवं सुविचारित होता है। इसलिए अरुण कमल की यह स्थापना एकदम सही है कि-"त्रिलोचन मूलत: जीवन की स्थिर, शांत स्थितियों के कवि हैं... 'उस जनपद का कवि हूँ' के सॉनेट खास तौर से त्रिलोचन की सन्तृप्त काव्य-व्यवस्था के उदाहरण हैं। उनमें कहीं भी सहसा प्रगट हुआ आवेग या उच्छृंखल भाव-समूह नहीं हैं।"[175]

'अरघान'

त्रिलोचन जी का चर्चित काव्य-संकलन 'अरघान' सन् 1984 में प्रकाशित हो सका। गो कि इसकी रूपरेखा लेखक-मित्र श्री विष्णुचन्द शर्मा ने दस साल पहले ही तैयार कर ली थी। मगर प्रकाशक के अभाव में वह रोशनी में नहीं आ सका था। यह तो यात्री प्रकाशन का सौजन्य है कि वह काव्य जगत की नागरिकता पा गया। यहाँ यात्री प्रकाशन की घ्राण-शक्ति की दाद देनी होगी जिसकी वज़ह से काव्यत्व की तीव्र गन्ध की पहचान सम्भव हो सकी। इस संकलन में कई तरह के काव्यत्व की खुशबू मौजूद है। कथ्य के साथ-साथ कविताओं के आकार में भी विविधता है। कुछ अत्यंत छोटी कविताएँ 'हाइकू' की तर्ज पर शामिल हैं तो बहुत लम्बी कविताएँ भी हैं। मगर बुहत लम्बी कविताएँ होने में उनको संकोच भी है। अन्य संग्रहों की तरह ही इसमें सॉनेट भी हैं। उनकी कुल संख्या उनतीस है और इसी संग्रह में ही सन् 1953 के प्रयाग महाकुंभ पर रचे गये 25 सॉनेट दर्ज हैं, जो एक महाकाव्य की औकात रखते हैं।

'अरघान' के आरम्भ में प्रकृति और मनुष्य के अन्तरंग सम्बन्धों के दृश्य हैं। इसमें वैसे भी तरल दृश्य हैं जो छायावाद एवं छायावादोत्तर नये कवियों की अमानत-से लगते हैं। मगर उनमें वह तरलता नहीं है जो बरसात से पसीजते हुए गुड़ में होती है। उनमें 'शरत का प्रसन्न ताल' है, 'जिसमें लहरें भी नहीं, भीतर मछलियाँ कुछ करती है...' त्रिलोचन जी के मूल स्वभाव से अलग सघन ऐंद्रिकता के साथ-सा गीतात्मकता भी है जो उनकी 'शुष्कता' को निरस्त करती है। इसके विपरीत गहन सामाजिकता से सम्पन्न और समृद्ध महाकुंभ वाले सॉनेटों की उपस्थिति भी है जो उनके स्थायी भाव के व्यंजक हैं। इसी आधार पर अरुण कमल ने टिप्पणी की है कि "बाह्य और आन्तरिक का यह सन्तुलन और अन्योन्याश्रय सम्बन्ध उनके कवि-व्यक्तित्व का मूल चरित्र है।"[176]

महाकुंभ के सॉनेट धर्म, सत्ता और सम्पदा के सरगम से बने भारतीय समाज की संहारक शक्ति के 'निदंक नियरे' हैं, जिनमें भारत की अन्धी जनता को रोशनी देने की ताकत है और परम्परा की धूल और गर्द को झटकाने की क्षमता भी। यह पहली बार ईमानदारी से किया गया महाकुंभ का लेखा-जोखा है। आज भी जब आम ओ खास लोग महाकुंभ में स्नान के द्वारा स्वर्ग में अपनी जगह आरक्षित कराने के लिए बेकरार हैं और भगदड़ में मौत के शिकार हो जाते हैं। तब ये सॉनेट और मानीखेज हो जाते हैं। भगदड़ और मरण अक्सर महाकुंभ की अवश्यंभाविता हैं। हाल-फिलहाल का महाकुंभ ही इसका अपवाद रहा, हजारों-करोड़ों सुरक्षाओं एवं सावधानियों के कारण। इन सॉनेटों में पहले तो 'जनता के विराट् दर्शन' का स्वागत त्रिलोचन ने किया है। वह 'मानव-कानन' का अभिवादन करते हैं–'देखा शीश झुकाया', 'वह कहते हैं', 'मैंने विश्वास पा लिया वह विश्वास जो विजय के नवगान गा गया'। लेकिन यह उत्साह और उल्लास क्षणभर में 'मरणोत्सव' बन गया। सन् 1953 की बात है। 'लाशों पर चढ़कर मानव आता है।' 'ट्रक में भर-भर कर आज गंज शव का आया है।' 'लाशों की प्रदर्शनी' लग जाती है। 'अनायास सामूहिक वध खिलवाड़' बन जाता है। चिन्ता और चिन्तन की बात यह है कि यह सब धर्म के नाम पर होता है, अन्धी आस्था की ताकत से होता है। मगर विडम्बना यह है कि इस करुण त्रासदी का अन्त कामदी से होता है। राष्ट्रपति की शाही सवारी आती है। नेता, प्रशासन, लेखक-साहित्यकार सब पीछे-पीछे आते हैं। दावतें होती हैं और सभी 'जहाँ फूटन थी वहाँ टसाई बातों से करते हैं–

“लाशों की चर्चा थी, अथवा सन्नाटा था
राज्यपाल ने दावत दी थी, हा-हा, ही-ही”[177]

गरज कि इन सॉनेटों में त्रिलोचन ने जनता के विराट् स्वरूप से लेकर शोषण-तन्त्र के सभी पेंचों का उद्‌घाटन किया है, और देश की धर्मभीरु एवं दिग्भ्रमित जनता के प्रति भी अपनी सहानुभूति सुरक्षित रखी है। उनकी मूल चिन्ता यही है कि–

“जनता में कब होगा जनता का अधिकारी
कब स्वतन्त्र होगी यह जनता टूटी हारी।”[178]

यह सांस्कृतिक स्वतत्रंता की आकुलता-व्याकुलता आम आदमी के प्रति कवि की प्रतिबद्धता को जाहिर करती है। बकौल नामवर सिंह “इस सॉनेट-पुंज में त्रिलोचन महाकाव्यात्मक प्रतिभा के साथ सामने आते हैं, वही विराटता, वही गरिमा, वही मानव-त्रासदी।”[179]

इन सॉनेटों के अलावा इस संग्रह में अत्यंत छोटी-छोटी कविताएँ भी हैं, जिन्हें कोई सिद्धहस्त ही लिख सकता है। ये कविताएँ ‘हाइकू’ जैसी हैं, पर ‘हाइकू’ नहीं है। ‘हाइकू’ में गहरे एवं शब्दातीत तात्पर्यों को दर्ज किया जाता है। ऐसी कविताओं के लिए अज्ञेय को सादर स्मरण किया जाता है। मगर त्रिलोचन की इन छोटी कविताओं को देखने से त्रिलोचन उनके प्रतिस्पर्द्धी प्रतीत होते हैं। हिन्दी की सारी छोटी कविताओं से भिन्न आस्वाद इन कविताओं का है, कुछ वैदिक ऋचाओं जैसा–

“पीछे उषाएँ हैं
और आगे संध्याएँ पंक्तिबद्ध
बीच में मैं मेरा आकाश”[180]

....

“उषा की
आभा जल के भीतर
घुलती है।”[181]

इन कविताओं में कुछ ऐसे चित्र भी मिलते हैं जो हमारे दैनिक चर्या में मिलते हैं, मगर उनके प्रति हम प्रायः अन्यमनस्क होते हैं–

आँखें मूँदे, पेट पर सिर टेक
गाय करती है घमौनी बँधी जड़ से
पेड़ की छाया खड़ी दीवार पर है।”[182]

इन कविताओं में 'जीवन के प्रति तटस्थता और तन्मयता' है, उसकी पराकाष्ठा का अहसास हैं। उनकी ऐसी कविताओं के सम्बन्ध में नामवर सिंह की अनुशंसा है कि–"कहने को जी होता है कि यह कविता त्रिलोचन ही लिख सकते थे–आज हिन्दी में। ऋग्वेद की गूँज लिए हुए। लेकिन आज की ऋचा, जिसके बीच 'मैं' भी है और 'मेरा', 'आकाश भी।"[183]

इस संकलन में कुछ ऐसी भी कविताएँ हैं जो कुछ लम्बी हैं और बड़ी भी। जैसे, 'क्या-क्या नहीं चाहिए', 'अनुकथन', 'सब्जीवाली बुढ़िया' आदि। 'क्या-क्या नहीं चाहिए' गद्यात्मक रचना है। पर, लयात्मकता की दृष्टि से गहर स्तर पर काव्यात्मकता भी मौजूद है।

सामान्य रोजमर्रा की तथाकथित अकाव्यात्मक स्थितियों में कवित्व को पहचानना सहजता का ही एक पक्ष है। कविता वहाँ है तो, लेकिन ख़ामोश है। उस ख़ामोशी को वही सुन सकता है जो स्वयं मार्मिकता की अभिव्यक्ति संकोच से करता हो। मार्मिकता जीवन का ही एक पहलू है, जीवन से अलग नहीं हैं। इस संकलन में एक कविता है 'सब्जीवाली बुढ़िया'। सर्द मौसम में वह बुढ़िया मेथी, पालक और लहसुन की हरी-हरी गठ्ठियाँ बेच रही है। ग्राहकों से वह आग्रह करती है बार-बार खरीदने के लिए। मगर कोई नहीं लेता। कवि उसकी गुहार सुन लेता है और उसकी सारी गठरियाँ खरीद लेता है–

"अम्मा, सारी चीजें इकठ्ठे बाँधकर मुझको दे दीजिए। बुढ़िया असीसती हुई चली गयी।"[184]

इस कविता की प्रशंसा करते हुए विश्वनाथ त्रिपाठी लिखते हैं कि–"बुढ़िया ने साँस ली और कहा-दिन हैं ये ठंड के' यह केन्द्रीय पंक्ति है। हमारे देश में 7-8 वर्ष के बच्चे मजूरी करते हैं तो 70-80 साल के वृद्ध रिक्शा-रेढ़ी चलाते हैं। कविता में जहाँ तक मेरी जानकारी है, ऐसी स्थिति का चित्रण पहली बार त्रिलोचन ने ही किया है। स्थिति ही दारुण है। उसे किसी प्रकार काव्यात्मक बनाने की जरूरत नहीं। जरूरत देखने-सुनने और पाठक-श्रोता को दिखाने-सुनाने की है। इससे ज्यादा कुछ करना कविता की हत्या करना है।"[185]

त्रिपाठी जी ने कविता के मर्म को ठीक से पहचाना है और त्रिलोचन को भी। सामान्य जीवन की दारुण स्थितियों का मार्मिक सम्प्रेषण ही सार्थक कविकर्म है और उससे उबरने की प्रेरणा देना ही काव्य-प्रयोजन है। यही उनके काव्य का 'अरघान' है जो 'धरती' से लेकर 'दिगंत' तक फैला हुआ है, अपनी सहजता और मार्मिकता के साथ।

'फूल नाम है एक'

'फूल नाम है एक' त्रिलोचन शास्त्री के सॉनेटों (मुख्यत:) का संग्रह है। इसमें सन् 1953 से 1977 तक की रचनाएँ संकलित हैं। पहले तो त्रिलोचन हाशिए के कवि थे। सन् 1980 के आस-पास काव्यजगत में इनकी केन्द्रीयता विकसित हुई। सम्भवत: इसीलिए सन् 1984 में राजकमल प्रकाशन से इसका मुद्रण सम्भव हो सका। त्रिलोचन का पूरा जीवन ही 'ताप के ताए हुए दिनों' से गुजरा है। इसलिए उनकी अधिकांश रचनाओं में संघर्ष को अहमियत मिली है। साहस और संघर्ष की छाया तकरीबन हरेक रचना में देखी जा सकती है। इस संग्रह का पहला सॉनेट ही एक ऐसे सहयात्री को सम्बोधन है जिसके पैर काँटों से बिन्धे हैं और वह लंगड़ा कर चल रहा है। इस सॉनेट को पढ़ने से यही लगता है कि यह कवि का आत्मचरित है। उनकी आत्मपरकता सॉनेट संख्या 12 में अभिव्यक्त हुई है। इसमें वे 'अपनी मुठ्ठियों में पड़े स्वर्ण कणों से / रेत कणों-सा खिसक-खिसक जाने देते हैं।' उनकी अपनी समझ है कि मैंने जीवन में केवल धोखा ही खाया है और उन्हें केवल धोखा-धोखा ही हुआ है। पर कवि को अपने निखट्टू होने का शहीद अहसास भी है। (सॉनेट सं. 22) जीवन के रेगिस्तान में किसी नखलिस्तान की उम्मीद नहीं रह गयी है। (सॉनेट सं. 23) वह भटक-भटक कर लाचार हो गया है। (सॉनेट सं. 69) यायावरी जीवन में दु:ख झेलना दूभर हो गया है। इस असह्य बोझ को कब तक ढोना है, कवि को पता नहीं। कवि के दु:ख में काफी कुछ व्यक्तिगत है। जीवन की असफलताएँ, मित्रों का निधन, कवि के रूप में समुचित स्वीकृति का अभाव आदि के दंश और दु:ख बराबर सालते रहते हैं। लेकिन इनके साथ ही वह सामाजिक पीड़ा भी है जो उनको व्यापक सामाजिक सन्दर्भों से भी जोड़ती है। कारण कि कवि का जीवन ही सार्वजनिक है—बहुत हद तक—

"यहाँ दु:ख पीड़ा की छाया
सहज नहीं लगती, आँखों को गड़ जाती है।
इस दुर्भाग्यग्रस्त भूतल पर क्यों आयेंगे
स्वर्ग निवासी देव..."[186]

भारत को देवताओं का देश कहा जाता है। लेकिन यह भूखे-दूखे लोगों का देश है। यहाँ परिवर्त्तन की दिशा मानव विरोधी है। सत्ता-संस्कृति निरंतर संवेदनशील होती जा रही है, मानवीय संवेदना के लिए उसके संस्कार में कोई जगह नहीं है। यह उपभोक्तावादी संस्कृति है, बाजारवादी है। इसमें मोल-तोल को प्राथमिकता प्राप्त है, मेल-जोल को नहीं—

"इसी भाँति क्या यह इतिहासी नदी, त्रास की
इस ग्रह पर बहती जायेगी..."[187]

यह सवाल निरंतर कवि की चेतना को मथता है। इस संकलन को पढ़ना जीवन में तन्मय और तल्लीन कवि के सवालों को सुनना है। इसमें मोहभंग पीड़ा से ग्रस्त-त्रस्त काव्य-चेतना की हितैषी आकांक्षा है।

इस काव्य-संकलन में कवि मित्र नागार्जुन पर लिखी रचना आकृष्ट करती है। नागार्जुन और त्रिलोचन काव्य-यात्रा के सहयात्री रहे हैं और दोनों के बीच अन्तरंग सम्बन्ध भी रहे हैं तथा आन्तरिक संवाद भी। यह कविता केवल कवि मित्र का संस्मरण नहीं है, बल्कि काव्य-दृष्टि से कवि की परख एवं पड़ताल भी है। कवियों के बारे में आम धारणा है कि वे सामान्य व्यक्ति नहीं, विशिष्ट होते हैं। उनके रहन-सहन, खान-पान में एक अभिजात्य होता है। इस अवधारणा की निर्मिति में पन्त और अज्ञेय की विशिष्ट भूमिका रही है। कवि-समय में अज्ञेय 'स्टार पोएट' माने जाते थे। उनके सामने नागार्जुन जैसे फक्खड़ कवि की क्या औकात। देखने से किसी कोण से भी कवि लगते ही नहीं थे। उनकी इसी सहजता एवं सामान्यता को लक्ष्य किया है त्रिलोचन ने। उनकी इस कविता में एक महिला कहती है कि-

"नागार्जुन तो कवि से
नहीं जान पड़ते। आये तो ज्यों ही आये
त्यों ही घुलमिल गये। ढंग ऐसे कब पाये
थे हमने कवियों के..."[188]

जनसाधारण से ऐसी सम्पृक्ति कि मजूर से तनिक दुराव नहीं। उसके बाल-बच्चों से इतनी हार्दिक आत्मीयता कि इस सॉनेट में एक मजदूर कहता है-

"...नागार्जुन ने / मेरे बच्चे को बहलाया फिर रोटियाँ बनायीं
खायी और खिलायी। खुशियाँ साथ मनायीं
गम आया तो आये। टीह-टाह को घेरे
खड़े रहे असीस बन कर"[189]

यह राहुल का नाटकीय प्रदर्शन नहीं है, राजनीतिक विज्ञापन नहीं है। यही 'डिकास्ट' और 'डिक्लास' से उपजी आत्मीयता की स्वाभाविक अभिव्यक्ति है। कवि नागार्जुन का यह स्थायी भाव है, संचारी भाव नहीं, जिसको एक सहधर्मी ने अभिव्यक्त किया है। प्रगतिशील कवियों ने अपने समानधर्मी कवियों तथा अतीत के महान कवियों पर जितना लिखा है, उतना शायद किसी अन्य कवि ने नहीं। मुझे तो याद नहीं आता कि किसी कथाकार

ने अपने समकालीन कथाकार पर कोई कहानी और उपन्यास लिखा हो! समकालीनों के प्रति ऐसी रचनात्मक उदारता प्रगतिशील कवियों में ही दीखती है, अन्यत्र कहीं किसी में भी नहीं। सूर, तुलसी, कबीर जैसे भक्त कवियों में भी नहीं। इन्होंने बिना किसी भेदभाव के 'अपनी वाणी से भर दी प्राणों की माया'। 'सर्वमंगला' के 'ध्यानी' कवि के काव्य-विवेक का त्रिलोचन को गहरा अहसास था। इसीलिए वे दर्ज़ कर सके हैं-

"शासक शासित दोनों का सतर्क ज्ञानी है
कठिन शाप भी देता है, यों वरदानी है।"[190]

त्रिलोचन ने अपने इन पाँच सॉनेटों में नागार्जुन के कवि और व्यक्ति को एक आदर्श रूप में प्रस्तुत किया है। सम्भवत: अपने से काफी बेहतर समझते और मानते हुए। मगर यह भी तथ्य स्वीकारणीय है कि त्रिलोचन में भी वही सहजता, वही सरलता, सामान्य जन से वही जुड़ाव और लगाव था जो नागार्जुन में थी। ये दोनों कवि पर्याय तो नहीं हैं मगर प्रगतिशील एवं जनवादी चिन्ताएँ कमोवेश उभयनिष्ठ हैं। सारे प्रगतिशील रचनाकारों में कुछेक ऐसी विशिष्टताएँ हैं जो उनको अलग पहचान देती है। और उनके समुच्चय से ही प्रगतिशील काव्य-चेतना को समग्रता हासिल होती है।

नागार्जुन के काव्य-व्यक्तित्व के निर्माण में प्रिय एवं आत्मीय जनों की स्मृतियो का भी योगदान है। इस संग्रह की अनेक कविताओं में आत्मीय जनों का उल्लेख हैं। और जब जीवन ही कृतघ्नता का आख्यान हो और संघर्ष का अध्यात्म हो तो प्रिय एवं प्रिया का स्मरण स्वाभाविक है। राम-रावण संघर्ष में राम के हताश मन को भी पूर्वराग की पूर्वदीप्ति ने शक्ति दी थी।

उसी अन्दाज में त्रिलोचन को स्वकीया की याद आती है। शोषकों से युद्ध करते समय त्रिलोचन के थके-हारे मन को अपने शुभे की छवि-प्रतिच्छवि सम्बल देती है-

"सुख-दुख में दिन रात लगन से उसे निहारा
... ... जब मैं हारा
मैंने यथाकाम उसे पा लिया सहारा।"[191]

जो उनकी 'सहधर्मिणी, सहचरी और न जाने क्या-क्या' थी, उससे भी मिलने का अधिकार पूंजीवादी व्यवस्था ने छीन लिया था। उनके तपड़ते मन को उनकी सुधियाँ ही सांत्वना दे पाती हैं-

"मेरे मन का सारा शून्य भरा है
तूने अपनी सुधियों से। मेरे दुख की मारी

तुम भी हो, मुरझाई हो। मैंने पहचाना
है तुमको, हो अष्ट धातु की, ऋतम्भरा हे
सखी, तुम्हारी धृति को देखा कहीं न हारी"[192]

अत: अपनी कविता में त्रिलोचन की दृष्टि इस अर्थ में दूरगामी है कि अपने संघर्षों एवं परेशानियों के चलते वे विसर्जन का भाग नहीं अपनाते। उनको पता है कि मुक्ति अकेले में सम्भव नहीं। अकेली लड़ाइयाँ हस्तक्षेप तो होती हैं पर उनसे मुक्ति और परिवर्तन के रास्ते नहीं खुलते। इसमें सबके सामूहिक प्रयास की आवश्यकता है–

"सुगति कभी थोड़ो की थाती
नहीं रही है, इसमें सबका तुल्य दाय है।"[193]

'अनकहनी भी कुछ कहनी है'

यह काव्य-संग्रह छियानबे सॉनेटों का संकलन है। इसमें सोलह सन् 1950 और शेष अस्सी सन् 1951 के लिखे सॉनेट दर्ज हैं। यह समय स्वतन्त्रता-प्राप्ति के दो-तीन साल बाद का है। इतने कम साल में ही आजादी के सपनों से मोहभंग की आहट त्रिलोचन को मिलने लगी थी। त्रिलोचन को इस बात का पूर्वाभास था कि यह आजादी मात्र सत्ता का हस्तांतरण है, और कुछ नहीं। इससे आम आदमी का जो हाशिए पर है, कोई भला होने वाला नहीं है। और न उसके हालात में कोई परिवर्तन ही सम्भव है। यह आजादी मात्र राजनीतिक है और आर्थिक सन्दर्भों से, शोषण और उत्पीड़न के आवेगों से इसका कोई सरोकार नहीं है। इनके वादे और नारे बंजर और विधुर हैं। सत्ता और सम्पदा के लिए सभी नेता भोली-भाली जनता को मूर्ख बना रहे हैं। 13 जून सन् 1951 को लिखे गये एक सॉनेट में स्पष्ट कहते हैं–

'भीषण कमी अन्न की
बलात्कार की अनुदिन बढ़ने वाली गाथाएँ
हत्याएँ, डाके, चोरी, रिश्वतखोरी
कोई बुरा न ताके रामराज्य है...
राजदण्ड काले हाथों में पहुँच गया है
और समय दो, मौका दो....
ये जनता के प्रतिनिधि हैं
भूखी अपमानित जड़ जनता के

ये खद्दरधारी प्रतिनिधि हैं
दीन-हीन हैं
जरा और इनका घर भर दो
क्योंकि तुम्हारा
दुःख दर्द तो नया नहीं है
बनो सहारा।"[194]

लगता है, यह सन् 51 का नहीं, आज का ही सामाजिक एवं राजनीतिक परिवेश का यथार्थ है। यह अकेला चित्र नहीं है। ऐसे दृश्य और भी इस संकलन में मौजूद हैं। आज के नेताओं की मानसिक संरचना और स्वरूप की एक झाँकी दृष्टव्य है-

"देश आज बढ़ता जाता है
सर्वनाश की ओर
गीध जैसे जननेता
मृत जनता के शव पर
चोंच मारते जाते हैं...
नेता पागल दोनों खाते हैं धर्मादा
नेता घाघ है मगर पागल सीधा-सादा।"[195]

स्वाधीनता-संग्राम में तपे-तपाये हुए नेताओं का यह वर्गीय चरित्र उस समय भी कितना घिनौना था, इसका सही पता त्रिलोचन के ये सॉनेट देते हैं। शोषक वर्ग का यही चरित्र होता है। वह मूक-बधिर जनता का इसी प्रकार शोषण करता है। यह पूँजीवादी शोषण का तरोताजा दृश्य भी लगता है। वर्गीय चेतना सम्पन्न रचनाएँ इसी तरह तत्कालीन होते हुए भी समकालीन बनी रहती हैं। तद्‌युगीन अकाल के दृश्यों से, किसानों की दयनीय स्थितियों से कवि का मन विकल है। विकलता इसलिए आत्मीय लगती है कि त्रिलोचन खुद किसान थे और किसानों की पीड़ा और यातना से रू-ब-रू हो चुके थे। यह अपने जीवन का भोगा हुआ यथार्थ है-

"हँसता है अकाल
तारों के दाँत निकाले
मन किसान का मेरा
चैन नहीं पाता है"[196]

इससे यह विश्वास पोख़्ता हो जाता है कि 'केवल राख ही जानती है जलने का अनुभव'। स्त्री विमर्श और दलित-विमर्श का यह सूत्र त्रिलोचन

के इस सॉनेट में ही मिल जाता है। आज भी किसानों की माली हालत में कोई सुधार नहीं आ पाया है। हरित क्रान्ति, श्वेत क्रान्ति आदि के इंद्रधनुषी क्रान्ति में तब्दील हो जाने के बाद भी किसानों की आत्महत्याएँ उनकी पोल खोल रही हैं।

त्रिलोचन की वर्गीय पक्षधरता मार्क्सवादी दीक्षाओं की परिणति नहीं है। वह अपने युग और परिवेश की उपज है। आत्मसंघर्षों की देन है। त्रिलोचन की गरीबी और भुखमरी का वह सकारात्मक प्रदेय है। नागार्जुन ने क्रान्ति का आह्वान किया है और त्रिलोचन ने क्रान्ति की भूमिका तैयार की है। यह ख्याल बहुत सही नहीं है। त्रिलोचन ने भी क्रान्ति को आमंत्रित किया है। उदाहरणार्थ–

"सड़ी व्यवस्था के विरुद्ध
विद्रोह के लिए
मैं ललकार रहा हूँ
उस सोई जनता को
जिसको नेता लूट रहे हैं
...बीज क्रान्ति का बोता हूँ मैं
अक्षर दाने हैं, घर-बाहर जन समाज को
नये सिरे से रच देने की, रुचि देता हूँ।"[197]

शब्द और कर्म में अद्वैत सम्बन्ध होता है। यह मार्क्सवाद का भाषाविज्ञान है। कर्म ही शब्दों को अर्थ देते हैं। मार्क्सवाद में 'जाग्रत' जन ही जनता होती है। वह व्यक्ति जो दमित और दलित है और शोषण और दमन से निकलने के लिए संघर्षशील है, जनता है, सभी नहीं। इसीलिए कवि अपनी भूमिका को परिभाषित करते हुए कहता है–

"मैं अपने युग का, समाज का, जनजीवन का
अभिव्यक्तिमय एक व्यक्ति हूँ, जाग्रत मन का।"[198]

त्रिलोचन की संघर्षमय जीवन-शैली से हम सभी वाकिफ़ हैं। उन्होंने कहीं आजीविका के लिए किसी सत्ता या संस्था से समझौता नहीं किया। उनके कवि का आत्मसम्मान सर्वोपरि था। उनके लिए मानव-मूल्य और जीवन-मूल्यों में कोई पार्थक्य नहीं था। शब्द और कर्म की एकता और लेखन और जीवन की एकता के लिए सारी प्रतिकूलताओं से संघर्ष किया। उनको पराजय में भी विश्वास नहीं था। दुःख को अपना मित्र मानते थे, दुश्मन नहीं।

प्रारब्ध पर उनको जरा-सा भी यकीन नहीं था–

"खेत खाद से उर्वर होता है
जीवन भी आघातों से
विकसित होता है
बढ़ता है उत्पातों से।"[199]

इसीलिए वे सोल्लास कहते हैं–

"दुःख जब-जब तुम आये
तब मैंने स्वागत किया तुम्हारा
नहीं निहारा मुड़कर सुख को...
अभ्यागत, मैं हूँ उनमें नहीं
काट देते दिन, आहें भर कर जो
...कठिन परीक्षाएँ ले लेकर
मित्र चिरंतन, मुझे मनुष्य बना दो
विजित न हो मेरा मन..."[200]
"आभारी हूँ मैं, पथ के सब आघातों का
मिट्टी जिनसे वज्र हुई, उन उत्पातों का।"[201]

त्रिलोचन अपनी रचनाओं का मूल स्रोत इसीलिए दुःख को ही मानते हैं। मगर उनका दुःख रोमांटिक नहीं है। वह कला को और कविता को मार्क्सवादी मिजाज देता है, प्रगतिवादी रुझान देता है। उनकी कविताओं के इसी स्वर ने पूँजीवादी व्यवस्था में मनुष्य के मूल्यांकन की कसौटी का अहसास कराया है–

"प्रेम कुछ नहीं है, पैसा है, पैसेवाला प्रेमी है
उदार है, सुन्दर है, दानी है..."[202]

पर इसके लिए व्यक्ति को कौन-सी कीमत चुकानी पड़ती है, इसका भी संकेत करते हैं–

"कौन कहे चाँदी है जिसकी
सीधी करनी पड़ीं जूतियाँ
किसकी-किसकी।"[203]

ऐसे चाँदी काटने वालों में केवल अमीर नहीं थे, बल्कि वे भाववादी रचनाकार भी थे जिनके पास जमीर नहीं था। पूँजीवाद में अमीर बनने के लिए जमीन बेचना जरूरी होता है। आज तो बाजारवाद है, यहाँ तो 'दिलो जाँ' भी बिकता है। मुझपर विश्वास नहीं तो ग़ालिब को याद किया जा सकता है–'ले आयेंगे बाजार से जाकर दिल-ओ-जाँ और।'

'तुम्हें सौंपता हूँ'

प्रगतिशील कवियों में अधिकांश ऐसे हैं जिनका जन्म उन जनपदों में हुआ था जहाँ न तो आधुनिकता की दस्तक थी और न प्रगतिशीलता की पहुँच ही। वहाँ का जनजीवन सामन्ती अतिचारों एवं दुराचारों से ग्रस्त एवं त्रस्त था। नवजागरण का भी कोई जाग्रत स्वर-संस्कार नहीं था। ऐसे में ही इन कवियों ने अपनी अन्तर्दृष्टि से प्रगति की पगडंडी की तलाश की। शुरू-शुरू में तो सब कवियों की काव्य-भाषा पर छायावाद का असर है। पर देर-सबेर सबने अपने को अलग-थलग भाषिक संवेदना के स्तर पर उससे मुक्त कर लिया। मेरा मुख्यार्थ यह है कि प्रगतिशीलों में सबसे पहले त्रिलोचन ने छायावादी छवियों से अपने को मुक्त किया। इसका प्रमाण उनका 'मैं तुम्हें सौंपता हूँ' नामक काव्य-संकलन है जिसमें सन् 1935 से 1983 के बीच लिखित रचनाएँ शामिल हैं। इन कविताओं का कोई भी 'समझदार' पाठक अनुभव करेगा कि सन् 1938-39 के बाद छायावादी भावबोध और भाषा-संस्कार से मुक्त होने का सफल प्रयास त्रिलोचन करने लगे थे और अपनी राह की चाह भी उनमें प्रबल थी–

> "प्रतिघात अशेष हुआ सारा
> तुमने बदली अपनी धारा
> दिखलाया रंग नया-न्यारा
> निज लाल रुधिर से सींच चले भू
> कह जग-जीवन अमर-समर रे!"[204]

अवधेश प्रधान ने इन पंक्तियों के मार्फत संस्तुति की है कि "यहाँ निराला की 'अमर समर' पद-मैत्री के साथ-साथ कवि का अपना गम्भीर जीवन-बोध और संघर्ष का उदात्त नैतिक स्वर साफ-साफ सुना जा सकता है। 21-22 की उम्र में ही कवि का जीवन-दर्शन इतना पुष्ट और परिपक्व हो गया है कि वह जगजीवन को 'अमर समर' कहकर धरती को अपने लाल रुधिर से सींचने की बलिदान-भावना की सराहना करता है।"[205]

प्रगतिशील रचनाकारों को दो काव्यधारा की रूढ़ियों से क्रमशः संघर्ष करना पड़ा था। एक तो छायावाद से दूसरी नयी कविता से। त्रिलोचन ने 'तारसप्तक' के प्रकाशन से पहले ही नयी कविता के भावबोध पर आक्रमण आरम्भ कर दिया था, और सवालों की बौछार करने लगे थे। स्थानाभाव के कारण एकाध उदाहरण ही सम्भव है। अक्तूबर सन् 1942 के 'हंस' में

प्रकाशित रचना का यह अंश ध्यातव्य है–

"अगर चाँद मर जाता
झर जाते तारे सब?
क्या करते कविगत तब
खोजते सौन्दर्य नया
देखते क्या दुनिया को?
रहते क्या, रहते हैं
जैसे मनुष्य सब?
क्या करते कविगण तब?"[206]

त्रिलोचन का लक्ष्यार्थ यह है कि चाँद-तारों के प्रथा-प्रथित सौन्दर्य से भी अलग एक दूसरा भी सौन्दर्य लोक है। जिनमें ख्यालों की दुनिया से भिन्न जीवन-यथार्थ की भी दुनिया है। इसलिए जिस लोक में आम आदमी जीते हैं, उसी दुनिया में जीने में रहने-सहने की सीख कवियों को देते हैं। एक अन्य काव्य संकलन में इस बात को और स्पष्ट करते हैं–

"कवि, ऋषि, देव आदि हो पीछे मानव पहले,
ऐसे रहो कि धरती बोझ तुम्हारा सह ले।"[207]

हमारे महान कवियों में एक मीर भी थे जिसका लोहा गालिब भी मानते थे। वे आम आदमियों से नहीं मिलते-जुलते थे। उन्हें बराबर यह अन्देशा रहता था कि ऐसे लोगों से बात करने से जुबान खराब हो जाती है। मगर त्रिलोचन और निराला ऐसे लोगों में नहीं थे, कारण कि उनकी सोच भाववादी नहीं थी। वे आम आदमी के साथ जीवन बसर करते थे, उनकी भाषा से शक्ति अर्जित करते थे और उनके ही सुख-दुःख को बयाँ करते थे–

"साही जी, मेरा सुख बिल्कुल अलग नहीं है
मेरा दिन भी औरों के ही साथ कहीं है।"[208]

गरज कि त्रिलोचन के जीने का अन्दाज परिमलवादियों एवं पूर्वग्रहवादियों से सर्वथा भिन्न था। सत्ता से समझौता उनके जीवन का रास्ता नहीं था। अपने दुःखों से सलटने का रास्ता भिन्न था। वह था आत्मव्यंग्य, आत्मालोचन। मगर उनके आत्मव्यंग्य में आत्मदया कम, आत्मस्वाभिमान अधिक था। इस मायने में वह कबीर, निराला और गालिब की श्रेणी में आते हैं। कबीर और निराला तो सुस्ताने के लिए कभी-कभी भक्ति की शरण में चले जाते हैं, मगर त्रिलोचन ऐसा कभी नहीं करते थे। बहुत हुआ तो अपनों के बीच जाकर अपने सुख-दुःख को 'शेयर' कर लते थे। दरअसल उन्हें इस बात का गहरा अहसास था कि–

"साँस के तप ने
मुझे तपा डाला, मेरा फर्मा ही छपने
में मुड़ गया, मँजाई में उसको अलगाया
ज़िल्दसाज ने और काम अपना सलटाया
जल्दी-जल्दी, नहीं दिया पुस्तक में खपने।"[209]

इस संग्रह में एक सॉनेट है–'शिकायत' उसकी आरम्भिक पंक्तियाँ हैं–

"कभी-कभी हंस से प्यार तुम्हें था, किन्तु बात वह
बदल गयी है अब तो, बदला हृदय तुम्हारा
इधर बहुत कुछ कहना चाहूँ तो भी मैं कह
नहीं सकूँगा...
... ... खेद, मैं नहीं जानता
अधिक शिष्टता। इधर गधों को तुमने वाहन
बना लिया है। उपयोगितावाद की जय हो।"[210]

कहना मुश्किल है कवि की यह शिकायत किससे है? क्या इसमें 'हंस' के सम्पादन-काल का कोई सन्दर्भ है। या प्रगतिशील साहित्य के मूल्यांकन का यह निकष जो उपयोगिता को प्राथमिकता देता है। और, सौन्दर्य-बोध को खारिज करता है (व्यवहार के स्तर पर या मार्क्सवादी सौन्दर्यशास्त्र के अधकचरे ज्ञान के स्तर पर)। त्रिलोचन का अपना अनुभव है कि सहनशील, सामाजिक और समझौता-परस्त लोगों की पूछ प्रगतिशीलों में बढ़ गयी है। जिनमें नीर-क्षीर विवेक है, 'संग्रह त्याग बिनु पहचाने' का परम्परा-बोध है, वे उपेक्षित और अनापेक्षित हैं। इस संग्रह में एक और कविता है जो त्रिलोचन के परम्परा-बोध को परिभाषित करती है। दरअसल, कोई कविता पहले लिखी गयी कविताओं के प्रकाश में लिखी जाती है, अतीत और वर्तमान के बीच सकारात्मक संवाद रचनाओं में बराबर जारी रहता है। वह कविता है 'ललक'–

"हाथ मैंने / ऊँचाए हैं / उन फलों के लिए
जिनको / बड़े हाथों की प्रतीक्षा है
फलों को / मैं देखता हूँ / जानता हूँ / चीन्हता हूँ
और / उनके लिए / मुझमें ललक भी है।
हाथ मैंने / ऊँचाए हैं / उन फलों के लिए
जिनको बड़े हाथों
की प्रतीक्षा है / डर नहीं है / हँसा जाऊँगा।"[211]

कालिदास को भी ऐसे फलों की ललक है जिसकी अभिव्यक्ति 'रघुवंशम्' के प्रारंभ में ही की है–

'मंदः कवियश प्रार्थी गमिष्याम्युपहास्यताम्
प्राशुलभ्ये फले लोभादुदबाहुरिव वामनः'

बहुत ईमानदारी से त्रिलोचन ने वाल्मीकि से साभार कथ्य को भी लिया है। पर दोनों की भंगिमा में फर्क है जो त्रिलोचन के स्वभाव की निशानदेही करता है। वाल्मीकि को इस यशःप्रार्थिता में हास्यास्पद होने का भय है। पर त्रिलोचन को इस बात का तनिक भी डर नहीं है। 'डर नहीं है, हँसा जाऊँगा।' हालाँकि अपनी सर्जनात्मकता के प्रति आत्मविश्वास दोनों कवियों में मौजूद है। इसके आगे के श्लोक में वाल्मीकि कहते हैं- मेरे लिए वाणी का द्वार तो खुला हुआ है, आगे बढ़ता जाऊँगा। त्रिलोचन की रचनात्मकता किस तरह अतीत और परम्परा का प्रयोग अपने पक्ष में करती है और मौलिकता का संस्पर्श देती है, यह दर्शनीय होने के साथ-साथ सराहनीय भी है।

इस संग्रह में दो और महत्त्व की कविताएँ हैं–'रैन बसेरा' और 'बिना मिले लौटने की राह में'। इन दोनों कविताओं में वर्णन की बारीकी और भाषा की चुस्ती तो देखते ही बनती है। 'तुम्हें सौंपता हूँ' त्रिलोचन का सबसे अच्छा संकलन भले ही न हो, मगर उनकी कविता-यात्रा के मुकामों का संकेत अवश्य देता है। इसमें काव्य-शिल्प के वैविध्य के साथ लय और छन्द का विशिष्ट प्रयोग भी है। 'आज मैं तुम्हारा हूँ' शम्भुनाथ मिश्र, दिनेश शर्मा, आनन्द भैरव शाही और वाचस्पति के नाम लिखी उनकी पत्र-कविताएँ भी अद्‌भुत प्रयोग हैं। गज़ब का रचनात्मक साहस था त्रिलोचन में। भौतिक दृष्टि से जितना ही विपन्न था यह आदमी, आत्मिक दृष्टि से उतना ही सम्पन्न था।

'सबका अपना आकाश'

छायावादी गीतों, ख़ासकर निराला के गीतों और नवगीत के बीच एक बड़ा खाली आकाश था। दरअसल वह हम 'सबका अपना आकाश' था जो सन् 1987 में त्रिलोचन के गीत-संकलन के प्रकाशन के बाद परिलक्षित हुआ। वह आकाश शारदीय था मगर उसमें प्रगतिशील चेतना की अद्वितीय उष्मा थी–

"शरद का यह नीला आकाश
हुआ सब का अपना आकाश।"[212]

इसमें नयी चेतना और जागृति उल्लास था तो अनाचार और अत्याचार पर विजय का विश्वास भी। 'कैसे बात बने' का अन्देशा था तो 'नवजीवन के सिंह द्वार पर' जाने का सन्देशा भी।

'धरती' में कुछ गीतों की उपस्थिति इस तथ्य का जीवन्त साक्ष्य है कि अन्य प्रगतिशील रचनाकारों की तरह त्रिलोचन ने अपनी काव्य-यात्रा गीत विधा से ही आरम्भ की थी। उनके गीतों में भी वही सादगी और ताजगी थी जो केदारनाथ अग्रवाल, भवानी प्रसाद मिश्र और केदारनाथ सिंह में थी। सम्भवतः इसी को लक्ष्य करते हुए 'धरती' के समीक्षा-क्रम में मुक्तिबोध कहते हैं–"केदारनाथ अग्रवाल, गिरिजा कुमार माथुर, भवानीप्रसाद मिश्र आदि नये उठते हुए कवियों में त्रिलोचन का स्थान महत्त्वपूर्ण है, भाव की दृष्टि से और टेकनीक की दृष्टि से।"[213] त्रिलोचन के अधिकांश गीत सौन्दर्यधर्मी होने के साथ-साथ संघर्षधर्मी हैं। उनकी पंक्ति-पंक्ति में जीवन की गन्ध है, साँसों के संघात से उपजा साँसों का संगीत है–

"गीत फूल ये दो जीवन के दान हैं
साँसों की गति के सरगम हैं, मान हैं
मन में समा गयी सुषमा के ध्यान हैं।"[214]

बुद्धिनाथ मिश्र की आपत्ति है कि "वे अपने गीतों में दीन-दुनिया से दूर शान्त नीरव प्रकृति के ज्यादा करीब आते हैं।"[215]

मगर ऐसे गीतों की संख्या ही कितनी है! दो-चार को छोड़कर सभी गीतों में नये जीवन की आशा-आकांक्षाएँ, स्वप्न और संघर्ष की अपेक्षाएँ हैं। एकाध गीतों के आधार पर कवि के मूल स्वर की पहचान न्यायसंगत नहीं। बात सही है कि विधा की अपनी जरूरतें होती हैं, उनको ध्यान में रखते हुए कथ्य की समाई सम्भव होती है। कथ्य और कथन या वस्तु और रूप के अपने-अपने तकाज़े होते हैं। उनके आपसी सामंजस्य से ही कोई कृति अपनी अर्थवत्ता को हासिल कर पाती है। गीतात्मकता और रागात्मकता में अन्तरंग रिश्ता होता है। इसके बाद भी त्रिलोचन की चेतना और प्रगतिशील चेतना की अभिव्यक्ति उनके गीतों में हुई है। उदाहरण के तौर पर कुछ पंक्तियाँ उद्धृत की जा सकती हैं–

"जिसको पड़े देखना कुछ न प्रतिकूल
ऐसी कली कोई खिलती कहाँ है
फूलों भरी राह मिलती कहाँ है।"[216]

इस उद्धरण का प्रयोग बुद्धिनाथ मिश्र ने अपने आलेख 'गीत-पथ के वह असंग यात्री' में भी किया है और इन पर वाजिब टिप्पणी करते हुए लिखा भी है–"आजादी मिलने के कुछ महीनों बाद (जून 48) का लिखा यह गीत रुई की तरह धुनी हुई भाषा और भविष्य के प्रति अटूट आस्था को व्यक्त

करता है।"[217] उसी समय त्रिलोचन को एक और महाभारत का आभास मिल चुका था। इसलिए इस नये कौरव और पाण्डवों के युद्ध में अपनी पक्षधरता को सुनिश्चित करना पड़ेगा। आम जनता को इस बात से आगाह करते हैं-

"फिर महाभारत निकट है
लक्षणों से यह प्रकट है
शंख नीरव हैं रहे पर
भर चुका अब धैर्य घट है
सुप्त तुम कब तक जगोगे
पक्ष में किसके लगोगे
एक अपहर्त्ता अपर कर्त्ता तुम्हें गुनना पड़ेगा।"[218]

गीतों में व्यक्त आशय सिद्ध करने के लिए पर्याप्त हैं कि त्रिलोचन गीतात्मक मर्यादा में ही अपनी प्रगतिशील धारणा और ध्यान को स्वर देने में सफल हैं। राजनीतिक आजादी की संघर्ष-यात्रा में चलने के बाद भी अभी मंजिल नहीं मिली है, उससे आगे भी चलना है।

यह कहने की आवश्यकता नहीं है कि त्रिलोचन का शब्द संसार काफी समृद्ध एवं व्यापक है। शब्दों से उनका अन्तरंग रिश्ता था। जनम-जनम का रिश्ता इसलिए उनको अपने मरने का गम यह नहीं था कि घर-परिवार, दुनिया-जहान से उनका सम्बन्ध-विच्छेद हो जायेगा। ग़म सिर्फ यह था कि शब्दों से उनका नाता टूट जायेगा। मेरी याददाश्त में तो ऐसा शायद ही कोई कवि-लेखक हो जिसने शब्दों से ऐसी आन्तरिकता, आत्मीयता स्थापित की हो। तुलसी, निराला में भी यह आबद्धता नहीं मिलती। इसी रिश्ते का नतीजा था कि उनके शब्दकोश में वैदिक साहित्य, संस्कृत साहित्य और लोक साहित्य के शब्दों के साथ-साथ लोक जीवन में प्रचलित शब्दों को भी समान रूप से नागरिकता प्राप्त थी। निर्जीव-से-निर्जीव और सजीव-से-सजीव शब्दों को समान सम्मान प्राप्त था। इसी गीत संकलन में द्यावापृथिवी, आहव, चरैवेति, गन्धवह, समुद्रव, मेघमृदंग, समीर तरंगित, हिमशिला प्राण, अनुपद, कमल कलाप, स्वर्ण शृंखलबद्ध, अवियाल, दूरागता काकली, चंडांशु आदि शब्द निराला के बाद अन्तिम बार अवतरित हुए। त्रिलोचन के बाद इनका कोई वारिस नहीं मिलता। मगर लोकभाषा के उन शब्दों को प्रगतिशील रचनाकारों ने सर्वाधिक अपनापन दिया है जिनका प्रयोग त्रिलोचन ने अपने काव्य में किया है। ऐसे शब्द तो लोगों के कंठहार बन गये हैं, कारण कि कर्म की भाषा और जीवन की भाषा से मार्क्सवादी सौन्दर्यशास्त्र का गहरा लगाव है।

दुर्भाग्य की बात है कि त्रिलोचन को गीतकारों के बीच जो महत्व मिलना चाहिए, वह उन्हें नहीं मिला। इसका मुख्य कारण है यह है त्रिलोचन गीत-विधा में अपनी प्रतिष्ठा के प्रति बराबर अन्यमनस्क रहे। दूसरे अन्य आलोचकों ने उनको सॉनेट-सम्राट के रूप में ही सर्वाधिक महत्त्व दिया। वैसे, यश:प्रार्थिता उनके स्वभाव में थी भी नहीं। लेकिन निवेदन यह है कि आज उनका जो महत्त्वांकन हो रहा है, वैसे गीतकार के रूप में भी उनको प्रातव्य मिलना चाहिए।

'चैती'

जयशंकर 'प्रसाद' के 'चन्द्रगुप्त' नाटक का चाणक्य कहता है-'मेरे पास पाणिनि में सिर खपाने का समय नहीं है। भाषा ठीक करने से पहले मैं मनुष्यों को ठीक करना चाहता हूँ।' इसी प्रकार धूमिल भी कहते हैं-

"संसद के अँधेरे से निकल कर
सड़क पर आ
भाषा को ठीक करने से पहले आदमी को ठीक कर"[219]

इन दोनों उद्धरणों में यह ध्वनि स्पष्ट उभरती है कि मनुष्य और उसकी भाषा दोनों अलग-थलग चीजें हैं। भाषा भी एक मानवीय कर्म है, सामाजिक उपक्रम है। इसका अहसास न तो प्रसाद को ही था और न सम्भवत: धूमिल को ही। भाववादियों की तो बात करना बिल्कुल फिजूल है। मगर इसका शदीद बोध त्रिलोचन और प्रगतिशील आलोचकों को था। इसलिए 'चैती' नामक अपने काव्य-संकलन में सबसे पहले प्रस्तुत किया है 'कर्म की भाषा' शीर्षक कविता को। कारण कि कर्म की भाषा सबसे ताकतवर होती है, उसी में व्यवित और समाज को बदलने की सामर्थ्य होती है, बाकी तो वाग्विलास है। जिसका उल्लेख अज्ञेय, निर्मल वर्मा आदि 'भाषा की रात' जैसी कविताओं में करते हैं। उनमें कहाँ ताकत जो भाषा के सूर्योदय या कर्मोदय की बात कर सकें। दरअसल, त्रिलोचन की रचनाधर्मिता की साधारण प्रतिज्ञा ही है: समाज ही भाषा की जन्मभूमि है और कर्मभूमि भी। उनकी कविताओं में भी यह तथ्य कई बार व्यक्त हुआ है-

"भाषा की लहरों में जीवन की हलचल है
ध्वनि में क्रिया भरी है और क्रिया में बल है।"[220]

यकीनन, यह त्रिलोचन के काव्य-व्यक्तित्व की परिभाषा है; इस संकलन में भी कवियों को पूरी आस्था और विश्वास के साथ प्रेरणा देते हैं-

"यही महाकाल था
तुझको जगा के गया
उत्तर जो देना हो
अब इस पृथिवी का दे
कर्मों की भाषा में।"[221]

यहाँ महान क्रान्तिकारी लेनिन का यह अनुभवसिद्ध कथन 'शब्द कर्म भी है' का संवेदनात्मक ज्ञान की प्रतीति नहीं है? भवदेव पाण्डेय का यह सर्जनात्मक अनुभव सही है कि–"रचना को कर्म की भाषा में विन्यस्त करना बेहद कठिन है। भाषा का उत्सारण करना और उसे गतिशील बनाते चलना कर्म की भाषा कहलाती है।"[222]

इस संकलन में 34 कविताएँ हैं, छोटी-बड़ी सब मिलाकर। जिसमें 9.8.1954 की यह रचना है 'कर्म की भाषा'। दूसरी छह कविताएँ 1956 की है। चार कविताएँ 1962 की हैं और अन्तिम कविता 1964 की है। शेष बाईस कविताएँ जनवरी 1963 ई की लिखी गयी हैं, जो चैती फसल का बीजवपन काल होता है। सम्भवतः इसीलिए इस संकलन का नाम 'चैती' है। हालाँकि नामकरण के सम्बन्ध में और कोई संकेत नहीं मिलता। इस नाम की कोई कविता भी नहीं है।

हाँ, 'सारनाथ' नामक एक कविता जरूर है जिसमें चैत महीने में चैती फसल का ज़िक्र है। यह कविता 12.03.63 की है। लगभग चैत के महीने की। "चैती अब पककर तैयार है। खेतों के रंग बदल गये हैं, मटर उखड़ रही है। गेहूँ-जौ खड़े हैं... फूले हैं पलाश, कचनार, वैजयंती, आम। चिलबिल अब खंखड़ हैं, पीपल, शिरीष, नीम का भी यही हाल है..."[223] हो सकता है, 'चैती' का व्यंग्यार्थ कवि-कर्म की फसल हो जो त्रिलोचन की रचनात्मक परिपक्वता को सत्यापित करती है।

त्रिलोचन आत्ममुग्ध कवि नहीं थे। आत्ममुग्धता उनके स्वभाव में ही नहीं थी। इसलिए कभी भी स्वयं को कविता का पर्याय नहीं माना। और न इस भ्रांति को ही पालने-पोसने का यत्न किया कि मैं नहीं तो कविता भी नहीं। वे तो जानते थे कि कविता किसी व्यक्ति की मोहताज नहीं होती। जब तक सपने रहेंगे, संघर्ष रहेंगे, वर्गीय चेतना रहेगी, तब तक कविता रहेगी। किसी के कहने से न तो कविता का अन्त होगा और न कविता का ही। वर्गहीन समाज में भी कविता रहेगी, मनुष्यता को स्वस्थ और सार्थक बनाये रखने के लिए। इसलिए 'विपर्याय' शीर्षक कविता में पाठकों और समीक्षकों को

सम्बोधित करते हैं–

"मैंने कब कहा था
कविता की साँस मेरी साँस है
जानता हूँ मेरी साँस टूटेगी...
मैंने कब कहा था
कविता की चाल मेरी चाल है
जानता हूँ मेरी चाल रुकेगी..."[224]

और अन्त में कहते हैं–

"मैंने कब कहा था
कविता की प्यास मेरी प्यास है
जानता हूँ मेरी प्यास तड़पेगी
और यह तड़प
जिसे दिन-रात जानता हूँ
और-और भड़केगी।"[225]

इस जीवन-विवेक और काव्य-विवेक के बावजूद त्रिलोचन किसी के प्रिय कवि नहीं थे। आरम्भ में तो किसी में 'नोटिस' ही नहीं लिया। न तो प्रगतिशील कवियों ने ही और न आलोचकों ने ही। लोगों को यह बात कंठगत ही नहीं हो पाती थी कि एक बहुत बातूनी आदमी की बात भी कविता हो सकती है–

"मैं तुमसे, तुम्हीं से, बात किया करता हूँ
और यह बात मेरी कविता है।"[226]

कवियों व आलोचकों की रूढ़िबद्धता एवं संवेदनात्मक जड़ता का ज्ञान त्रिलोचन को कुछ बाद में हुआ था; 'नहीं हूँ किसी का भी प्रिय कवि मैं' फिर भी वे इन के प्रति भी कृतज्ञ हैं। इस कविता में सबसे बड़ी बात यह कही है कि–

"कह-कहाव से भी अलग
कभी-कभी बात होती है"[227]

इसलिए,

"यदि मेरी बात मेरी भाषा के ओठों को
पार नहीं कर पाती तो भी क्या बुरा है।"[228]

त्रिलोचन ने मदनोत्सव के संचारी भावों की ओर अपना तीसरा लोचन कभी नहीं खोला। वे कामदेव को राख में बदल देते तो पार्थिव नहीं रह

जाते इसलिए चैती हो या फाग त्रिलोचन कवि पद्माकर की तरह 'करताली' दे-देकर मदन का हिंडोला स्थिर कर देने का स्वाँग नहीं करते। स्थैर्यवाद किसी कवि को ले डूबता है। अत्यन्त संयमपूर्वक वे कहते हैं–

"आज पवन शान्त नहीं है श्यामा
....
और देखो तो
तुम्हारी कभी साड़ी खींचता है
कभी ब्लाउज
कभी बाल...
कितना अधीर है
तुम्हारे वस्त्र बार-बार खींचता है
और तुम्हें बार-बार आग्रह से
छूता है
यौवन का ऐसा ही प्रभाव है
सभी को यह उद्वेलित करता है।"[229]

भवदेव पाण्डेय का कथन है कि "उक्त कविता शृंगारिक सम्बोधनों और प्रतीकों में प्रेमाकुल मन को झकझोरती है। मसलन, 'श्यामा' का प्रयोग भोगवादी तन्त्रशस्त्र की प्रज्ञा-परमिता है"[230] आगे वे कहते हैं 'श्यामा नारी की 'प्रज्ञा' मानी जाती है और 'महासुख' प्राप्त करने के लिए 'उपाय' (साधक) का 'युगनद्ध' ही श्यामा की सार्थकता है।'[231] प्रेम के बारे में त्रिलोचन का दृष्टिकोण बिल्कुल साफ-सुथरा है : 'प्यार करो तो प्यार करो, क्या आगा-पीछा या 'चाहे जो समझे यह दुनिया, मैंने तुमको प्यार किया है।' इस दृष्टिकोण से यह प्रेम-भावना रोमांटिक कवियों की मुक्त चेतना है। लेकिन त्रिलोचन का प्रेम यथार्थ धरातल पर विकसित है और अधिकतर स्वकीया प्रेम है। इसलिए मैनेजर पाण्डेय लिखते हैं कि "इन प्रेम कविताओं में जीवन की लय में मानव-मन की मुक्ति का राग मुखरित होता है।"[232]

'मेरा घर'

त्रिलोचन का कोई अपना घर न था। घर की परिभाषा में उनकी समायी सम्भव नहीं थी। एक तो स्वभाव से 'चरैवेति' जीवन्त संस्करण, दूसरे सगे-सम्बन्धियों से निस्संग भाव। अपने उनके सभी थे अन्यथा कोई नहीं। उनके अपनापा का दायरा बहुत व्यापक था, पृथ्वी के ध्रुवांतों तक। इस मायने में वे न तो घर

के थे, न घाट के। 'मेरा घर' की छोटी-सी भूमिका में लिखा भी है–'मेरा घर पर सन्त कबीर ने कान में मुझसे कहा–कंकड़ चुनि-चुनि महल बनावैं, लोग कहैं घर मेरा, ना घर मेरा, ना घर तेरा, चिड़िया रैन बसेरा'। ठीक इसी भावभूमि पर त्रिलोचन का वजूद खड़ा था। 'मेरा घर' संकलन की प्रथम कविता ही 'मेरा घर' है–

"पृथिवी मेरा घर है
अपने इस घर को
अच्छी तरह मैं ही नहीं जानता
भीत नहीं दीसती
दुआर भी नहीं है
मोहार का पता नहीं चलता।
भटक रहा हूँ
यही जीवन है।"[233]

इस कविता को पढ़ते हुए सिद्ध सरहपा की याद आती है : 'घरहि म थक्कु म जाहि वणे, जहँ-तहँ मन परिआण।' लगता है, त्रिलोचन की चेतना में तुलसी भी सहज और सजग भाव से रमे हुए हैं–

"घर कीन्हें घर जात है, घर छाड़े घर जाइ
तुलसी घर वन बीच ही, राम प्रेमपुर छांइ"

तुलसी का 'राम प्रेम पुर' तो घर और वन के बीच है, और, उनके सबकुछ राम ही हैं–दिल-दिमाग और हाथ पैर। पर त्रिलोचन का तो एक मात्र सहारा सर्वहारा ही है। इसलिए वे भटकाव के बीच भी पूरी आत्मशक्ति और आत्मविश्वास के साथ कह पाते हैं कि–

"हाथों में वायु है
आँखों में आकाश।
सूरज की आभा से
देखता हूँ
चाँदनी थोड़ा झलकाती है
थोड़ा छिपाती है।"[234]

सूर्याभा और चाँदनी में यही फर्क है। चाँदनी अच्छाई और बुराई का स्पष्ट बोध नहीं पैदा करती, पर सूर्याभा उसमें स्पष्ट भेद पैदा कर देती है। कवि को सारे तारे सहचर प्रतीत होते हैं। कारण कि उनमें सूर्याभा की ही दीप्ति होती है। सारी वनस्पतियाँ उनकी सगी-सहेलियाँ हैं। कारण कि, उनका जीवन और

लेखन स्वांतः सुखाय नहीं है। 'सर्वे भवंतु सुखिनः' के सदाशय से अनुप्रेरित एवं अनुप्राणित है। इस कविता में कवि के सम्पूर्ण जीवन एवं लेखन का प्रयोजन और परिवेश शामिल है।

संघर्षरत जीवन में त्रिलोचन को सबसे ज्यादा शक्ति अपनी कविताओं से मिलती थी। जब वे मृत्यु के करीब थे और जीवन की शय्या पर मरण सोने की तैयारी कर रहा था, उनके हाथों में जुंबिश की ताक़त भी शेष नहीं थी तब भी वे अपनी पोती से लिखने के लिए कलम माँग रहे थे। कारण कि उनकी बुझती हुई आँखों में भी कोई सपना सुलग रहा था। कविताओं के लिए सपनों का होना बहुत जरूरी है। सपनों में ही कविता का भविष्य है। इसीलिए पाब्लो नेरुदा ने भी कहा है–सपने मनुष्य के लिए संजीवन हैं; संघर्ष में वही सम्बल होते हैं।

"जीने के लिए
सपने सभी को
आश्वासन देते हैं
भँवर में झकोरे
खाती नाव को
जैसे-तैसे उबार लेते हैं।"[235]

इसलिए,

"कविताएँ
सपनों के संग ही
जीवन के साथ हैं
कभी-कभी पाँव हैं
कभी-कभी हाथ हैं।"[236]

ध्यातव्य है कि त्रिलोचन की कविताएँ सपनों की दुनिया में रास नहीं रचाती है, वे हमें सक्रिय और सचेष्ट बनाती हैं। वे हमें कर्म करने की प्रेरणा देती हैं और निंरतर चलने की शक्ति भी। वे इसी वजह से भी जीवन से कभी निराश और हताश नहीं हुए। जीवन भर शब्दों के साथ रोते हँसते रहे। और जन जीवन से तादात्म्य-स्थापन कर आवश्यक ऊर्जा हासिल करते रहे। जीवन के अन्तिम वर्षों में भी आश्वस्त हैं और उर्जस्वित भी–

"जी रहा हूँ ठीक वैसे ही अभी तक
पेड़ जैसे आम का चुपचाप
और अपने मूल-दल से ले रहा हूँ
सुरस जीवन का जरूरी ताप"[237]

कवि ने जीवन के लिए ताप को अनिवार्य माना है। कारण कि, त्रिलोचन को इस अनुभूत सत्य का बोध है कि–

"उस ठण्ड से सब मरते हैं
जो चेतनाओं की शिराओं को
सुन्न कर देती है, और
जीवन की ऊष्मा को हर लेती है।"[238]

इस प्रसंग में केदारनाथ सिंह की कविता की वे पंक्तियाँ याद आती हैं जिनमें शब्दों के मरने-जीने की कथा-व्यथा व्याप्त है–

"वे मर जाते हैं साहस की कमी से
कई बार मौसम की नमी से
मर जाते हैं शब्द
ठंड से नहीं मरते शब्द।"[239]

यहाँ मौसम प्राकृतिक नहीं है, सामाजिक और राजनीतिक है। त्रिलोचन की ठंड भी कुछ इसी प्रकार की है। वे 'शब्द योगी' हैं और शब्दों की गरिमा को जानते-पहचानते हैं। समाज और राजनीति कभी-कभी शब्दों की शिराओं को सुन्न कर देते हैं, उनके प्राणों की ऊष्मा को हर लते हैं। ऐसा तभी सम्भव होता है जब शब्दों का कर्ममय जीवन से सम्बन्ध-विच्छेद हो जाता है। मगर त्रिलोचन को पूरा विश्वास है कि–

"कुछ होंगे आगे भी
जिनका नाता होगा शब्दों से
वे ही इन शब्दों को देखेंगे
जिन्हें मैंने बाँधा है।"[240]

(इस विश्वास में भवभूति की आशा-अपेक्षा की भी भनक है।)

उनके शब्दों की सामाजिकता ही उनकी कविता को अर्थ देती है। उनकी यह सामाजिक चेतना ही त्रिलोचन को आखिर तक जीवन्त और प्राणवंत बनाये रखती है। वे वह तरुण हैं जिसका 'वैयक्तिक कार्य भी सामूहिक है। वे सोचते हैं, 'मरने में क्या है।' 'किसी एक दिन मैं भी मर जाऊँगा... दुनिया है, यहाँ कोई, अक्षयवट नहीं है। इसलिऐ मुझे अपने मरने का / थोड़ा भी दुःख नहीं / मेरे मर जाने पर / शब्दों से / मेरा सम्बन्ध / छूट जायेगा।"[241]

त्रिलोचन कवि हैं। स्वभावतः उनके दो घर हैं। उनका पहला घर जो भूखा है दूखा है, नंगा है, अनजान है। कला नहीं जानता, वह नहीं मानता, कविता कुछ दे भी सकती है। घर के इसी स्वभाव से क्षुब्ध होकर 'रोजनामचा' में

लिखते हैं- "प्यार मुझे नहीं मिला। जो अपने हैं वे ऐसे मिलते हैं, जैसे किसी हिसाब में हैं। जी कभी-कभी ऊबता है। भीतर के ही रस से हरा हूँ। बाहर से भी कुछ मिलता तो जीवन की शक्ति कुछ बढ़ती..."[242] त्रिलोचन एक दूसरा घर है भाषा का, कविता का। यहाँ आकर त्रिलोचन महसूस करते हैं, दीनता देह से भले ही लिपटी हो, मन तो अदीन है। जो अभाव दूसरों के घर खाने के लिए मजबूर करता था और आत्मधिक्कारपूर्वक मित्रों के घर नहीं खाने के निर्णय को ध्वस्त कर देता था। वह अभाव उनके काव्य-संसार में दखल देने का दु:साहस नहीं कर पाता है। इनके पहले घर में 'कमरा एक और रहने वाले तीन / पत्नी, बच्चा और मैं / चौथे की गुंजाइश यहाँ नहीं।' वहीं उनके कविता के घर में इतनी सम्पन्नता है कि वे सबको खुला आमन्त्रण देते हैं-

> "सबके लिए निमन्त्रण है अपने जन जानें
> और पधारें इसको अपना ही घर मानें।"[243]

'जीने की कला'

नामवर सिंह ने लिखा है कि 'त्रिलोचन के लिए कविता शब्दों की कला है।' मैं क्षमासहित यह कहना चाहती हूँ कि त्रिलोचन के लिए कविता जीने की कला है। उनकी जिस काव्य-रचना का समारंभ 'धरती' की सोंधी गन्ध और लोकधर्मी अरघान से शुरू होती है, उसका पर्यवसान 'जीने की कला' की 'इको फ्रेंडली' समरसता में होता है। जब वे कहते हैं कि मैं 'उस जनपद का कवि हूँ' तो इसका अभिप्राय यह है कि उस जनपद के तमाम शोषित-पीड़ित जनता के साथ-साथ गाँव-देहात के पर्यावरण में शामिल पेड़-पौधे, जीव-जन्तु, वन्य-वनस्पतियाँ भी उनके काव्य-परिवेश के अंग एवं उपांग हैं। उन्हें मनुष्य के जीवन-सौन्दर्य के साथ-साथ प्राकृतिक सौन्दर्य के पोषक उपादानों की भी चिन्ता है। कारण कि मानव जीवन और पर्यावरण में गहरा रिश्ता है। दोनों के सहअस्तित्व और सौहार्द एवं सौभाग्य से ही हमारी संस्कृति की विकास-यात्रा साम्यवादी मंजिल को हासिल कर पाएगी। इसलिए अपने इस काव्य-संकलन में प्राकृतिक सौन्दर्य के रक्षक एवं संवर्द्धक प्राणिजगत पर एवं उनकी विभिन्न प्रजातियों पर कविताएँ लिखते हैं। कहना बेहतर तो यह होगा कि अपनी गहरी चिन्ता व्यक्त करते हैं। प्रकृति के कवि के रूप में कभी विख्यात पन्त से भी ज्यादा प्रकृति-चित्रों एवं दृश्यों का सृजन त्रिलोचन ने किया है। दोनों में अन्तर यह है कि त्रिलोचन की प्रकृति मानवीय सरोकारों से निरपेक्ष नहीं है। वह मनुष्य की सत्ता और इयत्ता की सापेक्षता में उपस्थित है और वह

अपनी अर्थवत्ता को भी प्रस्तुत करती है। इस संग्रह में कवि की पहली और आखिरी चिन्ता यही है कि प्रकृति के अहर्निश दोहन से यह पृथिवी कितनी व्याकुल है, कितनी पशेमान और परेशान है। त्रिलोचन को इस बात का गहरा अफसोस है कि 'उसे (आदमी को) सारी कलाएँ, विज्ञान तो आते हैं जीने की कला उसे नहीं आती।'[244] त्रिलोचन सबसे पहले किसान थे, इसके बाद ही और कुछ। इसलिए उनकी कविताओं का मर्म किसानी है। वे जानते हैं कि खेती-बाड़ी के लिए कीट-पतंग, जीव-जन्तु जितने लाभप्रद हैं, उतने हानिप्रद नहीं है। यही बात मानव-जीवन के साथ भी है। आज खेती-बाड़ी में जितना प्रयोग उर्वरकों का होता है। कीटनाशकों का होता है, उतना क्या, किंचित् भी प्रयोग पहले होता था? आज उनके प्रयोग से फसलों की गुणवत्ता तो नष्ट होती ही है, उसके स्वाद की मौलिकता भी नष्ट हो जाती है। जो वनस्पतियाँ, शाक-सब्जियाँ कभी हमारे लिए अमृत थीं, वही हमारे लिए ही नहीं, समस्त प्राणिजगत के लिए जहर बनती जा रही हैं। इसलिए इस संकलन की पहली चिन्ता है और कविता भी कि 'दुनिया कैसे बचे'–

"उर्वरकों के अन्धाधुन्ध
उपयोग से कृषि के लिए
हानिकर कीट तो नष्ट
हो ही गये
साथ ही दूसरे जीव भी
समाप्त हो गये
वनस्पतियों के सहारे जीने वाले
जीव-जंतु भी जीव-रहित हो गये
गीध आदि जो वायुमण्डल को (धरती को भी)
स्वच्छ रखा करते थे
नष्ट होते-होते नष्ट हो चले
इस दुर्घट योग से दुनिया कैसे बचे।"[245]

इसी प्रकार हिरणों का दुःख उनके अन्तःकरण में ही चीत्कार नहीं पैदा करता, बल्कि मानव-सभ्यता के सुरक्षा-कवच को भी चेतावनी देता है। पूँजीवादी सभ्यता जंगलों को काटती जा रही है और लोहा-पत्थरों का जंगल खड़ा करती जा रही है, और आदमी को 'जंगली' बनाती जा रही है– आधुनिक जंगली। जीवन रक्षक वनस्पतियाँ भी खत्म होती जा रही हैं। इसलिए कवि की सहज पृच्छा है और गहन भी कि–

"यह जंगल ही हिरनों की बस्ती है
आदमी के हाथ में इतने हथियार हैं
कि जान बचाने के लिए
बेचारे हिरण कहाँ जायें।
जब जंगल ही न रहेगा तब
उसके भरोसे से रहने वाले
कहाँ और कैसे रहेंगे।"[246]

वन्य प्रजातियों एवं वनस्पतियों का जितना ज्ञान त्रिलोचन को था उतना सम्भवत: कालिदास को भी नहीं होगा। इसलिए इस काव्य-संकलन में अनेक छोटे-मोटे घरेलू एवं वन्य जीव-जंतु तथा वनस्पतियों को केन्द्रीयता प्राप्त है। लगता है, यह कृति वनस्पति-विज्ञान का साहित्यिक संस्करण है और जीव-विज्ञान का भावात्मक परिष्करण है। इसलिए इसकी पैंतालीस कविताएँ प्राणि-विज्ञान से ही सम्बद्ध और आबद्ध हैं, और मानवीय सन्दर्भों एवं आसंगों से आसक्त हैं। कवि ने संक्षिप्त भूमिका में कैफियत भी दी है कि "जीवन और चुनौतियों की होड़ में एक अलग ही अर्थ है 'जीने की कला' का। संकलित कविताएँ सहज भाव की कविताएँ हैं... पेड़-पौधों, फूल-पत्तियों, जानवर और इन्सान से जुड़ी स्मृतियाँ उतरी हैं शब्दों में। यह संग्रह कुछ जनों की चीन्हा-जाना लगेगा और कई को अबूझ जान पड़ेगा। फिर भी मुझे सन्तोष है।"[247]

इस संग्रह में कवि ने आदमी और जानवर, आदमी और प्रकृति के सम्बन्ध-सरोकारों से सम्बद्ध स्मृतियों को ही दर्ज नहीं किया है, बल्कि पारस्परिकता को भी परिभाषित किया है। इस बात को 'आदमी और जानवर' कविता की इन पंक्तियों में लक्ष्य किया जा सकता है–

"प्यार की भाषा समझती हैं
गाएँ भी
जो कुछ उन्हें प्यार से खिलाते हैं
खाती हैं
फिर इन गायों को दुहता है
दुहने वाला और बछड़ो के लिए भी
छोड़ता है
आदमी और जानवर एक दूसरे के हैं
एक दूसरे के लिए।"[248]

यकीनन ऐसे मानवीय रिश्ते की तलाश त्रिलोचन जैसे 'देशज कवि' से ही सम्भव है। उनका पवन भी सभी प्राणियों का हितैषी है। वह देवदार की ऊँचाई से चकित और मोहित है। वह देवदार को धन्यवाद ज्ञापन करता है–

"उपजे हो तुम
इसी धरणी की कोख से
जननी के जीवन को
तुमने नया अर्थ दिया
धन्य किया
भूतल के योगक्षेम, देवदार,
कहना तुम सूरज से, चाँद से, तारों से
ये सब तुम्हारे हैं, सर्वदा तुम्हारे हैं
तुम्हें मानते हैं।
सभी प्राणियों को प्राणवंत करो
दुःख उनके दूर करो।"[249]

इसी 'सर्वे भवंतु सुखिनः सर्वे सन्तु निरामया' की आर्ष कामना से अनुप्राणित होने के कारण त्रिलोचन जन-संवेदना के सबसे सहज और सरल कवि सिद्ध होते हैं। त्रिलोचन तो वह सेमल हैं जो–

'अपने लाल-लाल फूलों से
भूमि और आकाश का
अभिनन्दन करता है...'

और कवि से कहता है–

"मुझे मिला है जो कुछ
उसी से मैं पास आने वालों का
सत्कार करता हूँ
अपने लिए उनसे
कोई आशा नहीं करता।"[250]

अन्त में मैं विश्वनाथ प्रसाद तिवारी के लहजे में कहना चाहूँगी कि– "त्रिलोचन क्रान्ति, विद्रोह, क्षोभ, आक्रोश के कवि नहीं हैं। वे मूलतः राग के कवि हैं। इस लोक के सौन्दर्य से उनका गहरा लगाव है।"[251] अन्तिम दिनों में या अपने जीवन के अन्तिम मुकाम पर उनकी मंगल ध्वनियाँ अधिक सजग और सतेज होती गयी हैं। कविता के वे एक वरिष्ठ नागरिक हैं। उन्होंने नयी पीढ़ी को नसीहत इस प्रकार दी है–

"अच्छे विचारों से
अच्छाई नहीं आती
अच्छे आचार ही
अच्छाई लाते हैं।"[252]

अतः उनके कवि-कर्म के बारे में कहा जा सकता है कि-

'फुल कुम्हलाएँ तो सुगन्ध कुम्हलाती नहीं।'[253]

त्रिलोचन की काव्ययात्रा के संक्षिप्त सर्वेक्षण से स्पष्ट होता है कि उनकी 'कविता का अर्थात्' सामान्य भारतीय व्यक्ति के स्वाभाविक राग-विराग से उद्‌भूत है। हम जानते हैं कि सामान्य भारतीय व्यक्ति का विश्वास काट-छाँट में न होकर अपनी सहजता और आपसदारी में होता है। यही कारण है कि त्रिलोचन ने अपनी कविता (और स्वयं को भी) काट-छाँट तथा नक्काशी और पच्चीकारी से दूर रखा है। आम आदमी शास्त्रसृजित अवगुंठनों के तर्क को श्रद्धापूर्वक सुन लेता है मगर अपने जीवन को संचालित करनेवाले सूत्रों को लोकानुभवों की गठरी में ढूँढ़ता है। उसे शास्त्र सत्य की अपेक्षा लोक-सत्य को आत्मसात करने में सहजता का आभास होता है। त्रिलोचन की कविता की गर्भभूमि चिरानीपट्‌टी और बनारस की वह धरती है जिसको उन्होंने जीवन के दार्शनिक मोड़ पर भी सीने से लगाए रखा।

बहरहाल कवि त्रिलोचन की काव्य-साधना का प्रामाणिक प्राथमिक बिन्दु सन् 1945 में प्रकाशित 'धरती' है। यह वह समय है जब साहित्य को तीव्रता से नये-नये आयाम मिल रहे थे। छायावाद की समाप्ति को घोषणा हो चुकी थी और प्रगतिवादियों के प्रस्थान-बिन्दु की भी। प्रगतिवाद समाजवाद की लहरों पर चढ़कर साहित्यिक परिवेश में दाखिल हो गया था। त्रिलोचन ने इन दोनों राहों के राहगीरों की फितरत को करीब से देखा, परखा। उन्होंने 'सन्तो राह दोऊ हम दीठा' कहकर अपनी 'धरती' की तलाश की। उन्होंने वायवीय तथा त्रिशंकु काव्य-संस्कृति की जद से निकल कर रूप-रस-गन्ध युक्त मानवीय पक्ष को अपनाया और अपनी सर्जनात्मकता से अपनी अलग राह बनायी। जो न तो प्रगतिवादियों को सुहायी और न प्रयोगवादियों को ही। ग्राम्य जीवन की विषमताओं, विसंगतियों तथा आत्म जीवन के संघर्षों ने उनकी कविता को तरलता प्रदान की और आम आदमी के जीवन में मुस्कान भरने की कोशिश की। जो संघर्ष उनके जीवन का अलंकार नहीं, अलंकार्य था, उसके द्वारा ही उन्होंने अपने सौन्दर्य बोध को निर्मित किया। इसीलिए उनके लिए अलग से सौन्दर्यशास्त्र रचने की जरूरत महसूस की जाती रही

है। कुछ पाठकों एवं आलोचकों के लिए तकलीफदेह है कि उनकी कविताएँ सूरजमुखी होते हुए भी शांतमुखी है। नागार्जुन की तरह वे ज्वालामुखी नहीं हैं, इसलिए उनकी कविता को संघर्षशील कहने में संकोच किया जाता रहा है। कवि की रचना-यात्रा को लक्ष्य में रखने से स्पष्ट पता चलता है कि 'धरती' की कविताओं में जो तेज नजर आता है, वह धीरे-धीरे बाद की रचनाओं में अदृश्य होने लगता है। उसकी जगह 'निर्मम आघातों को सहकर, फिर उठकर, सँभलकर चलने' का निर्देश नजर आता है या 'दुख से दबे हुए मानव, आ आ मैं ले लूँ तेरा सब दुख, तू हल्का होकर सिर ताने आसमान में' की सदाशयता प्रबल हो जाती है। बाद की कविताओं में 'धैर्य-धारण' की प्रवृत्ति प्रमुख हो जाती है, नहीं तो व्यंग्य की वृत्ति। दरअसल, त्रिलोचन किसान-स्वभाव के थे, सहनशीलता और धैर्य किसान जीवन का स्थायी भाव हैं। उनका उपेक्षात्मक साहित्यिक परिवेश भी इसके लिए उत्तरदायी रहा है। इसलिए वे अपने आलोचकों एवं विरोधियों पर व्यंग्य से अहिंसक प्रहार करते हैं। मेरी नजर में उनकी कविताएँ संघर्ष का उपक्रम मात्र हैं, विषय परिस्थितियों में भी टूटने से बचाने और संघर्ष के माद्दा को कायम रखने की कविताएँ हैं। उनकी कविताएँ मन को 'अदीन' बनाने वाली तथा संघर्ष का संस्कार देने वाली रचनाएँ हैं। उनके व्यंग्यों में भी 'शिवत्व' है, उनमें सृजन की एषणा है। इस सन्दर्भ में एक बात और ध्यातव्य है। वह यह कि त्रिलोचन ने केवल मार्क्स को मुकुट नहीं बनाया, उन्होंने गाँधी को भी अपने हृदय का हार बनाया है। इसीलिए वे न तो नागार्जुन बन सके और न मायोवस्की ही। त्रिलोचन के चरित्रों के पास अपना चेहरा भी है। वे वर्ग चरित्र ही नहीं हैं। वे स्थानीयता के रंगों से और ग्राम्य जीवन के अनुभवों से उन्हें सजीव भी बनाते हैं। नगई, भोरई, चंपा, रामचन्दर, शिवटहल, फेरू, सब्जी बेचनेवाली बुढ़िया, मंगल, निरह, अवतरिया, सुकनी से जिस जीवन्त एवं ग्राम्य परिवेश का सृजन होता है, उसके परिष्कार और परिमार्जन के लिए त्रिलोचन का रचनाकार हर क्षण तत्पर एवं प्रस्तुत रहता है। त्रिलोचन की आधुनिकता भी एक ख़ास किस्म की आधुनिकता है। यह आधुनिकता अपनी जड़ से कभी अलग नहीं होती। टी.एस. इलियट ने लिखा है कि 'भूत के भूतत्व का एहसास ही आधुनिकता है' (ट्रेडिशन, एंड इंडिविजुअल टैलेंट) त्रिलोचन इस अर्थ में भी आधुनिक है और 'संग्रह त्याग न बिनु पहचाने' के अर्थ में भी। इसीलिए नामवर सिंह ने उनको 'प्राग आधुनिक' की संज्ञा दी है। हमारी साहित्य संस्कृति में जब परकीया प्रेम की समृद्ध परम्परा है और आधुनिकों के बीच यह विमर्श का

विषय हो कि गार्हस्थिक जीवन के लिए पत्नी और रचनात्मक ऊर्जा और प्रेरणा के लिए प्रेयसी की अनिवार्यता है तो स्वकीया प्रेम की प्रतिष्ठा प्रगतिशीलता की पहचान है। केदार, नागार्जुन, शमशेर के साथ-साथ त्रिलोचन ने भी स्वकीया प्रेम को पर्याप्त 'स्पेस' दिया है। जीवन और लेखन में भी। किसान जीवन की सुख-समृद्धि, प्रकृति के मिजाज का मोहताज होती है और किसानों का सरोकार प्रकृति से सर्वाधिक होता है। इसलिए त्रिलोचन का प्रकृति-प्रेम भी सामाजिक यथार्थ से सम्बद्ध है, और उसके प्रामाणिक चित्र और दृश्य भी उन्होंने प्रस्तुत किये हैं। शमशेर के पास चित्रकारी का हुनर भी था वे पेशेवर चित्रकार भी रह चुके थे। इसलिए उनके पास विविध रंगों की तुलिकाएँ भी थीं। जिनसे अपने चित्रों को सजाते-सँवारते भी थे। मगर त्रिलोचन के पास रंगदारी नहीं थी। वे सादे चित्र बनाते थे, ईस्टमैन कलर में नहीं, ब्लैक एंड ह्वाइट। परन्तु उतने ही प्रभावी और व्यंजक; उनका दावा है–

"मैं जीवन का चित्र बनाता हूँ
चित्र बनाता घूम रहा हूँ।"[254]

'नये चित्र के साथ नयी देता हूँ भाषा'[255] इसी बिन्दु पर रेणु की पहेली का उत्तर सम्भवतः मिल जाता है। सुरेश सलिल इस पहेली-प्रसंग में लिखते हैं कि–"एकाकी खड़े एक धूसर-अनाकर्षक दरख़्त का परिचय जानने की बाल सुलभ अकुलाहट, निरुपाय और असहाय भोरई केवट के आकंठ दुःख की आर्द्रता, फेरू और अवतरिया और टेल्हु, इंदो, सुकनी और सब्जीवाली बुढ़िया के अभावों, दुखों और कचोटों की प्रतीति, शिरीष और बबूल के फुलों में सुमन शिरोमणि और तूली का भावारोपण जहाँ शमशेर के सृजन-संसार से ख़ासे दूर प्रतीत होते हैं, वहीं अज्ञेय, कुंवर नारायण, कृष्ण बलदेव वैद आदि नागार्जुन के सृजन-चिन्तन से परे नजर आते हैं। इसलिए इन दोनों के मध्य खड़े त्रिलोचन में रेणु जी को कभी शमशेर और कभी नागार्जुन अगर झलक जाते हैं तो इसमें त्रिलोचन, शमशेर और नागार्जुन का दोष नहीं, दोष रेणुजी की दृष्टि-सीमा का ही हो सकता है।"[256]

अन्ततः त्रिलोचन 'धरती' के पुजारी हैं जिसने जनपद के 'अरघान' को 'दिगंत' तक प्रसारित किया था, जिसने 'ताप के ताए हुए दिनों' का ताप भोगकर 'गुलाब और बुलबुल' को 'शब्द' दिये थे, जिसकी 'अनकहनी भी कहनी' है, जिसने 'सबको अपना आकाश' प्रदान किया था, जो जीवन के दार्शनिक मोड़ पर पहुँचकर भीं 'चैती' गाता था और 'अमोला' घिसकर 'पिपहरी' बजाता था, उस पिपहरी की प्रतिध्वनि आज के लेखन में भी सुनायी पड़ती है जिसके कायल कुमार विकल, अरुण कमल, राजेश जोशी इत्यादि हैं।

1.3 प्रगतिशीलता की वैचारिकी और त्रिलोचन

आज की तारीख में किसी भी साहित्यसर्जक एवं साहित्यचिन्तक को यह मानने में संकोच नहीं है कि साहित्य आदमी की सामाजिक चेतना की उपज है और उसकी सामाजिक दायित्व-भावना की ही फसल है। "वह यथार्थ और चेतना के निर्माण और जीवन की रूपांतरणशीलता का साधन भी है। साहित्य की सामाजिकता और सामाजिक प्रयोजनशीलता को साहित्य की अभिजातवादी धारणा के समर्थक भी अब किसी-न-किसी रूप में स्वीकार करने लगे हैं।"[257] मगर प्रगतिशील वैचारिकी को यह मंजिले-ए-मकसूद हासिल करने में एक लम्बी संघर्ष-यात्रा से गुजरना पड़ा है जिसके एक महत्त्वपूर्ण मुकाम त्रिलोचन भी हैं। वैसे तो आम धारणा यही है कि हर कवि या लेखक प्रगतिशील होता है और एंगेल्स की इस बात ने इस खुशफहमी को हवा दे दी है कि "मैं जिस यथार्थवाद की बात कर रहा हूँ वह लेखक के विचारों के बावजूद प्रकट हो सकता है। इस बात को समझने के लिए बालजॉक का उदाहरण लिया जा सकता है। बालजॉक राजनीतिक दृष्टि से लिजिटिमिस्ट था, उसकी महान रचनाएँ एक अच्छे समाज के अनिवार्य विनाश पर लिखे गये सच्चे शोकगीत के समान हैं।"[258] मगर हकीकत यह है कि एक ईमानदार लेखन में शब्द और कर्म में कोई द्वैत नहीं होता। उसके शब्द कर्म से ही सत्यापित होते हैं और अर्थापित भी। गोकि रचना-कर्म और जीवन-कर्म में गहरा तादात्मय होता है। इस तथ्य के वास्तविक नेपथ्य में त्रिलोचन की भी अहम् उपस्थिति मिलती है। इसलिए उनके रचना-कर्म और जीवन-कर्म दोनों की सही एवं सार्थक पहचान के लिए प्रगतिशील वैचारिकी की संघर्ष-यात्रा पर नज़र जरूरी है।

यह सर्वस्वीकृत बात है कि छायावाद की कोख से एक नवीन काव्य-चेतना का प्रादुर्भाव हुआ था जिसे हम प्रगतिशील साहित्य के नाम से जानते-पहचानते हैं। इसे प्रगतिवाद के नाम से भी हम अभिहित करते हैं। दरअसल, प्रगतिवाद एवं प्रगतिशील दोनों नामों के औचित्य के सम्बन्ध में प्रारंभिक दौर में मतभेद था। कुछ आलोचकों के अनुसार प्रगतिवाद मार्क्सवादी सौन्दर्यशास्त्र की संज्ञा है और कुछेक के अनुसार समस्त वाङ्मय परम्परा का वह वर्द्धमान तत्त्व प्रगतिशील साहित्य है जिसका साहित्य की चिन्ताधारा के विकास में हस्तक्षेप रहा है। वे छायावादोत्तर प्रवृत्तियों के लिए प्रगतिशील साहित्य का प्रयोग-निषेध करते हैं। गरज कि प्रगतिवाद उनकी नजर में एक संकीर्ण एवं साम्प्रदायिक

अवधारणा है और प्रगतिशील साहित्य एक व्यापक एवं उदार संकल्पना है। लेकिन नामवर सिंह जैसे प्रगतिशील आलोचकों ने इस विवाद का उपसंहार प्रस्तुत किया और कहा कि "जिस तरह छायावाद और छायावादी कविता भिन्न नहीं है। उसी तरह प्रगतिवाद और प्रगतिशील साहित्य भी भिन्न नहीं है। 'वाद' की अपेक्षा 'शील' को अधिक अच्छा और उदार समझकर इन दोनों में भेद करना कोरा बुद्धिविलास है और कुछ लोगों की इस मान्यता के पीछे प्रगतिशील साहित्य का प्रच्छन्न विरोध-भाव छिपा है।"[259] दरअसल, इस विरोध का मूल मकसद साहित्य में वर्ग-चेतना का प्रवेश-निषेध था, शोषण के खिलाफ़ आम आदमी की आवाज का स्थगन था। प्रगतिशील कविता में प्रखर स्वर गरीब और संघर्षरत कवियों का ही था। कुछेक भिन्नताओं के बावजूद प्रगतिशील कविता का चरित्र त्रिलोचन, केदारनाथ अग्रवाल, शमशेर, मुक्तिबोध और नागार्जुन जैसे पंचशीलों से ही निर्मित हुआ है।

इस साहित्यान्दोलन का सैद्धान्तिक आधार मार्क्स का वह समाजदर्शन रहा है जिसे वैज्ञानिक भौतिकवाद के नाम से सारी दुनिया में जाना जाता है। समाजेतिहास के विश्लेषण से द्वन्द्वात्मक दर्शन ने यह प्रमाणित कर दिया है कि सामाजिक विकास का इतिहास वर्ग-संघर्ष का इतिहास है।

समाज जब से दो वर्गों में विभक्त हुआ तब से ही शोषण की शुरुआत हुई। अल्पसंख्यक वर्ग शोषक बना और बहुसंख्यक वर्ग शोषित। शोषक वर्ग शोषित वर्ग के श्रम का शोषण करता रहा। मगर दोनों ही वर्ग अपने-अपने हितों की रक्षा के लिए हमेशा संघर्षरत रहे। इस संघर्ष की प्रक्रिया में शोषित वर्ग की विजय होती रही और सामाजिक संरचना में तब्दिली आती रही। और, हर बदलाव में शोषित एवं उत्पीड़ित वर्ग की स्थिति बेहतर होती गयी और मुक्ति के दरवाज़े खुलते गये। गरज कि दास प्रथात्मक समाज के शोषितों को सामन्त-किसान, समाज में स्वतन्त्रता के ज्यादा अवसर मिले और पूँजीपति-श्रमिक समाज में सामन्त-किसान समाज के उत्पीड़ितों को और अधिक स्वतन्त्रता के पायदान मिले। दास प्रथा वाले समाज से मुक्ति के संघर्ष का नेतृत्व नये सामन्त वर्ग ने किया तथा सामन्ती समाज से मुक्ति का नेतृत्व पूँजीपतियों ने किया। अपने आरम्भिक काल में इन दोनों वर्गों ने ही प्रगतिशील किरदार का निर्वाह किया था और निःसन्देह सामाजिक रूपांतरण घटित भी हुआ। मगर शोषण की प्रक्रिया का अन्त नहीं हुआ, केवल उसके स्वरूप में परिवर्त्तन हुआ। इसलिए मार्क्स की स्थापना है कि "पिछली तमाम सारी क्रान्तियाँ एक नये अल्पसंख्यक शोषक वर्ग के नेतृत्व में उसी के हित

में, दूसरे शोषक वर्ग को पदच्युत करने के लिए हुई हैं।"[260] लेकिन आज की क्रान्ति सामन्तवादी और पूँजीवादी क्रान्ति से भिन्न है। यह पूँजीवाद के खिलाफ़ सर्वहारा वर्ग की क्रान्ति का युग है। इसमें बहुसंख्यक शोषित वर्ग के द्वारा अपने हितों के लिए सचेत और स्वतन्त्र क्रान्ति होगी। और, यह समाजवादी क्रान्ति होगी। इसमें वर्ग चेतना और शोषण-भावना का अन्त सम्भव है।

ऐसी ही क्रान्ति की सम्भावना के लक्ष्य पर प्रगतिवाद का जन्म हुआ था। और सलीके से प्रगतिशील साहित्य की रचना का प्रादुर्भाव भी। ई.एम. फॉस्टर के सभापतित्व में 'प्रॉग्रेसिव राइटर्स ऐसोसिएशन' नामक अन्तर्राष्ट्रीय संस्था का प्रथम अधिवेशन पेरिस में सम्पन्न हुआ तो हिन्दुस्तान में डॉ. मुल्कराज आनन्द और सज्जाद जहीर के उद्‌यम से उसकी शाखा की स्थापना सन् 1936 में हुई। जिसके प्रथम अधिवेशन की अध्यक्षता प्रेमचन्द ने की थी। मगर प्रेमचन्द ने प्रगतिशील साहित्य-सर्जन की भूमिका पहले से ही प्रस्तावित कर दी थी और कथा-साहित्य को यथार्थ की जमीन पर प्रतिष्ठित कर दिया था। सन् 1936 ई. का अधिवेशन तो प्रगतिशील साहित्य का औपचारिक उद्‌घाटन मात्र था, शिलान्यास तो प्रेमचन्द की लेखनी द्वारा ही सम्पन्न हुआ था।

प्रगतिशील साहित्य का पचहत्तर वर्षों का अतीत इस बात का साक्षी है कि यह कोई स्थिर एवं शाश्वत मतवाद नहीं है। यह निरंतर सामाजिक तथा सांस्कृतिक विकास-क्रम से प्रवर्त्तित एवं विकसित होता रहा है। और, इसकी सैद्धान्तिकी में उत्तरोत्तर स्पष्टता आती गयी और यह पूर्णता की ओर अग्रसर होती रही है। इसी आधारभूत तथ्य को स्पष्ट करते हुए डॉ. नामवर सिंह ने कहा है कि "प्रगतिशील के इन बीस वर्षों का साहित्य (यह बात सन् 1962 से पहले की ही है।) व्यापक भावभूमि और उच्च विचार के निरंतर विकास का इतिहास है, जो राजनीतिक जागरण से आरम्भ होकर क्रमशः जीवन की व्यापक समस्याओं की ओर, आदर्शवाद से आरम्भ होकर क्रमशः यथार्थवाद की ओर और यथार्थवाद अथवा नग्न यथार्थवाद से आरम्भ होकर क्रमशः स्वस्थ सामाजिक यथार्थवाद की ओर अग्रसर होता जा रहा है।"[261] इस उद्धरण से स्पष्ट है कि प्रगतिशील साहित्यांदोलन की सर्वाधिक प्रेरक शक्ति तत्कालीन राजनीतिक जागरण रहा है। इस राजनीतिक जागरण का मूल स्रोत द्वन्द्वात्मक भौतिकवाद और ऐतिहासिक भौतिकवाद रहा है। इसका प्रमुख लक्ष्य वर्गहीन और अन्ततः राज्यविहीन समाज की स्थापना है। यह विचारधारा सामाजिक रूपांतरण में राज्य नामक संस्था को बाधक मानती है। अब तक राज्य सत्ता

का स्वरूप वर्गीय रहा है, चाहे वह समाज दासप्रथात्मक हो, या सामन्तवादी तथा पूँजीवादी। वर्ग-संघर्ष के स्वरूप तथा वर्ग संघर्ष की स्थितियों का विश्लेषण मार्क्स ने इस प्रकार किया है। पहली बात यह कि वर्गों का अस्तित्व उत्पादन-व्यवस्था के ख़ास ऐतिहासिक दौरों से आबद्ध है। दूसरी बात यह कि वर्ग संघर्ष अनिवार्य रूप से 'सर्वहारा' के अधिनायकत्व का मार्ग प्रशस्त करता है तथा तीसरी और अन्तिम बात यह है कि सर्वहारा का अधिनायकत्व स्वयं सभी वर्गों के उन्मूलन तथा वर्गहीन समाज की ओर संक्रमण की एक स्थिति मात्र है। गरज कि इस वैचारिक सन्दर्भ में मार्क्स ने सर्वहारा के अधिनायकत्व को एक ऐतिहासिक अनिवार्यता सिद्ध किया है। सर्वहारा के अधिनायकत्व के अभाव में न तो मजदूर वर्ग सत्ता पर काबिज रह सकता है और न ही अर्थव्यवस्था और जनचेतना का रूपांतरण हो सकता है। इसके साथ-साथ यह भी ध्यातव्य है कि "सर्वहारा वर्ग पूँजीवादी समाज-व्यवस्था की उपज है। पूँजीवाद व्यवस्था में बुर्जुआ वर्ग तथा सर्वहारा वर्ग का संघर्ष इतिहास प्रक्रिया की अनिवार्यता है। इस अनिवार्यता को पहचानते हुए सिद्धान्त और व्यवहार की एकता कायम रखकर क्रियाशील होने से ही बुनियादी बदलाव सम्भव होता है... सर्वहारा चेतन है, मानवमुक्ति के अपने ऐतिहासिक दायत्वि के प्रति सजग है। इतिहास प्रक्रिया में उसका ही भविष्य है, उसके भविष्य के हाथों में मानव-समाज का भविष्य सुरक्षित है और उसके भविष्य के साथ ही कला और साहित्य का भविष्य भी जुड़ा हुआ है। सर्वहारा वर्ग में बुनियादी बदलाव के लिए संघर्ष के नेतृत्व की क्षमता को समझना तथा उसे मजबूत बनाना ही बुनियादी बदलाव के लिए प्रतिबद्ध साहित्यकारों-कलाकारों का काम है।"[262] सर्वहारा के पक्षधर सहित्य की सार्थक एवं सकारात्मक भूमिका के निम्नलिखित सन्दर्भ होते हैं–

1. पतनोन्मुख बुर्जुआ जीवन-शैली एवं मरणोन्मुख बुर्जुआ संस्कृति की वास्तविकता का विश्लेषण एवं उसकी सीमाओं का रेखांकन।
2. समाज के सम्पूर्ण जीवन के साथ बुर्जआ जीवन-पद्धति की असंगतियों और समाज के विकास में बाधक बुर्जुआ समाज-व्यवस्था की प्रवृत्तियों का उद्‌घाटन।
3. बुर्जुआ वर्ग के सांस्कृतिक एवं राजनीतिक तिलिस्म को तोड़ना और उसके तोड़ने के तरीकों का उल्लेख।
4. सामाजिक सम्बन्धों की समग्रता के बीच सर्वहारा के जीवन-संघर्ष का रेखांकन।

5. सर्वहारा दृष्टिकोण के अनुरूप एक अधिक मानवीय संसार की रचना की कोशिश।
6. प्रत्येक वर्ग संघर्ष राजनीतिक संघर्ष होता है। इसलिए वर्ग संघर्ष के प्रत्येक रूप के राजनीतिक प्रयोजन की पहचान एवं सामाजिक जीवन के यथार्थ का चित्रण।
7. सर्वहारा के सामाजिक संघर्ष की चित्रण-प्रक्रिया में सर्वहारा वर्ग की एकता को मजबूती देना तथा कारगर दिशा प्रदान करना।
8. सर्वहारा की 'मिथ्या चेतना' को नकारना तथा उसकी वर्गीय चेतना एवं मानवीय चेतना को विकसित करना।
9. सर्वहारा को इतिहास-प्रक्रिया की दिशा और गति का बोध कराना और उसके ऐतिहासिक दायित्व को जागरित करना।

यथार्थवाद मार्क्सवादी सौन्दर्यशास्त्र की केन्द्रीय अवधारणा है। रचना के इलाके में यथार्थवाद का अस्तित्व मार्क्सवाद से भी पुराना है। लेकिन उसकी समुचित व्याख्या और विश्लेषण का कार्य मार्क्सवादी सौन्दर्यशास्त्र ने ही सम्पन्न किया है। मार्क्सवादी ही रचना के क्षेत्र में यथार्थवाद का प्रेरक है तथा आलोचना में उसके विश्लेषण एवं मूल्यांकन का सुसंगत दृष्टिकोण है। ध्यातव्य यह है कि मार्क्सवादियों के बीच यथार्थवाद के महत्त्व पर कोई विवाद नहीं है। पर यथार्थवाद के स्वरूप एवं विचारधारा से उसके सम्बन्ध विवाद से परे नहीं है। इस विवाद का संवाद प्रस्तुत करते हुए मैनेजर पाण्डेय लिखते हैं कि "कला और साहित्य में यथार्थ का ऐतिहासिक और मानवीय रूप व्यक्त होता है। रचनाकार जिस समाज और परिवेश में जीता है उसके यथार्थ का अनुभव कई रूपों में करता है। यथार्थ का सामान्य और तात्कालिक अनुभव जब विशिष्ट और सुनिश्चित बोध बनता है तब रचना का विषय बनता है। सामान्य और तात्कालिक अनुभव को विशिष्ट तथा सुनिश्चित बोध में रूपांतरित करने की प्रक्रिया में रचनाकार के दृष्टिकोण की महत्त्वपूर्ण भूमिका होती है।"[263] आशय यह है कि यथार्थ के अनुभव, चयन, व्याख्या, मूल्यांकन, रूपांतरण की प्रक्रिया स्वतः चालित नहीं होती। इसमें रचनकार की विश्वदृष्टि के साथ-साथ कला-दृष्टि की भी महती भूमिका होती है। कला-दृष्टि की अनुपस्थिति में यथार्थानुभव के बावजूद कोई कलाकृति यथार्थवादी नहीं हो पाती, इस सम्बन्ध में ग्राम्शी के विचार स्मरणीय हैं कि एक ही ऐतिहासिक यथार्थ की अभिव्यक्ति करने वाले दो लेखकों में से एक उस यथार्थ का कलाकार बन जाता है और दूसरा केवल प्रवक्ता। दरअसल, यह अन्तर कला-क्षमता के अन्तर से ही पैदा होता है।

मार्क्सवादी साहित्य-चिन्तन की रवायत में यथार्थवाद पर जो बहसें हुई हैं उनमें सर्वाधिक महत्त्वपूर्ण विषय रचनाकारों एवं रचनाओं की राजनीति रहा है। मार्क्स-एंगेल्स के कला और साहित्य सम्बन्धी विचारों में राजनीति की चिन्ता प्राय: मौजूद है। गत सदी के चौथे दशक में लूकाच और ब्रेख़्त के बीच यथार्थवाद का जो विवाद हुआ उसके भी केन्द्र में यथार्थ और राजनीति का सम्बन्ध ही था। भारत में भी आरम्भ से ही यह मुद्दा काफी मुखर रहा। यथार्थवाद के विरोधी स्वरों में रूढ़िवादियों, आधुनिकतावादियों एवं कलावादियों की आवाज भिन्न-भिन्न लहजों में ऊँची रही है। वैसे तो ये कला की स्वायत्तता की बात करते थे मगर उनका निशाना विचारधारा और राजनीति ही होता था। आमतौर पर यथार्थवाद का और खास तौर पर समाजवादी यथार्थवादी का विरोध करते थे। कारण, इसमें निहित विचारधारात्मक और राजनीतिक अभिप्राय होते थे। ऐसे आलोचकों में विजयदेवनारायण्ा साही, लक्ष्मीकांत वर्मा, परिमलवादियों एवं पूर्वग्रह-मंडली का विरोध-स्वर काफी तीखा था। आश्चर्य की बात तो यह है कि कुछ ऐसे भी मार्क्सवादी हैं जो कला का सम्बन्ध समाज से तो मानते हैं, पर कला में विचार एवं विचारधारा के समावेश को गलत मानते हैं। उनका तर्क है कि उससे कला 'सामान्य' हो जाती है। उसकी विशिष्टता आहत हो जाती है। महान कला वर्गसंघर्ष, विचारधारा और राजनीति से ऊपर होती है। ऐसे लोगों में अर्न्स्टफिशर, एडोनों, हरबर्ट मारकूज रोजर गारोदी आदि नाम शीर्ष पर हैं। ब्रेख़्त ने गलत नहीं कहा है कि विचारधारा के विरोध की एक विचारधारा होती है गरज की कला-साहित्य में राजनीति के विरोध के पीछे भी राजनीति होती है और वह है सत्ता एवं यथास्थितिवाद की पक्षधरता, सत्ता से सुख-सुविधा हासिल करने की स्वार्थपरकता। ये इस बात को नज़रअन्दाज कर देते हैं कि "विचारधारा केवल विचारों की धारा नहीं है, उसमें विचार, आस्था, विश्वास, और मूल्य चेतना का भी योग होता है। वह एक विशेष सन्दर्भ में बनी सामाजिक चेतना है, उस चेतना की गतिविधियों की संघटना है, उसमें चेतना को अपने अनुकूल बनाने की क्षमता भी होती है।"[264]

यथार्थवाद विरोधी आलोचकों का दृष्टिकोण यह है कि वे विचारधारा को केवल राजनीतिक विचारधारा मानते हैं, वे इन दोनों में भेद नहीं करते जब कि मार्क्स ने इन दोनों में पर्याप्त भेद स्वीकार किया है। उसके अनुसार- "कला-रचना मानवीय श्रम का एक विशिष्ट रूप है। यह मानवीय श्रमों के दूसरे रूपों की तरह एक प्रयोजनयुक्त मानव-व्यापार है। श्रमिक (कलाकार)

किसी वस्तु (कृति) के निर्माण के पहले उसकी धारणा बनाता है। श्रम की प्रक्रिया के अन्त में जो फल (कृति) प्राप्त होता है उसकी मूल धारणा श्रमिक (कलाकार) के मन में पहले से मौजूद होती है... वह अपने प्रयोजन के प्रति निर्माणकाल में निरंतर सचेत रहता है और प्रयोजन के अनुरूप ही निर्माण की प्रक्रिया और पद्धति का विकास होता है।"[265] गरज कि रचना के मूल में विचार-धारा प्रयोजन के रूप में ही उपस्थित रहती है। उसी के अनुरूप रचना-प्रक्रिया का स्वरूप बनता है, रचना का शिल्प विकसित होता है। और, कृति के रूप में वही प्रयोजन साकार होता है। गरज कि कलात्मक रचना स्वयं विचारधारा से पैदा होकर विचारधाराओं के संसार को समृद्ध करती है, मनुष्य को जीवन-संघर्ष और मुक्ति-संघर्ष की शक्ति देती है और समाज में गतिशील विचारधारात्मक संघर्ष को स्फूर्ति देती है।

प्रगतिशील साहित्य के स्वरूप-विश्लेषण के क्रम में साहित्य की लोकप्रियता एवं उसकी श्रेष्ठता का आपसी सम्बन्ध भी विचारणीय है। एक जमाना था जब लोकप्रियता को श्रेष्ठ कला का अनिवार्य धर्म माना जता था। हमारा भक्ति-साहित्य इस का जीवन्त उदाहरण है। मगर साहित्य में व्यक्तिवाद के प्रवेश से लोकप्रियता साहित्य से बेदखल हो गयी। अब कलात्मक श्रेष्ठता और लोकप्रियता साहित्य की सहोदर सन्तान नहीं रही और न इनमें अनन्य भाव ही रह गया है। ये परस्पर विरोधी तो नहीं हैं पर फिलवक्त व्यक्तिवाद ने इसे विरोधी करार दिया है। व्यक्तिवादी रचनाकार आत्मभिव्यक्ति को ही सबकुछ मानते हैं। उनके लिए सम्प्रेषण कोई मायने नहीं रखता। कुछेक रचनाकार तो सम्प्रेषण को 'असम्भव' भी मानते हैं। इसके बरअक्स बाजारवाद ने लोकप्रियता को बाजारू बना दिया है। पूँजीवाद में लोकप्रियता रचनात्मक श्रेष्ठता का पर्याय नहीं रह गयी है। कारण कि यह व्यापारीकरण की प्रक्रिया का अंग या साधन बन गयी है। प्रेमचन्द के जमाने में भी दो तरह का साहित्य था, एक 'सुलाने वाला साहित्य' और दूसरा 'जगाने वाला साहित्य'। जगाने वाले साहित्य से सुलानेवाला साहित्य रुचिकर और दिलचस्प होता है। इसलिए वह स्वभावतः लोकप्रिय होता है। यथास्थिति के पक्ष में होने के कारण वह संस्कारगत भी जनप्रिय होता है। मगर 'जगाने वाला साहित्य' सामाजिक-सांस्कृतिक रूढ़ियों का विरोधी, एवं क्रान्तिकारी चेतना सम्पन्न होता है और सामान्य जनता का पक्षधर होता है, इसलिए वह अलोकप्रिय हो जाता है। दूसरी बात यह है कि पूँजीवादी व्यवस्था में आम जनता की कला चेतना अविकसित होती है। उसे अपने वर्गीय हितों का भी संज्ञान नहीं होता। नतीजन,

प्रगतिशील साहित्य जनभाषा में होते हुए भी लोकप्रिय नहीं हो पाता। इसलिए ऐसे साहित्य की लोकप्रियता के लिए जरूरी है कि जनवादी-संस्कृति और चेतना का विकास हो और यह निश्चय ही साम्यवादी व्यवस्था में सम्भव है। इसलिए प्रगतिशील सौन्दर्यशास्त्र में जब जनता की बात होती है तो मूढ़ और मूक जनता उसके दायरे में नहीं आती। ब्रेख़्त ने जनता में लोकप्रिय साहित्य के स्वरूप पर विचार करते हुए लिखा है कि "जनता से हमारा तात्पर्य ऐसी जनता से है जो इतिहास प्रक्रिया में निर्णायक भूमिका निभा रही हो, जो इतिहास का निर्माण कर रही हो और दुनिया को बदलने के साथ-साथ अपने को भी बदल रही हो।"[266] उसने यह भी स्पष्ट शब्दों में लिखा है कि "लोकप्रिय वह कला और साहित्य है जो व्यापक जनता के लिए बोधगम्य हो, जिसमें जनता के अभिव्यंजना-रूपों को अपनाया और समृद्ध बनाया गया हो, जिसमें जनता के दृष्टिकोण के सुधार समर्थन और सुधार का प्रयत्न हो जिससे उसके नेतृत्व की क्षमता प्रकट हो और इस प्रकार वह (रचना) दूसरे वर्गों के लिए भी बोधगम्य हो सके, जिसमें परम्परा से सम्बद्धता हो और विकास का प्रयत्न भी। और, नेतृत्व करने वाले वर्ग की उपलब्धियों की, नेतृत्व के लिए संघर्ष करने वाले वर्ग को जानकारी दी गयी हो।"[267] गरज कि लोकप्रिय लेखन में भी वस्तु और शिल्प का सौन्दर्य होता है मगर उसकी श्रेष्ठता का प्रतिमान दोनों की कलात्मक अन्विति होती है। ग्राम्शी के शब्दों में "कलात्मक श्रेष्ठता अन्तर्वस्तु के सौन्दर्य या रूप के सौन्दर्य में नहीं होती, वह वस्तु और रूप की 'सामंजस्यपूर्ण' एकता में होती है।"[268] इस स्थल पर ध्यातव्य यह है कि कलात्मक श्रेष्ठता और लोकप्रियता में से किसी की भी घोर अपेक्षा और उपेक्षा जनवादी रचना के प्रयोजन के लिए घातक सिद्ध होती है। लोकप्रियता का दुराग्रह कलात्मकता को क्षतिग्रस्त करता है तो कलात्मक उत्कर्ष का पूर्वाग्रह लोकप्रियता को। हिन्दी साहित्य में इस तथ्य को नागार्जुन और शमशेर की कुछेक रचनाओं में लक्ष्य किया जा सकता है। त्रिलोचन भी इस तथ्य के प्रति सजग थे। वे मंगलेश डबराल को दिये एक साक्षात्कार में कहते हैं कि चर्चा करनेवाले अगर बढ़ रहे है तो लोकप्रियत्व साबित होता है। और समझदार उस पर और काम कर रहे हैं तो इसका मतलब कि रचनात्मक क्षमता उसमें है। गरज कि लोकप्रियता और कलात्मकता की निर्णायक पाठकीय चेतना भी होती है। ये दोनों आस्वाद के धरातलों की मोहताज होती हैं, जैसा कि पहले संकेत किया जा चुका है।

इसी क्रम में, मार्क्सवाद की दृष्टि से भाषा के स्वरूप पर विचार

भी आवश्यक है। भाववादी विचारक एवं आलोचक भाषा की सत्ता को समाजनिरपेक्ष मानते हैं। उनके हिसाब से शब्द ब्रह्म है। उसकी कोई भौतिक सत्ता नहीं होती है। शब्द और कर्म से सर्वथा निरपेक्ष होती है। एक महत्त्वपूर्ण कवि ने तो स्पष्ट घोषणा की है कि "साहित्य शब्द है, कोरा शब्द नहीं, अर्थपूर्ण शब्द है लेकिन अन्ततः वह शब्द है। क्रान्ति शब्द नहीं, कर्म है। शब्द और कर्म दो अलग-अलग चीज़े हैं।"[269] इस बात से किसी को क्या एतराज हो सकता है कि साहित्य का आधार है- शब्द, अर्थपूर्ण शब्द। भाषा का निर्माण ही अर्थपूर्ण शब्दों के सुव्यवस्थित एवं प्रयोजनयुक्त प्रयोग से होता है। मगर वह एक सामाजिक वस्तु है और श्रम और कर्म से उसकी अनन्यता है। सामाजिक विकास-क्रम में ही भाषा-विकास हुआ है। मानवीय चेतना के विकास में भाषा की भूमिका जबर्दस्त होती है। वह सक्रिय मनुष्य के यथार्थ और यथार्थ से उसके सम्बन्ध-सरोकार की अभिव्यक्ति का साधन है। कुछ लोगों की ख़ासकर भाववादियों की धारणा है कि भाषा का वजूद समाज से स्वतन्त्र होता है। वे लोग साहित्य को अभौतिक एवं आध्यात्मिक वस्तु मानते हैं। कर्म के बन्धनों से उसको सर्वथा मुक्त मानते हैं। मगर मार्क्स ने इस विचारों का खण्डन किया है। उसकी मान्यता है कि "भाषा उतनी ही पुरानी है जिनती मनुष्य की चेतना। भाषा व्यावहारिक चेतना है। चेतना की तरह ही भाषा का भी विकास मनुष्य के पारस्परिक सम्पर्क, साहचर्य, सहयोग की आवश्यकता तथा प्रक्रिया से होता है। भाषा मनुष्य के कर्मशील जीवन का एक संघटक तत्त्व है।"[270] रेमण्ड विलियम्स भी ठीक ऐसी ही बात करते हैं "भाषा और श्रम मानव-व्यापार के दो ऐसे परस्पर सम्बद्ध रूप हैं जो एक दूसरे को प्रभावित करते हुए इतिहास-प्रक्रिया में विकसित हुए हैं।"[271] भाषा और यथार्थ के द्वन्द्वात्मक सम्बन्ध-सरोकार की व्याख्या करते हुए उन्होंने यह भी लिखा है कि "भाषा केवल भौतिक यथार्थ का प्रतिबिम्बन या अभिव्यंजना नहीं है। भाषा की मदद से हम यथार्थ का बोध प्राप्त करते हैं। भाषा व्यावहारिक चेतना होने के कारण मनुष्य के उत्पादन-सम्बन्धी और दूसरे कार्यकलापों से प्रभावित होती है और उनको प्रभावित करती है।" इस धारणा को स्पष्ट करते हुए रूसी भाषावैज्ञानिक वालासिनोव ने लिखा है कि "शब्द सामाजिक प्रतीक हैं, वह सामाजिक सम्बन्धों का माध्यम है और यथार्थ के बोध के सन्दर्भ में चेतना का भी माध्यम है। साहित्य रचना के दौरान रचनाकार अर्थसर्जन का जो कार्य करता है, वह एक सामाजिक कार्य है। अर्थ की सत्ता और सार्थकता का सामाजिक व्यवहारों, सम्बन्धों और विचारों से गहरा सम्बन्ध

होता है। इस प्रकार शब्द और कर्म का सम्बन्ध सतही और स्वैच्छक नहीं, बुनियादी, प्रयोजनपरक और अनिवार्य होता है।"[273]

ध्यातव्य यह है कि शब्द और कर्म की एकता स्थापित होने लगती है तो शासक वर्ग का प्रभुत्व खतरे में पड़ने लगता है। वह अपनी संकटापन्न स्थिति से उबरने के लिए शब्द और कर्म के अलगाव की बात करता है और सामाजिक यथार्थ को नेपथ्य में डालने की कोशिश करता है। भारत में भी यह परिदृश्य बार-बार अस्तित्व में आया है। कभी प्रयोगवाद के समय में तो कभी परिमलवादियों के शिविर में। इस विरासत को 'पूर्वग्रहवादियों' ने कुछ दिनों पहले सँभाल रखा था। जिनके प्रतिनिधि प्रवक्ता निर्मल वर्मा थे और अब अशोक वाजपेयी हैं। उन्होंने काव्यानुशासन के कुछ सूत्रों की उद्घोषणा की है–

1. कविता कवि की सम्पूर्ण नागरिकता है।
2. अब केन्द्र में कवि नहीं, कविता है।
3. कविता की स्वतन्त्र सत्ता है। वह किसी मानव-व्यवहार या विचार का पिछलग्गू नहीं है।
4. आज कविता विचारधारा के प्रभावों से मुक्त है
5. कविता अन्ततः बनायी हुई वस्तु है।[274]

ये सारे सूत्र शब्द और कर्म की एकता के प्रतिरोधक हैं, और साहित्य और सामाजिक यथार्थ के सहभाव के वियोजक हैं। गरज कि जिस कार्य को अज्ञेय ने आरम्भ किया था उसी कार्य को अशोक वाजपेयी अंजाम दे रहे हैं। यह स्वीकृत बात है कि बहुत पहले जॉर्ज आर्वेल ने लेखक के नागरिक और उसके व्यक्तित्व में अन्तर का प्रतिपादन किया था। अज्ञेय ने बहुत दिनों तक इस मन्त्र का जप किया। लेखकीय व्यक्तित्व के द्वैत का उद्घाटन टी.एस. एलियट ने भी किया था और अज्ञेय ने हिन्दी आलोचना में उसका प्रवर्त्तन एवं परिवर्द्धन भी किया। मगर इस कार्य का दायित्व अशोक वाजपेयी ने ले लिया है। जाहिर है, समकालीन कविता को जनचेतना और जनजीवन से अलग करने की साजिश चल रही है। मैं मार्क्स वगैरह का नाम नहीं ले रही, अस्तित्ववादी सार्त्र को ही याद कर रही हूँ। उसने लिखा है कि "एक युग का साहित्य अपने युग को समग्रता में आत्मसात करने के अतिरिक्त और क्या है? इस प्रक्रिया में ही साहित्य अपने युग के यथार्थ को उद्घाटित, निरूपित और प्रस्तुत करता है, जनता ऐसे साहित्य में अपनी वास्तविक स्थिति पहचान कर अपने मुक्तिसंघर्ष की ओर आगे बढ़ती है। कर्म से शब्द के जुड़ने का यह भी एक तरीका है।"[275] ऐसा जुड़ाव हिन्दी साहित्य के अतीत में दिखायी

भी देता है। भक्तिकाल का सन्त साहित्य इसका जीता-जागता उदाहरण है। स्वाधीनता संग्राम का साहित्य भी इसका सशक्त प्रमाण है। इसी प्रकार संसार के जनतांत्रिक मुक्ति संग्रामों में शब्द और कर्म की एकता को लक्ष्य किया जा सकता है। आज भी भारतीय जनांदोलनों के साहित्य में यह एकता बखूबी मौजूद है। लेनिन का यह अनुभव सिद्ध कथन 'शब्द कर्म भी है' हर सूरत में सही और सार्थक है। इस बात की परीक्षा आगे त्रिलोचन के साहित्य में भी विचाराधीन है।

यों तो पिछले प्रसंगों में प्रगतिशील साहित्य की पक्षधरता के स्वर-संकेत मिल जायेंगे। मगर इन पर सविस्तर विचार की जरूरत है। कारण की यही प्रगतिशील साहित्य की आधारशिला है, उसकी रचना-प्रक्रिया का मूलभूत प्रयोजन है। वर्गयुक्त समाज में साहित्य-सृजन की परिकल्पना वर्गीय चेतना से परे नहीं है। यह स्थिति आज की तारीख में ही मुखर और प्रत्यक्ष नहीं है, पहले भी कभी प्रच्छन्न रूप से तो कभी प्रखर रूप में परिलक्षित होती है। इस सन्दर्भ में कबीर और तुलसी के साहित्यों का अन्तर अशिक्षित और शिक्षित व्यक्ति का ही अन्तर नहीं है। यह परस्पर दो वर्ग विरोधी दृष्टियों की टकराहट हैं। ये दोनों अपने युग की दो संघर्षरत सामाजिक-सांस्कृतिक शक्तियों के प्रतिनिधि स्वर हैं, गरज कि सम्पूर्ण सगुण और निर्गुण मतवाद दो दार्शनिक दृष्टियों का संघर्ष मात्र नहीं था। यह दो विरोधी वर्ग-हितों, दो परस्पर विरोधी जीवन-दृष्टियों का भी संघर्ष था। मुक्तिबोध की यह बात यहाँ ज्यादा अर्थपूर्ण लगती है कि "यह ध्यान देने की बात है कि एक कला सिद्धान्त के पीछे एक विशेष जीवन-दृष्टि होती है, उस जीवन दृष्टि के पीछे एक जीवन-दर्शन होता है और उस जीवन-दर्शन के पीछे आजकल के जमाने में एक राजनीतिक दृष्टि भी लगी रहती है।"[276] गरज कि एक वर्ग विशेष के भीतर, उसकी जीवन-पद्धति के आवश्यकतानुसार ही व्यक्ति अपने जीवन-मूल्यों का सर्जन करता है, उनके द्वारा ही उसके सामाजिक, सांस्कृतिक एवं सौन्दर्यशास्त्रीय मूल्य निर्धारित एवं नियन्त्रित होते हैं। कला और साहित्य में व्यक्त सौन्दर्य एवं तत्सम्बन्धी धारणा कलाकार की मूल्य-व्यवस्था और जीवन-व्यवस्था से प्रभावित होने के कारण बहुत कुछ वर्गीय विशेषताओं से युक्त होती है। इसलिए समाज में दो नैतिक मान, दो विरोधी मूल्यचेतना कमोबेश वर्गयुक्त समाज में सक्रिय रहती हैं। यह बात दीगर है कि संस्कृति और साहित्य के क्षेत्र में ऐश्वर्यशाली वर्ग के मान-मूल्यों को ही स्वीकृति मिलती रही है और वह समाज की मुख्यधारा में शरीक रहे हैं।

मानव समाज के इतिहास से यह सत्य प्रत्यक्ष होता है कि वर्गयुक्त समाज में एक वर्ग शोषकों का होता है। यह अल्पसंख्यक होते हुए भी प्रभुत्वशाली होता है। दूसरा वर्ग शोषितों यानी आम जनता का होता है, जो बहुसंख्यक होते हुए भी हाशिए पर होता है। पूँजीवादी समाजव्यवस्था में शोषित जनता के अन्तर्गत सर्वहारा और दूसरे शोषित लोग शामिल होते हैं। दरअसल, इस व्यवस्था में सर्वहारा सर्वाधिक शोषण का शिकार होता है। इसलिए वह सबकुछ हारा हुआ वर्ग होता है। इसके पास खोने के लिए कुछ भी नहीं और पाने के लिए सबकुछ होता है। सामन्तवादी व्यवस्था में शोषण से मुक्ति के लिए किसान संघर्ष करता है और उसके नेतृत्व का दायित्व भी वही सँभालता है। मगर पूँजीवादी व्यवस्था में मुक्ति-संघर्ष का नेतृत्व सर्वहारा वर्ग करता है और अन्य शोषित तबके उसकी मदद करते हैं। इस व्यवस्था में सर्वहारा वर्ग की मुक्ति ऐकांतिक नहीं होती और न एकाकी ही। उसकी मुक्ति सबकी मुक्ति होती है। इसलिए सर्वहारा का मुक्ति संघर्ष सारे समाज का मुक्ति-संघर्ष होता है। डॉ. मैनेजर पाण्डेय का प्रस्ताव है कि "यह मुक्ति संघर्ष सर्वहारा के नेतृत्व और उसकी वर्ग-चेतना की व्यापक जनता में स्वीकृति से सफल होता है। इसलिए सर्वहारा के उद्देश्य से शेष शोषित वर्गों का उद्देश्य भिन्न नहीं होता। पूँजीवादी समाज में सर्वहारा एक मूर्त्त ऐतिहासिक धारणा हैं जबकि 'जनता' की धारणा में व्यापकता के बावजूद अमूर्त्तता की सम्भावना रहती है।"[277] पाण्डेय जी की यह बात इसलिए औचित्यपूर्ण है कि हाल फिलहाल हिन्दी साहित्य में आम आदमी, आम जनता, औसत आदमी जैसी संज्ञाओं का प्रयोग आम हो गया है। उनका कोई खास अर्थ-सन्दर्भ नहीं रह गया है। इन संज्ञाओं से कभी-कभी वर्ग चेतनाविहीन, पूर्णतः आत्मनिर्वासित, मिथ्या चेतना की शिकार और निष्क्रिय भीड़ का भी बोध होता है। इसलिए उन्होंने इस अमूर्त्त धारणा से बचने के लिए 'सर्वहारा' शब्द के प्रयोग की ही वकालत की है।

कुछ मार्क्सवादियों ने भी यह आशंका व्यक्त की है कि मार्क्स की रचनाओं में सर्वहारा कला की आवश्यकता एवं सम्भावना का कहीं ज़िक्र नहीं है। आनुषंगिक तौर पर ही सही, मार्क्स ने सर्वहारा साहित्य की आवश्यकता पर बल दिया है। "मार्क्स ने शेली के बारे में कहा था कि वह पक्का क्रान्तिकारी था और अगर जीवित रहता तो समाजवादी हरावल (सर्वहारा) का साथ देता। एंगेल्स ने सर्वहारा युग के आगमन का संकेत देनेवाले दांते की आकांक्षा व्यक्त की है। उन्होंने इंग्लैण्ड के सर्वहारा वर्ग और साहित्य के सम्बन्ध पर विचार किया है... लेनिन ने सर्वहारा संस्कृति की चर्चा की है।

उन्होंने वर्गीय पक्षधरता के विरोधी साहित्यिक अतिमानवों की आलोचना करते हुए कहा है कि साहित्य को निश्चित रूप से सर्वहारा के सामान्य उद्देश्य का अंग बनना चाहिए।"[278]

प्रगतिशील सौन्दर्यशास्त्र ने श्रम और कला के आपसी सरोकार के प्रति भी अपनी जागरुकता व्यक्त की है। उसके अनुसार श्रम के माध्यम से उसकी सामाजिकता ही नहीं, उसकी मानवीयता का भी विकास होता है। मनुष्य श्रम के माध्यम से जो कुछ भी पैदा करता है, उसका केवल उपयोगितावादी मूल्य नहीं होता, उसका सौन्दर्यबोधी मूल्य भी होता है। कारण कि वह अपने अस्तित्व की जरूरतों के अनुसार ही नहीं, मार्क्स के शब्दों में "सौन्दर्य के नियमों के अनुसार भी पैदा करता है।"[279] श्रम और कला के स्वाभाविक विकास के लिए सृजनशीलता एवं स्वतन्त्रता दोनों की ही आवश्यकता होती है। इन दोनों के जरिए ही आदमी अपने अस्तित्व और सत्व की रक्षा करता है। ये दोनों ही ऐसी मानवीय विशिष्टताएँ हैं। जिनके अभाव में कला और श्रम दोनों की ही स्वाभाविकता एवं मानवीयता नष्ट हो जाती है। मगर पूँजीवाद स्वतन्त्रता और सृजनशीलता-दोनों का ही शत्रु है। इसीलिए मार्क्स ने कहा था कि "पूँजीवाद कला का दुश्मन है।"[280] पूँजीवाद में हर वस्तु चाहे वह कलाकृति ही क्यों न हो, व्यापार की वस्तु बन जाती है। उसका विनिमय मूल्य सभी मूल्यों से बड़ा होता है। इस समाज में वस्तु का कलात्मक मूल्य चूक जाता है। श्रमिक की स्वतन्त्रता और रचनाशीलता बिल्कुल समाप्त हो जाती है। लेनिन का हवाला देते हुए ऑवरजिस ने लिखा है कि पूँजीवादी व्यवस्था में "एब्सोल्युट फ्रीडम ऑफ द प्रेस, द आर्टिस्टिक क्रिएटिविटी एंड ऐस्थेटिक जजमेंट्स इज नॉट एक्जिस्ट। इट इज इंपासिबल टु लिव इन ए सोसाइटी एंड टु बी फ्री ऑफ दैट सोसाइटी। बुर्जआ ऑ एनार्किस्ट्स कॉन्सेप्ट्स ऑफ फ्रीडम ऑफ द आर्टिस्ट फ्रॉम द कंडीशंस ऑफ लाइफ ऑर ऑफ हिज ऐब्सोल्यूट क्रिएटिव फ्रीडम ऑर नथिंग, बट हिपॉक्रेसी। देयर इज नो रियल फ्रीडम अंडर कैपटिलिज़्म। सोसाइटी बेस्ट ऑन द पावर ऑफ मनी एनस्लेव्स द आर्टिस्ट प्रास्टीट्यूटिंग हिज आर्ट।"[281] मार्क्स का दावा है कि "निश्चय ही लेखक को जीने के लिए जीविका की जरूरत है, लेकिन वह केवल अपनी जीविका के लिए जीना और लिखना नहीं चाहता। लेखक अपनी रचना को कभी भी साधन नहीं समझता। अगर आवश्यक हो तो वह अपनी रचनाओं के अस्तित्व के लिए अपने अस्तित्व का बलिदान कर देता है।"[282] मार्क्स के इस आर्ष वाक्य के प्रमाण हमारे यहाँ कबीर, निराला, मुक्तिबोध, नागार्जुन, त्रिलोचन इत्यादि की लम्बी सरणि तो नहीं, मगर महत्त्वपूर्ण जरूर है।

इस आसंग में कुछ मार्क्सवादियों को भी यह आशंका सताती है कि वर्ग-संघर्ष का उद्देश्य अन्ततोगत्वा वर्गहीन समाज की स्थापना है तो वर्गहीन समाज में सर्वहारा कला-साहित्य के लिए अवकाश कहाँ बचेगा? वर्ग-चेतना और पक्षधरता आदि कलात्मक मूल्यों के लिए भी कोई 'स्पेस' होगा? अगर होगा भी तो इनका क्या औचित्य होगा? इन सवालों का जवाब देते हुए सही कहा है कि "सर्वहारा साहित्य का एक ऐतिहासिक पहलू होता है तो दूसरा, मानवीय पहलू भी होता है। इसलिए वर्गहीन समाज में भी क्रान्तिकारी सर्वहारा कला या साहित्य की सार्थकता और महत्ता समाप्त नहीं हो जाती...सच्ची लोकप्रियता सर्वहारा कला की सम्भावना वर्गहीन समाज में ही होगी क्योंकि उसमें सर्वहारा चेतना और मानवीय चेतना का पार्थक्य समाप्त हो जायेगा।"[283]

बहरहाल, प्रगतिशील कला और साहित्य की वर्ग चेतना समस्त मानव-मुक्ति का साध्य और साधन है, और मनुष्य मात्र की मुक्ति सबके सहयोग और सहभाग से ही सम्भव होगी। सर्वहारा के नेतृत्व में समस्त शोषित वर्गों की एकता और एकजुटता से मानव-मुक्ति का पथ प्रशस्त होगा। इसकी चर्चा मुक्तिबोध ने अपनी एक कविता में की है, पूरी-की-पूरी संघर्ष-प्रक्रिया के स्वरूप का संकेत किया है–

'अरे: जन-संग-उष्मा के
बिना, व्यक्तित्व के स्तर जुड़ नहीं सकते।
प्रयासी प्रेरणा के स्रोत
सक्रिय वेदना की ज्योति
सब साहाय्य उनसे लो।
तुम्हारी मुक्ति उनके प्रेम से होगी।
कि तद्गत लक्ष्य में से ही
हृदय के नेत्र जागेंगे,
वह जीवन-लक्ष्य उनके प्राप्त
करने की क्रिया में से
ऊपर-ऊपर
विकसते जायेंगे निज के
तुम्हारे गुण
कि अपनी मुक्ति के रास्ते
अकेले में नहीं मिलते।'

त्रिलोचन के कवि का बपतिस्मा 'धरती' के प्रकाशन से होता है। 'धरती' का प्रकाशन सन् 1945 है और सम्भवतः तारसप्तक का भी। इसमें सन् 40

से 45 तक की रचनाएँ संकलित हैं। लेकिन त्रिलोचन के अनुसार ये उनके लेखन का दशमांश भी नहीं हैं। ज़ाहिर है त्रिलोचन इससे पहले भी लिख रहे थे। 'तुम्हें सौंपता हूँ' नामक संकलन में सन् 1938 की भी एक रचना उन्होंने हमें सौंपी है जिसमें छायावादी काव्यभाषा का पर्याप्त प्रभाव है। मगर सितम्बर सन् 1939 की 'सरस्वती' में प्रकाशित रचना 'मानव से' का अन्तिम छन्द है–

"प्रतिघात अशेष हुआ सारा
तुमने बदली अपनी धारा
दिखलाया रंग नया न्यारा
निज लाल रुधिर से सींच चले भू
कह जग-जीवन अमर समर रे!"[284]

इस कविता में त्रिलोचन का गम्भीर जीवन-बोध और संघर्ष का नैतिक स्वर साफ-साफ सुनायी देता है। 21 और 22 की उम्र में उनका जीवन-दर्शन उतना पुष्ट और परिपक्व हो गया है कि वह जग जीवन को 'अमर समर' कहते हुए धरती को लाल रुधिर से रंगने के बलिदान भाव की सराहना करता है। 'तमसो मा ज्योतिर्गमय' (1940) में यह बात और स्पष्ट हो जाती है–

"ज्योति जीवन की सदा से सहचरी है...
...पर अभी जीवन जले तब हो उजाला!"[285]

गरज कि जो चिराग बनकर जला नहीं, वह गुलाब बनकर खिलेगा क्या। यह है जीवन की सार्थकता या उसकी सामाजिक उपयोगिता। 'धरती' में कवि ने अपनी जमीन हासिल कर ली थी। इसकी सूचना दूसरी-तीसरी कविता में मिल जाती है। कवि को नयी समाजव्यवस्था की आहट मिल चुकी है और नये समाज की रचना के लिए जन-मानस को उद्‌बोधन दे रहा है। उसे पूर्ण विश्वास है कि जनता की मुक्ति के लिए कोई फरिश्ता नही आयेगा, कोई नहीं आयेगा। मानव-मुक्ति जनता के हाथों ही सम्भव है, उनको न निराला के विप्लवकारी 'बादल-राग' पर भरोसा है आौर न पन्त के 'परिवर्त्तन' पर ही, जिसका नेतृत्व बादल करता है। इसलिए सदियों से शोषित एवं उत्पीड़ित, दमित एवं प्रवंचित जनता को स्पष्ट शब्दों में त्रिलोचन कहते हैं–

"अब तक जो होता आया है
उसमें जन-सम्मान नहीं है
उसमें मानव को मानव के
सुख-दुःख का कुछ ध्यान नहीं है।
उससे व्यक्तिवाद पनपा है

उससे पूँजीवाद हुआ है
इन्हें नष्ट कर शोषित मानव,
शाप काट दो जग जीवन का"[286]

इसीलिए कवि त्रिलोचन ने जाग्रत जन को ही 'मुक्तिदूत' और 'नूतन समाज के स्रष्टा' के रूप में प्रतिपादित किया है। और, उनको अपनी अतुलित शक्ति के द्वारा अनय एवं अत्याचार के क्षय तथा साम्यवाद की जय के लिए ललकारा है–

"विपुल शक्तियों के निधान तुम
अपमानित जीते धरती पर
अपना शक्ति-प्रकाश दिखा दो
क्षय कर अत्याचार अनय का
श्रमिक, कृषक भोगो वह अमृत
जो फल है जीवन-मन्थन का।"[287]

इसी कविता के अन्त में उन्होंने जीवन और लेखन के लक्ष्य को भी रेखांकित किया है–

"साम्राज्यवाद, सामन्तवाद और, व्यक्तिवाद
जो बाँध रहे गति जीवन की कर उन्हें नष्ट
तुम सामाजिक स्वातन्त्र्य साम्य को करो स्पष्ट
होवें स्वतन्त्र नारी नर
हों सामंजस्य अमलतर
मैं गान विजय के गाऊँ,
जन-जन की शक्ति जगाऊँ।"[288]

दरअसल, यही उनके जीवन का दर्शन है और लेखन का अध्यात्म भी। उन्होंने न काव्य-चिन्तन के सम्बन्ध में और न ही अपनी सैद्धान्तिकी के सम्बन्ध में कोई आलेख लिखा है और न ही कोई प्रबन्ध ही। सबकुछ उनके शब्दों, उनकी कविताओं में ही अनुस्युत है। उनके ही मार्फत उनकी वैचारिकी को समझने की पगडंडी मिलती है। उन्होंने न ही भाववाद और न ही मार्क्सवाद का ही स्वतन्त्र रूप से विवेचन-विश्लेषण किया है। हाँ, मार्क्सवाद और साम्यवाद से अपने लगाव और तनाव का संकेत जरूर किया है। उन्होंने एक नन्हीं-सी कविता लिखी है–

"आगे उषाएँ हैं
और आगे संध्याएँ पंक्तिबद्ध
बीच में मैं मेरा आकाश।"[289]

गरज कि 'धरती' और 'जीने की कला' के बीच ही उनका 'मैं' और 'उनका आकाश' उद्‌घाटित है और समाहित भी। उन्होंने अपनी रचना 'मैं और तुम' में अपने 'मैं' को परिभाषित किया है और अपने 'आकाश' को भी भास्वर स्वर दिया है। यह 'मैं' और 'तुम' निराला का नहीं है जिसमें आत्मा और परमात्मा का संवाद था। यह संवाद देश के मिहनतकश मजदूर और किसानों से कवि का अन्तरंग संवाद है। वे कहते हैं–

"मिहनत तुम्हारी अकेले की नहीं है
मेरा भी साझा है हाथ है
और मनबहलावा तुम्हारा अकेला नहीं
मेरा भी साथ है"[290]

यहाँ त्रिलोचन खेत और कारखानों में काम करने वाले कृषकों और श्रमिकों के सुख-दुःख में भागीदार हैं। वे भली-भाँति जानते हैं कि 'मानव की सभ्यता / तुम्हारे ही खुरदुरे हाथों में नया रूप पाती है और यह नया रूप आने वाले कल के लिए किसी नये रूप की / भूमिका है और यह भूमिका भविष्य का संविधान बनती है।"[291] कवि ने इसीलिए आश्वस्त किया है उन सकर्मक हाथों को, मुस्कराते हाथों को जो पुरानी दीवारों की जगह पर नयी दीवारों का निर्माण करते हैं। यानी पुरानी जीर्ण-शीर्ण व्यवस्था की कब्र पर नयी सम्भावनाशील व्यवस्था का गुल खिलाते हैं। वह बार-बार कहता है, जोर देकर कहता है–

"मैं तुमसे, तुम्हीं से, बात किया करता हूँ
और यह बात मेरी कविता है।"[292]

मैं सामन्तों एवं पूँजीपतियों से बात कभी नहीं करता और न उनकी संस्तुति करता हूँ। मैं तो सिर्फ तुमसे गुफ्तगू करता हूँ, तुम्हीं मेरे ज़ुस्तजू हो, एक लम्बे ऐतिहासिक संघर्ष के बाद। इसलिए कवि का सर्वस्व श्रमिक एवं कृषक वर्ग है जो इतिहास-धारा की उपज है। शोषित एवं वंचित वर्ग है जो अपनी मुक्ति के लिए सजग है। कवि का समस्त कवि-कर्म उनको ही समर्पित है–

"साही जी, मेरा सुख बिल्कुल अलग नहीं है
मेरा दिन भी औरों के ही साथ कहीं है।"[293]

फिर वह कहते हैं–

"मैं सबके साथ हूँ, अलग-अलग सबका हूँ
मैं सबका अपना हूँ सब मेरे अपने हैं

मुझे शब्द-शब्द में देखो
मैं कहाँ हूँ।"[294]

वैसे तो त्रिलोचन उस जनपद के कवि हैं "जो भूखा दूखा है, नंगा है, अनजान है, कला-नहीं जानता / कैसी होती है, क्या है, वह नहीं जानता। कविता कुछ भी दे सकती है / कब सूखा है / उसके जीवन का सोता / इतिहास ही बता सकता है।"[295] मगर उनकी कविता का सम्बोध्य वह आदमी नहीं है जो "चला जा रहा है, अपने आँसू बोता, विफल मनोरथ होने पर अथवा अकाज में धर्म कमाता है। तुलसीकृत रामायण सुन-पढ़ कर, जपता है नारायण नारायण। वह तो उनके लिए लिखता है, जो समाज जीवन के प्रतीक हैं, जो समाज की 'सदा सुनिश्चित अनुपेक्षित आवश्यकता' हैं। त्रिलोचन ने उस 'तुम' को सम्बोधित किया है जिसकी परिभाषा इस प्रकार है-

"जिस समाज में तुम रहते हो
यदि तुम उसकी एक शक्ति हो
उसकी ललकारों में से ललकार एक हो
उसकी अमित भुजाओं में दो भुजा तुम्हारी
चरणों में दो चरण तुम्हारे
आँखों में दो आँख तुम्हारी
तो निश्चय समाज जीवन के तुम प्रतीक हो
निश्चय ही जीवन, चिर जीवन।"[296]

त्रिलोचन ने अपनी रचनाओं में अपनी कारगर एवं कामयाब जनता की कई स्थलों पर निशानदेही की है और जिस प्रकार नागार्जुन ने अपनी काव्य-यात्रा का मंगला चरण 'जनवन्दना' से किया है, उसी प्रकार उन्होंने अपने प्रस्थान को जनशक्ति के अभिनन्दन से चिह्नित किया है; उनकी आशा-आकांक्षाओं एवं सपनों एवं संघर्षों को अपनी काव्य-चेतना का उद्गम माना है-

"भाव उन्हीं का सबका है जो थे अभावमय,
जो अभाव से दबे नहीं जागे स्वभावमय।"[297]

'दिंगत' में अपनी प्रतिबद्धता को स्वर देते हुए बिना लाग-लपेट के कहते हैं, बिल्कुल गद्यात्मक भाषा में कि-

"मैंने उनके लिए लिखा है जिन्हें जानता
हूँ जीवन के लिए लगाकर अपनी बाजी
जूझ रहे हैं, जो फेंके टुकड़ों पर राजी
कभी नहीं हो सकते हैं: मैं उन्हें मानता

हूँ, आगामी मनुष्यताओं का निर्माता।
नये युग के उद्गाता
वे हैं जो हैं निपट निरक्षर लेकिन जिनकी
प्राणों की ललकार जानती कभी न रुकना,
जिनका आहत मान जानता नेक न झुकना
स्पष्ट रूपरेखा है उनको अपने दिन की
क्रान्ति उन्हीं लोगों के पास पला करती है
दुःख के तम में जीवन-ज्योति जला करती है।"[298]

अपनी पक्षधरता को निरूपित करते हुए बिल्कुल साफ-लहजे में दृढ़तापूर्वक कहते हैं-

"धन की उतनी नहीं मुझे जन की परवा है
जितनी, जो मुझसे खुलकर मन से मिलता है
मैं उसका वशवर्त्ती हूँ, इसी से खिलता है
मेरे प्राणों का शतदल...।"[299]

इनकी जन-परवा कितनी सच्ची और खरी है उसका साक्ष्य को 'शब्द' की 'दुख से दबे हुए मानव' कविता है। निम्न पंक्तियाँ दृष्टव्य हैं-

"दुख से दबे हुए मानव, आ-आ, मैं ले लूँ
तेरा सब दुख, तू हल्का होकर सिर ताने
आसमान में, इस दुनिया को अपनी माने
जिसको अपनी नहीं मानता किसको दे लूँ
तेरा ईर्ष्या-द्वेष-कपट, पाखंड, उसे ले लूँ
और डाल दूँ तुरत महासागर के थाने।"[300]

इसलिए कवि के पास 'अगना ही दुःख मेरा होता क्या होता।' परकातरता ही कवि का सबसे बड़ा संकट है। अपनी ही मुक्ति की कामना उसे प्रेय नहीं है, उसे तो सबके दुःख की चिन्ता है। 'सर्व भवंतु सुखिनः' उसके जीवन का मिशन है और साहित्य का भी। यही कवि की सामाजिक चेतना है और उसके सृजन की सामाजिकता है। उसके लेखन का समाजशास्त्र है। इस मायने में त्रिलोचन कबीर और निराला के काफी निकट हैं। कहीं-कहीं तो उनकी ही आवाज इनकी सामाजिकता की प्रतिध्वनि प्रतीत होती है।

यह आधुनिकता के बरक्स प्रगतिशीलता का आख्यान है। नयी कविता के जितने भी कवि थे सबको अपनी चिन्ता थी, अपने-अपने स्वार्थों के लिए सत्ता और धनिकों से समझौता उनके लिए आम बात थी। वे कविता

के लिए विचार की आवश्यकता भी नहीं समझते थे। यह सब कविता की शुद्धता और स्वायत्तता के लिए विभिन्न काव्यांदोलनों को जन्म देते थे, पश्चिम की आयातित मान्यताओं को प्रश्रय देते थे। उनका मूल उद्देश्य होता था कि काव्यजगत से प्रगतिशील वैचारिकी का उन्मूलन या निरस्तीकरण। वे भाव और विचार को अलग-थलग मानते थे और आम आदमी से काफी दूरी बनाये रखते थे। वे सभी मीर के अनुयायी थे जो कहा करता था कि साधारण लोगों की संगति से जुबान खराब हो जाती है। तुलसी ने भी तो कहा है कि प्राकृत जनों के गुणगान से सरस्वती को पश्चाताप होता है। ऐसे कवि-कंठों में बसने से उनको घोर एतराज था। मगर उन्होंने भी रामकथा अवधी में लिखी, संस्कृत में नहीं। इससे उनको पंडितों एवं विद्वानों का कोपभाजन भी बनना पड़ा था। लेकिन त्रिलोचन का आग्रह है कि जीवन्त रचना के लिए साधारण लोगों के साथ उठना-बैठना, मिलना-जुलना और उनके सुख-दुःख को समझना अनिवार्य है। उन्होंने स्पष्ट स्वीकार किया है कि आम आदमी से सहानुभूति और मार्क्सवाद के ज्ञान के बावजूद पन्त की उत्तवर्त्ती रचनाएँ बेजान हैं और महज वक्तव्य है। इसके बरक्स निराला की वैसी रचनाएँ आज भी प्रेरक एवं प्राणवान हैं। वे मंगलेश डबराल के एक साक्षात्कार में कहते हैं कि "पन्त की चर्चा नयी रुचि वालों में कम हो गयी है... पन्त की श्रेष्ठ काव्य-पुस्तकें 'पल्लव' से 'गुंजन' तक हैं। बाकी, अच्छी कविताएँ ढूँढ़नी पड़ती हैं।"[301] उनकी सलाह है कि भले ही डॉक्टरों और प्रोफेसरों से न मिले कोई, सामान्य जन के सम्पर्क में रहे तो अच्छी रचना दे सकता है। सुशिक्षित जनों की भाषा ताज़गी से वंचित होती है। निराला के निरालेपन का राज आम आदमी से गहरा सरोकार मानते थे। गरीब-गुरबों से मेल-मुहब्बत, उनकी बोली-बानी से गहरा लगाव ही उनकी कविता की शक्ति एवं भाषा की स्फूर्ति है। यही वे यह भी जानते थे कि "प्रगतिशील रचनाएँ जो आ रही थीं, उनसे पूँजीवाद को खतरा था। आज भी उनके यहाँ (अमेरिका में) विचार प्रधान कविताएँ आयें तो उनका विरोध होगा। तो हमारे यहाँ के मनीषियों ने समझा कि विचार को डाँटो, विचारशून्य कविता लिखो। भैया विचार को डाँट दीजिएगा तब भी विचार रहेगा... जीवन के संचालक विचार होते हैं... तो, जितने सावधान सचेत लोग हैं तो उस विचार का काव्य में विरोध करनेवाला विचार-मूढ़ होगा क्योंकि विचार ही का दूसरा रूप होता है भाव। जो आकार से मिलकर चेष्टा आदि में परिवर्त्तित होता है और क्रिया बनता है तो गति के साथ मिलकर।"[302] त्रिलोचन के ही पक्ष को अग्रसर करते हुए नामवर सिंह

लिखते हैं कि–"जागरुक कवि अपने कवि-कर्म के दौरान सतर्कता के साथ राजनीतिक सन्दर्भ को परिभाषित करते चलते हैं और इस प्रकार सीधे-सीधे राजनीतिक विषयों पर कविता न लिखते हुए भी अपनी प्रत्येक रचना को एक निश्चित राजनीतिक अर्थ दे देते हैं। महत्वपूर्ण है राजनीतिक सन्दर्भ का गहरा बोध और सही बोध। जरूरी नहीं कि कवि इस राजनीतिक सन्दर्भ के बारे में लिखे ही- क्योंकि सन्दर्भ तो कविता में व्यंग्य होता है। लेकिन इस सन्दर्भ को व्यंजित करने के लिए उसका वास्तविक बोध जरूरी है। इस सन्दर्भ बोध के बिना अराजनीतिक तो क्या, राजनीतिक कविता भी शून्य है।"[303]

त्रिलोचन की यही खासियत है कि विरोध भी जाहिर करते हैं तो संयम के साथ, आक्रोश और क्षोभ का शमन करते हुए। अपनी कविताओं के माध्यम से भाववादी, आधुनिकतावादी कवि, लेखकों एवं आलोचकों को नसीहत देने से त्रिलोचन बाज नहीं आते। कथ्य एवं भाषा की नफासत से उनको परहेज था, वह भी इसलिए कि वह उनकी अनुभूति की हिस्सा नहीं थीं। वे स्पष्ट तरीके से कहते हैं–

"...अगर न तो हरियाली
कहाँ दिखा सकता हूँ, यह नवीन ऐयारी
मुझे पसन्द नहीं है। जो इसकी तैयारी
करते हों। अगर कोठरी अँधेरी
है तो उसे अँधेरी समझाने का
सिफारिश से, सेवा से
गला सत्य का कभी न घोटूँगा। मेवा से
वरंब्रूहि न कहूँगा और न चुप रहने का"[304]

इसी ईमानदारी और रागझदारी से समाज में उठनेवाली क्रान्तिकारी ध्वनियों को पकड़ने में वे सक्षम हैं। संघर्षशील जनता की आशा-अभिलाषा को ही ध्वनित ॐकरने में अपने कवि-कर्म की सार्थकता समझते हैं, उन्होंने अपने को इस प्रकार परिभाषित किया है–

"लड़ता हुआ समाज, नयी आशा-अभिलाषा
नये चित्र के साथ नयी देता हूँ भाषा।"[305]

इन दो पंक्तियों में उनका साहित्यबोध, इतिहास बोध एवं भाषा-संवेदन- सबकुछ समाहित हो गया है। किसी ने कहा है कि वे शब्दों के कवि हैं। मैं कहती हूँ कि वे कर्मों के कवि हैं किसी और ने कहा है कि वे वाक्यों के कवि हैं। मैं कहती हूँ कि वे कार्यों के कवि हैं। तो दोनों के मायने एक

ही है। कारण कि, उनके शब्द और कर्म अलहदा नहीं हैं। दोनों में गहरी पारस्परिकता है। इन दोनों में वही रिश्ता है जो शिव और पार्वती में था। जो लहर और वीचि में होता है। इन पुरानी उपमाओं का प्रयोग इसलिए सार्थक है कि कर्म से ही शब्दों को अर्थ मिलता है। दरअसल, साहित्य में सामाजिक परिवर्त्तन की तरंगें उठती हैं तो साहित्य में जनवादी स्वर उभरते हैं। उनमें जनता की, सजग और सक्रिय जनता की परिवर्त्तनकामी अनुगूँजें ध्वनि होती हैं। उस साहित्य में शब्द और कर्म का सहभाव और सहभाग प्राथमिकता हासिल कर लेता है। ऐसी स्थिति में साहित्य-सृजन केवल सांस्कृतिक हस्तक्षेप नहीं रह जाता, वह सामाजिक-राजनीतिक हस्तक्षेप का औजार भी बन जाता है। इसलिए यथास्थितिवादी शब्द और कर्म की एकता से डरते हैं और उनके अलगाव, उनके आपसी अन्तराल की वकालत करते हैं ताकि साम्प्रतिक व्यवस्था में उनकी स्थिति सुरक्षित रहे। यह क्रान्तिविरोधी मानसिकता है। इसी मानसिकता से उबरने के लिए त्रिलोचन ने कर्म की भाषा, जीवन की भाषा, संघर्ष की भाषा की बात बार-बार की है। जिसका सविस्तर उल्लेख आगे किया जायेगा। फिलहाल तो यहाँ अभीष्ट सामन्ती व्यवस्था में उपेक्षित एवं पीड़ित किसान-मजदूरों के प्रति त्रिलोचन की रचना-दृष्टि का उल्लेख है।

ध्यातव्य है कि त्रिलोचन जन्मजात किसान थे और किसानी उनकी जीविका भी रही है। इसलिए किसान जीवन से उनका सरोकार जितना अन्तरंग रहा है उतना और किसी से भी नहीं। उनकी लेखन-प्रक्रिया में भी उनकी किसानी परिलक्षित होती है। वे कविताएँ रोपते नहीं है, कविताएँ उगाते हैं। अपने खून-पसीने से उन्हें सींचते हैं और अपनी गहरी आत्मीयता एवं संलग्नता से उन्हें पल्लवित एवं पुष्पित करते हैं। मैनेजर पाण्डेय ने किसान-जीवन के चितेरों को मुख्यतः तीन श्रेणियों में बाँटा है। और, उनके वर्गीकरण का आधार कवियों का किसान-जीवन से सम्बन्ध-सरोकार का आकार-प्रकार रहा है। वे लिखते हैं कि "हिन्दी में किसान-जीवन के कवियों की कमी नहीं है। उनमें से अधिकांश कवि मध्यवर्गीय दृष्टि से किसान जीवन के यथार्थ को देखते हैं। वे कभी समय की माँग और कभी बौद्धिक सहानुभूति के कारण किसान-जीवन की कविता लिखते हैं। ऐसी कविताओं में कहीं कवि तटस्थ दर्शक की तरह होता है तो कहीं किसानों का वकील। इनसे भिन्न मध्यवर्गीय दृष्टि के कवि हैं जो किसान जीवन की दयनीयता से द्रवित होकर उसकी व्यथा-कथा कहते हैं... त्रिलोचन ऐसे कवि नहीं है। उनकी दृष्टि एक सजग किसान की दृष्टि है जो उस जीवन के जीते, देखते-सुनते और समझते हुए

कवि को मिली है। इसलिए उनमें मध्यवर्गीय तटस्थता और भावुकता नहीं है। उनमें किसान-जीवन से आत्मीयता और तादात्म्य है। लेकिन उस जीवन में मौजूद रूढ़ियों की आलोचना भी है। उनकी दृष्टि किसान जीवन को समग्रता में देखती है। वह उस जीवन की शक्ति के स्रोतों की खोज करती है तो जड़ता की जड़ों पर प्रहार भी करती है।"[306]

गरज कि उनकी आलोचनात्मक दृष्टि सर्वग्रासी नहीं है और न सत्यनाशी ही। न आत्ममुग्ध है और न ही आत्मग्रस्त ही। नीर-क्षीर विवेक के साथ किसानों के जीवन का चित्रण करते हैं। कीचड़ में रहते हुए भी कमल की तरह पाक-साफ दृष्टि रखते हैं। यह उनकी वैचारिकी की परिपक्वता का लक्षण है। वे किसान-जीवन की बीहड़ता का ज़िक्र करते हैं तो लगता है कि यह उनका भोगा हुआ यथार्थ है। जैसे–

"ईति भीति सभी से बचाना है
खेती को, तभी घर और घर वाले
सुख पाएँगे, खाएँगे, खेलेंगें।

... .

किसान की किसानी
दिन रात में भेद नहीं करती
तभी लोग जीते हैं।"[307]

खेती की प्रकृति निर्भरता का आलम और उसका दर्द दर्शनीय है–

"क्या करें किसान
मेह गायब है
जल ही दिखायी न दे
तब खेती कैसे हो।"[308]

यह किसान के निजी दर्द का उच्छवास है। इसी दर्द से लबरेज जुबान कहती है–

"स्रष्टा कहीं होगा तो
परम कौतुकी होगा–
उसे दया-माया से क्या लेना।"[309]

मध्यवर्गीय कवियों ने किसानों के जीवन की चर्चा की है, पर इतनी सच्चाई से नहीं की है। उनमें कार्यरत, श्रमरत किसान के चित्र नहीं मिलते और न ही प्रकृति से जद्दोजहद करते दम्पती के। लेकिन त्रिलोचन ने उनके संयुक्त संघर्ष को परिभाषित किया है–

"है धूप कठिन सिर के ऊपर
थम गयी हवा जैसे
दोनों दूबों के ऊपर
रख पैर खींचते पानी
उसी मलिन हरी धरती पर
मिलकर वे दोनों प्रानी
दे रहे खते में पानी।"[310]

यह दृश्य कितना सवाक् है। गर्मी का उत्ताप और किसान-दंपती का सन्ताप कितना सचित्र है! अकाल-दुकाल में जब पेट भरता, दो जून की रोटी का जुगाड़ नहीं हो पाता तो किसान-मजदूर कल-कारखानों में काम करने के लिए परदेस चल जाते हैं। छठे-छमासे ही घर आ पाते हैं। ऐसे में 'परदेशी के नाम पत्र' का इशारा ही मजमून को समझने के लिए काफी है। बालम को कलकत्ता कमाने के लिए जाना और विवाहिता का वियोग में दुःखी रहना एक मिथक नहीं, सामाजिक यथार्थ है। विश्वनाथ त्रिपाठी लिखते हैं-"इस हृदयविदारक विडम्बना ने पूर्वी प्रदेशों में 'विदेसिया' जैसे काव्यरूप को जन्म दिया है। पूरब जाकर बालम भटक जाते हैं, पूरब की औरतें जादू-टोना जानती हैं। वे मर्दों को दिन में भेड़ और रात में आदमी बना देती हैं। बिहार और पूर्वी प्रदेश में कलकत्ता और पूरब मिथक रहे हैं- छोटे किसानों और मजदूरों की विवाहिताओं के लिए दारुण मिथक।"[311] कवि त्रिलोचन ने यहाँ इस मिथक को सामाजिक यथार्थ में बदल दिया है। इस पत्र का जवाब इस बात का गवाह है-

"सचमुच इधर तुम्हारी याद तो नहीं आयी
झूठ क्या कहूँ। पूरे दिन मशीन पर खटना,
बासे पर आकर पड़ जाना और कमाई
का हिसाब जोड़ना, बराबर चित्त उचटना।
इस-उस पर मन दौड़ाना, फिर उठकर रोटी
करना, कभी नमक से कभी साग से खाना।

... ...

धीरज धरो, आजकल करते तब आऊँगा,
जब देखूँगा अपना पुर कुछ कर पाऊँगा।"[312]

यह है यथार्थवादी विचारधारा का कलात्मक रूपांतरण। यह काव्यात्मक चमत्कार केवल त्रिलोचन के वश की बात है। केदारनाथ अग्रवाल, शमशेर,

मुक्तिबोध की कला-चेतना में भी लोकजीवन का ऐसा दृश्यांकन विरल है। आधुनिकतावाद के दौर में मध्यवर्गीय व्यक्ति के एलिअनेशन की धूम कविता-कहानियों में खूब मिलती है, पर मजदूर के परायेपन की आहट या दस्तक कहीं नहीं मिलती। मार्क्स ने लिखा है कि मजदूर परायेपन की प्रक्रिया के शिकार होकर धीरे-धीरे अपने परिवार और मानवीयता से भी अलग हो जाते है। अभी पूँजीवाद का उत्कर्ष शेष है। इसलिए इस कविता में मजदूर ने अपने बाल-बच्चों से, घर-परिवार से दूर होकर भी, विच्छिन्न होकर भी अपनी संवेदना को किसी हद तक बचाये रखा है, लेकिन कब तक?

कवि की यथार्थवादी संवेदना के विस्तार का एक नमूना 'सब्जीवाली बुढ़िया' में भी दृष्टव्य है। 'मेथी और पालक की दो हरी-हरी गट्ठियाँ / लहसुन और प्याज की चार-चार पोटियाँ / बुढ़िया कह रही थी ग्राहक से ले लो, यह सब ले लो कुछ पचास पैसे में। ग्राहक बोला-जो कुछ लेना था ले चुका / यह सब क्या करूँगा / रखने की चीज नहीं / बुढ़िया ने साँस ली और कहा-दिन हैं ये ठंड के / ले लो तो मैं भी घर को जाऊँ/ ग्राहक ने सुना नहीं और दाम चुका कर चला गया / मैं पास वाले से गोभी ले रहा था / बुढ़िया से मैंने कहा-अम्मा सारी चीजें इकट्ठे बाँधकर मुझको दे दीजिए / बुढ़िया असीसती हुई चली गयी। उसकी बातें जो कानों में पड़ीं। उनको अनसुना कर नहीं पाया मैं"[313] यह सगोत्रीय सहानुभूति कवि की पक्षधरता को सत्यापित करने के लिए पर्याप्त है। प्रगतिशील चेतना को एक नयी जमीन देती है और उसकी व्यावहारिक वैचारिकता को नया 'स्पेस' भी। यह निराला की जन-सहानुभूति का ही अगला चरण है। गरीबी और भुखमरी निराला का निजी विषय था, इसलिए अपनी कविताओं में 'तुम' में 'मैं' का पुनराविष्कार किया करते थे। इसी वजह से 'भिक्षुक', 'वह तोड़ती पत्थर' आदि कविताएँ क्लासिक हो सकी हैं। मुक्तिबोध भी इसी सामाजिक सन्दर्भ के कवि हैं। उन्होंने भी भूख और अभाव का प्रत्यक्षतः अनुभव किया था। नेमिचन्द्र को लिखे एक पत्र में सूचना दी थी "मेरी आँखों के सामने घर-गिरस्ती को देख कर काले सपने आया करते हैं। मैं वजन सँभाल नहीं पाता और हर महीने की बीस तारीख के बाद दिवालियापन सताता है क्रुद्ध प्रेत-सा"[314] यही तंगदस्ती त्रिलोचन की भी रही थी। इसलिए मुक्तिबोध की तरह ही उन्होंने जीवन के अनुभवों का सामान्यीकरण किया है। और, सामान्यीकरणों का फिर असामान्यीकरण। इस प्रक्रिया में अपने जीवन के विशेष अनुभव काव्यात्मक रूप ग्रहण कर लेते हैं। यह दीगर बात है कि मुक्तिबोध का

साहित्य जनता का साहित्य होते हुए भी जनता के लिए नहीं लिखा गया है। यद्यपि कि मुक्तिबोध भी संवेदनशील उतने ही हैं जितने त्रिलोचन, नागार्जुन आदि प्रगतिशील कवि। वे आत्मग्रस्त भी नहीं हैं। मगर जटिल संवेदना के कवि होने के कारण उनकी कविताओं में जटिलता और फैंटेसी की प्रधानता है। जनपदीय चेतना के कारण त्रिलोचन और नागार्जुन सहज बोधगम्य कवि हैं। ये दोनों कवि आत्मचेतस होते हुए भी इतिहास चेतस हैं और विश्वचेतस भी। इनकी भी चिन्ता भावधारा को विचारधारात्मक और संवेदना को ज्ञानात्मक बनाने की है। दोनों में फर्क यही है कि त्रिलोचन अपनी कविताओं के माध्यम से क्रान्ति की भावभूमि तैयार करते हैं और नागार्जुन क्रान्ति का आह्वान करते हैं। त्रिलोचन जनता के प्रति अपनी प्रतिबद्धता की प्रतीति कराते हैं और नागार्जुन उसकी स्पष्ट घोषणा भी करते हैं। दोनों को ही जन-सामान्य से गहरी सम्बद्धता है। पर, त्रिलोचन में नागार्जुन जैसी घर-परिवार के प्रति आबद्धता नहीं है। कारण कि दोस्त-मित्रों का घर ही त्रिलोचन का अपना घर था और हरेक की रसोई में उनका निर्बाध प्रवेश था।

त्रिलोचन ने अपनी कविताओं के द्वारा ही प्रगतिशील धारा के विरुद्ध लिखे गये आख्यानों का भी जोरदार जवाब दिया है। साक्षात्कारों में भी ऐसे कवियों पर प्रहार किया है। और, उनका सहयात्री बनने से भी इंकार किया है। इसकी तफ्तीश 'स्पष्टीकरण' नामक कविता में मिलती है-

"मित्रो, मैंने साथ तुम्हारा जब छोड़ा था
तब मैं हारा-थका नहीं था, लेकिन मेरा
तन भूखा था मन भूखा था। तुमने टेरा,
उत्तर मैंने दिया नहीं तुमको, घोड़ा था
तेज तुम्हारा, तुम्हें ले उड़ा। मैं पैदल था
... ...
अपनी राह चला, आँखों में रहे निराला
मानदण्ड मानव के तन के मन के, तो भी
पीस परिस्थितियों ने डाला, सोचा जो भी
हो, आँखों की करुणा का यह शीतल पाला
मन को हरा नहीं करता है, पहले खाना
मिला करे तो कठिन नहीं है बात बनाना।"[315]

गरज कि त्रिलोचन की कविता अघाये हुए लोगों की वाणी नहीं है, यह भूखा और प्यास की उपज है। और एक पैदल जीवन यात्रा का सम्बल भी है।

यह सम्पूर्ण जीवन का आत्मदाह है। मंगलेश डबराल के साक्षात्कार में कहते हैं–'गुलाब और बुलबुल' का एक शेर मैं कहे दे रहा हूँ। इस शेर में कुक्लूस नाम के एक पक्षी का रेफरेंस है। कुक्लूस के लिए अरबी में एक लीजेंड है कि यह केवल नर होता है, मादा नहीं। जो यह कुक्लूस जब आखिरी गाना गाता है तो स्वरों से आग निकलती है औार उस आग से जलकर वह राख बन कर उस पेड़ पर रह जाता है... कुक्लूस जैसे अपने ही स्वर की अग्नि में जल जाता है, वैसा ही मैं मानता हूँ कि कविता अगर बनती जायेगी तो कवि नष्ट हो जायेगा। कोई कवि सहज और स्वस्थ रहे तो समझ लीजिए कुछ कसर है। कविता तो एक जीवन को तोड़कर सकल जीवन बनाती है। और जो जीवन टूटता है वह कवि का है। भोगना उसे है, माने यह इंद्र का वह वज्र है जिसे रघु ही झेल सकता था।"[316] वह शेर है–

"क्यों कही यह बात वीणापाणि ने तुमसे त्रिलोचन,
आज ओ कुक़नूस, गाकर तार जीवन के हिला दो।"[317]

तात्पर्य यह है कि 'कविता पूरा जीवन माँगती है।' पूँजीवादी व्यवस्था में अपने अस्तित्व और आजादी की रक्षा के लिए त्रिलोचन ने अन्य प्रगतिशीलों की तरह ही भारी कीमत चुकायी थी। "द हिस्ट्री ऑफ द आर्ट इन दि लास्ट थर्ड ऑफ दि नाइंटीन्थ एंड द बिगनिंग ऑफ ट्वैटियंथ सेंचुरी शोज अ सदि ग्रेटेस्ट ऑफ आर्टिस्ट हैव हैड टु पे फॉर देअर रिबेलियनः हंगर, मिजरी, सूसाइड ऑर मैडनेस"[318] यह कथन है ए.एस. बास्केत्स का जो त्रिलोचन के जीवन-संघर्ष का आईना लगता है। आलोचक मैनेजर पाण्डेय ने भी पुष्टि की है कि "दूसरों के लिए संघर्ष विशेषण है, लेकिन त्रिलोचन की वह संज्ञा है।"[319] अपने समय के शिविरवाद या गुटबाजी के प्रबल विरोधी थे त्रिलोचन। किसी खेमे में नहीं थे। न तो आधुनिकतावादियों के खेमे में और न मार्क्सवादियों के खेमे में। गुटबादी उन्हें हरगिज पसन्द नहीं थी। वे राजनीति की कविता लिखते थे मगर कविता की राजनीति नहीं करते थे। इसीलिए वे किसी के प्रिय कवि नहीं थे। उनका अपना साँचा था। उन्होंने 'जनपद का कवि' नामक मंगलेश डबराल द्वारा लिखित साक्षात्कार में स्पष्टतः कहा है कि "किसी विचारधारा का समर्थन करने के लिए आप कविता लिखें तो याद रखिए आप कवि कम, उस विचारधारा के अनुवर्त्ती हैं। भले ही वह विचारधारा आपकी बुद्धि को स्वीकार्य हो गयी हो। इसीलिए जब लोगों ने अपने को प्रतिबद्ध कहना शुरू किया तो मैंने कहा कि प्रतिबद्धता जो है वे मेरे विचार हैं जो मेरे अन्दर हैं। उनके लिए किसी घोषणा की जरूरत नहीं।"[320]

इस विचार के सामने नागार्जुन भी खड़े हैं। केवल प्रगतिवादी लेखक और आलोचक ही नहीं। त्रिलोचन मुक्तिबोध के काव्य-चिन्तन से प्रभावित थे, उनकी रचना-प्रक्रिया के क्षणों से भी। जैसे उनकी फैंटेसी उनके युगीन अनुभव की कन्या थी, वैसे ही त्रिलोचन की कविताएँ भी उनके युगीन अनुभवों की कन्याएँ हैं। मुक्तिबोध को भी गहरा एहसास था कि "प्रगतिवाद ने मनुष्य जीवन का केवल राजनीतिक पक्ष उठाया, उसने सम्पूर्ण मनुष्य को अपने का काव्य का विषय नहीं बनाया।"[321] काडवेल ने कहा था कि कला के दायरे से बाहर निकलना समाज के दायरे में प्रवेश करना है। मुक्तिबोध और त्रिलोचन दोनों को भली-भाँति मालूम था कि प्रगतिवाद के पक्षधरों ने कला के परिसर से बाहर-निकल कर भी समाज में गहराई से प्रवेश नहीं किया। त्रिलोचन ने इसी तथ्य को लक्ष्य करते हुए प्रकारांतर से कहा है कि "मेरी कविता लोग पढ़ेंगे तो कविता के बतौर पढ़ेंगे, मेरे विचारों के लिए नहीं। निराला को जो वेदांत ज्ञान के लिए पढ़ता है वह भ्रांत है। उसके लिए शंकराचार्य को पढ़ना चाहिए या टीकाकारों को। और इन शास्त्रों के अनुसार जो कविता करता है वह कवि अपने को छात्र सिद्ध करता है। कवि तो ऐसी मुद्राएँ देता है कि नये शास्त्र पैदा हों।"[322] सम्भवतः इसीलिए अपनी विचारधारा के बारे में कविता से अलग बात बहुत कम की है। और, कविताओं में भी विचारों की काव्यानुभूति के रूप में ही उपस्थिति मिलती है। आद्यंत उन्होंने भारत-वर्ष के आदमी का आख्यान रचा है। एक आख्यान हैं 'नगई महरा' में, दूसरा आख्यान है 'महाकुम्भ' में, तीसरा आख्यान है 'औडिहार के बराह' में। त्रिलोचन को न तो अपनी परम्परा से परहेज था और न ही आधुनिकता से। उनकी कविता की जड़ें वाल्मीकि में है तो कालिदास में भी। कबीर में हैं तो तुलसीदास में भी। निराला में है तो ग़ालिब में भी। तुलसीदास और गालिब एवं निराला के प्रति तो आभार भी व्यक्त किया है। मगर कविताओं के माध्यम ही। एक साक्षात्कार में जरूर कहा है कि "निराला भाषा बदल जाने के कारण अपने युग से ही सम्बद्ध होने के कारण मेरे करीब हैं। निराला के समय के और जो कवि हैं वे छायावाद में आते हैं। जबकि निराला छायावाद को भी लाँघ जाते हैं। यह लांघना कम नहीं है। इसी प्रकार पूववर्ती कवि में तुलसीदास हैं। मेरी कविताओं में बहुत जगह आपने देखा होगा कि त्रिलोचन शब्द मैंने डाल दिया है। अन्य पुरुष में है, त्रिलोचन वहाँ। 'भीख माँगते उसी त्रिलोचन को देखा कल।' त्रिलोचन के जीवन को जो जानेगा, उनसे मिलने-जुलने वालों से, तो वह जानेगा कि यह भीख नहीं माँगता था। तब भीख माँगते उसी

त्रिलोचन को देखा कल? साहित्य में बहुत-से ऐसे अकिंचन थे जिनके अन्दर माँगने का संकोच था ही नहीं। वहाँ ऐसों का नाम देकर कविता लिखता तो असम्मानजनक होता। तो वहाँ मैंने त्रिलोचन दे दिया। अब सूर और तुलसी को देखिए। 'मो सम कौन कुटिल खल कामी।' कोई सबूत नहीं मिलता, पर खल भी कहा है, कुटिल भी और कामी भी।"[323] त्रिलोचन ने बहुत पढ़ा था, वे शब्द कोश ही नहीं थे, ज्ञानकोश भी थे। उन्होंने अपने साक्षात्कारों में, वार्तालापों में कई बार कहा है कि मैंने इलियट, एजरा पाउंड को भी पढ़ा है। उनकी कविताओं का भी निष्कर्ष है कि त्रिलोचन को आधुनिकता से भी परहेज नहीं था। देश और काल की गति और मति को ठीक से समझते थे। मगर वे अन्धानुकरण में विश्वास नहीं करते थे। और न किसी की नकल में ही वे 'संग्रह त्याग न बिनु पहचाने में' आस्था रखते थे। उनको पुराणमित्येव 'न साधु सर्वम' का पूरा संज्ञान था। इसलिए उनको आधुनिकता प्रिय थी, मगर विशुद्ध यूरोपीय नहीं। भारतीय सन्दर्भों से उपजी आधुनिकता प्रेयस्कर एवं श्रेयस्कर दोनों ही थी। उपर्युक्त साक्षात्कार में ही वे कहते हैं "याद रखिए, हमारी आधुनिकता यूरोपीय आधुनिकता न होगी, भारतीय आधुनिकता ही होगी। और कोई रचनाकार बड़ा तब होता है जब वह अपने पात्रों का वैसा उपस्थापन करता है, रचना में जैसे वे हैं- चाहे वे गिरी हुई मानसिकता और आर्थिक स्थिति में हो या उत्कृष्ट मानसिकता के... तो ये सब वाल्मीकि और व्यास) हमारे पुरखें हैं। हमारे पुरखे ये ही थोड़े हैं, इंग्लैण्ड में भी हैं, फ्रांस में भी हैं, इटली में भी हैं, अरब में भी हैं। जो हम (हमारे) पूर्ववर्त्ती हैं, चाहे जिस भाषा के हों, हम उनसे सीख सकते हैं। नकल करेंगे तो केवल विचार की होगी... सौन्दर्य सम्बन्धी जो उपादान वहाँ हैं, भाषा और परिवेश के कारण है। वे आप नहीं ले सकेंगे"[324] यही परम्परा और आधुनिकता की वास्तविक खोज है। इस मायने में त्रिलोचन सामाजिक यथार्थ के कोलम्बस थे।

त्रिलोचन जनपद के कवि हैं तो उनकी कविता के जनपद में ग्रामीण जीवन है, प्रेम और प्रकृति है, गरीबी और भुखमरी है, पर सभी सामाजिक चेतना सम्पन्न एवं प्रगतिशील दृष्टि-सम्पन्न हैं। उनकी नास्तिकता भी है तो वह भी सामन्ती-पूँजीवादी परिवेश की देन है-

> "ठाठबाट का महल है ढहा सामन्ती युग का
> स्वाभाविक मौत न पायी ईश्वर ने
> पूँजीपतियों ने, सामन्तों ने
> उसे मार डाला

उसकी खा गये कमाई

देश सेवा में जो संचित थी।"[325]

उनकी कविता के जनपद में निरक्षर बच्ची चम्पा, चित्रा जांबोरकर, नगई महरा, भोरई केवट, अछूत निषाद, मंगल, निरहू, अवतरिया, सोनी और सुकुनी है तो सब्जी बेचनेवाली बुढ़िया भी। इन सभी चरित्रों में वर्गदृष्टि और विचाराधारा की झलक मिलती है। इन चरित्रों के विभिन्न पहलुओं को आत्मसात करने पर अनुमान करना कठिन नहीं है कि त्रिलोचन किस मनुष्य का निर्माण अपनी कविताओं में करना चाहते थे और किन मानव-मूल्यों को वे समाज में प्रतिष्ठित करना चाहते थे। त्रिलोचन के बारे में गोबिन्द प्रसाद सही कहते हैं कि उनकी "कविता गहरे अर्थों में मानवीय चरित्र के उन्नयन की कविता है"[326] पर उन्हें सर्वहारा के उन्नयन के साथ-साथ काव्य के उन्नयन की भी चिन्ता है। इसलिए कविता को जीवन्तता प्रदान करने के लिए आम जनों के पास रहते हैं और अभिजनों से दूर भागते हैं। कुछ लोग यह भी समझते हैं कि त्रिलोचन कविता की खोज में उपर्युक्त उपेक्षित चरित्रों के दरवाजे पर दस्तक देते हैं। यह भी कथन ग़लत नहीं है। एक रचनाकार के रूप में त्रिलोचन जी मानते हैं कि "भले ही साक्षर लोगों से सम्पर्क न हो- वह सम्पर्क तो हानिकारक भी होता है–पर जो अक्षर विहीन हैं, असली जीवन जीते हैं उनका सम्पर्क जरूरी है। उन्हीं के जीवन पर कोई रचना नयी बन सकती है।"[327] इसलिए नये लोगों को भी साामान्य जन के बीच लगातार बने रहने की नसीहत देते हैं। इस प्रकार आम आदमी के जीवन-मूल्यों के संस्करण के लिए कविता को अपनाना और कविता के रचनात्मक मूल्यों के परिष्करण के लिए आम आदमी को अपनाना-दोनों बातें साहित्य और समाज के आत्मीय सम्बन्ध को उद्घाटित करते हैं। इसलिए जितने प्रगतिशील कवि रहे हैं सभी ने अपने जनपद को ही अपनी कविता के केन्द्र में रखा है। चाहे केदारनाथ अग्रवाल हों, या रामविलास शर्मा, चाहे नागार्जुन हों या त्रिलोचन सभी अलग-अलग जनपद के होते हुए भी एक ही घराने के कवि हैं।

उनका यह जनपदीय आग्रह संकीर्णता का द्योतक नहीं है, बल्कि जनपद की शक्ति और सामर्थ्य का सूचक है। यह अपनी जातीय जड़ों से गहरे लगाव का बोधक है। प्रगतिशील चेतना को शदीद एहसास था कि पूँजीवाद और बाजारबाद दोनों ही जनपदों को निगल जायेंगे। उन्हें नेस्तनाबूत कर देंगे, जैसे अमेरिका में मध्यवर्ग का नामोनिशान तक नहीं रह गया है। अब न तो

जनपदों में अलाव रह गये हैं और न चौपाल। अब न रंगों से सराबोर होली होती है और न घी के चिरागों वाली दिवाली। अब तो चौक चौराहे हैं, बिजली के टिमटिमाते सितारे हैं, अब न बिरहा है, न चैती, न हल है और न बैल ही। अब तो ट्रैक्टर हैं, हारवेस्टर हैं। पूरा गाँव कस्बों और शहरों में बदलता जा रहा है। होरी की जमीन अधिगृहीत है, सूरदास की लाश पर बन रहा है टाटा का कारखाना। जो नदियाँ 'कामधेनु' थीं वे सभी नीलाम हो गयीं। गंगोत्री 'हिमालयन' की बोतल में कैद हो गयी है। अब गंगाजल पेय जल नहीं, कोक या पेप्सी है। 'एक हाथ में कोका कोला, दूजे में कंडोम।' यही है ग्रामीण युवकों की पहचान। यह है आर्थिक साम्राज्यवाद का तिलिस्म। आज जनपद आखिरी साँसें गिन रहे हैं। इस भवितव्यता से बहुत पहले ही त्रिलोचन ने हमें सचेत किया था। पलाश विश्वास से एक साक्षात्कार में वे कहते हैं–"साम्राज्यवाद से सबसे बड़ा खतरा जनपद को है। साम्राज्यवाद के विरुद्ध लड़ाई जनपद ही लड़ेगा... साम्राज्यवाद विरोधी मुहिम के लिए सबसे जरूरी है जनपदों की समझ और जड़ों की पहचान। तुम्हें लोक की तमीज न हो, मुहावरे न हों तुम्हारे पास, भाखा में छन्द, अलंकार, रस का सामंजस्य न हो तो क्या खाक कविता लिखोगे... जनपद जब साहित्य के केन्द्र हुआ करते थे- उस वक्त का साहित्य देखो और दिल्ली का साहित्य देखो! आज भी सच्चा साहित्य जनपदों में ही लिखा जा रहा है। जनपदों को जोड़े बिना साम्राज्यवाद-विरोध बकवास के अलावा कुछ नहीं है। हमारे कम्युनिष्ट साथी दशकों से अमेरिका के खिलाफ हैं। वे मास्को और पेइचिंग की पृष्ठभूमि में साम्राज्यवाद-विरोधिता बघारते हैं, जनपदों में वे कहीं भी नहीं हैं... राजनेता नहीं सोच रहे हैं, इतिहासकार और बुद्धिजीवी निष्क्रिय हैं। रचनाकार की हैसियत से तुमने अभी कुछ साबित नहीं किया है। पर तुम्हारे पीछे जनपदों का ताप है... जनपदों से ही हासिल करना नयी ऊर्जा, नयी प्रेरणा, नयी ताकत।"[328] त्रिलोचन ने नेपाल की जनक्रान्ति को नहीं देखा था, पर उनको इतिहास-बोध था और जनपदों की ही ताक़त से नेपाल की जनक्रान्ति सम्भव हुई। सुपर पावर हिंदू राष्ट्र भारत और ग्लोबल हिन्दुत्व का आखिरी चिराग बुझ गया। जनपदों के ही रणकौशल का कमाल है कि मध्यपूर्व में तबाही रचनेवाला वियतनाम का जल्लाद नेपाल की घाटी और तराई में नेस्तनाबूद हो गया। नेपाल के कुरुक्षेत्र में अन्ततः माओवादी जीते और जनपदों के मोर्चे से रोल्पा से डोल्पा तक, एक दशक युद्ध करते हुए वे जीते। आज जब हम आनन्द स्वरूप वर्मा का 'रोलपा से डोल्पा तक', ली ऑनेस्टो का 'नेपाली

समरगाथा' (अनुवादक आनन्द स्वरूप वर्मा) और 'पीपुल्सवार' के दस्तावेज पढ़ते हैं तो त्रिलोचन और नागार्जुन की जनपदीय चेतना और काव्य-विवेक की प्रामणिकता एवं प्रासंगिकता का नया पता मिलता है। इन जनपदों की सांसों में 'महामुक्ति की अग्निगन्ध' का अहसास तीव्र हो जाता है। गोकि हमारे यहाँ जनपदीय आन्दोलन अपने दायरे में ही अभी तक दम तोड़ते रहे हैं। इसलिए उनकी समग्र ताक़त अभी हमारी जमीन पर नहीं दिख पा रही है। लेकिन यह नहीं भूलना चाहिए कि सन् 1857 के स्वातंत्र्य-संघर्ष में जनपदीय ताकतों ने ही अंग्रेजी शासन की चूलें हिला दी थीं। 'भोजपुर' कविता में नागार्जुन यों ही नहीं 'जनम सकारथ' होने का आख्यान रचते हैं–

"यही धुँआ मैं ढूढ़ रहा था
यही आग मैं खोज रहा था
यही गन्ध थी मुझे चाहिए
बारुदी छर्रे की खुशबू! लहरा उठी है
कदम-कदम पर, इस माटी पर
महामुक्ति की अग्निगन्ध
ठहरो-ठहरो इन नयनों में इसको भर लूँ
अपना जनम सकारथ कर लूँ।"[329]

त्रिलोचन के भी प्राण जनमुक्ति में बसते हैं। वे भी कई स्थलों पर संकेत करते हैं–

"अपनी मुक्ति कामना को लेकर लड़ने वाली जनता की आवाजों में मेरा हृदय धड़कता है।"[330] उन्होंने यह भी दावा किया है कि मैंने ढाक के पातों को ही थाली की मर्यादा दी है। और यह शत-प्रतिशत सही भी है।

त्रिलोचन केवल साहित्य सर्जन के लिए जनपदीय चेतना की अनिवार्यता की बात नहीं करते थे। बल्कि पाठकीय संवेदना के संस्कार और परिष्कार के लिए भी जनपदीय चेतना को अत्यावश्यक मानते थे। वे एक साक्षात्कार में कहते हैं कि–"जनपद को समझने की कोशिश नहीं करोगे, महानगरीय चश्मे से, अखबारनवीस की आँखों से सिर्फ सूचनाएँ बटोरते रहोगे। जड़े कहीं नहीं होंगी, हवाई किले बनाते रहोगे और जनपद के साहित्य को समझ लोगे? नयी कहानी, नयी कविता, समांतर जनवादी साहित्य आन्दोलन की बात करोगे–पर इतिहास-बोध नहीं होगा, दर्शन की पृष्ठभूमि नहीं होगी–क्या रचोगे? खाक! एक बात याद रखना–मैथिली की समझ नहीं होगी तो बाबा नागार्जुन तो रहे दूर–रेणु का 'मैला आँचल' भी समझ में नहीं आयेगा। अवध और अवधी को

नहीं समझोगे तो त्रिलोचन की कविताएँ न पढ़ो तो बेहतर!..."[331] उनकी स्पष्ट मान्यता थी कि कवि शब्दों का अपना परिवेश उपस्थित करता है या शब्दों का परिवेश उसका अपना होता है। इसलिए पाठकों की पैठ भी उस शब्द-परिवेश में गहरी होनी चाहिए। और, परिवेश से जीवन्त सरोकार भी बेहद जरूरी है। तभी कोई पाठक रचना के मर्म तक पहुँच सकता है। कविता जीवन की प्राणमयी भाषा होती है। इसको और स्पष्ट करते हुए लिखते हैं कि–"विद्यापति, सूर और तुलसी जैसे महाकवियों की सहायता के लिए मैथिली, ब्रजभाषा और अवधी के महाकोश नहीं थे या लघुकोश भी तब नहीं थे। उनकी रचनाओं की व्यापकता उनके प्रगाढ़ जन-सम्बन्धों की मूल गाँठ है। आज जब इतने सारे कोश हैं, व्याकरण हैं, लोकविषयक इतने ग्रन्थ हैं तब रचनाकारों की असमर्थता प्राणवंत सम्बन्धों के अभाव के कारण ही है।"[332] जिन कवियों में अपने जनपद के सामान्य प्राणियों से, उनकी भाषा से प्राणवंत सम्बन्ध रहता है, उनको समग्रता में समझने के लिए पाठकों और आलोचकों में भी वह प्राणवंत सरोकार सम्बद्ध जनभाषा से होना चाहिए। त्रिलोचन ने एक कविता में भी लिखा है–

> "शब्द शब्द से व्यंजित जीवन की तलाश में
> कवि भटका करता है..."[333]

नामवर जी की इस पर टिप्पणी है कि "यह तलाश त्रिलोचन को उन जड़ों तक ले गयी जहाँ न तथाकथित आधुनिकता की पहुँच है और न जिससे 'प्रगति' और प्रयोग के उस आधुनिकतावादी कर्मकांड का कोई सरोकार है। इसलिए त्रिलोचन गैर-आधुनिक ही नहीं, बल्कि 'प्राग्-आधुनिक' प्रतीत होते हैं... उन्होंने अपनी कविता के लिए नयी भाषा गढ़ी नहीं, बल्कि पहले से उन बेजुबान लोगों को अपने आप बोलने दिया, जिन्हें अभी तक बोलने का मौका नहीं मिला था।"[334] उन्होंने कविता से ही नहीं, शब्द मात्र का सम्बन्ध सामाजिकता से जोड़ा है। शब्दों का कविता से और समाज से आत्मीय सम्बन्ध स्थापित करते हुए उन्होंने लिखा है कि "कविता द्वारा पेश किया गया चित्र या चरित्र जिसे क्षेत्र या वर्ग का होगा, यदि उसका निरूपण यथातथ्य न हुआ तो कविता निराधार हो जायेगी। शब्दों का व्याकरण से भी ऊपर सामाजिक सन्दर्भ होता है जिसका अनुसंधान हर रचनाकार को अलग-अलग करना होता है।"[335] इसी प्रकार वे बार-बार इस तथ्य को दुहराते हैं कि कोई भी भाषा जीवन से समृद्ध होती है, अनुवादों से नहीं। जीवन रचनाशील होता है और जनभाषा को केवल सामाजिक सन्दर्भों से ही जाना जा सकता है और

विवेकपूर्ण सन्तुलन से ही उसे काव्य-माध्यम बनाया जा सकता है। गरज कि, त्रिलोचन का रचना-संघर्ष और जीवन-संघर्ष अपने समय, समाज और जनजीवन से भी जुड़ा हुआ था और एक जनकवि के रूप में अभी तक उनकी पूरी पहचान नहीं बन पायी है। कुछ आलोचकों के अनुसार यह उनकी बहुज्ञता और विद्वता है। जन कविता की उपस्थिति के बावजूद नागार्जुन जैसी लोकप्रियता उनको नहीं प्राप्त हो सकी है। कभी शिवमंगल सिंह 'सुमन' ने लिखा था, "अपने जनपद का आस्थावान गायक होने के बावजूद त्रिलोचन यदि अपने ही जनपद के मान्य कवि नहीं हो सके या उतने नहीं हो सके जितने मैथिल होकर नागार्जुन तो मुझे लगता है कि सारी तैयारी के बावजूद और गाँव, खेत, खलिहान, फसल की गन्ध, मिट्टी से गहरा रिश्ता, नदी, पोखर, रंग और खाद, मनुष्य में गहरी निष्ठा और उससे लगाव के बावजूद यदि कोई बाधा है तो मेरी समझ में उनका पांडित्य ही है। वर्ना उनके पास अपने समय का सबसे बड़ा जनकवि बनने की पूरी क्षमता थी। अपने समय और समाज को लिखना और अपने समय और समाज के लिए लिखना इन दोनों स्थितियों में काफी फ़र्क है और यह कवि और उसके काव्य की स्थिति और समाज में उसकी जगह को भी तय करता है"[336] मगर सुमन जी के इस मन्तव्य में उतनी सच्चाई नहीं है। त्रिलोचन सही मायने में लोकधर्मी और क्रान्तिधर्मी कवि थे। लेकिन उतने ही रचनाधर्मी भी। रचनाधर्मिता का दामन उन्होंने कभी नहीं छोड़ा। उन्होंने व्यक्ति-विवेक और रचना-विवेक दोनों को एक साथ साधने का प्रयास किया। इसीलिए उनकी आत्मपरक रचनाएँ भी सामाजिक चेतना सम्पन्न हैं और यहाँ तक कि प्रेम और प्रकृति भी सामाजिक सन्दर्भों में ही अपना अस्तित्व और उसका अभिप्राय हासिल कर पाती हैं। नागार्जुन जहाँ आन्दोलनों में अगली कतार में शामिल रहते हैं और तात्कालिक एवं राजनीतिक विषयों पर भी छन्दोबद्ध वक्तव्य देते हैं, वहाँ त्रिलोचन मुक्ति के रास्ते में खड़ी दीवारों को तोड़ने के लिए ललकारते ही नहीं है, बल्कि सहयोगी भी बनते हैं–

> "दीवारें दीवारें दीवारें दीवारें
> चारों ओर खड़ी हैं
> तुम चुपचाप खड़े हो
> हाथ धरे छाती पर
> मुक्ति चाहते हो तो आओ धक्के मारें।"[337]

यह क्रान्ति का आमत्रण नहीं है तो और क्या है। नागार्जुन के यहाँ

'अग्निगन्ध' है तो त्रिलोचन के यहाँ 'क्रान्तिगन्ध' नहीं है? जब त्रिलोचन सम्बोधित करते हैं–

"बढ़ो मृत्यु की ओर नज़र से नज़र मिलाओ,
डर क्या है, जीवन में जो कुछ कल होना है
आज अभी हो जाये।... जड़ मूल से हिलाओ
इन दुर्बल तरु को, धक्के अनवरत खिलाओ"[338]

जनता की शिथिलता और जड़ता की वजह से इस उपक्रम में कभी निराश और हताश भी हो जाते हैं–

"हाथों के दिन आयेंगे। कब तक आयेंगे,
यह तो कोई नहीं बताता। करने वाले
जहाँ कहीं भी देखा अब तक डरने वाले
मिलते हैं। सुख की रोटी वे कब खाएँगे,
सुख से कब सोएँगे..."[339]

यह जनवादी विकलता मुक्तिबोध में भी दिखायी देती है–

"मेरे सभ्य नगरों और ग्रामों में
सभी मानस
सुखी, सुन्दर और शोषणमुक्त
कब होंगे।"[340]

बहरहाल, इन सारी प्रगतिशील चिन्ताओं एवं चिन्तनों के बावजूद त्रिलोचन को वह स्वीकृति नहीं मिल सकी जो केदारनाथ अग्रवाल, नागार्जुन, मुक्तिबोध, शमशेर आदि को सहज प्राप्त है। वैसे तो शुरू-शुरू में सबको आलोचकों एवं प्रकाशकों की उपेक्षा का शिकार होना पड़ा था। मगर त्रिलोचन को साहित्य-जगत ने अभी तक पुरस्कृत कम, तिरस्कृत ज्यादा किया है। वे अक्सर आलोचकों और पाठकों की जड़ीभूत अभिरुचि एवं सौन्दर्यबोध के शिकार रहे। उन्होंने इस बात को महसूस भी किया है। जीवन में और कविताओं के माध्यम से अभिव्यक्त भी किया है। अपने इस क्षोभ को कई कविताओं में दर्ज किया है, उनके सुधी पाठक भली-भाँति जानते हैं। उन्होंने लिखा है– "हिन्दी के अनजान आलोचक बदले हुए नये सन्दर्भ की रचना को जाने-बूझे बिना ही तिरस्कृत कर देते हैं।"[341] आरम्भ में ही नहीं, जीवन के अन्तिम वर्षों में भी उनका सृजन एवं जीवन निष्ठुर और निर्मम साहित्य-संसार में उपेक्षा का शिकार रहा। नब्बे वर्ष की अवस्था में भी एक साक्षात्कार में उन्होंने कहा था कि मैं 'अखबार का फटा हुआ टुकड़ा हो गया हूँ... मुझे कोई नहीं

पढ़ता।' दरअसल, 'पाञ्चजन्य' में छपे उनके विवादास्पद साक्षात्कार के बाद विचारधारा के छद्‌म में डूबे साहित्यकारों ने जिस तरह से उन्हें बहिष्कृत कर रखा था वह अपने आप में दुःखद ही नहीं, शर्मनाक प्रसंग है। अन्यथा त्रिलोचन जी का जीवन कदाचित् और लम्बा और सक्रिय तथा स्वस्थ व्यतीत हुआ होता, अपनी तमाम निस्संगता के बावजूद। लगातार की उपेक्षा ने उन्हें भीतर-ही-भीतर कुतरा जरूर होगा। मगर इससे वे हताश होने वाले प्राणी नहीं थे। इसमें कोई शक नहीं कि उनमें विरोधाभास थे। इसलिए कि वे नकलची नहीं थे। वे निराला से जरूर प्रभावित थे, मगर उन्होंने निराला की नकल नहीं की। वे इस तथ्य से अवगत थे और कहते भी थे कि मैंने निराला की नकल की होती तो निराला मुझे खा जाते। वे अपने काव्य-व्यक्तित्व की मौलिकता को हमेशा सुरक्षित रखना चाहते थे। कोई भी महान कवि प्रेरित और प्रभावित होता है, मगर अनुवर्त्ती नहीं होता; वे कहते भी हैं–

"यही त्रिलोचन है,
सबमें, अलगाया भी, प्रिय है आलोचन।"[342]

राजेश जोशी ने त्रिलोचन को सही पहचाना है। वे लिखते हैं–"उनका 'ढर्रा' औरों से अलग है। वहाँ थाली की मर्यादा ढाक के पात ही पाते हैं और 'मन की भाषा / छाती के भीतर धक्-धक् धड़कती है। लेकिन 'नहीं हवा की लहरों पर उत्ताल बही है।"[343]

"बड़े-बड़े शब्दों में बड़ी-बड़ी बातों को
कहने की आदत औरों में है पर मेरा
ढर्रा अलग गया है ढाकों के पातों को
थाली की मर्यादा देकर पहला घेरा तोड़ दिया है।"[344]

उनकी यह बात न केवल कथ्य के धरातल पर, बल्कि भाषिक संवेदना के स्तर पर भी खरी है। इसलिए जीवन में भी किसी शिविर के शरणार्थी नहीं बने और न लेखन में ही। सन्तोष की बात यह है कि अब साहित्यकारों ने उन्हें नये अन्दाज में बृहत्तर तरीके से चीन्हना और पहचानना आरम्भ किया है। आज स्थापित कवियों ने भी उनके 'ढर्रे' को पहचानना ही नहीं, उनको आत्मसात् करने की भी कोशिश आरम्भ कर दी है। वाकई किसी भी महान कवि का जीवन मरने के बाद ही शुरू होता है। कभी तुर्गनेव ने रूस के कहानीकारों के बारे में कहा था कि रूस के हम सारे कहानीकार गोगोल के ओवरकोट की जेब से निकले हैं। इस जुमले में थोड़ी छूट ली जाये तो कहा जा सकता है कि अरुण कमल, राजेश जोशी जैसे तमाम सार्थक कवि

त्रिलोचन के कुरते की जेब से ही निकले हैं। अब उस शब्द योगी आत्मा को शांति मिलेगी जिसने भविष्यत् में भरोसा व्यक्त किया था–

> "कुछ होंगे आगे भी / जिनका नाता होगा शब्दों से /
> वे ही उन शब्दों को देखेंगे / जिन्हें मैंने बाँधा है।"[345]

सन्दर्भ

1. सम्पा. लारेंस आइ लिपकिंग व ए. वाल्टन लिट्ज, टी.एस. इलियट, प्रीफेस टु द सेक्रेड वुड, उद्धृत द मार्डन् लिटरेरी क्रिटिसिज़्म. पृ. 67
2. सम्पा. लॉरेंस आई लिपकिंग और ए वाल्टन लिट्ज, टी.एस इलियट, भूमिका, द मॉर्डन लिटरेरी क्रिटिसिज़्म', पृ. 67
3. वही, पृ. 67
4. डॉ. विश्वनाथ त्रिपाठी, 'गालिब और भारतेंदु', 'समकालीन सृजन', सम्पा. शम्भुनाथ, पृ. 165
5. सं. लॉरेस आई. लिपकिंग, और ए. वाल्टन लिट्ज, 'मॉर्डन लिटररी क्रिटिसिज्म', 1900-1970, पृ. 388
6. रमेशचन्द्र शाह, 'त्रिलोचन की काठीः एक लघु प्रसंग', आधारशिला, फरवरी, 2011, पृ. 25
7. राधावल्लभ त्रिपाठी, 'ऊँचाए हाथ और त्रिलोचन की कविता', 'त्रिलोचन के बारे में', सम्पा. गोबिन्द प्रसाद, पृ. 179
8. दिविक रमेश, 'जड़ता और ठहराव को अर्थहीन करते त्रिलोचन', आधारशिला-2009, सम्पा. दिवाकर भट्ट, पृ. 59
9. एस.पी. चैतन्य, 'त्रिलोचन जी गाँव को ही अपना विश्वविद्यालय मानते थे', 'युगतेवर' दिसम्बर-फरवरी, 2008-09, पृ. 175
10. वही
11. डॉ. रामप्यारे प्रजापति, चिरानीपट्टी वाले त्रिलोचन, युगतेवर, दिसम्बर-फरवरी 2008-09, पृ. 24
12. 'मेरा जीवन कभी सहज नहीं रहा', संवेद 31 अगस्त-2010, पृ. 37-38
13. डॉ. रामप्यारे प्रजापति 'चिरानीपट्टी वाले त्रिलोचन' युगतेवर, पृ. 23
14. वही, पृ. 23-24
15. सुरेश सलिल, 'संदर्भ त्रिलोचनः कुछ अपने कुछ औरों के हवाले से' आधारशिला, 2011, पृ. 48
16. 'आजकल', अप्रैल, 2010, पृ. 36
17. डॉ. रामप्यारे प्रजापति, 'चिरानीपट्टी वाले त्रिलोचन', 'युगतेवर' पृ. 23
18. त्रिलोचन, 'मेरा जनपदः जीवन और सृजन', 'आधारशिला', 2011, पृ. 08
19. त्रिलोचन, 'मेरा जनपदः जीवन और सृजन', आधारशिला-2011, पृ. 58
20. वही, पृ. 9
21. डॉ. रामप्यारे प्रजापति, 'चिरानीपट्टी वाले त्रिलोचन', युगतेवर, पृ. 26

22. वही, पृ. 33
23. वही, पृ. 24
24. वही, पृ. 27
25. त्रिलोचन, 'मेरा जनपद : जीवन और सृजन', 'आधारशिला-2011', पृ. 08
26. त्रिलोचन, 'ताप से ताए हुए दिन,' पृ. 66
27. त्रिलोचन, 'तुम्हें सौंपता हूँ', पृ. 79
28. डॉ. रामप्यारे प्रजापति, 'चिरानीपट्टी वाले त्रिलोचन', 'युगतेवर', दिसम्बर-फरवरी, 2008-09, पृ. 32
29. त्रिलोचन, 'मेरा जनपद : जीवन और सृजन', आधारशिला-2011, पृ. 10
30. त्रिलोचन, प्रतिनिधि कविताएँ, 'जीवन का लघु प्रसंग', पृ. 72-73
31. त्रिलोचन, प्रतिनिधि कविताएँ, 'जीवन क लघु प्रसंग', पृ. 72
32. त्रिलोचन, 'मेरा जनपद : जीवन और सृजन', आधारशिला-2011, पृ. 10
33. राजेश जोशी, 'त्रिलोचन : व्यक्तित्व के विविध आयाम', 'आजकल' अप्रैल-2010, पृ. 37
34. त्रिलोचन, 'मेरा जनपद: जीवन और सृजन', आधारशिला-2011, पृ. 10-11
35. गजानन माधव मुक्तिबोध, 'वैचारिक साक्ष्य के विविध आयाम', युगतेवर, दिसम्बर-फरवरी 2008-09, पृ. 190
36. गोबिन्द प्रसाद, 'वैचारिक साक्ष्य के विविध आयाम', युगतेवर, दिसम्बर-फरवरी 2008-09, पृ. 190
37. त्रिलोचन, 'धरती', पृ. 42
38. त्रिलोचन, 'धरती', पृ. 11
39. शमशेर बहादुर सिंह, 'मेरे कुछ आधुनिक कवि', स्थापना-7, पृ. 95
40. त्रिलोचन, 'डायरी के पन्ने', 'धरातल', जून 1979, पृ. 44
41. त्रिलोचन, 'डायरी के पन्ने', स्थापना-9, पृ. 72
42. नागार्जुन, 'प्रतिनिधि कविताएँ', पृ. 79
43. त्रिलोचन, 'चैती', पृ. 15
44. सम्पा. गोबिन्द प्रसाद, 'त्रिलोचन के बारे में', पृ, 146
45. चंचल, 'त्रिलोचन: साहेब बन्दगी', 'आधारशिला-2011', पृ. 78
46. सम्पा. गोबिन्द प्रसाद, 'त्रिलोचन के बारे में', पृ. 247
47. वही
48. वही, पृ. 243
49. प्रगतिशील वसुधा-75. वर्ष-4, अंक-3, पृ. 30
50. अरुण देव, 'कवि त्रिलोचन', आधारशिला-2009, पृ. 105
51. सं. गोबिन्द प्रसाद, 'त्रिलोचन के बारे में'. लेख-मैनेजर पाण्डेय, 'जीवन की लय में मुक्ति का राग', पृ. 146
52. विष्णुचन्द्र शर्मा, 'त्रिलोचन का कविकर्म' पृ. 41
53. विष्णुचन्द्र शर्मा, 'त्रिलोचन का कविकर्म' पृ. 51

54. सम्पा. गोबिन्द प्रसाद, त्रिलोचन के बारे में, लेख-मंगलेश डबराल, जनपद का कवि, पृ. 244
55. वही, पृ. 246
56. त्रिलोचन, 'मेरा जनपद : जीवन और सृजन' आधारशिला-2011, पृ. 9
57. त्रिलोचन, 'उस जनपद का कवि हूँ', पृ. 42
58. 'गजानन माधव मुक्तिबोध', वैचारिक साक्ष्य के विविध आयाम', देवेश पाण्डेय, युगतेवर, पृ. 190
59. त्रिलोचन, 'मेरा घर', पृ. 23
60. त्रिलोचन, 'मेरा घर', पृ. 29
61. त्रिलोचन, 'उस जनपद का कवि हूँ', पृ. 11
62. राजू एम.फिलीप, 'त्रिलोचन के काव्य', पृ. 27
63. त्रिलोचन, 'उस जनपद का कवि हूँ', पृ. 11
64. सम्पा. गोबिन्द प्रसाद, 'त्रिलोचन के बारे में', लेख-शिवप्रसाद सिंह, 'पौधा निर्वाक खड़ा है', पृ. 99
65. त्रिलोचन शास्त्री, 'डायरी के पृष्ठ', 'धरातल', 8, जून 1979, पृ. 45
66. विवरणिका, मध्य प्रदेश हिन्दी साहित्य सम्मेलन, जून 1981, पृ. 4
67. सम्पा. गोबिन्द प्रसाद, 'त्रिलोचन के बारे में', लेख-शिवप्रसाद सिंह, 'पौधा निर्वाक खड़ा है', पृ. 101
68. राजू एम. फिलीप, 'त्रिलोचन के काव्य', पृ. 36
69. त्रिलोचन, दिगंत, पृ. 37
70. मूलचन्द सोनकर, 'वह सॉनेट क्या जिसमें त्रिलोचन न बोलें', 'आधारशिला'-2009, पृ. 129
71. 'प्रतीक', नवम्बर-1951, पृ. 51
72. त्रिलोचन, 'ताप के ताए हुए दिन', पृ. 47
73. श्याम विमल, 'अनुभवों के बीजवपन कर गये त्रिलोचन', आधारशिला-2009, त्रिलोचन विशेषांक, पृ. 42
74. त्रिलोचन, 'तुम्हें सौंपता हूँ' पृ. 70
75. त्रिलोचन, 'रोजनामचा', पृ. 77
76. वही, पृ. 210
77. वही, पृ. 85
78. वही, पृ. 62
79. त्रिलोचन, 'उस जनपद का कवि हूँ', पृ. 11
80. भगवान सिंह, 'नागार्जुन की भाषा', 'अलाव', जन.-फर. 2011, पृ. 76
81. सम्पा. गोबिन्द प्रसाद, त्रिलोचन के बारे में', लेख-फणीश्वरनाथ रेणु, 'त्रिलोचन', पृ. 47
82. सम्पा. गोबिन्द प्रसाद, 'त्रिलोचन के बारे में', लेख-फणीश्वरनाथ रेणु, 'त्रिलोचन', पृ. 44

83. अरुण देव, 'कवि त्रिलोचन', 'आधारशिला' 2009, पृ. 106
84. त्रिलोचन, 'मेरा जनपद : जीवन और सृजन' 'आधारशिला'-2011, त्रिलोचन विशेषांक, पृ. 09
85. सुरेश सलिल, 'सन्दर्भ त्रिलोचन : कुछ अपने कुछ औरों के हवाले से', आधारशिला-2011, पृ. 46
86. त्रिलोचन, 'दिगंत', पृ. 56
87. त्रिलोचन, 'ताप से ताए हुए दिन', पृ. 66
88. वही, पृ. 66
89. सुरेश सलिल, 'सन्दर्भ त्रिलोचन : कुछ अपने कुछ औरों के हवाले से', आधारशिला-2011, पृ. 46
90. त्रिलोचन, 'प्रतिनिधि रचनाएँ', पृ. 115
91. वही, पृ. 115
92. त्रिलोचन, 'उस जनपद क कवि हूँ', पृ. 116
93. त्रिलोचन, 'दिगंत', पृ. 52
94. मैनेजर पाण्डेय, 'शब्द और कर्म', पृ. 228
95. सम्पा. गोबिन्द प्रसाद, 'त्रिलोचन के बारे में', लेख-मंगलेश डबराल, 'जनपद को कवि', साक्षात्कार, पृ. 240
96. त्रिलोचन, 'तुम्हें सौंपती हूँ', पृ. 13
97. वही, पृ. 14
98. सम्पा. ध्रुव शुक्ल, 'त्रिलोचन संचयिता', लेख-त्रिलोचन, 'जनभाषा और काव्यभाषा', पृ. 492
99. शंभुनाथ सिंह, 'कवि की नयी दुनिया', पृ. 111
100. त्रिलोचन, 'रीतिकाल : एक क्षयी युग', त्रिलोचन संचयिता, पृ. 500
101. विजयशंकर मल्ल, 'हिन्दी काव्य में प्रगतिवाद और अन्य निबन्ध', पृ. 31
102. शंभुनाथ सिंह, 'कवि की नयी दुनिया', पृ. 130
103. शंभुनाथ सिंह, 'कवि की नयी दुनिया', भूमिका, अपूर्वा, 1984, पृ. 113
104. त्रिलोचन, 'ताप के ताए हुए दिन', पृ. 53
105. सम्पा. गोबिन्द प्रसाद, ' त्रिलोचन के बारे में', मंगलेश डबराल, 'साक्षात्कार : जनपद का कवि', पृ. 240-241
106. त्रिलोचन, 'तुम्हें सौंपता हूँ', पृ. 52
107. विजयशंकर मल्ल, 'हिन्दी काव्य में प्रगतिवाद और अन्य निबन्ध', पृ. 89
108. वही
109. सम्पा. गोबिन्द प्रसाद, 'त्रिलोचन के बारे में', लेख-मैनेजर पाण्डेय 'जीवन की लय में मुक्ति का राग', पृ. 150
110. त्रिलोचन, 'गुलाब और बुलबुल', पृ. 82
111. सम्पा. गोबिन्द प्रसाद, 'त्रिलोचन के बारे में', लेख-मंगलेश डबराल, 'जनपद का कवि', पृ. 241

112. त्रिलोचन, 'मेरा जनपद : जीवन और सृजन', 'आधारशिला' 2001. पृ. 10-11
113. सम्पा. गोबिन्द प्रसाद, 'त्रिलोचन के बारे में', लेख-मैनेजर पाण्डेय, 'जीवन की लय में मुक्ति का राग', पृ. 149
114. मुक्तिबोध, 'धरती : एक समीक्षा', नेमिचन्द्र जैन, 'मुक्तिबोध रचनावली' भाग-5, पृ. 375
115. त्रिलोचन, 'धरती', पृ. 11
116. गोबिन्द प्रसाद, भूमिका, 'त्रिलोचन के बारे में', पृ. 9
117. त्रिलोचन, 'धरती', पृ. 18
118. मुक्तिबोध, 'धरती : एक समीक्षा', 'मुक्तिबोध रचनावली' भाग-5, पृ. 376
119. त्रिलोचन, 'धरती', पृ. 42
120. वही, पृ. 88
121. वही, पृ. 60
122. वही, पृ. 83
123. वही, पृ. 58
124. सम्पा. गोबिन्द प्रसाद, 'त्रिलोचन के बारे में', लेख-मुक्तिबोध, 'धरती : एक समीक्षा', पृ. 38-39
125. वशिष्ठ अनूप, 'त्रिलोचन की गजलें : सौन्दर्य का साक्षात्कार', 'आधारशिला' 2009, पृ. 113
126. त्रिलोचन, 'गुलाब और बुलबुल', पृ. 57
127. त्रिलोचन, 'गुलाब और बुलबुल', पृ. 28
128. वही, पृ. 144
129. वही, पृ. 138
130. राजू एम फिलीप, 'त्रिलोचन का काव्य', पृ. 66
131. मजहर इमाम, 'गुलाब और बुलबुल', 'स्थापना-7', पृ. 78
132. त्रिलोचन, 'गुलाब और बुलबुल', पृ. 73
133. त्रिलोचन, 'गुलाब' और बुलबुल', भूमिका
134. सम्पा. गोबिन्द, 'त्रिलोचन के बारे में', लेख-नामवर सिंह, ''साधारण' के असाधारण कवि', पृ. 94
135. त्रिलोचन, 'दिगंत', पृ. 9
136. त्रिलोचन, 'दिगंत', पृ. 34
137. वही, पृ. 24
138. वही, पृ. 23
139. सम्पा. गोबिन्द प्रसाद, 'त्रिलोचन के बारे में', लेख-मलयज, 'औसत भारतीयता का कवि', पृ. 49
140. सम्पा. गोबिन्द प्रसाद, 'त्रिलोचन के बारे में', लेख-नामवर सिंह, ''साधारण' का असाधारण कवि,' पृ. 95
141. वही, पृ. 95

142. सम्पा. गोबिन्द प्रसाद, 'त्रिलोचन के बारे में', मैनेजर पाण्डेय, 'जीवन की लय में मुक्ति का राग', पृ. 149
143. रेवती रमण, 'ताप के ताये हुए दिन','आधारशिला'-2009, पृ. 117
144. त्रिलोचन, 'कुछ शब्द', 'ताप के ताए हुए दिन', पृ. 9
145. त्रिलोचन, 'दिगंत', पृ. 64
146. त्रिलोचन, 'ताप के ताए हुए दिन', पृ. 29
147. सम्पा. गोबिन्द प्रसाद, 'त्रिलोचन के बारे में', लेख-नामवर सिंह, 'एक नया काव्यशास्त्र त्रिलोचन के लिए', पृ. 88
148. त्रिलोचन, 'ताप के ताये हुए दिन', पृ. 15
149. त्रिलोचन, 'ताप के ताए हुए दिन', पृ. 19
150. त्रिलोचन, 'ताप के ताए हुए दिन', पृ. 56
151. त्रिलोचन, 'ताप के ताए हुए दिन', पृ. 37
152. त्रिलोचन, 'ताप के ताए हुए दिन', पृ. 29
153. वही, पृ. 29
154. त्रिलोचन, 'ताप के ताए हुए दिन', पृ. 51
155. सम्पा. गोबिन्द प्रसाद, 'त्रिलोचन के बारे में', लेख-राजेश जोशी, 'जब देखा तब जीवन रेखा' पृ. 189-190
156. त्रिलोचन से दिविक रमेश की बातचीत : कुछ अंश, 'स्मारिका' महत्त्व त्रिलोचन, पृ. 7
157. केदारनाथ सिंह, 'ताप के ताए हुए दिन' 1980, त्रिलोचन, दस्तावेज-13-15, पृ. 145
158. सम्पा. गोबिन्द प्रसाद, 'त्रिलोचन के बारे में', लेख-केदारनाथ सिंह, 'ताप के ताए हुए : त्रिलोचन', पृ. 128
159. ओम भारती, 'जीवन संघर्ष और जीवन सौन्दर्य के कवि त्रिलोचन', महत्त्व त्रिलोचन वाली गोष्ठी, 5-6 जून 1981, इंदौर में पठित प्रबन्ध, पृ. 7
160. त्रिलोचन, 'शब्द', पृ. 32
161. त्रिलोचन, 'शब्द', पृ. 34
162. वही, पृ. 23
163. वही, पृ. 65
164. त्रिलोचन, 'शब्द' के फ्लैप से उद्धृत
165. अक्षर विश्व, 'उस जनपद का कवि हूँ', 'नयी दुनिया' 6 जून, 1982, पृ. 07
166. त्रिलोचन, 'उस जनपद का कवि हूँ', पृ. 24
167. वही, पृ. 42
168. परमानन्द श्रीवास्तव, 'कविता का जनपद जनपद की कविता', 'आधारशिला'-2009 पृ. 124
169. वही, पृ. 48
170. वही, पृ. 64
171. वही, पृ. 97

172. केदारनाथ सिंह, उस जनपद का कवि हूँ, अक्षर विश्व नयी दुनिया, 6 जून 1982, पृ. 7
173. सम्पा. गोबिन्द प्रसाद, 'त्रिलोचन के बारे में', लेख-राजेश जोशी, 'जब देखा तब जीवन देखा', पृ. 200
174. सम्पा. गोबिन्द प्रसाद, 'त्रिलोचन के बारे में', लेख-अरुण कमल, 'शब्दों का अन्तर्निहित प्रकाश', पृ. 183
175. सम्पा. गोबिन्द प्रसाद, 'त्रिलोचन के बारे में' अरुण कमल, 'शब्दों का अन्तर्निहित प्रकाश' पृ. 182-183
176. सम्पा. गोबिन्द प्रसाद, 'त्रिलोचन के बारे में', अरुण कमल, 'शब्दों का अन्तर्निहित प्रकाश', पृ. 183
177. त्रिलोचन, 'अरघान', पृ. 61
178. वही, पृ. 62
179. सम्पा. गोबिन्द प्रसाद, 'त्रिलोचन के बारे में', लेख-नामवर सिंह, ''साधारण' के असाधारण कवि', पृ. 94
180. त्रिलोचन, 'अरघान', 'क्रम', पृ. 09
181. त्रिलोचन, 'अरघान', 'अन्तरंग', पृ. 30
182. त्रिलोचन, 'अरघान', 'गाय करती है घमौनी', पृ. 25
183. सम्पा. गोबिन्द, 'त्रिलोचन के बारे में', लेख-नामवर सिंह, ''साधारण' का असाधारण कवि', पृ. 94
184. त्रिलोचन, 'अरघान', 'सब्जी वाली बुढ़िया', पृ. 72
185. सम्पा. गोबिन्द प्रसाद, 'त्रिलोचन के बारे में', लेख-विश्वनाथ त्रिपाठी, 'सहज सुन्दर का अर्थ', पृ. 117
186. त्रिलोचन, 'फूल नाम है एक', पृ. 19
187. त्रिलोचन, 'फूल नाम है एक', पृ. 102
188. त्रिलोचन, 'फूल नाम है एक', पृ. 64
189. त्रिलोचन, 'फूल नाम है एक', पृ. 64
190. त्रिलोन्चन, 'फूल नाम है एक', पृ. 65
191. त्रिलोचन, 'फूल नाम है एक', पृ. 47
192. त्रिलोचन, 'फूल नाम है एक', पृ. 32
193. त्रिलोचन, 'फूल नाम है एक', पृ. 53
194. त्रिलोचन, 'अनकहनी भी कुछ कहनी है', पृ. 37
195. वही, पृ. 105
196. त्रिलोचन, 'अनकहनी भी कुछ कहनी है', पृ. 75
197. त्रिलोचन, 'अनकहनी भी कुछ कहनी है', पृ. 87
198. वही, पृ. 76
199. वही, पृ. 14
200. वही, पृ. 42
201. वही, पृ. 63

202. वही, पृ. 53
203. वही, पृ. 34
204. त्रिलोचन, 'तुम्हें सौंपता हूँ', पृ. 32
205. अवधेश प्रधान, 'कविता जो त्रिलोचन ने हमें सौंपी है', 'आधारशिला', त्रिलोचन विशेषांक-2009, पृ. 130
206. त्रिलोचन, 'तुम्हें सौंपता हूँ', पृ. 26
207. त्रिलोचन, 'उस जनपद का कवि हूँ', पृ. 107
208. त्रिलोचन, 'तुम्हें सौंपता हूँ', पृ. 91
209. वही, पृ. 64
210. वही, पृ. 59
211. वही, पृ. 36
212. त्रिलोचन, 'सबका अपना आकाश', पृ. 15
213. मुक्तिबोध, 'धरती : एक समीक्षा', आधारशिला, त्रिलोचन विशेषांक-2009, पृ. 111
214. त्रिलोचन, 'सबका अपना आकाश', पृ. 54
215. बुद्धिनाथ मिश्र, 'गीत-पथ का वह असंग यात्री', 'आधारशिला' त्रिलोचन विशेषांक 2009, पृ. 137
216. त्रिलोचन, 'सबका अपना आकाश', पृ. 11
217. वही, पृ. 137
218. वही, पृ. 35
219. मैनेजर पाण्डेय, 'आलोचना की सामाजिकता', पृ. 114
220. त्रिलोचन, 'दिगंत', पृ. 63
221. त्रिलोचन, 'चैती', पृ. 10
222. भवदेव पाण्डेय, 'त्रिलोचन की चैती : 'ध्वनित धरतीवाद' का जागरण', 'आधारशिला', त्रिलोचन विशेषांक-2009, पृ. 139
223. त्रिलोचन, 'चैती', पृ. 48
224. त्रिलोचन, 'चैती', पृ. 50
225. त्रिलोचन, 'चैती', पृ. 50
226. त्रिलोचन, 'ताप के ताए हुए दिन', पृ. 61
227. त्रिलोचन, 'चैती', पृ. 54
228. त्रिलोचन, 'चैती', पृ. 54
229. त्रिलोचन, 'चैती', पृ. 13
230. भवदेव पाण्डेय, 'त्रिलोचन की चैती : ध्वनित धरतीवाद का जागरण' आधारशिला-2009, पृ. 139
231. वही, पृ. 140
232. त्रिलोचन, 'बात मेरी कविता', सम्पा. उषा सिंह, पृ. 210
233. त्रिलोचन, 'मेरा घर', पृ. 13
234. वही, पृ. 13

235. त्रिलोचन, 'मेरा घर', पृ. 15
236. वही, पृ. 15
237. त्रिलोचन, 'मेरा घर', पृ. 21
238. त्रिलोचन, 'मेरा घर', पृ. 56
239. केदारनाथ सिंह, 'प्रतिनिधि कविताएँ', पृ. 61
240. त्रिलोचन, 'मेरा घर', पृ. 29
241. त्रिलोचन, 'मेरा घर', पृ. 29
242. त्रिलोचन, 'रोजनामचा', पृ. 85
243. त्रिलोचन, 'ताप के ताए हुए दिन', पृ. 53
244. त्रिलोचन, 'जीने की कला', पृ. 60
245. त्रिलोचन, 'जीने की कला', पृ. 13
246. त्रिलोचन, 'जीने की कला', पृ. 41
247. त्रिलोचन, 'जीने की कला', भूमिका, पृ. 6
248. त्रिलोचन, 'जीने की कला', पृ. 14
249. त्रिलोचन, 'जीने की कला', पृ. 59
250. त्रिलोचन, 'जीने की कला', पृ. 43
251. विश्वनाथ प्रसाद तिवारी, 'हिन्दी के देशज कवि त्रिलोचन', 'आधारशिला', त्रिलोचन विशेषांक-2009, पृ. 86
252. त्रिलोचन, 'चैती', पृ. 30
253. त्रिलोचन, 'जीने की कला', पृ. 38
254. त्रिलोचन, 'दिगंत', पृ. 55
255. त्रिलोचन, 'दिगंत', पृ. 24
256. सुरेश सलिल, 'सन्दर्भ त्रिलोचन कुछ अपने कुछ औरों के हवाले से', 'आधारशिला'-2011, पृ. 48
257. मैनेजर पाण्डेय, 'शब्द और कर्म', पृ. 31
258. मैनेजर पाण्डेय, 'शब्द और कर्म', पृ. 19
259. नामवर सिंह, 'आधुनिक साहित्य की प्रवृत्तियाँ', पृ. 59
260. डॉ. लल्लन राय. 'हिंदी की प्रगतिशील कविता', पृ. 8
261. नामवर सिंह, 'आधुनिक साहित्य की प्रवृत्तियाँ', पृ. 64
262. मैनेजर पाण्डेय, 'शब्द और कर्म', पृ. 34
263. मैनेजर पाण्डेय, 'शब्द और कर्म', पृ. 24
264. मैनेजर पाण्डेय, 'शब्द और कर्म', पृ. 13
265. मैनेजर पाण्डेय, शब्द और कर्म, पृ. 16
266. मैनेजर पाण्डेय, 'शब्द और कर्म', पृ. 40
267. वही, पृ. 40-41
268. वही, पृ. 40
269. मैनेजर पाण्डेय, 'शब्द और कर्म', पृ. 261

270. मैनेजर पाण्डेय, 'शब्द और कर्म', पृ. 263
271. वही, पृ. 263
272. वही, पृ. 263-264
273. वही, पृ. 264
274. मैनेजर पाण्डेय, 'शब्द और कर्म', पृ. 266
275. मैनेजर पाण्डेय, 'शब्द और कर्म', पृ. 269
276. मुक्तिबोध, 'नये साहित्य का सौंदर्यशास्त्र', पृ. 57
277. मैनेजर पाण्डेय, 'शब्द और कर्म', पृ. 42
278. मैनेजर पाण्डेय, 'शब्द और कर्म', पृ. 43
279. वही, पृ. 44
280. वही, पृ. 44
281. डॉ. लल्लन राय, 'हिन्दी की प्रगतिशील कविता', पृ. 86-87
282. वही, पृ. 45
283. वही, पृ. 43
284. अवधेश प्रधान, 'कविता जो त्रिलोचन ने हमें सौंपी है', 'आधारशिला'-2009, पृ. 130
285. वही, पृ. 130
286. त्रिलोचन, 'धरती', पृ. 15
287. त्रिलोचन, 'धरती', पृ. 15
288. वही, पृ. 15
289. त्रिलोचन, 'अरघान', पृ. 9
290. त्रिलोचन, 'बात मेरी कविता', पृ. 80
291. वही, पृ. 80
292. त्रिलोचन, 'बात मेरी कविता', पृ. 81
293. त्रिलोचन, 'तुम्हें सौंपता हूँ', पृ. 91
294. त्रिलोचन, 'बात मेरी कविता', पृ. 83
295. त्रिलोचन, 'उस जनपद का कवि हूँ', पृ. 17
296. त्रिलोचन, 'धरती', पृ. 92
297. त्रिलोचन, 'दिगंत', पृ. 64
298. त्रिलोचन, 'दिंगत', पृ. 23
299. त्रिलोचन, 'अनकहनी भी कुछ कहनी है', पृ. 17
300. त्रिलोचन, 'शब्द', पृ. 19
301. सम्पा. गोबिन्द प्रसाद, 'त्रिलोचन के बारे में', लेख-मंगलेश डबराल, 'जनपद का कवि (साक्षात्कार)', पृ. 240
302. वही, पृ. 240
303. नामवर सिंह, संपादकीय, 'आलोचना', जुलाई-सितम्बर, 1968
304. त्रिलोचन, 'बात मेरी कविता', पृ. 57
305. त्रिलोचन, 'दिगंत', पृ. 22

306. सम्पा. गोबिन्द प्रसाद, 'त्रिलोचन के बारे में', लेख-मैनेजर पाण्डेय, 'जीवन की लय में मुक्ति का राग', पृ. 150
307. त्रिलोचन, 'जीने की कला', पृ. 57
308. त्रिलोचन, 'जीने की कला', पृ. 58
309. त्रिलोचन, 'जीने की कला', पृ. 19
310. त्रिलोचन, 'धरती', पृ. 18
311. सम्पा. गोबिन्द प्रसाद, 'त्रिलोचन के बारे में', लेख-विश्वनाथ त्रिपाठी, 'सहज सुन्दर का अर्थ', पृ. 116
312. त्रिलोचन, 'ताप के ताए हुए दिन', पृ. 56
313. वही
314. शंभुनाथ, 'कवि की नयी दुनिया', पृ. 177
315. त्रिलोचन, 'दिगंत', पृ. 17
316. सम्पा. गोबिन्द प्रसाद, 'त्रिलोचन के बारे में', लेख-मंगलेश डबराल, 'जनपद का कवि (साक्षात्कार)' पृ. 241
317. त्रिलोचन, 'गुलाब और बुलबुल', पृ 82
318. डॉ. लल्लन राय, 'हिन्दी की प्रगतिशील कविता', पृ. 87
319. अरुण देव, 'कवि त्रिलोचन', त्रिलोचन विशेषांक, 'आधारशिला'-2009, पृ. 105
320. सम्पा. गोबिन्द प्रसाद, 'त्रिलोचन के बारे में', लेख-मंगलेश डबराल, 'जनपद का कवि' (साक्षात्कार), पृ. 243-244
321. शंभुनाथ, 'कवि की नयी दुनिया', पृ. 173
322. सम्पा. गोबिन्द प्रसाद, 'त्रिलोचन के बारे में', लेख-मंगलेश डबराल, 'जनपद का कवि' (साक्षात्कार), पृ. 244
323. सम्पा. गोबिन्द प्रसाद, 'त्रिलोचन के बारे में', लेख-मंगलेश डबराल, 'जनपद का कवि' (साक्षात्कार), पृ. 244
324. सम्पा. गोबिन्द प्रसाद, 'त्रिलोचन के बारे में', लेख-मंगलेश डबराल, 'जनपद का कवि' (साक्षात्कार), पृ. 245
325. विष्णुचन्द्र शर्मा, 'त्रिलोचन का कवि कर्म', पृ. 15
326. सम्पा. गोबिन्द प्रसाद, 'त्रिलोचन के बारे में', भूमिका, पृ. 11
327. त्रिलोचन, 'मेरे साक्षात्कार', पृ. 36
328. पलाश विश्वास, 'जनपदों के अंतिम योद्धा त्रिलोचन', 'आधारशिला'-2009, त्रिलोचन विशेषांक, पृ. 69
329. पलाश विश्वास, 'जनपदों के अंतिम योद्धा त्रिलोचन', 'आधारशिला'-2009, पृ. 67
330. नरेश पुण्डरीक, 'संघर्षशील कवि का अकेलापन', 'आधारशिला'-2011, पृ. 68
331. पलाश विश्वास, 'जनपदों के अंतिम योद्धा त्रिलोचन', 'आधारशिला'-2009, पृ. 71
332. विनोद तिवारी, 'आलोचना का काव्यार्थ', 'आधारशिला'-2009, पृ. 155
333. त्रिलोचन, 'शब्द', पृ. 11
334. हरिपाल त्यागी, 'बात मेरी कविता: कवि की चयनिका', 'आधारशिला'-2011, पृ. 76

335. त्रिलोचन, 'काव्यभाषा और जनभाषा', 'पूर्वग्रह', अंक-75 जुलाई-अगस्त, पृ. 86
336. रामनिहाल गुंजन, 'त्रिलोचन की काव्य-चेतना', 'आधारशिला'-2009, पृ. 102
337. त्रिलोचन, 'उस जनपद का कवि हूँ', पृ. 87
338. त्रिलोचन, 'फूल नाम है एक', पृ. 73
339. त्रिलोचन, 'फूल नाम है एक', पृ. 98
340. मुक्तिबोध, 'चाँद का मुँह टेढ़ा है', पृ. 141
341. सम्पा. अवधेश प्रधान, 'काव्य और अर्थबोध', पृ. 84
342. त्रिलोचन, 'उस जनपद का कवि हूँ', पृ. 12
343. सम्पा. गोबिन्द प्रसाद, 'त्रिलोचन के बारे में', लेख-राजेश जोशी, 'जब देखा तब जीवन देखा', पृ. 201
344. त्रिलोचन, 'उस जनपद का कवि हूँ', पृ. 116
345. त्रिलोचन, 'मेरा घर', पृ. 27

काव्यभाषा और त्रिलोचन

2.1 काव्यभाषा का वैशिष्ट्य

काव्य एक आवयविक संरचना है। इसकी संरचना क्रिस्टल के समान जटिल होती है। इसके अंगों-प्रत्यंगों को अलग करना आसान नहीं होता। मगर विवेचन-विश्लेषण की प्रणाली में पृथकत्व अनिवार्य होता है। इसलिए आलोचकों ने इसके कई तत्त्वों की अलग से चर्चा की है। उन तत्त्वों में भाषा भी एक है। कुछ लोग काव्य में भाषा को माध्यम मानते हैं, कुछ लोग काव्य को वाक्य मानते हैं, तो कुछ लोग उसे वाक्य मानते हैं। एक वर्ग ऐसा भी है जो भाषा को ही काव्य मानता है। इन मान्यताओं का खुलासा यहाँ जरूरी है।

भाषा को काव्य का माध्यम मानने वालों के भी दो वर्ग हैं। एक वर्ग है जो अपने विवेचन में शब्दों को केन्द्र में रखता है, दूसरा वर्ग है जो समग्र भाषा को। शब्दों को माध्यम मानने वालों में वैलेरी है जिनकी काव्य-सम्बन्धी अवधारणा है कि "काव्य वह सचमुच यन्त्र है जो शब्दों के माध्यम से काव्यात्मक अवस्था उत्पन्न करता है।"[1] एम.एल. बेथेल मानते हैं कि– "काव्यगत जटिल अनुभव जिन शब्दों के द्वारा व्यक्त होता है, वे अपनी सम्पूर्णता में रहते हैं।"[2] यानी शब्द नादगुण, साहचर्य एवं कोशगत अर्थ से सम्पन्न होते हैं। मलार्मे भी शब्द को ही महत्त्व देता है। दूसरा वर्ग भाषा को माध्यम मानता है। जैसे आचार्य द्विवेदी कहते हैं "भाषा साहित्य का वाहन है।" ऐसे लोगों ने विशिष्ट भाषा को ही काव्य का माध्यम स्वीकार किया है। एक जगह ड्रिऊ ने लिखा है कि कविता एक निश्चित प्रणाली में भाषा के माध्यम से अनुभव का सम्प्रेषण है। मगर दूसरी जगह कहता है कि कविता संरूपित (पैटर्न्ड) भाषा के माध्यम से वैयक्तिक मानवीय अनुभवों के सजीव सत्य की पुनर्रचना है।[3]

भाषा को काव्य माध्यम मानना काव्यशास्त्रीय और भाषावैज्ञानिक दृष्टि से सही नहीं है। कारण कि भाव और भाषा में अविच्छेद्य सम्बन्ध होता है। दोनों का जन्म एक साथ होता है। मगर वस्तु और माध्यम के बीच रिश्ता

विच्छेद्य होता है। भाषा भाव तथा अनुभूति का वाहन नहीं होती, इस तथ्य को भाषाविज्ञान भी स्वीकार करता है। उसके अनुसार भाषा विचार को अनुशासित करती, नियंत्रित करती है। न केवल विचार को, अनुभूति को भी। यानी भाषा, विचार और अनुभूति दोनों को ही सक्रिय और क्रियाशील बनाती है। इसलिए भाषा माध्यम नहीं, नियंता और नियामक होती है।

एक दूसरा वर्ग है जो काव्य को भाषा मानता है, वाणी भी मानता है। मगर भाषा और वाणी में फर्क है। भाषा का विलेषण सम्भव है अमर वाणी का नहीं। इसलिए कुछ लोगों ने इसे वाणी माना है तो कुछेक विशेषणों के साथ। मैथ्यू ऑर्नल्ड ने कविता को मनुष्य की सर्वोत्तम वाणी से ज़रा-सा भी कम नहीं माना है। इसी प्रकार पन्त भी कहते हैं कि- "कविता परिपूर्ण क्षणों की वाणी है।"[4] डब्ल्यू.ए. आडेन ने "स्मरणीय वाणी"[5] कहा है। इसी प्रकार कुछ लोग कला को तत्त्वतः भाषा मानते हैं। मगर कुछेक के अनुसार वह केवल भाषा नहीं है, विशिष्ट भाषा है। यानी कि काव्य 'लयात्मक और कल्पनात्मक भाषा' है, प्रभावशालिनी भाषा है। इसको वैलरी ने बेहतर ढंग से स्पष्ट किया है। उसने कहा है कि "काव्य का रूप ग्रहण करने वाली भाषा, भाषा के भीतर एक भाषा है।"[6] गरज कि काव्य या साहित्य भाषा का सर्जनात्मक प्रयोग है।

कुछ विद्वानों एवं भाषावैज्ञानिकों की धारणा है कि भाषा जीवावशेष की कविता है। सम्भवतः सबसे पहले इस मान्यता को इमर्सन ने व्यक्त किया था। इस मन्तव्य के दो आधार हैं। पहला यह है कि भाषा और काव्य में अत्यंत घनिष्ठ सम्बन्ध है। कविता भाषा का अनुरक्षण करती है और पुनर्नवीकरण भी। कविता का प्रमुख लक्ष्य चमत्कार-सृष्टि होता है। कविता उस चमत्कार का उपोग तभी तक करती है, जब तक उसमें ताज़गी होती है। ताज़गी के चुक जाने के बाद कविता उसका निष्ठुरतापूर्वक परित्याग कर देती है। ये परिव्यक्त चमत्कार ही गद्य भाषा को नया कलेवर देते हैं। इस प्रकार कविता भाषा का अनुरक्षण करती है। इसी प्रकार वह भाषा के अनेक शब्दों को लेकर पुनः भावनाओं से आविष्ट भी करती है और उन्हें नया जीवन भी प्रदान करती है। यह भाषा के नवीकरण की प्रक्रिया है। दूसरा आधार यह है कि कवि रूपक-रचना द्वारा चमत्कार-सृष्टि करता है। जब रूपक दीर्घ प्रचलन के बाद अपना अलंकारत्व खो देते हैं तो वे मात्र सादृश्यवाचक शब्द बन जाते हैं। काव्य-भाषा इनकी नागरिकता को अस्वीकार कर देती है तो ये सामान्य भाषा की पनाह लेते हैं। इसको एंप्सन ने इस प्रकार व्यक्त किया है, "शवों से

मिट्टी बनने के समान सभी भाषाएँ मृत रूपकों से बनी होती हैं"[7] टी.ई. ह्यूम का भी मन्तव्य यही है कि "गद्य वास्तव में एक म्यूजियम है जिसमें कवि के मृत रूपक सुरक्षित रहते हैं।"[8] गरज कि भाषा मूलतः रूपकात्मक होती है। और, शब्दों का रूपकत्व सोलहों आने मृत नहीं होता, वह हर शब्द में अंशतः जीवन्त रहता है। अगर ऐसा नहीं होता तो शब्द बिल्कुल ही निरर्थक हो जाते। उनका अभिधेयार्थ भी नहीं होता। धातु से अर्थ-विकास प्रायः रूपक के माध्यम से होता है। भाषा की काव्य से इस सम्बद्धता तथा रूपकात्मकता से प्रमाणित होता है कि भाषा जीवावशेष की कविता है। यह भाषाविज्ञान से भी समर्थित तथ्य है।

बहरहाल, काव्य भाषा है और भाषा काव्य है। भाषा और काव्य के बीच वही सम्बन्ध है जो जल और तरंग के बीच होता है। दोनों के बीच कार्य-कारण सम्बन्ध भी होता है।

बोलचाल या लोकभाषा तथा काव्यभाषा

लोकभाषा बोली का पर्याय समझी जाती है। मगर इस अध्याय में वह बोलचाल की भाषा की ज्ञापक है। बोलचाल की भाषा का वास्तविक विलोम साहित्यिक भाषा है। साहित्यिक भाषा में सर्जनात्मक गद्य और पद्य- दोनों का ही समावेश है।

लोकभाषा और काव्यभाषा का पार्थक्य एवं सामीप्य दोनों ही विवाद का विषय रहा है। विद्वानों का एक वर्ग है जिसकी दृष्टि में लोकभाषा और काव्यभाषा में अन्तर अनिवार्यतः होता है। दूसरा वर्ग है जिसकी मान्यता है कि दोनों में पार्थक्य नगण्य होता है। दोनों समीक्षक-समुदायों के विचारों पर विमर्श ही यहाँ अभीष्ट है।

लोकभाषा की मूल प्रवृत्ति स्थिरीकरण तथा काव्यभाषा की प्रवृत्ति गतिशील होती है। लोकभाषा में व्याकरणिक रूप का महत्त्व सर्वाधिक होता है पर काव्यभाषा में शब्दों की शृंखला का महत्त्व होता है। भाषावैज्ञानिक दृष्टि से लोकभाषा की इकाई वाक्य है। मगर काव्यभाषा की इकाई शब्द है। लोकभाषा के शब्दों के अनेक अर्थ होते हैं। ये अर्थ शब्दों के आसंगों तथा साहचर्य से उद्भूत होते हैं। गरज़ कि लोकभाषा अभिधात्मक और काव्यभाषा संकेतात्मक होती है। इस अन्तर के कारण एक और सूक्ष्म अन्तर भी विकसित होता है। लोकभाषा के अर्थ वक्ता और श्रोता दोनों के लिए एक ही होते हैं और वे वक्ता द्वारा ही निर्दिष्ट होते हैं। मगर काव्यभाषा की

सांकेतिकता के कारण उसका अर्थ श्रोतासापेक्ष हो जाता है। लोकभाषा का मुख्य प्रयोजन सूचना देना होता है और सूचना देने के बाद उसके कर्त्तव्य की इतिश्री हो जाती है। मगर काव्यभाषा का प्रयोजन व्यापक और रसात्मक होता है। इसलिए इसमें बारम्बार चर्वणा की गुंजाइश होती है। लोकभाषा चिह्न मात्र होती है, पर काव्यभाषा नाद और बिम्ब में अवतरित आत्मा होती है। कारण कि इसमें शब्दक्रम तथा नाद-गुण का सटीक प्रयोग होता है। बोलचाल की भाषा में कायिक अनुभावों का भी योग होता है, मगर काव्यभाषा में उसके लिए कोई अवकाश नहीं होता। लोकभाषा प्रायः अलंकारशून्य होती है। या उसमें काव्यभाषा के परिव्यक्त अलंकार ही प्रयुक्त होते हैं। परन्तु काव्यभाषा के अलंकार जीवन्त एवं नवीन होते हैं। बोलचाल की भाषा मूलतः लिखित होती है। इस वजह से लोकभाषा में वाणी के आरोह-अवरोह से स्वर-संगति पैदा की जाती है तो काव्यभाषा में अक्षरों के नियमित विन्यास के द्वारा, जिसे छन्द-योजना की संज्ञा दी जाती है। काव्यभाषा जनसाधारण की भाषा और स्थानविशेष की भाषा से भिन्न होती है। वह किसी स्थान की भाषा नहीं हो सकती। आचार्य शुक्ल के अनुसार साहित्य की जो भाषा होगी वह ऐसे सामान्य शब्दों को ही प्रयोग में लाएगी जिनका प्रचार दूर-दूर तक होगा। किसी भूखण्ड के एक कोने का प्रयोग शिष्ट प्रयोग में नहीं आयेगा, चाहे वह कोना वहीं का क्यों न हो जहाँ की भाषा टकसाली मानी जाती है। इसकी पुष्टि में उन्होंने एक उदाहरण दिया है। "'शीघ्र' के अर्थ में 'सिदौसी' मथुरा-वृंदावन में बराबर बोला जाता है पर साहित्य में नहीं लिया गया है।"[9] ए.एल. बिंस के अनुसार "लोकभाषा की तुलना में काव्यभाषा परिशुद्ध, अमूर्त्त, और दूरस्थ होती है। काव्यभाषा व्याकरणसम्मत होती है, इसलिए परिशुद्ध है। बोलचाल की तरह उसका लक्ष्य स्थूल सम्प्रेषण नहीं होता, इसलिए वह अमूर्त्त होती है। वह इस अमूर्त्तता के कारण दूरस्थ होती है।"[10]

लोकभाषा और काव्य-भाषा का यह अन्तर अनिवार्य एवं आत्यंतिक नहीं है। लोकभाषा में भी ऐसी उक्तियों की कमी नहीं जिनमें पर्याप्त कवित्व मिलता है। काव्यभाषा में भी बोलचाल की अर्थमुद्रा (मोड्स ऑफ मीनिंग), वैशिष्ट्य (फीचर्स) तथा प्रकार्य (फंक्शंस) पर्याप्त पाये जाते हैं। गरज कि लोकभाषा और काव्यभाषा का अन्तर प्रकारगत कम, परिमाणगत ही अधिक हैं। इसलिए लोकभाषा और काव्यभाषा परस्पर विरोधी उतनी नहीं हैं, जितनी परस्पर पूरक हैं। इनकी पारस्परिकता को लक्ष्य करते हुए इलियट ने आगाह किया है कि "कविता को दैनिक बोलचाल की भाषा में बहुत दूर नहीं हटना

होगा।"[11] अंग्रेजी साहित्य का इतिहास इस बात का साक्षी है कि लोकभाषा और काव्यभाषा में जब-जब भी फासले बढ़े हैं तब-तब क्रान्तियाँ हुई हैं। और, दोनों में सामीप्य-स्थापना हुई है। कारण कि कविता अपनी लय लोकभाषा से ही हासिल करती है और संजीवन भी। दरअसल, काव्यभाषा और लोकभाषा एक दूसरे का पोषण करती हैं, एक दूसरे को जीवन देती हैं।

यही वज़ह है कि वर्डसवर्थ ने 'लिरिकल बैलेड्स' की भूमिका में लोगों की ठेठ भाषा यानी 'रीयल लैंग्वेज' को ही कविता में अपनाने की राय दी है। यह दीगर बात है कि कॉलरिज को उसकी यह राय रास नहीं आयी। उसका तर्क है कि बोलचाल की भाषा से ऊँचे विचारों की अभिव्यक्ति सम्भव नहीं। ऊँचे विचारों की अभिव्यक्ति में भले ही बोलचाल की भाषा समर्थ नहीं हो, कारण कि प्रविधिकता का बाहुल्य होता है, मगर उन गहन अनुभूतियों की अभिव्यक्ति बोलचाल की भाषा में ही सम्भव है जो आम आदमी के जीवन का अभिन्न हिस्सा होती हैं। कॉलरिज का यह भी कहना सही है कि 'लिरिकल बैलेड्स' की कविताओं की भाषा हू-ब-बू वही नहीं है जिसे सामान्य लोग बोलते हैं। काव्यभाषा लोकभाषा का पर्याय नहीं होती, उसका परिष्कृत रूप होती है।

कवि लोकभाषा का संस्कार अनिवार्यत: करता है। इसीलिए एंबरक्रांबी ने कहा है कि "वर्ड्सवर्थ द्वारा प्रतिपादित सिद्धान्त की काव्यभाषा जन सामान्य द्वारा व्यवहृत वास्तविक भाषा होनी चाहिए। सर्वथा असफल या निष्फल नहीं। वह ऐसी भाषा का छना हुआ रूप होनी चाहिए और वह भाषा स्पष्ट तीव्र भावावेश की स्थिति में मनुष्यों द्वारा प्रयुक्त वास्तविक भाषा होनी चाहिए।"[12] गरज कि काव्यभाषा परिचित और प्रयुक्त भाषा का ही नया संस्करण है।

काव्यभाषा और लोकभाषा में से किसी एक को कृत्रिम तथा नैसर्गिक समझना भ्रांतिपूर्ण है। दरअसल दोनों भाषाएँ ही कृत्रिम होती हैं और प्राकृतिक भी। कृत्रिम इसलिए होती हैं कि दोनों ही उद्देश्यपरक होती हैं, सोद्देश्य होती हैं। प्राकृतिक इसलिए हैं कि दोनों का ही जन्म मनुष्य और प्रकृति के आपसी संघर्ष से हुआ है। काव्यभाषा और लोकभाषा के इस रिश्ते की व्याख्या टी.एस. इलियट ने इस प्रकार की है: "कोई भी कविता ठीक-ठाक वही वाणी नहीं हो सकती जिसे कवि बोलता और सुनता है किन्तु अपने समय की वाणी से उसका ऐसा सम्बन्ध होना चाहिए कि श्रोता या पाठक कह सके कि मैं कविता में बोलता तो इसी प्रकार बोलता।"[13] उसने जनजाति की बोली

का परिशोधन कवि का कर्त्तव्य बतलाया है। इसी के समकक्ष वैलेरी की भी मान्यता है। वह भी कवि से उम्मीद करता है कि वह सामान्य भाषा को शुद्धतर (प्योटर) भाषा के रूप में ढाले।[14] जेराल्ड मैन्ले हाप्किस को भी धारणा यही है कि कविता की भाषा युग की सामान्य वाणी का ही उन्नयन है।[15] इसी तरह क्लियेंथ बुक्स भी कविता को साधारण वाणी का विशिष्टीकरण ही मानता है।[16]

आम धारणा है कि हमारी बोलचाल की भाषा में प्राप्य आवेग (impulse) तथा उसकी पद्धति (Method) बिल्कुल काव्यात्मक नहीं होते। इसकी वज़ह है कि काव्य को सामान्य जीवन से पूर्णतया भिन्न माना जाता है। यानी कि काव्य-सत्य तथा काव्य-शिल्प से आम आदमी का कोई सरोकार नहीं होता। मगर हकीकत यह है कि काव्य के आवेग एवं उसकी पद्धति दोनों ही मानवीय अनुभव में सन्निविष्ट होते हैं। गरज कि कविता सार्वभौम मानवीय चिन्तन तथा अनुभूति का भिन्न रूप नहीं, विशेषीकृत रूप है।

बहरहाल, काव्यभाषा लोकभाषा से जन्म लेती है और काव्यभाषा में आगामी लोकभाषा के बीज तत्त्व मौजूद रहते हैं। काव्यभाषा लोकभाषा के करीब आकर सर्वाधिक सम्प्रेष्य बनना चाहती है, और लोकाभाषा काव्यभाषा के गुणों को अपना कर आकर्षक बनना चाहती है। मगर काव्यभाषा लोकभाषा के बहुत सन्निकट चली जाती है तो वह सहज होते हुए भी प्रभावहीन हो जाती है और लोकभाषा काव्यभाषा के काफी सन्निकट चली जाती है तो वह दुरुह और आडम्बरयुक्त हो जाती है। अर्थात् दोनों के बीच एक ख़ास दूरी अनिवार्यत: होनी चाहिए, और वह दूरी सन्तुलित होनी चाहिए।

काव्यभाषा और गद्यभाषा दोनों लोकभाषा के ही विशेषीकृत रूप हैं। मगर दोनों के विशेषीकरण की प्रक्रिया में भिन्नता होती है। वैज्ञानिक गद्य में भाषा के दैनिक प्रयोगों की अवहेलना होती है और नयी शब्दावली की खोज होती है। विज्ञान की भाषा लिखित होती है और लोकभाषा वाचिक होती है, इसलिए दोनों के स्वभाव में अन्तर आ जाता है। दूसरी बात यह कि लोकभाषा अर्थ के साथ-साथ भावों का भी निष्पादन करती है। इसलिए विज्ञान के गद्य को भावों की जगह पर विचारों को अभिव्यक्ति देनी पड़ती है। इसलिए विज्ञान के गद्य में बोलचाल की भाषा का शैथिल्य एक सिरे से ग़ायब होता है। इसी प्रकार विज्ञान की गद्यभाषा और काव्यभाषा में भी पर्याप्त अन्तर होता है। वह प्रकृतिगत होने के साथ-साथ प्रकार्यगत भी होता है। उपर्युक्त विवेचन से ज़ाहिर है कि विज्ञान की भाषा ज्ञान के लिए समर्पित

होती है और काव्य की भाषा भाव के लिए। इसलिए विज्ञान की भाषा में स्पष्टता अनिवार्य है पर काव्य की भाषा संकेतपरक (Suggestive) होती है। उसके लिए स्पष्टता आपद्धर्म है। विज्ञान की भाषा रूढ़ एवं सार्वजनीन होती है, पर काव्यभाषा गत्यात्मक होती है। उसमें सार्वभौमिकता का सर्वथा अभाव होता है। गरज़ कि विज्ञान और कविता की भाषाएँ दो ध्रुवांत हैं। दोनों का प्रकार्य प्रतिपादन (पर्सुएशन) है। मगर प्रतिपादन की प्रकृतिगत भिन्नता के कारण दोनों में पर्याप्त भिन्नता आ जाती है।

आई.ए. रिचर्ड्स ने भाषा के चार प्रकार्यों का उल्लेख किया है: भाव, अनुभूति, ध्वनि तथा अभिप्राय। उसके अनुसार वैज्ञानिक विवेचन में वक्तव्य का भाव (sense) प्राथमिक होता है और अनुभूति उसके अधीन होती है। इसमें यह सावधानी बरती जाती है कि अनुभूति तर्क को बाधित न करे। आई.ए. रिचर्ड्स ने 'द मीनिंग ऑफ़ मीनिंग' में भाषा के द्विविध प्रयोगों की चर्चा की है : प्रतीकात्मक (सिंबॉलिक) और रागात्मक (इमोटिव)। मगर 'प्रिंसिपल्स ऑप लिटररी क्रिटिसिज़्म' में प्रतीकात्मक भाषा को वैज्ञानिक या निर्देशात्मक (साइंटिफिक ऑर रेफरेंशियल) कहा है। रिचर्ड्स का मन्तव्य है कि आरम्भिक भाषाएँ रागात्मक थीं। भाषा का वैज्ञानिक प्रयोग परवर्त्ती वस्तु है। पर आजकल इस परवर्त्ती विकास को ही भाषा का स्वाभाविक रूप समझने की भूल की जाती है और रागात्मक प्रयोग की परीक्षा वैज्ञानिक प्रयोग की कसौटी पर की जाती है।[17]

इन दोनों प्रयोगों को स्पष्ट करते हुए रिचर्ड्स ने लिखा है कि कोई कथन अपने कारण घटित सच या झूठ (रेफरेंस) निर्देश के लिए प्रयुक्त होता है। यह भाषा का वैज्ञानिक प्रयोग है। किन्तु कोई कथन अपने कारण घटित अभ्युद्देश द्वारा आवेगों और अभिवृत्तियों से उत्पन्न होने वाले प्रभाव के लिए भी प्रयुक्त हो सकता है। यह भाषा का रागात्मक प्रयोग है। गरज कि भाषा का वैज्ञानिक प्रयोग वस्तु का यथार्थ-बोध प्रस्तुत करता है जिसमें सच्चे अभ्युद्देशनों का संकलन होता है। मगर कभी-कभी तथ्यों का अभ्युद्देशन संवेग या अभिवृत्ति को जागरित करता है। ऐसी स्थिति में अभ्युद्देशन गौण हो जाता है और अभिवृत्ति या दृष्टिकोण प्रमुख हो जाता है।

वैज्ञानिक भाषा और काव्येतर भाषा के अन्तर को स्पष्ट करते हुए अल्फ्रेड जुल्स आयर ने लिखा है कि "वह मनुष्य जो भाषा का प्रयोग वैज्ञानिक ढंग से करता है तथा वह मनुष्य जो भाषा का प्रयोग भावात्मक ढंग से करता है, दोनों में अन्तर यह नहीं है कि एक ऐसे वाक्य का प्रयोग करता

है जिनमें भावोद्रेक की क्षमता नहीं है, और दूसरा ऐसे वाक्यों का जिनमें ज्ञान का अभाव होता है, बल्कि यह है कि एक प्राथमिक रूप से यथार्थ परिणाम की अभिव्यक्ति से सम्बद्ध है, दूसरा एक कलाकृति की सृष्टि से।"

आमतौर पर यह भी समझा जाता है कि कविता की भाषा विरोधाभास की भाषा होती है। क्लियेंथ ब्रुक्स के अनुसार विरोधाभास काव्य-भाषा की अनिवार्य शर्त्त नहीं है। यह हो भी सकता है और नहीं भी। यानी विरोधाभास के अभाव में समर्थ काव्यभाषा सम्भव है। लेकिन विज्ञान की भाषा में विरोधाभास की गुंजाइश बिल्कुल नहीं होती, उसमें अभिधा शब्दशक्ति की ही प्रधानता होती है, व्यंजना के लिए कोई जगह नहीं होती।

शब्दगत अन्तर

विज्ञान की भाषा के शब्द जड़ और मृत होते हैं। वे किसी-न-किसी विचार या वस्तु से सम्बद्ध होते हैं। वे पूर्णतया मुख्यार्थ पर आश्रित होते हैं। मगर काव्य-भाषा के शब्द अकसर लक्ष्यार्थ और व्यंग्यार्थ पर केंद्रित होते हैं। वे सन्दर्भानुकूल विविध अर्थों के व्यंजन होते हैं। इसलिए विज्ञान के शब्दों के बरक्स ये गतिशील एवं सजीव होते हैं। ये अपने आकार और साहचर्य से कोशगत अर्थ का अतिक्रमण करते हैं। इस प्रकार काव्यभाषा और विज्ञान की भाषा के शब्द प्रकार्य की दृष्टि से परस्पर विरोधी होते हैं।

काव्य-प्रविधि में तात्कालिक केन्द्रण का विषय शब्द होता है। कविता शब्द से सीधे भावात्मक संगठन (एफेक्टिव ऑर्गेनाइजेशन) पर आ जाती है। शब्दगत यथार्थ-सम्बन्ध को स्वीकार करती है, मगर उससे लापरवाह भी हो जाती है। इसके विपरीत गणित जैसा विज्ञान का तात्कालिक केन्द्रण प्रतीकों पर होता है। गणित-प्रतीक से सीधे ज्ञानात्मक संघटन (पर्सेप्चुअल आर्गेप्चुअलाइजेशन) पर चला जाता है। और, उस ठोस वस्तु से बेफिक्र हो जाता है जिसके महत्त्वपूर्ण गुण उस प्रतीक में रूढ़ होते हैं।

शास्त्र और विज्ञान में शब्द-प्रयोग का मुख्य लक्ष्य अर्थप्रतीति होता है। शब्द इसमें साधन होते हैं और अर्थ साध्य होता है। यहाँ शब्द अपेक्षाकृत कम महत्त्वपूर्ण होते हैं। मगर काव्य में शब्द और अर्थ दोनों का ही महत्त्व बराबर होता है। इनमें से कोई न्यूनाधिक नहीं होता।

वैज्ञानिक लेखन में शब्दों के अर्थ सुस्पष्ट एवं सुनिर्धारित होते हैं। अस्पष्टता की गुंजायश नहीं होती। मगर काव्य में शब्दार्थ असीमित एवं अस्पष्ट होते हैं। और शब्द बहु-अर्थक होते हैं। विज्ञान की भाषा में शब्द

अनिवार्यतः एकार्थक होते हैं। विज्ञान में शब्दार्थ की अस्पष्टता भयंकर दूषण मानी जाती है मगर काव्य में वह भूषण होती है।

वैज्ञानिक लेखन में शब्दों के संवेदी (सेंसरी) और आकारी (फार्मल) प्रभाव नगण्य होते हैं पर काव्य-लेखन में वे अग्रगण्य हो जाते हैं। भाव-सापेक्षता के कारण शब्दों का आकार-पक्ष सशक्त हो जाता है।

बहरहाल, वैज्ञानिक लेखन और काव्य-लेखन दोनों के उद्देश्यों में पर्याप्त अन्तर होता है, इसलिए उपर्युक्त भाषिक अन्तरों का होना स्वाभाविक ही है। भाषा की कार्य-प्रणाली की अनभिज्ञता के कारण दोनों ही लेखन कमज़ोर हो जाते है और अपेक्षित प्रभाव नहीं उत्पन्न कर पाते। शास्त्रीय और वैज्ञानिक गद्य भी भ्रमोत्पादक हो जाते हैं। कुछ विद्वानों ने इस आधार पर दोनों के साम्य का भी उल्लेख किया है। लेकिन यह साम्य नितांत नकारात्मक आधार पर स्थित है। इसलिए महत्त्वहीन है।

काव्यभाषा और सर्जनात्मक गद्यभाषा

साहित्य के क्षेत्र में कविता और गद्य का अन्तर आत्यंतिक नहीं होता। कुछ समीक्षकों का वर्ग है जो कविता और गद्य में अन्तर को स्वीकार करते हैं और उनमें एकाध तो अनिवार्य भी मानते हैं। गो कि दोनों के बीच भेदक रेखा की पहचान कभी-कभी मुश्किल हो जाती है। एक दूसरा वर्ग है जो दोनों में कोई अन्तर ही नहीं मानता। वह दोनों के पारस्परिक सौहार्द को अनिवार्य मानता है। टी.एस. इलियट के अनुसार काव्य और सर्जनात्मक गद्य की अन्तर्क्रिया (इंटेरेक्शन) साहित्य की जीवनीशक्ति की ज्ञापिका है। वर्ड्सवर्थ ने बहुत पहले ही कह दिया था कि गद्य की भाषा और छन्दोबद्ध भाषा में कोई तात्त्विक अन्तर होता ही नहीं, दोनों एक ही सिक्के के दो पहलू हैं। आजकल की मुक्त छन्द की रचनाओं में तो यह अन्तर और नगण्य हो गया है। लेकिन दोनों के बीच विभाजक रेखा खींचने वालों का वर्ग अभी भी सशक्त है। जे. आइजक्स ने अपनी पुस्तक 'द बैकग्राउंड ऑफ मॉडर्न पोएट्री' में लिखा है कि कविता सदैव गद्य से पृथक होती है और पार्थक्य के लिए संघर्षरत भी रहती है।[19] वर्ड्सवर्थ के विचारों का खण्डन करते हुए कॉलरिज ने काव्यभाषा और सर्जनात्मक गद्यभाषा में अन्तर को अनिवार्य बताया है। उसने जोरदार शब्दों में उद्घोषणा की है कि गद्य साहित्य और छन्दोबद्ध साहित्य में तात्त्विक अन्तर होता है और होना भी चाहिए। इस प्रकार दोनों के बीच पार्थक्य की स्थापना करने वालों की संख्या ज्यादा है और अनेक का परोक्ष समर्थन उन्हें

प्राप्त है। ऐसे विद्वानों ने शब्द, लय-छन्द, अनुवाद, रूपक, समास, साहचर्य तथा शिल्प इत्यादि के आधारों पर गद्य भाषा और काव्य भाषा के अन्तरों को स्पष्ट किया है। स्थानाभाव के कारण उन अन्तरों का विस्तारपूर्वक उल्लेख सम्भव नहीं है। इसलिए उनका खुलासा ही किया जा रहा है–

1. गद्य में विचार तर्कमूलक होते है और विचार के अन्दर ही अनुभूति संपुटित रहती है। काव्य में विचार मूलतः तात्कालिक और सहज बोधात्मक होते हैं और उनमें एक व्यवस्था (ऑर्डर) और संगति (हॉर्मोनी) होती है।
2. गद्य की अपेक्षा कविता में केन्द्रण (कांसेन्ट्रशन) और घनत्व (इंटेंसिटी) ज्यादा होते हैं। इसलिए गद्य से काव्य का रूपात्मक संगठन उच्च स्तरीय होता है।
3. गद्य में झटके (जर्क्स), क्रमभंग (ब्रेक्स), विषमता (इनइक्विलिटी) और सक्षता (हार्शनेस) शोभन माने जाते है मगर काव्य के लिए ये अनिष्टकर कहे जाते हैं।
4. कविता संकेतात्मक अभिव्यक्ति है और गद्य विवरणात्मक अभिव्यक्ति है।
5. गद्य के शब्द कोशगत ज्यादा होते हैं, गद्य-लेखक के सामने शब्दों का विशाल समूह होता है, पर काव्य-लेखक के पास ऐसी सुविधा कम होती है।
6. काव्यभाषा और गद्यभाषा के अन्तर का मूल आधार शब्द है। गो कि कविता और गद्य के शब्द एक ही होते हैं पर काव्य-शब्दों में एक नयी ऊर्जा और ऊष्मा आ जाती है। गद्य की तुलना में काव्य के शब्द-प्रयोग ज्यादा उत्कृष्ट, सशक्त और बहुमूल्य होते हैं।
7. गद्य में अप्रचलित शब्द प्रायः नहीं इस्तेमाल होते मगर काव्य में उनका प्रयोग सम्भव होता है। कारण कि काव्य में शब्द अपनी सम्पूर्ण अर्थ-सम्भावनाओं के साथ उपस्थित रहते हैं। जैसे, संकेतात्मक, निर्देशात्मक और भावनात्मक तमाम अर्थ शामिल होते हैं। इसीलिए गद्य-शब्दों के अर्थ एकार्थक होते हैं और काव्य-शब्दों के अर्थ बहुअर्थक होते हैं।
8. गद्य में शब्दों का प्राथमिक प्रकार्य कथन होता है, पर काव्य में शब्दों का संकेत होता है। और, यह काव्य की शक्ति समझा जाता है।
9. एस.टी. कॉलरिज के अनुसार 'गद्य में विविध व्यवसाएँ के मुहावरों के मिश्रण से बिल्कुल बचपाना कदाचित सम्भव नहीं है।[20]

10. गद्य में शब्दों के इतिहास का कोई मूल्य नहीं होता। उसका साम्प्रतिक अर्थ ही गद्यकार के लिए पर्याप्त होता है। मगर काव्य में शब्दों के इतिहास की भी भूमिका होती है। उसका प्रत्यक्ष अर्थ बेमानी हो जाता है।
11. गद्य में शब्दों का अभीष्ट अर्थ की अभिव्यक्ति के अलावे कुछ और प्रकार्य नहीं होता। अगर इसके अलावे भी अपनी ओर आकर्षित करते हैं तो वह उनका दोष है। सुष्ठता काव्य-शब्दों का आवश्यक गुण है। बशर्ते कि उससे प्रभावान्विति आहत न हो।
12. गद्य का सम्बन्ध हमारी व्यवहारवृत्ति से होता है और कविता का सम्बन्ध हमारी बोधवृत्ति से। हमारी बोधवृत्ति सक्रिय होती है तो व्यवहार-वृत्ति शमित हो जाती है। हर्बर्ट रीड की धारणा है और सही धारणा है कि गद्य के शब्द हमारी बाह्य क्रियात्मकता (आर्डिनरी एक्टिविटीज़) को उत्तेजित और उद्बुद्ध करते हैं तथा उससे आगे बढ़ जाते हैं। कविता के शब्द उसका शमन करते हैं और उसको स्थगित करने के लिए तत्पर रहते हैं।[21]
13. गद्य में शब्दों के अभिधेयार्थ का ही प्रयोग होता है, पर कविता में शब्द अनुभति की आन्तरिक शक्ति के संघनित माध्यम (कंडेंस्ड वेहिकल) के रूप में प्रयुक्त होते हैं।
14. गद्य में शब्द मात्र चिह्न होते हैं मगर वे काव्य में चिह्न के साथ-साथ वस्तु भी होते हैं। काव्य के शब्द वस्तु इस अर्थ में होते हैं कि वे बिम्बों के वाहन होते हैं और अपने को सजीव तंतु के रूप में संघटित करते हैं।
15. कविता में शब्दों का स्थान-परिवर्त्तन बहुत मुश्किल होता है क्योंकि उससे अर्थ-परिवर्त्तन का ख़तरा पैदा हो जाता है। मगर गद्य में शब्द-परिवर्त्तन सम्भव होता है क्योंकि उससे अर्थ-परिवर्त्तन की गुंजाइश कमतर होती है।
16. गद्य के शब्द बोलते हैं, तर्क करते हैं, व्याख्या करते हैं, मगर कविता में शब्द बिम्ब-सृष्टि करते हैं, अनुभव की पुनर्रचना करते हैं और उत्तेजना को पाठकों तक सम्प्रेषित करते हैं।

वाक्य के आधार पर भी गद्य तथा काव्य में अन्तर सम्भव है। गद्य में वाक्य की स्पष्ट सत्ता होती है और अर्थ की दृष्टि से पूर्ण होता है। अगर गद्य में प्रत्येक वाक्य एक ठोस इकाई हो तो उस गद्य को बेहतर माना जाता है।

पर काव्य में वाक्य की सत्ता अस्पष्ट होती है। काव्य में चरण होते हैं मगर वे भी अर्थ की दृष्टि से पूर्ण नहीं होते। वे समग्र भाव-चित्र के निर्माण में अपने योगदान के बावजूद अपने वजूद को अस्पष्ट रखते हैं।

लय और छन्द के आधार पर भी सुधी आलोचकों ने गद्य और काव्य के अन्तर को रखांकित किया है। लोगों का विचार है कि प्रत्येक भाषा की अपनी प्राकृतिक लय होती है। अनेक प्रकार के प्रभावोत्पादन के लिए उस लय का विविध प्रकार से संयोजन होता है। इस संयोजन को ही छन्द कहते हैं, इसलिए लय और छन्द को पर्यायवाची समझा जाता है। कहने की जरूरत नहीं कि गद्य में भी लय होती है और काव्य की तरह उसमें भी लय-संयोजन सम्भव है। अत: लय की परख एवं पहचान गद्यलेखक के लिए आवश्यक होती है। लय से बेफ़िक्र गद्य अप्रीतिकर हो जाता है। रवीन्द्रनाथ टैगोर का भी मन्तव्य है कि गद्य हो चाहे पद्य-रचना मात्र में एक स्वाभाविक छन्द रहता है। अन्तर केवल इतना ही होता है कि पद्य में वह प्रत्यक्ष होता है और गद्य में अन्तर्निहित।'[22] आचार्य हजारीप्रसाद द्विवेदी का भी अभिमत यही है। उनका कहना है कि प्रवाहशील गद्य में भी एक प्रकार का छन्दोधर्म होता है। उस धर्म के रहने से ही गद्य गद्य रहता है।[23]

गरज कि गद्य लयात्मक हो सकता है, पर पद्य हमेशा छन्दोबद्ध होता है। पर गद्य छन्दोबद्ध नहीं हो सकता। इसलिए गद्य और पद्य का भेदक तत्त्व छन्द भी होता है। मगर काव्य छन्दोबद्ध नहीं है तो गद्य और कविता में अन्तर लय की मात्रा मात्र का होता है, प्रकार का नहीं है।

अनुवाद

कॉडवेल का मन्तव्य है कि 'यदि कविता शब्दों से लिखी जाती यानी कविता का एक मात्र उद्देश्य श्रोता या पाठक के चित्त में किसी भावविशेष को जागरित करना ही होता तो उसका अनुवाद दूसरी भाषा में सम्भव हो जाता... लेकिन शब्द केवल भाव को उद्‌बद्ध नहीं करते वरन् एक भावात्मक चमक को भी जागरित हैं जिसका अनुवाद सम्भव नहीं।'[24] इस आधार पर लोगों की स्थापना है कि गद्य का अन्य भाषाओं में अनुवाद सम्भव होता है, पर काव्य का नहीं। यह बात आंशिक रूप से ही सही लगती है। यह बात सच है कि कविताओं में देशज शब्दों तथा वैसे शब्दों का प्रयोग ज्यादातर होता है जिनके जातीय सन्दर्भ एवं संस्कार होते हैं और उनकी अपनी अर्थच्छवियाँ होती हैं। इसलिए अन्य भाषाओं में अनुवाद दु:साध्य होता है। पर गद्य में ऐसे शब्दों

का कमतर प्रयोग होता है, इसलिए उसका अनुवाद आसान होता है। दरअसल, यह अन्तर गुणात्मक अधिक है, प्रकारगत कम। कारण कि गद्य तथा कविता दोनों में ही कमोबेश बिम्बों, उपमाओं तथा रूपकों का प्रयोग होता है। जिनका अनुवाद सम्भव है। पर शब्दों की अपनी ध्वनि, अर्थ, साहचर्य, आपसी लयात्मक सम्बन्ध का अनुवाद सम्भव नहीं। ये सब विशेषताएँ काव्य की ही अमानत नहीं है, इनमें गद्य की भी हिस्सेदारी होती है, इसलिए ज्वायस के 'युलिसेस' आचार्य द्विवेदी का 'बाणभट्ट की आत्मकथा' तथा बाणभट् की 'कादंबरी' आदि का भी अनुवाद कठिन होता है।

रूपक

रूपक की दृष्टि से काव्यभाषा और गद्यभाषा के अन्तर को रेखांकित करने का प्रयास हुआ है। ल्युकस के अनुसार रूपक के तीन गुण होते हैं- स्पष्टता, रोचकता तथा आत्मीयता। उसके अनुसार गद्य में अन्य काव्य-साधनों की तरह रूपक का प्रयोग अनिवार्यतः होता है।[25] इसी के समांतर ह्यूग की भी मान्यता है कि सादी भाषा तत्त्वतः अयथार्थ है और नये रूपकों के सहारे ही उसे यथार्थ बनाया जा सकता है... चाक्षुष अर्थ रूपकों के द्वारा ही अर्जित होते हैं।[26] हर्बर्ट रीड ने रूपकों को दो वर्गों में विभाजित किया है- व्याख्यात्मक (इल्युमिनेटिव) और आलंकारिक (डेकोरेटिव)। उसका कहना है कि काव्य में इन दोनों प्रकार के रूपकों का प्रयोग होता है, मगर गद्य में केवल व्याख्यात्मक रूप का ही। इसी बिन्दु पर काव्यभाषा और गद्य-भाषा का अन्तर रूपक की दृष्टि से लक्षित होता है। डॉ. सियाराम तिवारी के अनुसार "कविता में रूपक भावना और अनुभूति से उत्पन्न होता है, पर गद्य में रूपक व्याख्या, स्पष्टीकरण और बौद्धिक तत्त्व से होता हैं।"[27]

विशेषण

सर्जनात्मक गद्य और काव्यभाषा के भेदक तत्त्वों में विशेषणों की भी अहमियत होती है। विशेषण-पदों के मुख्यतः दो प्रकार्य हैं: बिम्बरचना और उक्ति का संक्षेपण। काव्य के सन्दर्भ में यह आमफ़हम बात है कि बिम्ब काव्यभाषा का प्राण है और संक्षेपण उसकी खुसूसियत। इन दोनों प्रकार्यों की वज़ह से इसकी भूमिका गद्य में नगण्य हो जाती है। काव्य में शब्दों की तुलना में मुहावरे ज़्यादा उपयोगी होते हैं और विशेषणपद अक्सर मुहावरों का ही काम करते हैं। कारण कि ये प्रायः संज्ञापदों के साथ ही आते हैं। अगर

गद्य में विशेषणों का प्रयोग होता है, तो वे गद्य में कार्य का ही निर्देश करते हैं। मगर वे काव्य में अलंकार का कार्य करते हैं। इसलिए कवि रचना-प्रक्रिया में नये विशेषणों का संधान करते हैं और अपनी अभिव्यक्ति को स्फूर्त्ति देते हैं।

समास

समास-बाहुल्य गद्य की शक्ति है, संजीवनी है। समास की बहुलता से गद्य में ओज का संचार होता है। 'ओजः समासभूयसस्त्वमेतद् गद्यस्य जीवितम्'[28]

शिल्प

गद्यभाषा और काव्यभाषा का भेदक कारक शिल्प भी है। गद्य-भाषा का कोई ठोस रूप किसी रचना में नहीं होता। अपनी प्रत्येक ईकाई पर गद्यभाषा अर्थ देती चलती रहती है। पर इसके विपरीत काव्यभाषा हर स्तर पर अपना पूरा अर्थ नहीं खोलती। प्रत्येक चरण या पक्ति में उसके कुछ अस्फुट अर्थ खुलते हैं और शिल्प के पूरा हो जाने पर उसके सम्पूर्ण अर्थ का विस्फोट होता है या अन्तिम पंक्तियाँ उसके सम्पूर्ण आशय को नया सन्दर्भ दे देती है। पर गद्य में ऐसा चमत्कार नहीं होता। गरज कि गद्य रचना और काव्य-रचना के स्थापत्य से भी दोनों की भाषाओं में फर्क आ जाता है।

बहरहाल, सारे विवेचन का निष्कर्ष यह है कि गद्य भाषा तथा काव्यभाषा में अन्तर प्रकारगत कम, गुणात्मक अधिक है। कई विशेषताएँ ऐसी हैं जो इन दोनों ही भाषाओं में पायी जाती हैं। अन्तर होता है तो महज उनकी आवश्यकता की प्रकृति का। काव्यभाषा और गद्यभाषा में फासला ज़रूरी है। मगर फासला बहुत ज़्यादा हो जाता है तो काव्यभाषा संगीत की सगी सहेली बन जाती है और गद्यभाषा निष्प्राण हो जाती है। इसके विपरीत दोनों में अधिक समीपता बढ़ती है तो दोनों ही लक्ष्यच्युत हो जाती हैं।

2.2 प्रगतिशील भाषा-चिन्तन और त्रिलोचन

प्रगतिशील या मार्क्सवादी काव्य-चिन्तन भाषा को अभिव्यक्ति का माध्यम मानता है। और, काव्य भाषा को भी माध्यम के रूप में ही स्वीकार करता है। वह रूपवादी आलोचकों की तरह भाषा को काव्य तथा काव्य को भाषा मानने के पक्ष में कतई नहीं है। वह भाषा को ही काव्य का सर्वस्व नहीं मानता है। कारण कि इन दोनों के विषय और प्रयोजन अलग-अलग हैं। प्रगतिशील काव्य चिन्तन का विषय है मनुष्य या मानव मात्र की मुक्ति। मनुष्य

की आर्थिक, सामाजिक तथा सांस्कृतिक शोषण एवं उत्पीड़न से मुक्ति। मगर रूपवादियों का लक्ष्य सामन्ती एवं पूँजीवादी शोषण का पोषण तथा प्रोत्साहन होता है। समाज में दो वर्ग हैं शोषित ओर शोषक, प्रगतिशील चिन्तन शोशित समाज का पक्षधर होता है तो रूपवादी चिन्तन शोषक वर्ग का, इसलिए भाषा साध्य नहीं, साधन है।

स्तालिनवादी मार्क्सवाद के समर्थकों की नज़र में भी भाषा विचार-धारा से मुक्त होती है। मगर हकीकत यह है कि भाषा और विचारधारा में अन्तरंग सम्बन्ध होता है। वह विचारधारा की अभिव्यक्ति का ही माध्यम नहीं है, बल्कि वह विचारधारा के वर्चस्व का भी माध्यम होती है। उदाहरण के लिए शास्त्र और लोक दोनों में ही प्रचलित दो शब्दों पर गौर किया जाय। 'पति' और 'वर' हमारे भाषातन्त्र के शब्द हैं। इन दोनों शब्दों का प्रयोग केवल श्रेष्ठता के लिए ही नहीं, प्रभुता के लिए भी होता है। जैसे, भूपति, ग्रामपति, राष्ट्रपति इत्यादि। इसलिए किसी स्त्री के लिए पति का चुनाव किया जाता है। तो वह चुनाव स्वामित्व का भी सूचक होता है। जैसे स्त्री कोई सम्पत्ति हैं, भोग का साधन है और उपभोग का स्वामित्व पति को प्राप्त होता है। इसी प्रकार 'कन्यादान' शब्द को भी लिया जा सकता है। दान किसी वस्तु का ही सम्भव है। पुत्री का नहीं। यहाँ पुत्री को परायी सम्पत्ति मानकर उसका पालन-पोषण होता है। सामन्तवादी समाज में उसकी विचारधारा के अनुसार ही पति-पत्नी का सरोकार तय होता है। पति स्वामी और पत्नी दासी। भक्तिकाल में मीरा ने इसी 'कुल की कानि' को चुनौती दी थी। इस प्रसंग में डॉ. मैनेजर पाण्डेय ने एक रोचक उदाहरण का ज़िक्र किया हे। जो लिंग-भेद को उजागर करता है। ऐसे अनेक विशेषण और उपसर्ग हैं जो पुरुष के साथ लगकर महिमासूचक होते हैं और स्त्री के साथ वही निन्दा के सूचक बन जाते हैं। जैसे पुरुष के साथ 'महा' लगाकर महापुरुष तो बना सकते हैं पर स्त्री के साथ 'महा' लगा देने से अर्थ का अनर्थ हो जाता है। उसी तरह महिला पुरुषार्थी नहीं हो सकती।

स्त्री-पुरुष सम्बन्धों की अवधारणा भारतीय भाषा-चिन्तन में भी परिलक्षित होती हैं। कालिदास ने 'रघुवंश' के मंगलाचरण में ही इसे रेखांकित किया है–

"वागर्थाविव सम्पृक्तौ, वागर्थ प्रतिपत्तये।
जगतः पितरौ वन्दे पार्वती परमेश्वरौ।"

यहाँ पार्वती शब्द हैं और शंकर अर्थ। पार्वती की शंकर निर्भरता शब्द की सार्थकता है। एक हजार साल बाद भी तुलसी के यहाँ भी शब्दार्थ-सरोकार यही है–

"गिरा अरथ जल बीचि सम, कहियत भिन्न न भिन्न।
बन्दौ सीता रामपद, जिन्हहिं परम प्रिय खिन्न।"

इस प्रसंग में भी सीता शब्द हैं और राम अर्थ। यानी कि अर्थ के बिना शब्द निरर्थक है। मगर शब्दों से परे अर्थ का क्या अस्तित्व और कहाँ स्वामित्व। इसका आशय यह है सामन्ती परिवेश में स्त्री की सार्थक भूमिका यही है कि वह पौरुष एवं पुरुषार्थ को धारण करे। यहाँ स्त्री एक पात्र भर है। वह एक ऐसा बर्त्तन है जो पुरुष अर्थ के बिना ख़ाली, खोखली और बेमानी है। उसकी कोई स्वतन्त्र सत्ता समाज में नहीं होती। यह रूपक क्या समाज की विचारधारा का व्यंजक नहीं है? डॉ. मैनेजर पाण्डेय ने नाट्यशास्त्र में प्रस्तुत भाषा-चिन्तन में भी वर्गीय चेतना को लक्ष्य किया है। "नाट्यशास्त्र में देवताओं और इस देश-दुनिया में उनके प्रतिनिधियों को ही संस्कृत बोलने का प्रावधान है, सामान्य जनों, सेवकों और नारियों को नहीं, इसके लिए प्राकृत या अपभ्रंश का ही विधान है।"[29] यहाँ वर्ग भेद के साथ-साथ लिंग-भेद भी स्पष्ट गोचर है। नारियों के लिए तो देववाणी का प्रयोग सख़्त वर्जित है। नारी सन्दर्भ में तो वर्ग भेद भी नहीं दिखायी देता। वे चाहे देवलोक की अप्सराएँ हों या इहलोक की सीता या शकुंतला। यानी संस्कृति नाटकों में स्त्रियों की भाषा वही है जो दासों एवं नौकरों की है। यह भाषा-व्यवस्था सामन्ती व्यवस्था में स्त्रियों की सामाजिक एवं सांस्कृतिक स्थिति की दयनीयता को प्रदर्शित नहीं करती? इसलिए एक जगह त्रिलोचन जब कहते हैं कि-'सबकुछ सबकुछ, सबकुछ, सबकुछ, सबकुछ भाषा' तो इसका आशय निश्चित रूप से भाषा के इन्हीं सामाजिक एवं सांस्कृतिक आशयों की ओर है। ऐसा नहीं कि वे रूपवादियों एवं शुद्धतावादियों के भाषाचिन्तन की वकालत करते हैं-

"भाषा की लहरों में जीवन की हलचल है
ध्वनि में क्रिया भरी है और क्रिया में बल है।"[30]

तो वह भाषाचिन्तन की प्रगतिशील अवधारणा की भी जवाबदेही का निर्वाह रहे होते हैं। यहाँ वे काव्यभाषा की नयी परिभाषा देने का उपक्रम कर रहे हैं, भाषा और जीवन के अन्तरंग रिश्ते की पहचान प्रस्तुत कर रहे हैं। उनकी नज़र में भाषा एक सामाजिक संरचना है जिसका विकास श्रम और स्वेद के सत्व से हुआ है। मनुष्य के कर्मशील जीवन से ही भाषा का विकास सम्भव हुआ है। इसलिए शब्दों का वजूद कर्मों पर निर्भर है। कर्म के अभाव में शब्द शव हो जाते हैं। और आज भी कुछ ऐसे शब्दजीवी हैं जो शब्द को ब्रह्म मानते हैं और उसकी समाजनिरपेक्ष सत्ता में विश्वास करते हैं। उसे कर्म

के बन्धनों से मुक्त मानते हैं। मगर सच्चाई यह है कि शब्द ही नहीं, विचार भी कर्म की ही पैदाइश होते हैं। मैनेजर पाण्डेय के शब्दों में "शब्द कर्म का प्रेरक होता है और कर्म शब्द की अर्थशक्ति का स्रोत। भाषा समाज और व्यक्ति के कर्म चिन्तन और अनुभूति का साधन ही नहीं, वह अनुभव और चिन्तन का भी माध्यम होता है।"[31]

उन्होंने रेमण्ड विलियम का हवाला देते हुए लिखा है कि "भाषा और श्रम मानव-व्यवहार के दो ऐसे परस्पर सम्बद्ध रूप हैं जो एक दूसरे को प्रभावित करते हुए इतिहास प्रक्रिया में विकसित हुए हैं।"[32] गरज कि भाषा व्यावहारिक चेतना होने के कारण मनुष्य के उत्पादन सम्बन्धी और दूसरे सामाजिक कार्यकलापों से प्रभावित होती है और उनको प्रभावित भी करती है। इसीलिए मैनेजर पाण्डेय का आग्रह है कि "चिन्तन का लक्ष्य अगर दुनिया को बदलना है तो चिन्तन को क्रियाशील मनुष्य से और भाषा को यथार्थ से और शब्द को कर्म से जोड़ना होगा...शब्द में शक्ति कर्म से आती है और कर्मशील व्यक्ति के शब्द अर्थवान होते हैं।"[33] हम जानते हैं कि त्रिलोचन ने अपनी कविताओं में कर्मशील और परिवर्त्तनकामी मनुष्य की आराधना की है। 'दिगंत' में संकलित 'कस्मै देवाय' शीर्षक कविता तो उनके कवि-कर्म का घोषणा पत्र है और 'स्पष्टीकरण' शीर्षक कविता उनके रचना कर्म का श्वेतपत्र। अपने महाकाल के प्रश्न को यों ही टाल देने की वह गैरजिम्मेदारी उनमें नहीं थी जिसके बारे में मुक्तिबोध ने अपने समकालीनों से पूछा है– 'अब तक क्या किया, जीवन क्या जिया'।

इसीलिए पूरी ईमानदारी और जिम्मेदारी के साथ त्रिलोचन ने कहा है कि–

"यही महाकाल था
तुझको जगाके गया
उत्तर जो देना हो / अब इस पृथिवी को दे
कर्मों की भाषा में"[34]

इसी पृष्ठभूमि में यहाँ त्रिलोचन के काव्य-चिन्तन को देखने-परखने का विनम्र प्रयास है।

अन्य कला-रूपों की तरह काव्यभाषा भी सामाजिक वस्तु है। और हमारी संस्कृति का अंग है। प्रगतिशीलों की नजर में "भाषा एक सांस्कृतिक उपकरण है और इसका अध्ययन अन्य सांस्कृतिक उपकरणों की तरह ही अपेक्षित है। उनके लिए भाषा युगीन विचारधारा, भाव चेतना तथा संवेदना सापेक्ष वस्तु है।"[35] यह सामाजिक शक्तियों से नियंमित एवं नियंत्रित होती है,

सामाजिक परिवर्त्तनों तथा गतिशीलता से प्रभावित होती है। दरअसल, भाषा का आविष्कार ही सामाजिक आवश्यकताओं की पूर्ति के लिए हुआ है। इसलिए सामाजिकता भाषा की अनिवार्य शक्ति है, यह उसकी जीवनी-शक्ति है। अपनी सामाजिकता के कारण ही कोई भाषा प्राणवंत बनी रहती है, सामाजिकता के खो देने पर वह मृत हो जाती है। अर्न्स्ट फिशर ने दो टूक लहजे में कहा है कि 'सर्वप्रथम इसका जन्म सामूहिक कार्य-प्रक्रिया का परिणाम है, दूसरे इसका जन्म सामाजिक सम्प्रेषण के लिए हुआ है।"[36] डॉ. शिवकुमार मिश्र की अवधारणा है कि भाषा माध्यम है तथा इसका उद्देश्य काव्य सम्प्रेषणीयता को सक्षम बनाना है। अतः काव्य-साहित्य में उस भाषा का रूप सहज, अर्थगर्भित, सुथरा और लोकप्रिय होना चाहिए।"[37]

खड़ी बोली हिन्दी भाषा का प्रयोग भारतेंदु काल से ही आरम्भ हो गया था तथा द्विवेदी युग में उसे पर्याप्त अवसर मिला। इसलिए इस काल में काव्य के साथ-साथ अन्य विधाओं में भी इसका विकास हुआ मगर इस काल में शब्दों की अभिधात्मक शक्ति को सर्वाधिक तरज़ीह मिली। यह भाषा बोलचाल के निकट थी। मगर तत्सम शब्दावली की प्रचुरता थी। भाषा पद्यात्मक थी, सीधी-सादी सपाट, बिल्कुल भारतीय विधवा-सी वेशभूषा।

'दिवस का अवसान समीप था
गगन था कुछ लोहित हो चला,
तरुशिखा पर थी अब राजती,
कमलिनी कुल वल्लभ की प्रभा' —'हरिऔध', प्रियप्रवास

मगर यही भाषा, छायावाद में आकर सुहागन हो जाती है। जीवन्त एवं सौम्य-सुसज्जित। यही यामिनी प्रसाद के यहाँ राजकुमारी बन जाती है—

'मन्दिर माधव यामिनी का धीर पद विन्यास'

निराला के यहाँ—

"दिवसावसान का समय
मेघमय आसमान से उतर रही
वह संध्या सुंदरी परी-सी
धीरे-धीरे-धीरे" —सूर्यकान्त त्रिपाठी 'निराला'

गरज कि द्विवेदी युग में जो काव्यभाषा रूखी-सूखी एवं कंकाल-सी थी, वह छायावाद में मांसल तथा अलंकृत हो गयी। उन दिनों ब्रजभाषा के समर्थकों की दलील थी कि खड़ी बोली में काव्य-रचना सम्भव नहीं है। उन्हें यह भाषा कटु और रूक्ष तथा परुष लगती थी तथा कविता-कामिनी के लिए अनुपयुक्त

प्रतीत होती थी। मगर छायावाद ने इस भाषा में इतनी कोमलता, सरसता तथा सौन्दर्य चेतना का संचार किया कि इसके समक्ष ब्रजभाषा की कोमलकांत पदावली ही फीकी लगने लगी।। लेकिन इस आग्रह का अतिवादी रूप इतना प्रखर हो गया कि छायावादी भाषा मूर्त्तन से अमूर्त्तन की ओर अग्रसर हो गयी। छायावाद के इसी कमज़ोर नब्ज़ पर उंगली रखते हुए त्रिलोचन लिखते हैं कि–

"छायावाद में काव्य का स्तर ऊँचा हुआ है किन्तु भाषा घायल दिखायी देती है। संस्कृत गर्भित वाक्यों में हिन्दी का स्वरूप खुलता नहीं दिखायी देता।"[38] इस काल में कल्पना बाहुल्य के साथ-साथ अनावश्यक शब्द-बाहुल्य भी बहुत मिलता है। भाव-कोश सीमित होने के कारण शब्द-कोश भी सीमित था। हर रचनाकार के कुछ अपने प्रीतिकर शब्द थे जो तकियाकलाम की तरह प्रयुक्त होने लगे थे। इस रूढ़ि के अपवाद मात्र निराला थे जो छायावादी सीमाओं के अतिक्रमण में समर्थ थे। और, अनुभव के समांतर शब्द-संयोजन में पूर्णकाम थे। इसीलिए वे प्रगतिशील कवियों के सदा 'आइकॉन' बने रहे। शमशेर ने भी लिखा है कि जब-जब वे राह में भटके, तब-तब सघन तम में महाकवि निराला उनकी आँख बने हैं।

ठीक इसी प्रकार त्रिलोचन भी कहते हैं–'अपनी राह चला, आँखों में रहे निराला।' निराला के प्रति लगभग सारे कवियों ने इसी तरह आभार-ज्ञापन किया है।

केदारनाथ सिंह ने छायावाद की भाषिक संवेदनाओं की सदी पड़ताल की है। वे कहते हैं कि काव्य भाषा की इकाई शब्द है या वाक्य, यह विमर्श का विषय है, कुछ भारतीय और पाश्चात्य विद्वानों ने शब्द को काव्य की इकाई माना है तो कुछ ने वाक्य को। अरस्तु ने वाक्य को ही सम्भाषण की इकाई माना है। बी.एल. होर्फ भी समर्थन करता है: "वाणी का तत्त्व वाक्य है, शब्द नहीं।"[39] इसी प्रकार कई अन्य कवियों एवं समीक्षकों ने वाक्य को ही काव्य की इकाई स्वीकार किया है। भारतीय दार्शनिक आचार्यों ने भी वाक्य को ही पूर्ण भाव की अभिव्यक्ति में समर्थ बताया है–"अर्थैकत्वादेकं वाक्यं साकांक्षं चेद्विभागे स्यात्"[40] आचार्य जगन्नाथ का 'वाक्यं रसात्मकं काव्यम्' तो बहुश्रुत और बहुद्धृत है ही।

परन्तु साहित्य के जनतन्त्र में शब्द काव्य की इकाई है, को बहुमत हासिल है। ऐसे लोगों में रूपवादी तथा वस्तुवादी दोनों ही शामिल हैं। मलार्मे की यह उक्ति जगजाहिर है कि कविता भावों से नहीं, शब्दों से रची जाती है। एफ.आर. लीविस भी मानता है कि कविता शब्दों से बनती है।[41] काव्य

चिन्तकों ने ही नहीं, काव्य-सर्जकों ने भी शब्द को ही काव्य की मूलभूत इकाई स्वीकार किया है। आर.एस. टॉमस ने भी कहा है कि यदि सचमुच ही मैंने कविता लिखी है तो उसे मैंने शब्दों से ही बनाया है। अज्ञेय भी कहते हैं कि "कवि के नाते जो मैं करता हूँ, वह भाषा के द्वारा नहीं, केवल शब्दों के द्वारा।"[42]

अज्ञेय ने एक जगह और उद्घोषणा की है कि "काव्य सबसे पहले शब्द है। और सबसे अन्त में भी यही बात बच जाती है कि काव्य शब्द है।"[43] यहाँ अज्ञेय की शब्द अवधारणा रूपगत है। यहाँ शब्दों के सौष्ठव और उनके पारस्परिक सम्बन्धों पर ज्यादा बल है। इनके लिए काव्य शब्द-लीला है, शब्द-विलास है। परमानन्द श्रीवास्तव लिखते हैं कि "अज्ञेय के लिए शब्द के उपयोग की सार्थकता शब्द के परिष्कार में रही है। त्रिलोचन के लिए शब्द का अर्थ है जीवन से घनिष्ठ साक्षात्कार।"[44]

नामवर सिंह भी कहते हैं "'शब्द' से मोह अज्ञेय को भी रहा है। त्रिलोचन का भाव भिन्न है : यह शब्द-मोह नहीं, लगाव है।"[45] त्रिलोचन के शब्दों में जीवन है, और जीवन के तात्पर्यों की व्याख्या है। शब्द के बारे में त्रिलोचन का मन्तव्य है–

"शब्दकार, इन शब्दों में जीवन होता है
ये भी चलते-फिरते और बात करते हैं
तोष, रोष-जब जैसे भावों से भरते हैं
तब वैसे ही अर्थों का व्यंजन होता है
... ...
शब्दों में भी हाड़, माँस है, जीवन धरकर
वे भी जीवधारियों के स्वर यन्त्र सँभाले
स्फुट, अस्फुट दो धाराओं में प्रवहमान हैं।"[46]

इसी के समान्तर अशोक वाजपेयी की 'शब्द' शीर्षक कविता को भी देखें–

'शब्द छूता है शब्द को
शब्द को शब्द चूमता है
दो शब्दों के बीच
सिर धरता है
एक शब्द।
शब्द को बेधता है शब्द
शब्द को भरता है शब्द

शब्द को मथता है शब्द।
शब्द नाचता है
मौन को
संक्षिप्त अनन्त में ढालते हुए।'

यहाँ सर्जन-प्रक्रिया में शब्द के विलास का चित्र है। रामस्वरूप चतुर्वेदी की भाषा में ही देखें तो-

"रति-प्रसंग का अतिक्रमण काव्य की रचना-प्रक्रिया में कितने सूक्ष्म रूप में कैसे होता है, यह संक्षिप्त कविता इसका बेजोड़ उदाहरण है। शब्द और सर्जन के 'संक्षिप्त अनन्त' में ढलने की प्रक्रिया भी वैसे ही सूक्ष्म और सघन रूप में अंकित हुई है।"[47] सभी प्रगतिशील आलोचक और स्वस्थ कवियों के लिए-

'कविता में शब्द कहाँ से आते हैं-
कोष से, स्मृति से, दूसरी कविताओं से?'

अशोक वाजपेयी की काव्यपंक्ति अपने में पूर्ण है। पहली पंक्ति प्रश्न है तो दूसरी उसका मुकम्मल उत्तर। मगर उत्तर है-

'कविता के सन्नाटे में शब्द शब्द को पुकारता है।'

निश्चय ही, ये कविता में सन्नाटा सुनते हैं, जीवन का कोलाहल नहीं। गरज कि त्रिलोचन का शब्दों से, जीवन से गहरा सरोकार है। इसलिए त्रिलोचन शब्द पर ज्यादा बल देते हैं तो अपनी समूची जीवन-आस्था को ही प्रमाणित एवं सत्यापित करते हैं। वे 'नगई महरा' जैसे इतिवृत्तात्मक रचना में भी यह कहने से बाज नहीं आते कि-

"ऐसा कम होता है बहुत कम
जब शब्द किसी समय जी से बतियाने लगें"[48]

शब्दों से यही आत्मीय और अन्तरंग लगाव मरते समय एक गहरे अफसोस में तब्दील हो जाता है। एकमात्र, अकेला अफसोस दारुण दुःख का पर्याय हो जाता है-

"मुझे अपने मरने का
थोड़ा भी दुःख नहीं
मेरे मर जाने पर
शब्दों से
मेरा सम्बन्ध
छूट जायेगा।"[49]

इस सन्दर्भ में रूपवादी दृष्टि और वस्तुवादी दृष्टि को रेखांकित करते हुए शमशेर कहते हैं कि "शब्द समाज के दैनंदिन भरपूर जीवन-संघर्ष से उद्भूत होते हैं और वहीं अपने अर्थवैभव को प्राप्त करते हैं उन्हीं के विद्वन्समाज-सम्मत आकलन की परम्परा साहित्यिक रूप-कवियों की पूँजी होती है। लेकिन अगर केवल उसी को वह अपनी पूँजी समझकर, समाज के व्यवहार, जीवन्त, अहर्निश आन्दोलित परिवर्त्तनशील अर्थसमूहों की ओर से उदासीन रहते हैं तो वह रूप-प्रकारवादी फार्मलिस्ट हो जाते हैं।" आगे वे लिखते हैं कि "केदार और त्रिलोचन निःसन्देह 'रूप-प्रकार' को भली-भाँति समझते हैं। मगर वे इसलिए रूप-प्रकारवादी नहीं है कि वे रूप-प्रकार के अन्दर के रूप का अन्वेषण नहीं करते, यानी उस रूप का जिसमें वे अपने को उपलब्ध करें, यह उनका उद्देश्य नहीं है। उनके कवि की आत्मोपलब्धि जहाँ हो चुकती है, वहाँ वह सहज ही उस 'अधिकृत' रूप-प्रकार को लाते हैं ताकि उसमें उसे ढाल सकें।"

त्रिलोचन के काव्य-कौशल में सम्भाषण-कला भी शामिल है। उनकी कविता में उद्‌बोधन और सम्बोधन अक्सर पाये जाते हैं। बातचीत की कला के कारण ही। इस वजह से उनकी रचनाओं में पूरे वाक्य का बाहुल्य मिलता है। इसलिए उनको विश्वनाथ त्रिपाठी ने शब्दों का नहीं, 'वाक्यों का कवि' कहा है। त्रिलोचन हिन्दी वाक्यों में हिन्दी कविता लिखते हैं। भाषा-बोध की इकाई वाक्य है, शब्द नहीं। अवधी का वैभव उनकी काव्य-भाषा में छलकता रहता है। आश्चर्य नहीं कि वाक्यनिष्ठा इसी अहसास से पैदा हुई हो कि मैं खड़ी बोली बोलने वाला नही हूँ।

अपने समय में दाख़िल होने से पहले त्रिलोचन को छायावादी काव्यभाषा विरासत में मिली थी और काव्यवस्तु छायावादोत्तर कवियों की। मगर अपने समय-विवेक से उन्होंने सामान्यजन तथा उनकी सामान्य भाषा का चुनाव किया। उन्होंने छायावादी काव्यभाषा की निर्जीवता तथा अलंकृति एवं छायावादोत्तर कवियों की वैयक्तिक भावभूमि से परे जाकर बोलचाल के मुहावरे को पकड़ने की कोशिश की और आम आदमी की जीवन्त भाषा को अपनी अभिव्यक्ति का माध्यम बनाया। उनको इस हकीकत का शदीद अहसास था कि भाषा में अत्यधिक परिष्कार तथा बनाव-सिंगार आदि पतनशील साहित्य के लक्षण हैं। जिन कवियों का जनजीवन से सरोकार नहीं होता, वही जीवन की भाषा से दूर रहते हैं और अभिजात भाषा की दुनिया में काव्य-सृजन करते हैं। बहुजन समुदाय तक अपने सन्देशों को सम्प्रेषित करने के लिए प्रायः सभी प्रगतिशील कवियों ने बोलचाल की भाषा को ही काव्यभाषा का दर्जा दिया। इस मायने में

उनके आदर्श कबीर, तुलसी, भारतेंदु और निराला रहे। मुक्तिबोध मुझे 'कठिन काव्य के प्रेत' तो नहीं, पर कठिन काव्य के सचेत कवि अवश्य प्रतीत होते हैं। उन्होंने भी माना है कि "प्रगतिशील कविता की एक प्रमुख प्रवृत्ति पुरानी काव्यभाषा का त्याग और बातचीत की-सी सामान्य भाषा का उपयोग करना है।"[52] डॉ. रामविलास शर्मा भी साहित्य के लिए जनभाषा को ही उपयुक्त मानते हैं। उनके अनुसार "भाषा का नागरिक बनाव-सिंगार और टीम-टाम उसकी शक्ति को क्षीण करता है।"[53] शमशेर बहादुर सिंह ने भी कवियों को नसीहत दी है कि "कवि को जनता के स्तर पर आकर उसकी भाषा को अपनाना चाहिए ताकि कृत्रिम भाषा से भी छुटकारा मिल सके और सारे छद्मों को त्यागा जा सके।"[54] नागार्जुन भी ठीक यही बात कहते हैं। भाषा के जीवित रूप को साधने के लिए आंचलिक माहौल या धरती का माहौल होना महत्त्वपूर्ण होता है। त्रिलोचन तो कविता का प्राण ही बातचीत की भाषा को मानते हैं, अभिजात भाषा को नहीं। उनकी स्पष्ट मान्यता है कि "जीवित भाषा किताबों से नहीं, जीवन से आती है और वही कविता में ताजगी लाने में एक महत्त्वपूर्ण भूमिका भी निभाती है।"[55] औरों से यानी समकालीन भाववादी कवि मित्रों से स्वयं को अलगाते हुए त्रिलोचन कहते हैं, जैसे मुक्तिबोध कहते हैं 'कविता में कहने की मेरी आदत नहीं है, वैसे ही–

"बड़े-बड़े शब्दों में बड़ी-बड़ी बातों को
कहने की आदत औरों में है पर मेरा
ढर्रा अलग गया है ढाको के पातों को
थाली की मर्यादा देकर पहला घेरा
तोड़ दिया।"[56]

गरज़ कि त्रिलोचन की लोकधर्मिता ने बोलचाल के शब्दों को काव्यभाषा का दर्ज़ा देकर परम्परा का भंजन किया है। बहरहाल, प्रगतिवादी काव्य चिन्तन ने व्यापक सम्प्रेषण के लिए तथा सामाजिक यथार्थ को अभिव्यक्तिक्षम बनाने के लिए बोलचाल या लोकभाषा को ही अंगीकार किया। प्रगतिशील कवियों की इस अवधारणा का स्वागत आलोचकों ने भी किया है।[57] नामवर समीक्षक नामवर सिंह ने इसे 'कवि का एक गम्भीर नैतिक साहस' कहकर महिमामंडित किया है। पश्चिमी जर्मनी के हिन्दी विद्वान लोठार तुत्से ने इस घटना को अत्यंत महत्त्वपूर्ण माना है–"कविता में विशिष्ट पद-योजना और छन्दबद्धता को ठुकरा दिया गया तथा लोकभाषा हिन्दी की काव्यगत सम्भावनाएँ खोज निकाली गयीं। कविता की भाषा का लोकतन्त्रीकरण किया गया है।"[58]

जैसा कि पहले संकेत किया गया है कि जब-जब लोकभाषा तथा काव्यभाषा के बीच फासला बढ़ा है तब-तब काव्य-भाषा में क्रान्तियाँ हुई हैं। इसीलिए टी.एस. इलियट ने बार-बार चेतावनी दी है कि कविता को दैनिक बोलचाल की भाषा से दूर नहीं हटना होगा। जब काव्यभाषा कृत्रिम और निर्जीव होने लगती है तो उसे लोकभाषा की शरण में आना पड़ता है। अपभ्रंश, प्राकृत तथा बोलियों का साहित्यिक भाषा के रूप में अवतार इसी क्रान्तिकारी प्रवृत्ति का प्रमाण है। इसीलिए वर्ड्सवर्थ ने इस बात पर बल देने के लिए स्पष्ट घोषणा कर दी कि लोकभाषा और काव्यभाषा में कोई तात्त्विक अन्तर नहीं होता। उनमें अद्वैत सम्बन्ध होता है। इस सम्बन्ध में कॉलरिज का बहुश्रुत विरोध कोई मायने नहीं रखता। दोनों के अन्तर्विरोध का समाधान करते हुए लिखा है कि "कोई भी कविता ठीक-ठीक वही वाणी नहीं होती जिसे कवि बोलता और सुनता है। किन्तु अपने समय की वाणी से उसका ऐसा सम्बन्ध होना चाहिए कि श्रोता या पाठक कह सके कि, यदि मैं कविता में बोलता तो इसी प्रकार बोलता।"[59] हमारे यहाँ भवानी भाई भी यही कहते हैं।

बहरहाल, प्रगतिशील कवियों में बोलचाल की भाषा के प्रति यह आग्रह छायावादी काव्यभाषा की कृत्रिमता, दुर्बोधता, अस्पष्टता की प्रतिक्रिया में प्रतिष्ठित हुआ है। प्रयोगवाद या नयी कविता भी वैयक्तिक अनुभूति की गहराई के नाम पर छायावाद का ही पुनर्संस्कार है या नवाचार है। प्रयोगवाद में वैयक्तिक आग्रह और शालीनता का विशेष मोह छायावादी प्रवृत्तियों से अधिक दूर नहीं है। प्रगतिवाद में भी भाषा की सरलता के प्रति आग्रह तो है मगर कवियों की जनजीवन से गहरी संसक्ति नहीं होने से भाषिक संवेदना में जीवन्तता नहीं मिलती। त्रिलोचन ने इस तथ्य को दर्ज किया है–"प्रगतिवाद ने भाषा की सरलता का आग्रह किया जो उथलेपन से कम बचा। विद्रोह भी बहुधा शब्दमय मिलता है। कवियों ने व्यापक समाज से सम्बन्ध बनाया होता तो यह ख़तरा टल जाता है।"[60] इसीलिए प्रगतिशील कविता को नयी कविता की प्रतिकविता कहने में आलोचकों को संकोच नहीं है। इनके बोलचाल का शब्द-कोश बहुत व्यापक है। उसमें संस्कृत, अंग्रेजी, उर्दू तथा भोजपुरी, मगही, ब्रजभाषा, अवधी आदि हिन्दी प्रदेशों की बोलियों की रहाइश है। त्रिलोचन का मत है कि "भाषा के अन्तर्गत उन तमाम रूपों को ले लिया जाये जो समाज के विभिन्न वर्गों के व्यक्तियों में परस्पर संचार के माध्यम हैं... उपभाषाओं को जनभाषा कहने में संकोच की गुंजाइश नहीं। अंचल-अंचल में जनसमूह इनका व्यवहार करता है। यह भी सच है कि आधुनिक हिन्दी भी सार्वजनिक

भाषाओं के अलावा उपभाषाओं के आसपास भीतर-बाहर प्रयोग में मिल जाती है। आधुनिक हिन्दी वह परिमार्जित भाषा है जिसमें सभी उपभाषा के प्रयोगों का अपने अनुशासन में समाहार मिल जाता है... यानी, आधुनिक हिन्दी वह सामान्य भाषा है जिसका समाज के अनेक स्तरों पर पार्थक्यविशिष्ट एवं सर्वस्वीकृत व्यवस्था-विधान है।"[61]

यहाँ त्रिलोचन हिन्दी के सर्वग्राही स्वरूप की चर्चा करते हैं। उर्दू वगैरह से कोई परहेज नहीं है और न अपनी रचनाओं में ही परहेज बरतते हैं। उनकी रचनाओं में उर्दू के लफ्जों का भी प्रयोग मिलता है। निराला और शमशेर की तरह शेर भी पर्याप्त लिखे हैं। इन्हीं की तर्ज पर शमशेर का दावा है कि "खड़ी बोली को कृत्रिमता से मुक्ति भी उर्दू ही दिला सकती है।... वे खड़ी बोली के सही यानी मँजे और सहज रूप की अवस्थिति उर्दू में ही मानते हैं।"[62] मगर केदारनाथ अग्रवाल को उर्दू भाषा के भविष्य पर सन्देह है। यद्यपि कि वह बेबुनियाद है। वे लिखते हैं कि "उर्दू कालांतर में अपने को जीवित न रख सकेगी। कहीं कमजोर नाजुक लयों के बल पर, चाटुकारी के बल पर, निगाहें नाज के बल और तड़क-भड़क के बल पर कोई भाषा अधिक दिन जी सकी है? नहीं।"[63]

आज हम देख ही रहे हैं कि उर्दू शायरी अपने सारे नाज-नखरे छोड़कर अपने समय में दाखिल हो गयी है तथा सामाजिक यथार्थ से रू-ब-रू हो रही है। दरअसल, भाषा भी अपने समय की रचना-दृष्टि की कायल होती है। इसलिए हिन्दी को अपनी सगी-सहेली उर्दू से दूराव की जरूरत नहीं है, बल्कि गहरी आपसदारी की जरूरत है। इस बात को प्रगतिशील कविता ने शिद्दत से महसूस किया है। इसका रुख अंग्रेजी शब्दों के प्रति भी कुछ ऐसा ही है। जो अंग्रेजी शब्द हमारे दैनिक मुहावरे में शामिल हो गये हैं उनसे अस्पृश्यता गलत है। हाँ, मगर अंग्रेजी शब्दों के प्रति व्यामोह भी सही नहीं है। आजकल कुछ ऐसे भी कवि-लेखक हैं, वे हिन्दी कम, अंग्रेजी ही ज्यादा लिखने लगे हैं। राष्ट्रीयकरण की नहीं, भूमंडलीकरण की बात करते हैं और यह मेरे ख्याल में लंतरानी के अलावा कुछ नहीं है।

बहरहाल, हिन्दी के प्रगतिशील कवियों का रुझान सबसे ज्यादा जन-बोलियों के प्रति है। उनकी दृष्टि में भाषिक जड़ता से मुक्ति उपबोलियों से ही सम्भव है। त्रिलोचन भी काव्यभाषा की समृद्धि का रहस्य आंचलिक बोलियों में ही देखते हैं। मगर प्रगतिशील कवियों का यह आग्रह तभी तक उपयुक्त है जब कवि जन-बोलियों के शब्दों के सही प्रयोग-सन्दर्भों की जानकारी रखता हो।

उन शब्दों के स्वभाव-संस्कार से गहरा सरोकार रखता हो। अन्यथा कविता की जीवनी-शक्ति के प्रभावित होने का खतरा रहता है। इसलिए प्रगतिशील समीक्षकों की हिदायत है कि कविता में उन्हीं आंचलिक शब्दों का प्रयोग हितकर है जो हिन्दी की स्वतन्त्रता को, उसकी जातीयता को दबाते और नष्ट करते नजर न आते हों।"[64] गरज कि हमारे प्राचीन काव्य शास्त्र ने ग्राम्यता दोष के अन्तर्गत जिन आंचलिक और ग्रामीण शब्दों को काव्य-क्षेत्र से बहिष्कृत कर दिया था उन्हें प्रगतिशील कवि-समीक्षकों ने बाइज्जत नागरिकता प्रदान की और उनकी ज़रो-जमीन पर स्वामित्व भी समारोहपूर्वक प्रदान कर दिया है।

ऐसे ग्राम्य शब्दों की नागरिकता की वापसी में सूक्ष्म काव्य-विवेक की आवश्यकता होती है। इस काव्य-विवेक को स्वयं कवि को साधना पड़ता है। इसके लिए कोई पूर्व निश्चित कायदे-कानून नहीं होते। "शब्दों का व्याकरण से भी ऊपर सामाजिक सन्दर्भ होता है। जिसका अनुसंधान हर रचनाकार को अलग-अलग करना पड़ता है।"[65] इस बात की बारीक समझ त्रिलोचन रखते हैं-"वह (जनभाषा) बहता नीर है। केवल सामाजिक सम्बन्धों से ही उसे जाना और पहचाना जा सकता है और विवेकपूर्ण सन्तुलन से ही उसे काव्य का समर्थ माध्यम बनाया जा सकता है। इसके लिए कोई खास नियम या विधान नहीं है। वैयक्तिक विवेक और शक्ति ही इसका निर्णायक तत्त्व है।"[66]

इस मामले में कबीर, तुलसी और निराला, गालिब का काव्य-विवेक ज्यादा कारगर साबित हुआ है। इसलिए सभी प्रगतिशील कवियों ने इन पुरखों के प्रति आभार-ज्ञापन किया है। हरअसल, यह शब्द-विवेक आसानी से नहीं पैदा होता। इसके लिए कवि को काफी संघर्ष करना पड़ता है। आरम्भ में यह कठिनाई ज्यादा महसूस होती है, बाद में अभ्यासवश आसान हो जाता है। इस प्रक्रिया में नये शब्दों को ईजाद भी करना पड़ता है या पुराने शब्दों का पुनरुद्धार भी करना पड़ता है। कवि अपनी प्रतिभा से, अपने काव्य-विवेक से उनमें नयी ऊर्जा भी भरता है। इस सन्दर्भ में कवि त्रिलोचन का सुझाव स्वागत योग्य है-"प्राचीन कवियों द्वारा प्रयुक्त शब्दों को लेकर भी समृद्ध हुआ जा सकता है। किन्तु ताजगी और नयापन तभी आ पाएगा जब उन प्रचलित शब्दों का आध्यात्म छोड़कर नये रूप में प्रयोग किया जायेगा।"[67]

सैमुअल अलेक्जेंडर का भी कथन है कि भाषा और शब्द दोनों ही सामाजिक वस्तुएँ हैं। दोनों का जन्म भी सामाजिक सम्पर्क का परिणाम है। अतः रचनाकार की मौलिकता नये शब्द गढ़ने में उतनी नहीं है जितनी पुराने शब्दों को नये संस्कार देने में है।[68]

छन्द और काव्यभाषा के सम्बन्ध को प्रायः सभी ने स्वीकार किया है। अन्तर मात्र इतना है कि किन्हीं ने इसे गौण माना है तो किन्हीं ने प्रमुख वस्तुतः छन्द सभी प्रकार की शाब्दिक अभिव्यक्तियों में मिलता है। छन्द की मूल भित्ति लय है। लय केवल काव्य की ही अमानत नहीं, उसमें गद्य का भी कुछ शेयर होता है। इसी वज़ह से हजारी प्रसाद द्विवेदी ने 'भाषा के प्रवाह-धर्म' को ही छन्द की संज्ञा दे दी है। भाषा-प्रवाह गद्य में भी होता है, इसलिए उसमें भी एक लय की व्याप्ति होती है। डॉ. नगेन्द्र भी छन्द को एक श्रौत बिम्ब के रूप में रेखांकित करते हैं तो वे भी इसी व्यापकतम अर्थ का संकेत करते हैं। भाषा अपने आप में लयात्मक होती है, उसमें एक प्राकृतिक लय जन्मजात होती है।

लय की इस व्यापक महिमा का ज्ञान आचार्य भरत मुनि को भी था। इसलिए उन्होंने बिना किसी लाग-लपेट के कहा था कि 'छन्दविहीनों न शब्दोस्ति, न छन्द-शब्दविवर्जितम' यानी ऐसा कोई शब्द नहीं, जिसमें छन्द नहीं और ऐसा कोई छन्द नहीं जो शब्दविहीन हो। छन्द अर्थात् लय और शब्द का अन्योन्य सम्बन्ध है।[69]

गद्य और कविता के अन्तर को रवीन्द्रनाथ टैगोर ने सुंदरी तथा नर्त्तकी के उपमान से स्पष्ट किया है। उनके अनुसार "सुघर चलनेवाली किसी तरुणी की चाल में सन्तुलन की रक्षा का एक स्वाभाविक नियम होता है। इस सहज, सुंदर चलन के ढंग में एक अशिक्षित छन्द होता है जो उसके रक्त में होता है, उसके मुँह में होता है। गद्य की चाल भी कुछ ऐसी ही होती है- अनियमित उच्छृंखल गति नहीं, संयत पदक्षेप। मगर नटी के नाच में शिक्षित, पटु, अलंक्रत पदक्षेप होता है यह पदक्षेप काव्य-धर्म है।"[70] गरज कि छन्द "कविता के पदपेक्ष हैं जिनसे न कविता संचरण करती है, बल्कि ठुनकती और नये आवर्त्तो, गतियों और भंगिमाओं की सृष्टि करती है।"[71] इसीलिए पाणिनी ने छन्द को वेदों का चरण (छन्दः पादोति वेदस्य) तथा अज्ञेय ने 'कविता की आँख' से उपमित कर गौरवान्वित किया है।

छन्द के इस मान-सम्मान की रक्षा आधुनिक कविता ने तो नहीं की है। मगर एक स्वाभाविक लय को सबने प्राथमिकता दी है। इसीलिए सभी ने इस बात को स्वीकार किया है कि मुक्तछन्द की सृष्टि के लिए भी छन्दों का ज्ञान जरूरी है। जिस निराला ने मुक्तछन्द को हिन्दी में प्रतिष्ठित किया था, उनको छन्दों का सबसे ज्यादा ज्ञान था। सूर के बाद वे हिन्दी के सबसे बड़े छन्द-प्रयोक्ता थे। आज के अधिकांश मुक्तछन्द में छन्द ज्ञान के अभाव

में काव्यभाषा में अराजक स्थिति पैदा हो गयी है। कुछ कवियों की दृष्टि में छन्दोबद्ध रचना रूढ़िबद्धता की पहचान बन गयी है। मगर यह उनकी छांदस दीनता की अभिव्यक्ति है। यह उनकी छद्म आधुनिकता की साजिश है। इसीलिए प्रगतिशील कवियों एवं आलोचकों ने छांदस बोध की अनिवार्यता की वकालत की है। नागार्जुन ने तो इस छद्म आधुनिकता से आज़ीज आकर प्रगतिशील कवियों को छन्दो की ओर लौटने का आह्वान किया है। उनका स्पष्ट अनुरोध है कि "छद्म आधुनिकता को छाँटने का यही तरीका है कि हम छन्द की ओर लौटें। अपने यहाँ के अच्छे-अच्छे फार्म थे, वे हमसे छूट गये। छन्द में अपने को प्रकट करने में हमारी आधुनिकता को शर्म आती है।"[72] इस प्रसंग में उन समकालीन बूढ़े कवियों का भी मजाक उड़ाया है, जिनमें यह भय है कि छन्द की ओर जायेंगे तो नये छोकरे क्या कहेंगे!"[73]

त्रिलोचन इस मायने में एक कदम और आगे हैं। मगर बिल्कुल सधे अन्दाज में, आक्रमण नहीं, अनुरोध के स्वर में। नये-से-नये कवि के लिए भी छन्द का ज्ञान आवश्यक है क्योंकि छन्द के ज्ञान के अभाव में भाषा के प्रभाव पर अधिकार नहीं होता। त्रिलोचन जब इस बात को कह रहे होंगे तो सम्भवतः उनकी नज़र में कॉलरिज का यह कथन ध्यान में होगा कि छन्द अवधान का उद्दीपक है।" दरअसल, छन्द केवल शब्दों को ही नहीं, अनुभवों को भी अनुशासित करता है। बशर्त्ते उसके प्रति कोई अतिरिक्त आग्रह न हो। इसलिए त्रिलोचन का मन्तव्य है कि "छन्द कविता की पीड़ा से छूट ही नहीं सकता। 'प्रोज-पोएम' में भी टुकड़ों में छन्द आयेगा–लिखने वाला भले ही न जानता हो।"[74]

जाहिर है, यहाँ छन्द से त्रिलोचन का मतलब लय से है। जो छन्द से भी व्यापक चीज़ है। कारण कि छन्द लयों के ढाँचे पर निर्भर होता है। यानी छन्द लय के एक विशेष संयोजन का नाम है। दरअसल प्रगतिशील कवियों का प्रयास बोलचाल की भाषा में जीवन की लय की तलाश है। इसलिए उनको अलग से छन्द को आरोपित करने की जरूरत नहीं पडती। छन्दों से मुक्ति का आशय भी तो यही है। मुक्तछन्द अनुशासनरहित पद-रचना नहीं है। वह छन्द से मुक्त नहीं है, बल्कि मुक्तियुक्त छन्द है। वास्तविक छन्दमुक्ति के लिए लय और उसके साथ संरचनात्मक गठन की निहायत जरूरत है। छन्दों का संगुम्फन जितना कठिन है, उससे कहीं अधिक कठिन मुक्तछन्द की योजना होती है। इस प्रकार मुक्तछन्द भी विशेष प्रकार का छन्द ही है। कारण कि इसमें भी लय का नियन्त्रण, उतार-चढ़ाव, यति का स्थान-परिवर्त्तन

आदि बड़े कौशल की अपेक्षा रखते हैं। इसलिए डॉ. रामविलास शर्मा कहते हैं कि "मुक्त छन्दमयी प्रत्येक कविता अपने-आप में पूर्ण एक इकाई होती है। वह भावानुकूल शब्द-संयोजना का एक सुचिन्तित और अनुशासित प्रयास होता है—ऐसा प्रयास जो अराजक नहीं, बल्कि उच्चकोटि का अभिव्यक्ति संयम है—ऐसा संयम जो परम्परा से भिन्न होते हुए भी उससे संयुक्त है।"[75] इसी तथ्य को अज्ञेय ने सहज ढंग से अभिव्यक्त किया है। "चाहे कितना ही आदर्श छन्द हो, वह कितना ही मुक्त क्यों न हो, सर्वथा बन्धनमुक्त नहीं हो सकता। 'मुक्तछन्द' में मुक्त और छन्द परस्पर विरोधी अर्थों के द्योतक हैं।"[76] गरज कि सम्भव है, मुक्तछन्द में कुछ पारम्परिक नियमों का परित्याग कर दिया जाय, पर यह असम्भव है कि उसमें नये-पुराने कोई बन्धन-सूत्र न हों।

आशय यह कि प्रगतिशील कवियों की तरह ही त्रिलोचन की दृष्टि भी छन्द बँधे-बँधाए नियमों का ढाँचा नहीं है। वह विषय सापेक्ष है, विषयानुसारी है। छन्द प्रत्येक कवि की निजी अनिवार्यता है, उसकी अपनी विशिष्ट वस्तु है जो जीवन की अभिन्नता से उपजी होती है और वह कवि की एक मात्र उपलब्धि होती है। वे कहते हैं—

"मैंने करने जैसा
क्या कोई काम किया
शब्द ही तो थे केवल
खेलता रहा जिनसे
मैं जी-भर
कुछ होंगे आगे भी
जिनको नाता होगा शब्दों से
वे ही उन शब्दों को देखेंगे।"[77]

2.3 त्रिलोचन की काव्यभाषा

नागार्जुन, केदारनाथ अग्रवाल और त्रिलोचन की कविताओं का मुख्य आधार उनकी जनपदीय भाषा-संस्कृति है। नागार्जुन ने मैथिली में, केदारनाथ अग्रवाल ने बुंदेली में, और त्रिलोचन ने अवधी में अपने काव्य-संसार का सृजन किया है। मुक्तिबोध पर मालवा के जीवन और भाषा का असर है। इन चारों में त्रिलोचन का जनपदीय व्यक्तित्व सबसे अधिक मुखर रहा है। त्रिलोचन पर उनकी धरती, उनके जनपद का असर इतना है कि उनके काव्य-व्यक्तित्व के निर्माण में अवध-संस्कृति का बहुत बड़ा योगदान है। त्रिलोचन अपनी

बोली-बानी, लाग-लपेट, वेश-भूषा, आचार-विचार सभी से आजीवन अपने जनपद के व्यक्ति बने रहे। अवध जनद के प्रभाव का ज़िक्र उन्होंने अनेक स्थानों पर किया है। उनके अनुसार-"जीवन और जीवन के निकट होने पर ही कोई कवि हो सकता है। मेरी चेतना का विकास या निर्माण अवध के परिवेश में हुआ, यदि अवध को मेरा पाठक मेरी रचना से पहचानता है तो मेरा रचना-कार्य सफल ही कहा जाना चाहिए।"[78]

अपने जनपद के इतने गहरे लगाव का ही परिणाम है कि त्रिलोचन ने जनभाषा को काव्यभाषा में तब्दील किया। उनके सभी काव्य-संग्रहों में जनभाषा को काव्य-भाषा का रूप-आकार ग्रहण करते देखा जा सकता है। उनकी कविता की संरचना हिन्दीभाषी अंचल के लोक-साहित्य, उसकी बातचीत और भाषा से इतने घनिष्ठ रूप से जुड़ी है कि उसे अलग करके देखना उनके काव्य-संसार को अधूरा जानना होगा। त्रिलोचन की काव्य-भाषा को रूढ़ साहित्यिक मापदण्डों पर आँका नहीं जा सकता। यही कारण है कि प्रगतिशील कवि होते हुए भी जैसे उन्होंने किसी वाद का सहारा नहीं लिया उसी प्रकार कविता की भाषा को भी सभी कटघरों से मुक्त रखा और सहज भाषा को अपने काव्य में स्थान दिया। त्रिलोचन की कविताओं की भाषा पर चर्चा करते हुए यह ध्यान रखना बहुत जरूरी है कि यद्यपि वस्तु का यथार्थ और भाषा का यथार्थ दो अलग-अलग चीजें हैं, किन्तु रचना के धरातल पर त्रिलोचन इन्हें एक चीज मानते हैं। कविता मात्र अनुभव का ही नहीं, भाषा का भी विषय है और भाषा को मनुष्य के समस्त इन्द्रियानुभव की जरूरत पड़ती है। वस्तु और भाषा वहाँ दो अलग-अलग अनुभव बनकर नहीं जी सकते। स्पष्ट है कि जीवन और भाषा, वस्तु और भाषा त्रिलोचन की कविता में एकमेक होकर आये हैं। वस्तुतः इसी का प्रभाव है कि अवध-प्रदेश के अनेकानेक देशज, देसी, ठेठ शब्दों का भरूपर और अनूठा प्रयोग इनकी कविताओं में हुआ है। जैसा जीवन वैसी भाषा में विश्वास रखने वाले त्रिलोचन की लोक में गहरी आस्था है। लोक की वस्तु, व्यक्ति, प्रकृति का चित्रण उन्होंने लोक की भाषा में ही किया है। लोकभाषा त्रिलोचन के काव्य-व्यक्तित्व का मेरूदंड है। एक साक्षात्कार में उन्होंने कहा है- "मेरी रचनाओं में जो व्यक्ति आये हैं, वे इसी भूतल पर मुझे मिले उनमें से आज कुछ हैं, कुछ नहीं। लोग चाहें तो कह सकते हैं कि मेरी अनुभूतियाँ अवध को नहीं लाँघ पातीं, लेकिन मैं भारतवर्ष में जहाँ कहीं गया हूँ, वहाँ के भाव भी वहाँ के जीवन के साथ ही मेरी कविताओं में आये हैं। मेरे यहाँ अवध

के शब्द मिलते हैं लेकिन अन्य राज्यों के अनिवार्य शब्दों का अभाव नहीं है। मैं आज भी गाँव की नीची जाति के लोगों के साथ बैठकर बात करता हूँ। अवध के गाँवों को तो मैं विश्वविद्यालय मानता हूँ।"[79]

त्रिलोचन की काव्य-कला में मुख्य बल भाषा पर रहता है। वे उसे कविता की प्राण-शक्ति मानते हैं। उनके अनुसार- "भाषा समाज की देन है, यानी भाषा को समृद्ध करने का प्रमुख कारक है समाज, और समाज भी एक भाषी नहीं, बहुभाषी समाज। बहुभाषी समाज के सम्पर्क में ही ज्यादा से ज्यादा भाषाएँ सीखने का सुयोग जुटता है और पता चलता है कि भाषाएँ कितना दे रही हैं और फिर कवि कितना दे रहा है।"[80]

स्पष्ट है कि कविता में त्रिलोचन का मुख्य बल भाषा पर है जिसमें बनावटीपन नहीं होना चाहिए, स्वाभाविक लय पैदा होनी चाहिए। सहज-स्वाभाविक भाषा के पक्षधर त्रिलोचन के काव्य-व्यक्तित्व का कई प्रेरणा-स्त्रोतों के आलोक में निर्माण हुआ। इनमें सर्वप्रथम 'मानस के हंस' अर्थात् तुलसीदास उनके सबसे बड़े पथ-प्रदर्शक हैं। वे कहते हैं-

"तुलसी बाबा, भाषा मैंने तुमसे सीखी
मेरी सजग चेतना में तुम रमे हुए हो..."[81]

लोक की शब्द-सपंदा के सामर्थ्य पर त्रिलोचन की गहरी आस्था है। यहाँ 'सजग-चेतना' शब्द-युग्म महत्वपूर्ण है कि तुलसी अपनी सम्पूर्णता में यथावत् उन्हें स्वीकार्य नहीं हैं। तुलसी इन्हें उतने ही स्वीकार्य हैं, जितने अंश तक वे लोक-चेतना में धनात्मक है। तुलसीदास का भाषिक संस्कार उन्हें गहरे तक प्रभावित करता है क्योंकि तुलसी के यहाँ शब्द-सम्पदा लोक-दर्शन से आप्लावित है। इनकी नजर में तुलसी से बड़ा कोई लोक कवि अपने यहाँ नहीं हुआ है। भाषा सीखने के लिए त्रिलोचन का तुलसी को चुनना, एक अनुवांशिक कारण की ओर भी इशारा करता है। त्रिलोचन के परिवार में उनके निरक्षर पिता वर्णमाला के अभ्यास के सहारे 'रामचरितमानस' पढ़ना सीख गये थे और पूरे गाँव-जबार को पढ़कर सुनाते थे। नगई महरा कहता है-

"तुम्हारे बाबू कहते थे जैसे
अब कोई क्या कहेगा
उनकी भीतरी आँख खुली थी
सुर भी क्या कंठ से निकलता था
जैसे असाढ़ के मेघ की गरज...

....
बाबू की तपस्या का फल
तुम्हें मिला है मिलेगा..."[82]

सुरेश सलिल ने जिक्र किया है कि एक निजी बातचीत में त्रिलोचन जी ने बताया था–"पिता के संस्कार तो थे ही, लेकिन बचपन में नगई से जो प्रोत्साहन मुझे मिला उससे भी है। रामचरितमानस के जरिये तुलसी के निकट से निकट खिसकता गया।... शायद नगई को लेकर इतनी लम्बी कविता लिखने की मूल प्रेरणा में यह प्रतीति ही रही हो।"[83]

खैर, तुलसी कवि के काव्य-गुरु जरूर है लेकिन त्रिलोचन जी ने अपने और तुलसी तथा अपने युग और तुलसी के युग-सन्दर्भों को भी गहराई से समझा है। इसीलिए वे तुलसी से अत्यधिक प्रभावित होकर भी अपना अलग काव्य-व्यक्तित्व खड़ा कर सके हैं। यह उनकी रचनाओं से भी सिद्ध है कि तुलसी के चरित्र रामोन्मुख या रामविमुख हैं जबकि इनके चरित जीवनोन्मुख हैं। यानी तुलसी के यहाँ सभी कुछ रामश्रित है जबकि इनके यहाँ सभी कुछ जीवनाश्रित है।

तुलसी के बाद त्रिलोचन अपनी परम्परा का क्रम निराला और गालिब से जोड़ते हैं। रामविलास शर्मा इसे जातीय परम्परा के विकास के नाम से अभिहित करते हैं और निराला को इस परम्परा की एक बड़ी 'महत्त्वपूर्ण मंजिल' के रूप में देखते हैं। त्रिलोचन के शब्दों में...

"आँखों में रहे निराला,
मानदंड मानव के तन के मन के,
तो भी पीस परिस्थितियों ने डाला।"[84]

निराला जैसा जीवन-संघर्ष त्रिलोचन के हिस्से में भी आया। यह निराला से प्रेरणा ग्रहण करने का एक कारण है। मुख्य और महत्वपूर्ण कारण यह है कि निराला हो या त्रिलोचन, आधुनिक से भिन्न इस रूप में हैं कि इनकी कविताओं का सुस्पष्ट जनपदीय आधार है। समाज के दबे-कुचले उपेक्षित जन की पक्षधरता इन दोनों ही कवियों ने की है। निराला की ही तरह दुःख, अभाव, अवसाद होते हुए भी कवि को जीवन के सौन्दर्य में अटूट आस्था है। जीवनव्यापी दौड़ धूप के बीच कवि का यह आत्मविश्वास निराधार नहीं है। निराला के यहाँ–'जला है जीवन यह आतप में दीर्घकाल' त्रिलोचन के यहाँ आकर 'ताप के ताए हुए दिन' में रूपायित हो जाता है। और, वे उनके कूट तोड़ने की चुनौती स्वीकार करते हैं।

निराला के बाद त्रिलोचन की काव्य-प्रेरणा के मुख्य स्रोतों में गालिब का नाम भी आता है। त्रिलोचन गालिब से अपने जुड़ाव की कई वजहें बताते हैं–

"...गालिब की बोली ही आज हमारी बोली
है। नवीन आँखों में जो नवीन सपने हैं
वे गालिब के सपने हैं। गालिब ने खोली
गाँव जटिल जीवन की। बात और वह बोली
आप तुली थी, हलकेपन का नाम नहीं था...।"[85]

त्रिलोचन गालिब की बोली से, उनकी भाषा से जुड़ाव महसूस करते है क्योंकि गालिब ने आम-फहम की बोली को अपनी कविता की जुबान बनाया था, और त्रिलोचन भी आमजन की भाषा के पक्षधर कवि है। त्रिलोचन का मानना है कि गालिब की बोली ही आज हमारी बोली है और नयी आँखों के नये सपनों में उन्हें गालिब के ही सपने नजर आते हैं। इसके अतिरिक्त, गालिब ने सदा हलकेपन से परहेज रखते हुए जटिल जीवन की कई दार्शनिक सच्चाइयों को सामने रखा था और इससे भी बढ़कर अभावग्रस्त जीवन जीते हुए भी जब-जब गालिब मुँह खोलते थे तो उनकी वाणी से साक्षात् सत्य ही निकलता था। गौर करने पर लक्षित होगा कि ये सारी बातें त्रिलोचन के अपने व्यक्तित्व में अनुस्यूत है और उनके समकालीनों के बीच उन्हें अलग पहचान देती है।

दरअसल, त्रिलोचन की कविता एक नयी काव्य-दृष्टि की उपज है जो किसी वाद में बँधी नहीं है बल्कि कविता सम्बन्धी चालू धारणाओं से परे की कविता है। त्रिलोचन कवि ही नहीं, शास्त्री भी है। इस नयी काव्य दृष्टि की सूचना स्वयं कवि ने अपनी कविता में दी है–

"मैं बहुत अलग कहीं और हूँ
खोज लो मैं कहाँ हूँ

....

मुझे शब्द-शब्द में देखो
मैं कहाँ हूँ।"[86]

उनके एक काव्य-संकलन का नाम ही 'शब्द' है। छायावादोत्तर कवियों में त्रिलोचन ही एकमात्र ऐसे कवि हैं जो प्रगतिशील यथार्थवादी धारा के पक्ष में रहते हुए भी काव्यकला में शब्द को महत्वपूर्ण स्थान देते हैं। उन्हें न काव्यात्मक शब्द की और न ही सुन्दर शब्द की तलाश है, तलाश है तो जीवन्त शब्द की। उनके लिए शब्द में निहित एक समग्र सम्पूर्ण जीवन भी

होता है। त्रिलोचन ने शब्द के महत्व को अनोखे ढंग से पहचाना है। उसमें जो जीवन भरा है, वह अन्यत्र विरल है। 'शब्द' से मोह अज्ञेय को भी रहा है। अज्ञेय कहते रहे हों कि काव्य सबसे पहले शब्द है और सबसे अन्त में भी यही बात बच जाती है कि काव्य शब्द है। वास्तव में शब्दों में जीवन भरने के लिए शब्दों में ही नहीं, जीवन में भी उतरने और धँसने-पैठने की जरूरत होती है। त्रिलोचन शब्द की सतह पर या शब्द के सर पर नहीं मंडराते। वे शब्द के गर्भ में घुसकर उसकी जाँच-पड़ताल करते हैं। तब शब्द में व्यंजित सांस्कृतिक जीवन को कविता में उकेरते हैं। अज्ञेय के लिए शब्द के उपयोग की सार्थकता शब्द के परिष्कार में रही है। त्रिलोचन के लिए शब्द का अर्थ है- जीवन से घनिष्ठ साक्षात्कार। शब्द वाक्य में है और काव्य की पूर्णता अपने में एक प्रकार की जीवनपूर्णता का पर्याय हो सकती है, यह विवेक ही त्रिलोचन के शब्दानुशासन को एक सम्यक् काव्यानुशासन में बदल सका है। त्रिलोचन शब्द-मर्म के पारखी, प्रयोक्ता और व्याख्याता भी हैं। एक सॉनेट में यह व्याख्या उन्होंने इस प्रकार की है–

"शब्द कार, इन शब्दों में जीवन होता है
ये भी चलते-फिरते और बात करते हैं।
तोष, रोष-जब जैसे भावों से भरते हैं
तब वैसे ही अर्थों का व्यंजन होता है...।"[87]

त्रिलोचन के इस जीवन्त शब्द-बोध को रेखांकित करते हुए परमानन्द श्रीवास्तव लिखते हैं–"शब्द की सार्थकता प्रयोग की विशिष्टता में नहीं, उसमें धड़कते हुए जीवन की परख या पहचान में ही है। त्रिलोचन की भाषा इस तथ्य को उजागर करती है कि जाने हुए शब्द भी चुने जाते हैं। उसके पीछे वस्तु की समझ भी काम करती है, उनकी अर्थध्वनि भी।"[88] त्रिलोचन पूरे ब्रह्माण्ड में शब्द की सत्ता देखते हैं। इसीलिए वे बार-बार शब्द के सामर्थ्य, शब्द की सार्थकता पर कविता लिखते हैं। उनकी दृष्टि में शब्द कभी व्यर्थ नहीं जाते- "शब्द / मालूम है / व्यर्थ नहीं जाते हैं।"[89]

त्रिलोचन शास्त्रीय भाषा की शेखी बधारने के बरक्स सहज बोध की भाषा के तरफदार रहे हैं। वे जीवित शब्दों के खोजी थे। ऐसे जीवित शब्द पुस्तकों में नहीं लोक की दिनचर्या और जीवनचर्या में मिलते हैं। इसीलिए त्रिलोचन जहाँ कहीं भी जाते-खासकर जब अपने गाँव चिरानीपट्टी आते तो यहाँ वे किसानों, कोंहारों, कहारों, लोहारों, भूजों, गड़रियों, बढ़इयों, चरवाहों, आदि श्रमशील जनता के बीच बैठते। घण्टों-घण्टों समय उनके साथ गुजारते।

उनसे सहज बतकही करते। इस सहज व आत्मीय बात-बतकही में त्रिलोचन को वह शब्द-सम्पदा हासिल होती थी, जिसमें जीवन गुजांयमान होता था। उन्होंने कहा है–"नगई महरा से बहुत कुछ मैंने सीखा। वह कहार था–गाँजा पीता था, पर उसे बहुत से कवियों के कवित्त याद थे।... अवध के गाँव के निरक्षर में भी सैकड़ों पढ़े-लिखों से अधिक मानवता है।"[90]

इसीलिए वे बराबर कहा करते थे कि जीवन्त साहित्य रचना है तो जीवन्त शब्दों को गहो। ये जीवित शब्द शब्द-कोशों और पुस्तकों में नहीं उस अंचल और अंचल के लोगों को समझने से प्राप्त होंगे। उन्होंने कहा है–"जनपद को समझने की कोशिश नहीं करोगे। महानगरीय चश्मे से अखबारनवीस की आँखों से सिर्फ सूचनाएँ बटोरते रहोगे। जड़े कहीं नहीं होंगी, हवाई किले बनाते रहोगे और जनपद के साहित्य को समझ लोगे...। एक बात याद रखना–मैथिली की समझ नहीं होगी तो बाबा नागार्जुन तो रहे दूर-रेणु का मैला आँचल भी समझ नहीं आयेगा। अवध और अवधी को नहीं समझोगे-तो त्रिलोचन की कविताएँ न ही पढ़ो-तो बेहतर..."[91]

वे निराला के हवाले से नवोदित रचनाकारों को प्रेरित करते रहे कि निराला अन्तिम सांस तक एक व्यक्ति और रचनाकार के रूप में जीवन्त रहे तो इसीलिए क्योंकि वे भिखारियों, पत्थर तोड़ने वोली मजूरिनों, रिक्शा चलाने वालों, गुमरी-पटरी वालों और गंगा नहाने वाले तीर्थयात्रियों के बीच बैठकर घण्टों बातचीत करते। वहीं सें उन्हें जीवन का असली उत्स प्राप्त होता। त्रिलोचन भी उच्चरित भाषा-परम्परा में जीवन, संस्कृति और साहित्य की असली कुंजी पाते थे। त्रिलोचन का यही काव्य-व्यक्तित्व आधुनिकतावादियों के गले नहीं उतरता। उन्होंने आज तक अपनी कविता को लगातार आधुनिकतवादी फैशन और प्रवृत्तियों से दूर रखा है। इसी को रेखांकित करते हुए मैनेजर पाण्डेय ने लिखा है–"नयी कविता का आधुनिकतावाद अनुभव के स्तर पर शहरी मध्यवर्ग की जिन्दगी से जुड़ा था और विचारों में पश्चिम के समानधर्मी कवियों-आलोचनकों का अनुगामी था। त्रिलोचन की कविता की दुनिया एकदम दूसरी है। उसमें गाँव की जिन्दगी की वास्तविकताएँ और आकांक्षाएँ हैं, जनजीवन के चित्र है और गाँव की 'बोली-ठोली, लाग-लपेट, टेक, भाषा, मुहावरा, इंगित' आदि है।... नयी कविता के आधुनिकतावाद वातावरण में त्रिलोचन की कविता महानगर में बसे-बचे गाँव की तरह है। यह आपकी मानसिकता पर निर्भर है कि उसे आप पिछड़ेपन की निशानी मानें या रेगिस्तान में नखलिस्थान।"[92]

त्रिलोचन शब्द संस्कृति के रक्षक कवि हैं। वे जीवनहीन भारी भरकम, बनावटी व विस्फोटक शब्दों से झूठी क्रान्तिकारिता वाली कविता रचने वालों का शीत उपहास करते हैं और कहते हैं–

"बड़े-बड़े शब्दों में बड़ी-बड़ी बातों को
कहने की आदत औरों में है पर मेरा
ढर्रा अलग गया है।"[93]

'जन की परवा' करने वाले त्रिलोचन इसीलिए भाषिक दुराग्रह से सदैव मुक्त रहे। इनकी भाषा इतनी पारदर्शी है कि अर्थ में कहीं उलझाव नहीं आने देती। लोकभाषा के मुहावरों से लैस त्रिलोचन की भाषा की सरलता और व्यंजकता हृदय को मुग्ध कर लेती है। कवि की इस सहजता का आशय यह है कि जिस परिवेश का जीवन हो, उसी परिवेश के अनुकूल भाषा होनी चाहिए। तभी वह भाषा जीवन्त-स्थिति की छवि उरेह सकेगी। इनका मानना है–"कविता द्वारा पेश किया गया चित्र या चरित्र जिस क्षेत्र या वर्ग का होगा यदि उसका निरूपण यथातथ्य न हुआ तो कविता निराधार हो जायेगी। शब्दों का व्याकरण से भी ऊपर सामाजिक सन्दर्भ होता है, जिसका अनुसंधान हर रचनाकार को अलग-अलग करना पड़ता है।"[94]

अपनी इसी मान्यता के अनुरूप त्रिलोचन श्रमशील लोक-समुदाय के सक्रिय जीवन से जीवित शब्द गहते हैं। देशज शब्दों या कह सकते हैं कि जमीन से जुड़े शब्दों को काव्य दीप्ति प्रदान करने व इन शब्दों से काव्य रचने में त्रिलोचन ने महारत हासिल की है। ध्यातव्य है कि भाषा का फूल जनता के बीच ही खिलता है। अपनी जनता से दूर होते ही वह मुरझाकर झड़ जाता है। लोक की भूमि से ही फूल अपना खाद-पानी ग्रहण करता है। यही लोकभूमि भाषा की ही नहीं बल्कि उस भाषा में रचे जा रहे साहित्य का भी मूलाधार है। रचना की नब्ज जब डूबने लगती है, साँस जब उखड़ने लगती है तब लोक ही उसे ऑक्सीजन देकर पुनर्जीवन प्रदान करता है। सच्चा साहित्य अपनी प्रकृति में ही लोकधर्मी चेतना से युक्त होता है। वह न लोकजीवन की अवहेलना कर सकता है, न लोकभाषा की। लोक-शब्दों के प्रयोग से ही कवि की जन-सम्पृक्ति की पहचान हो सकती है। भाषा और जीवन में कवि की पैठ की पड़ताल की कसौटी हेतु इनसे अधिक कारगर और विश्वसनीय उपकरण दूसरे नहीं हो सकते।

कविता में लोक शब्दों का आरम्भ और उसका इतिहास बहुत पुराना है। तुलसी, कबीर जैसे कवि अपनी लोक आस्था के कारण आज भी याद किये

जाते हैं। आधुनिक हिन्दी कविता में सर्वप्रथम भारतेंदु के यहाँ बोलचाल के शब्द दिखायी देते हैं। आगे चलकर निराला की कविताओं में लोकजीवन को आधार बनाकर बोलचाल के शब्दों का सहज प्रयोग दृष्टिगत होता है। प्रगतिवाद की जनवादी-प्रगतिशील कविता की धारा ने भी लोकजीवन को अपना आधार बनाया। त्रिलोचन इसी धारा के प्रवर्तक कवियों में से हैं। जैसा कि पहले बताया जा चुका है त्रिलोचन ने इसीलिए तुलसी और निराला को अपना प्रेरणा स्रोत बताया है क्योंकि उनकी कविताओं में भी लोक-हृदय पूरे वेग से धड़कता है। नागार्जुन, केदारनाथ अग्रवाल और त्रिलोचन कविता के उसी मार्ग को प्रशस्त करते हैं जो लोकजीवन और लोकभाषा से होकर गुजरता है।

इन तीनों ही कवियों ने लोक शब्दों का भरपूर प्रयोग किया। नागार्जुन के मैथिली और केदारनाथ अग्रवाल के बुंदेलखंडी शब्दों की तुलना में त्रिलोचन के यहाँ अवध के शब्द कविता में फिट कर आते हैं जैसे कविता में उन्हें फेंट दिया गया हो, ऊपर से चिपकाये हुए नहीं लगते जबकि नागार्जुन और केदारनाथ अग्रावाल के यहाँ इन शब्दों का स्वतन्त्र अस्तित्व बना रहता है। त्रिलोचन की कविताओं में अवधी के देशज शब्द पूरे जीवन सन्दर्भ को अपने में संजोये रहते हैं। उदाहरण के लिए त्रिलोचन की कविता 'नगई महरा' के इस अंश को देखें-

"नगई का परिवार
छोटा था
घरनी और एक बच्ची
बच्ची गोहनलगुई थी
घरनी सेंदुर से मिली नहीं थी
घरौवा कर लिया था।"[95]

उद्धृत अंश में लोक के चार शब्द हैं- घरनी, गोहनलगुई, सेंदुर और घरौवा। इनमें से 'घरनी' और 'सेंदुर' शब्द सहज बोधगम्य हैं। 'घरौवा' शब्द भी सन्दर्भ में अनुसार समझा जा सकता है। छत्तीसगढ़ राज्य में इसी तरह की चूड़ी पहनाने की प्रथा प्रचलित है। यह विधिवत् विवाह संस्कार की सामाजिक व्यवस्था नहीं है। लेकिन 'घरौवा' या चूड़ी पहनाने की प्रथा का लाभ प्राय: विधुर, विधवा या परित्यक्ता स्त्री को मिलता है। उपर्युक्त अशं में एक शब्द नया है और इसीलिए एक हद तक दुर्बोध भी। शब्द है- गोहनलगुई। लेकिन इस लम्बी कथात्मक कविता के उपर्युक्त अंश में यह शब्द इस तरह प्रयुक्त

हुआ है कि थोड़ा ध्यान से पढ़ने पर ही समझते देर नहीं लगती कि यह बच्ची नगई की नहीं बल्कि उसकी घरनी के पूर्व पति से है। कवि को विश्वास था कि पाठक इस शब्दार्थ का अनुमान लगा लेंगे अन्यथा वह इसका प्रयोग न करता। कहने का आशय यह है कि लोक-शब्दों के प्रयोग में सम्प्रेषण की समस्या भी कभी-कभी खड़ी हो जाती है। पाठक पाद-टिप्पणियों की बैसाखियाँ पसन्द नहीं करता। इससे पाठक में ऊब और झुँझलाहट पैदा होती है। कहीं ये कविता में अलग से टके हुए या अलग से सजे हुए प्रतीत न हों। इनका कविता की मूल लय में अन्तर्निहित होना अति आवश्यक है। ताकि पाठकवर्ग के समक्ष सम्प्रेषण का संकट पैदा न हो और वे कविता के मूलार्थ को ग्रहण कर पायें। अतः ऐसे शब्दों के प्रयोग से बचना चाहिए जिनके लिए पाद-टिप्पणी की आवश्यकता हो। समर्थ कवियों ने ऐसी मिसालें प्रस्तुत की है कि बहुत से लोक शब्द लगभग दुर्गम होने के बावजूद अपने अर्थ तक पहुँचने में पाठक की मदद करते हैं। त्रिलोचन ऐसे ही विरले कवि हैं। उनकी कविता जैसे इन शब्दों का एक खुला भंडार प्रतीत होती है। वहाँ इन शब्दों की चौकन्नी खोज की जरूरत नहीं है। ऐसे शब्दों की छोटी-सी फेहरिस्त इस प्रकार है–

उखमज, खुराई, अनकुस, नोना, अहरा, पलिहर, अरघान, गैल, छन, घाम, प्राणी, सर्राटा, सनेही, विलमना, घमाजाना, जुड़ाना, काढ़ना, भाथी, झलना थेथर, झापस, घुँघनी, टेसर, कोल्हाड़, चीन्हा, भौजी, कनई, हियाव, ढकना, हेरना, थिरना, निवारना, अगवानी, बखेड़ा, पौली-पौली, हरहा, खेप, साँसा, चैती, गंगाली, सीथ, डौल, उबहनी, जेवरी, चरवाही, चिरौरी, अन्दोर, सीवान, घट्ठा, सरना, गुर, कलेवा, बरना, इनार, बिसेख, सिकला, सहूर, भलमनई, हारे-गाढ़े, दन्दया, चिल्ला, रमरमी, छुट्टा, बजर, लखना आदि।

अतः राजेश जोशी के शब्दों में कहा जा सकता है कि–"अवध अंचल के दर्जनों शब्द उनकी कविता में आते हैं। ये शब्द उनकी भाषा में ऐसे घुले-मिले और पैठे हुए हैं कि उन्हें अलगाकर दूसरे शब्द उनकी जगह नहीं रखे जा सकते। क्योंकि वे शब्द पूरे जीवन-सन्दर्भ के साथ उनकी भाषा में शामिल हुए हैं, चौंकाने के लिए जड़े नहीं गये हैं।"[96]

कह सकते हैं कि कविता में स्थानीय रंग ढूँढ़ने वालों के लिए त्रिलोचन की कविता एक खजाना है।

इसी प्रकार त्रिलोचन के यहाँ एकदम अपरिचित-अप्रचलित संस्कृत के तत्सम शब्द भी ठेठ देशज तद्भव शब्दों के साथ जितनी सहजता से, अनायास आते हैं और भाषा की अर्थशक्ति के कारण बनते हैं, वह अत्यन्त विरल है।

'तमसाच्छन्न क्षितिज-तरुश्रेणी', 'वरब्रूहि' जैसे शब्द, कुछ भी त्रिलोचन के लिए त्याज्य नहीं है, बशर्ते वह उनके मनोभावों को व्यक्त करने में समर्थ हों। इसी विशेषता को रेखांकित करते हुए डॉ. भगवान सिंह ने कहा है–"त्रिलोचन उन थोड़े से वाक्-सिद्ध कवियों में से हैं जो शब्दों का प्रयोग मिट्टी और खाद की तरह कर पाते हैं। वे इनके प्रति अतिरिक्त सचेष्ट नहीं दिखाई देते क्योंकि इनकी गन्ध और रंगत की उन्हें बहुत अच्छी पहचान है"[97]

दरअसल, समाज में जो कुछ घटित होता है, उस पर समाज में चर्चा-परिचर्चा होती है। क्रिया-प्रतिक्रिया होती है। विचारों का आदान-प्रदान होता है। यह वाक्-व्यापार भाषा की ध्वनियों में होता है। यही ध्वनियाँ समय की आवाज़ होती है। लोक की दृष्टि को व्यक्त करती हैं यही 'ध्वनि' शब्द की आत्मा है। शब्द की धड़कन है। त्रिलोचन आजीवन जीवन की इस ध्वनि को पकड़ते रहे। समाज के यथार्थ को समझते रहे। ध्वनि की इसी महत्ता पर त्रिलोचन ने अनेक कविताओं की रचना की है, यथा–

"भाषाओं के अगम समुद्रों का अवगाहन / मैंने किया
सब कुछ पाया / शब्दों में, देखा सबकुछ ध्वनि रूप हो गया
....
भाषा की लहरों में जीवन की हलचल है।
ध्वनि में क्रिया भरी है और क्रिया में बल है।"[98]

इसी प्रकार एक अन्य कविता भी दृष्टव्य है–

"ध्वनि ग्राहक हूँ मैं।
समाज में उठने वाली / ध्वनियाँ पकड़ लिया करता हूँ।
इस पर कोई / अगर चिढ़े तो उसकी बुद्धि कहीं है खोई /
कहना यही पड़ेगा।"[99]

स्पष्ट है कि ये ध्वनियाँ वे ही पकड़ सकते हैं जिन्हें लोक की चिन्ता है। त्रिलोचन इसी कोटि के कवि हैं। इसी सन्दर्भ में त्रिलोचन की एक और कविता यहाँ उद्धृत है–

"देखी हैं वे मौन विचरने वाली ध्वनियाँ
जो एकान्त क्षणों में जाने कहाँ-कहाँ से
चलचल कर इन चिन्ताकुल आँखों के आगे
आकर ठहर ठहर जाती हैं, वे मणियाँ
हैं जो कभी नहीं मिलती है यहाँ वहाँ से
अनायास, जिसने पाया उसके दिन जागे"[100]

त्रिलोचन के यहाँ 'मौन तरंगित' ध्वनि रूपों को भी पाया जा सकता है। अज्ञेय के शब्दों में 'मौन भी अभिव्यंजना है' की अभिव्यक्ति त्रिलोचन के काव्य में भी पायी जाती है। मौन की भी अपनी भाषा होती है। अपना व्याकरण होता है। मसलन, प्रकृति इस विहित भाषा के स्थूल शब्दों में नहीं बोलती। प्रकृति को उसी एहसास के स्तर पर समझना होता है। ध्यातव्य है कि एक ओर त्रिलोचन कहते हैं कि शब्द कभी व्यर्थ नहीं जाते तो दूसरी ओर उनका यह भी मानना है कि प्रकृति की बहुविध भाषा-भंगिमा को सुनने के साथ-साथ सभी इन्द्रियों द्वारा ग्रहण भी करना पड़ता है। त्रिलोचन अपनी एक कविता में वसन्त की भाषा पर करते हैं कि वसन्त की भाषा सिर्फ़ कानों से ही सुनी नहीं जाती वरन् सभी इन्द्रियों से वसन्त का बोधक अससास होता है। उनकी कविता है–

"सीधी है भाषा वसन्त की
कभी आँख ने समझी
कभी कान ने पाई
कभी रोम-रोम से
प्राणों में भर आयी
और है कहानी दिगंत की।"[101]

स्पष्ट है कि त्रिलोचन प्रकृति की भाषा के भाष्यकार भी हैं और प्रकृति उनकी अतरंग सहचरी भी है।

वाक्य के प्रति त्रिलोचन की बहुत निष्ठा है। जैसे अज्ञेय की शब्द के प्रति है। वे हिन्दी वाक्यों में हिन्दी कविता लिखते हैं। भाषा-बोध की इकाई वाक्य है, शब्द नहीं। यह बात त्रिलोचन की कविता पर भी लागू होती है। कविता में पूरे-पूरे वाक्य रचने के पीछे विश्वनाथ त्रिपाठी जी ने एक मुख्य कारण यह बतलाया है कि–"उनकी कविता पढ़ते समय यह ध्यान में रखना चाहिए कि आप ऐसे कवि की कविता पढ़ रहे हैं जो मूलत: अवधी का है और खड़ी बोली उसकी माँ–बोली नहीं है। अवधी का का वैभव उनकी काव्य-भाषा में झलकता रहता है। आश्चर्य नहीं वाक्य निष्ठा इसी अहसास से पैदा हुई हो कि मैं खड़ी बोली बोलने वाला नहीं हूँ। जो हो त्रिलोचन की काव्य-भाषा वाक्य-विधान के प्रति बहुत सतर्क है।"[102]

इसके विपरीत अधिकांश हिन्दी के कवि वाक्यांशों में या शब्दों में कविता लिखते है। उनके अनुसार मौन ही महत्वपूर्ण है। आधा वाक्य लिखा- बाकी मौन को समर्पित। वाक्य अधूरे अर्थ के साथ कविता में लटका रहता है। परिणाम

यह होता है कि अभिव्यक्ति में वाक्य क्षत-विक्षत हो जाता है। वास्तव में वाक्य की तोड़-फोड़ असमर्थ कवियों के यहाँ वस्तु की अपर्याप्तता के कारण ज्यादा होती है, आवेग के कारण कम। त्रिलोचन इस मामले में अपवाद हैं। वे कविता में पूरा वाक्य लिखते हैं और सभी क्रियाओं को उनके उपयुक्त स्थान पर बैठाते हैं। त्रिलोचन की उत्कृष्ट कविताओं में तद्भव शब्दावली से कसा हुआ वाक्य वार्तालाप की लय में गतिशील होता है। प्रो. सुधीश पचौरी का मानना है कि सॉनेट त्रिलोचन का अपना फार्म इसलिए भी है क्योंकि वे बिम्बों में नहीं सरल वाक्यों में सोचने वाले कवि हैं और अपने ढंग के अकेले कवि हैं जो सिर्फ वाक्यों में सोचते हैं और पूर्ण वाक्य में ही कविता रचते हैं। उनके शब्दों में–"सॉनेट उन्हें वाक्यों के अन्वय से खेलने का मौका देते हैं क्योंकि छन्द के बावजूद उसमें वे खेलने का अवकाश निकाल सकते हैं।"[103]

सम्भव है कि वाक्यों की पूर्णता के कारण ही त्रिलोचन की ज्यादातर कविताओं की मूल प्रकृति बातचीत करने जैसी है, अपने-आप से संवाद करने जैसी। इस संवाद में ऐसी लयात्मकता है कि मानो कवि एक प्रवाह में बातें कर रहा हो। यही लय उनकी कविताओं को नाटकीयता के स्तर के करीब लाती है। यानी इनमें बोलचाल की धार है, भावों का तेज प्रवाह एवं वेग है संलाप की क्षिप्रता और सघनता है। वे बोलचाल के बीच शब्दों की लय और उसमें निहित प्रवाह को एक खास किस्म की टोन में पकड़ते हुए उनका उपयोग इस ढंग से करते हैं कि शब्द भी जीवन्त हो उठते हैं और कलात्मक ऊँचाइयों को छूने लगते हैं।

गीत हों या कविताएँ सर्वत्र संवाद की स्थिति देखी जा सकती है। इसकी कुछ बानगी इस प्रकार है–

"आज पवन शान्त नहीं है श्यामा
देखो शांत खड़े उन आमों को
हिलाए दे रहा है
उस नीम को
झकझोर रहा है"[104]

कुछ कविताओं में ऐसे संवाद भी परिलक्षित होते हैं जो कवि स्वयं से कर रहा है। उदाहरणार्थ–

क) "आज मैं अकेला हूँ
अकेले रहा नहीं जाता"[105]

ख) "हो तुम भी घोंचू ही, भाषा, छन्द, भाव के
पीछे जान खपाते हो, लद गया जमाना
इनका, छोड़ो भी, आओ अब से मनमाना
लिखा करो। गद्य ही ठीक है। अब कटाव के
ढब बदले है। बोल चढ़े है भाव-ताव के"[106]

संवाद की शैली का अन्यतम उदाहरण त्रिलोचन कृत 'चम्पा काले-काले अच्छर नहीं चीन्हती' कविता है। सन् 40-41 के आसपास की इस कविता में चम्पा स्वयं बोलती है- वह चम्पा जो 'काले-काले अच्छर नहीं चीन्हती' और जिसे 'बड़ा अचरज होता है: इन काले-काले चिह्नों से कैसे ये सब स्वर / निकला करते हैं।' यह कविता लोकबोली के संस्कार में रची गयी है जिसमें संवादों के माध्यम से ही कविता की अन्तिम महत्वपूर्ण पंक्ति-'कलकत्ता पर बजर गिरे' तक पहुँचा जा सकता है। साधारण-सी दिखने वाली इस कविता में वाक्य-विन्यास गद्य का है जो वर्णन और संलाप द्वारा खुलकर आया है। बातचीत के कम में पढ़े-लिखे कवि की भाषा 'हारे गाढ़े काम सरेगा' वाली ठेठ मुहावरेदानी अपना लेती है। त्रिलोचन की 'नगई महरा' लम्बी कविता को भी संवादों की दृष्टि से सराहा जाना चाहिए। इसमें बातचीत का लहजा और भी स्वाभाविक है। गद्यात्मकता पर जोर होते हुए भी लय सुरक्षित एवं नियन्त्रित है। उदाहरणार्थ-

"मैंने पोथी खोल ली
पूछा, कहाँ पढ़ूँ
उसने कहा सुन्दरकांड
मैंने साँस चैन की ली
सुन्दरकांड कई बार पढ़ा था
पढ़ने को, अर्थ कौन ढूँढ़ता
ध्वनि अपनी मुझे अच्छी लगती थी
जहाँ-जहाँ झलक जाता था
वहाँ आनन्द मुझे मिलता था।"[107]

दरअसल, बातचीत का अन्दाज ही नहीं, बातचीत वाली भाषा का भी कलात्मक उपयोग त्रिलोचन ने किया है। त्रिलोचन की कविता की इसी विशेषता को लक्ष्य कर राजेश जोशी ने लिखा है-"उनकी कविता में एक ओर किसानों-सा बातूनीपन है तो दूसरे छोर पर बहुत सारी बात को कुछ शब्दों में, एक चुस्त से वाक्य में या एक सूक्ति में समेट लेने की मितव्ययिता भी। यह द्वैत वस्तुतः इस

बात का प्रमाण है कि उनकी कविता का रचाव हिन्दी अंचल के किसान के चरित्र, आदतों और बोलचाल से कितने गहरे अर्थों में सम्पन्न हुआ है।"[108]

वास्तव में, यथार्थवादी शैली और बातचीत की भाषा ने त्रिलोचन की कविता को एक तीसरा आयाम भी प्रदान किया है। वह है- कविता में कहानी कहने का। उनकी अनेकों ऐसी छोटी-बड़ी कविताएँ हैं जिनमें लोककथाओं की सरलता, व्याकुलता, उत्तेजना लेकिन गहरे घाव करने वाली विशेषताएँ अन्तर्निहित हैं। 'चम्पा काले-काले अच्छर नहीं चीन्हतीं', 'नगई महरा', 'भौजी', 'बुआ', और 'जीवन का एक लघु प्रसंग' ऐसी ही कुछ कविताएँ हैं जिन्होंने लिखित कविता को वाचिक-परम्परा के करीब ला दिया है। उदाहरण के लिए 'सब्जीवाली बुढ़िया'–

"मेथी और पालक की दो हरी-हरी गठ्ठियाँ / लहसुन और प्याज की चार-चार पोटियाँ / बुढ़िया कह रही थी ग्राहक से ले लो यह सब ले लो कुल पचास पैसे में। ग्राहक बोला–जो कुछ लेना था ले चुका / यह सब क्या करुँगा। रखने की चीज नहीं / बुढ़िया ने साँस ली और कहा–दिन है ये ठंड के / ले लो तो मैं भी घर को जाऊँ / ग्राहक ने सुना नहीं और दाम चुकाकर चला गया / मैं पास वाले से गोभी ले रहा था / बुढ़िया से मैंने कहा–अम्मा, सारी चीजें इकठ्ठे बाँधकर मुझको दे दीजिए / बुढ़िया असीसती हुई चली गयी।"[109]

कविता में शायद पहली बार ऐसी स्थिति का चित्रण हुआ हो। स्थिति दारुण है। कथा कहने के लहजे में, बातचीत की शैली में इस स्थिति का इतना मार्मिक चित्रण किया गया है। जरूरत देखने-सुनने और पाठक-श्रोता को दिखाने-सुनाने की है।

आधुनिक हिन्दी कविता में बिम्बों के माध्यम से बात कहने की प्रवृत्ति रही है। अधिकांश कवियों में बिम्ब पर बिम्ब लादते रहने की कला होती है। किन्तु त्रिलोचन ने आमतौर पर एक दो-बिम्बों का ही सहारा लिया है। इसका प्रमुख कारण यह है कि शायद सॉनेट में ऐसा करना सम्भव नहीं है। उदाहरण के लिए–

"दो कपोत दाँये-बाँये-स्थित उड़ते उड़ते
चले जा रहे दूर क्षितिज के पार हवा पर
उसी तरह हम प्राणों के प्रवाह पर स्वर भर
लिख देते अपनी कांक्षाएँ।"[110]

त्रिलोचन ने जिन भी बिम्बों का सर्जन किया है, अधिकतर वे परम्परा से लिए गये हैं। किन्तु उनमें कल्पना के नये रंग भरकर ताजगी का प्रवाह उत्पन्न

कर दिया है। जीवन की छोटी-छोटी स्थिति का भी नाटकीय ढंग से स्वप्नलोक में विस्तार करने की अद्‌भुत क्षमता जो हम निराला में पाते हैं, उसे त्रिलोचन के सॉनेटों में भी लक्षित किया गया जा सकता है। राजेश जोशी के शब्दों में-"वह बिम्बों की झालरें नहीं बाँधते। बिम्ब उनके यहाँ बहुत कम हैं। और जहाँ है वहाँ वे अलग से शोर मचाते, चौंधियाते हुए नहीं आते। वे आते भी हैं तो कविता के अन्दर रच-पग कर आते हैं और पूरी कविता में अन्तर्लीन होते हैं।"[111]

बिम्बों की ही भाँति अभिव्यक्ति के उपकरण के रूप में त्रिलोचन ने जिन प्रतीकों का चुनाव किया है वे शेष प्रगतिवादियों की परम्परा में ही हैं। पथिक, पवन, बादल, संध्या, प्रभात और प्रकृति के ऐसे ही अनेक उज्ज्वल और गतिशील या सांकेतिक रूप उनकी कविताओं में हैं।

त्रिलोचन के कुल तेरह काव्य-संग्रहों में से 'दिगंत', 'शब्द', 'फूल नाम है एक', 'उस जनपद का कवि हूँ' और 'अनकहनी भी कुछ कहनी है' सॉनेट संग्रह हैं। सॉनेट धुन के साथ गाये जाने वाली विदेशी विधा है। त्रिलोचन के अब तक प्रकाशित सॉनेटों की संख्या कुल 538 हैं। इन्होंने सॉनेट का भारतीयकरण अपनी कविताओं में किया है। वास्तविकता में सॉनेट की संरचना के दो भाग होते हैं। जिसे अष्टपदी और षष्ठपदी कहते हैं। इस प्रकार एक सॉनेट में कुल चौदह चरणों का निर्माण होता है। अष्टपदी में पहली से चौथी की, चौथी से पाँचवी की और पाँचवी से आठवीं पंक्ति की तुक मिलाई जाती है। इसी प्रकार दूसरी से तीसरी की, तीसरी से छठवीं की और छठवीं से सातवीं पंक्ति की तुक मिलायी जाती है। दो तुकों के बीच मनोहारी ध्वनि निर्बाध रूप से समस्वरता उत्पन्न करती है।

षष्ठपदी में प्रायः पहले से चौथी की, दूसरी से पाँचवी की और तीसरी से छठवीं पंक्ति की तुक मिलाई जाती है। यह तीन-तीन चरणों में विभाजित रहती है। किन्तु शेक्सपीयर के सॉनेट अष्टपदी और षष्ठपदी के बजाये तीन चतुष्पदियों और एक द्विपदी लय से बँधे हैं। त्रिलोचन ने भी सॉनेट की रचना में शेक्सपीरियन शैली को अपनाया है। इनके सॉनेट के प्रत्येक चरण में चौबीस मात्रिक ध्वनियाँ पाई जाती हैं जिसे हिन्दी में रोला छन्द कहते हैं। रोला मात्रिक छन्द है जो चौबीस मात्राओं का होता है। यह सममात्रिक छन्द है। तात्पर्य यह है कि इसके चारों चरणों में मात्राओं का क्रम समान होता है तथा प्रत्येक चरण में ग्यारह और तेरह के विश्राम से चौबीस मात्राएँ होती हैं। त्रिलोचन सॉनेट की रचना में चौबीस मात्राओं के अनुशासन को तो अपनाते हैं किन्तु ग्यारह और तेरह पर विश्राम का बन्धन उन्हें स्वीकार्य नहीं है। सॉनेट

की रचना में कवि ने पूरे वाक्य को अपनाया है और वाक्य एक चरण से दूसरे चरण में फिसलते हुए चलते हैं। उदाहरण के लिए–

"गधा पड़ा था, जान न थी। मालिक उदास था।
लोथ देखते मुझको बोला, बड़ा भला था
बेचारा! इसका दम रहते, थाम चला था
अपना अच्छी तरह। लगा, गम उसे खास था।"[112]

उपर्युक्त पंक्तियों में देख सकते हैं कि पहली पंक्ति में चौदह और दस पर विश्राम है। ठीक इसी प्रकार अगली पंक्ति में सोलह और आठ पर विश्राम है। स्पष्ट है कि त्रिलोचन ने चौबीस मात्रिक पंक्ति तो रची है किन्तु विश्राम का अनुशासन नहीं अपनाया है। सॉनेट इतालवी और अंग्रेजी के आभिजात्य में पली-बढ़ी रचना है। उसे त्रिलोचन जी ने लोक की वाणी में ढालकर हिन्दी का जातीय छन्द बना दिया है। वैसे भी रोला एक जनछन्द रहा है। राज्याश्रय प्राप्त कवियों ने इसका उपयोग तकरीबन नहीं किया। रोला का चयन ही कहीं गहरे में त्रिलोचन की पक्षधरता को उजागर कर देता है।

गम्भीरता, विचारशील भाव, अनुभूति की गहन एकाग्रता और कसी हुई भाषा के साथ ही चौदह पंक्तियों का अनुशासन त्रिलोचन के सॉनेटों में दृष्टिगत होता है। आवेगों की अभिव्यक्ति का संयत्रित ढंग और स्वर की तटस्थता वाली अपनी काव्य-मानसिकता के कारण ही सॉनेट जैसे विदेशी काव्यरूप ने त्रिलोचन जैसे-ठेठ भारतीय किसानी मन के कवि को आकर्षित किया होगा। 'दिगंत' के प्रथम सॉनेट में ही सॉनेट के अनुशासन की बात करते हुए त्रिलोचन कहते हैं–

"कसे कसाये भाव अनूठे
ऐसे आये जैसे क़िला आगरे में जो
नग है, दिखलाता है पूरे ताजमहल को।"[113]

त्रिलोचन के सॉनेट आगरा के किले के उस नग के समान हैं, जिसमें पूरा ताजमहल प्रतिबिंबित होता है। किसी सॉनेट के एक अंश को उद्धृत करना उस नग को तोड़कर उसके एक टुकड़े को देखना है। इनके सॉनेट की संरचना इतनी सुघटित होती है, पूरे वाक्यों के साथ लय और छन्द का विन्यास इतना आवयविक होता है कि किसी एक अंश से अलग करना उसके साथ ज्यादती लगती है। त्रिलोचन के सॉनेटों की इस विशेषता को मद्देनजर रखते हुए रेणु उन्हें 'शब्द-योगी' कहते हैं तो केदारनाथ अग्रवाल 'शब्द-साधक'। और शमशेर उनकी सहजता के कायल हैं।

निष्कर्ष रूप में कहा जा सकता है कि त्रिलोचन जिस प्रकार शहर में रहते हुए भी शहरी नहीं हुए उसी प्रकार उनकी कविता ने भी शहरी लिबास को कभी धारण नहीं किया। उनकी काव्यभाषा में अवध के संस्कार इस तरह रचे-बसे हैं कि उनको अलग करके देखना त्रिलोचन की कविताओं की हत्या करने के समान होगा। देशज, तद्भव अवधी-हिन्दी शब्दावली, सहज बिम्ब व प्रतीक, सॉनेट का भारतीय रूप, सपाटबयानी, वाक्य-विधान, बातचीत की लय-सभी कुछ त्रिलोचन की कविताओं के मुख्य आधार हैं जिनसे उनकी काव्यभाषा प्रगतिशील कवियों में एक अलग पायदान पर अवस्थित मिलती है। जैसी बोली-बानी, वैसा भेस तथा वैसी ही कविता त्रिलोचन के कवि-व्यक्तित्व का मेरुदण्ड है।

सन्दर्भ

1. पॉल वैलेरी, 'द आर्ट ऑफ पोएट्री', अनु. डेनिस फोलियट, पृ. 79
2. एस.एल. बेथेल, लिटररी क्रिटिसिज़्म, पृ. 33
3. एलिजाबेथ ड्रिउ, 'डिस्कवरिंग पोएट्री', पृ. 27-28 एलिजाबेथ ड्रिऊ और जार्ज कोनर, डिस्कवरिंग ऑफ मॉडर्न पोढट्री पृ. 2
4. सुमित्रानन्दन पंथ, 'गद्यपथ', पृ. 22
5. उद्धृत ले. क्लाइव सैसम, 'द वर्ल्ड ऑफ पोएट्री', पृ. 05
6. पॉल वैलेरी, दि आर्ट ऑफ पोएट्री, अनु. डेनिस फालियट पृ. 3
7. एंप्सन, 'सेवन टाइप्स ऑफ एंबिगुइटी', पृ. 268
8. टी.ई. ह्यूम, स्पेकुलेशंस सं. हर्बर्ट रीड, पृ. 152
9. रामचन्द्र श्ुक्ल, बुद्धचरित, वक्तव्य, पृ. 38
10. ए.एल. बिंस, 'लिग्विस्टिक रीडिंग: टु सजेश्चांस ऑफ द क्वालिटी ऑफ लिटरेचर', एसेज ऑन स्टाइल एंड लैंग्वेज, (सं.) रोजर फाउलर, पृ. 120
11. टी.एस. इलियट, 'दि म्युजिक ऑफ पोएट्री', ऑन पोएट्री एंड पोएट्स पृ. 29
12. महेन्द्र मधुकर, 'काव्यभाषा के सिद्धान्त'. पृ. 43
13. टी.एस. इलियट, द म्युजिक ऑफ पोएट्री, ऑन पोएट्री एंड पोएट्स, पृ. 31
14. कृष्ण चैतन्य, 'संस्कृत पोयटिक्स, पृ. 141
15. सी.डे. लेविस, ए होप फार पोएट्री, पृ. 98
16. क्लियेंथ ब्रुक्स और राबर्ट पेन वारेन, अंडरस्टैंडिंग पोएट्री इंट्रोडक्शन, पृ. 11
17. डॉ. शंभू दत्त, रिचर्ड्स के आलोचना-सिद्धान्त, पृ. 127
18. महेन्द्र मधुकर, 'काव्यभाषा के सिद्धान्त', पृ. 184
19. क्लाइव सैंसम, 'दि वर्ल्ड ऑफ पोएट्री', पृ. 180
20. एस.टी. कॉलरिज, 'बायग्राफिया लिटरेरिया', पृ. 264
21. हर्बर्ट रीड, 'फेजेज ऑफ इंग्लिश पोएट्री', पृ. 118

22. रवीन्द्रनाथ ठाकुर, 'काव्य और छन्द रवीन्द्रनाथ के निबन्ध', भाग-3 (अनु.) अमृत राय, पृ. 341
23. हजारीप्रसाद द्विवेदी, 'साहित्य सहचर', पृ. 56
24. कॉडवेल, 'इल्युजन एंड रियलिटी', पृ. 129
25. एफ.एल. ल्युकस, 'स्टाइल', पृ. 76
26. सम्पा. हर्बर्ट रीड, 'स्पेकुलेशंस', पृ. 137
27. डॉ. सियाराम तिवारी, 'काव्यभाषा', पृ. 106
28. बलदेव उपाध्याय, 'संस्कृत साहित्य का इतिहास', पृ. 334
29. डॉ. मैनेजर पाण्डेय, 'आलोचना की सामाजिकता', पृ. 146
30. त्रिलोचन, 'दिगंत', पृ. 63
31. डॉ. मैनेजर पाण्डेय, 'शब्द और कर्म', पृ. 263
32. डॉ. मैनेजर पाण्डेय, 'शब्द और कर्म', पृ. 263
33. डॉ. मैनेजर पाण्डेय, 'शब्द और कर्म', पृ. 264
34. त्रिलोचन, 'चैती', पृ. 10
35. रामविलास शर्मा, 'भाषा और समाज', पृ. 470
36. डॉ. नीरज अडालजा, 'प्रगतिशील कवियों का काव्य चिन्तन', पृ. 153
37. डॉ. शिवकुमार मिश्र, 'आधुनिक कविता और युगदृष्टि', पृ. 170
38. त्रिलोचन, त्रिलोचन संचयिता, 'जनभाषा और काव्यभाषा', पृ. 493
39. बी.एल. होर्फ, 'लैंग्वेज : थॉट एंड रियलिटी', पृ. 258
40. जैमिनी, 'मीमांसासूत्र' 11.1.46
41. एफ.आर. लीविस, 'न्यू बियरिंग्स इन इंग्लिश पोएट्री', पृ. 12
42. 'अज्ञेय', 'धर्मयुग', साप्ताहिक, पृ. 17, बम्बई, 21 अगस्त 1966
43. परमानन्द श्रीवास्तव, 'त्रिलोचन के बारे में', सम्पा. गोविन्द प्रसाद, आलेख 'शब्दों में जीवन', पृ. 203
44. परमानन्द श्रीवास्तव, 'त्रिलोचन के बारे में', सम्पा. गोविन्द प्रसाद, आलेख 'शब्दों में जीवन', पृ. 202
45. नामवर सिंह, त्रिलोचन के बारे में, सम्पा. गोविन्द प्रसाद, 'एक नया काव्यशास्त्र त्रिलोचन के लिए', पृ. 78
46. त्रिलोचन, 'शब्द', पृ 32
47. रामस्वरूप चतुर्वेदी, 'आधुनिक कविता-यात्रा', पृ. 147
48. त्रिलोचन, 'ताप के ताये हुए दिन', पृ. 66
49. त्रिलोचन, 'मेरा घर', पृ. 29
50. 'आलोचना', जुलाई-सितम्बर 67, पृ. 135
51. 'आलोचना', जुलाई-सितम्बर 67, पृ. 135
52. डॉ. नीरव अडालजा, 'प्रगतिशील कवियों का काव्यचिन्तन', पृ. 278
53. रामविलास श्र्मा, 'आधुनिक हिन्दी कविता में बिम्ब विधान', पृ. 176
54. 'धर्मयुग', 13 अगस्त, 1972, पृ. 23

55. सम्पा. ओम भारती, 'महत्त्व' स्मारिका (त्रिलोचन) 5-6 जून 1982, पृ. 7
56. त्रिलोचन, 'उस जनपद का कवि हूँ', पृ. 116
57. नामवर सिंह, 'कविता के नए प्रतिमान', पृ. 116
58. डॉ. नीरव अडालजा, 'प्रगतिशील कवियों का काव्य चिन्तन', पृ. 283
59. टी.एस. इलियट, ऑन पोएट्री एंड पोएट्स, 'द म्युजिक ऑफ पोएट्री', पृ. 31
60. सम्पा. ध्रुव शुक्ल, त्रिलोचन संचयिता, त्रिलोचन, 'जनभाषा और काव्यभाषा', पृ. 493
61. वही
62. डॉ. नीरव अडालजा, 'प्रगतिशील कवियों का काव्य चिन्तन', पृ. 282
63. वही
64. रामविलास शर्मा, 'भाषा, युगबोध और कविता', पृ. 20
65. सम्पा. ध्रुव शुक्ल, त्रिलोचन संचयिता, त्रिलोचन, 'जनभाषा और काव्यभाषा', पृ. 494
66. वही
67. डॉ. नीरवज अडालजा, 'प्रगतिशील कवियों का काव्य चिन्तन', पृ. 287
68. वही, पृ. 287-88
69. भरतमुनि, 'नाट्यशास्त्र' 15/40, पृ. 172
70. डॉ. सियाराम तिवारी, 'काव्यभाषा', पृ. 154
71. प्रभाकर श्रोत्रिय, 'कविता की तीसरी आँख', पृ. 42
72. डॉ. रामविलास शर्मा, 'भाषा, युगबोध और कविता', पृ. 102
73. वही
74. डॉ. नीरव अडालजा, 'प्रगतिशील कवियों का काव्य चिन्तन', पृ. 290
75. डॉ. रामविलास शर्मा, 'महावीर प्रसाद द्विवेदी और हिन्दी नवजागरण', पृ. 318
76. अज्ञेय, 'तीसरा सप्तक', आत्मनिवेदन, पृ. 4
77. त्रिलोचन, 'मेरा घर', पृ. 29
78. अवधी गद्य में अनन्त श्यक्ति है, भारतेन्दु मिश्र के साथ बातचीत, 'मेरे साक्षात्कार', त्रिलोचन, पृ० 150
79. अवधी गद्य में अनन्त शक्ति है, भारतेन्दु मिश्र के साथ बातचीत, 'मेरे साक्षात्कार', त्रिलोचन, पृ. 151
80. सुरेश सलिल, 'सन्दर्भ त्रिलोचन : कुछ अपने कुछ औरों के हवाले से, आधारशिला, बारम्बार त्रिलोचन', पृ. 46
81. त्रिलोचन, 'दिगंत', पृ. 56
82. त्रिलोचन, 'ताप के ताए हुए दिन', पृ. 66
83. सुरेश सलिल, 'सन्दर्भ त्रिलोचन : कुछ अपने कुछ औरों के हवाले', आधारशिला, बारम्बार त्रिलोचन, पृ. 46
84. त्रिलोचन, 'दिगंत', पृ. 17
85. वही, पृ. 58
86. त्रिलोचन, 'ताप के ताये हुए दिन' 'मैं-तुम' कविता से, पृ. 61
87. त्रिलोचन, 'शब्द', पृ. 32

88. सम्पा. गोविन्द प्रसाद, त्रिलोचन के बारे में, परमानन्द श्रीवास्तव, 'शब्दों में जीवन' पृ. 202
89. त्रिलोचन, 'तुम्हें सौंपता हूँ', पृ. 44
90. अवधी गद्य में अनन्त शक्ति है, भारतेन्दु मिश्र के साथ बातचीत, 'मेरे साक्षात्कार', त्रिलोचन, पृ. 151
91. पलाश विश्वास, 'जनपद के अन्तिम महायोद्धा त्रिलोचन', आधारशिला, त्रिलोचन विशेषांक-2009, पृ. 71
92. सम्पा. गोविन्द प्रसाद, त्रिलोचन के बारे में, मैनेजर पाण्डेय, 'जीवन की लय में मुक्ति का राग', पृ. 149
93. त्रिलोचन, 'उस जनपद का कवि हूँ', पृ. 116
94. सम्पा. अवधेश प्रधान, 'काव्य और अर्थ बोध-त्रिलोचन' लेख–जनभाषा और काव्यभाषा, पृ. 62
95. त्रिलोचन, 'ताप के तापे हुए दिन', पृ. 66
96. सम्पा. गोविन्द प्रसाद, त्रिलोचन के बारे में, राजेश जोशी, 'जब देखा तब जीवन देखा', पृ. 193
97. सम्पा. गोविन्द प्रसाद, त्रिलोचन के बारे में, डॉ. भगवान सिंह, 'त्रिलोचन : एक कवि, एक प्रश्नचिह्न' पृ. 133
98. त्रिलोचन, 'दिगंत' (भाषा की लहरें), पृ. 63
99. त्रिलोचन, 'दिगंत', पृ. 22
100. त्रिलोचन, 'शब्द', पृ. 16
101. त्रिलोचन, 'ताप के ताए हुए दिन', पृ. 43
102. सम्पा. गोविन्द प्रसाद, त्रिलोचन के बारे में, विश्ववनाथ त्रिपाठी, 'त्रिलोचन का अर्थ', पृ. 114
103. सुधीश पचौरी, 'विभक्ति और विखंडन', 'हिन्दी साहित्य में उत्तर आधुनिक मोड़', पृ. 178
104. त्रिलोचन, 'चैती', पृ. 13
105. त्रिलोचन, 'धरती', पृ. 60
106. त्रिलोचन, 'फूल नाम है एक', पृ. 31
107. त्रिलोचन, 'ताप के ताए हुए दिन, नगई महरा, पृ. 66
108. सम्पा. गोविन्द प्रसाद, त्रिलोचन के बारे में, राजेश जोशी, 'जब देखा तब जीवन देखा', पृ. 190
109. त्रिलोचन, 'अरघान', पृ. 09
110. त्रिलोचन, 'दिगंत', 'प्राणों का गान', पृ. 12
111. सम्पा. गोविन्द प्रसाद, त्रिलोचन के बारे में, राजेश जोशी, 'जब देखा तब जीवन देखा'
112. त्रिलोचन, 'ताप के ताए हुए दिन', गधे की याद, पृ. 55
113. त्रिलोचन, 'दिगंत' पृ. 07

भाषाविज्ञान का सैद्धान्तिक पक्ष

3.1 भाषाविज्ञान का स्वरूप एवं क्षेत्र

मनुष्य 'होमो सिपियन' प्राणी है। वह स्वभाव से ही सामाजिक एवं राजनीतिक प्राणी है। इसलिए भावाभिव्यक्ति और विचार-विनिमय उसकी बुनियादी जरूरत है। यह मानवेतर प्राणियों की भी मूलभूत आवश्यकता है। मगर यह मनुष्य की सर्वाधिक विकसित अनिवार्यता है। भाषा के द्वारा ही सूचना और सम्प्रेषण ाा सम्भव हो पाता है। इसलिए मनुष्य के साथ-साथ मनुष्येतर प्राणियों की भी अपनी-अपनी भाषाएँ होती हैं। 'समुझे खग खगही कै भाषा'। लेकिन मनुष्य और मनुष्येतर प्राणियों की भाषाओं में पर्याप्त अन्तर होता है। इस विषय पर भाषावैज्ञानिकों ने काफी शोध किया है। हॉकिट (Hockett) ने तेरह आधारों पर इनकी विशिष्टताओं का उल्लेख किया है, जिनमें सर्जनात्मकता, यादृच्छिकता, पैटर्न आदि प्रमुख हैं। इसके बरक्स मैकनेल ने दो आधारों पर उनकी विभिन्नताओं का विवेचन किया है। पहला आधार संरचनात्मक है तो दूसरा प्रकार्यमूलक। इन दोनों आधारों को स्पष्ट करते हुए भोलानाथ तिवारी ने लिखा है कि 'संरचनात्मकता की दृष्टि से मानव भाषा में योजन व्यवस्था (Combining system) है। विभिन्न रूपों में समान ध्वनियों को जोड़ने से अलग-अलग शब्द बन जाते हैं तथा समान शब्दों को अलग-अलग रूपों में जोड़ने पर अलग-अलग वाक्य बन जाते हैं। जहाँ तक प्रकार्य का सम्बन्ध है, ये तीन तरह के होते हैं : वस्तुपरक (वस्तुओं को संकेतित करना), भावपरक (भावों को संकेतित करना) तथा प्राक्कथनपरक (बाहरी घटनाओं एवं आन्तरिक स्थिति के विषय में कहना)।"[1] गरज कि मानवेतर भाषाओं में सर्जनात्मकता का सर्वथा अभाव होता है और उनमें योजन-व्यवस्था का भी अभाव होता है। सर्जनात्मकता के अन्तर्गत तीन बातें महत्त्व की होती हैं जिनका उल्लेख चॉम्स्की ने किया है : असीमितता, उद्दीपन-अनुक्रिया-मुक्तता और सन्दर्भ-उपयुक्तता। भोलानाथ तिवारी ने उपर्युक्त तीनों पारिभाषिक

शब्दावलियों का उल्लेख किया है। पहली असीमितता: मनुष्य अपनी भाषा के द्वारा पुराने और नये भावों तथा विचारों आदि को अभिव्यक्ति दे सकता है किन्तु मानवेतर भाषा की अभिव्यक्ति-शक्ति बहुत सीमित होती है। दूसरी उद्दीपन-अनुक्रिया मुक्तता: मानव-भाषा उद्दीपन-अनुक्रिया रूप में नहीं होती जब कि मानवेतर भाषा प्राय: होती है। तीसरी सन्दर्भ-उपयुक्तता: मानव भाषा नये-से-नये, पहले से सर्वथा अज्ञात और अनुमानित सन्दर्भ के पूर्णत: उपर्युक्त अभिव्यक्ति देने में समर्थ है। किन्तु मानवेतर भाषा नहीं है। गरज की मानव-भाषा मानवेतर प्राणियों की आंगिक और सांकेतिक तथा वाचिक भाषाओं से भी भिन्न होती है। इसलिए भाषावैज्ञानिकों ने मानव-भाषा को परिभाषित करते हुए ध्वन्यात्मक शब्दों या ध्वनि-संकेतों एवं प्रतीकों के समुच्चय को ही प्राथमिकता दी है। हेनरी स्वीट ने 'ध्वन्यात्मक शब्दों द्वारा विचारों का प्रकटीकरण' को भाषा की संज्ञा दी है। ओत्तो येस्पर्सन की भी यही मान्यता है। ब्लॉख तथा ट्रेगर ने भाषा के स्वरूप का उल्लेख करते हुए लिखा है कि 'भाषा यादृच्छिक ध्वनि-संकेतों की वह प्रणाली है जिसके माध्यम से सामाजिक समूह परस्पर सहयोग करते हैं।'[2] इसी प्रकार स्त्रुतेवाँ भी लिखते हैं, 'भाषा यादृच्छिक ध्वनि-संकेतों की वह व्यवस्था है जिसके द्वारा सामाजिक समूह के सदस्य परस्पर सहयोग एवं विचार-विनिमय करते हैं।"[3] डॉ. उदयनारायण तिवारी ने भी इन्हीं परिभाषाओं का उल्लेख किया है जिनका सार-संक्षेप प्रस्तुत करते हुए आचार्य शर्मा ने लिखा है कि "भाषा यादृच्छिक, रूढ़, उच्चरित संकेत की वह प्रणाली है जिसके माध्यम से मनुष्य परस्पर विचार-विनिमय, सहयोग अथवा भावाभिव्यक्ति करते हैं।[4] यानी कि भाषा उच्चरित संकेत है, यादृच्छिक संकेत है, स्वभाव से रूढ़ है और एक प्रणाली या व्यवस्था है। बहरहाल, इन्हीं रूढ़, यादृच्छिक ध्वनि-संकेतों एवं प्रतीकों की व्यवस्था का अध्ययन भाषाविज्ञान का अभीष्ट होता है।

भाषाविज्ञान की वैज्ञानिकता संदिग्ध नहीं है। चूँकि अध्ययन के विषयों की दो कोटियाँ हैं-कला और विज्ञान। इसलिए इसकी वैज्ञानिकता की प्रकृति-निर्धारण के क्रम में भाषाविज्ञानको परिभाषित करने की आवश्यकता महसूस की जाती रही है।

डॉ. कपिलदेव द्विवेदी ने भाषाविज्ञान को इन शब्दों में परिभाषित किया है-'भाषाया: विज्ञानम्-भाषा विज्ञानम्'। 'विशिष्टज्ञानम्-विज्ञानम्'। संक्षेप में भाषाविज्ञान का लक्षण देते हुए उन्होंने लिखा है-"भाषा विज्ञान वह विज्ञान है जिसमें भाषा का सर्वांगीण विवेचनात्मक अध्ययन प्रस्तुत किया जाता है।"[5]

अन्य अनेक विद्वानों ने भी भाषा विज्ञान की अेनक परिभाषाएँ दी हैं। उनमें से कुछ इस प्रकार हैं–

"Comparative philology or simply philology is the Science of language. Philology strictly means the study of a language from the literary point of view."

–Dr. P.d. Guane[6]

"भाषाविज्ञान उस विज्ञान को कहते हैं, जिसमें सामान्य रूप से मानवीय भाषा या, किसी विशेष भाषा की रचना और इतिहास का, और अन्ततः भाषाओं, प्रादेशिक भाषाओं या बोलियों के वर्गों की पारस्परिक समानताओं और विशेषताओं का तुलनात्मक अध्यन किया जाता है।"[7]

–डॉ. मंगलदेव शास्त्री

"भाषा के वैज्ञानिक अध्ययन को भाषाविज्ञान कहा जा सकता है।"[8]

–John Lyons

"General Linguistics may be defined as the Science language."[9]

–R.H. Robins

विद्वानों की उपर्युक्त परिभाषाओं में देखा जा सकता है कि किसी ने भाषा की उत्पत्ति आदि का संग्रह किया है; किसी ने सामान्य भाषा और विशिष्ट भाषा का संकेत किया है; किसी ने भाषा के अध्ययन की विधियों को उसके अन्तर्गत रखा है और किसी ने भाषा की रचना, तुलना, प्रयोग आदि को स्थान दिया है। वस्तुतः भाषाविज्ञान की परिभाषा में अध्ययन के प्रकारों, भाषा के स्वरूप एवं परिवर्तन के कारणों आदि का पूर्णतया उल्लेख न सम्भव है, न यह अभीष्ट ही है। निष्कर्षतः भाषाविज्ञान वह विज्ञान है जिसमें भाषा अथवा भाषाओं का एककालिक, बहुकालिक, तुलनात्मक, व्यतिरेकी अथवा आनुप्रायोगिक अध्ययन-विश्लेषण अथवा तद्विषयक सिद्धान्तों का निर्धारण किया है।"[10] भाषा विज्ञान को परिभाषित करने के उपरान्त भाषाविज्ञान की विशेषताओं की चर्चा करना आवश्यक है जो इस प्रकार हैं :

भाषा-शुद्धता–भाषा विज्ञान के क्षेत्र में भाषा शुद्ध या अशुद्ध नहीं होती। यदि कोई प्रयोग उस भाषायी समुदाय विशेष द्वारा स्वीकृत है तो वह केवल उसका वर्णन करता है। शुद्ध-अशुद्ध का मूल्यपरक विवेचन भाषाविज्ञान की परिधि से बाहर का विषय है। व्याकरणशास्त्र के नियमों के समान भाषाविज्ञान के नियम निर्धारक नहीं होते, वे केवल वर्णनात्मक होते हैं। इसलिए जितने प्रकार के प्रयोग भाषायी समुदाय में स्वीकृत होते हैं वह उन सबका विश्लेषण करता है।

भाषिक सिद्धान्त–भाषाविज्ञान का अन्य महत्त्वपूर्ण कार्य यह है कि वह भाषिक सिद्धान्तों की स्थापना करता है। किसी भाषा-विशेष में प्रयुक्त शब्दों का संकलन, ध्वनियों का वर्णन करना मात्र ही भाषाविज्ञान का काम नहीं है। वह इन विवरणों के आधार पर भाषा-सम्बन्धी अन्तर्निहित प्रवृत्तियों का भी उद्घाटन करता है। इन प्रवृत्तियों के आधार पर सिद्धान्तों की स्थापना करता है। यह कार्य एककालिक भाषाविज्ञान में तो होता ही है, ऐतिहासिक भाषाविज्ञान भी भाषा की सार्वभौम प्रवृत्ति को उद्घाटित करने के लिए निरन्तर प्रयास करता रहता है।

वस्तुनिष्ठता–वस्तुनिष्ठता भाषाविज्ञान की अन्यतम विशेषता है। किसी भी विज्ञान की सफलता एवं उत्कृष्टता इसी पर निर्भर होती है कि वह कितना वस्तुनिष्ठ है। भाषाविज्ञान में भाषिक प्रवृत्तियों को वस्तुनिष्ठ तरीके से विश्लेषित किया जाता है। इसमें प्रयोगों का सही या गलत अथवा उचित या अनुचित जैसे मूल्यपरक निर्णयात्मक शब्दों से मूल्यांकन नहीं किया जाता।

भाषाविज्ञान के क्षेत्र में अध्ययन करने वाले अध्येता के पास यह सुविधा होती है कि भाषिक सिद्धान्तों की प्रस्तुति के लिए उसकी अपनी भाषा आधार-सामग्री का काम भी करती है। इस तरह भाषा के अध्ययन के लिए अन्य विज्ञानों की तरह आधार-सामग्री कहीं बाहर से जुटाने की आवश्यकता नहीं होती। शास्त्र के रूप में भाषाविज्ञान की विशेषताओं को संक्षेप में इस प्रकार प्रस्तुत किया जा सकता है–

1) भाषाविज्ञान में भाषा-सम्बन्धी अनुभवसिद्ध विवरण एवं सिद्धान्त प्रस्तुत किया जाता है जिनका परिक्षण अन्यत्र भी किया जा सकता है। भाषाविज्ञान जो 'है' उसी का वर्णन करता है, 'क्या होना चाहिए' इसकी बात नहीं करता।
2) भाषाविज्ञान में भाषा की संरचना का अध्ययन मुख्य विषय होता है कुछ भाषाविज्ञानी अर्थ-सम्प्रेषण के सन्दर्भ में एवं मनोवैज्ञानिक तथा सांस्कृतिक परिप्रेक्ष्यों में भी भाषा का अध्ययन करते हैं।
3) किसी भी भाषा के संरचनात्मक वैशिष्ट्य के पीछे छिपे कारणों को उजागर करना भाषावैज्ञानिक सिद्धान्त का लक्ष्य होता है। लेकिन इस क्षेत्र में भाषावैज्ञानिकों में मतैक्य नहीं है। कुछ सार्वभौम सिद्धान्तों की खोज को अधिक महत्त्वपूर्ण मानते हैं तो कुछ भाषा-विशेष के विवरण को।
4) अन्य विज्ञानों की तरह भाषाविज्ञान की भी अपनी स्थापित

पारिभाषिक शब्दावली है। यह शब्दावली वर्ण्य विषय के यथावत् वर्णन में मददगार साबित होती है। वर्तमान में भाषाविज्ञान में प्रयुक्त शब्दावली बहुत विस्तृत एवं विशाल है किन्तु अध्ययन के विकास के साथ-साथ उसमें बहुत सारी नयी शब्दावली भी जोड़ी गयी है। कुछ परम्परागत शब्दों का प्रयोग नये सन्दर्भों में होने लगा है। इसलिए विषय को भली-भांति समझने के लिए पारिभाषिक शब्दावली का ज्ञान अतिआवश्यक है।

5) भाषाविज्ञान में भाषा के अध्ययन का लक्ष्य उसके स्वरूप का ज्ञान है, अर्थात् भाषा का अध्ययन भाषा के स्वरूप को समझने के लिए किया जाता है। पर इस अध्ययन का व्यावहारिक उपयोग अन्य सन्दर्भों में भी सफलतापूर्वक किया जा सकता है, जैसे- भाषा-शिक्षण में अथवा सांस्कृतिक अध्ययन के सन्दर्भ में अथवा वर्तमान में सर्वाधिक महत्त्वपूर्ण क्षेत्र मशीनी-भाषा के विकास में।

भाषाविज्ञान का नामकरण

भाषाविज्ञान शब्द मूलरूप से पाश्चात्य विद्वानों की देन है। प्राचीन काल में भाषा विषयक विभिन्न अंगों के अध्ययन के लिए अलग-अलग शब्द प्रचलित थे। जैसे- व्याकरण, निरुक्त, शिक्षा, प्रातिशाख्य आदि। इनका सम्बन्ध भाषा के किसी अंग विशेष से था। पहले भाषाविज्ञान और व्याकरण को मूलतः एक माना जाता था। भाषाविज्ञान में यदि कोई विशेषता थी, तो वह यह थी कि वह तुलनात्मक (comparative) था। इसी कारण इसे सर्वप्रथम कम्पेरेटिव ग्रामर (Comparative Grammar) नाम दिया गया। 19वीं सदी में भाषाविज्ञान में भाषाओं की तुलना पर पर्याप्त बल दिया जाता था। अतः इस नाम को अधिक शुद्ध न मानकर कम्पेरेटिव फिलॉलोजी (comparative Philology) नाम दिया गया। चूँकि शास्त्रीय ज्ञान सर्वदा ही तुलनात्मक होता है, अतः तुलनात्मक शब्द की यह पूँछ व्यर्थ थी। सन् 1817 ई में डेवीज ने भाषाविज्ञान के लिए मिलते-जुलते अर्थ में ग्लासॉलोजी (Glossology) शब्द का प्रयोग किया था। इसी प्रकार सन् 1841 में प्रिचर्ड द्वारा ग्लॉटोलोजी (Glottology) नाम भी प्रस्तुत किया गया। बाद में मैक्समूलर ने थोड़े भिन्न अर्थों में इस शब्द का प्रयोग किया।

भारत की पुरानी पीढ़ी के लोगों में फिलॉलोजी शब्द आज भी प्रचलित है। 'फिलॉलोजी' मूलतः यूनानी भाषा का शब्द है। इसमें Philos का अर्थ है 'प्यार' या 'प्रेमी' और logos का अर्थ है 'बातचीत', 'शब्द' या 'भाषा' आदि।

अंग्रेजी फिलॉलोजी शब्द का प्राचीनतम् प्रयोग सन् 1386 ई. में व्याकरण, आलोचना, साहित्य और ज्ञान का प्रेम आदि अर्थों में होता था। बाद में इसके अर्थ में विस्तार हुआ और इसका अर्थ हो गया–'वह ज्ञान जो ग्रीक और लैटिन आदि क्लैसिकल भाषाओं को समझाने में सहायता करे।'

अंग्रेजी में इस विज्ञान के लिए 'साइन्स ऑफ लैंग्वेज' नाम भी चलता है, किन्तु आज इसके लिए अधिक प्रचलित नाम 'लिंग्विस्टिक्स' (Linguistics) है। यह शब्द लैटिन के लिंगुआ (Lingua) = (जीभ) से बना है। 19वीं शती के छठें दशक में यह लिंग्विस्टिक से लिंग्विस्टिक्स (Linguistics) रूप में परिवर्तित हुआ।

भारत में ठीक आज के अर्थ में तो भाषाविज्ञान जैसा विषय पहले कभी नहीं था, किन्तु भाषाविज्ञान-विषयक अध्ययन के लिए व्याकरण, शब्दानुशासन, शब्दशास्त्र, निर्वचन शास्त्र आदि शब्द प्रचलित थे। वर्तमान समय में इस अर्थ में तुलनात्मक भाषाविज्ञान, भाषा-शास्त्र, तुलनात्मक भाषा-शास्त्र, शब्दशास्त्र, भाषिकी आदि शब्द प्रचलित हैं। इनमें से भाषविज्ञान और भाषा शास्त्र ये दो शब्द आज सबसे अधिक प्रचलन में है। हिन्दी में भी 'भाषाविज्ञान' अपेक्षाकृत अधिक प्रचलित हो गया है। इस प्रकार एक विज्ञान के लिए एक ही शब्द निश्चित कर लेना स्पष्टता की दृष्टि से अच्छा रहता है।

भाषाविज्ञान और भाषाशास्त्र

अंग्रेजी में फिलॉलोजी (Philology) और लिंग्विस्टिक्स (Lingusitics) दो शब्दों का प्रचलन है। जिनका क्रमशः भाषाविज्ञान और भाषाशास्त्र के रूप में अनुवाद किया गया है। इधर कुछ विद्वानों ने भाषाविज्ञान और भाषाशास्त्र में अन्तर करते हुए आधुनिक भाषाविज्ञान के लिए 'भाषाशास्त्र' नाम को उपयुक्त माना है। सामान्यतः विज्ञान से सम्बद्ध विषयों के लिए विज्ञान शब्द का प्रयोग होता है। जैसे-भौतिकविज्ञान, रसायन विज्ञान, वनस्पति विज्ञान आदि। किन्तु साहित्य एवं कला से सम्बद्ध विषयों के लिए शास्त्र शब्द का प्रचलन है। जैसे–धर्मशास्त्र, अर्थशास्त्र, समाजशास्त्र आदि। उपर्युक्त दोनों शब्दों के लिए भाषाविज्ञान और भाषाशास्त्र का अलग-अलग प्रयोग किया जाये या केवल भाषाविज्ञान का अलग-अलग प्रयोग किया जाये या केवल भाषाविज्ञान का इस पर विद्वानों के बीच मतभेद है। डॉ. उदयनारायण तिवारी का इस मसले पर वक्तव्य है कि–"अमेरिका में फिलॉलोजी शब्द (भाषाविज्ञान) का व्यवहार प्राचीन भाषा तथा साहित्य एवं शिलालेखों की भाषा के अध्ययन

के सन्दर्भ में किया जाता है। दूसरे शब्दों में फिलॉलोजी के अन्तर्गत प्राचीन भाषा-सामग्री का विश्लेषण किया जाता है और लिंग्विस्टिक्स (भाषाशास्त्र) के अन्तर्गत आधुनिक जीवित भाषाओं एवं बोलियों का अध्ययन करते है। इसके अन्तर्गत केवल कथ्य भाषा की ही व्याख्या की जाती है। साहित्य की लिखित भाषा-सामग्री की व्याख्या प्रस्तुत करना इस विषय की सीमा के बाहर है। दूसरे शब्दों में हम कह सकते हैं कि लिंग्विस्टिक्स भाषा के यथातथ्य रूप का अध्ययन करता है, आदर्श रूप का नहीं।"[11]

डॉ. कपिलदेव द्विवेदी भाषाविज्ञान और भाषाशास्त्र शब्दों में अधिक भेद नहीं मानते। उनका मानना है कि आजकल हिन्दी में विज्ञान और शास्त्र शब्दों का मौलिक अन्तर भुलाकर समानार्थक रूप में प्रयोग किया जाता है। जैसे-फिज़िक्स के लिए भौतिक विज्ञान और भौतिकशास्त्र-दोनों शब्द प्रचलित हैं। इस दृष्टि से भाषाविज्ञान और भाषाशास्त्र दोनों शब्दों का प्रयोग औचित्य की दृष्टि से समानार्थक के रूप में किया जा सकता है। सामान्यतया फिलॉलोजी के अर्थ में भाषाविज्ञान शब्द और लिंग्विस्टिक्स के लिए भाषाशास्त्र शब्द अधिक प्रचलन में है। किन्तु हमारे यहाँ 'भाषाविज्ञान' बहुत व्यापक अर्थ में कभी भी प्रयुक्त नहीं हुआ है, अतः उसे 'फिलॉलोजी' का प्रतिशब्द मानने का कोई ठोस आधार हमारे पास उपलब्ध नहीं है। इस तरह 'भाषाविज्ञान' और 'भाषाशास्त्र' में भेद करना बहुत वांछनीय नहीं है।

भाषाविज्ञान विज्ञान है या कला?

जैसा कि पहले कहा जा चुका है कि भाषाविज्ञान में भाषा का वैज्ञानिक अध्ययन किया जाता है। 'विज्ञान' शब्द का मूल अर्थ 'विशिष्ट ज्ञान' है। उपनिषदों में इसका प्रयोग 'ब्रह्मविद्या' के लिए भी हुआ है। आज सामान्य प्रयोग में 'शास्त्र' में और इसमें कोई अन्तर प्रायः नहीं किया जाता। 'विज्ञान' 'विशेष ज्ञान' है और 'शास्त्र' 'शासन करने वाला' है। प्रश्न महत्त्वपूर्ण यह है कि भाषाविज्ञान किस सीमा तक विज्ञान है। विज्ञान में विकल्प या विप्रतिपत्ति का कोई स्थान नहीं है। उसका निर्णय शाश्वत और स्थायी होता है। ये बातें गणित, भौतिकी आदि पर जितनी लागू होती हैं, उतनी राजनीति विज्ञान आदि पर नहीं, फिर भी, वे विज्ञान कहे जाते हैं। इस आधार पर कहा जा सकता है कि भाषाविज्ञान विज्ञान तो है किन्तु उस सीमा तक नहीं जितना कि गणितादि।

अब 'विज्ञान' और 'कला' के प्रश्न पर विचार करें। ज्ञान की दो शाखाएँ की जाती हैं–'कला' और 'विज्ञान'। वस्तुतः ज्ञान की इन दो शाखाओं के

कारण ही यह प्रश्न उठता है कि भाषाविज्ञान 'विज्ञान' है या 'कला'। शाश्वत मूल्य वाला किन्तु रसबोध से रहित ज्ञान विज्ञान की कोटि में आता है और परिवर्तनशील मूल्य वाला एवं रसबोध से युक्त ज्ञान कला की कोटि में आता है। डॉ. कपिलदेव द्विवेदी इस दृष्टि से भाषाविज्ञान को विज्ञान की कोटि में रखने के समर्थक हैं। उनका मानना है- "भाषाविज्ञान का सम्बन्ध भाषा की ध्वनियों के विवेचन, विश्लेषण तथा पद-रचना आदि से है। रसबोध इसका विषय सर्वथा नहीं है। साहित्यिक अनुभूति, कल्पना की उड़ान, मनोरंजन आदि इसके लक्ष्य न होकर, शुद्ध तात्विक निष्कर्ष पर पहुँचना भाषाविज्ञान का लक्ष्य है। अतएव भाषाविज्ञान को विज्ञान की कोटि में रखा जाता है।"[12]

विज्ञान के तीन पथप्रदर्शक तत्वों–सर्वांगीण विवेचन, सामंजस्य और लाघव, तीनों का समावेश भाषाविज्ञान में देखा जा सकता है। डॉ. भोलानाथ तिवारी भाषाविज्ञान की स्थिति विज्ञान और कला के बीच की मानते हैं। ऐसे विषय जो रसायनशास्त्र, भौतिकशास्त्र आदि की भाँति निश्चित विज्ञान (Exact-Science) नहीं है, कला के ही अन्तर्गत माने जाते हैं। अतः भाषाविज्ञान भी लगभग इन्हीं की कोटि का है।

वर्तमान में ज्ञान के क्षेत्रों की तीन श्रेणियाँ देखने को मिलती हैं– (क) प्राकृतिक विज्ञान (Natural Science) जैसे भौतिकी, रसायन शास्त्र आदि, (ख) सामाजिक विज्ञान (Social Science) जैसे समाजशास्त्र, अर्थशास्त्र आदि, (ग) मानविकी (Humanities) जैसे साहित्य, चित्रकला, संगीतशास्त्र आदि। प्राकृतिक विज्ञान का सम्बन्ध उन वस्तुओं से है जो मानवकृत नहीं है। समाजविज्ञान मुख्यतः सामाजिक दृष्टि से मनुष्य के आचार-व्यवहार या क्रिया-कलाप का अध्ययन करता है। मानविकी में वैयक्तिक और सर्जनात्मक ज्ञान का अध्ययन किया जाता है। ज्ञान के ये तीनों क्षेत्र परस्पर निरपेक्ष नहीं है। उदाहरण के लिए मनोविज्ञान एक दृष्टि से भौतिक-विज्ञान की सीमा को छूता है तो दूसरी ओर सामाजिक विज्ञान की, क्योंकि मनुष्य की सृष्टि में मनुष्य का कोई हाथ नहीं है, पर उसके आचार-व्यवहार, एवं मूल्यों का निर्धारण एवं नियन्त्रण समाज द्वारा ही होता है। यदि भाषाविज्ञान को इनमें से किसी एक कोटि में रखने की बात कही जाये तो डॉ. भोलानाथ तिवारी इसे सामाजिक विज्ञान के अधिक निकट समझकर सामाजिक विज्ञान की कोटि में रखने के पक्ष में हैं। किन्तु डॉ. देवेन्द्रनाथ शर्मा इन तीनों क्षेत्रों का संयोजन भाषाविज्ञान में पाते हैं। उनके अनुसार–"भाषाविज्ञान इन तीनों क्षेत्रों की सीमा को छूता है। ध्वनि के सम्प्रेषण की दृष्टि से उसका सम्बन्ध

भौतिक विज्ञान से है, भाषा की सामाजिक उपयोगिता को ध्यान में रखने पर वह सामाजिक विज्ञान के अन्तर्गत आता है और वैयक्तिक तथा सर्जनात्मक साहित्य के माध्यम के रूप में भाषा पर विचार करने की स्थिति में वह मानविकी का प्रमुख अंग है।"[13]

समग्र रूप से कहा जा सकता है कि भाषाविज्ञान न तो दर्शन या मनोविज्ञान के समान अनुभव पर आश्रित शास्त्र है और न गणित के समान शुद्ध विज्ञान। उसकी स्थिति मध्यवर्ती है, क्योंकि इसमें दोनों की विशेषताएँ पायी जाती हैं। इसमें नियम और अनुभव दोनों का सम्मिश्रण है।

भाषाविज्ञान का क्षेत्र

भाषाविज्ञान का क्षेत्र अन्य विज्ञानों की तुलना में कहीं अधिक विस्तृत है। ध्यातव्य है कि भाषाविज्ञान में हम जिस भाषा का अध्ययन-विश्लेषण करते हैं, वह इतनी व्यापक नहीं है। उसमें उन साधनों को नहीं लिया जाता है जिसके द्वारा मनुष्य सोचता है। भाषा उसे कहते हैं जो बोली और सुनी जाती है और बोलना भी पशु-पक्षियों का नहीं, गूँगे मनुष्यों का भी नहीं, केवल मानव वाक्-यन्त्र से उच्चरित सार्थक ध्वनि प्रतीकों का अध्ययन इसके अन्तर्गत किया जाता है। अतः इसका सम्बन्ध मानवमात्र की भाषा से है। विश्व की समस्त भाषाएँ भाषाविज्ञान के क्षेत्र में आती है। समस्त भाषाओं का विवेचनात्मक अध्ययन, विश्लेषण, उनकी उत्पत्ति और विकास तथा उनकी परस्पर तुलना आदि भाषाविज्ञान के अन्तर्गत आते हैं। इसमें साहित्यिक भाषाओं के साथ-साथ बोलियों का अध्ययन भी किया जाता है। यहाँ यह जान लेना उचित है कि भाषाशास्त्री के लिए साहित्यिक भाषा की अपेक्षा बोलचाल की भाषा और ग्रामीण बोलियाँ अधिक महत्व की होती हैं, क्योंकि उनसे भाषा की प्रवृत्ति के मौलिक तत्त्वों का ठीक निष्कर्ष निकालना सम्भव होता है।

भाषाविज्ञान वर्तमान और अतीत दोनों प्रकार की भाषाओं का अध्ययन करता है। मानव की प्रवृत्ति का जितना सूक्ष्मतम अध्ययन भाषाविज्ञान प्रस्तुत करता है, उतना अन्य विज्ञान नहीं। इस प्रकार भाषाविज्ञान का क्षेत्र केवल व्याकरण और दर्शन तक ही सीमित न रहकर विज्ञान और शास्त्रों के अनेक अंगों तक व्याप्त है।

भाषाविज्ञान और व्याकरण

व्याकरण का अर्थ होता है–विवेचन एवं विश्लेषण करना। यह किसी भाषा के टुकड़े-टुकड़े करके उसके ठीक स्वरूप को दिखाता है जैसा कि भर्तृहरि

ने कहा है (साधुत्व ज्ञान विषया सैषा व्याकरण स्मृतिः- वाक्यपदीय), यह शुद्ध और अशुद्ध प्रयोग का ज्ञान कराता है। अतः किसी भाषा के सम्यक् ज्ञान के लिए व्याकरण सीखा जाता है। पहले भाषाविज्ञान को व्याकरण मानकर ही तुलनात्मक व्याकरण (Comparative Grammar) कहा जाता था। किन्तु दोनों में पर्याप्त भेद है। इसके बावजूद कुछ समानताएँ भी मिलती हैं जो इस प्रकार हैं–

1) दोनों का सम्बन्ध भाषिक अध्ययन से है।
2) भाषा विज्ञान की ही तरह व्याकरण के भी तीन रूप-समकालिक, ऐतिहासिक एवं तुलनात्मक होते हैं।
3) भाषा का परिष्कार और यथार्थ ज्ञान दोनों का लक्ष्य है।
4) भाषा का सर्वांगीण विवेचन दोनों का उद्देश्य है।

हालाँकि कुछ लोगों ने व्याकरण और वर्णनात्मक भाषाविज्ञान में कोई भेद नहीं माना है। किन्तु वास्तविकता में दोनों एक नहीं हैं।

विषमताएँ

भाषाविज्ञान विज्ञान है और व्याकरण शास्त्र है। व्याकरण सिद्ध रूप के प्रकृति और प्रत्यय का विवेचन करता है। करणीय-अकरणीय प्रयोगों का ज्ञान कराने के कारण वह शास्त्र है। भाषाविज्ञान भाषा का वैज्ञानिक अध्ययन करता है। भाषाविज्ञान 'क्यों या कथम्' का उत्तर देता है।

व्याकरण का क्षेत्र अपेक्षाकृत सीमित है। वह एक भाषा के रूप में ही प्रायः केन्द्रित रहता है, दूसरी ओर यद्यपि 'भाषाविज्ञान' 'बहुभाषाज्ञान' नहीं है किन्तु उसमें प्रायः एकाधिक भाषाओं की आवश्यकता पड़ती है। साथ ही वह अनेक भाषाओं के अनेक प्रकार के अध्ययन द्वारा अनेक शास्त्रों और विज्ञानों से सहायता लेता है और अपने सामान्य सिद्धान्तों का भी निर्धारण करता है। किन्तु व्याकरण में इस प्रकार के सामान्य सिद्धान्तों का विवेचन प्रायः नहीं होता।

भाषाविज्ञान और व्याकरण में कारण-कार्य सम्बन्ध है। भाषाविज्ञान प्रत्येक भाषा के व्याकरण के कारणों का विवेचन करता है। व्याकरण शिष्ट, प्रयुक्त एवं व्याकरण सम्मत शब्दों के ही विवेचन पर ध्यान देता है।

व्याकरण सीधे किसी भाषा के नियम तथा साधु रूप आदि सामने रख देता है, अतः वह वर्णन-प्रधान है। भाषा के व्यावहारिक पक्ष पर ही उसका ध्यान केन्द्रित रहता है, कारण आदि पर नहीं, किन्तु भाषाविज्ञान विवेचन और

शोध-प्रधान है, उसका ध्यान रूप आदि के पूरे-पूरे विवेचन, कारण तथा इतिहास आदि पर जाता है। इस प्रकार व्याकरण के मूल का पूर्ण विवेचन भाषाविज्ञान का कार्य है और इस प्रकार वह एक सीमा तक व्याकरण का भी व्याकरण है।

व्याकरण परिष्कृत भाषा को ही अपनाता है किन्तु भाषाविज्ञान असिद्ध, अशुद्ध, प्राकृत, अपभ्रंश एवं ग्राम्यजन में व्यवहृत भाषा को भी भाषा की बहुमूल्य निधि मानता है। इसमें भाषा के स्वाभाविक प्रवाह का स्वरूप अधिक स्पष्ट रूप से मिलता है।

व्याकरण भाषाविज्ञान का अनुगामी है। भाषाविज्ञान नये विकासों का भी लेखा-जोखा लेता चलता है, बाद में व्याकरण उसका अनुकरण करके चलता है। इस रूप में भाषाविज्ञान व्याकरण की तुलना में अधिक प्रगतिवादी एवं समकालीन रहता है।

आधुनिक विद्वानों के अनुसार व्याकरण के अन्तर्गत भाषा की रूप-रचना और वाक्य-गठन आते हैं किन्तु भाषाविज्ञान ध्वनि, अर्थ, शब्द-समूह और लिपि का भी विवेचन प्रस्तुत करता है।

भाषाविज्ञान की शाखाएँ

भाषाविज्ञान भाषा के अध्ययन का विज्ञान है। इसमें भाषा का अध्ययन कई दृष्टियों से किया जाता है। अतः अनेक प्रकार के अध्ययनों के लिए भाषाविज्ञान की कुछ शाखाएँ निर्मित की गयी हैं जिनका विवेचन निम्न रूप में प्रस्तुत है–

सामान्य भाषाविज्ञान–भाषाविज्ञान की इस शाखा को भाषाविज्ञान के नाम से जाना जाता है। इसमें किसी भाषा-विशेष की ओर दृष्टि न डालकर सामान्य भाषा (जिसमें सभी भाषाएँ सम्मिलित हैं) की भाषा-विषयक सामान्य बातों पर ही प्रकाश डाला जाता है। जैसे--सबसे पहले भाषाओं की उत्पत्ति कब हुई, प्रारम्भिक भाषा का स्वरूप क्या रहा होगा, भाषा में विकास या परिवर्तन कैसे और किन कारणों से होता है आदि। भाषा(ओं) से सम्बद्ध इस प्रकार की अनेकानेक बातें 'सामान्य भाषाविज्ञान' में ली जाती हैं।

वर्णनात्मक भाषाविज्ञान–भाषाविज्ञान की यह शाखा सामान्य भाषा का नहीं, किसी विशिष्ट भाषा का वर्णन करती है। वर्णनात्मक भाषाविज्ञान भाषा के स्वरूप को केवल वर्णित करता है, यह नहीं दिखाता कि भाषा का यह रूप शुद्ध है या अशुद्ध, मानक है या अमानक। यह किसी भाषा

का काल-विशेष से सम्बद्ध स्वरूप प्रस्तुत करता है। इसका सम्बन्ध भाषा के विद्यमान स्वरूप से है। वर्णनात्मक भाषाविज्ञान यदि आज की हिन्दी का वर्णन करेगा तो मात्र यह कहकर अपनी इतिश्री समझेगा कि हरियाणा तथा दिल्ली में और आसपास बहुत से लोग 'मुझे या मुझको जाना है' के स्थान पर 'मैंने जाना है' बोलते हैं। इसे 'एककालिक' या 'समकालिक भाषाविज्ञान' भी कहा जाता है।

ऐतिहासिक भाषाविज्ञान—इसमें भाषा के क्रमिक विकास का इतिहास प्रस्तुत किया जाता है। भाषा का आदि रूप क्या था? ध्यातव्य है कि इसमें कम से कम दो कालों का क्रमिक विकास दिखाना आवश्यक है। जाहिर है कि इसके लिए इसमें एक ही भाषा के विभिन्न कालक्रमों में घटित रूपों की आवश्यकता पड़ती है। इसे 'बहुकालिक' या 'कालक्रमिक भाषाविज्ञान' भी कहा जाता है। इतिहास आखिरकार विभिन्न कालों के अध्ययन का कालक्रमिक सुशृंखलित रूप ही तो है। भाषा के ऐतिहासिक अध्ययन में वर्णनात्मक भाषाविज्ञान पूर्ण सहयोग देता है।

तुलनात्मक भाषाविज्ञान—इसमें दो या अधिक भाषाओं का तुलनात्मक अध्ययन प्रस्तुत किया जाता है। इसका प्रयोग मूलत: 18वीं-19वीं सदी में शुरू हुआ जिसमें दो या अधिक भाषाओं की तुलना करके ध्वनि, शब्द तथा व्याकरण की समानताओं का पता लगाया जाता था तथा उसके आधार पर दो या इसके अधिक भाषाओं को एक स्रोत से विकसित मान लिया जाता था। यह तुलना किसी एक काल-विशेष या अनेक कालें के आधार पर की जाती है। पहले तुलना में जो बातें समान न होकर विरोधी या असमान मिलती थीं, वे भाषाविज्ञान में विशेष उपयोगी नहीं मानी जाती थीं। किन्तु बीसवीं सदी के दूसरे चरण के अन्त में इन अन्तरों की उपयोगिता का पता लगा, जिसे 'व्यतिरेकी भाषाविज्ञान' के अन्तर्गत रखा जाता है। 'व्यतिरेक' का अर्थ है– विरोध (Contrast)। एक भाषा-भाषी जब दूसरी भाषा सीखता है तो दोनों भाषाओं की समानताएँ सीखने वाले के लिए समस्या या कठिनाई नहीं उत्पन्न करती बल्कि दोनों में अन्तर ही कठिनाई उत्पन्न करते हैं। व्यतिरेकी विश्लेषण के आधार पर वे अन्तर मालूम कर लिए जाते हैं और फिर उन पर बल देकर भाषा सिखाने में सुविधा होती है। अनुवाद में भी इन अन्तरों को जान लेने पर सुविधा होती है। ध्यातव्य है कि तुलनात्मक भाषाविज्ञान में वर्णनात्मक एवं ऐतिहासिक दोनों शाखाओं का पूर्ण सहयोग रहता है।

भाषाविज्ञान के प्रयोजन—भाषाविज्ञान के प्रयोजनों पर चर्चा करने से पहले यह जान लेना आवश्यक है कि किसी भी विज्ञान अथवा शास्त्र के अध्ययन से क्या-क्या लाभ हो सकते हैं? वस्तुतः वही उसके प्रयोजन भी सिद्ध होंगे। कोई इतिहास, अर्थशास्त्र, दर्शन, मनोविज्ञान या भौतिकी पढ़ता है तो किस लाभ के लिए? प्रत्येक दर्शन पढ़ने वाला दार्शनिक नहीं होता और न जीवन में दर्शन से काम लेता है। अर्थशास्त्र पढ़ने वालों का आय-व्यय अधिक नियमित हो, ऐसा नहीं देखा जाता। फिर भी लोग इन शास्त्रों को इसलिए पढ़ते हैं कि इनसे ज्ञान के क्षितिज का विस्तार होता है। किसी भी शास्त्र की उपयोगिता यही है। ज्ञान साधन भी होता है, उससे किसी दूसरे साध्य (लक्ष्य) की भी प्राप्ति की जा सकती है, किन्तु समस्त ज्ञान लौकिक दृष्टि से उपयोगी हों ही, यह आवश्यक नहीं। ज्ञान का अन्यतम और सबसे प्रमुख एवं महत्त्वपूर्ण उपयोग है—बौद्धिक जिज्ञासा की तृप्ति। भाषाविज्ञान भी हमारी भाषा-विषयक जिज्ञासाओं को शान्त करता है। ज्ञान की वृद्धि मानवमात्र का कर्तव्य है। भाषा हमारे जीवन का एक अभिन्न हिस्सा है। भाषा में ही हम सोते, जागते, बोलते, खाते-पीते हैं। उसके विषय में विस्तृत जानकारी प्रत्येक मानव के लिए अनिवार्य है। भाषा के विषय में जानकारी अर्जित करना बौद्धिक और मानसिक शान्ति को पाने के समान है।

भाषाविज्ञान के द्वारा भाषा का सम्यक् ज्ञान प्राप्त होता है। मनुष्य जिन वस्तुओं से अपना कार्य करता है, उनके विषय में जानने का जिज्ञासु भी रहता है। जितना काम हम भाषा से लेते हैं, उतना शरीर के अतिरिक्त किसी और अंग से नहीं लेते। भाषाविज्ञान द्वारा भाषा के अध्ययन में मदद मिलती है। भाषाविज्ञान के द्वारा ध्वनियों, वर्णों, प्रकृति, प्रत्यय और अर्थ का वास्तविक ज्ञान प्राप्त होता है। एक भाषा से अन्य भाषा में समानता एवं अन्तर को भाषाविज्ञान द्वारा रेखांकित किया जाता है। संसार की सभी भाषाओं का अध्ययन इसके अन्तर्गत किया जाता है। अपने व्यापक अर्थ में भाषाविज्ञान भाषाओं के ज्ञान का माध्यम है, उसका विज्ञान है।

भाषाविज्ञान से भाषा के अध्ययन में पर्याप्त सहायता मिलती है। भाषा के स्वरूप और समुचित प्रयोग का ज्ञान तब तक पूरा नहीं हो सकता जब तक भाषा के सभी स्तरों का परिचय न हो, जो कि भाषाविज्ञान से ही सम्भव है। भारत में अध्ययन का प्रारम्भ ही ध्वनिविज्ञान से हुआ जिसका प्राचीन पर्याय था 'शिक्षा'। आज भी विदेशों में विदेशी भाषाओं को पढ़ने के लिए ध्वनिविज्ञान की सहायता आवश्यक रूप से ली जाती है, क्योंकि उसके अभाव में ध्वनि का शुद्ध उच्चारण सम्भव नहीं है।

किसी समाज और संस्कृति के ज्ञान के लिए भी भाषाविज्ञान बहुत उपयोगी है, उससे समाज-विशेष की भौतिक सभ्यता और मानसिक विकास का पता चलता है। प्राचीन काल की संस्कृति और सभ्यता के ज्ञान में भाषाविज्ञान का योगदान अत्यन्त महत्त्वपूर्ण है। वेदों की भाषा आज की भाषा से किस मायने में भिन्न है? इसकी पड़ताल केवल भाषाविज्ञान की सहायता से ही की जा सकती है। भाषाशास्त्री के लिए भाषा का प्रत्येक शब्द अमूल्य है। इन शब्दों के सूक्ष्म अध्ययन से किसी भी समाज एवं संस्कृति का अध्ययन किया जा सकता है।

भाषाविज्ञान की सहायता से अनेक भाषाओं का ज्ञान सरलता से प्राप्त किया जा सकता है। इस विषय में स्वनिम-विज्ञान हमारा विशेष सहायक होता है।

आज भाषाविज्ञान चिकित्सा-शास्त्र का एक महत्त्वपूर्ण अंग माना जाता है। तुतलाहट, हकलाहट, अशुद्ध उच्चारण, अस्पष्ट श्रवण आदि दोनों को दूर करने के लिए वाक्-चिकित्सा में भाषाविज्ञान की मदद ली जाती है। भाषाविज्ञान यह बताने में समर्थ होता है कि किस दोष के कारण व्यक्ति स्पष्ट बोलने में असमर्थ है तथा किसी उपचार से उस रोग का निराकरण किया जा सकता है।

दूर-संचार तथा यान्त्रिक प्रतीकात्मक अनुवाद के लिए भाषाविज्ञान की सहायता जी जाती है। भाषाविज्ञान के संकेतों के द्वारा दूर-संचार-पद्धति के लिए आवश्यक संकेत उपलब्ध होते हैं।

भाषाविज्ञान सांकेतिक लिपि के उन्नयन के द्वारा लिपियों में संशोधन, परिवर्तन और परिवर्तन करने में सहायक होता है।

विभिन्न भाषाओं के पाठों आदि का अन्य भाषाओं में अनुवाद करने में भाषाविज्ञान महती भूमिका निभाता है।

उपर्युक्त विवेचन से ज्ञात होता है कि भाषाविज्ञान के अनेक प्रयोजन सिद्ध होते हैं। वर्तमान में इसकी महत्ता को नकारा नहीं जा सकता। मनुष्य की अमूल्य क्षमता–भाषा का अध्ययन भाषाविज्ञान सहज सुलभ बनाता है। इस प्रकार इसकी उपयोगिता का अनुमान लगाया जा सकता है।

भाषाविज्ञान का ज्ञान के अन्य क्षेत्रों से सम्बन्ध

वैसे तो ज्ञान की कोई सीमा निर्धारित नहीं है, वह असीम है। किन्तु जिज्ञासा के क्रम में एक बिन्दु ऐसा आता है जहाँ शास्त्र और विज्ञान में भेद समाप्त

हो जाता है और उनका विलयन हो जाता है। फिर भी, व्यावहारिक दृष्टि से इस भेद को बनाये रखना अध्ययन में सुविधा देता है। कुछ शास्त्र और विज्ञान ऐसे हैं जो सापेक्ष और अन्योन्याश्रित हैं, उनमें परस्पर विलयन का भाव रहता है, पर कुछ शास्त्र या विज्ञान ऐसे भी हैं जिनमें कोई प्रत्यक्ष और स्पष्ट कोई सम्बध नहीं है। रसायन पढ़ने से काव्यशास्त्र के ज्ञान में कोई लाभ नहीं होता। इसी प्रकार वनस्पतिविज्ञान का अध्ययन भाषाविज्ञान में अध्ययन के सहायक नहीं हो सकता। ये विषय परस्पर निरपेक्ष तथा असम्बद्ध हैं। किन्तु ज्ञान की अनेक ऐसी शाखाएँ हैं जो परस्पर सापेक्ष ही नहीं, एक-दूसरे की पूरक भी हैं। एक के ज्ञान के बिना दूसरे का ज्ञान अधूरा रहेगा। उदाहरण के लिए, इतिहास और अर्थशास्त्र। राजनीति से प्रेरित घटनाओं द्वारा इतिहास का निर्माण होता है और ऐतिहासिक घटनाएँ बाद की राजनीति का दिशा-निर्देश करती हैं। इसलिए यदि इनमें एक को भी ठीक से जानना-समझना है तो दूसरे विषयों का ज्ञान अनिवार्य होगा। अपने-आपमें कोई भी पूर्ण नहीं है। वस्तुतः राजनीति, अर्थशास्त्र आदि में एक-एक का ज्ञान दूसरे का साधक और उपकारक है। इस तरह ये बहुत-कुछ अन्योन्याश्रित हैं। स्पष्ट है कि ज्ञान के कुछ विषय परस्पर सापेक्ष होते हैं और कुछ निरपेक्ष; कुछ का ज्ञान दूसरे विषयों के ज्ञान के लिए उपादेय तथा आवश्यक होता है, और कुछ का नहीं। इस दृष्टि से विचार करने पर ज्ञात होता है कि भाषाविज्ञान का भी कई अन्य विषयों से प्रत्यक्ष सम्बन्ध दिखता है जिनका ज्ञान भाषाविज्ञान के लिए आवश्यक है। दूसरी ओर कतिपय तथ्यों के यथार्थ ज्ञान के लिए भाषाविज्ञान का आश्रय लिया जाता है। संक्षेप में साक्षेपता की दृष्टि से भाषाविज्ञान के साथ सम्बद्ध अन्य प्रमुख विज्ञानों और शास्त्रों का क्या सम्बन्ध है, इसका विवेचन निम्नलिखित है-

मनोविज्ञान और भाषाविज्ञान

भाषा का सम्बन्ध विचारों या भावों की अभिव्यक्ति से है। भावों की यही अभिव्यक्ति पर्यावरण अथवा परिस्थिति से प्रभावित होती है और उस प्रभाव की अभिव्यक्ति प्रतिक्रिया के रूप में होती है। अर्थात् भाषा का आधार विचार या भाव है। विचारों की अभिव्यक्ति के लिए ही भाषा का प्रयोग किया जाता है भाषा के मूल में विचार है और विचारों का साधन मन है। अतः मनोविज्ञान का भाषा एवं भाषाविज्ञान से प्रत्यक्ष एवं घनिष्ठ सम्बन्ध है। मनोविज्ञान जाने बिना भाषा के सभी पक्षों का पूर्ण विवेचन सम्भव नहीं है विचारों के अनुसार जैसी मन की स्थिति होगी, वैसी ही भाषा का उच्चारण होगा। क्यों किसी

शब्द का हम पर अनुकूल प्रभाव पड़ता है और क्यों प्रतिकूल, यह सोचने का विषय है। इसकी व्याख्या मनोविज्ञान ही कर सकता है। भाषा की उत्पत्ति का आधार तो मनोविज्ञान ही है, उसकी परिसमाप्ति भी मनोविज्ञान में ही होती है, अर्थात् जब वक्ता किसी उद्देश्य से किसी वाक्य का प्रयोग करता है तो वह श्रोता में तद्नुरूप प्रतिक्रिया उत्पन्न करना चाहता है जो श्रोता द्वारा अर्थबोध से ही उत्पन्न होती है। स्पष्ट है कि वक्ता के मन से प्रेरित अर्थ भाषा के माध्यम से श्रोता के मन-मस्तिष्क तक पहुँचकर तद्रूप भाव उत्पन्न करता है। इस तरह मन के अभाव में भाषा की न तो उत्पत्ति सम्भव है और न ग्रहण। इसीलिए दिमागी रूप से अविकसित जीवों में भाषा का विकास नहीं हो पाता।

भाषाविज्ञान में अर्थ-परिवर्तन के कारणों को अच्छी तरह समझने के लिए मनोविज्ञान का परिचय आवश्यक है। क्यों एक शब्द का संकुचन या अर्थ विस्तार हो जाता है? यह जानने का साधन मनोविज्ञान ही है। अत: स्पष्ट है कि मनोविज्ञान और भाषाविज्ञान का बड़ा अन्तरंग सम्बन्ध है।

भाषाविज्ञान और भौतिक विज्ञान

भौतिक विज्ञान भाषाविज्ञान के अध्ययन में एक अत्यन्त सहायक अंग है। भाषा का सम्बन्ध वक्ता और श्रोता से है। वक्ता जो कुछ बोलता है, वह श्रोता तक कैसे पहुँचता है और श्रोता कैसे उसे ग्रहण करता है, यह भौतिक विज्ञान का विषय है। ध्वनि कम्पन, सम्प्रेषण, ग्रहण, तार, आरोह-अवरोह, ध्वनि तरंगें आदि का अध्ययन विस्तृत रूप से भौतिक विज्ञान में किया जाता है। इस तरह भाषाविज्ञान का प्रमुख अंग ध्वनिविज्ञान भौतिक विज्ञान पर ही निर्भर है। पैलेटोग्राफ (Palatograph), काइमोग्राफ (Kymograph), ऑसिलोग्राफ (Oscillograph), इंकराइटर (Inkwriter), क्रोमोग्राफ (Chromograph), स्पेक्टोग्राफ (Spectograph), स्पीच-स्ट्रेचर (Speech-stretcher), फार्मेण्ट ग्राफिक मशीन (Formant graphic machine) आदि भौतिक के विविध यन्त्र हैं जिनकी सहायता भाषा की ध्वनियों, ध्वनि-तरंगों आदि के विस्तृत वैज्ञानिक विश्लेषण के लिए ली जाती है। जिसे हम मुक्त और शून्य आकाश समझते हैं, उसमें 'ईथर' नाम का एक पदार्थ है जो ध्वनि-तरंगों को एक स्थान से दूसरे स्थान तक पहुँचाने का काम करता है। यही तत्व है जो रेडियो आदि के माध्यम से सहस्त्रों मील दूर उच्चरित भाषण, संगीत या ध्वनियों को हमारे पास पहुँचाता है। इस प्रकार भाषाविज्ञान और भौतिकविज्ञान का घनिष्ठ सम्बन्ध है।

इतिहास और भाषाविज्ञान

इतिहास और भाषाविज्ञान एक-दूसरे के लिए बहुत उपादेय है। इतिहास के लेखन में भाषाविज्ञान से बहुत मदद मिलती है। कहीं पर भाषाविज्ञान की सहायता से प्राचीन अभिलेखों, शिलालेखों, सिक्कों आदि का अध्ययन करके प्राचीन इतिहास के अज्ञात इतिहास पर प्रकाश डाला जाता है और कहीं पर इतिहास की सहायता से शब्दों के अर्थों का निर्णय किया जाता है। ऐतिहासिक भाषाविज्ञान का आधार ही इतिहास है। उदाहरणार्थ, उत्तरी सीरिया में प्राप्त 'हित्ती' की लाक्षर लेखपट्टियों को पढ़ने के बाद यह निश्चित हो गया कि 'हित्ती' भारत-यूरोपीय परिवार की ही भाषा थी। यही नहीं, शब्दों और अर्थों में किस प्रकार परिवर्तन आया, यह इतिहास ही बताता है। इस प्रकार जैसे भाषाविज्ञान इतिहास का उपकारक है, उसी प्रकार इतिहास भी भाषाविज्ञान के अध्ययन में महती भूमिका निभाता है। भाषाविज्ञान की अनेक समस्याओं का समाधान इतिहास से ही होता है। हिन्दी में अरबी, फ़ारसी, या अंग्रेजी शब्दों के बाहुल्य का कारण इतिहास द्वारा ही पता चलता है। पूर्वी द्वीप समूहों में संस्कृत के शब्दों की अधिकता का कारण भी इसके द्वारा समझा जा सकता है। समाज में प्रचलित परम्पराएँ किस प्रकार भाषा को प्रभावित करती हैं, यह सामाजिक इतिहास के द्वारा ही ज्ञात होता है। इस प्रकार कहा जा सकता है कि भाषाविज्ञान और इतिहास दोनों एक-दूसरे के अध्ययन में परस्पर सहायक हैं।

भूगोल और भाषाविज्ञान

जिस प्रकार से इतिहास से भाषाविज्ञान का निकट का सम्बन्ध है, उसी प्रकार भूगोल भी कई रूपों में भाषाविज्ञान की सहायता करता है। संसार की हज़ारों भाषाओं का सीमा-निर्धारण भूगोल की सहायता से ही किया जा सकता है। यदि भूगोल का ज्ञान न हो तो किस भाषा की सीमा कहाँ तक मानेंगे, यह कहना कठिन है। इसी को भाषाविज्ञान में लिंग्विस्टिक एरिया (Linguistics Area) कहा जाता है जिसका आधार वस्तुतः भूगोल है।

भौगोलिक परिस्थितियों का वहाँ के निवासियों पर प्रत्यक्ष-अप्रत्यक्ष प्रभाव पड़ता है। वृक्ष, वनस्पति, नदी, पर्वत, प्रदेश, देश, द्वीप, महाद्वीप आदि के यथार्थ ज्ञान के लिए भूगोल की ही सहायता ली जाती है।

किसी भाषा का कम या अधिक विस्तार भौगोलिक परिस्थितियों पर निर्भर है। समस्थलों की भाषा अधिक विस्तृत क्षेत्र में फैलती है और विषम पर्वत आदि से युक्त स्थलों की भाषा अल्प क्षेत्र तक सीमित रहती है।

बहुत सारे शब्दों के अर्थ पर भी भूगोल का प्रभाव दिखायी देता है। उदाहरणार्थ, केसर को संस्कृत में 'काश्मीर' कहते हैं जो स्पष्ट ही इस बात का सूचक है कि केसर की उपज आरम्भ में कश्मीर में होती थी। संस्कृत में उड़द का एक नाम 'काम्बोजी' है जो इस बात की ओर इंगित करता है कि वह पहले-पहल 'कम्बोज' से आया। भारत के पूर्ववर्ती प्रदेश का नाम 'असम' इसलिए पड़ा कि वहाँ की भूमि पहाड़ी होने से सम नहीं है। ये रोचक उदाहरण भाषा के विकास में भूगोल के प्रभाव को निर्भ्रान्त रूप से उद्घाटित करते हैं।

दर्शन और भाषाविज्ञान

भाषा का विशेष रूप से अर्थविज्ञान का दर्शन से गहरा सरोकार है। यूरोप में भाषा-सम्बन्धी जिज्ञासा का आरम्भ दर्शन से ही हुआ है। ग्रीस में सबसे पहले भाषा का विवेचन दार्शनिकों द्वारा किया गया। शब्द का क्या स्वरूप है? अर्थ क्या है? शब्द शक्तियाँ क्या और कितनी हैं? शब्द और अर्थ का सम्बन्ध है या नहीं? भाषा का मूल तत्व पद है या वाक्य? आदि प्रश्नों पर भारतीय एवं पाश्चात्य दार्शनिकों ने चिन्तन किये हैं। भारत में वैयाकरणों का स्फोटवाद, बौद्धों का अपोहवाद, नैयायिकों का जातिवाद तथा मीमांसकों का शब्द-नित्यत्ववाद आदि सिद्धान्तों का आधार दर्शन है। कुछ भाषाशास्त्री भाषाविज्ञान के प्रमुख अंग अर्थविज्ञान को दर्शनशास्त्र के अन्तर्गत ही रखते हैं। उपर्युक्त विषयों में से कुछ विषय ऐसे हैं, जिनको पूर्णरूप से भाषाविज्ञान का विषय नहीं कहा जा सकता है, तथापि ये विषय अंशतः भाषाविज्ञान से अवश्य सम्बद्ध हैं।

भाषाविज्ञान और समाजविज्ञान

भाषा सामाजिक वस्तु है। सामाजिक परिवर्तनों के साथ ही भाषा में भी परिवर्तन होता है। समाजविज्ञान में समाज का अध्ययन होता है, अर्थात् सामाजिक प्राणी के रूप में मनुष्य के आचार, विचार, व्यवहार आदि का विश्लेषण किया जाता है। व्यक्ति और समाज का सम्बन्ध, व्यक्ति पर समाज का प्रभाव, समाज के निर्माण में व्यक्ति का प्रभाव आदि विषयों की चर्चा समाजविज्ञान के अन्तर्गत आती है। व्यक्ति का आचरण बहुत कुछ भाषा द्वारा भी अभिव्यक्त होता है। इस तरह भाषाविज्ञान समाजविज्ञान के बहुत समीप आ जाता है। समाजविज्ञान की सहायता से ही यह बताया जा सकता है कि कैसे

विकास या ह्रास के कारण शब्दों के रूप परिवर्तित हुए और अर्थ-परिवर्तन हुआ। जैसे-उपाध्याय-ओझा या झा, चतुर्वेदी-चौबे, त्रिवेदी-तिवारी, त्रिपाठी, द्विवेदी-दुबे, शुक्ल-शुक्ला या सुकुल आदि शब्द मूल रूप में योग्यता के सूचक थे, कालान्तर में ये सभी शब्द जाति के वाचक हो गये।

समाजविज्ञान और भाषाविज्ञान दोनों मानव-जाति से ही सम्बद्ध हैं, अन्तर यह है कि समाजविज्ञान का क्षेत्र अधिक व्यापक है, उसमें सामाजिक दृष्टि से मनुष्य के सभी क्रियाकलापों को, जिसमें भाषा भी शामिल है, विश्लेषित किया जाता है। भाषाविज्ञान केवल भाषा तक सीमित है। यह अन्तर मुख्यतः मात्रागत है, असल में दोनों समाज-सापेक्ष है।

मानवविज्ञान और भाषाविज्ञान

मानवविज्ञान मानव की उत्पत्ति और विकास का विवेचन करता है। मानव का सभ्यता, संस्कृति, कला विज्ञान आदि की दृष्टि से किस प्रकार विकास हुआ, इसका विवेचन करता है। मनुष्य आदिम अवस्था से अब तक कैसे पहुँचा है? इस विकासक्रम में उसके रहन-सहन, भाषा, कला आदि का उस पर क्या प्रभाव पड़ा है-यह हम मानवविज्ञान के द्वारा जानते हैं। मनुष्य के सांस्कृतिक या संस्कार-जन्य विकास में भाषा का बहुत बड़ा हाथ है। अर्थ-विकास, अर्थ-संकोच, और अर्थादेश की प्रक्रिया का ज्ञान मानवविज्ञान की सहायता से सरलता से होता है। मानवविज्ञान की सहायता से भाषा के आदिम स्वरूप का पता लगाया जाता है। विविध संस्कृतियाँ भाषा को किस प्रकार प्रभावित करती हैं, इसमें मानवविज्ञान भाषाविज्ञान का सहायक है। इस प्रकार भाषाविज्ञान मानवविज्ञान से सम्बद्ध है।

साहित्य और भाषाविज्ञान

साहित्य एक प्रकार से भाषा का स्थायी रूप है, इसलिए भाषाविज्ञान के अध्ययन का यह बहुत महत्त्वपूर्ण आधार है। साहित्य भाषाविज्ञान के लिए आवश्यक सामग्री प्रस्तुत करता है। साहित्य में भाषा का चिर-संचित रूप प्राप्त होता है। भाषाविज्ञान के दो प्रमुख अंग ऐतिहासिक एवं तुलनात्मक भाषाविज्ञान पूर्णतया साहित्य पर ही निर्भर है। सम्पूर्ण साहित्य भाषा में ही लिखा जाता है, अतः साहित्यिक भाषा का अध्ययन भाषाविज्ञान द्वारा ही सही रूप में किया जा सकता है। कवियों, लेखकों की भाषा का अध्ययन भाषाविज्ञान के प्रमुख अंग शैलीविज्ञान के अन्तर्गत किया जाता है। साहित्य के द्वारा ही ज्ञात होता

है कि किस प्रकार वैदिक, संस्कृत, पालि, प्राकृत, अपभ्रंश एवं हिन्दी आदि भाषाओं का ऐतिहासिक दृष्टि से विकास हुआ। साहित्य ही अर्थविज्ञान एवं अर्थविकास का आधार है।

भाषाविज्ञान विज्ञान है और साहित्य कला है। भाषाविज्ञान का सम्बन्ध मस्तिष्क से है और साहित्य का हृदय से। भाषाविज्ञान में प्रयुक्त भाषाओं, बोलियों और जनसाधारण में प्रचलित भाषा का भी अध्ययन होता है। साहित्य में केवल प्रयुक्त भाषाओं और शिष्ट सम्मत भाषा का ही संग्रह होता है। इस तरह साहित्य की अपेक्षा भाषाविज्ञान का क्षेत्र अधिक विस्तृत है।

साहित्य और भाषाविज्ञान एक दूसरे के उपकारक है। साहित्य भाषा के प्राचीन रूपों को सहेजकर भाषाविज्ञान के अध्ययन की सामग्री उपलब्ध कराता है तो दूसरी ओर भाषाविज्ञान भी साहित्य के अनेक दुर्बोध एवं जटिल शब्दों का इतिहास बताता है। भाषाविज्ञान की सहायता से ही एक भाषा का विद्वान् अनेक भाषाओं से सम्बद्ध होकर विभिन्न भाषाओं के साहित्य की जानकारी प्राप्त कर बहुभाषाविद् बन पाता है। इस प्रकार निर्विवाद रूप से साहित्य एवं भाषाविज्ञान में उपकार्योपकारक एवं अन्योन्याश्रित सम्बन्ध है।

भाषाविज्ञान के अंग

भाषाविज्ञान भाषा का सर्वांगीण अध्ययन प्रस्तुत करता है, अतः उसमें भाषा के सभी घटकों का अध्यन होता है। भाषा कहने से सामान्यतः चार तत्वों का बोध होता है–ध्वनि, शब्द (पद), वाक्य और अर्थ। वस्तुतः यही चार भाषाविज्ञान के प्रमुख अंग और आधार है। भाषा की सबसे छोटी इकाई ध्वनि है। उसका ही सर्वप्रथम उच्चारण होता है। अनेक ध्वनियों से मिलकर शब्द या पद बनता है। अनेक पदों से वाक्य संघटित होता है और फिर उससे अर्थ की प्रतीति होती है। ध्वनि से अर्थ तक का क्रम अनवरत चलता रहता है। इनमें से प्रत्येक के विशेष अध्ययन के कारण भाषाविज्ञान के चार प्रमुख अंग विकसित हो गये हैं जिन्हें क्रमशः ध्वनिविज्ञान, पद(शब्द) विज्ञान, वाक्यविज्ञान, एवं अर्थविज्ञान की संज्ञा दी गयी है।

1. ध्वनिविज्ञान–इसमें भाषा के मूल तत्व ध्वनि का व्यापक अध्ययन किया जाता है। ध्वनि क्या है? ये ध्वनियाँ कैसे और कहाँ से उत्पन्न होती हैं? इनका सम्प्रेषण कैसे होता है? एक ध्वनि से दूसरी ध्वनि का भेद क्यों और कैसे होता है? ध्वनि के उच्चारण में किन अवयवों की सहायता ली जाती है? ध्वनियों में तीव्रता या मन्द्रता क्यों आती है? ध्वनि-नियम क्या है? स्वनिम, स्वनिमी आदि का निरूपण इसके अन्तर्गत किया जाता है।

2. शब्द (पद) विज्ञान–शब्द / पद विज्ञान को रूप विज्ञान, रूप-विचार और पद-विचार भी कहा जा सकता है। इसमें पद या रूप क्या है? पद कैसे बनता है? पद के घटक अवयव क्या हैं? पदों का विभाजन किस आधार पर होता है? लिंग, विभक्ति, वचन, पुरुष, काल, प्रकृति, प्रत्यय, उपसर्ग आदि तत्व क्या हैं? इनकी क्या उपयोगिता है? शब्द और पद में क्या अन्तर होता है? पद-निर्माण कितने प्रकार का होता है? इत्यादि विषयों का शब्द/पद विज्ञान में विवेचन किया जाता है।

3. वाक्य-विज्ञान–जिस प्रकार विभिन्न ध्वनियों के योग से पद या रूप बनते हैं, उसी प्रकार विभिन्न पदों का रूपों के समन्वय से वाक्य का निर्माण होता है। वाक्यविज्ञान में वाक्य का अध्ययन विश्लेषण भाषा के अन्य स्तरों की तरह एककालिक, कालक्रमिक, तुलनात्मक, व्यतिरेकी एवं सैद्धान्तिक आदि सभी रूपों में किया जा सकता है। वाक्य का अध्ययन पदक्रम, अन्वय, निकटस्थ अवयव, केन्द्रिकता, मूलवाक्यता, रूपान्तरित वाक्यता, बाह्य संरचना, आन्तरिक संरचना, परिवर्तन, परिवर्तन के कारण एवं दिशाएँ आदि की दृष्टि से किया जाता है।

4. अर्थविज्ञान–भाषा के अर्थ रूप का अध्ययन अर्थविज्ञान का विषय है। इसमें 'अर्थ क्या है', 'अर्थ का निर्धारण कैसे होता है', 'वह कितने प्रकार का होता है', 'अर्थ में परिवर्तन के कारण और उनकी दिशाएँ', 'समानार्थता', 'विलोमार्थता', तथा 'बहुअर्थता' आदि का अध्ययन करता है। अर्थविज्ञान में अर्थ का अध्ययन एककालिक भी हो सकता है, कालक्रमिक भी, तुलनात्मक भी और व्यतिरेकी भी। यह भी उल्लेख्य है कि अर्थविज्ञान में शब्द उपसर्ग, प्रत्यय, शब्दबन्ध, पदबन्ध, वाक्य, प्रोक्ति, मुहावरा, लोकोक्ति आदि सभी के अर्थों का अध्ययन किया जाता है।

भाषाविज्ञान के गौण अंग–यद्यपि भाषाविज्ञान के प्रमुख रूप से मुख्य अंग उपर्युक्त चार ही हैं, परन्तु भाषाविज्ञान में अन्य विषयों का भी अध्ययन किया जाता है। ये गौण होते हुए भी महत्त्वपूर्ण हैं। इनमें विशेष उल्लेखनीय निम्नलिखित हैं–

भाषा की उत्पत्ति–भाषाविज्ञान का सबसे अधिक स्वाभाविक एवं आवश्यक प्रश्न 'भाषा की उत्पत्ति' का है। इस प्रकार पर विद्वानों ने अनेक प्रकार से विचार कर सिद्धान्तों का प्रतिपादन किया है। भाषा का विकास कैसे हुआ? इन सब बातों पर भी इसके अन्तर्गत विचार किया जाता है।

भाषाओं का वर्गीकरण–संसार की विभिन्न भाषाओं को रूप या

आकृति के आधार पर तथा भौगोलिक आधार पर अलग-अलग वर्गों में विभाजित किया जाता है। रूप के आधार पर होने वाले वर्गीकरण को रूपात्मक या आकृतिमूलक वर्गीकरण कहते हैं और भौगोलिक आधार पर होने वाले वर्गीकरण को पारिवारिक या ऐतिहासिक वर्गीकरण कहा जाता है। इसी आधार पर यह निश्चित किया जाता है कि कौन-कौन सी भाषाएँ एक परिवार की हैं। साथ ही इससे अर्थ का यह ध्वनि-सम्बन्धी अनेक गुत्थियों पर भी प्रकाश पड़ता है। वर्तमान में भाषा-प्रकार विज्ञान (Linguistics typology) के अन्तर्गत विशेषताओं के आधार पर भाषाओं का वर्गीकरण किया जाता है।

लिपिविज्ञान–इसके अन्तर्गत लिपि का एककालिक, कालक्रमिक, तुलनात्मक तथा व्यतिरेकी अध्ययन आता है। व्यापक रूप से 'लिपि का विकास', 'लिपि-निर्माण', 'लिपि-सुधार', 'आशुलिपि', 'ब्रेल लिपि' आदि का अध्ययन भी इसमें किया जाता है। ध्यातव्य है कि भाषा के बाद लिपि का विकास हुआ है और भाषा इसी के माध्यम से लिखी जाती है। किन्तु भाषा का कोई सीधा सम्बन्ध लिपि से नहीं है, इसलिए कुछ विद्वान लिपिविज्ञान को भाषाविज्ञान के अंग के रूप में परिगणित नहीं करते।

कोश विज्ञान–कोश-निर्माण की क्या प्रक्रिया है? शब्द की उत्पत्ति क्या है? शब्दों के अर्थों का निर्धारण कैसे होता है? शब्दों को कोश में किस क्रम से रखा जाता है? ये सभी प्रश्न भाषाविज्ञान से ही सम्बद्ध हैं। इसलिए कोशविज्ञान (Lexicology) भाषाविज्ञान का ही अंग है। व्युत्पत्ति-शास्त्र (Etymology) भी कोश विज्ञान के अन्तर्गत आता है। इसके लिए संस्कृत का 'निरुक्त' शब्द प्रचलित है।

भाषिक भूगोल–भाषिक भूगोल भाषाविज्ञान के क्षेत्र-विस्तार की एक नयी दिशा है जिसमें किसी भाषा-क्षेत्र का ध्वनि, रूप, वाक्य, अर्थ तथा शब्द आदि की दृष्टि से अध्ययन करके उसे भाषाओं और बोलियों में बाँटा जाता है। उत्तरी भारत में भारतीय आर्यभाषा-परिवार की कितनी भाषाएँ हैं, और उसकी कितनी बोलियाँ तथा उपबोलियाँ हैं एवं उनकी निश्चित सीमाएँ क्या हैं, आदि प्रश्नों का अध्ययन इसी के अन्तर्गत आता है। बोली-भूगोल (Dialect Geography) नामक प्रसिद्ध शाखा इसी के अन्तर्गत आती है। इन दोनों के आधार पर भाषा या बोली आदि के एटलस या भाषिक एटलस भी बनाये जाते हैं जिनमें ध्वनि, रूप, वाक्य, अर्थ या शब्द आदि विषयक विशेषताएँ दिखायी जाती हैं।

भाषाकालक्रम विज्ञान (Glottochronology)–सांख्यिकी या

गणनाशास्त्र के आधार पर अनेक विज्ञानों में अनेक उपयोगी निष्कर्ष निकाले जा रहे हैं। भाषाकालक्रम विज्ञान भी गणना के आधार पर बहुत से ऐसे ऐतिहासिक तथ्यों को उद्घाटित करने की एक पद्धति है जिन्हें जानने के लिए भाषाविज्ञान के पास इससे पहले निश्चित एवं वैज्ञानिक साधन उपलब्ध नहीं थे। इसमें आधारभूत शब्द-समूह में पुराने एवं नये तत्वों के आधार पर किसी भाषा की आयु आदि का पता लगाया जाता है।

प्रागैतिहासिक खोज (Linguistic Palaeontology)–इसमें भाषाविज्ञान के आधार पर प्रागैतिहासिक काल की सभ्यता और संस्कृति का अध्ययन किया जाता है। भाषाविज्ञान ने ही इस दिशा में एक नवीन आशा जगायी है क्योंकि मनुष्य के पास उस काल के सम्बन्ध में कुछ जानने के लिए अभी तक कोई साधन पर्याप्त रूप से उपलब्ध नहीं है।

समाजभाषाविज्ञान- इसमें भाषा और समाज का सम्बन्ध तथा समाज के विभिन्न स्तरों पर प्रयुक्त भाषा की ध्वनि, रूप, वाक्य, एवं अर्थ आदि की विशेषताओं का समाजसापेक्ष अध्ययन किया जाता है।

सर्वेक्षण-पद्धति (Field Method)–किसी क्षेत्र में बोली जाने वाली भाषा के विश्लेषण के लिए सामग्री एकत्र करने की पद्धति का अध्ययन इसमें किया जाता है। इसमें 'सूचक का कैसे चयन किया जाये', 'सर्वेक्षण कैसा हो', 'प्रश्नावली निर्माण', 'सामग्री-लेखन' आदि प्रश्नों पर विचार किया जाता है।

मनोभाषाविज्ञान–भाषा और विचार का सम्बन्ध, भाषा का मानसिक आधार, भाषा का मानस पटल पर प्रभाव, भाषा और अनुभूति आदि मनोवैज्ञानिक प्रश्न इसके अन्तर्गत हल किये जाते हैं।

सुरविज्ञान (Tonetics)–इसमें विभिन्न भाषाओं में सुर या टोन के आधार पर क्या परिवर्तन होते हैं? किस प्रकार अर्थों में परिवर्तन होता है? भाषा में टोन का क्या महत्व है? आदि का अध्ययन किया जाता है।

भाषाविज्ञान–इसमें भाषा में होने वाले परिवर्तन और विकास के चरणों का अध्ययन एवं विवेचन किया जाता है।

भाषिक पुननिर्माण (Linguistics Reconstruction)–इसमें एक परिवार की दो या अनेक भाषाओं का तुलनात्मक अध्ययन करके इस निष्कर्ष पर पहुँचा जाता है कि इन भाषाओं की मूल भाषा क्या थी। इस प्रकार के अध्ययन से ही इण्डोयूरोपियन (भारोपीय) और इण्डोहिट्टाइट आदि अज्ञात भाषाओं का पुनर्निर्माण किया गया है।

शैलीविज्ञान (Stylistics)–भाषाविज्ञान की यह अति महत्त्वपूर्ण शाखा

है। साहित्यिक भाषा का अध्ययन इसमें किया जाता है। सभी लेखकों की साहित्य रचने की शैली भिन्न-भिन्न होती है। जिनके आधार पर यह बतलाया जा सकता है कि कौन किसकी रचना है। इस विज्ञान के द्वारा लेखक, कवि और वक्ता का मनोवैज्ञानिक अध्ययन प्रस्तुत किया जाता है। इन वैयक्तिक अन्तरों या शैलीगत विशेषताओं या काव्यभाषा का अध्ययन शैलीविज्ञान का विषय है।

भू-भाषाविज्ञान (Geo-Linguistics)–इसके अन्तर्गत विश्व में भाषा का वितरण उनके राजनीतिक, आर्थिक, सामाजिक एवं सांस्कृतिक महत्व का आकलन, वे कैसे एक-दूसरे पर अन्तःक्रिया करती हैं, राष्ट्रों की संस्कृति भाषा को कैसे प्रभावित करती है तथा राष्ट्रभाषा या राजभाषा जैसी समस्याओं का अध्ययन इसके अन्तर्गत किया जाता है। यह भाषाविज्ञान की अपेक्षाकृत नयी शाखा है।

मेटालिंग्विस्टिक्स (Metalinguistics)–इसका प्रयोग भाषाविज्ञान में कई अर्थों में किया गया है। ट्रेगर इसका प्रयोग अर्थविज्ञान के लिए करते हैं, क्योंकि उनके अनुसार वह भाषाविज्ञान से बाहर की चीज है। कुछ लोग इसका प्रयोग भाषाविज्ञान के उस अंग के लिए करते हैं जिसमें संस्कृति के अन्य अंगों से भाषा के सम्बन्ध का अध्ययन किया जाता है। अन्यों ने इसका प्रयोग भाषा के दार्शनिक स्वरूप की व्याख्या करने के लिए भी किया है। रूसो, मॉरिस तथा कारनेप ने तर्कशास्त्र के रूप में इसका उपयोग किया है। इसी सूत्र पर इसका प्रयोग भाषा के अध्ययन की तकनीक या शिल्प-विधि के अध्ययन के लिए किया जा रहा है। इसी के अन्तर्गत उस भाषा तथा पारिभाषिक शब्दावली का भी अध्ययन आता है जिसका भाषा के अध्ययन में प्रयोग होता है। इसे Exolinguistics] Meta-Research तथा meta-sprog के नाम से भी जाना जाता है।

3.2 भाषिक संरचना और उसके विविध स्तर

भाषा मनुष्य के लिए सम्प्रेषण का महत्त्वपूर्ण माध्यम एवं भावबोध का अन्यतम साधन है। भाषा द्वारा व्यक्ति न केवल अपने विचार अभिव्यक्त करता है, बल्कि उसे अन्यों तक सम्प्रेषित भी करता है। सम्प्रेषण-प्रक्रिया के अन्तर्गत ध्यातव्य है कि इसके एक सिरे पर 'सम्बोधक' होता है जो किसी सन्देश का प्रेषण करता है और दूसरे सिरे पर पर 'सम्बोधित' होता है जो उस सन्देश को ग्रहण करता है। सम्बोधक और सम्बोधित के सम्प्रेषण-व्यापार के माध्यम के

रूप में भाषा रहती है। इस भाषा के सहारे सम्बोधक अपने अव्यक्त सन्देश को व्यक्त करता है और इसी भाषा में अभिव्यक्ति सन्देश को अर्थ के रूप में सम्बोधित ग्रहण एवं वहन करता है। सम्बोधक और सम्बोधित को क्रमश: वक्ता एवं श्रोता भी कहा जाता है।

वास्तव में किसी भी भाषा की अभिव्यक्ति दो रूपों में सम्भव है। मौखिक तथा लिखित। मौखिक रूप से की गयी भाषा की अभिव्यक्ति में प्रमुख साधन ध्वनि बनती है। सम्बोधक के रूप में वक्ता सन्देश में अपनी भाषा की ध्वनि प्रतीकों की व्यवस्था का सन्दर्भगत उच्चारण मुँह से करता है और सम्बोधित के रूप में श्रोता उन ध्वनि प्रतीकों को सुनकर अभिव्यक्त किये गये अर्थ को ग्रहण करता है। इसके बरक्स लिखित रूप में की गयी भाषिक अभिव्यक्ति का मुख्य साधन लेखन होता है। इस सन्दर्भ में सम्बोधक के रूप में लेखक सन्देश को लिखकर व्यक्त करता है और सम्बोधक के रूप में पाठक पढ़कर उसके अर्थ को ग्रहण करता है। कविता, कहानी इत्यादि सभी गद्य-पद्यात्मक विधाओं में रचित साहित्य लिखित रूप में ही पाठकों द्वारा ग्रहण किया जाता है। स्पष्ट है, हम अपनी बात दूसरों तक पहुँचाने और दूसरों की बात समझने के लिए ही भाषा को अपनाते हैं। न केवल हम आमने-सामने रहकर ही एक-दूसरे से वार्तालाप करते हैं, बल्कि भाषा के सहारे स्थान और समय की दूरी को लाँघकर अपनी बात दूसरों तक सम्प्रेषित करने में भी सफल होते हैं। उदाहरण के लिए विश्व भर में लिखा गया साहित्य कहीं भी कभी भी पढ़ा जा सकता है। लिखित साहित्य अथवा सामग्री स्थान और समय की सीमा से अछूते रहते हैं। इसीलिए आज हाईटैक युग में सभी आवश्यक सामग्री को लिखित रूप में सहेजकर रखने पर बल दिया जाता है। हमारे जीवन के विभिन्न क्रियाकलाप भाषा के सहारे इस प्रकार बँधे होते हैं कि उनके बिना हमारी सामाजिकता का कोई मायने नहीं रहता। भाषा की सम्प्रेषण-प्रक्रिया के सहारे ही व्यक्ति अपने भाषायी समुदाय के अन्य सदस्यों के साथ सम्बन्ध कायम करता है और सामाजिक कहलाता है। भाषायी सदस्यों के साथ विचार-विनिमय करता है, और एक-दूसरे का सहयोग प्राप्त करता है।

भाषा सम्प्रेषण का माध्यम ही नहीं, बल्कि हमारे भावबोध का साधन भी है। हम सोचते भी हैं तो भाषा में और किसी बात को समझते-समझते हैं, तो भी भाषा के माध्यम से ही। हमारे स्मृतिकोश और चिन्तन-प्रक्रिया का आधार भी भाषा ही है। मानव-मन की सृजनात्मक शक्ति की अनुपम देन यह भाषा ही बाह्यजगत और हमारे भावबोध के बीच सेतु का काम करती

है। यही कारण है कि भाषा की व्याकरणिक कोटियों के रूप में जिस लिंग (पुल्लिंग और स्त्रीलिंग), वचन (एकवचन और बहुवचन), काल (वर्तमान, भूत और भविष्य) आदि की बात की जाती है, वे भौतिक जगत के स्वीकृत तथ्यों से भिन्न रूप में होते हैं।

ध्यातव्य है कि भाषा कथ्य और अभिव्यक्ति की समन्वित इकाई है। वह न तो केवल कथ्य है और न ही केवल अभिव्यक्ति। उदाहरणार्थ 'कमल' शब्द को लिया जा सकता है। यह शब्द एक ओर तथ्यात्मक रूप से 'कमल' फूल के जातिगत अर्थ का बोधक है तो दूसरी ओर, अभिव्यक्ति के रूप में मौखिक या लिखित रूप ग्रहण करता है। कथ्य से रहित अभिव्यक्ति निरर्थक है तो अभिव्यक्ति से रहित कथ्य भी असम्प्रेषणीय। अत: कह सकते हैं कि भाषा में कथ्य और अभिव्यक्ति दोनों ही आवश्यक हैं। ये एक दूसरे के पूरक हैं जो आपस में सम्बद्ध रहते हैं। कथ्य और अभिव्यक्ति की समन्वित इकाई के रूप में जब भाषा का अध्ययन किया जाता है, तब उसके तीन निश्चित पक्ष उजागर होते हैं–

क) अभिव्यक्ति पक्ष

ख) कथ्य पक्ष

ग) अभिव्यक्ति और कथ्य के आपसी सम्बन्धों का पक्ष

क) अभिव्यक्ति पक्ष–अभिव्यक्ति पक्ष से आशय उस माध्यम से है जिससे कथ्य को व्यक्त रूप दिया जाता है। भाषा के सम्प्रेषण में यह मुख्य रूप से दो प्रकार का होता है–उच्चारण के रूप में या लेखन के रूप में। इसीलिए भाषा की अभिव्यक्ति दो रूपों में देखने को मिलती है–मौखिक रूप तथा लिखित रूप। इसकी चर्चा पहले भी की जा चुकी है कि भाषा का मौखिक रूप माध्यम-सामग्री के रूप में लिपि-प्रतीकों की व्यवस्था का अनुसरण करता है। प्रत्येक भाषा की अपनी लिपि है। इस लिपि का प्रयोग कर ही लेखन किया जाता है। ध्यातव्य है कि उच्चारण करते समय हम सार्थक ध्वनि-प्रतीकों को जन्म देते हैं और लेखन के दौरान दृश्य प्रतीकों को। उदाहरणार्थ यदि 'कलम' शब्द का उच्चारण करना हो तो ध्वनि-प्रतीकों, यथा–'क् + अ + ल् + अ + म्' का प्रयोग किया जायेगा तथा, दृश्य प्रतीकों में 'क + म + ल' का। यह तथ्य महत्त्वपूर्ण है कि ये दोनों माध्यम-भाषा का लिखित रूप और उसका मौखिक रूप जो कि क्रमश: लिपि-प्रतीकों तथा ध्वनिप्रतीकों का संयोजन है- एक ही भाषिक इकाई के दो अभिव्यक्ति रूप हैं। इसलिए माध्यमगत अन्तर से भाषिक इकाइयों की स्वयं की मूल

प्रकृति नहीं बदलती। शब्द या वाक्य जैसी सार्थक भाषिक इकाईयों को चाहे उच्चारण कर ध्वनि-प्रतीकों के सहारे अभिव्यक्त करें अथवा लिपि-प्रतीकों के सहारे लिखकर, अपने मूल अर्थ और रूप में वे शब्द या वाक्य एक समान ही माने जायेंगे।

ख) कथ्य पक्ष–कथ्य पक्ष से तात्पर्य भाषिक इकाइयों के अर्थ पक्ष से है। अर्थ सदैव अपने भीतर एक सामाजिक एवं संकल्पनात्मक सत्य को समाहित किये रहता है। किसी भी भाषायी समुदाय में शब्दों के अर्थ सुनिश्चित किये जाते हैं जो उसे पूरे समुदाय में स्वीकृत होते हैं और इस तरह शब्द सामाजिक एवं संकल्पना को धारण किये रहते हैं। उदाहरण के लिए 'कमल' शब्द के अर्थ को देखा जा सकता है। 'कमल' शब्द से जिस कथ्य का बोध होता है, वह उसकी जातीय संकल्पना को ही द्योतित करता है। किसी कमल विशेष की ओर यह शब्द संकेत नहीं करता। अतः इस शब्द के द्वारा कमल के सभी रंगों के फूलों यथा लाल, नीला और सफेद सभी कमलों का अन्तर्भाव मिलता है। कह सकते हैं कि कथ्य पक्ष का सम्बन्ध बाह्य जगत की संकेतित वस्तु से प्रत्यक्ष रूप में न होकर उसके संकल्पनात्मक रूप में रहता है।

कथ्यात्मक पक्ष एक ओर भाषिक इकाइयों के अर्थ से जुड़ा रहता है तो दूसरी ओर सन्दर्भ से। बिना सन्दर्भ के किसी भी वाक्य का अर्थ स्पष्ट नहीं हो पाता। एक ही शब्द अलग-अलग सन्दर्भों में अलग-अलग अर्थ देता है। किसी भी शब्द का प्रयोग उसके सन्दर्भ पर निर्भर करता है। उदाहरणार्थ, 'हार' शब्द को लिया जा सकता है। इस शब्द का प्रयोग दो तरह से किया जा सकता है। अलग सन्दर्भ से इसका अर्थ भी बदल जायेगा।

1) वह दिल हार गया।
2) मोहन ने परिस्थितियों से हार मान ली।

इन दोनों वाक्यों में इस शब्द के दो अर्थ हैं। सन्दर्भ के अनुसार पहला वाक्य प्रेम होने की सूचना देता है तो दूसरे वाक्य में मोहन की दारुण परिस्थितियों की सूचना मिलती है।

वाक्य के धरातल पर सन्दर्भगत अर्थों को देखा जा सकता है। एक ही वाक्य के एक से अधिक अर्थ हो सकते हैं जो कि उसके सन्दर्भ पर निर्भर करते हैं। यथा–

'यह चित्र राम का है।'

इस वाक्य के एक से अधिक अर्थ लिए जा सकते हैं–

1) इस चित्र का मालिक राम है।

2) इस चित्र में बनी तस्वीर राम की है।

3) इस चित्र का निर्माता राम है।

स्पष्ट है कि सन्दर्भ को ध्यान में रखकर ही अलग-अलग परिस्थितियों में इसका अर्थ प्रयोक्ता द्वारा ग्रहण किया जायेगा।

ग) अभिव्यक्ति और कथ्य के आपसी सम्बन्धों का पक्ष–इस पक्ष में भाषा के रूपगत संरचना की बात की जाती है। यह कह सकते हैं कि भाषा अपनी मूल प्रकृति में शाब्दिक इकाइयों के बीच सम्बन्धों की व्यवस्था है और व्याकरण भाषा के विभिन्न स्तरों पर मौजूद इन सम्बन्धों की व्यवस्था का अध्ययन करता है। इस प्रकार, भाषा के कथ्य और अभिव्यक्ति की एकता बनी रहती है और व्याकरण सम्बन्धों के रूप में पायी जानेवाली इस एकता का अध्ययन करता है। यदि भाषा की सबसे बड़ी इकाई वाक्य को देखें तो ज्ञात होता है कि उसके दो स्पष्ट पक्ष हैं–(क) शब्द तथा (ख) शब्द-सम्बन्धों की व्यवस्था। उदाहरणार्थ एक वाक्य को लिया जा सकता है–'राधा ने रोटी खायी' इस वाक्य में तीन शब्द मिलते हैं–'राधा', 'रोटी', 'खाना'। कर्ता + कर्म + क्रिया की व्याकरणिक संरचना के आधार पर इन शब्दों के बीच सम्बन्ध दृष्टिगत होता है। इसी रूपगत संरचना के अनुसार 'खाना' शब्द का रूपगत परिवर्तन हुआ है। यथा–'खायी'। 'रोटी' स्त्रीलिंग एकवचन है अतः उसके साथ क्रिया भी स्त्रीलिंग रूप में प्रयुक्त हुई है। तात्पर्य यह है कि वाक्य की संरचना शब्दों के आपसी सम्बन्धों के आधार पर ही रूप ग्रहण करती है।

अतः कह सकते हैं कि रूप या संरचना का एक स्तर शब्द और शब्दों के समूह से जुड़ा रहता है तो दूसरा स्तर वाक्य-संरचना और व्याकरणिक व्यवस्था से। इन्हें भाषिक इकाइयों से सम्बद्ध संरचना के स्तर कह सकते हैं। वास्तव में संरचना और व्यवस्था के दो अन्य सन्दर्भ हैं। पहले का सम्बन्ध अभिव्यक्ति-माध्यम की संरचनागत व्यवस्था से है। जिसे अभिव्यक्ति-माध्यम का स्तर कहा जाता है। जैसा कि पहले संकेत किया गया है कि इसके दो पक्ष हैं–मौखिक भाषारूप से जुड़ा ध्वनि-व्यवस्था का स्तर तथा लिखित भाषारूप से सम्बन्ध वर्ण व्यवस्था अर्थात् लेखन व्यवस्था का स्तर। दूसरे सन्दर्भ का सम्बन्ध कथ्य की संरचनात्मक व्यवस्था से है जो इस पुस्तक में विवेच्य है।

उपर्युक्त विवेचन के आधार पर कहा जा सकता है कि कथ्य और अभिव्यक्ति की सम्बद्धता व्यवस्थापरक नियमों और व्याकरणिक प्रकार्य के

आधार पर भाषिक इकाइयों के भीतर पायी जाने वाली सम्बन्धों की व्यवस्था है। यह व्यवस्था भाषा के किसी भी स्तर पर देखी जा सकती है यथा-प्रोक्ति, वाक्य, पदबन्ध, शब्द आदि। यहाँ कुछ तथ्य महत्त्वपूर्ण हैं। पहला यह कि सम्बन्धों की यह व्यवस्था भाषा सापेक्ष होती है जो कुछ नियमों के आधार पर व्यवस्थित होती है। तीसरी यह कि ये व्यवस्थापरक नियम सर्जनात्मक होते हैं। भाषासापेक्ष कहने से आशय यह है कि प्रत्येक भाषा अपने शब्दों को अपनी भाषा की संरचनागत व्यवस्था के अनुसार वाक्य में जोड़ती है। हिन्दी में यदि कर्ता + कर्म + क्रिया का निर्वाह करते हुए वाक्यों का गठन 'लड़का आम खा रहा है' के समान किया जाता है तो अंग्रेजी में कर्ता + क्रिया + कर्म का निर्वाह करते हुए 'Boy is eating mango' के समान वाक्यों का गठन किया जाता है। इस सन्दर्भ में कहा जा सकता है कि प्रत्येक व्यवस्था के पीछे कुछ नियम अवश्य होते हैं। उपर्युक्त उदाहरण के स्पष्ट है कि शब्द-क्रम का नियम हिन्दी के कर्म को क्रिया से पहले रखने का है तो अंग्रेजी में क्रिया के बाद।

संरचना पर आधारित इन व्यवस्थापरक नियमों के कारण ही भाषाज्ञान विकसित होता हैं इन संरचनात्मक नियमों के आधार पर ही किसी भी भाषा में संख्यातीत वाक्य बोले जा सकते हैं। नये-नये वाक्य रचने की हमारी यह क्षमता ही भाषा को एक खुला आयाम देती है।

इस परिप्रेक्ष्य में संरचना की प्रकृति पर प्रकाश डालते हुए उसके निम्नलिखित लक्षणों की व्याख्या की जा सकती है-

क) किसी भाषिक इकाई की संरचना उस इकाई के भीतर मौजूद 'सम्बन्धों की व्यवस्था' है। उदाहरणार्थ, यदि वाक्य के धरातल पर दो वाक्यों को लें, (क) पीटर रोटी खाता है। (ख) पीटर रोज जाता है। तो देखा जा सकता है कि दोनों वाक्यों में चार-चार शब्द हैं, पर इन शब्दों के आपसी सम्बन्धों के सन्दर्भ में इन दोनों वाक्यों में दो भिन्न-भिन्न संरचनाओं का प्रयोग किया गया है।

ख) संरचना का सम्बन्ध पाठ या इकाई के रूप के साथ रहता है न कि उसकी अभिव्यक्ति के माध्यम के साथ। तात्पर्य यह है कि किसी वाक्य को चाहे ध्वनि के सहारे बोलकर व्यक्त किया जाए या लिपि के सहारे लिखकर, 'रूप' के धरातल पर वाक्य वही रहता है। संरचना का सम्बन्ध 'रूप' से रहता है; अतः अभिव्यक्ति-माध्यम के भेद से उसकी संरचना पर कोई फर्क नहीं पड़ता।

ग) संरचना बोधपरक यथार्थ है न कि अभिव्यक्तिपरक तथ्य। इस कथन से आशय है कि संरचना अपनी प्रकृति में अमूर्त एवं संकल्पनात्मक होती है। यदि इकाई के रूप में एक वाक्य लें–'अर्जुन शतरंज खेलेगा।', तो इसका संरचनात्मक रूप होगा–कर्ता + कर्म + सकर्मक क्रिया। इस संरचना के बोधपरक यथार्थ के सन्दर्भ में 'अर्जुन शतरंज खेलेगा।' कथन मात्र अभिव्यक्ति परक तथ्य ही समझा जायेगा, क्योंकि ऐसे कई अन्य वाक्यों की रचना भी की जा सकती है, अर्थात् ऐसे अन्य कई वाक्य सम्भाव्य हैं, यथा–'गुड़िया आम खायेगी' 'राधा खाना बनायेगी', 'मीना लिट्टी पकाएगी', आनन्द गाड़ी चलाएगा', आदि। यह ध्यातव्य है कि संरचना के बोधपरक यथार्थ के धरातल पर ये सभी वाक्य एक 'समान' हैं, जबकि अभिव्यक्तिपरक तथ्य के रूप में ये सभी वाक्य भिन्न-भिन्न माने जायेंगे।

घ) संरचनात्मक इकाई का आधार उसके अंगों के मध्य पाए जानेवाले सम्बन्धों का प्रकार्य होता है। संरचना से तात्पर्य सम्बन्धों की व्यवस्था से है। ये सम्बन्ध भाषिक इकाइयों के प्रकार्य पर आधारित होते हैं। उदाहरणार्थ दो वाक्यों को लिया जा सकता है–'रीता घर आयेगी' और (ख) 'चिट्ठी घर आयेगी'। इन दोनों की संरचना भिन्न है। क्योंकि 'रीता' जिस प्रकार्य की ओर संकेत दे रही है 'चिट्ठी' उससे भिन्न। पहले वाक्य में संज्ञा 'रीता' सजीव कर्ता है जो क्रिया का सम्पादन स्वयं कर रही है जबकि दूसरे वाक्य में संज्ञा 'चिट्ठी' निर्जीव है। अतः 'आने' की क्रिया का सम्पादन चिट्ठी स्वयं नहीं करने वाली है। यह संरचनागत प्रकृति का ही अन्तर है कि (क) वाक्य का संरचनागत विस्तार किया जा सकता है यथा, 'रीता कल सुबह घर आयेगी' पर (ख) वाक्य के सन्दर्भ में यह नहीं कहा जा सकता- 'चिट्ठी कल सुबह घर आयेगी'। कारण यह है कि चिट्ठी का कल सुबह घर आना निश्चित नहीं किया जा सकता।

ङ) संरचना सम्बन्धी नियम संख्या में सीमित होते हैं और अपनी प्रकृति में सर्जनात्मक। यह ध्यातव्य है कि भाषा का प्रयोग अनेक सन्दर्भों में अबाध एवं सीमामुक्त रूप से किया जा सकता है। भाषा का प्रयोग रोज़ नये-नये वाक्यों का प्रयोग करता है। प्रत्येक भाषा के वाक्य संख्यातीत होते हैं। संरचनागत नियम सीमित होते हुए भी नित नये सन्दर्भों में नये वाक्यों का प्रयोग किया जाता है। इस दृष्टि से भाषा की प्रकृति सर्जनात्मक मानी जाती है। इन सीमित पर सर्जनात्मक नियमों के आधार पर ही भाषा प्रयोक्ता संख्यातीत वाक्यों को व्यवहार में लाने में समर्थ हो पाता है। इस प्रकार भाषा की शक्ति

एवं सामर्थ्य तथा भाषा के संरचनात्मक नियमों की प्रकृति को जान लेने के पश्चात्, भाषिक संरचना के प्रमुख स्तरों की व्याख्या यहाँ अपेक्षित है।

दरअसल, भाषिक संरचना के विभिन्न स्तर के सम्बन्ध में विद्वानों में मतभेद है। भाषावैज्ञानिक हॉकिट पाँच स्तर मानते हैं। (1) व्याकरणिक, (2) स्वनिमिक, (3) रूपस्वनिमिक, (4) आर्थी, (5) स्वनिक। इनमें प्रथम तीन को उन्होंने केन्द्रीय कहा है और अन्तिम दो को परिधीय माना है। तात्पर्य यह है कि प्रथम तीन भाषा के केन्द्र में है और अन्तिम दो केन्द्र में न होकर परिधि में है। पहली में रूप तथा वाक्य आते हैं, दूसरी में स्वनिम, तीसरी में पहली और दूसरी में सम्बन्ध-स्थापन होता है, चौथी का सम्बन्ध अर्थ से है। पाँचवी में स्वनों अर्थात् ध्वनियों का उच्चारण, प्रसरण तथा श्रवण आता है। हॉकिट 'भाषा-व्यवस्था' के इन पाँचों स्तरों को 'उपव्यवस्था' का नाम देते हैं। सामान्यतः भाषिक संरचना में पाँच स्तर माने जाते हैं- वाक्य, रूप या पद, शब्द, ध्वनि और अर्थ। कुछ विद्वान रूप, ध्वनि और अर्थ ये चार ही स्तर मानते हैं। इनमें डॉ. रवीन्द्र नाथ श्रीवास्तव का नाम प्रमुख है। इनके अनुसार ध्वनि में ही स्वनिम भी समाहित है तथा 'रूप' में 'शब्द'। 'रूप-स्वनिमिक' स्तर अलग न होकर 'रूप' और 'ध्वनि' दोनों से सम्बद्ध है क्योंकि रूपों के मिलने पर उनमें आने वाले ध्वन्यात्मक परिवर्तन तथा फिर प्राप्त नये रूप इसमें परिगणित किये जाते हैं।

डॉ. भोलानाथ तिवारी मोटे रूप में भाषिक संरचना के छह स्तर मानते हैं। उनके अनुसार–"मेरे अपने विचार में भाषिक संरचना के मुख्य स्तर मूलतः चार है: प्रोक्ति स्तर, व्याकरणिक स्तर, ध्वनि-स्तर तथा अर्थ-स्तर। स्पष्टता के लिए व्याकरणिक स्तर में वाक्य तथा रूप को अलग-अलग लें तो पाँच स्तर हो जाते हैं: प्रोक्ति, वाक्य, रूप, ध्वनि, अर्थ। 'रूप', मूलतः शब्द या धातु में कारक-चिह्न या प्रत्यय जोड़कर बनते हैं, अतः शब्द को एक अलग स्तर भी माना जा सकता है, तथा धातु को भी उसी में समाहित किया जा सकता है। इस तरह छह स्तर हुए: अर्थ, प्रोक्ति, वाक्य, रूप, शब्द, ध्वनि। भाषा को ध्यान से देखें तो ध्वनियों से शब्द बनते हैं, शब्दों (तथा धातुओं) से 'रूप', रूपों से 'वाक्य', एकाधिक वाक्यों से प्रोक्ति। दूसरे शब्दों में भाषा की सहज इकाई प्रोक्ति है, जिसका अर्थ होता है। प्रोक्ति का विश्लेषण करें तो वाक्य मिलते हैं, वाक्यों के विश्लेषण से शब्दादि, तथा उनके विश्लेषण से ध्वनि।"[14]

मेरे विचार में डॉ. रवीन्द्रनाथ श्रीवास्तव द्वारा अनुमोदित भाषिक संरचना के चार स्तर यथा,- ध्वनि, रूप / शब्द, वाक्य तथा अर्थ ही किसी भी भाषा

की भाषिक संरचना को समझने के लिए पर्याप्त हैं। फिर चाहे वह साहित्यिक भाषा हो या आम बोलचाल की भाषा। निम्नलिखित चित्र द्वारा इसे समझा जा सकता है–

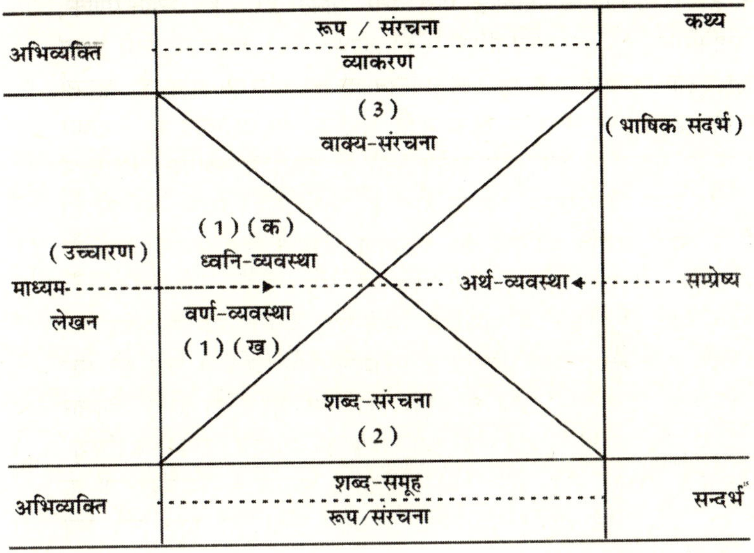

ध्वनि

ध्वनियाँ अलग से सार्थक नहीं होती, किन्तु ये आपस में मिलकर सार्थक शब्द, रूप, वाक्य प्रोक्ति का निर्माण करती हैं। यदि 'कमल' शब्द में प्रयुक्त ध्वनियों को अलग-अलग उच्चारित किया जाये यथा–'क', 'म', 'ल' तो ये निरर्थक ध्वनियाँ कहलाएगी। 'कमल' शब्द का निर्माण ध्वनियों के संयोजन से हुआ है। ध्वनि स्तर पर मौखिक एवं लेखन द्वारा भाषा प्रयुक्त की जाती है। ध्वनि-स्तर में किसी भाषा की विभिन्न ध्वनियों, उनकी स्वनिम-व्यवस्था, आक्षरिक संरचना, बलाघात, अनुतान आदि का अध्ययन किया जाता है।

रूप

सामान्यत: शब्द को भाषा की सर्वाधिक महत्त्वपूर्ण इकाई माना गया है, क्योंकि भाषा में भाव या विचार की अभिव्यक्ति मूलत: शब्द से ही होती है। शब्द में ही प्रत्ययादि जोड़कर रूप बनते हैं और रूप से 'वाक्य' और वाक्यों से 'प्रोक्ति'। शब्द में धातु भी समाहित होता है। रूप को ही 'पद' भी कहा जाता

है। रूप में 'शब्द' तथा 'धातु' रूप में अर्थतत्व होते हैं तथा 'कारक-चिह्न' और 'प्रत्यय' रूप में सम्बन्धतत्व। 'राम ने रावण को मारा' वाक्य में 'राम ने', 'रावण को', तथा 'मारा', तीन रूप हैं जिनमें 'राम', 'रावण', 'मार' अर्थतत्व है और 'ने', 'को', 'आ', सम्बन्धतत्व। रूपों का विश्लेषण रूपिमविज्ञान अथवा रूपविज्ञान में किया जाता है।

वाक्य

भाषाविज्ञान तथा व्याकरण में भाषा की चरम इकाई में सहज इकाई वाक्य मानी जाती है। इसमें वाक्य, उपवाक्य तथा पदबन्ध का अध्ययन किया जाता है। वाक्य स्तर पर भाषा पूर्ण मानी जाती है। वाक्य की रचना प्रत्येक भाषा की संरचनागत व्यवस्था के अनुसार होती है। उदाहरण के लिए–'मोहन ने सोहन को किताब दी' में 'मोहन' कर्ता है, 'सोहन' परोक्ष कर्म (Indirect object), तथा 'किताब' प्रत्यक्ष कर्म (direct object) है। यदि वाक्य के इस क्रम को थोड़ा बदल दिया जाय तो कर्ता परोक्ष कर्म के स्थान पर प्रयुक्त होगा, यथा- 'सोहन ने मोहन को किताब दी' में 'मोहन' जो कि पहले वाक्य में कर्ता की भूमिका में था अब परोक्ष कर्म के स्थान पर प्रयुक्त हो रहा है। इस प्रकार प्रत्येक भाषा के संरचनात्मक स्तर पर वाक्य की इकाई महत्त्वपूर्ण भूमिका निभाती है।

अर्थ

भाषा का मूलभूत कार्य अर्थ–सम्पादन है। अर्थ की अभिव्यक्ति भाषा का महत्त्वपूर्ण ध्येय है। अर्थ सम्प्रेषण में जरूरी है कि वाक्य में प्रयुक्त सभी व्याकरणिक इकाइयों में कार्य-कारण सम्बन्ध हो। तात्पर्य यह है कि यदि कहा जाये कि 'मोहन पानी से आग लगाता है' तो यह वाक्य व्याकरणिक स्तर पर पूर्णरूप से सही होने पर भी अर्थ की अभिव्यक्ति में सक्षम नहीं है। क्योंकि 'पानी से आग लगाना' वैज्ञानिक रूप से सम्भव ही नहीं है। इसी प्रकार यदि कहा जाये कि 'ताले ने चोर को तोड़ दिया।' तो यह हिन्दी की व्याकरणिक संरचना के अनुसार सही है किन्तु अर्थ की दृष्टि से कार्य-कारण सम्बन्धों के आभाव के कारण मान्य नहीं हैं 'चोर द्वारा ताला तोड़ना' संगत है किन्तु 'ताला' क्योंकि निर्जीव वस्तु है, अतः इसके द्वारा 'चोर को तोड़ना' संगत नहीं है। इस प्रकार अर्थविज्ञान में अर्थों के सम्प्रेषण की व्यवस्था का अध्ययन किया जाता है।

सन्दर्भ

1. भोलानाथ तिवारी, 'भाषाविज्ञान', पृ. 11
2. आचार्य देवेन्द्रनाथ शर्मा, 'भाषाविज्ञान की भूमिका', पृ. 22 पर उद्धृत
3. वही
4. वही
5. डॉ. कपिलदेव द्विवेदी, 'भाषाविज्ञान एवं भाषाशास्त्र', पृ. 06
6. डॉ. कपिलदेव द्विवेदी, 'भाषाविज्ञान एवं भाषाशास्त्र', पृ. 06
7. वही, पृ. 06
8. वही, पृ. 07
9. वही, पृ. 07
10. भोलानाथ तिवारी, 'भाषाविज्ञान', पृ. 21
11. वही, पृ. 24
12. डॉ. कपिलदेव द्विवेदी, 'भाषाविज्ञान और भाषाशास्त्र', पृ. 13
13. देवेन्द्रनाथ शर्मा, दीप्ति शर्मा, 'भाषाविज्ञान की भूमिका', पृ. 169
14. भोलानाथ तिवारी, 'भाषाविज्ञान', पृ. 16
15. रवीन्द्रनाथ श्रीवास्तव, 'हिन्दी भाषा : संरचना के विविध आयाम', पृ. 28

त्रिलोचन का काव्य : भाषावैज्ञानिक अध्ययन

4.1 ध्वनि-प्रयोग

भाषा का आरम्भ ध्वनि से होता है। ध्वनि के अभाव में भाषा की कल्पना नहीं की जा सकती है। चाहे किसी भी विधा की भाषा हो, उसकी मूलभूत इकाई ध्वनि ही होती है। ध्वनि (स्वन) के अध्ययन से सम्बद्ध शास्त्र या विज्ञान के लिए अंग्रेजी में दो शब्द प्रमुख रूप से प्रचलित हैं–फोनेटिक्स (Phonetics) और फोनॉलॉजी (Phonology)। दोनों शब्दों का सम्बन्ध ग्रीक शब्द फोन (Phone) से है। फोन का अर्थ ध्वनि होता है। ये दोनों समानार्थक होते हुए भी भिन्न हैं। फोनेटिक्स में मुख्य रूप से ध्वनि-शिक्षा, ध्वनि की परिभाषा, भाषा की विविध ध्वनियाँ, वाग्यन्त्र, ध्वनियों का वर्गीकरण, ध्वनि-गुण, ध्वनि की उत्पत्ति, ध्वनि का श्रोता तक पहुँचना, श्रवण और ग्रहण आदि पर विचार किया जाता है। फोनॉलॉजी में स्वनिमविज्ञान, ध्वनि-परिवर्तन, ध्वनियों का इतिहास आदि का अध्ययन किया जाता है। ध्वनिविज्ञान को ही स्वनविज्ञान अथवा स्वनिमविज्ञान भी कहा जाता है। प्रसिद्ध भाषावैज्ञानिक ब्लूमफील्ड और सपीर ने सबसे पहले इस दिशा में कार्य किया है। बाद में केनेथ एल.पाइक, ब्लॉख ट्रेगर तथा ग्लीसन ने इस दिशा में विशेष कार्य किया। पाइक की पुस्तक 'फोनेमिक्स' इस विषय पर सर्वाधिक महत्त्वपूर्ण एवं गम्भीर पुस्तक मानी जाती है।

ध्वनि भाषा की लघुतम एवं प्राथमिक इकाई होती है। वास्तव में ध्वनि क्या है? किसी भी वस्तु से किसी भी तरह का कुछ ऐसा हो जो सुना जा सके, उसे सामान्तया 'ध्वनि' कहते हैं। पानी में पत्थर फेंकने से या किसी की पीठ थपथपाने से जो भी आवाज होगी, उसे ध्वनि कहा जायेगा। उस प्रकार ध्वनि का क्षेत्र बहुत विस्तृत है। वैज्ञानिक दृष्टि से ध्वनि वायुमंडल दबाव (atmospheric pressure) में परिवर्तन या उतार-चढ़ाव (variation) का नाम है। लेकिन प्रत्येक ध्वनि भाषा का अंग नहीं होती। भाषा के प्रसंग

में या भाषाविज्ञान में जिस ध्वनि पर विचार किया जाता है, वह इतनी व्यापक नहीं है। सामान्य ध्वनि से अलग करने के लिए उसे 'भाषा-ध्वनि' (specch sound) या (phone) या वाक्स्वन संज्ञा से अभिहित किया गया है। 'भाषा-ध्वनि' भाषा में प्रयुक्त ध्वनि की वह लघुत्तम इकाई है जिसका उच्चारण और श्रोतव्यता की दृष्टि से स्वतन्त्र व्यक्तित्व हो। घण्टे की टनटन अथवा बाँसुरी से होने वाली ध्वनि स्वन नहीं है। अ, आ, क्, ख्, A, B, C, D आदि को स्वन कहा जा सकता है। इनका प्रयोग भाषा में किया जाता है परन्तु भाषा में प्रयुक्त होते ही ये भाषिक प्रक्रिया का अंश बन जाते हैं। वस्तुतः स्वन मानव-मुख से उच्चरित होने वाली वह ध्वनि है जो भाषा में प्रयोग के योग्य होती है और भाषा में प्रयुक्त होने पर शब्द और अर्थ को सिद्ध करती है। यही स्वन अर्थवान होने पर स्वनिम की संज्ञा पाता है।

स्वनिम किसी भी भाषा की मूलभूत इकाई मानी जाती है इसकी परिभाषा देते हुए आचार्य देवेन्द्रनाथ शर्मा ने लिखा है–"स्वनिम उच्चरित भाषा का वह न्यूनतम अंश है जो ध्वनियों का अन्तर प्रदर्शित करता है।"[1]

डैनियल जोंस ने स्वनिम को इस प्रकार परिभाषित किया है–"किसी भाषा में स्वनिम सम्बन्धित (गुण में) ध्वनियों का परिवार होता है, जिसका कोई सदस्य किसी शब्द में इस प्रकार आता है कि उसी प्रकार के ध्वन्यात्मक सन्दर्भ में उसका कोई दूसरा सदस्य नहीं आ सकता।"[2]

ब्लॉख तथा ट्रेगर के अनुसार "स्वनिम ध्वन्यात्मक दृष्टि से समान ध्वनियों का समूह है जो किसी भाषा विशेष के उसी प्रकार के अन्य समस्त समूहों से व्यतिरेकी तथा अन्यापवर्जी होता है।"[3]

नेल्सन फ्रांसिस के शब्दों में–"स्वनिम एक या एक से अधिक ऐसे स्वन प्रकारों का समूह है जो ध्वन्यात्मक दृष्टि से समान तथा परिपूरक वितरण में होते हैं। विभिन्न स्वन प्रकार जो स्वनिम का निर्माण करते हैं, उसके सदस्य अथवा संस्वन कहलाते हैं। स्वनिम ऐसे स्वन प्रकारों का समूह है जो ध्वन्यात्मक दृष्टि से समान तथा 'परिपूरक वितरण' या मुक्त परिवर्तन में होते हैं।"[4]

उपर्युक्त परिभाषाओं में स्वनिम के अर्थभेदक होने की बात यद्यपि स्पष्ट रूप से नहीं कही गयी है, पर यह स्वनिम का एक महत्त्वपूर्ण तथ्य है। अतः स्वनिम की परिभाषा देते हुए कहा जा सकता है कि "स्वनिम एक अथवा अधिक ऐसे स्वन प्रकारों का समूह है जो ध्वन्यात्मक दृष्टि से परिपूरक वितरण में होते हैं। स्वनिम भौतिक यथार्थ न होकर मानसिक यथार्थ होते

हैं। ये प्रायः परस्पर अर्थ-भेदक होते है और व्यतिरेकी वितरण में आते हैं।"[5]

स्पष्ट है कि स्वनिम में वितरण का महत्त्वपूर्ण स्थान है वितरण के प्रमुख प्रकार निम्नलिखित है–

क) मुक्त परिवर्त या वितरण–जहाँ एक स्थिति में दो स्वन मुक्त रूप से आयें, किन्तु अर्थ में अन्तर न हो। उदाहरण के लिए बहुत से हिन्दी शब्दों में बहुत से लोगों के उच्चारण में क-क़ (क़ाननू-कानून) या ग-ग़ (गरीब-ग़रीब) मुक्त वितरण (free variation, free, distribution) में हैं। कह सकते हैं कि जब किसी शब्द की कुछ ध्वनियों में अन्तर होते हुए भी अर्थ में अन्तर नहीं आता तब वे ध्वनियाँ मुक्त वितरण में मानी जाती हैं।

ख) परिपूरक वितरण–जब दो अथवा अधिक ध्वनियों का वितरण इस प्रकार हो कि उनमें से कोई भी ध्वनि कभी भी ठीक उसी प्रकार की समान स्थितियों में एक-दूसरे के स्थान पर न आ सकें तो ये ध्वनियाँ परिपूरक वितरण में मानी जाती है। यदि इस प्रकार की सभी ध्वनियों में ध्वन्यात्मक समानता भी हो तो इन्हें एक ही स्वनिम के संस्वन माना जा सकता है। किसी स्वनिम की विभिन्न ध्वनियाँ जब परिपूरक वितरण में होती है, तब वे उस स्वनिम की संस्वन कहलाती हैं। उदाहरणार्थ, ला, ले, ली, लो में जीभ 'ल' का उच्चारण वर्त्स से करती हुई भी एक ही स्थान से नहीं करती। अतः इन ध्वनियों–ला, ले, ली, लो के 'ल' को $ल^1$, $ल^2$, $ल^3$ $ल^4$ मान सकते हैं।इस स्थिति में ये सभी ध्वनियाँ 'ल' की संस्वन होंगी।

ग) व्यतिरेकी वितरण–जब दो ध्वनियों का वितरण इस प्रकार हो कि दोनों एक ही परिवेश में आये और दोनों के आने से अर्थ बदल जाये। इस प्रकार के वितरण को व्यतिरेकी वितरण की संज्ञा दी जाती है। परिवेश से तात्पर्य ध्वनियों के निर्धारित स्थान से है। अर्थात् किसी शब्द आदि में कोई ध्वनि आरम्भ, मध्य अथवा अन्त जिस स्थान पर आती है, वही उस ध्वनि का परिवेश है। उदाहरण के लिए, लाली-काली, लाली-नाली, लो-दो, लग-पग आदि जिन शब्द-जोड़ों से दो ध्वनियों की अर्थभेदकता स्पष्ट होती है, उन्हें भाषाविज्ञान में न्यूनतम युग्म (minimal pair) अथवा न्यूनतम विरोधी युग्म कहते हैं। ऐसा जोड़ा या युग्म जिसके शब्दों के अर्थ अलग-अलग हो जिनमें ध्वनि के स्तर पर न्यूनतम अर्थात्, केवल एक का विरोध हो। अर्थात् 'लाली-काली' न्यूनतम युग्म हैं, क्योंकि इन दोनों शब्दों के दो अर्थ और ध्वनि हैं और ध्वनि के स्तर पर दोनों में एक ही अन्तर है- एक में 'ल' है तो दूसरे में 'क'। यह ध्यातव्य है कि किसी भाषा में जिन दो ध्वनियों के

न्यूनतम युग्य मिल जाते हैं, उस भाषा में वे दोनों ध्वनियाँ या स्वन स्वनिम होते हैं, उपस्वन नहीं।

उपर्युक्त चर्चा के बाद स्वनिम और संस्वन के भेद को डॉ. भोलानाथ तिवारी के अनुसार इस प्रकार देखा जा सकता है–

1. स्वनिम जाति के समान है तो उपस्वन/संस्वन व्यष्टि या व्यक्ति के समान होते हैं।
2. स्वनिम एक परिवार है जिसे अंग्रेजी में अम्ब्रैला टर्म (Umbrella Term) के रूप में प्रयुक्त भी किया जाता है किन्तु संस्वन उस परिवार का एक सदस्य है।
3. स्वनिम की सत्ता मानसिक होती है परन्तु संस्वन की सत्ता भौतिक होती है। हम स्वनिम का नहीं, संस्वन का उच्चारण करते हैं। संस्वनों के आधार पर ही स्वनिम का भावन किया जाता है।
4. स्वनिम अर्थ भेदक होते हैं अर्थात् भाषा-विशेष के स्वनिमों में, उस भाषा में अर्थभेद करने की क्षमता होती है। उदाहरणार्थ, हिन्दी के 'पल' और 'नल' शब्दों को लिया जा सकता है। इन दोनों शब्दों में 'प' और 'न' ध्वनि के कारण अन्तर है अर्थात् 'च्' और 'क्' हिन्दी में अर्थभेदक हैं, अतः ये स्वनिम हैं। इसके विपरीत यदि एक संस्वन के स्थान पर दूसरे संस्वन का प्रयोग कर दिया जाये तो अर्थ में अन्तर नहीं आता अर्थात् संस्वन अर्थभेदक नहीं होते। इस दृष्टि से संस्वन को स्वनिम का प्रतिनिधि माना जा सकता है।
5. किसी भी भाषा के स्वनिम परस्पर व्यतिरेकी वितरण में होते हैं जबकि संस्वन परस्पर परिपूरक वितरण अथवा मुक्त वितरण में होते हैं।
6. किसी भी भाषा के स्वनिम ध्वन्यात्मक दृष्टि से परस्पर मिलते-नहीं होते जबकि संस्वन ध्वन्यात्मक दृष्टि से मिलते-जुलते होते हैं।
7. स्वनिम अननुमेय होते हैं परन्तु संस्वन अनुमेय होते हैं। जो संस्वन जिस स्थान पर आता है, उससे भिन्न स्थान पर उसका प्रयोग नहीं किया जा सकता।
8. किसी भी भाषा में स्वनिमों की संख्या निश्चित होती है, किन्तु संस्वन संख्यातीत होते हैं।
9. भाषा में संस्वन की तुलना में स्वनिम अधिक महत्त्वपूर्ण माने जाते हैं।

स्वनिम के प्रकार

स्वनिम दो प्रकार के होते हैं–(1) खंड्य स्वनिम, (2) खंड्येतर स्वनिम।

खंड्य स्वनिम (Segemental)–खंड्य स्वनिम में वे ध्वनियाँ आती हैं जिनको अलग-अलग खंडित किया जा सके। तात्पर्य यह है कि जिन ध्वनियों को पृथक-पृथक बोला जा सकता है और स्वतन्त्र रूप से प्रयुक्त किया जा सकता है। इनकी स्वतन्त्र सत्ता होती है। काल और प्रयत्न की दृष्टि से इनका विश्लेषण किया जा सकता है। खंड्य स्वनिम में स्वर और व्यंजन आते हैं। खंड्य स्वनिम व्यक्त एवं विभाज्य हैं। खण्ड्य स्वनिम में स्वर और व्यंजन आते हैं। अ, इ, उ, क्, च् आदि को स्वतन्त्र रूप में पृथक्-पृथक् बोला और लिखा जा सकता है।

हिन्दी के स्वर स्वनिम

हिन्दी में परम्परागत रूप से निम्नलिखित स्वर मिलते हैं–अ, आ, इ, ई, उ, ऊ, ऋ, ए, ऐ, ओ, औ, अं, अः।

इनमें से 'ऋ' का उच्चारण 'रि' होता है, अतः यह स्वर न होकर 'र + इ' है। 'अं' स्वतन्त्र स्वर नहीं है, बल्कि अनुनासिक ध्वनि है। 'अः' का उच्चारण 'अह्' होता है, अतः यह भी स्वर + व्यंजन (अ + ह) है, स्वर नहीं। इस प्रकार उच्चारण की दृष्टि से हिन्दी में दस मानक स्वर हैं– अ, आ, इ, ई, उ, ऊ, ए, ऐ, ओ, औ।

हिन्दी में इन सभी दस स्वरों के न्यूनतम अथवा अल्पतम युग्म उपलब्ध हैं, जिनमें व्यतिरेकी वितरण प्राप्त होता है। अतः ये सभी ध्वनियाँ स्वनिम की दृष्टि से अर्थभेदक हैं–

	ई	इ	ए	ऐ	अ	आ	औ	ओ	उ	ऊ
ई	–	मिल मील	मेल मील	मैल मील	मल मील	माल मील	तौर तीर	कोट कीट	सुर सीर	कूट कीट
इ	–		मल मिल	मैल मिल	मल मिल	माल मिल	तौल तिल	मोल मिल	पुल पिल	ऊन इन
ए	–	–	–	मैल मेल	मल मेल	माल मेल	तौल तेल	मोल मेल	सुर सेर	तूल तेल
ऐ	–	–	–	–	पर पैर	पार पैर	ग़ौर गैर	मोल मैल	सुर सैर	फूल खैल
अ	–	–	–	–	–	माल मल	तौल तल	मोल मल	कुल कल	फूल फल
आ	–	–	–	–	–	–	तौल ताल	मोल माल	कुल काल	ऊन आन
औ	–	–	–	–	–	–	–	लोटना लौटना	लुटा लौटा	कूट लौट
ओ	–	–	–	–	–	–	–	–	लुटा लोट	लूट लोट
उ	–	–	–	–	–	–	–	–	–	सुर सुर

अर्थात्, ये आपस में व्यतिरेकी है तथा अर्थभेदक हैं।

एक अन्य पद्धति के अनुसार आदि, मध्य अथवा अन्त के स्वनिम और उसकी अनुपस्थिति में भी विरोध दिखाया जा सकता है। जैसे–

	प्रारम्भ	मध्य	अन्त
आ	आराम राम	काला कला	काला काल
इ	इनाम नाम	किन कन	कटि कट
ई	ईमान मान	पीर पर	पानी पान आदि

हिन्दी के व्यंजन स्वनिम

हिन्दी में प्रयुक्त होने वाले मानक व्यंजन हैं–

क	ख	ग	घ	ङ	क़	ख़	ग़
च	छ	ज	झ	ञ	ज़		
ट	ठ	ड	ढ	ण	ड़	ढ़	
त	थ	द	ध	न	न्ह		
प	फ	ब	भ	म	फ़	म्ह	
य	र	ल	व		ल्ह		
श	स	ह					

हिन्दी के अधिकांश व्यंजनों के उपर्युक्त प्रकार से न्यूनतम युग्म (minimal pairs) सहज ही उपलब्ध है–

क, ख, ग, घ / ड़ा	(कड़ा - खड़ा - गड़ा - घड़ा)
च, छ, ज, झ/ल	(चल - छल - जल - झल)
ट, ठ, ड, ढ / ट / ल	(टाट - ठाट, डाल- ढाल)
त, थ, द, ध / न	(तान - थान - दान - धान)
प, फ, ब, भ / ल	(पली - फली - बली - भली)
य, र, ल, व / म / ट	(यम - रम, लट - वट)
श, स, ह / ल	(शाल - साल - हाल)
न - न्ह	कान - कान्ह
म - म्ह	कुमार - कुम्हार
ल - ल्ह	आला - आल्हा

उपर्युक्त व्यंजनों में एक के स्थान पर दूसरे को रखकर भी न्यूनतम विरोधी युग्म बनाये जा सकते हैं–

कब - बक	मन - नम
गमन - मगन	दाल - लाद
टोक - कोट	लाश - शाल
ठगा - गठा	घाम - माघ आदि।

इसी प्रकार एक व्यंजन की अनुपस्थिति से भी यह विरोध दिखाया जा सकता है–

कमर - अमर	सोचना - सोना
गमन - अमर	लाठी - लाई
जोर - ओर	आधी - आयी
ठौर - और	कपड़ा - कड़ा
पाना - आना	आठ - आ आदि।

हिन्दी में पाँच व्यंजन भी हैं जिन्हें विदेश से आगत ध्वनियों में शामिल किया गया है। इन पाँचों ध्वनियों में ज़ और फ़ का प्रयोग तो प्रायः सुना जा सकता है, परन्तु क़, ख़, ग़ का प्रयोग भाषा का सजग प्रयोक्ता अथवा अरबी-फ़ारसी, उर्दू का जानकार वक्ता ही करता है। इन पाँचों ध्वनियों के न्यूनतम विरोधी युग्य उपलब्ध हैं–

ताक (देखना)	-	ताक़ (दीवार में बना हुआ आला)
खाना (भोजन)	-	ख़ाना (अलमारी का ख़ाना)
गौर (गोरा)	-	ग़ौर (ध्यान)
जरा (बीमारी)	-	ज़रा (कोड़ा)
फन (साँप का)	-	फ़न (हुनर)

जिन प्रयोक्ताओं की भाषा में क़, ख़, ग़, ज़, फ़ –क, ख, ग, ज, फ से भिन्न ध्वनियों के रूप में प्रयुक्त होते हैं उस स्थिति में ये ध्वनियाँ स्वनिम कहलाती हैं। परन्तु अनेक व्यक्ति इन्हीं मुक्त परिवर्त के रूप में अथवा एकांगी मुक्त परिवर्त के रूप में प्रयोग करते हैं। उनकी भाषा में ये ध्वनियाँ स्वनिम नहीं हैं अतः इन ध्वनियों को भी अकेन्द्रीय व्यंजन स्वनिम मानना चाहिए।

ङ, ञ, ण, न, म–ये पाँचों नासिक्य ध्वनियाँ हैं। परन्तु इनमें से तीन के न्यूनतम युग्म उपलब्ध हैं–

थन - थम, नाली- माली (न, म)

अनु - अणु (न, ण)

खंड्य स्वनिम की दृष्टि से त्रिलोचन की कविता पर हम दृष्टिपात करें। हम इनकी कविताओं में आये शब्दों के आरम्भ में व्यंजन और स्वर ध्वनियों के व्यतिरेकी वितरण में न्यूनतम अथवा अल्पतम युग्म अक्सर पाते हैं। छन्दोबद्ध कविताओं में ऐसी स्थितियों की बहुलता मिलती है। मगर गद्य की लय में लिखी रचनाओं में इनकी विरलता है। उदाहरण के लिए व्यंजनों-स्वनिमों के न्यूनतम युग्मों को इन पंक्तियों में लक्ष्य किया जा सकता है। उनकी बहुख्यात पंक्ति है–

"ध्वनियाँ पकड़ लिया करता हूँ। इस पर कोई
अर चिढ़े तो उसकी बुद्धि कहीं है खोई"[6]

इन पंक्तियों में आये तुकांत शब्द 'कोई' और 'खोई' में 'क' और 'ख' व्यंजन ध्वनियों के समान वातावरण में प्रयुक्त होने के कारण अर्थभेद उपस्थित हुआ है। इस प्रकार में दोनों व्यंजन ध्वनियाँ स्वनिम हैं और अर्थभेदक भी। इन ध्वनियों का प्रयोग स्वतन्त्र रूप से भी सम्भव है। इसी प्रकार निम्न पंक्तियाँ भी दृष्टव्य है–

"पकड़ रखूँ संग
कितने दिन कहाँ-कहाँ
रख लूँगा रंग"[7]

"सॉनेट सॉनेट सॉनेट सॉनेट क्या कर डाला
यह उसने भी अजब तमाशा। मन की माला"[8]

"नंगा है, अनजान है, कला-नहीं जानता
कैसी होती है क्या है, वह नहीं मानता।
... .
धरम कमाता है वह तुलसीदास रामायण
सुन पढ़ कर, जपता है नारायण नारायण"[9]

"बिस्तरा है न चारपाई है,
जिन्दगी खूब हमने पायी है।
कल अँधेरे में जिसने सर काटा,
नाम मत लो हमारा भाई है।
ठोकरें दर-ब-दर की थी हम थे,
कम नहीं हमने मुँह की खाई है।
कच्चे ही हो अभी त्रिलोचन तुम
धुन कहाँ वह सँभल के आयी है।"[10]

"महल खड़ा करने की इच्छा है शब्दों का
जिसमें सब रह सकें रम सकें लेकिन साँचा
ईंट बनाने का मिला नहीं है, अब्दों का
समय लग गया, केवल काम चलाऊ ढाँचा..."[11]

"देखा, मुझ को लाकर किस दुनिया में डाला
उसने, जहाँ भले स्वप्नों तक का तो ठाला"[12]

"आओ इस आम के तले
यहाँ घास पर बैठें हम
जी चाही बात कुछ चले
× × ×
बातों के टुकड़े जोड़े
संझा की बेला है यह
चुन-चुनकर तिनके तोड़े"[13]

"जिससे यह सारी दुनिया फिर राई-रत्ती
× × ×
इन्द्रधनुष-सी लहराती है पत्ती पत्ती"[14]

"वह सर्दी की रात और बातों की गर्मी
वह कठोरता गयी, रह गयी केवल नर्मी"[15]

"झीने झीने
कजरारे
चंचल
बादल!
छिपते दिपते"[16]

उपर्युक्त सभी पंक्तियों पर गौर करने पर पता चलता है कि सभी पंक्तियों में व्यंजन स्वनिमों के न्यूनतम विरोधी युग्म अन्त में आये हैं। वाक्य के मध्य नहीं यथा- [संग, रंग], [डाला, माला], [जानता, मानता], [रामायण, नारायण], [पाई, भाई, खाई, आई], [शब्दों, अब्दों], [साँचा, ढाँचा], [डाला, ठाला], [तले, चले], [रत्ती, पत्ती], [गर्मी, नर्मी], [छिपते, दिपते]। इनमें क्रमश [स, र], [ड, म], [ज, म], [र, न], [प, भ, ख, झ], [स, ढ], [ड, ठ], [त, च], [ग, न], [छ, द] व्यंजन स्वनिम है जो अर्थभेदक हैं।

इसी प्रकार कविता की पंक्तियों के मध्य भी व्यंजन स्वनिमों के न्यूनतम विरोधी युग्मों की उपस्थिति देखी जा सकती है। उदाहरणार्थ-

"अपनी कैसे कहूँ
यहाँ कौन कान सुनेगा
× × ×
इनको छोड़ और कौन
मेरी तान सुनेगा।"[17]

"बाह गहे कोई
अपरिचय के
सागर में
दृष्टि को पकड़कर
कुछ बात कहे कोई।"[18]

"द्वार अब जकड़ो मत खुला रक्खो
अपनों को सामने बुला रक्खो।
× × ×
अपने घर-बार को धुला रक्खो"[19]

"भेद हमारे यहाँ खुलेगा। दिला रहे हैं
हम मेंहदी से मर्म सत्य का, पिला रहे हैं।"[20]

"प्रखर काल की धारा पर तुम जमे हुए हो।
और वृक्ष गिर गये, मगर तुम थमे हुए हो।"[21]

उपयुक्त सभी पंक्तियों में दृष्टव्य है कि [कान, तान], [गहे, कहे], [खुला, बुला, धुला], [दिला, पिला], [जमे, थमे] में क्रमशः [क, त], [ग, क], [ख, ब, ध], [द, प], [ज, थ] दो भिन्न स्वनिम समान वातावरण में प्रयुक्त हुए हैं। सभी शब्द कविता की पंक्तियों के मध्य में जाये हैं जो काव्यात्मकता उत्पन्न कर रहे हैं।

त्रिलोचन ने एक ही कविता के भीतर दो भिन्न व्यंजन स्वनिमों का भी प्रयोग किया है यथा-

"मैंने इस घर में
टुन्न पुन्न नहीं देखी..."[22]
"गंगास्थान कर चली दासी, पीछे फक्कड़
ने एक दो तीन कह मारे, उसको लक्कड़"[23]

इन दोनों काव्य पंक्तियों में क्रमशः [ट, प], [फ, ल] दो भिन्न स्वनिम [न, क] व्यंजन द्वित्वों के समान वातावरण में प्रयुक्त हुए हैं।

व्यंजन द्वित्वों के समान ही संयुक्त व्यंजनों के वातावरण में भी स्वनिमों का प्रयोग त्रिलोचन की कविताओं में मिलता है। उदाहरण के लिए-

"चिन्ता तिल भर नहीं। जानता है वह रस्ते
ढो कर उन्हें छोड़ देते हैं आखिर सस्ते"[24]
"आलोचना जमेगी। आलोचक का दर्जा
मानो शेर जंगली सन्नाटे में गर्जा"[25]

ऊपर उद्धृत पंक्तियों को देखने पर ज्ञात होता है कि इनमें क्रमशः [र, स], [द, ग] स्वनिम संयुक्त व्यंजन के क्रमशः [स्ते] तथा [अर्जा] समान वातावरण में आये हैं। अतः ये अर्थभेदक हैं तथा स्वनिम हैं।

ध्यातव्य है कि त्रिलोचन की कविताओं में जितनी संख्या में व्यंजन स्वनिमों की उपलब्धता है उतनी मात्रा में स्वर स्वनिमों की नहीं। स्वर स्वनिमों के न्यूनतम युग्म इनकी कविताओं में न के बराबर हैं। भाषावैज्ञानिक दृष्टि से इसका एक बड़ा कारण यह भी है कि स्वर स्वनिम संख्या की दृष्टि से व्यंजन स्वनिमों की तुलना में कम हैं। यही वज़ह है कि व्यंजनों से बनने वाले शब्द भी संख्या में अधिक हैं। तो त्रिलोचन की कविताएँ भी इसका अपवाद नहीं हैं। शब्द में व्यंजन ही प्रमुख भूमिका में होते हैं। फिर भी एक-दो उदाहरण इस प्रकार है–

"छेदोंवाला कुर्त्ता, रूखे बाल, उपेक्षित
दाढ़ी-मूँछ, सफाई कुछ भी नहीं, अपेक्षित"[26]

"इधर उधर। 'क्या आरपार तुम होकर पाये"[27]

उपर्युक्त पंक्तियों में [उ] और [अ] तथा [इ] और [उ] स्वर समान वातावरण में प्रयुक्त होते हुए भी अर्थभेद उत्पन्न कर रहे हैं। अतः ये स्वर स्वनिम हैं।

स्वनिमिक दृष्टि से निम्नलिखित महत्त्वपूर्ण पंक्तियाँ भी देखी जा सकती है जिनमें शब्द के मध्य समान वातावरण में दो भिन्न व्यंजन स्वनिमों की उपस्थिति है। यथा–

"पूरे पूरे, इन्हें हवा ने ही उधेड़ा
× × ×
तपी भूमि से, और चाह ने इन्हीं उखेड़ा"[128]

दृष्टव्य है कि उपर्युक्त पंक्तियों में [ध] और [ख] दो भिन्न व्यंजन हैं जो समान वातावरण में प्रयुक्त होने पर अर्थ भेद उत्पन्न कर रहे हैं। महत्त्वपूर्ण यह है कि शब्दों के मध्य भी स्वनिमों के न्यूनतम युग्म त्रिलोचन की कविताओं में भले ही कम संख्या में पर उपलब्ध अवश्य हैं।

खंड्येतर स्वनिम–हिन्दी में पाँच खंड्येतर स्वनिम माने जाते हैं– बलाघात, अनुतान, दीर्घता (मात्रा), अनुनासिकता, संहिता (संगम या विवृत्ति)। क्रमानुसार पाँचों का विस्तार से विश्लेषण अपेक्षित है।

बलाघात–अवसर वार्तालाप के समय ऐसा होता है कि वाक्य के किसी अंश पर अधिक बल दिया जाता है और किसी पर कम। वाक्य के सभी पदों पर समान बल या ज़ोर नहीं दिया जाता। इसी तरह एक शब्द की सभी ध्वनियों पर भी बराबर बल नहीं पड़ता। बल के आधिक्य एवं मात्रा की

परिवर्तनीयता प्रयोक्ता पर तथा विषय सन्दर्भ पर भी निर्भर करती है। यह महत्त्वपूर्ण है कि भाषा की कोई भी ध्वनि पूर्णतः बलाघातहीन नहीं होती। बलाघात पदगत और वाक्यगत दोनों प्रकार का होता है। बलाघात की परिभाषा देते हुए डॉ. भोलानाथ तिवारी ने लिखा है–"बलाघात उच्चारण-शक्ति की वह मात्रा है जिससे किसी भषिक इकाई (ध्वनि, अक्षर, शब्द, वाक्यांश, वाक्य) का उच्चारण किया जाता है तथा जो उच्चारण के लिए भीतर से आती हुई हवा की तीव्रता एवं उच्चारण से सम्बद्ध मांसपेशियों की दृढ़ता पर निर्भर करती है।"[29]

बलाघात की व्यवस्था सभी भाषाओं में भिन्न प्रकार की है। अंग्रेजी में अक्षर बलाघात भी स्वनिमिक होता है। जैसे–अंग्रेजी का शब्द 'Present' है। 'Present' में यदि 'pre-' पर बलाघात है तो यह संज्ञा है और यदि '- sent' पर है तो क्रिया। किन्तु हिन्दी में यह स्वनिमिक नहीं है। हिन्दी में पद, वाक्यांश और वाक्य स्तर पर बलाघात सार्थक एवं स्वनिमिक होता है। उदाहरणार्थ–

<u>आज</u> मोहन स्कूल जायेगा
आज <u>मोहन</u> स्कूल जायेगा।
आज मोहन <u>स्कूल</u> जायेगा

इन तीनों वाक्यों को देखने पर पता चलता है कि पहले वाक्य में 'आज' पर बल है अर्थात् मोहन कल नहीं, आज ही स्कूल जायेगा। दूसरा वाक्य द्योतित करता है कि मोहन ही स्कूल जायेगा, कोई अन्य नहीं। तीसरे वाक्य में 'स्कूल' पर बलाधिक्य है जो दर्शाता है कि <u>मोहन</u> स्कूल के अलावा अन्यत्र कहीं नहीं जायेगा। इस प्रकार किसी शब्द पर जब अपेक्षाकृत अधिक बल डाला जाता है तो उस वाक्य के अर्थ में थोड़ा परिवर्तन आ जाता है। इसीलिए बलाघात का प्रयोग किया जाता है। विद्वानों ने बलाघात कई प्रकार के बताये हैं। ध्वनि-बलाघात, अक्षर-बलाघात, शब्द-बलाघात, वाक्य-बलाघात। 'ध्वनि बलाघात' वह है जो किसी एक ध्वनि (स्वर या व्यंजन) पर हो। यदि किसी अक्षर में एक से अधिक ध्वनियाँ हों तो देखा जाता है कि उनमें एक ध्वनि उस अक्षर का शिखर होती है और शेष गह्वर। अधिक बलाघात अपेक्षाकृत उस शिखर पर ही होता है। जैसे- 'राम' शब्द को लें। इस अक्षर का शिखर बीच का आ (र् + अ + आ + म) है। इसमें 'आ' पर ही अधिक बल है। शेष अन्य ध्वनियाँ इसी अभाव के चलते गह्वर हैं।

'अक्षर बलाघात' वह है जो अक्षर पर हो। यदि किसी शब्द में एक से

अधिक अक्षर हैं तो प्रायः देखा जाता है कि एक अक्षर पर बल अधिक होता है, दूसरे तथा अन्य अक्षरों पर तुलनात्मक रूप से कम। अंग्रेजी भाषा का उदाहरण इस सन्दर्भ में पीछे दिया जा चुका है। एक से अधिक अक्षर वाले शब्दों में एक अक्षर को बलाघात युक्त (stressed) कहते हैं तो अन्यों को बलाघातहीन (unstressed) तथा कुछ को अल्पबलाघातयुक्त (weak-stressed) कहते हैं।

'शब्द-बलाघात' वह है जिसमें किसी शब्द पर अधिक बल रहता है। वैसे तो एक सामान्य वाक्य में सभी शब्दों पर लगभग समान बलाघात रहता है। किन्तु आवश्यकतानुसार इसके किसी एक शब्द पर अपेक्षाकृत अधिक बल डाला जा सकता है ताकि वाक्य के अर्थ में थोड़ा परिवर्तन किया जा सके। 'आज मोहन स्कूल जायेगा' शब्द बलाघात का ही उदाहरण है। शब्द बलाघात में यह बात ध्यान देने की है कि इसमें बलाघात निश्चित न होकर मुक्त या अनिश्चित होता है और सन्दर्भ की माँग के अनुसार वक्ता किसी भी शब्द पर बल डाल सकता है। दूसरी महत्त्वपूर्ण बात यह है कि इस बलाघात का सीधा सम्बन्ध अर्थ से है। थोड़ा भी फेरबदल करने से अर्थ प्रभावित हो जायेगा। शब्द बलाघात मुख्यतः संज्ञा, सर्वनाम, विशेषण, प्रधान क्रिया और क्रिया-विशेषण पर होता है।

'वाक्य-बलाघात' वह है जिसमें यों तो सामान्य सम्प्रेषण व्यापार में वाक्य बलाघात की दृष्टि से लगभग समान होते हैं पर यदा-कदा आश्चर्य, विस्मय, आज्ञा, अनुरोध या प्रश्न आदि से सम्बद्ध होने पर किसी वाक्य पर अपने आसपास के वाक्यों से अधिक जोर दिया जाता है। ऐसे वाक्यों में कभी-कभी तो बल कुछ ही शब्दों पर होता है तो कभी-कभी पूरे वाक्य पर ही। उदाहरण के लिए वार्तालाप के एक खंड को लिया जा सकता है–

"मोहन - आज सब्जी अच्छी बनी है।

मीना - अच्छा! अच्छी बनी है कि मैंने अच्छी बनायी है! रोज़ नहीं बनती?

मोहन - नहीं, आज अच्छी नहीं है।

देखने पर ज्ञात होता है कि मोहन ने 'आज अच्छी बनी है' वाक्य को दो बार दोहरा कर इस बात पर बल देने की कोशिश की है कि मीना द्वारा आज सब्जी अच्छी बनायी गयी है, अन्यथा रोज नहीं बनती। इस प्रकार यह 'वाक्य बलाघात' का सशक्त उदाहरण है। इसमें सोद्देश्य बलाघात एक वाक्य पर दिया गया है। ऐसा करने से वाक्य में अर्थ की अनेक परतें खुलने लगती हैं जो वक्ता की अपनी स्थिति एवं सन्दर्भ पर निर्भर करती है।

साहित्यिक विधाओं में उपन्यास, कहानी आदि को छोड़कर कविता ऐसी विधा है जिसमें कवि अपने अर्थ की प्राप्ति के लिए कमोबेश इन चारों प्रकार के बलाघातों का प्रयोग करता है। कविता तो वैसे भी पढ़ने और सुनने की चीज़ है। पाठ करने वाले प्रयोक्ता की अपनी मनोवृत्ति भी कविता के अंशों पर बलाघात की स्थिति को आमंत्रित करती है। बल के अन्तर से एक ही कविता के अनेक अर्थ पाठक के समक्ष उपलब्ध हो सकते हैं। कविता आनन्द की वस्तु है पर उसके अर्थ की तह तक जाये बिना उसका आस्वादन अधूरा रह जाता है। भाषावैज्ञानिक उपकरण बलाघात कविता के वास्तविक आस्वादन में पाठक की बहुत मदद करता है। कवि त्रिलोचन की कविताएँ भी इससे अछूती नहीं हैं। ध्यातव्य है कि एक कविता वाचक उसी कविता को दूसरे वाचक से भिन्न तरीके से पढ़ेगा। अतः यह वक्ता-सापेक्ष उपकरण अधिक है। त्रिलोचन की कविताओं में इसके कुछेक उदाहरण मिलते हैं जिनका विश्लेषण आगे किया जायेगा।

सुर या अनुतान—जिस प्रकार बलाघात में सभी ध्वनियाँ बराबर बल देकर नहीं बोली जाती। उसी प्रकार वाक्य की सभी ध्वनियाँ हमेशा एक सुर में नहीं बोली जाती। 'सुर' वस्तुतः स्वरतन्त्रियों के कम्पन पर निर्भर करता है। हम जानते हैं कि घोष ध्वनियों के उच्चारण में स्वरतन्त्रियों में कम्पन होता है। इन स्वरतन्त्रियों में प्रति सेकण्ड होने वाली कम्पन-आवृत्ति ही सुर कहलाती है। यह कम्पन यदि तेज गति से होता है तो उसे ऊँचा सुर और यदि धीमी गति से होता है तो उसे नीचा या निम्न सुर कहा जाता है। सुर का यह उतार-चढ़ाव वक्ता की इच्छा, भाषा की प्रकृति, और बातचीत की परिस्थिति पर अधिक निर्भर करता है। इन परिस्थितियों में सुर संगीत के सरगम की तरह ऊँचा-नीचा होता रहता है। वास्तव में बलाघात की तरह ही सुर भी मूलतः एक मनोवैज्ञानिक प्रक्रिया है। प्रत्येक व्यक्ति वैज्ञानिक दृष्टि से ठीक एक सुर में कभी नहीं बोलता। भाषा और स्वाभाविक गति में प्रयुक्त सुर-उच्चता या सुर-निम्नता तथा भावात्मक स्थिति के कारण सुर का आरोह-अवरोह एक व्यक्ति भाषा में भी अलग मिलता है। इस आरोह-अवरोह का अनुपात एक भाषाभाषी लोगों में प्रायः समान होता है। उदाहरण के लिए बिहार प्रदेश की प्रमुख बोली भोजपुरी प्रयोक्ता शब्दों तथा वाक्यों को लम्बा करके बोलते हुए सुने जा सकते हैं। यदि उन्हें कहना है कि 'क्या आप जा रहे हैं?' तो इसके लिए वे 'क्या' प्रश्नवाचक शब्द प्रयुक्त करने की आवश्यकता नहीं समझते और 'आप जा रहे हैं?' बोलते हुए 'हैं' शब्द को अधिक लम्बा खींच देते हैं।

जिसका अर्थ यह होता है कि यहाँ प्रश्न किया जा रहा है। यह सुर का चढ़ाव अर्थ-भेद उत्पन्न करता है। वाक्य सामान्य से परिवर्तित होकर प्रश्नसूचक हो जाता है। भोजपुरी बहुल प्रदेश के सभी निवासियों में कमोबेश यह प्रवृत्ति देखने को मिलती है।

सुर / अनुतान वाक्य-स्तर पर तो स्वनिमिक है ही, चीनी आदि कुछ भाषाओं में शब्द स्तर पर भी अर्थ को प्रभावित करता है। उदाहरणार्थ, चीनी भाषा में 'ब' के तीन अर्थ हैं- महिला (उदात्त सुर), उमेठना (उच्च सुर) राजा का कृपापात्र (अति उच्च सुर)।

विश्व की भाषाओं को अनुतान की दृष्टि से दो श्रेणियों में रखा जा सकता है- तान (ज्वदम) भाषाएँ, (जैसे- चीनी, बर्मी, आदि) अतान भाषाएँ (जैसे- हिन्दी, अंग्रेजी आदि)। तान भाषाओं में अनुतान से शब्द का अर्थ भी बदल जाता है तथा उसका कोशार्थ भी किन्तु अतान भाषाओं में केवल, आश्चर्य, प्रश्न, अनिच्छा, आज्ञा आदि का अतिरिक्त भाव ही सामान्य कथन से ऊपर अभिव्यक्त किया जा सकता है। एक उदाहरण दृष्टव्य है–

सामान्य कथन, प्रश्न, आश्चर्य आदि का प्रकटन

राम गया।	(सामान्य कथन)
राम गया?	(प्रश्न सूचक कथन)
राम गया!	(आश्चर्य सूचक कथन)

दीर्घता–कुछ भाषावैज्ञानिक दीर्घता को मात्रा कहने के पक्ष में हैं। परन्तु संस्कृत और हिन्दी में 'मात्रा' शब्द के तात्पर्य ह्रस्व, दीर्घ, और प्लुत स्वरों से है। भाषाविज्ञान में स्वनिम के सन्दर्भ में दीर्घता से आशय व्यंजन शब्दों की दीर्घता से है। अतः इसके लिए मात्रा शब्द का प्रयोग ठीक नहीं होगा। व्यंजन शब्दों की दीर्धता के कारण अनेक विद्वान इसे व्यंजन विस्तार कहना भी श्रेयस्कर मानते हैं।

दीर्घता से तात्पर्य है–किसी व्यंजन का देर तक उच्चरित रूप। यह प्रायः अल्पप्राण व्यंजनों के साथ ही होता है। दो महाप्राण ध्वनियों को देर तक उसी रूप में नहीं बोला जा सकता। ऐसी स्थिति में पहली महाप्राण ध्वनि अल्पप्राण हो जाती है (जैसे–अद्धा, रक्खा आदि।) किन्तु अल्पप्राण ध्वनि को लम्बे समय तक उच्चरित किया जा सकता है। वास्तव में जहाँ लेखन में दो अल्पप्राण व्यंजन संयुक्त रूप में नजर आते हैं, वहाँ उच्चारण में वे एक अल्पप्राण ध्वनि के दीर्घ रूप या दीर्घ व्यंजन ही होते हैं, जैसे-कट्टा, खट्टा, बग्गी, सच्चा आदि। यहाँ यह भी ध्यातव्य है कि दो स्वरों के मध्य प्रयुक्त

होने वाले एक ही व्यंजन के दीर्घ रूप इन व्यंजनों का प्रथमांश प्रथम स्वर के साथ तथा द्वितीयांश अन्तिम स्वर के साथ उच्चरित किया जाता है जैसे- चक / की, बग / गी आदि।

दीर्घता के अन्तर्गत यह ध्यान रखना आवश्यक है कि मात्र दो समान अल्पप्राण ध्वनियों के निकट आ जाने को ही दीर्घता की संज्ञा नहीं दी जा सकती। यथा–

बनना – बन् / ना (क्रिया)

बन्ना – बन् / ना (दूल्हा)

उपर्युक्त दो शब्दों में से दूसरा शब्द ही दीर्घता के अन्तर्गत रखा जायेगा।

दीर्घता का प्रयोग भाषाई आवश्यकता के कारण तो होता ही है, अनेक बार अनायास भी होता है। यदि वक्ता बोलते समय अचानक कुछ सोचने लगता है तो कई बार यह व्यंजन दीर्घ हो जाता है। असावधानी अथवा वाक्यन्त्र की ख़रीबी भी व्यंजन दीर्घता का परिणाम हो सकती है। दीर्घता का स्वनिमिक महत्व भी है। इसके उच्चारण में दुगुना समय लगता है और अर्थ भेद उत्पन्न होता है। हिन्दी में इसके न्यूनतम विरोधी युग्म उपलब्ध हैं–

कटा	अमा
कट्टा - (छोटी बारी)	अम्मा
मिटी	सटा
मिट्टी - (धूल)	सट्टा आदि।
रमा	
रम्मा (खोदने का औजार)	

अनुनासिकता–परम्परागत व्याकरण के अनुसार अनुनासिकता स्वर का भाग है। किन्तु वास्तव में यह न स्वर, है व्यंजन। यह स्वरों के साथ प्रयुक्त होता है, इसलिए इसे स्वर-रजंक नाम से भी अभिहित किया जाता है। इसके उच्चारण में वायु मुख-विवर के साथ-साथ नासिका-विवर से भी बाहर निकलती है। हिन्दी में सभी स्वरों का अनुनासिकता-पूर्ण उच्चारण सम्भव है–

अं	–	अंक	ऊँ	–	पूँछ, ऊँच, ऊँट
आं	–	पाँव	एं	–	फेंकना, सेंकना
इं	–	इंच	ऐं	–	भैंस
ईं	–	सींग	ओं	–	जोंक, ओंकार
उं	–	कुंड, पुंज, झुंड	औं	–	भौंकना, छौंकना

ध्यातव्य है कि शिरोरेखा के ऊपर यदि कोई मात्रा नहीं है तो अनुनासिका को अंकित करने के लिए चन्द्रबिन्दु का प्रयोग किया जाता है। यदि मात्रा हो तो सुविधा के लिहाज़ से केवल बिन्दु का प्रयोग किया जाता है। हिन्दी के शब्दों में अनुनासिकता तीन प्रकार की मिलती है–

क) शब्दों में अनुनासिकता एक प्रकार की वहाँ होती है, जिनका विकास मूल नासिक्य ध्वनियों से हुआ हो। आचार्य किशोरी दास वाजपेयी ने बताया है कि हिन्दी अनुनासिक प्रधान है और संस्कृत अनुस्वार प्रधान। जब भी हिन्दी भाषा किसी संस्कृत शब्द को तद्भव रूप देती है तब अनुस्वार तथा ङ्, न् आदि का लोप कर उसके स्थान पर अक्सर स्वर को अनुनासिक बना देती है। मुख्य प्रवृत्ति यही काम करती है। जैसे- अङ्गुष्ठ–अँगूठा, दन्त–दाँत, कण्टक–काँटा आदि। ऐसे स्थलों पर नासिक्य व्यंजन के पूर्व का ह्रस्व स्वर दीर्घ स्वर में परिवर्तित हो जाता है।

ख) जब किसी शब्द में निकटवर्ती ध्वनि नासिक्य ध्वनि हो तो उसके आसपास की अन्य ध्वनियों में भी अनुनासिकता विकसित हो जाती है जैसे– माँमाँ (मामा), नाँनाँ (नाना), प्राँण (प्राण) इत्यादि। नासिक्य ध्वनि के अभाव में ऐसा नहीं होता- चाचा, पापा आदि। महत्त्वपूर्ण यह है कि यह अनुनासिकता केवल उच्चारणक्रम में दृष्टिगत होती है, लेखन-क्रम में नहीं।

ग) तीसरे प्रकार की अनुनासिकता वहाँ है जो अकारण ही स्वतः विकसित हो गयी है, जैसे–आँख (अक्षि), ऊँट (उष्ट्र), भौं (भ्रू) आदि। इस अनुनासिकता का उच्चारण और लेखन दोनों स्तरों पर पालन किया जाता है।

अनुनासिकता के कारण हिन्दी में शब्दों में अर्थ-भेद हो जाता है, अतः हिन्दी में यह स्वनिम है। इसके न्यूनतम विरोधी युग्म उपलब्ध हैं–

बेदी – बेंदी
रग – रंग
सास – साँस
गोद – गोंद
चौका – चौंका
है – हैं
दाव – दाँव
चिड़िया – चिड़ियाँ
भाग – भाँग
सवार – सँवार

संहिता (विवृत्ति)–सामान्यत: दो ध्वनियों के बीच मिलने वाले मौन या विराम को संहिता कहा जाता है। बोलने में एक ध्वनि के बाद दूसरी ध्वनि आती रहती है। वक्ता एक ध्वनि समाप्त करके दूसरी का उच्चारण करता है। एक ध्वनि से दूसरे पर जाना दो प्रकार होता है। कभी तो हम सीधे चले जाते हैं और दोनों ध्वनियों के बीच में कुछ नहीं आता। वास्तव में एक ध्वनि से दूसरी पर जाना 'संक्रमण' और दो ध्वनियों में उच्चारण के बीच का मौन 'विराम' कहा जाता है। और इन दोनों को संयुक्त रूप से संहिता। उदाहरणार्थ, तुम्हारे में 'म्' के बाद 'ह्' सीधे आ जाता है। किन्तु कभी एक ध्वनि से दूसरी पर जाना ऐसा नहीं होता। जैसे–'तुम् हारे' में ध्वनियाँ वहीं हैं, किन्तु 'म्' के बाद जाना 'तुम्हारे' जैसा नहीं है। यहाँ 'म्' और 'ह्' के बीच में थोड़ा अवकाश, विराम अथवा मौन है। ध्यातव्य है कि यह संगम सार्थक है। यदि ऐसा न हो तो 'तुम हारे' का अर्थ 'तुम्हारे' हो जायेगा। संहिता को भाषाविज्ञान में धन (+) द्वारा अंकित किया जाता है, इसीलिए इसका एक नाम धन-संगम (Plus-juncture) भी है। यह हमेशा शब्दों के बीच में आता है, अर्थात् वाक्यांश की सीमाओं के भीतर ही आता है, इसलिए कुछ लोग इसे 'आन्तरिक संगम' (Internal juncture) भी कहते हैं। हिन्दी में विराम मुख्यत: तीन स्थितियों में दिखाई देता है–

क) असमस्थानीय ध्वनियों के होने पर एक ध्वनि से दूसरी ध्वनि तक जाना, जैसे–'अनु' में 'अ' स्वर ध्वनि से नासिक्य व्यंजन 'न' तक जाना। यह संक्रमण इतना तीव्र गति से होता है कि वक्ता को इसका आभास नहीं होता। यह संक्रमण व्यवधान रहित होता है।

ख) जब वक्ता अर्थ के स्पष्टीकरण के लिए थोड़ी देर विराम होता है, यदि ऐसा न किया जाये तो उच्चारित शब्द का अर्थ बदल जाता है, जैसे–'तुम पी ली हो'। 'तुम पीली हो'। स्पष्ट है कि यहाँ 'पी' और 'ली' के मध्य यदि प्रयासपूर्वक मौन न रखा जाये तो अर्थ परिवर्तित हो जायेगा।

ग) वाक्यीय स्तर पर अर्थ की स्पष्टता को कायम रखने के लिए अथवा साँस लेने के लिए विराम लेना। जैसे-खा मत, जा। खा, मत जा। आदि।

ध्यातव्य है कि किसी भी कविता के लेखकीय अर्थ को शत प्रतिशत समझ पाना तो नामुमकिन है। हाँ, कविता की पंक्तियों के बीच निहित कवि के अभीष्टार्थ के समीप पहुँचने की कोशिश भर की जा सकती है। और,

इसका एकमात्र ज़रिया है–पंक्तियों में यथास्थान प्रयुक्त खंडेतर स्वनिमों की पहचान तथा उनके स्वनिमिक महत्व की समझ। यानी खंडेतर स्वनिमों से आवेशित कविता के प्रत्येक पद और पंक्ति की अर्थगत भिन्नता को उनके विश्लेषण के आधार पर ही समझा जा सकता है। आज कविता के सन्दर्भ में देरिदा के जिस विखंडनवाद के आधार पर कविता की भिन्नार्थता या विविधार्थता की बात की जाती है उसका एक बुनियादी कारण प्रत्येक पाठक का अपने–अपने तरीके से कविता के पदों और पंक्तियों पर खंड्‌येतर स्वनिमों का प्रयोग और आरोप भी है।

खंड्‌येतर स्वनिमों बलाकात, अनुतान, दीर्घता, अनुनासिकता तथा संहिता के विषय में सैद्धान्तिक चर्चा के बाद तथा कविता में इनकी महत्ता उल्लेखित करने के पश्चात् कवि त्रिलोचन की कविता में इन स्वनिमों की उपलब्धता की खोज अनिवार्य है। इस दृष्टि से 'तुम्हें सौंपता हूँ' कविता दृष्टव्य है–

"फूल मेरे जीवन में आ रहे हैं
सौरभ से दसों दिशाएँ
भरी हुई हैं।
मेरा जी विह्वल है
मैं किस से क्या कहूँ"[30]

उपर्युक्त पंक्तियाँ कविता का प्रथमांश हैं। इनमें कवि अपने पुलकित मन की प्रसन्नता को सूचित कर रहा है। इसमें अन्तिम पंक्ति में निहित 'किससे' पर बल है। यहाँ 'किस' और 'से' के बीच संहिता या विराम का प्रयोग भी दृष्टव्य है। यहाँ यदि संहिता/विराम का प्रयोग नहीं होता तो 'किस्से' पढ़ा जाता जो कि अर्थ की दृष्टि से भिन्न मायने रखता है। अतः यहाँ संहिता का स्वनिमिक महत्व है।

इसी प्रकार,

"अच्छे आये समीर,
जरा ठहरो
फूल जो पसन्द हों, उतार लो
शाखाएँ, टहनियाँ
हिलाओ, झकझोरों,
जिन्हें गिरना हो गिर जायें
जायँ जायें"[31]

इन पंक्तियों में 'जो' शब्द पर विशेष बल है। कवि का आग्रह है कि अपने रुचि के अनुसार 'जो' फूल तुम्हें प्रिय हो, उसे उतार लो। यह भी

उल्लेखनीय है कि यहाँ पर 'उतार लो' में अनुतान मौजूद है। अवरोही तान में कवि समीर से आग्रह कर रहा है। 'ज़रा ठहरो' भी इसी दृष्टि से देखा जा सकता है। शाखाएँ, टहनियाँ में विराम की स्थिति है।

"पत्र-पुष्प जितने भी चाहो
अभी ले जाओ
जिसे चाहो, उसे दो
लो
जो भी चाहो लो"[32]

इन पंक्तियों में देखा जा सकता है कि 'जिसे चाहो', तथा 'उसे दो' में तान-अनुतान की स्थिति है। 'जिसे चाहो' में आरोही तान मौजूद है तो 'उसे दो' में अवरोही अनुतान लक्षित हो रही है। इन्हीं पंक्तियों में 'जो' पर पुनः बलाघात है। यानी कवि बार-बार यह स्पष्ट कर रहा है कि बिना किसी पर निर्भर हुए, अपने मन के मुताबिक चयन किया जाये। किसी दवाब की कोई गुंजाइश नहीं है।

"एक अनुरोध मेरा मान लो
सुरभि हमारी यह
हमें बड़ी प्यारी है
इस को सँभाल कर जहाँ जाना
ले जाना
इसे
तुम्हें सौंपता हूँ"[33]

इन पंक्तियों में 'यह' के बाद संहिता अर्थात् विवृत्ति का प्रयोग किया गया है। इसीलिए इस तीन पदीय वाक्य में 'यह' पर बलाघात का प्रयोग किया गया है। 'सुरभि' विशेष पर बल देने के लिए ऐसा किया गया है। यहाँ पुनः 'जहाँ जाना' तथा 'ले जाना' में तान-अनुतान की स्थिति है। तथा, अन्तिम पंक्ति में 'इसे' शब्द पर विशेष बलाघात है। इस विश्वास के साथ कि यह सुरभि जो हमें बहुत प्रिय है, इसे तुम्हारे सुरक्षित हाथों में सौंप रहे हैं।

त्रिलोचन की एक अन्य लघु कविता विराम तथा बलाघात खंड्येतर स्वनिमों की दृष्टि से महत्वपूर्ण है। यथा–

"और, थोड़ा, और, आओ पास
मत कहो अपना कठिन इतिहास
मत सुनो अनुरोध, बस चुप रहो
कहेंगे सब कुछ तुम्हारे श्वास"[34]

उपर्युक्त कविता में दृष्टव्य है कि और, थोड़ा और, आओ पास में अर्द्धविराम का प्रयोग किया गया है। ऐसा करने के पीछे कारण यह है कि प्रथम पंक्ति को एक श्वास में पढ़ा नहीं जा सकता। यदि ऐसा किया जाये तो कविता की मूल ध्वनि व्यंजित नहीं हो पायेगी। कवि धीरे-धीरे तथा पूर्ण रूप से समीप आने का आग्रह कर रहा है। यह सामीप्य मौन धारण किये हुए है, जिसमें केवल श्वास ही सबकुछ कहेंगे। यही कारण है कि कवि ने 'तुम्हारे श्वास' पद को अन्त में लिखकर उस पर विशेष बल दिया है कि मुख से बोलकर कुछ भी कहने की आवश्यकता नहीं है। श्वासों की बोली ही पर्याप्त है। यह छोटे-छोटे वाक्यों की कविता है जिसके निहितार्थ खंड्येतर स्वनिमों की सहायता से खुलकर सामने आते हैं।

इस प्रकार देखा जा सकता है कि काव्य-पाठ के क्रम में कवि द्वारा प्रतिपादित अर्थ को ग्रहण करने के लिए कविता में उचित बिन्दुओं पर खंडेतर स्वनिमों का प्रयोग कर कविता की शक्ति एवं सौन्दर्य में वृद्धि की जा सकती है।

4.2 शब्द-प्रयोग

भाषा की इकाई वाक्य है। वाक्य शब्दों में बाँटा जा सकता है और शब्द ध्वनियों में। एक ध्वनि या एकाधिक ध्वनियों से शब्द निर्मित होता है और एक शब्द या एकाधिक शब्दों से वाक्य बनता है। यदि थोड़ा गहराई से सोचा जाये तो ज्ञात होगा कि कोश में दिये गये सामान्य 'शब्द' और वाक्य में प्रयुक्त 'शब्द' एक नहीं हैं। वाक्य में प्रयुक्त शब्द अन्य शब्दों से अपना सम्बन्ध दिखला या बाँध सकते हैं किन्तु 'कोश' में दिये गये शब्दों की ऐसी स्थिति नहीं होती। यदि वाक्य के शब्द एक-दूसरे से सम्बन्ध स्थापन न कर सकें तो वाक्य का निर्माण नहीं हो सकता। इसका तात्पर्य है कि शब्दों के दो रूप होते हैं। एक शुद्ध रूप या मूलरूप जो कोश में प्राप्त होता है और दूसरा वह रूप जो किसी प्रकार के सम्बन्धतत्व की अपेक्षा रखता है। वाक्य में प्रयुक्त यह दूसरा रूप ही 'पद' या 'रूप' कहलाता है। संस्कृत में शब्द या मूलरूप को 'प्रकृति' या प्रातिपदिक कहा गया है और सम्बन्ध स्थापन के लिए प्रयुक्त होने वाले तत्व को 'प्रत्यय'। वाक्य में इन दोनों का प्रयोग होता है और दोनों मिलकर 'पद' या 'रूप' बनाते हैं। उदाहरण के लिए 'राधा ने' एक वाक्य का अंश है। इसमें 'राधा' शब्द है और 'ने' सम्बन्धतत्व है। दोनों को मिलाकर 'राधा ने' रूप या पद बना है। ऐसे ही उसने (उस + ने), राम

को (राम + को), पीटा (पीट + आ) आदि भी रूप हैं। इस प्रकार 'शब्द' को वाक्य में प्रयुक्त होने के योग्य बना लेने पर उसे पद या रूप की संज्ञा से अभिहित किया जाता है।

'पद' शब्द पर ही आधारित होते हैं, अतः शब्द-रचना पर विचार करना अनिवार्य है।

शब्द या वर्ड (word) समान रूप से भारतीय एवं पाश्चात्य भाषाविज्ञान या पारम्परिक व्याकरणों की एक अत्यन्त मूलभूत एवं महत्त्वपूर्ण भाषिक संकल्पना है। आधानुक भाषाविज्ञान यद्यपि शब्द को एक सार्वत्रिक (Universal) व्याकरणिक इकाई या रूप के रूप में स्वीकार करता है, परन्तु भाषा-विश्लेषण में वाक्य, रूपिम और स्वनिम के बीच में शब्द को रखकर उसका विश्लेक्षण करता है। साथ ही पाश्चात्य विद्वान पारम्परिक व्याकरण शास्त्र के समान अब भी शब्द को वाक्य के एक घटक के रूप में स्वीकार करते हैं यद्यपि शब्द के लिए ऐसी सर्वसम्मत सार्वत्रिक परिभाषा आधुनिक भाषाविज्ञान नहीं दे सका है जो सभी भाषाओं पर समान रूप से चरितार्थ होती हो। आशय यह है कि आधुनिक भाषाविज्ञान में शब्द को मूलतः एक व्याकरणिक रूप ही माना जाता है तथा उसकी परिभाषा व्याकरणिक स्तर पर ही देने के विशेष प्रयास हुए हैं।

व्याकरणिक दृष्टि से सम्प्रति लिओनार्ड ब्लूमफील्ड द्वारा ही गयी शब्द की परिभाषा अधिक प्रामाणिक मानी जाती है तथा ऐसा माना जाता है कि उसके आधार पर संसार की अधिकांश भाषाओं के अधिकांश शब्दों को पहचाना जा सकता है और उनका स्वरूपाख्यान वस्तुपरक दृष्टि से किया जा सकता है। इसीलिए आधुनिक भाषाविज्ञान में ब्लूमफील्ड द्वारा दी गयी शब्द की परिभाषा को सामान्यतः एक सार्वत्रिक, वस्तुपरक एवं व्याकरणिक परिभाषा के रूप में स्वीकार किया जाता है। उनके अनुसार शब्द भाषा का वह "लघुत्तम मुक्त रूप" (minimum free form) है, जो पदबन्ध नहीं है।[35]

अर्थात् शब्द भाषा का वह लघुत्तम रूप है जो किसी सामान्य भाषिक स्थिति में पूर्व उक्ति के रूप में प्रयुक्त हो सकता है तथा उसमें ऐसा कोई रूपिम नहीं होता जो उसी प्रकार मुक्त हो। अर्थात् शब्द के घटक अथवा रूपबद्ध रूपिमों का उसी प्रकार पूर्ण उक्ति के रूप में प्रयोग नहीं हो सकता जिस प्रकार शब्द का प्रयोग हो सकता है। वस्तुतः ब्लूमफील्ड की 'शब्द' की उक्त व्याकरणिक परिभाषा स्वनिमात्मक शब्दों पर चरितार्थ होती है तथा व्याकरणिक शब्द जैसे 'चुक', 'जा', 'ने' आदि पर घटित नहीं होती। क्योंकि

सामान्यत: पूर्ण उक्ति के रूप में इनका प्रयोग उसी प्रकार नहीं हो सकता जिस प्रकार 'लड़का', 'बन्दर', 'नीला' आदि शब्दों का हो सकता है। इसीलिए कुछ आधुनिक भाषावैज्ञानिक ब्लूमफील्ड द्वारा दी प्रस्तुत की गयी शब्द की उक्त परिभाषा को सर्वथा व्याकरणिक एवं निर्दोष नहीं मानते। इसी प्रकार भारतीय व्याकरणशास्त्र की दृष्टि से भी ब्लूमफील्ड द्वारा दी गयी शब्द की परिभाषा स्वीकार्य प्रतीत नहीं होती, क्योंकि पाश्चात्य परम्परा में शब्द अपनी परिभाषा के अनुसार वाक्य का घटक है तथा वह 'लघुत्तम मुक्त रूप' होने के बाद भी, शब्द-रूप में ही वाक्य में प्रयुक्त होता है। परन्तु भारतीय व्याकरण-शास्त्र की दृष्टि से 'शब्द' शब्द-रूप में वाक्य में प्रयुक्त नहीं होता अर्थात् वाक्य के घटक के रूप में प्रयुक्त होने से पहले शब्द का पद के रूप में रूपान्तरण आवश्यक होता है तथा पद रूप में शब्द वाक्य में प्रयोगार्ह होता है।

प्रसिद्ध भाषावैज्ञानिक डॉ. भोलानाथ तिवारी ने 'शब्दविज्ञान' के अन्तर्गत शब्द की परिभाषा इस प्रकार दी है-"शब्द अर्थ के स्तर पर भाषा की लघुत्तम स्वतन्त्र इकाई है।"[36] इस परिभाषा में शब्द के सम्बन्ध में दो बातें प्रमुख रूप से कही गयी हैं जो उसकी विशिष्टता को द्योतित करती हैं। (क)यह अर्थ के स्तर की लघुत्तम इकाई है अर्थात्, इसका एक स्पष्ट अर्थ होता है जो अर्थ के स्तर पर लघुत्तम (वाक्य, उपवाक्य, पदबन्ध तथा पद की तुलना में) होता है। यह ध्वनि के स्तर की लघुत्तम इकाई नहीं है, क्योंकि इसमें एक ध्वनि भी हो सकती है और एकाधिक भी। (ख) यह इकाई स्वतन्त्र है, अर्थात् प्रयोग में या अर्थ व्यक्त करने के लिए इसे किसी और की सहायता की आवश्यकता नहीं होती। 'अन्-' (उपसर्ग) भी अर्थ के स्तर पर लघुत्तम इकाई है और '-ता' (प्रत्यय) भी। किन्तु ये शब्द नहीं कहलाते क्योंकि अर्थ की लघुत्तम इकाई होते हुए भी इनका स्वतन्त्र रूप से प्रयोग नहीं किया जा सकता। इस प्रकार ये परतन्त्र हैं। इसके विपरीत 'घर' एक शब्द है, क्योंकि इसमें उपर्युक्त दोनों बातें हैं। यह लघुत्तम इकाई भी है और स्वतन्त्र भी।

यों तो शब्दों को व्याकरणिक प्रकार्य की दृष्टि से आठ वर्गों (Parts of speech) में बाँटा जा सकता है किन्तु यह वर्गीकरण बहुत उथला तथा व्याकरणिक मात्र है, जैसा कि येस्पर्सन आदि ने दिखाया है। रचना और इतिहास के आधार पर शब्द को वर्गीकृत किया जा सकता है।

रचना के आधार पर शब्दों के रूढ़, यौगिक और योगरूढ़ तीन भेद होते हैं। 'रूढ़ शब्द' वे हैं जिनके उस अर्थ में सार्थक टुकड़े न हो सकें, जैसे- पानी, कलश, कलम आदि। 'यौगिक शब्द' वे होते हैं जो दो शब्दों या दो

सार्थक लघुत्तम भाषिक इकाइयों को जोड़ने से बनते हों जैसे–'सेनापति' शब्द 'सेना' और 'पति' के योग से बना है। 'योगरूढ़' उन्हें कहते हैं जो दो शब्दों से बने हों, किन्तु जिनका अर्थ संकुचन हो गया हो, जैसे–'पंकज', इसका अर्थ पंक से उत्पन्न सभी चीज़ें न होकर केवल 'कमल' है। ऊपर शब्द को 'लघुत्तम इकाई' कहा गया है। इस दृष्टि से देखने पर ज्ञात होता है कि इन तीनों रूपों में तात्त्विक दृष्टि से प्रथम ही शब्द है, शेष दो प्रयोग के आधार पर शब्द होते हुए भी प्रकृति में लघुत्तम इकाई न होने के कारण यौगिक शब्द हैं जिनमें एक शब्द के साथ या तो दूसरा शब्द जोड़ा गया है या कोई अन्य व्याकरणिक तत्व का योग किया गया है।

इतिहास के आधार पर शब्दों को तत्सम, तद्भव, देशज, विदेशी इन चार वर्गों में विभाजित करने की परम्परा है। हिन्दी प्रारम्भ से ही एक समन्वयशील भाषा रही है। जिस प्रकार उसकी अनेक ध्वनियाँ आर्येतर हैं। उसी प्रकार उसके शब्द-भण्डार में भी भारतीय आर्य-भाषाओं के शब्दों के साथ-साथ अनार्य और अनेक विदेशी भाषाओं के शब्द भी घुलमिल गये हैं।

हिन्दी में भारतीय आर्य-भाषाओं के शब्द दो रूपों में मिलते हैं–तत्सम रूप में तथा तद्भव रूप में 'तत्सम' का शाब्दिक अर्थ है–'उसके समान' या 'ज्यों का त्यों'। ये वे शब्द हैं, जिन्हें हिन्दी ने मूल रूप में स्वीकार कर लिया है अर्थात् प्राचीनकाल से लेकर आज तक जिनके मूल रूपों में कोई परिवर्तन नहीं हुआ है। मोटे रूप में संस्कृत के शुद्ध या अविकृत शब्दों के लिए तत्सम शब्द का प्रयोग होता रहा है। इसका मूल कारण यह है कि तमिल, तेलुगु-कन्नड़ हिन्दी तथा मलयालम भाषाओं में संस्कृत के तत्सम शब्दों की अधिकता है। फलतः तत्सम प्रवृत्ति के कारण अहिन्दी-भाषी राज्यों में भी हिन्दी सुगम और सुबोध बन जाती है। यहाँ कुछ ऐसे शब्दों की सूची दी गयी है, जो हिन्दी में तत्सम-रूप में ही प्रयुक्त हो रहे हैं अथवा जिनके तद्भव रूपों के साथ-साथ तत्सम शब्द ही प्रयोग में लाये जा रहे हैं–

अक्षर, अग्नि, कण्ठ, उत्तर, कन्या, कर्म, कृष्ण, पृथ्वी, पक्ष, युवा, रथ, यन्त्र, धर्म, परिषद्, पृथ्वी, वर्ण, वायु, त्वरित, तिक्त, भक्त, सूचि, क्षीर, प्रजा, प्रज्ञा, वृद्ध, शत्रु, सूर्य, आदि।

'तद्भव' वे शब्द कहलाते हैं जो सीधे संस्कृत से न आकर प्राकृत, पालि और अपभ्रंश से होते हुए हिन्दी में आये हैं। इस लम्बी यात्रा में इन शब्दों की मूल प्रकृति कुछ विकृत हो गयी है। किन्तु इनका मूल स्रोत संस्कृत के तत्सम-शब्द ही हैं। हिन्दी की मूल प्रकृति तद्भवपरक है। तद्भव शब्द का

अर्थ ही है- 'उससे उत्पन्न'। यहाँ 'उससे' का तात्पर्य केवल संस्कृत शब्दों से नहीं वरन् अन्य आर्यभाषाओं के शब्दों से भी है। अंग्रेजी, अरबी, फारसी आदि के तत्सम-शब्दों से निकले हुए शब्द भी तद्भव कहे जायेंगे। हिन्दी के सभी भाषाविदों ने तद्भव शब्दों को ही हिन्दी का वास्तविक तथा सच्चा शब्द माना है।

डॉ. उदयनारायण तिवारी तद्भव-शब्दों को 'हिन्दी का मेरूदंड' कहते हैं। रामचन्द्र वर्मा के शब्दों में–"हिन्दी-भाषा हजारों तद्भवों से भरी है, सच पूछिए, तो ये तद्भव शब्द ही हमारी अपनी पूँजी हैं। सभी क्रियाएँ, सभी सर्वनाम, बहुत-सी संज्ञाएँ, विशेषण और क्रिया-विशेषण तद्भव-रूप हैं।"[37]

कुछ तद्भव शब्दों की सूची इस प्रकार है–

तद्भव	तत्सम
अँगूठा	अँगुष्ठ
असीस	आशीष
अकाज	अकार्य
आस	आशा
ईख	इक्षु
इमली	अम्लिका
उछाह	उत्साह
ऊँचा	उच्च
एकता	एक्य
ऐना	दर्पण
ओठ	ओष्ठ
औचक	अकस्मात्
काम	कर्म
कारज	कार्य
घड़ा	घर आदि।

'विदेशी शब्द' उन्हें कहते हैं जो बाहर से आये हों, जैसे- अंग्रेजी-रेल, मोटर, फोटो या अरबी-किताब आदि। 'विदेशी' के स्थान पर इन्हीं गृहीत या आगत कहना अधिक उपयुक्त है, क्योंकि इनके लिए आवश्यक नहीं कि ये विदेशी भाषा के ही हों। दक्षिण की भाषाओं से हिन्दी में आया शब्द 'दोसा' भी इस श्रेणी का है। हिन्दी में फारसी, अरबी, तुर्की, अंगरेजी, पुर्तगाली, और फ्रांसीसी भाषाओं से अनेक शब्द लिए गये हैं। अरबी, फारसी, और तुर्की के

शब्दों को हिन्दी ने अपने उच्चारण के अनुरूप या अपभ्रंश रूप में ढाल लिया है। हिन्दी में उनके कुछ हेर-फेर इस प्रकार हुए हैं–

	हिन्दी रूप
क़ीमत (अरबी)	कीमत
कागज़ (अरबी)	कागज
फ़ैसला (अरबी)	फैसला
चम्च: (तुर्की)	चमचा
परवा (फारसी)	परवाह
दुकाँ (फारसी)	दुकान
नश्श: (अरबी)	नशा
चुगुल (तुर्की)	चुगल
खुराक (फारसी)	खूराक
लैनटर्न (अंग्रेजी)	लालटेन
कैप्टन (अंग्रेजी)	कप्तान
माइल (अंग्रेजी)	मील
ऑफीसर (अंग्रेजी)	अफ़सर
बॉटल (अंग्रेजी)	बोतल

'देशज शब्द' उन्हें कहते हैं जो उपर्युक्त तीन में से किसी में न हों, अर्थात् जिनकी व्युत्पत्ति का पता न हो, जो किसी क्षेत्र विशेष में जन्मा हो। दूसरे शब्दों में जो इन तीनों में न होकर देश में उत्पन्न या विकसित हुए हों। देश वस्तुत: निश्चयात्मक नाम है जबकि इनकी व्युत्पत्ति के बारे में निश्चय के साथ हम कुछ नहीं जानते। इसीलिए डॉ. भोलानाथ ऐसे शब्द को 'देशज' के स्थान पर अज्ञातव्युत्पत्तिक नाम देना अधिक उपयुक्त मानते हैं। हमेचंद्र ने उन शब्दों को 'देशी' कहा है जिनकी व्युत्पत्ति किसी संस्कृत धातु या व्याकरण के नियमों के अनुसार न हो। लोकभाषाओं में ऐसे शब्दों की अधिकता है। जैसे–तेंदुआ, चिड़िया, कटरा, ठुमरी, चसक, जूता, फुनगी, कलाई, खिचडी, पगड़ी, लोटा, डिबिया, डाब आदि। विदेशी विद्वान् जॉन बीम्स ने देशज शब्दों को मुख्यरूप से अनार्यस्रोत से सम्बद्ध माना है।

ध्यातव्य है कि ग्रियर्सन, चटर्जी, तथा धीरेन्द्र वर्मा आदि बहुत से चोटी के भाषावैज्ञानिक इस सन्दर्भ में अर्द्धतत्सम नामक एक अन्य वर्ग का उल्लेख करते हैं जो तत्मस और तद्भव के बीच का वर्ग है। अर्द्धतत्सम शब्द वह है जो आधुनिक काल में या हाल में संस्कृत से गृहीत तत्सम शब्दों से विकसित हुए हैं। उदाहरण

के लिए, 'कृष्ण', के 'कान्हा', 'कन्हैया', 'कान्ह' आदि रूप तो तद्भव हैं किन्तु आधुनिक काल में 'कृष्ण' शब्द भी प्रयोग में आया और 'किशुन' या 'किशन' जैसे शब्द ही अर्द्धतत्सम या अर्द्धतद्भव हैं। वस्तुतः यह वर्ग ठोस विचारभूमि पर आधृत नहीं है। यदि शब्द संस्कृत के समान है तो 'तत्सम' होना चाहिए और यदि उससे विकसित या विकृत होकर उससे भिन्न हो तो 'तद्भव' मान लेना चाहिए। इस तरह तद्भव पूर्ण-अपूर्ण नापने का कोई निश्चित आधार नहीं है।

विदेशी शब्द का अर्थ, जैसा कि पहले भी संकेतित है, दूसरे देश का नहीं है। कोई भी शब्द जो विशिष्ट भाषाक्षेत्र का नहीं है, अपितु किसी अन्य भाषा से आ गया है, विदेशी है; अर्थात् 'विदेशी' का अर्थ है- 'अपने क्षेत्र से बाहर का'। ऐसे स्थिति में हिन्दी में आगत तमिल या बँगला शब्द भी उसी प्रकार विदेशी हैं जिस प्रकार फारसी या अंग्रेजी शब्द। इसलिए इनके लिए आगत या गृहीत नाम अधिक उपयुक्त है।

कवि त्रिलोचन की कविताओं में उपलब्ध शब्द-भंडार का विश्लेषण करने से पूर्व यह दोहराना आवश्यक है कि चौदह भाषाओं के ज्ञाता त्रिलोचन के लिए शब्द जीवन के समान हैं। 'शब्दों में जीवन होता है'-शब्द समय का साक्षी है। समय और शब्द व जीवन और भाषा को अलग करके नहीं देखा जा सकता। किसी भी कालखण्ड के समय और समाज के आकलन की सबसे बड़ी कसौटी शब्द-संस्कृति होती है। त्रिलोचन इसी मत के पक्षधर हैं। जीवन के सापेक्ष भाषा के शब्दों का उत्कर्ष एवं अपकर्ष होता है। इसे भाषावैज्ञानिक शब्दावली में अर्थ-विस्तार एवं अर्थ-संकोच कहा जाता है। त्रिलोचन की भाषा-दृष्टि अत्यन्त ही सहज है। उनकी सहजता का आशय यह है कि जिस परिवेश का जीवन हो, उसी परिवेश के अनुकूल भाषा हो। तभी वह भाषा जीवन-स्थिति की छवि उरेह सकेगी। निस्सन्देह अपने आशय को शब्दशः त्रिलोचन ने अपनी कविताओं में अपनाया है। ग्रामीण परिवेश से ओतप्रोत 'नगई महरा', 'चम्पा काले-काले अच्छा नहीं चीन्हतीं', 'अवतरिया', 'बुआ', आदि अनेक ऐसी कविताएँ हैं जिसमें लोक-रंग अपने पूरी कलात्कता में कविता के पात्रों के माध्यम से झलकता है। अकेले 'नगई महरा' कविता में बीस से अधिक शब्द देशज हैं। लोक की शब्द-सम्पदा के सामर्थ्य पर त्रिलोचन की गहरी आस्था का यह प्रमाण है। देशज शब्द अधिक सामर्थ्यवान होता है क्योंकि इसका सृजन श्रमशील लोक-समुदाय रूप, गन्ध, स्वाद, स्पर्श से मिली अनुभूतियों व एहसास के सापेक्ष करता है। उदाहरण के लिए नगई महरा में अंकित देशज शब्दों की सूची इस प्रकार है-

'बँवरे', 'भाड़', गोहनलगुई', घरनी, घरौवा, सेंदुर, बरा, टुन्न-पुन्न, बखरी वाले, भलमनई, खुचड़, अढ़कन, उबेने, घेउरा, इनार, बिसेख, छीछालेदर, कुटका, बछैया, बँसवट, छनिहर, डँड़ियबा, जेंवरी, अनकुस, बेठन, ढालता, फरचाए, मँड़हे, असीस, उबहनी, खाँची, बझाव, ढखुलाही, पत्तल, डाँड़-बाँध।

स्पष्ट है कि त्रिलोचन अपनी कविताओं में अभिव्यक्ति की सहजता से काव्य-सौन्दर्य का सृजन करते हैं। वे गाँव के कृषक-संस्कार के काफ़ी क़रीबे थे जो उन्हें चिरानीपट्टी और काशी से मिला था। चिरानीपट्टी ने उनको लोक की समझ दी और काशी ने काव्य-चिन्तन की। उनका लोक जिन तत्वों से बना है, उसमें बड़ी-बड़ी बातों के लिए स्थान नहीं है। त्रिलोचन भाषिक दुराग्रह से पूरी तरह मुक्त हैं। यही कारण है कि वे देशज, तद्भव, तत्सम या अन्य भाषा के शब्दों का उपयोग जीवन-स्थिति व परिवेश के अनुरूप करते हैं। उनकी कविताओं में प्रयुक्त अन्य देशज शब्द इस प्रकार हैं-

फरुआ, भीत, चहेंटने वाला, भौरिया, गौरु, मसा, डांस, उखमज, सतवारे-अठवारे, डीठ, उन्हार, कनई, थिरना, हेरना, खेप, साँसा, चैती, चिरौरी, सीथ, गुर, हारे-गाढ़े, सरना, कलेवा, बजर, काढ़ना, जुड़ाना, घमाजाना, अहरा, अरघान, प्रानी, घाम, छन, पियरा, सिरा, छूछा, खीझा, ठान, दीसती, मिहनत, गहे, गहे, संझा, मेह, सुदिन, पसारे, पछुआ हवा, पाहुन, ढेसर, लोखर, किचोई, अपत, मँजर, बाँटो, दन्दाया, हिरा, चीन्हा, फुराया, दुराया ('जीने की कला' से उद्धृत), झुराया, बकझक औघड़, चौवाई, डांभा, मीन-मेख, घाम, घमौनी, अखुँओं, लुका, काँवर, लडरीली, रूछे, पितराता, घुंघनी, कोल्हाड़, थेथर, ग्वैड़े, हरहा, पलिहर, झापस, नोना, बकैंया, ('मेरा घर' से उद्धृत), चँगेरी, बरेत, कीनना, बकुल, बरोही, भूरुट, लहटोरे, कामरि, उखमज, मुरैले, (जीने की कला), अहरह, डारन (अनकहनी भी कुछ कहनी है), उटक्कर (चैती), हुलसना, (चैती), धुरियाई देह (सबका अपना आकाश), खिया जाना (तुम्हें सौंपता हूँ) इनरी, कोराना (अरघान, परदेसी के नाम पत्र) चीमर, किस्म अँगऊँ, पनुआ (मेरा घर) इत्यादि। कह सकते हैं कि देश शब्दों या यूँ कहे कि धूलि सने शब्दों को काव्य-दीप्ति प्रदान करने व इन शब्दों से काव्य को उद्दीप्त करने में त्रिलोचन ने सिद्धि पाई है। 'जनपद से धरती से विस्तार तक' नामक लेख में कमलेश भट्ट कमल ने ठीक ही लिखा है- "शब्दों का अविष्कार, परिष्कार और नये शब्द समूहों का निर्माण जैसे उनकी फितरत में शामिल था। देशज, आंचलिक और ग्राम्य शब्द जब उनकी रचनओं में आते हैं तो उन्हें एक खास रंग, खास कलात्मकता और खास सौन्दर्य प्रदान करने

लगते हैं। उनके ये प्रयोग कुछ-कुछ वैसे लगते हैं जैसे कोई 'एन्टीक पीस' ड्राइंग रूप को एक अलग किस्म की आभा से भर देता है।"[38]

देशज शब्दों के अतिरिक्त संस्कृत से गृहीत तत्सम शब्दों की संख्या कवि के यहाँ बहुत अधिक है। त्रिलोचन का मानना है कि कोई भी शब्द कविता के लिए अछूत नहीं होता। कवि का सामर्थ्य इसी में है कि वह घामड़ से घामड़ शब्द को भी कविता के योग्य बना सके। ध्यातव्य है कि परिनिष्ठित भाषा के शब्द की व्यंजना प्रायः ससीम होती है। देशज शब्दों की व्यंजना असमीम होती है। त्रिलोचन ने संस्कृत जो कि संस्कार की भाषा मानी जाती है, उसके शब्दों का प्रयोग अपनी कविताओं में बहुतायत में किया है। इस दृष्टि से उनकी अनेक कविताओं में से 'सहस्त्रशीर्ष पुरुष' (अरघान), 'मूर्ति पूजा' (दिगंत), 'मेंहदी और चाँदनी' (दिंगत), 'देख रहा हूँ गंगा के उस पार' (शब्द), 'दूब, गर्मियों में देखा' (उस जनपद का कवि हूँ), 'धूप सुन्दर', (धरती), 'आज का दिन बादलों में खो गया था' (धरती), 'बाढ़ में दशाश्वमेध घाट' (दिगंत), 'मुझे जगत जीवन का प्रेमी बना रहा है प्यार तुम्हारा' (धरती), 'भूल भी जाओ जमाने को' (गुलाब और बुलबुल), 'कस्मैदेवाय' (दिगन्त) 'मौन भी कैसे रहूँ' (ताप के ताये हुए दिन), 'एक समय आता है' (शब्द), 'काल-महासागर की' (शब्द), 'उकड़े हुए पेड़ पर' (शब्द), 'अभ्रकष प्रासाद' (उस जनपद का कवि हूँ), 'वाह, वाह भाई' (अनकहनी भी कुछ कहनी है), 'ये दुनिया है', 'पत्र तुम्हारा' (अनकहनी भी कुछ कहनी है), 'गया वंसत' (अनकहनी भी कुछ कहनी है), 'संशय कर' (फूल नाम है एक), 'हम भारत के हैं' (फूल नाम है एक), 'श्वास श्वास में गान' (सबका अपना आकाश), 'जब देखा सौन्दर्य' (सबका अपना आकाश), 'तरुण से', (मेरा घर), 'अशोक कहाँ है' (जीने की कला) इत्यादि प्रमुख है।

विशेष रूप से 'शब्द' काव्य-संग्रह में भाषा के कई स्तर त्रिलोचन ने निर्मित किये हैं। संस्कृत की परिनिष्ठित समस्त पदावली के साथ अवधी जैसी लोकभाषा के शब्द-संयोजन से काव्यभाषा की शक्ति और सौन्दर्य को त्रिलोचन ने विकसित किया है। संस्कृत के श्रेष्ठ कवियों की विरासत को आत्मसात् करते हुए त्रिलोचन ने तुलसी और निराला की दिशा में अपना मौलिक योगदान दिया है। यथा–

"चाँद कहीं है और चाँदनी धरणीतल पर
छाई है, कुछ अन्धकार है कुछ प्रकाश है,
एक अजब-सा धुँधलापन है, प्रतीकाश है

यह परिचय का जो जीवन की प्रति हलचल पर
अंकित हो उठता है, सम्पर्कों के बल पर

× × ×

अन्तर्हसित गगन-उन्मुख हैं, इनको भोगा
है वसन्त के समप्राण ने जिन्हें चुन दिया
वसुंधरा ने मर्यादा दे कर महीप सी।"[39]

स्पष्ट है कि उपर्युक्त कविताांश में संस्कृत शब्दावली का ही बाहुल्य है जैसे-धरणीतल, प्रकाश, प्रतीकाश, अंकित, अन्तर्हसित, उन्मुख, वसन्त, वसुंधरा, मर्यादा, महीप, समप्राण आदि शब्द संस्कृत से ही लिए गये हैं। 'शब्द' काव्य संग्रह में ही एक और कविता है जिसमें संस्कृतनिष्ठ पदावली समास युक्त पदावली प्रयोग की गयी है। निम्नलिखित पदावली कवि निराला की 'राम की शक्ति पूजा' की याद दिलाती है। उदाहरणार्थ-

"विषमशिलासंकुला पर्वताद्भूता गंगा
शशितारकहारा अभिद्रुता अतिशय पूता
विविध निनादविहाररता कृषिफलानुकूला
जिसकी हिमवत् से जलनिधि तक धार अभंगा..."[40]

इसके अतिरिक्त त्रिलाचन के लगभग सभी काव्य-संग्रहों ('अमोला' को छोड़कर) में संस्कृतनिष्ठ तत्सम प्रधान शब्दों का प्रयोग हुआ है जो उन्हें 'शास्त्री' बनाते है। त्रिलोचन की कविताओं में प्रयुक्त कुछ तत्सम शब्दों की सूची इस प्रकार है-

तट, अभ्युत्थान, भूतल, असिधारा-व्रत, भूतल, क्षित, क्षेय, गत्वर, उद्यम, अभंगता, अभिलषित, शिलासन्धि, अभिप्रेत, ज्योतिर्धाराएँ, अनुगतिक, आनंतर्य, प्रसून, दौर्वीण, क्षीयमाण, स्तिमित, जगद्विहारी, निदारुण, हिम-प्रस्थ, निरर्थ, पोषण, प्लोषण, विशोषण, अमृत-स्यंदी, आबालवृद्ध ('शब्द'), स्वर्ग, किसलय, सुरभि, सौरभ, संशय, वंचक, निस्तरंग, पाषाणी, क्रीड़ा, नीलांचल, नीलाम्बर, अस्ताचलगामी, प्रवाद, प्रसाद, प्रलय-पर्व, विराट, आत्म-विश्लेषण, विडम्बना, निरुपाय, विक्षुब्ध, ('तुम्हें सौंपता हूँ'), प्रभंजन, सर्वदा, कष्ट, व्यथा, क्षयिष्णु, अपचय, विकीर्ण, विद्युत्कण, विच्छेदन, दुराग्रह, अवलम्बन, ह्रास, वाक्शूर, प्रारब्ध, अप्रतिहत, जगज्जलधि, वैभव, शिला-विभंगों, मर्मरित, अधर, चिरन्तन ('अनकहनी भी कुछ कहनी है'), व्योम, धूमाच्छादित, उच्छवास ('अरघान'), द्रुतगामी, परिहास, सन्निकर्ष, पृथकक्कृत, कुवलय, ज्योतिर्मंडल, अंभ्रकष, निरूद्ध ('उस जनपद का कवि हूँ'), सम्भाषिका (ताप के ताये हुए

दिन) कोकिल, गतप्राय, प्रत्याघातों, तमसाच्छन्न क्षितिज तरूश्रेणी ('दिगन्त'), अविरत, हर्षाकुल, दुर्निवार ('धरती') वृक्ष-लता-तृण-वीरूध, उद्धत, स्पर्श, नासिका, उर्मिल, विहार, जीवाश्रय, सत्यं ह्येकं पंथाः पुनरस्य नैकः, मुमूर्षा, सुस्नात, पाथेय, प्ररोह (चैती), विहरणशीला, जगत्प्राण, कल्लोलित, अकिंचन, स्तब्ध, पारिजात, भ्रमरावलियाँ, मृदु, दूरागता, ग्रीष्म-पंथ, मलिनता, समुद्‌भव ('सबका अपना आकाश'), सर्वे भवन्तु सुखिनः, आप्यायित, आप्लावित, अतुल, उग्र, निःश्वास, ऊष्मा, अन्वेषण ('मेरा घर'), प्रमदाओं छिद्रिल, कृमियों ('जीने की कला')। सम्भाषिका (ताप के ताए हुए दिन), कोकिल (दिगन्त), गतप्राय (दिगन्त), प्रत्याघातों (दिगन्त), द्युतिधर (धरती), अविरत, हर्षाकुल (धरती), दुर्निवार (धरती), संत्रासन (तुम्हें सौंपता हूँ), वृक्ष-लता-तृण-वीरुध, (चैती), विहार (चैती), जीवाश्रय (चैती), सत्यं ह्येकं पंथा पुनरस्य नैकः (चैती), विहरण शीला, जगत्प्राण, कल्लोलित, अकिंचन, स्तब्ध, पारिजात, भ्रमरावलियाँ, मृदु, दूरागता ग्रीष्म-पंथ, मलिनता, (सबका अपना आकाश), सर्वे भवंतु सुखिनः (मेरा घर), आप्लावित, अतुल, उग्र, निःश्वास, ऊष्मा, अन्वेषण, (मेरा घर), प्रमदाओं (जीने की कला) तमसाच्छन्न क्षितिज तरूश्रेणी (दिगन्त), अनुगातिक आनंतर्य, प्रसून, दौर्वीण, क्षीयमाणा, स्तित्रिमत, जगद्वि हारी, निदारुण, हिम-प्रस्थ, निरर्थ, पोषण, प्लोषण, विशोषण, अमृतस्यंदी, आबालवृद्ध, (शब्द), छिद्रिल, कृमियों, (जीने की कला), मुमूर्षा, पाथेय, सुस्नात, प्ररोह, (चैती), समुद्‌भव (सबका अपना आकाश) आदि।

संस्कृत भाषा के शब्दों के कुछ परिवर्तित रूप जिन्हें तद्‌भव कहा जाता है, का प्रयोग भी त्रिलोचन की कविताओं में मिलता है। वास्तव में लोक स्वयं अपनी शब्द-सम्पदा का विधाता है। लोक-समुदाय की शब्द-सम्पदा शास्त्रों में गढ़ी हुई भाषा से गृहीत नहीं है। वे जैसा महसूस करते हैं, वैसा ही उच्चरित करते हैं। इसी क्रम में कालान्तर से संस्कृत शब्दों के तद्‌भव रूप निर्मित हुए हैं। इन शब्दों की संस्कृति देशज शब्द-संस्कृति की तरह ही सहज, पारदर्शी, बोधक और बेधक है। कविता का पात्र अपनी बोलीबानी में जब संस्कृत के इन तद्‌भव रूपों का प्रयोग करता है तो बनावटी न होकर सहज एवं निश्छल प्रतीत होता है। अपनी वास्तविकता में वह ऐसा ही है जैसा कवि ने कविता में चित्रित किया है। कहा जाता है कि व्यक्ति के व्यक्तित्व की सबसे बड़ी पहचान उसकी भाषा होती है। अतः त्रिलोचन की कविताओं में प्रयुक्त पात्र और उनके द्वारा प्रयुक्त किये गये शब्द इसके प्रमाण हैं। यदि कहीं शास्त्रीय शब्दों का व्यवहार हुआ भी है तो जीवन के एक पक्ष मात्र या एक दृष्टि-बोध

के उद्घाटन के निमित्त। त्रिलोचन कहा करते थे, जो जीवन में झूठा है, वह भाषा में भी झूठा होगा। ध्यातव्य है कि एक ही भाषा-समुदाय के लोग अपने सामाजिक संस्तर में एक समान नहीं होते। भिन्न सामाजिक संस्तर उनकी भाषा-भंगिमा, उनकी सोच और सपने को भी अलग करती है। भाषा-भंगिमा से ही हम अलग-अलग सामाजिक संस्तर के लोगों के जीवन को आँक सकते हैं। ऐसी भाषा-भंगिमा और संस्तरीय जीवन की आन्तरिकता को समझने का सधा विवेक त्रिलोचन को प्राप्त था। यही कारण है कि चम्पा, अवतरिया, नगई, भोरई की जो भाषा है वह चित्रा जाम्बोरकर, परमानन्द आनन्द की नहीं है। चम्पा, अवतरिया, नगई, भोरई अपनी भाषा में तद्भव रूपों का अधिक प्रयोग करते हैं तो चित्रा और परमानन्द आनन्द अंग्रेजी तथा संस्कृत के तत्सम रूपों का। ग्रामीण संस्कृति की सजीवता को सुरक्षित रखने के लिए भी कवि ने ऐसा किया है। यह सर्वविदित है कि त्रिलोचन शब्दों के सही उच्चारण के प्रति बहुत तत्पर थे। खासकर संस्कृत एवं उर्दू-फारसी के शब्दों को लेकर। उनका मानना था कि कोश में शब्द का जो उच्चारण दिया गया है, उसी के अनुसार शब्द उच्चरित करना चाहिए। जैसे उर्दू शब्द 'ग़द्दार'। इस शब्द में 'ग' के नीचे लगा नुक्ता न बोलना भी उन्हें गवारा नहीं था। इस प्रकार संस्कृत शब्द 'स्थिति' का उच्चारण वे 'इस्थिति' करते थे। भाषा के शब्दों के प्रति इतना सजग कवि हिन्दी साहित्य में विरल है। ऊपरी तौर पर लगता था कि वे शब्दों से खेलने में रस लेते हैं। लेकिन वास्तविकता यह थी कि वे शब्दों की दुनिया के कोलम्बस थे। खैर, तद्भव शब्दों की बात की जाये तो त्रिलोचन की कविताओं में तद्भव शब्द उपलब्ध हैं जो इस प्रकार हैं–

बिदेस (तुम्हें सौंपता हूँ)	– विदेश
सोना (उस जनपद का कवि हूँ)	– स्वर्ण
धरम (उस जनपद का कवि हूँ)	– धर्म
तलक (गुलाब और बुलबुल)	– तक
सात (उस जनपद का कवि हूँ)	– सप्त
मगन (ताप के ताये हुए दिन)	– मग्न
आम (ताप के ताये हुए दिन)	– आम्र
सकुचे (उस जनपद का कवि हूँ)	– संकोच
धीरज (ताप के ताए हुए दिन)	– धैर्य
भगत (नगई महरा, ताप के ताए हुए दिन)	– भक्त
संझा (नगई महरा, ताप के ताए हुए दिन)	– संध्या

पूरब (नगई महरा, ताप के ताए हुए दिन) - पूर्व
बैरागी (नगई महरा, ताप के ताये हुए दिन) - वैराग्य
उमर (नगई महरा, ताप के ताये हुए दिन) - उम्र
बियाह (नगई महरा, ताप के ताये हुए दिन) - विवाह
गुन (नगई महरा, ताप के ताये हुए दिन) - गुण
सनेहिल (नगई महरा, ताप के ताये हुए दिन) - स्नेहिल
तमाखू (नगई महरा, ताप के ताये हुए दिन) - तम्बाकु
दोस(नगई महरा, ताप के ताये हुए दिन) - दोष
पंचपरमेसर (नगई महरा, ताप के ताये हुए दिन) - पंचपरमेश्वर
अचरज (चम्पा काले-काले अच्छर नहीं चीन्हती, धरती) - आश्चर्य
अच्छर (चम्पा काले-काले अच्छर नहीं चीन्हती, धरती) - अक्षर
ब्याह (चम्पा काले-काले अच्छर नहीं चीन्हती, धरती) - विवाह
बजर (चम्पा काले-काले अच्छर नहीं चीन्हती, धरती) - वज्र
बरस (चित्रा जाम्बोरकर, ताप के ताये हुए दिन) - वर्ष
पत्ता (जीवन का एक लघु प्रसंग, धरती) - पत्र
निवारें (दीवारें दीवारें, उस जनपद का कवि हूँ) - निवारण
पसु-परानी (चारों ओर घोर बाढ़ आयी है, तुम्हें सौंपता हूँ) - पशु-प्राणी
बिलोकने (बाढ़ में दशाश्वमेध घाट, दिगन्त) - विलोकन
दूना (बिल्ली के बच्चे, दिगन्त) - दुगुना
गाहक (तहदिल अब नहीं है, जीने की कला) - ग्राहक
मजूर ('आदमी की गन्ध', मेरा घर) - मजदूर
दुआर (मेरा घर, मेरा घर) - द्वार
भिक्खु (सारनाथ, चैती) - भिक्षु
पच्छिम (अरण्यानी, अरघान) - पश्चिम
दक्खिन (अरण्यानी, अरघान) - दक्षिण
मिहनत (मैं तुम, ताप के ताए हुए दिन) - मेहनत
प्यार (प्यार, दिगन्त) - प्रेम
लाज (शब्द) - लज्जा
छन (धरती, बरस हरे रस बरस रहे रस गरज गरज घन ये) - क्षण
बन (जीने की कला) - वन
परस ('चैती', रजनी गन्धा) - स्पर्श
दुबिधा (सबका अपना आकाश) - दुविधा

ध्यातव्य है कि उपर्युक्त दिये गये सभी शब्द संस्कृत के तद्भव रूप नहीं हैं। इनमें से कुछ हिन्दी के अपने शब्द भी हैं जैसे–विदेश, स्नेहिल, तम्बाकू, पंचपरमेश्वर, निवारण, दुगुना, ग्राहक, दुविधा, प्रेम, मेहनत, आदि। इसी प्रकार 'तक' शब्द अरबी-फारसी का है, जिसका विकृत रूप 'तलक' त्रिलोचन के यहाँ प्रयुक्त हुआ है। मेरा मानना है कि केवल उन्हीं रूपों को तद्भव शब्दों की श्रेणी में नहीं रखना चाहिए जो सिर्फ संस्कृत शब्दों के ही विकृत रूप हों। तद्भव रूपों में वे सभी शब्द समाविष्ट किये जाने चाहिए जो किसी भी भाषा के शब्दों के विकृत या परिवर्तित रूप हों। जैसे अंग्रेजी शब्द 'डज़न' का तद्भव रूप हिन्दी में 'दर्जन' है। अत: यह भी तद्भव शब्द ही कहलायेगा। इस प्रकार ऊपर सूचीबद्ध सभी शब्द तद्भव शब्दों की श्रेणी में रखे जायेंगे। यह सही है कि संस्कृत भाषा के विकृत या परिवर्तित रूप तद्भव शब्दों के रूप में हिन्दी भाषा में अधिक है किन्तु अन्य भाषा के परिवर्तित शब्दों की मौजूदगी या उपलब्धता से भी इनकार नहीं किया जा सकता। वास्तव में देखा जाये तो यह हिन्दी भाषा की समाहार शक्ति का परिचायक है।

हिन्दी में बहुत बड़ी संख्या में विदेशी भाषाओं के शब्दों का भी समावेश हो गया है। ऐसे शब्दों की संख्या लगभग 6,000 बतायी गयी है। इनमें अरबी, फारसी, तुर्की, पश्तो, अंग्रेजी, पुर्तगाली आदि भाषाओं के शब्दों की संख्या अधिक है। कवि त्रिलोचन हिन्दी भाषा के रचनाकार हैं। हिन्दी के अतिरिक्त अन्य भाषाओं का ज्ञान भी उन्हें था। अत: वे हिन्दी के जैसे ही अन्य भाषा के शब्दों का प्रयोग साधिकार करने में सक्षम हैं। उनकी कविताओं में उपलब्ध विदेशी शब्दों की फेहरिस्त बहुत लम्बी है। उनमें भी अरबी-फारसी के शब्दों की प्रमुखता अधिक है। अरबी शब्द हिन्दी में सीधे अरबी से न आकर प्राय: फ़ारसी भाषा के माध्यम से आये हैं। इसीलिए इन दोनों को साथ-साथ लेना उचित है। त्रिलोचन की कविताओं में प्राप्त अरबी-फारसी के निम्नलिखित शब्द सूचीबद्ध किये जा सकते हैं–

मेहराबदार, ज़बान, निगाह, मरहम-पट्टी, कहर, सेहरा, दग़ा, तमाचा, दुनियावी, मुसाफ़िर अलविदा, अलगाना, जुआ, हया, फ़रक, मौजी, हमसफर, तलाश, अक्सर, सफ़ेद, रोएँ, बेरोजगारों, अख़बार, बगल, नादानी, ताकत, क़ानूनन, फौरन, जिल्दसाज, हिसाब, नाता, मस्ती, मंजिल, मौसम, गुम, दावा, फ़साद, गरज, तमाशा, नाराज़, ऊब, बेक़सूर, बाहें, कदम, ख़ास, दरवाज़ों, आखिर, गन्ध, कागज़, बाज़ी, ग़रीबों, गुलामों, संगीन, सौगात, इन्सानियत, बाज़ार, ख़ाली, मौत, चीज़, ग़द्दार, धोखेबाज, आज़ादी, ख़बरे, फ़रियाद,

दरोगा, नफरत, निकम्मी, अफ़सोस, कर्ज, दंग, दुश्मन, चेहरा, ताकत, बाक़ी, जमीं, बदतमीज़, नज़दीक, वर्दी, गिरफ़्तार, चहलक़दमी, बेगार, मशहूर, गज़, ज़हरीनले, ज़ंजीर, निगाह, कलेजा, जुर्रत, गुनहगार, नबीस, वक़्त, महफ़िलों, क़हर, उस्ताद, आबाद, फ़ानी, धड़कन, ज़ालिम, दर-बर-दर, बाग़, क़िस्मत, नुक़सान, बेक़दी, दलाल, मलाल, नखत, रियाज़, रंजीदा, मंशा, सुब्होशाम, फ़ुरसत, इलहम, बदनाम, खाम, खाक़, तूफ़ान, शोरगुल, शहर, क़ब्र, हलकान, क़लम, जमाल, अन्दाज, ग़फ़लत, रौशन, अजब, आबोदाना, फ़िक्र, एहसान, सफ़ाया, ख़ैर, सरायफ़ानी, मज़बूर, बेताव, क़ैद, फ़ाँसी, अफ़सर, तमाशबीन, होश, ऐयारी, मुनाफ़े, सफ़र, मुलाक़ातें, ख़फा, अफ़वाह, लानत, बन्दोबस्त इत्यादि।

ऊपर सूचीबद्ध शब्दों पर दृष्टिपात करने पर ज्ञात होता है कि त्रिलोचन ने अपनी कविताओं में अरबी-फ़ारसी के शब्द उनके मूल रूप में अपनाये हैं। हिन्दी में अरबी-फारसी के अनेक शब्दों का प्रयोग नुक़्ता रहित करने का प्रचलन है किन्तु त्रिलोचन ने इन शब्दों का प्रयोग उनके वास्तविक रूप के अनुसार किया है। भाषा और उसके शब्दों के प्रति यह ईमानदारी सराहनीय है। शब्दों से छेड़छाड़ त्रिलोचन ने नहीं की है। उपर्युक्त सभी शब्दों में यथास्थान नुक्ते का प्रयोग त्रिलोचन ने किया है। हिन्दी की अपनी प्रकृति नुक्ते के बन्धन को नहीं स्वीकारती किन्तु त्रिलोचन ने इस नियम का प्रत्येक शब्द में पालन किया है। साथ ही, कह सकते हैं कि त्रिलोचन की कविताओं में अरबी-फारसी के शब्दों का बाहुल्य है।

अरबी-फारसी के अतिरिक्त अंग्रेजी शब्दों का प्रयोग भी त्रिलोचन की कविताओं में मिलता है। किन्तु अरबी-फारसी के शब्दों के अनुपात में यह संख्या कम है। निम्नलिखित अंग्रेजी शब्द त्रिलोचन की कविताओं में से चयनित किये गये हैं, जो इस प्रकार हैं–

ट्रांज़िस्टर, रॉयल्टी, कन्ट्रौल, टैंक, कोर्ट मार्शल, सैल्यूट, कैप्टन, फासिस्ट, मिस्टर, कमाण्डर, डियर, मिनरल वॉटर, शेकहैंड, पुलिस, जूनियर, हाईस्कूल, प्रिंसिपल, सोशलिस्ट, कॉफ़ी हाउस, रेस्त्राँ, होटल इत्यादि।

स्पष्ट है कि त्रिलोचन ने तत्सम, तद्‌भव, देशज एवं विदेशी शब्दों का प्रयोग बिना किसी पूर्वाग्रह से ग्रसित होकर किया है। ठीक इसी प्रकार इनकी कविताओं में कुछ शब्द ऐसे भी मिलते है जो जन-समूह द्वारा गढ़ लिए गये हैं तथा जिसे आजकल की युवा पीढ़ी अपनी रोज़मर्रा की भाषा में अक्सर प्रयोग करती है। ऐसे शब्दों को भाषाविज्ञान में निर्मित शब्द (coined word)

कहते हैं। त्रिलोचन की कविताओं में ऐसे शब्दों की संख्या बहुत तो नहीं है फिर भी यत्र-तत्र इनको देखा जा सकता है जैसे–'पचड़ा' (जीने की कला), 'चस्का', 'फिसड्डी', 'धाक' (तुम्हें सौंपता हूँ), 'निखट्टू' (फूल नाम है एक), 'धौंस' (फूल नाम है एक), 'दुलत्ती' (फुल नाम है एक), 'उचक्के' (शब्द) इत्यादि।

जीवन, जगत्, प्रकृति आदि की दो विरोधी प्रवृत्तियों को व्यक्त करने के लिए कुछ भिन्नार्थक शब्द एक साथ प्रयुक्त किये जाते हैं। देखने में वे एक-दूसरे के विरोधी लगते हैं किन्तु उनका प्रयोग विरोध प्रकट करने के लिए नहीं वरन् सह-अस्तित्व प्रकट करने के लिए किया जाता है। इन्हें सहचर शब्द भी कहा जाता है। ऐसे शब्दों की संख्या सीमित ही है। उदाहरण के लिए- अपना-पराया, अमीर-ग़रीब आदि। त्रिलोचन की कविताओं में भी सहचर शब्दों का प्रयोग मिलता है। यथा–

यहाँ-वहाँ (ताप के ताए हुए दिन)
जाने-अनजाने (अरघान)
शहराती-देहाती (ताप के ताए हुए दिन)
हाथ-पाँव (ताप के ताए हुए दिन)
दिन-रात (ताप के ताए हुए दिन)
प्रातः-सन्ध्या (ताप के ताए हुए दिन)
घर-बार (गुलाब और बुलबुल)
यदा-कदा (उस जनपद का कवि हूँ)
हेली-मेली (उस जनपद का कवि हूँ)
इधर-उधर (उस जनपद का कवि हूँ)
गाँस-फाँस (उस जनपद का कवि हूँ)
जब-तब (दिगन्त)
मोल-तोल (धरती)
सुख-दुख (धरती)
आना-जाना (ताप के ताये हुए दिन)
बेचा-कीना (ताप के ताये हुए दिन)
टुन्न-पुन्न (ताप के ताये हुए दिन)
ऊँच-नीच (ताप के ताये हुए दिन)
स्त्री-पुरुष (ताप के ताये हुए दिन)
पशु-प्राणी (तुम्हें सौंपता हूँ)

हाथ-मुँह (ताप के ताए हुए दिन)
तीन-चार (ताप के ताए हुए दिन)
डाँड़-बाँध (ताप के ताए हुए दिन)
पढ़ना-लिखना (धरती)
भाई-बहन (ताप के ताए हुए दिन)
हँसी-खेल (ताप के ताए हुए दिन)
निरखें-परखें (धरती)
अपढ़-सुपढ़ (धरती)
आनी-जानी (दिगन्त)
पशु-पंछी (धरती)
यत्र-तत्र (अरघान)
जान-पहचान (तुम्हें सौंपता हूँ)
रल-मिल (शब्द)
मार-काट (जीने की कला)
अजर-अमर (धरती)
तन-मन (धरती)
स्नान-ध्यान (शब्द)
छाया-धूपा (दिगन्त)
हानि-लाभ (ताप के ताये हुए दिन)
आगा-पीछा (तुम्हें सौंपता हूँ)
टूटा-फूटा (धरती)
भूला-भटका (अनकहनी भी कुछ कहनी है)
तौर-तरीका (अनकहनी भी कुछ कहनी है)
दौड़-धूप (तुम्हें सौंपता हूँ)
छिन्न-भिन्न (सबका अपना आकाश)
पूजा-पाठ (जीने की कला)
खेती-बारी (जीने की कला)
मीनमेख (शब्द)

पुनरुक्ति (Reduplication)

हिन्दी की उत्पादनकारी प्रक्रियाओं में से पुनरुक्ति एक प्रक्रिया है। सिद्धान्ततः किसी भी वर्ग का कोई भी शब्द पुनरुक्त किया जा सकता है। हिन्दी की

प्रकृति की यह एक ऐसी विशेषता है जो वह अन्य भाषा से भी साझा करती है। पुररुक्ति के आधार पर समस्त शब्दों की रचना होती है। पुनरुक्तियाँ तीन प्रकार की होती हैं–पूर्ण पुनरुक्ति, आंशिक पुनरुक्ति, तथा व्यतिरिक्त या आधिक्यबोधक पुनरुक्ति। जब हम पूर्ण पुनरुक्ति की बात करते हैं तो इससे हमारा आशय होता है कि कोई शब्द ध्वनि की दृष्टि से दो बार साथ-साथ समान रूप से प्रयोग किया जाये–'ग' एक शब्द हैं और 'गख्ग' के रूप का प्रयोग करते हैं जैसे–'घर-घर'। आंशिक पुनरुक्ति से तात्पर्य है जिसमें शब्द में ध्वनि की दृष्टि से थोड़ा परिवर्तन कर दिया जाये, जैसे- 'घर-वर'। व्यतिरिक्त या आधिक्य बोधक पुनरुक्ति से तात्पर्य है कि 'ग' एक रूप है और इसमें 'ल' दूसरा रूप जोड़ दिया जाये, जैसे–'धन-दौलत'। यहाँ 'धन' और 'दौलत' एक ही वस्तु का अर्थ देते हैं और दो भिन्न भाषाई स्रोतों से आये हैं।

कवि त्रिलोचन के कविताओं में पुनरुक्त शब्दों की भरमार है। पुनरुक्त शब्दों के माध्यम से त्रिलोचन ने कविताओं में कलात्मकता को उद्‌घाटित किया है। अर्थ में वैशिष्ट्य उत्पन्न करने में पुनरुक्ति एक सार्थक उपकरण के रूप में त्रिलोचन के यहाँ मौजूद है। पूर्ण पुनरुक्ति के अनेक उदाहरण उनकी कविताओं में प्राप्त होते हैं। उदाहरण के लिए–

"साँझ गुलाबी काँप रही है ठंड से,
उधर गुलाबों के पौधे लाचार हैं
झूल झूल कर फूल हवा से कह रहे हैं...
× × ×
धूमाच्छादित हैं वृक्ष वे,
टहनी टहनी, डाली डाली थाम के"[41]

"जीवन का विस्तार है आँखों के आगे
उड़ती उड़ती आ जाती हैं
देस देस की रंग रंग की
चिड़ियाँ सुख से छा जाती हैं
नये-नये स्वर सुन पड़ते हैं
नये भाव मन में जड़ते हैं..."[42]

"महुए के दल निकले
लाल लाल लाल लाल

कोमल कोमल
छोटे छोटे
रोमल रोमल"[43]

"पौली पौली दौड़ाया, हर ओर पछेड़ा
खेप खेप कर साँसा आसा लि, खपे हैं।"[44]

"देखा है समीर को जल को हिला-हिला कर
× × ×
उस के ऊपर, आतुरता से खिला-खिला कर..."[45]

"वही धूप जो मेरे हाथों को, बालों को
छू छू कर इतनी गरमाई ला देती है,"
× × ×
रंग रंग के फूलों में, उड़ती चिड़ियों के..."[46]

"इन्द्रधनुष सी लहराती है पत्ती पत्ती"[47]

"जब जिस छन मैं
हारा, हारा, हारा
मैंने तुम्हें पुकारा"[45]

"सपने लो सपने लो
मीठे मीठे सपने
अच्छे अच्छे सपने
× × ×
गाँव-गाँव नगर-नगर, गली-गली, डगर-डगर
मैं पुकार रहा हूँ: सपने लो सपने लो"[49]

"हानि लाभ वैसे दो शब्द हैं
जिनका हाट-बाट और घर-घर में चलन है..."
× × ×
अच्छी-अच्छी बातों के अर्थ बदल जाते हैं"[50]

"चल रही हवा
धीरे धीरे
सीरी सीरी,
× × ×
उड़ रहे गगन में
झीने झीने
कजरारे
चंचल बादल।
× × ×
है अभी नहीं जाड़ा कोई
बरा ज़रा ज़रा रोएँ काँपे
रिमरिम रिमझिम पानी बरसा
फिर खुला गगन
× × ×
यह पवन, आज यों बार बार
खींचता तुम्हारा आँचल है
× × ×
मैंने जोता तुमने बोया
धीरे धीरे अंकुर आये..."[51]

उपर्युक्त पंक्तियों को देखने से ज्ञात होता है कि त्रिलोचन के लगभग सभी काव्य-संग्रहों में पुनरुक्ति के उदाहरण उपलब्ध हैं। एक ही कवितांश में एक से अधिक बार पूर्ण पुनरुक्त शब्दों का प्रयोग कवि ने किया है। सिद्धान्तः हिन्दी में कोई भी व्याकरणिक वर्ग पुनरुक्त किया जा सकता है। पूर्ण पुनरुक्ति 'प्रत्येक' के विवरणात्मक अर्थ को व्यक्त करती है। जैसे पहले उदाहरण में टहनी-टहनी, डाली डाली, पुनरुक्त शब्द वृक्षों की सभी टहनियों और डालियों की ओर संकेत कर रहे हैं। इसी प्रकार दूसरे उदाहरण 'देसदेस की', 'रंग रंग की' पुनरुक्त शब्द प्रत्येक देश और रंग का आशय प्रकट कर रहे हैं। अन्य उदाहरण में महुए के सभी फूल, लाल, कोमल एवं रोमल हैं। कवि इन शब्दों की पुनरुक्ति द्वारा यही बताना चाहता है। इसी प्रकार 'मीठे मीठे', 'अच्छे-अच्छे' 'गाँव-गाँव', 'डगर-डगर', 'घर-घर', 'धीरे-धीरे', 'अच्छी-अच्छी' 'बार-बार', 'जरा-जरा' पूर्ण पुनरुक्त शब्द कवि के आशय को वैशिष्ट्य प्रदान करने में सहायक सिद्ध हुए हैं। ध्यातव्य है कि त्रिलोचन की कविताओं में

पूर्ण पुनरुक्ति संज्ञा जातिवाचक (नगर-नगर, गली-गली, घर-घर) सर्वनाम निजवाचक (अपना-अपना), विशेषण गुणवाचक (मीठे-मीठे अच्छी-अच्छी, छोटे-छोटे, लाल-लाल, कोमल-कोमल, झीने-झीने उड़ती-उड़ती), क्रिया (उछल-उछलकर, झूम झूम, हिला-हिला, खिला-खिला, हारा हारा), परिमाण ावाचक विशेषण (ज़रा-ज़रा) संज्ञा (टहनी टहनी, डाली, डाली, देस देस) आदि स्तरों पर घटित हुई है।

आंशिक पुनरुक्ति के भी अनेक पैटर्न के उदाहरण त्रिलोचन की कविताओं में प्राप्त होते हैं। आंशिक पुनरुक्ति पूर्ण पुनरुक्ति से इस दृष्टि से भिन्न होती है कि इसमें पुनरुक्त किये जाने पर शब्द में ध्वन्यात्मक रूप से कोई परिवर्तन किया जाता है। चाहे वह स्वरागम (माला-माल), व्यंजनागम (आग-वाग), व्यंजन-प्रतिस्थापन (मोटा-झोटा), व्यंजन-लोप (इर्द-गिर्द), बीच में उपसर्ग (ज्ञान-विज्ञान), बीच में परसर्ग (गाँव-का-गाँव), निषेधवाचक (कोई-न-कोई) निपात (तू-ही-तू) आदि द्वारा किया जाये। इस प्रकार आंशिक पुनरुक्ति के दोनों घटकों में थोड़ा अन्तर हो जाता है। कवि त्रिलोचन की कविताओं से कुछ उदाहरण दृष्टव्य हैं–

> "उसने तो झूठे ठाट-बाट बाँधे हैं। चीज़ किराये की है
> × × ×
> जहाँ-तहाँ कुछ रंग-व्यंग का छिड़क दिया है।"[52]

> "कपड़े भी कैसे-फटे लटे हैं
> × × ×
> सधे क़दम, तेजी, वे टेढ़ी-मेढ़ी राहें
> × × ×
> क्या हलचल है इस के रूँधे रूँधाए जी में..."[53]

> "उस जनपद का कवि हूँ जो भूखा दूखा है"[54]

> "ठोकरें दर-ब-दर की हम थे
> क्या नहीं हमने मुँह की खाई है।"[55]

> "किसी तरह तैयार किया है। सबकी बोली
> ठोली, लाग-लपेट..."[56]

"जीर्ण-शीर्ण मिलते हैं मैं उनका कर थामे"[57]

"हानि-लाभ वैसे दो शब्द हैं
जिनका हाट-बाट और घर-घर में चलन है
× × ×
कहीं सड़के बनाते हैं नगर बसाते हैं और ऊबड़ खाबड़ को
× × ×
मन किसी का बदल जाये तो सबकुछ एकाएक
उलट-पुलट जाता है"[58]

"जिससे यह सारी दुनिया फिर राई-रत्ती"[59]

"तब तक सब लोग काम-धाम से अलग होकर
उसे देखा करते हैं
× × ×
हिन्दुस्तान ऐसा है
बस जैसा तैसा है"[60]

"पलक मारने में जो उमड़ा भीड़-भड़क्का,
× × ×
जो नीचे था और अनवरत धक्कमधक्का"[61]

"गद्य-वद्य कुछ लिखा करो। कविता में क्या है।"[62]

"हवा भूमि से आसमान तक आती जाती
है बेरोक टोक, बेलों से उलझ रही है,
× × ×
छेड़छाड़ कर रही है; वहाँ पंख फुलाती"[63]

"कुछ प्रकाश कुछ अन्धकार से बना बनाया
जग-जीवन है सभी रसों से सना सनाया"[64]

"मन बेचारा दाँवपेच सब भूलभाल जाता है"[65]

"कब तक जीवन में समाज के होड़ा होड़ी
चल्ला करेगी, और राष्ट्र भी उसी बाँट से
चला करेंगे, रोज़ नये-से-नये ठाठ से
छीनाझपटी नही करेगी तोड़ा तोड़ी,
फिर अपने दल-बल के हित में जोड़ा जोड़ी
× × ×
ऐसा करना है कि न चाही मोड़ा मोड़ी"[66]

"फिर देखा यह अपना घर है जिसमें टोटा
ही टोटा है
× × ×
चिताएँ ही चिन्ताएँ घेरे रहती हैं"[67]

"उन्हें जान की पड़ी है तुझे साज बाज की"[68]

"मैं तो यहाँ
जीवन-अजीवन के बीच हूँ"[69]

"यदि मेरी बात मेरी भाषा के ओठों को
पार नहीं कर पाती तो भी क्या बुरा है
कह-कहवाव से भी अलग
कभी कभी बात होती है।"[70]

"भरी है पारिजात की डाल
नयी कलियों से मालामाल
× × ×
चोंच-से-चोंच ग्रीव-से-ग्रीव
मिलाकर, होकर सुखी अतीत"[71]

"इसमें यदि चूक हुई तो मन
भीतर-ही-भीतर पितराता है।"[72]

उपर्युक्त उदाहरणों से स्पष्ट है कि त्रिलोचन की कविताओं में जहाँ पूर्ण पुनरुक्ति की बहुलता है वहीं आंशिक पुनरुक्ति की संख्या भी कम नहीं है। उद्धरण में दी गयी पंक्तियों में रेखांकित सभी शब्द आंशिक पुनरुक्तियों के प्रकार दर्शाते हैं। जैसे–व्यंजन प्रतिस्थापन (काम-धाम, जैसा-तैसा, टेढ़ी-मेढ़ी, भूखा-दूखा, गद्य-वद्य, ठाट-बाट, फटे-लटे, टेढ़ी-मेढ़ी, भूखा-दूखा, गद्य-वद्य, ठाट-बाट, फटे-लटे, बोली-ठोली, जीर्ण-शीर्ण, हाट-बाट) स्वर-लोप (ऊबड़-खाबड़, उलट-पुलट), मूल धातु से भूतकालिक रूप के साथ उसके सकर्मक या प्रेरणार्थक का भूतकालिक कृदंत (रूँधे-रूँधाये, बना-बनाया, सना-सनाया), बीच में परसर्ग (दर-ब-दर, चोंच-से-चोंच, नये-से-नये, ग्रीव-से-ग्रीव) निपात (भीतर-ही-भीतर, टोटा-ही-टोटा, चिन्ताएँ-ही-चिंताएँ), बीच में उपसर्ग (जीवन-अजीवन, बेरोक-टोक), स्वरागम (मालामाल, भूलभाल, छेड़छाड़, मोड़ा-मोड़ी, जोड़ा-जोड़ी, तोड़ा-तोड़ी, होड़ा-होड़ी), धक्कम धक्का, भीड़-भड़क्का आदि।

ध्यातव्य है कि आंशिक पुनरुक्ति में अधिकांश शब्दों का दूसरा घटक अतिरिक्त का अर्थ द्योतित करता है।

व्यतिरिक्त या आधिक्य बोधक पुनरुक्ति में दो घटक साथ-साथ प्रयोग किये जाते हैं। अर्थ में समान होते हुए भी दोनों घटक दो अलग-अलग भाषायी स्रोतों से गृहीत किये जाते हैं। जैसे- 'धन-दौलत'। इसमें 'धन' हिन्दी भाषा का शब्द है तो 'दौलत' 'अरबी-फारसी' का। किन्तु दोनों अर्थ की दृष्टि से समानार्थी हैं। त्रिलोचन की कविताओं में आधिक्यबोधक पुनरुक्ति के उदाहरण पूर्ण एवं आंशिक पुररुक्त शब्दों की तुलना में संख्या में कम हैं। तो भी कुछ उदाहरण दृष्टव्य हैं–

"घर में जो चीज-वस्तु काम की
न होती थी वही ठीक करता था"[73]

"जल को छूते तख़्ते, तख़्तों पर सैलानी
जमे हुए हैं, कहीं चल रही कथा-कहानी"[74]

"घरनी फुर्तीली थी
चुस्त काम-काज में
बोल बात में हँस मुख"[75]

"साधु-सन्त सोते हैं सुखी पाँव फैलाए।"[76]

अनुरणनात्मक शब्द–अनुरणनात्मक (onomatopoeia) शब्द वे शब्द होते हैं जिनका उच्चारण उनके अर्थ का द्योतक होता है। ये किसी ध्वनि का

अनुकरण करते हैं तथा इनका उच्चारण उनसे सम्बद्ध वस्तु से मेल खाता है। इसका सम्बन्ध ऐसे शब्दों की प्रवृत्ति से है जो संज्ञाएँ होती हैं। इन शब्दों से इनके उद्गम स्रोत का भी बोध होता है। इन शब्दों का निर्माण वस्तु, प्राणी आदि के द्वारा उत्पन्न ध्वनियों के अनुकरण पर किया जाता है। जैसे घड़ी की टिक्-टिक्, गट गट करके पानी पीना, जानवरों और पक्षियों द्वारा की जाने वाली ध्वनियाँ जैसे बिल्ली की म्याऊँ या कबूतर की गुटरगूं आदि। ग्रीक भाषा में इस शब्द का अर्थ 'making or creating means' अर्थात् 'नाम का निर्माण' करना है।

ये शब्द सभी भाषाओं में समान नहीं होते। ये कुछ हद तक उस भाषाई प्रणाली के अनुरूप होते हैं जिनका कि ये हिस्सा होते हैं। इसीलिए किसी घड़ी की आवाज़ जो हिन्दी में टिक्-टिक् होती है वही अंग्रेजी में टिक्-टॉक्, चीनी में दि-दा, और जापानी में कैंचिन-कैंचिन होती है। अत: ये शब्द भिन्न-भिन्न भाषाओं में भिन्न व्यंजन ध्वनियों के योग से निर्मित होते हैं। यद्यपि एक निश्चित ध्वनि भिन्न संस्कृति के लोगों द्वारा समान रूप से सुनी जाती है। इन शब्दों का प्रयोग कॉमिक्स में बहुतायत में होता है।

कवि त्रिलोचन की कविताओं में अनुरणनात्मक शब्दों का प्रयोग अनेक बार हुआ है। कविता में अर्थ-वैशिष्ट्य एवं जीवन्तता उत्पन्न करने के लिहाज से त्रिलोचन ने अनुरणनात्मक शब्दों एवं ध्वनियों का सहारा लिया है। इनकी कविताओं के कुछ उदाहरण दृष्टव्य हैं–

"आठ पह्र की टिप् टिप्
× × ×
पेड़ों के पत्तों से बूँदें
गिरती हैं टप् टप्
हवा सरसराती है"[77]

"बह रही वायु सर सर सर सर
बरसते मेघ झर झर झर झर
काँपते पत्र थर थर थर थर"[78]

"भरी रात भादों की... पथ... लपका वह कौंधा
तड़ तड़ तड़ त्तड़ाड़ ध्राड़ ध्रा ध्राङ, ध्रङ ध्रुहुम्

×   ×   ×

मैंने कहा / फिर चमक, कड कड कड़क कड़्‌धम्।
रिमझिम रिमझिम - छक् छक् छक् छक् छक् - सर्-सर्-सर्-सर्
चम चम चमक- धमाके घन के, उत्सव निशि भर।"[79]

"मैंने हहास सुना आसमान का
मेघों की भाषा में जाने क्या बोला किया आसमान"[80]

"पत्ते गिर रहे हैं
खहरा खहरा कर वन-वृक्षों के
पर पलाश हँसते हैं।"[81]

"जगते हैं खग कुलाय में
चूँ चूँ चह चह से लगता है परामर्श
से अभिनन्दन प्रभात का करते हैं।"[82]

उपर्युक्त उदाहरणों में बरसात की टिप् टिप्, बूँदों की टप् टप् हवा का सरसराना, बरसते मेघों का झर झराना, काँपते पत्रों का थरथराना, बिजली की तड़तड़ाहट, बिजली का कड़कना, आसमान का हहास, पत्तों का खहरा खहरा कर गिरना, पक्षियों का चहचहाना आदि प्राकृतिक जगत, वस्तु प्राणियों एवं पशु-पक्षियों की अनुरणनात्मक ध्वनियों का प्रयोग कविता में जीवन्तता को उपस्थित करता है। इस मायने में त्रिलोचन का यह सफल प्रयास है।

निष्कर्ष रूप में कहा जा सकता है कि 'शब्दों में जीवन' देखने वाले कवि त्रिलोचन की कविताएँ शब्द-स्तर पर अनुपम उदाहरण पेश करती हैं। त्रिलोचन अपनी भाषिक संरचना में अपनी मिसाल स्वयं हैं। एक ओर इन्हें धूलि सने शब्दों की आत्मा की परख थी तो दूसरी ओर तमाम देशी-विदेशी भाषाओं की गहरी पकड़। इनके शब्द कभी भी जीवन-सन्दर्भ से जुदा नहीं हुए। इन आलोक में त्रिलोचन हिन्दी-जाति के विलक्षण कवि हैं। देखा जाये तो इस लोकवादी कवि ने तत्सम और तद्भव शब्दों को देशज से संरकारित कर लोक-जीवन की अभिव्यंजना के निमित्त एक आदर्श भाषिक स्वरूप तैयार किया। एक ऐसी भाषा, जिसकी लहर पर जीवन की हलचल दिखती एवं महसूस होती है।

4.3 वाक्य-प्रयोग

भाषाविज्ञान की वह शाखा जिसमें पदों के पारस्परिक सम्बन्ध का विचार किया जाता है, उसे वाक्यविज्ञान कहा जाता है। 'वाक्यविज्ञान' में वाक्य-गठन या 'पद' से वाक्य बनाने की प्रक्रिया का वर्णनात्मक, तुलनात्मक तथा ऐतिहासिक दृष्टि से अध्ययन होता है। यहाँ वाक्य के अध्ययन से तात्पर्य वाक्य और उसके सभी अंगों; पदबन्धों; उपवाक्यों; रचना, अर्थ की दृष्टि से वाक्य-प्रकार आदि के अध्ययन से है।

ध्यातव्य है कि पदविज्ञान में पदों की रचना पर विचार होता है, अर्थात्, संज्ञा, क्रिया, विशेषण, कारक, लिंग, वचन, पुरुष, काल आदि के वाचक शब्द कैसे बनते हैं, यह पदविज्ञान के अन्तर्गत आता है। किन्तु, उन पदों का कहाँ, कैसे प्रयोग होता है, यह वाक्यविज्ञान का विषय है।

'पद' और 'वाक्य' को लेकर, उसके सापेक्षिक महत्व के सम्बन्ध में दो सिद्धान्त प्रचलित हैं, जिन्हें क्रमशः 'अभिहितान्वयवाद' और 'अन्विताभिधानवाद' के नाम से जाना जाता है। ये दोनों सिद्धान्त मीमांसकों के हैं। 'अभिहितान्वयवाद' पद की सत्ता मानता है और 'अन्विताभिधानवाद' वाक्य की। 'अन्विताभिधानवाद' सिद्धान्त के अनुसार वाक्य की ही सार्थक सत्ता मूल है और 'पद' उसके तोड़े गये अंश हैं किन्तु 'अन्विताभिधानवाद' के अनुसार 'पद' की ही सार्थक सत्ता है और वाक्य पदों का जोड़ा गया रूप है। भर्तृहरि ने भी अपने 'वाक्यपदीय' में वाक्य की सत्ता को स्वीकारा है। स्पष्ट ही 'अन्विताभिधानवाद' या भर्तृहरि का मत ही आज आधुनिक भाषाविज्ञान जगत में मान्य है और वाक्य ही भाषा की न्यूनतम पूर्ण सार्थक सहज इकाई है।

वाक्य को प्रायः सार्थक शब्दों का समूह माना जाता है। जो भाव को व्यक्त करने की दृष्टि से अपने आप में पूर्ण हो। कोषों तथा व्याकरणों में भी वाक्य की इसी प्रकार की परिभाषा मिलती है। इस दृष्टि से यूरोप में डियोनिसियस थ्रैक्स (प्रथम शताब्दी ई.पू.) का और भारत में पंतजलि जैसे भाषाशास्त्रीय तत्व-चिन्तकों का प्रथम प्रयास उल्लेखनीय है। दोनों ही आचार्यों ने वाक्य की परिभाषा इस प्रकार दी है-"पूर्ण अर्थ की प्रतीति कराने वाले शब्द-समूह को वाक्य कहते हैं।"[83]

उपर्युक्त परिभाषा में दो बातें मूल रूप से आयी हैं। पहली यह कि वाक्य शब्दों का समूह है तथा दूसरी यह कि वाक्य पूर्ण होता है। किन्तु तत्त्वव: इन दोनों बातों को पूरी तरह से ठीक नहीं कहा जा सकता। थोड़ा ध्यान देने पर यह सहज ही स्पष्ट हो जायेगा कि भाषा में या बोलते समय वाक्य ही प्रधान

होता है। वाक्य भाषा की इकाई है। हमारा सोचना, समझना, बोलना या किसी भाव को हृदयगंम करना सब कुछ 'वाक्य' में ही होता है। ऐसी स्थिति में 'वाक्य पदों या शब्दों का समूह है' कहने की अपेक्षा 'पद या शब्द वाक्यों के कृत्रिम खंड है' कहना अधिक श्रेयस्कर है। अन्य दृष्टि से विचार करने पर ज्ञात होता है कि यह आवश्यक नहीं है कि वाक्य शब्दों का समूह ही हो। एक शब्द के भी वाक्य होते है। 'चलोगे?' 'हाँ', 'कहाँ से?', 'घर से' आदि। बातचीत में प्राय: वाक्य एक शब्द के ही होते हैं। यह बात दूसरी है कि ऐसे वाक्य पूरे वाक्य में शब्दों का लोप करके प्रयुक्त किये जाते हैं तथा बोलचाल में प्राय: प्रयुक्त होते हैं।

अर्थ की दृष्टि से वाक्य की पूर्णता भी विवादास्पद है। वाक्य को पूर्णत: पूर्ण नहीं कहा जा सकता। प्राय: अपने किसी भाव को हम कई वाक्यों द्वारा व्यक्त करते हैं। यहाँ यह भाव अपने में पूर्ण है और कई वाक्य मिलकर उसे व्यक्त करते हैं, अतएव निश्चय ही ये वाक्य पूर्ण के खंड मात्र हैं, अत: अपूर्ण हैं। वाक्य भाषा का एक अंग है, वह पूर्ण की प्रतीति नहीं करा सकता। एक ग्रन्थ या भाषण में सहस्त्रों वाक्य होते हैं, तब पूर्ण की अभिव्यक्ति होती है। एक-एक वाक्य विचारधारा की एक-एक तरंग मात्र है।

वस्तुत: वाक्य की कोई एक सर्वस्वीकृत परिभाषा दे पाना कठिन है। कामताप्रसाद गुरु के अनुसार–"एक विचार पूर्णता से प्रकट करने वाले शब्द-समूह को वाक्य कहते हैं।"[84] डॉ. भोलानाथ तिवारी ने वाक्य की परिभाषा इस प्रकार दी है–"वाक्य भाषा की वह इकाई है जिसमें एक या अधिक शब्द (पद) होते हैं तथा जो अर्थ की दृष्टि से पूर्ण हो या अपूर्ण, व्याकरणिक दृष्टि से अपने विशिष्ट सन्दर्भ में अवश्य पूर्ण होती है, साथ ही उसमें प्रत्यक्ष या परोक्ष रूप से कम-से-कम एक समापिका क्रिया अवश्य होती है।"[85] इस परिभाषा में कुछ बातें ध्यान देने योग्य हैं–

क) वाक्य भाषा की सहज इकाई है। भाषा की लघुतम इकाई ध्वनि है, क्योंकि ध्वनियों के योग से प्राय: शब्द बनते हैं और शब्द अथवा शब्दों के योग से वाक्य का निर्माण होता है। किन्तु भाषा की सहज इकाई वाक्य ही है। रूप, शब्द, अक्षर, ध्वनि आदि इकाइयाँ इसकी तुलना में कृत्रिम हैं तथा भाषा-विश्लेषण के क्रम में इनकी खोज हुई है।

ख) वाक्य में एक शब्द (पद) भी हो सकता है और एक से अधिक भी। प्राय: भाषा में एक से अधिक शब्द होते हैं किन्तु बातचीत में

प्राय: वाक्य एक शब्द के भी होते हैं। विशिष्ट सन्दर्भ में 'जाओ', 'लिखो', 'बैठो', 'हाँ', 'नहीं' आदि वाक्य ही हैं।

ग) वाक्य में अर्थ की पूर्णता हो सकती है और नहीं भी। जैसे- 'राम कल स्कूल जायेगा', 'सूरज पूर्व से निकलता है।' दोनों वाक्य अर्थ की दृष्टि से पूर्ण है। किन्तु 'जो परिश्रम करेगा', 'उस समय तक नहीं आया था' वाक्य अर्थ की दृष्टि से पूर्ण नहीं है। इस तरह वाक्य के लिए अर्थ की पूर्णता आवश्यक नहीं है।

घ) वाक्य व्याकरणिक दृष्टि से पूर्ण होता है। व्याकरणिक पूर्णता आर्थिक पूर्णता से भिन्न होती है। व्याकरणिक पूर्णता का अर्थ है–विशिष्ट सन्दर्भ में वाक्य के लिए व्याकरणिक दृष्टि से अपेक्षित सभी पदों अथवा शब्दों का होना। व्याकरणिक पूर्णता के लिए वाक्य में सभी अपेक्षित अवयवों अर्थात् कर्ता, कर्म, क्रिया का होना अनिवार्य है।

ङ) व्याकरणिक पूर्णता कभी-कभी सन्दर्भ पर भी निर्भर करती है। कभी तो वाक्य व्याकरणिक दृष्टि से पूर्ण होते हैं, किन्तु कभी-कभी बोलचाल या साहित्यिक रचनाओं में कथनोपकथन आदि में उनमें व्याकरणिक दृष्टि से अपेक्षित सारे शब्द नहीं होते। वे लुप्त रहते हैं। ऐसे वाक्यों की व्याकरणिक पूर्णता सन्दर्भ विशेष पर आधृत होती है। श्रोता या पाठक सन्दर्भ विशेष में उनके लुप्त शब्दों को जोड़कर अर्थ की प्रतीति कर लेता है।

च) वाक्य में प्रत्यक्ष या परोक्ष रूप से कम-से-कम एक समापिका क्रिया का भाव अवश्यक होता है। व्याकरणिक दृष्टि से पूर्ण वाक्यों में प्रत्यक्षत: एक या अधिक क्रियाएँ होती हैं। जिन वाक्यों की व्याकरणिक पूर्णता सन्दर्भ पर निर्भर करती है, उनमें कभी-कभी क्रिया नहीं भी होती। इस प्रकार क्रिया या तो प्रत्यक्षत: होगी या फिर सन्दर्भ से उसका अनुमान लगाया जायेगा।

वाक्य के अनिवार्य तत्व

अन्विताभिधानवादी आचार्य कुमारिल भट्ट आदि ने वाक्य में तीन तत्वों को अनिवार्य बताया है–1) आकांक्षा, 2) योग्यता, 3) आसक्ति (सन्निधि)। इसको ही आचार्य विश्वनाथ ने साहित्यदर्पण में निम्नलिखित रूप से प्रस्तुत किया है–"वाक्यं स्याद् योग्यताकांक्षासत्तियुक्त: पदोच्च्य:।"[86]

इनका संक्षिप्त विवरण इस प्रकार है–

क) आकांक्षा–आकांक्षा का अर्थ है 'इच्छा'। अर्थात् 'जानने की इच्छा', अर्थात्, अर्थ की 'अपूर्णता'। वाक्य में इतनी शक्ति होनी चाहिए कि वह पूरा अर्थ देने में समर्थ हो। 'लड़का पुस्तक पढ़ता है'–इस वाक्य में तीन पद हैं जो परस्पर एक-दूसरे के अर्थ के पूरक हैं और तीनों मिलकर ही एक समुचित और पूर्ण अर्थ की प्रतीति कराते हैं। इनमें से किसी एक को हटा देने पर अर्थ अपूर्ण रह जाता है और आकांक्षा की निवृत्ति नहीं होती। जब तक अर्थ का सम्प्रेषण पूर्ण नहीं तब तक भाषा का प्रयोग निरर्थक है। अत: आकांक्षा एक प्रकार की मानसिक स्थिति है, जिसका महत्व श्रोता की दृष्टि से है।

ख) योग्यता–योग्यता का अर्थ है पदों के परस्पर अन्वय में बाधा का अभाव। शब्दों में प्रसंगानुकूल भाव का बोध कराने की योग्यता या क्षमता होनी चाहिए। पदों के अन्वय में बाधा दो प्रकार से पड़ सकती है–क) अर्थ या प्रतीति की दृष्टि से, और ख) पदों के अन्वय की दृष्टि से। एक का सम्बन्ध मन से है और दूसरे का व्याकरण से। 'किताब से पानी भरता है' या 'पहाड़ उड़ता है'–इन वाक्यों में प्रतीतिमूलक बाधा है, कारण कि न तो किताब से पानी भरना सम्भव है और न पहाड़ का उड़ना। व्याकरण की दृष्टि से इन दोनों वाक्यों में कोई असंगति नहीं है; पदों का अन्वय व्याकरणसम्मत ढंग से हुआ है और दोनों वाक्य व्याकरण की दृष्टि से शुद्ध एवं संगत हैं, परन्तु प्रतीति या अर्थ-सम्बन्धी बाधा स्पष्ट है। अन्वय की दृष्टि से बाधा वहाँ होती है जहाँ व्याकरण-सम्मत नियमों के अनुसार पदों का विन्यास नहीं होता। उदाहरणार्थ, निम्नलिखित वाक्यों में व्याकरण-सम्बन्धी योग्यता का अभाव है–

लड़का सोती है (लिंग विषयक अयोग्यता)
लड़के खेलता है। (वचन विषयक अयोग्यता)
राम ने पढ़ता है। (विभक्तिविषयक अयोग्यता)

इन वाक्यों में सार्थकता का अभाव नहीं है, किन्तु हिन्दी व्याकरण के अनुसार पदों के अन्वय के जो नियम हैं, उनका पालन नहीं हो सका है।

ग) आसक्ति–इसका अर्थ है समीपता। वाक्य के शब्द देश और काल दोनों ही दृष्टियों से परस्पर आसन्न रहने चाहिए। उदाहरण के लिए, यदि आज 'लड़का' कहें और कल कहें 'खेलता है' तो अर्थबोध नहीं होगा। 'लड़का' कहने के तुरन्त बाद 'खेलता है' का उच्चारण होना चाहिए।

इन तीनों तत्वों के अतिरिक्त दो अन्य तत्वों का उल्लेख भी कुछ भाषावैज्ञानिकों ने किया है–सार्थकता तथा अन्विति।

सार्थकता से तात्पर्य है कि वाक्य में प्रयुक्त शब्द सार्थक होने चाहिए पद तभी वाक्य बनते हैं, जब वे सार्थक हों। यदि रचना सार्थक नहीं होगी तो भाषा का मूल उद्देश्य 'विचारों का आदान-प्रदान' ही सम्भव नहीं होगा और इसलिए ऐसी रचना को वाक्य कह पाना सम्भव नहीं होगा।

अन्विति से तात्पर्य है वाक्य में कर्ता-कर्म-क्रिया अथवा विशेष्य-विशेषण आदि की तार्किक संगति। लिंगभेद, वचनभेद, विभक्तिभेद आदि से व्याकरण-सम्बन्धी अनुरूपता विच्छिन्न होती है, अतः अन्विति की आवश्यकता है।

वाक्य में अंग

वाक्य के दो अंग होते हैं : उद्देश्य और विधेय।

उद्देश्य वाक्य का वह अंग है जिसके बारे में वाक्य के शेषांश में कुछ कहा गया हो। जैसे 'लड़का गया' में 'लड़का' इसे कर्ता भी कहा जा सकता है। वाक्य में 'लड़के' के सम्बन्ध में विधान किया गया है, इसलिए वह उद्देश्य है। उद्देश्य में 'केन्द्रीय शब्द', तथा 'उसका विस्तार' आ सकता है। 'लड़का गया' में 'लड़का' केन्द्रीय शब्द है, किन्तु 'राम का लड़का गया' में 'राम का' उसका विस्तार है और उद्देश्य है 'राम का लड़का'।

विधेय वाक्य का वह अंश है जो उद्देश्य के बारे में सूचना दे। अतः उद्देश्य के सम्बन्ध में जो विधान किया जाता है, उसे विधेय कहते हैं। यथा, 'राम पुस्तक पढ़ता है' वाक्य में उद्देश्य राम के सम्बन्ध में यह विधान किया गया है कि वह 'पुस्तक पढ़ता है'। अतः वाक्य का यह अंश विधेय है।

वाक्य के प्रकार

विभिन्न आधारों पर वाक्य के अनेक भेद लक्षित किये गये हैं जो इस प्रकार हैं–

क) क्रिया के अनुसार–वाक्य के दो भेद हैं–क्रियायुक्त और क्रियाहीन है। सामान्यतः वाक्य क्रियायुक्त ही होते हैं, लेकिन कुछ परिस्थितियों में क्रिया का प्रयोग नहीं भी होता है। अनेक भाषाएँ ऐसी हैं जिनमें सहायक क्रिया का प्रयोग नहीं होता; जैसे–संस्कृत, बँगला, रूसी आदि। हिन्दी, अंग्रेजी आदि भाषाओं में सहायक क्रिया के बिना काम नहीं चलता।

संस्कृत – इदं मम पुस्तकम् (यह मेरी पुस्तक है।)

बँगला – एइ आमार बइ (यह मेरी पुस्तक है।)

इन दोनों उदाहरणों में सहायक क्रिया नहीं है और इसका अभाव नहीं

खटकता। इसके विपरीत हिन्दी या अंग्रेजी में बिना 'है' या 'इज़' का प्रयोग किये वाक्य अधूरा लगता है। 'यह मेरी पुस्तक' का 'दि माइ बुक' खटक जाता है।

बहुत से मुहावरे हिन्दी में ऐसे हैं, जिनमें क्रिया का प्रयोग नहीं पाया जाता; जैसे–जिसकी लाठी उसकी भैंस, जैसी करनी वैसी भरनी; चोर की दाढ़ी में तिनका आदि।

काव्यभाषा में भी क्रियाहीन वाक्य प्रायः दिखाई पड़ते हैं। घबराहट, भय आदि की मनःस्थिति में भी वाक्य मुख से पूरा नहीं निकलता। जैसे- साँप! भूकम्प! आग! हत्या! आदि। किसी प्रकार परिस्थिति की गम्भीरता बताकर सम्भावित खतरे से सचेत करना ही ऐसे वाक्यों का प्रयोजन होता है और वह प्रयोजन बिना क्रिया के भी सिद्ध हो जाता है।

ख) रचना के अनुसार–वाक्य के तीन प्रकार होते हैं–सरल, मिश्र और संयुक्त।

सरल वाक्य–सरल अथवा साधारण वाक्य में एक उद्देश्य और एक विधेय होता है। अर्थात् एक संज्ञा और एक क्रिया होती है। जैसे–

लड़का दौड़ता है

उद्देश्य का विस्तार भी हो सकता है, उद्देश्य का विस्तार करने वाले शब्द स्वयं अपने गुणवाचक शब्दों के द्वारा और भी बढ़ाए जा सकते हैं–

लड़की जा रही थी।

सुन्दर लड़की जा रही थी।

एक बहुत ही सुन्दर लड़की जा रही थी।

साधारण विधेय में केवल एक समापिका क्रिया रहती है और यह किसी भी लिंग, वचन, काल, पुरुष आदि में हो सकती है–

लड़का गया।

उद्देश्य के समान विधेय का भी विस्तार किया जा सकता है। उद्देश्य का विस्तार प्रायः विशेषण द्वारा होता है, परन्तु विधेय का विस्तार क्रिया विशेषण अथवा उसके समान उपयोग में आने वाले शब्दो से होता है–

वह चलते-चलते ही थक गया।

संयुक्त वाक्य–जब दो अथवा अधिक सरल वाक्यों को समानाधिकरण समुच्चयबोधक अव्यय द्वारा जोड़कर एक वाक्य इस प्रकार बनाया जाता है कि दोनों सरल वाक्य एक-दूसरे के पूरक होते हुए भी किसी के आश्रित नहीं होते तो उस वाक्य को संयुक्त वाक्य कहते हैं। संयुक्त वाक्य के सरल वाक्य

उपवाक्य कहलाते हैं और उन्हें समानाधिकरण अथवा समानाधिकृत उपवाक्य कहा जाता है। जैसे–

राम और मोहन स्कूल जाते हैं।

चुपचाप बैठो वरना यहाँ से चलते बनो।

संयुक्त वाक्यों के सम्बन्ध में कुछ बातें ध्यान देने योग्य हैं–

क) इसमें कम-से-कम दो समानाधिकृत उपवाक्यों का होना अनिवार्य है। यदि इन दो के अतिरिक्त कोई आश्रित उपवाक्य भी इसमें हो तब भी उसे संयुक्त वाक्य ही कहा जायेगा।

ख) संयुक्त वाक्य में प्रयुक्त उपवाक्य स्वतन्त्र रूप से प्रयोग करने पर सरल वाक्य बन जाते हैं।

ग) संयुक्त वाक्य के उपवाक्य एक-दूसरे पर आश्रित न होकर पूरक होते हैं।

घ) संयुक्त वाक्य प्रायः समुच्चयबोधक अव्ययों से जुड़े रहते हैं। प्रमुख समुच्यबोधक अव्यय हैं–और, एवं, तथा, इसलिए, तो, अतः, नहीं तो, अथवा, चाहे...आदि।

ङ) कभी-कभी संयुक्त वाक्यों में विशेष प्रभाव उत्पन्न करने के लिए समुच्चयबोधक अव्यय के स्थान पर अल्पविराम का प्रयोग किया जाता है। जैसे–क्या सोचा था, क्या हो गया।

ञ) दो से अधिक सरल वाक्य एक साथ जुड़ने पर संयोजक सिर्फ अन्त में लगता है, अन्यत्र अल्पविराम का प्रयाग होता है–ठहरो, मत जाओ।

संयुक्त वाक्यों के भेद

संयुक्त वाक्यों के समानाधिकरण उपवाक्यों में चार प्रकार का सम्बन्ध पाया जाता है–संयोजक, विभाजक, विरोधदर्शक और परिणामबोधक। इस आधार पर संयुक्त वाक्य भी चार प्रकार के होते हैं–

1. संयोजक संयुक्त वाक्य–इन वाक्यों में उपवाक्य दो स्थितियों अथवा कार्यव्यापारों को परस्पर सम्बद्ध करते हैं। सामान्यतः इनके लिए और, एवं, तथा आदि का प्रयोग किया जाता है। जैसे–

   पप्पू पटना रहता है और मैं असम।

2. विभाजक संयुक्त वाक्य–इन वाक्यों में प्रयुक्त होने वाले उपवाक्य दो स्थितियों अथवा कार्यव्यापारों के बीच विकल्प प्रदर्शित करते हैं

अथवा एक का स्वीकार तथा दूसरी का अस्वीकार दिखाते हैं। प्रायः इन वाक्यों में अथवा, कि, या या... या आदि समुच्चबोधकों का प्रयोग होता है–

तुम पैदल घर जाना चाहोगे या स्कूटर से।

या वह पागल है या तुम सनकी।

3. विरोधदर्शक संयुक्त वाक्य–यदि उपवाक्यों के बीच विरोध अथवा विरोधाभास की स्थिति प्रतीत हो तो ऐसे संयुक्त वाक्यों को विरोधदर्शक संयुक्त वाक्य कहा जाता है। प्रायः ऐसे उपवाक्यों को मगर, पर, किन्तु, आदि अव्ययों से जोड़ा जाता है। जैसे–

वह पढ़ने में होशियार है किन्तु ध्यान नहीं देता।

यह आने वाले थे किन्तु नहीं आये।

4. परिणामबोधक संयुक्त वाक्य–जब एक उपवाक्य कार्य का और दूसरा उसके परिणाम का बोध कराए, तो इन उपवाक्यों से मिलकर बना संयुक्त वाक्य परिणामबोधक कहलाता है। इसलिए, अतः, सो आदि इसके साथ प्रयुक्त होने वाले अव्यय हैं। जैसे–

समीक्षा पढ़ने में होशियार है इसलिए अच्छे अंकों से उत्तीर्ण हो सकी।

कामताप्रसाद गुरु ने संकुचित संयुक्त वाक्यों की चर्चा भी की है। उनके अनुसार–"जब संयुक्त वाक्य के समानाधिककरण उपवाक्यों में एक ही उद्देश्य अथवा एक ही विधेय या दूसरा कोई एक ही भाग बार-बार आता है, तब उस भाग की पुनरुक्ति मिटाने के लिए उसे एक ही बार लिखकर संयुक्त वाक्य को संकुचित कर देते हैं। चारों प्रकार के संयुक्त वाक्य संकुचित हो सकते हैं।"[87]

मिश्र वाक्य–संयुक्त वाक्य में दोनों उपवाक्य प्रधान अथवा समानाधिकरण होते हैं। परन्तु जिन वाक्यों में एक उपवाक्य प्रधान होता है तथा शेष एक अथवा अधिक उपवाक्य उस पर आश्रित होते हैं, उन्हें मिश्र वाक्य कहा जाता है। जैसे–

मैंने उस व्यक्ति को आज फिर देखा जिसे कल देखा था।

इस वाक्य में 'मैंने उस व्यक्ति को आज फिर देखा' प्रधान उपवाक्य है तथा 'जिसे कल देखा था' आश्रित उपवाक्य है।

आश्रित उपवाक्य वाक्य के प्रारम्भ, मध्य तथा अन्त में कहीं भी आ सकते हैं। मिश्र वाक्य में आश्रित उपवाक्य प्रायः कि, जो ताकि, जहाँ, तब, जब आदि समुच्चयबोधक अव्ययों से जुड़े होते हैं।

रचना के आधार पर वाक्य के उपर्युक्त तीन प्रकारों पर विस्तृत सैद्धान्तिक चर्चा के बाद यह जरूरी है कि देखा जाये कि वाक्य के स्तर पर त्रिलोचन की कविताओं की क्या स्थिति है। त्रिलोचन जैसा कि सर्वविदित है, वाक्य के कवि हैं। वे अपनी कविताओं में वाक्य के प्रति अधिक निष्ठावान हैं। पूरा वाक्य रचते हैं। यही कारण है कि कविता कभी-कभी सपाटबयानी की ओर खिसक जाती है। किन्तु एक पाठक की दृष्टि से देखा जाये तो यह उसके लिए सुविधाजनक है कि अर्थ को पकड़ने में उसे अधिक मशक्कत नहीं करनी पड़ती। त्रिलोचन ने रचना के आधार पर वाक्य के तीनों प्रकारों यथा-सरल, संयुक्त और मिश्र को अपने काव्य में भरपूर स्थान दिया है। उनकी कविताओं से लिए गये उदाहरणों के आधार पर इसे पुष्ट किया जा रहा है।

सरल वाक्यों का प्रयोग त्रिलोचन के यहाँ प्राप्त है। सरल अथवा साधारण वाक्य में एक उद्देश्य और एक विधेय होता है। उदाहरणार्थ-

"जीवन बन्दी है।"[88]

"उषा आ रही है।""[89]

"जीवन यात्रा है।"[90]

"मैं दीप जलाती हूँ।"[91]

"बादल घिर आये।"[92]

उपर्युक्त चारों पंक्तियों में सरल वाक्य प्रयुक्त किया गया है। इनमें क्रमशः 'जीवन', 'उषा', 'जीवन', तथा 'मैं' उद्देश्य के रूप में प्रयुक्त हुए हैं इनमें से 'मैं दीप जलाती हूँ' वाक्य में साधारण उद्देश्य में संज्ञा के स्थान पर संज्ञा के समान उपयोग में आने वाले सर्वनाम 'मैं' का प्रयोग किया गया है।

इसी प्रकार इन चारों पंक्तियों में क्रमशः 'बन्दी है।', 'आ रही है', 'यात्रा है।', तथा 'दीप जलाती हूँ।' वाक्य के विधेय के अंग हैं। इन सभी में एक समापिका क्रिया 'है' तथा 'हूँ' के रूप में विद्यमान है।

उद्देश्य का विस्तार भी त्रिलोचन की कविताओं में प्रयुक्त वाक्यों में मिलता है, जैसे-

"इस जीवन का मोल बहुत है।"[93]

"स्नेह लुटाने से दूना बढ़ता है।"[94]

उपर्युक्त दोनों वाक्यों में उद्देश्य का विस्तार क्रमशः 'बहुत' तथा 'दूना' विशेषण द्वारा किया गया है।

सरल वाक्यों के अतिरिक्त संयुक्त वाक्यों की सहायता से भी त्रिलोचन ने अपनी काव्य-पंक्तियों का निर्माण किया है। संयुक्त वाक्यों में विशेषकर

संयोजक संयुक्त वाक्यों का प्रयोग त्रिलोचन की कविताओं में अधिक हुआ है। उदाहरणार्थ–

"हिन्दी की कविता, उनकी कविता है जिनकी
साँसों को आराम नहीं था और जिन्होंने
सारा जीवन लगा दिया कल्मष को धोने में समाज के"[95]

"नगई ने हुक्का पिया और बारी-बारी सब को दिया"[96]

"आज भी ये मकान और दुकान की
पहेलियाँ समझ नहीं पाते।"[97]

"इन आँखों की ज्योति
और इन केशों की छाँह
पथ पर हो।"[98]

उपर्युक्त चारों काव्य-उद्धरणों में 'और' संयोजक अव्यय द्वारा दो स्थितियों अथवा कार्य व्यापारों को सम्बद्ध किया गया है।

इसी प्रकार विभाजक संयुक्त वाक्य का एक अन्यतम उदाहरण भी त्रिलोचन की कविता में उपलब्ध है।

"मन में याद गड़े चाहे पैरों में काँटा"[99]

इस वाक्य में 'चाहे' विभाजक अव्यय द्वारा मन में याद गड़ने या पैरों में काँटा गड़ने के बीच की स्थितियों के मध्य विकल्प प्रदर्शित किया गया है।

संयुक्त वाक्यों में अल्पविराम के प्रयोग द्वारा दो वाक्यों को आपस में जोड़ा जाता है। इस तकनीक का प्रयोग त्रिलोचन ने सहज रूप से अपने काव्य में किया है। नीचे उदहरण प्रस्तुत किये जा रहे हैं–

"छिपकली घरों के अन्दर ही
रहती है,
वहाँ उसे रक्षा और आहार भी मिलता है।"[100]

"ग्राम देवता का अन्त हो गया
वहाँ अब बरातें नहीं टिकतीं
पूजा-पाठ भी नहीं होते
और कहाड़ियाँ भी नहीं चढ़तीं।"[101]

"भाषा के भी पार प्राण लहरें लेता है,
उगता है, बढ़ता है और पल्लवित होकर
अपने पाँव खड़ा होता है।"[102]

ध्यातव्य है कि इन तीनों काव्य-उद्धहरणों में वाक्यों को जोड़ने के लिए

अल्पविराम (,) का प्रयोग किया गया है। पर साथ ही 'और' संयोजक अव्यय का भी प्रयोग किया गया है। अतः कह सकते हैं कि अल्पविराम और संयोजक अव्ययों दोनों का प्रयोग साथ-साथ संयुक्त वाक्यों में त्रिलोचन ने किया है।

संयुक्त वाक्यों की ही भाँति मिश्र वाक्यों का प्रयोग भी त्रिलोचन के काव्य में मिलता है। ध्यातव्य है कि मिश्र वाक्य त्रिलोचन ने अधिकांशतः 'जो' समुच्चयबोधक अव्ययों द्वारा जुड़े हुए ही प्रयुक्त किये हैं। उदाहरणार्थ–

> "साही के शरीर पर काँटे ही काँटे
> होते हैं जो उस पर हमला करने वाले से
> उस की रक्षा करते हैं।"[103]
> "वह निशा चली गयी
> जो अब तक
> रंग रंग के सपने देती रही।"[104]
> "बिन बुलाये जो आता है प्यार वही है।"[105]
> "डर लगता है जीवन में उन से जो
> अपने होते हैं।"[106]
> "उस जनपद का कवि हूँ जो भूखा दूखा है,
> नंगा है, अनजान है–कला नहीं जानता..."[107]
> "कल फिर वह भिक्षुक आया था जो शाहों की
> भाषा में बोला करता है।"[108]

उपर्युक्त काव्य-उद्धरणों में दृष्टव्य है कि 'जो' अव्यय का प्रयोग कर मिश्रित वाक्यों का निर्माण कवि ने किया है। इन सभी वाक्यों में एक प्रधान उपवाक्य है तो दूसरा आश्रित उपवाक्य। तीसरे उद्धरण में 'प्यार वही है' प्रधान उपवाक्य है जो वाक्य के उत्तरार्द्ध में आया है। चौथा उद्धरण भी इसी का नमूना है। अन्य सभी वाक्यों में प्रधान उपवाक्य पहले प्रयुक्त हुआ है तथा आश्रित उपवाक्य बाद में।

इसके अतिरिक्त त्रिलोचन की कविताओं में एक ऐसी संरचना भी प्राप्त होती है जिसमें मिश्रवाक्य तथा संयुक्त वाक्य की संरचना का एक साथ प्रयोग हुआ है। जैसे–

> "उस ठंड से सब मरते हैं
> जो चेतना की शिराओं को सुन्न कर देती है और
> जीवन की ऊष्मा हर लेती है।"[109]

इस काव्य-उद्धरण में 'जो' द्वारा मिश्रवाक्य की तदुपरान्त 'और' द्वारा संयुक्त वाक्य की रचना की गयी है। इसी प्रकार,

"घायल होकर गिरा सिपाही और कराहा"[110]

वाक्य है। यह देखने पर संयुक्त वाक्य प्रतीत होता है क्योंकि 'और' संयोजक अव्यय द्वारा दो वाक्यों को इसमें जोड़ा गया है। किन्तु यह काव्य-पंक्ति मिश्र वाक्य की कोटि में आयेगी। इसमें 'कराहा' क्रिया की संपुष्टि के लिए 'घायल होकर गिरा सिपाही' वाक्य का होना आवश्यक है। 'कराहा' एकपक्षीय वाक्य प्रधान उपवाक्य पर आश्रित है। अतः यह एक मिश्र वाक्य है।

अर्थ की दृष्टि से वाक्य के प्रकार

अर्थ के आधार पर वाक्य आठ प्रकार के माने जाते हैं–

क) निश्चयार्थक या विधानवाचक वाक्य।

ख) नकारात्मक या निषेधवाचक वाक्य।

ग) प्रश्नवाचक वाक्य।

घ) आज्ञार्थक वाक्य।

ङ) इच्छावाचक वाक्य।

च) विस्मयादिबोधक वाक्य।

छ) सन्देहवाचक वाक्य।

ज) संकेतवाचक वाक्य।

क) निश्चयार्थक या विधानवाचक वाक्य–सामान्य कथन अथवा किसी वस्तु/ व्यक्ति की स्थिति अथवा अवस्था का बोध कराने वाले वाक्यों को निश्चयार्थक या विधानवाचक वाक्य कहते हैं। जैसे–राम जाता है। लड़कियाँ गीत सुन रही हैं। कवि त्रिलोचन के यहाँ भी विधानवाचक वाक्यों की उपस्थिति मिलती है। जैसे–

"नन्हें-नन्हें हाथों ने
पकड़ लिया मेरा हाथ
और शेकहैंड किया।"[111]

"हंस के समान दिन उड़कर चला गया"[112]

ख) नकारात्मक या निषेधवाचक वाक्य–जिन वाक्यों में कथन का निषेध प्रदर्शित हो, उन्हें निषेधवाचक वाक्य कहा जाता है। विधानवाचक वाक्य ही 'न', 'नहीं', 'मत' आदि के प्रयोग से नकारात्मक बनाये जा सकते हैं। जैसे–मैं नहीं पढ़ रहा हूँ। त्रिलोचन की कविताओं में निषेधवाचक वाक्य

बहुत भास्वर नहीं है। कारण कि, सकारात्मक ऊर्जा से उद्दीप्त वाक्यों को ही उन्होंने अपने काव्य में अधिक प्रश्रय दिया है।

ग) प्रश्नवाचक वाक्य–निषेधवाचक वाक्यों की ही तरह विधानवाचक वाक्यों से प्रश्नवाचक वाक्यों का निर्माण किया जा सकता है। प्रश्नवाचक वाक्य सकारात्मक एवं नकारात्मक दोनों प्रकार के हो सकते हैं। ये वाक्य में एक अथवा दो प्रश्नवाचक शब्दों (कब, कहाँ, किधर, क्यों आदि) के प्रयोग, अनुतान, निषेधवाचक शब्द और विरोधी अभिव्यक्ति युक्त शब्दों से बनाये जा सकते हैं। जैसे–

राम कहाँ जा रहा है? (प्रश्नवाचक शब्द)
शाम को चलोगे अथवा सुबह? (अनुतान)

इन वाक्यों के अन्त में प्रश्नवाचक चिह्न का लगाना अनिवार्य है। त्रिलोचन की कविताओं में प्रश्नवाचक शब्द तथा अनुतान के साथ प्रश्नवाचक वाक्यों की निर्मिति मिलती है। जैसे–

"तुम चलो जिधर वे हरे खेत
वे हरे खेत
हैं याद तुम्हें?
मैंने जोता तुमने बोया"[113]

प्रस्तुत उद्धरण में देखा जा सकता है कि कवि अपनी प्रेयसी अथवा पत्नी से प्रश्न कर रहा है कि उसे हरे खेत याद हैं या नहीं।

इसी प्रकार अनुतान की दृष्टि से त्रिलोचन की कविताओं में से निम्नलिखित काव्य-पंक्तियाँ दृष्टव्य है–

"मुक्ति कहाँ है, मुक्ति कहाँ?"[114]

इस पंक्ति में कवि अनुतान के लहजे में समाज से प्रश्न कर रहा है कि आखिर मुक्ति है कहाँ? अर्थात् मुक्ति अभी सम्भव नहीं है। प्रत्यक्ष रूप से प्रश्नवाचकवाचक वाक्य की तरह लगने वाला यह वाक्य वास्तव में निषेधवाचक वाक्य की सूचना दे रहा है।

घ) आज्ञार्थक वाक्य–जिन वाक्यों में आज्ञा, अनुरोध, निर्देश आदि का भाव प्रकट हो, वे आज्ञार्थक वाक्य होते हैं। इन वाक्यों में श्रोता से यह अपेक्षा रहती है कि वह तत्काल अथवा आगामी काल में कुछ करे। यथा- यह काम करो। वाक्य के अन्त में 'न' लगाकर भी आज्ञार्थक वाक्य बनाये जा सकते हैं। जैसे- आप आयेंगे न? कवि त्रिलोचन ने अपनी कविताओं में आज्ञार्थक वाक्यों का निर्माण एक विशेष सन्दर्भ में किया है। शोषित पीड़ित

जनता को सम्बोधित करते हुए वे उसे अपने अधिकारों के लिए आवाज़ उठाने, ऊर्जा प्राप्त करने के लिए आज्ञा देने की मुद्रा में सामने आते हैं, ताकि आमजन अपनी शक्ति को पहचान सके और अपने अधिकारों को प्राप्त कर सके। उदाहरणार्थ–

"अभी तुम्हारी शक्ति शेष है
अभी तुम्हारी साँस शेष है
अभी तुम्हारा कार्य शेष है
मत अलसाओ
मत चुप बैठो
तुम्हें पुकार रहा है कोई।"[115]
"चल रहे हो तो चलो
विश्राम का भी नाम मत लो"[116]
"बढ़ अकेला
यदि न कोई संग तेरे पथ-बेला
बढ़ अकेला"[117]

इन तीनों काव्य-पंक्तियों को ध्यान से देखने पर सहज ही यह ज्ञात हो जाता है कि त्रिलोचन ने आमजनता को उसकी मुक्तिकामी संघर्ष के लिए थके-हारे बिना आगे बढ़ने के लिए आज्ञा दे रहे हैं।

ङ) इच्छावाचक वाक्य–जिस वाक्य में वक्ता अपने लिए अथवा दूसरों के लिए कोई इच्छा, कामना प्रकट करता है अथवा जिससे सुझाव, शुभाकामना, आशीर्वाद आदि का बोध होता है उसे इच्छावाचक वाक्य कहा जाता है। जैसे–ईश्वर तुम्हें दीघायु करे।

काश मेरा भी कोई होता।

इच्छासूचक वाक्य त्रिलोचन के कविताओं में भी प्राप्य हैं। इच्छा, कामना, सुझाव के रूप में ऐसे वाक्य देखने को मिलते हैं। उदाहरणार्थ–

"बापू, तुम होते तो कितना अच्छा होता,
बिना तुम्हारे सूना सूना सा लगता है,"[118]
"मैंनें उल्लास से कहा
तू आ
घोंसला बना
जहाँ पसन्द हो।"[119]

"बाँह गहे कोई
अपरिचय के
सागर में
दृष्टि को पकड़कर
कुछ बात कहें कोई।"[120]

स्पष्ट है कि इन तीन उद्धृत काव्य-पंक्तियों में कवि क्रमशः कामना सुझाव एवं इच्छा प्रकट कर रहा है। बापू के साथ की कामना प्रथम उदाहरण में व्यक्त हो रही है। दूसरे उदाहरण में पक्षी को कवि अपनी पसन्दीदा जगह पर घोंसला बनाने का सुझाव दे रहा है तथा अन्तिम उदाहरण में कवि अपरिचित संसार में परिचित पाने की इच्छा व्यक्त कर रहा है।

च) विस्मयादिबोधक वाक्य–जिन वाक्यों से विस्मय घृणा, प्रेम, हर्ष, शोक आदि का भाव प्रकट होता है, वे विस्मयादिबोधक वाक्य कहलाते हैं। इन्हें उद्‌गारवाचक वाक्य भी कहते हैं। जैसे–अरे! यह क्या किया। कवि त्रिलोचन की कविताओं में अधिकांश विस्मयादिसूचक वाक्य हर्ष विस्मय, घृणा करने के सन्दर्भ में प्रयुक्त हुए हैं। उदाहरणार्थ–

"गोविन्द
आज तुम नहीं हो
नहीं हो गोविन्द।"[221]

"तुम्हें प्रभात पुकार रहा है राही।"[222]

"क्या तुम्हें होगा कभी विश्वास,
प्रिय विश्वास!"[123]

"आह! भीषण हालाहल
समा गया है साँस साँस में घृणा-द्वेष का।"[124]

इन सभी काव्य-उद्धरणों में कवि ने क्रमशः विस्मय, हर्ष, शोक सहित घृणा के भाव प्रकट किये हैं।

छ) सन्देहवाचक वाक्य–जिन वाक्यों में किसी बात के होने के प्रति सन्देह प्रकट हो, उन्हें सन्देहवाचक वाक्य कहा जाता है। इन्हें सम्भावनार्थक वाक्य भी कहा जाता है क्योंकि इनमें वक्ता कार्य होने के प्रति सम्भावना भी व्यक्त करता है। जैसे–वह आया होगा। सीमा नहा रही होगी। कवि त्रिलोचन के यहाँ सन्देहसूचक वाक्य अधिक मात्रा में नहीं रचे गये हैं। इसका एक तार्किक कारण यह भी है कि कवि अपनी सोच में पूरी तरह पुख्ता है। सन्देह

की गुंजाइश उनके कवि-व्यक्तित्व में नहीं है। फिर भी अपवादस्वरूप दो उदाहरण दृष्टव्य है-

"ऐसा लगता था कि
सुविस्तृत आसमान का
नीला नीला रंग छूट कर
पेड़ों के पत्तो पत्तों में
गिरते गिरते उलझ गया है।"[125]

"गोविन्द
आज तुम नहीं हो
× × ×
पता नहीं कहाँ हो
पता नहीं कहाँ हो"[126]

ज) संकेतवाचक वाक्य-जिन वाक्यों में किसी-न-किसी शर्त की पूर्ति का विधान किया जाता है, उन्हें संकेतवाचक कहते हैं। ये शर्तवाची वाक्य भी कहलाते हैं। जैसे-वर्षा होती तो फसल होती। त्रिलोचन की एक कविता संकेतवाचक वाक्य की दृष्टि से महत्वपूर्ण है जिसमें उन्होंने निरन्तर बढ़ते रहने की शर्त पर ही विजय प्राप्त होने का संकेत दिया है। पंक्तियाँ इस प्रकार हैं-

"तुम अगर पिछड़े, सदा पिछड़े रहोगे
फिर न बढ़ते हुए अपने साथियों को
पा सकोगे...
× × ×
विजय होगी, तुम अगर चलते रहे तो
विजय होगी, तुम अगर बढ़ते रहे तो
निरन्तर बढ़ते रहे हो।"[127]

स्पष्ट है कि अर्थ की दृष्टि से आठ प्रकार के सभी वाक्यों की उपस्थिति त्रिलोचन की कविताओं में उपलब्ध है। वाक्य को महत्वपूर्ण इकाई मानने वाले त्रिलोचन वाक्य-विधान के प्रति अधिक सचेत हैं, ये स्वतः प्रमाणित हो जाता है।

ध्यातव्य है कि वाक्य पदों से मिलकर बनता है। जब किसी वाक्य में एक से अधिक पद मिलकर एक व्याकरणिक इकाई-संज्ञा, विशेषण, क्रिया आदि का काम करते हैं तो उस व्याकरणिक इकाई को पदबन्ध अर्थात् 'पदों' का एक साथ बँधना कहते हैं। डॉ. भोलानाथ तिवारी के अनुसार-"जब एक

से अधिक पद (रूप), एक में बँधकर एक व्याकरणिक इकाई (जैसे संज्ञा, विशेषण, क्रिया-विशेषण आदि) का कार्य करें तो उस 'बँधी इकाई' को पदबन्ध कहते हैं।"[128]

उदाहरणार्थ, 'राम वन को गये' वाक्य में राम संज्ञा है किन्तु यदि कहा जाये, 'अयोध्या नरेश दशरथ के पुत्र राम वन को गये' तो इस वाक्य में 'अयोध्या नरेश दशरथ के पुत्र राम' संज्ञा पदबन्ध होगा। सामान्यतः प्रत्येक पदबन्ध में एक मुख्य अर्थात् शीर्ष पद होता है। शेष एक अथवा अधिक पद उस शीर्ष पद पर आश्रित होते हैं। जैसे उपर्युक्त उदाहरण में, 'राम' शीर्ष पद है। शेष आश्रित पद हैं। पदबन्ध और उपवाक्य में अन्तर होता है। पदबन्ध और उपवाक्य दोनों में ही एक अधिक पद होते हैं और दोनों ही वाक्य के अंग होते हैं। परन्तु उपवाक्य में उद्देश्य तथा विधेय दोनों की उपस्थिति होती है जबकि पदबन्ध में ऐसा नहीं होता।

भाषावैज्ञानिकों ने पदबन्ध आठ प्रकार के माने हैं। जिनमें से पाँच प्रमुख हैं–संज्ञा पदबन्ध, सर्वनाम पदबन्ध, विशेषण पदबन्ध, क्रिया पदबन्ध और क्रियाविशेषण पदबन्ध। शेष तीन गौण हैं–सम्बन्धबोधक पदबन्ध, समुच्चबोधक पदबन्ध तथा विस्मयादिबोधक पदबन्ध। कवि त्रिलोचन के काव्य में सभी आठ पदबन्धों की उपस्थिति परोक्ष अथवा प्रत्यक्ष रूप से देखने को मिलती है। प्रत्येक पदबन्ध के सैद्धान्तिक पक्ष पर बात करते हुए त्रिलोचन की कविताओं में उसके साक्ष्य की खोज साथ-साथ यहाँ पर की जा रही है।

संज्ञा पदबन्ध–जो पदबन्ध वाक्य में वही कार्य करता है, जो एक संज्ञा पद करता है, उसे संज्ञा पदबन्ध कहते हैं। संज्ञा पदबन्ध में शीर्ष स्थान पर सदा संज्ञा पद ही होता है। संज्ञा पदबन्ध में शीर्ष के अतिरिक्त जो पद होते हैं वे प्रायः शीर्ष की विशेषता बताते हैं। संज्ञा पदबन्ध की रचना कई प्रकार से होती है। त्रिलोचन की कविताओं में अनेक प्रकार के संज्ञा पदबन्धों का निर्माण हुआ है। जैसे–

"सच के आसन पर बैठा <u>झूठ</u> पुजाता है।"[129]

इस वाक्य पंक्ति में 'झूठ' जो कि भाववाचक विशेषण है उसे संज्ञा अर्थात् कर्ता के रूप में प्रयुक्त किया गया है। अतः यह एक संज्ञा पदबन्ध है जिसकी अन्तिम संज्ञा अर्थात्, 'झूठ' है। इसी प्रकार,

"छाती पर चढ़ा हुआ अन्धकार का <u>पहाड़</u> उतर गया।"[130]

यहाँ भी 'पहाड़' संज्ञा शब्द पदबन्ध के अन्त में आया है। अन्य उदाहरण भी प्रस्तुत हैं–

"दुबे से दबे हुए मानव आ आ..."[131]

"कृष्ण वर्ण मेघों से आच्छादित दिन आया जैसे वैसे गया।"[132]

"दुःख के बाणों से बिद्ध हृदय जिस का हो वह सुख को क्या समझ सकेगा।"[133]

स्पष्ट है कि ऊपर उद्धृत काव्य-पंक्तियों में मानव, दिन, हृदय आदि संज्ञा शब्दों के लिए संज्ञा पदबन्धों की योजना की गयी है। उल्लेखनीय है कि संज्ञा पदबन्ध में विशेषण प्रायः संज्ञा के पूर्व ही आते हैं। इन पंक्तियों में भी ऐसा ही हुआ है।

सर्वनाम पदबन्ध– सर्वनाम पदबन्ध के विषय में सभी भाषावैज्ञानिक एकमत नहीं हैं। कुछ विद्वान यह मानकर चलते हैं कि सर्वनाम संज्ञा के स्थान पर आता है इसलिए इसे भी संज्ञा पदबन्ध ही मानना चाहिए। परन्तु व्याकरणिक दृष्टि से यह मत उचित प्रतीत नहीं होता। जिस पदबन्ध में शीर्ष पद सर्वनाम हो उसे सर्वनाम पदबन्ध ही माना जाना चाहिए। उदाहरणार्थ– शेर की तरह दहाड़ने वाले तुम काँप क्यों रहे हो? इस वाक्य में शीर्ष पद पर 'तुम' सर्वनाम है। अतः यह सर्वनाम पदबन्ध का उदाहरण है। सर्वनाम पदबन्ध का प्रयोग संज्ञा पदबन्ध की तुलना में बहुत कम होता है। यही कारण है कि त्रिलोचन की कविताओं में भी इसकी उपस्थिति कम दर्ज हुई है। एक उदाहरण दृष्टव्य है–

"भस्मावृत लूकी सा
मैं, इस अन्धकार में
पड़ा हुआ हूँ।"[134]

इस वाक्य-उद्धरण में 'मैं' सर्वनाम शीर्ष पद पर अवस्थित है क्योंकि 'मैं' के विषय में ही सबकुछ कहा जा रहा है।

विशेषण पदबन्ध–जो पदबन्ध किसी संज्ञा की विशेषता बताता है वह विशेषण पदबन्ध कहलाता है। इसके शीर्ष में प्रायः विशेषण होता है। यह भी अंकित करने योग्य है कि संज्ञा पदबन्ध अथवा सर्वनाम पदबन्ध की रचना प्रायः विशेषणों से ही होती है। अतः यदि संज्ञा अथवा सर्वनाम पदबन्ध में संज्ञा-सर्वनाम शब्द हटा दिया जाये तो शेष रचना विशेषण पदबन्ध की कोटि में आयेगी। जैसे–शेर की तरह दहाड़ने वाले तुम काँप क्यों रहे हो? त्रिलोचन की कविताओं में विशेषण पदबन्धों की मात्रा अधिक है। कारण है कि कविता में विशेषणों का प्रयोग सबसे अधिक होता है। उनकी कविताओं में चुने गये विशेषण पदबन्धों के कुछ उद्धरण इस प्रकार हैं–

"झीने श्वेत बादल आकाश में...

× × ×

मन्द मन्द पछुआ हवा बह रही
लहरें उपजाती हुई बह रही।"[135]
"सहज सुन्दर मन्द तारों का पुनीत प्रकाश"[136]
"चम्पा काले-काले अच्छर नहीं चीन्हती।"[137]
"दीन, हीन, छवि-क्षीण और व्याकुल ईश्वर को
आज सड़क पर हाथ पसारे मैंने पाया।"[138]
"हरियाली के माथे पर बिन्दी-सी उषा
शोभित हुई।"[139]

उल्लेखनीय है कि सभी भाषाओं में विशेषण पदबन्ध का प्रयोग सर्वाधिक होता है। त्रिलोचन की कविताओ में भी स्पष्ट है कि विशेषण पदबन्ध वाक्य प्रारम्भ मध्य तथा अन्त तीनों स्थानों पर प्रयुक्त हुए हैं।

क्रिया पदबन्ध–क्रिया पदबन्ध के शीर्ष में क्रिया होती है। अन्य पद उसी पर आश्रित होते हैं। जैसे–उसकी बात अब तो मान ली जा सकती है। त्रिलोचन की कविताओं में क्रिया पदबन्धों का प्रयोग हुआ है किन्तु कविता की आवश्यकतानुसार उसके क्रम में परिवर्तन भी कवि ने किया है। उदाहरण दृष्टव्य हैं–

"धीरे धीरे सन्ध्या तारा
आता एकाकी कुछ हारा।"[140]
"पतली-सी डाल पर
कूक रही है कोयल बार बार।"[141]

इन काव्य-उद्धरणों में देखा जा सकता है कि 'धीरे-धीरे सन्ध्या तारा आता' में क्रम-परिवर्तन किया गया है। वास्तविक क्रम है–'सन्ध्या तारा धीरे-धीरे आता'। इस लिहाज से यह क्रिया पदबन्ध की कोटि में रखा जायेगा। दूसरे उदाहरण का 'बार-बार कोयल कूक रही है' वास्तविक क्रम है। इस दृष्टि से यह भी क्रिया पदबन्ध का उदाहरण है।

क्रिया विशेषण पदबन्ध–इसमें शीर्ष में क्रिया विशेषण होता है, शेष पद उस पर आश्रित होते हैं। ये पद प्राय: क्रियाविशेषण की विशेषता बताते हैं अर्थात् प्रक्रियाविशेषण होते हैं। क्रियाविशेषण पदबन्ध रीति, समय, स्थान, दिशा, परिमाण आदि की ओर इंगित करते हैं। जैसे–आगामी वर्ष के मध्य तक मेरा काम पूरा हो जायेगा।

कवि त्रिलोचन की कविताओं में कमोबेश रीति, स्थान, दिशा, परिमाण आदि की दृष्टि से क्रियाविशेषण पदबन्ध मिल जाते हैं। उदाहरण के लिए–

रीति की दृष्टि से–

"मैं जब पढ़ने लगता हूँ वह आ जाती है
खड़ी खड़ी चुपचाप सुना करती है।"[142]
"मन की अप्रिय निर्जनता-शून्यता झाड़कर
दुलराता हूँ इन्हें।"[143]
"सिपाही पड़ा पड़ा ही करवट हुआ..."[144]
"मेघों ने आकाश घेर कर जी भर गाया"[145]
"चंचल समीर ने चल चल कर
कुछ नयी भावना बरसाई।"[146]
"गीत गड़रियों के सुन सुन कर दुहराऊँगा।"[147]
"झाँय झाँय करती दुपहरिया नाचा रही थी।"[148]
"नन्ही-सी गोरैया अपना चारा चुनती फिरती है।"[149]
"जीवन के सारे व्यापार
धीरे धीरे अब
समाते चले जा रहे हैं।"[150]
"हंस के समान दिन उड़ कर चला गया।"[151]

समय की दृष्टि से-

"एक साल बाद फिर
बसन्त आ रहा है।"[152]

गौढ़ पदबन्धों में सम्बन्धबोधक पदबन्ध, समुच्चबोधक पदबन्ध तथा विस्मादिबोधक पदबन्ध आते हैं।

सम्बन्धबोधक पदबन्ध–ये पदबन्ध में से, के भीतर से, के बाहर की ओर आदि पदों से बनते हैं। त्रिलोचन की कविता से उदाहरण प्रस्तुत है–

"चन्द्रमुखी ने गोर्की की तस्वीर निहारी।"[153]
"नगई ने अपने सगे भाई की सास को
घर में बैठाया था।"[154]

समुच्चयबोधक पदबन्ध–ये पदबन्ध मुख्यत: क्योंकि, इसलिए कि से बनते हैं। किन्तु त्रिलोचन की कविताओं में क्रिया-विशेषणों से युक्त समुच्चयबोधक पदबन्ध प्रयुक्त हुए हैं। ये 'जैसे-जैसे, वैसे-वैसे', 'जब-जब, तब-तब' 'जब तक-तब तक', 'जो-तो', 'जितने ही-उतने ही'

आदि क्रिया-विशेषणात्मक समुच्चयबोधक पद के प्रयोग से निर्मित हुए हैं। उदाहरणार्थ–

"जब जब दुख की रात घिरी, तब तब मैं गाना खुलकर गाता रहा।"[155]

"जैसे जैसे लड़ाई का वेग, बल और दिन
बढ़ता चला जाता है
वैसे वैसे एकाधिकार भी धरातल पर
बढ़ता चला जाता है।"[156]

"जीवन जब तक शेष रहेगा, तब तक धारा
इसी तरह निर्बाध बहेगी"[157]

"जो मिलने का नहीं
अगर वही माँगा
तो माँगने वाले ने
चेत अधर में टाँगा।"[158]

"आज कल का ढंग की विचित्र है
हमारे घर
जितने ही निकट निकट होते हैं
उतने ही दूर दूर
हमारे मन होते हैं।"[159]

विस्मादिबोधक पदबन्ध–कवि **त्रिलोचन** की कविताओं में विस्मयादिबोधक पदबन्धों का प्रयोग प्रायः हर्ष प्रकट करने के सन्दर्भ में ही हुआ है। जैसे–

"उठ किसान ओ, उठ किसान ओ
बादल घिर आये हैं।"[160]
"मेरे ओ,
आज मैंने अपने हृदय से यह पूछा था
क्या मैं तुम्हें प्यार करती हूँ।"[161]
"प्राणाधिके, बसन्त आ गया।"[162]

निष्कर्ष रूप में कहा जा सकता है कि त्रिलोचन की कविता में वाक्य

का महत्व बहुत अधिक है। वे वाक्य-विधान के प्रति सचेत कवि हैं। अर्थ की दृष्टि से, संरचना की दृष्टि से वाक्यों का प्रयोग त्रिलोचन की कविताओं में सहज उपलब्ध है। पदबन्धों का प्रयोग भी कवि ने सहज रूप से किया है।

4.4 अर्थ-प्रयोग

अर्थविज्ञान 'अर्थ का विज्ञान' है। इसमें भाषा के अर्थ-पक्ष का वैज्ञानिक अध्ययन-विश्लेषण किया जाता है। अर्थविज्ञान को लेकर विद्वानों में मतभेद रहा है। अनेक विद्वान इसे भाषाविज्ञान की एक शाखा मानते हैं, किन्तु कुछ आधुनिक विद्वान अर्थ को भाषा का केन्द्रीय विषय न मानकर इसे परिधीय उपव्यवस्था के अन्तर्गत मानते हैं। कुछ लोगों के अनुसार यह दर्शनशास्त्र की एक शाखा है और कुछ अन्यों के अनुसार यह एक स्वतन्त्र विज्ञान है। इसमें कोई सन्देह नहीं कि अर्थविज्ञान दर्शन से बहुत अंशों से सम्बद्ध है और उसका काफ़ी अंश ऐसा है जो मनोविज्ञान और तर्कशास्त्र की अपेक्षा रखता है, किन्तु इसमें भी सन्देह नहीं कि अर्थ भाषा की आत्मा है और भाषाविज्ञान जब 'भाषा' का 'विज्ञान' है, तो बिना उसके अध्ययन के उसे पूर्ण नहीं कहा जा सकता। इस प्रकार अर्थविज्ञान निश्चित रूप से भाषा-विज्ञान का अविभाज्य अंग है।

अर्थविज्ञान का यह एक मूलभूत प्रश्न है कि वास्तव में अर्थ है क्या? वाक्यपदीयकार भर्तृहरि कहते हैं–

> 'यस्मिंस्तूच्चरिते शब्दे यदा योऽर्थः प्रतीयते।
> तमाहुरर्थं तस्यैव नान्यर्थस्य लक्षणम्।।'[163]

अर्थात् 'शब्द के उच्चारण से जिसकी प्रतीति होती है, वही उसका अर्थ है, अर्थ का कोई दूसरा लक्षण नहीं है। वस्तुतः भर्तृहरि की बात अपने स्थान पर ठीक होते हुए भी कुछ बदलाव की अपेक्षा रखती है। क्या अर्थ केवल 'शब्द' का ही होता है? 'मैं खड़े-खड़े तुम्हारा काम करा दूँगी।' में 'खड़े-खड़े' शब्द तो नहीं है, किन्तु यहाँ अर्थ की अपेक्षित प्रतीति केवल 'खड़े' शब्द से नहीं हो सकती। वह 'खड़े-खड़े' से ही हो सकती है। अतः कहा जा सकता है कि "किसी भी भाषिक इकाई (वाक्य, वाक्यांश, रूप, शब्द, मुहावरा आदि) को किसी भी इन्द्रिय (प्रमुखतः कान, आँख) से ग्रहण, करने पर जो मानसिक प्रतीति होती है, वही अर्थ है।"[164]

तात्पर्य यह है कि अर्थ का शब्द से ठीक वैसा ही सम्बन्ध होता है जैसे जल का लहर से। जिस प्रकार लहर का अस्तित्व जल के साथ है उसी प्रकार

शब्द का अस्तित्व उसके अर्थ में ही है। बिना अर्थ के शब्द का कोई महत्व नहीं हैं किसी भी इन्द्रिय से उसकी मानसिक प्रतीति होने पर ही कोई शब्दार्थ अर्थ प्रकार सार्थक होता है।

अर्थ पर विचार करते समय दो शब्द प्राय: हमारे सामने आते हैं–प्रतीक और अवधारणा। भाषा की परिभाषा में प्राय: यह कहा जाता है कि भाषा ध्वनि-प्रतीकों की व्यवस्था है। अत: प्रतीक का अवधारणा से क्या सम्बन्ध है? इसको जानने से पूर्व यह जानना आवश्यक है कि प्रतीक या ध्वनि प्रतीक क्या होते हैं? प्रतीक का वास्तविक अर्थ है किसी अन्य के स्थान पर प्रयुक्त होने वाली वस्तु। परन्तु भाषाविज्ञान में ध्वनि प्रतीकों की ही महत्ता होती है। ध्वनि प्रतीक से तात्पर्य है किसी अन्य के स्थान पर प्रयुक्त होने वाली ऐसी वस्तु अर्थात् प्रतीक जिसमें ध्वनि का प्रयोग हुआ हों। इस अन्य को ध्वनि प्रतीक का कथ्य कहा जा सकता है। यह भी ध्यातव्य है कि प्रत्येक ध्वनि प्रतीक भाषा नहीं कहला सकती। जैसे, बच्चों के खिलौने में से निकलने वाली विविध प्रकार की आवाजें जैसे–टिर्-टिर्, ट्न-ट्न, रून-झुन आदि भाषा नहीं है। ये मात्र ध्वनियाँ हैं। भाषिक प्रतीक वे तभी बनेंगे जब ध्वनि के लिए वागेन्द्रिय का प्रयोग किया जायेगा। अर्थात् ये प्रतीक वाचिक होंगे। पाश्चात्य विद्वान सस्यूर भाषा की प्रत्येक सार्थक इकाई को एक भाषिक प्रतीक के रूप में देखते हैं। भारतीय मनीषा भी शब्द और अर्थ को एक संश्लिष्ट इकाई मानन के पक्ष हैं। 'निरुक्त' में अर्थ को वाणी अर्थात् 'शब्द' का पुष्प और फल कहा गया है। तुलसीदास भी शब्द और अर्थ को जल और लहर की भाँति एक मानते हैं। पश्चिम में भी प्रतीक और अवधारणा के सम्बन्ध पर विद्वानों ने विचार किया है। रिचर्ड्स ने अपनी पुस्तक 'The meaning of meaning' में बेसिक ट्रांइगल नामक विश्लेषण प्रस्तुत किया है। प्रतीक को वास्तव में त्रिकोणात्मक आधार पर ही समझा जा सकता है। इस त्रिकोण में तीन बातें मुख्य रूप से देखी जाती है–संकेतित वस्तु, संकेतार्थ और प्रतीक। संकेतित वस्तु से तात्पर्य भौतिक जगत् की वस्तु से है, जैसे चलता-फिरता पशु 'कुत्ता'। संकेतार्थ उस वस्तु का बिम्ब है जो श्रोता के मस्तिष्क में विद्यमान रहता है। यह संकेतार्थ ही वास्तव में अवधारणा है और प्रतीक इस अवधारणा का अर्थ का अभिव्यक्त करने वाली भाषिक इकाई है। मूल त्रिकोण आरेख प्रस्तुत है–

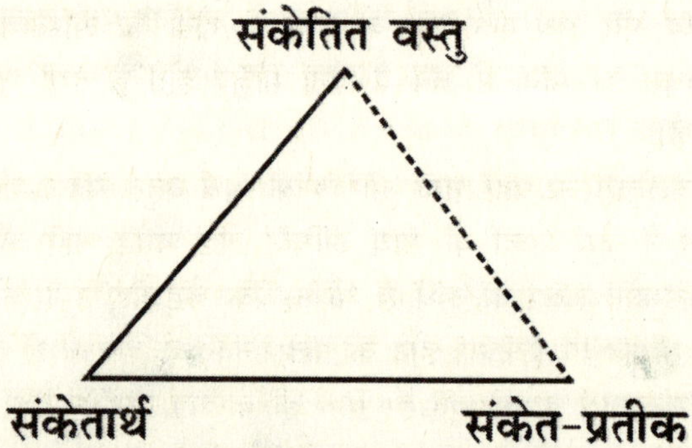

आरेख से स्पष्ट है कि प्रतीक और संकेतार्थ/ अवधारणा के मध्य सीधा सम्बन्ध है। प्रतीक और संकेतित वस्तु से उसका सम्बन्ध उतना सहज नहीं है। वास्तव में प्रयोक्ता जब प्रतीक का प्रयोग करता है तो श्रोता के मन में आने वाला संकेतार्थ सिर्फ उसके बाह्य जगत के अनुभव से ही नियन्त्रित नहीं होता, बल्कि उसके पीछे उसकी सामाजिक और सांस्कृतिक पृष्ठभूमि भी मौजूद रहती है। इसीलिए भारतीय समाज में 'काँटा' दुख देने का प्रतीक है तो गुलाब और कमल क्रमशः सामन्ती ऐश्वर्य एवं पवित्रता का।

इसी प्रकार यह भी उल्लेखनीय है कि श्रोता के मन में आने वाला संकेतार्थ व्यक्ति विशेष का न होकर जाति विशेष का होता है। गाय या घोड़ा उच्चरित करने पर श्रोता के मन में दृश्यमान जगत में सामान्य रूप से उपलब्ध गाय या घोड़ा ही उपस्थित होता है। यह तथ्य मानव मन में उठने वाले अदृश्य भावों और विचारों के सम्बन्ध में भी समान रूप से लागू होता है। उदाहरण के लिए 'प्रेम', 'रोष' आदि ध्वनि-प्रतीकों को सुनते ही श्रोता इनकी अवधारणा तक सहज रूप में पहुँच जाता है।

किन्तु वास्तविकता यह है कि शब्द और अर्थ का कोई स्वभाविक एवं सहज सम्बन्ध नहीं है। समाज ने यह सम्बन्ध मान लिया है, कहें कि समाज ने विभिन्न शब्दों को विभिन्न अर्थों में प्रतीक के रूप में स्वीकार कर लिया है। शब्द विशिष्ट अर्थों के प्रतीक या संकेत हैं इसीलिए उन शब्दों के प्रयोग से श्रोता उन्हीं अर्थों को ग्रहण करता है। उदाहरण के लिए भारतीय समाज में या यूँ कहें कि हिन्दी भाषा-भाषी समाज में 'कुर्सी' का अर्थ बैठने की वस्तु है तो कुर्सी कहने से उसी का बोध होता है, किसी अन्यवस्तु का नहीं। इस प्रकार कहा जा सकता है कि शब्द और अर्थ के मध्य यादृच्छिक सम्बन्ध

होता है। शब्द और अर्थ एक दूसरे के पूरक हैं। दोनों का अस्तित्व एक-दूसरे के बिना अधूरा है। भाषा में जब ये दोनों मौजूद होते हैं तभी भाषा कारगर सिद्ध होती है।

कवि त्रिलोचन के यहाँ शब्द और उनके अर्थ बहुत सहज भाव से आये हैं। त्रिलोचन ने जैसे शब्दों के साथ अधिक तोड़-मरोड़ नहीं की है, ठीक उसी प्रकार उन्होंने शब्दों के अर्थ से भी अधिक छेड़छाड़ नहीं की है। हिन्दी भाषा-भाषी समाज के प्रयोक्ता होने के नाते उनकी कविताओं में हिन्दी शब्दों के मूलार्थ, संरचनार्थ प्रयुक्त हुए हैं। साथ ही कविता क्योंकि एक ऐसी विधा है जो साहित्य से जुड़ी है अतः व्यंग्यार्थ की गुंजाइश इसमें सबसे अधिक होती है। कविता का मूल आस्वादन तभी सम्भव है जब उसमें निहित व्यंग्यार्थों को पकड़ा जा सके। यदि कविता में निहित शब्दों के अभिधार्थ या मूलार्थ की खोज की जायेगी तो वहीं कविता की मृत्यु हो जायेगी। यह भी ध्यातव्य है कि शब्द में कोशीय अर्थ के स्तर पर व्यंग्यार्थ नहीं होता। व्यंग्यार्थ का पता वाक्यांश अथवा वाक्य के स्तर पर ही चल पाता है। कविता के स्तर पर व्यंग्यार्थ ही अधिक महत्वपूर्ण होता है। व्यंग्य द्वारा प्रस्तुत अर्थ त्रिलोचन की अनेक कविताओं में मौजूद है। व्यंग्यार्थ की मौजूदगी उनकी कविताओं में मुहावरे, अलंकारों, प्रतीकों, विरोधाभास तथा मानवीकरण आदि के रूप में उपलब्ध हैं।

मानवीकरण के रूप में व्यंग्यार्थ का एक उदाहरण प्रस्तुत है।

"जीवन की शय्या पर आकर मरण सो गया।"[165]

इस उदाहरण में देखा जा सकता है कि सोने की क्रिया सजीव प्राणियों यथा मनुष्य अथवा पशुओं द्वारा निष्पादित होती है। किन्तु 'जीवन' और 'मरण' जैसी भावात्मक क्रियाओं द्वारा यह कार्य निष्पादित होते दिखाया गया है। व्यंग्यार्थ की दृष्टि से यह वाक्य अति सराहनीय है, जिसका तात्पर्य है कि जीवन मृत्यु में परिवर्तित हो गया। अर्थात् जीवन्त अनुभव मृत हो गये। भाषा में इतनी ताकत होती है कि वह किसी को भी जिला सकती है या किसी को भी नष्ट भी कर सकती है।

इसी प्रकार एक अन्य कविता 'मैं-तुम' में कवि ने 'हाथों' की महिमा का गुणगान किया है। 'हाथों' के माध्यम से वास्तव में कवि उन मजूदरों, कामगरों की महत्ता स्थापित करना चाहता है जो अपने हाथों से मेहनत करके सड़क, घर, आदि जाने क्या-क्या बनाते हैं। कवि के शब्दों में–

"मानव की सभ्यता तुम्हारे ही खुरदरे हाथों में नया रूप पाती है।

× × ×

इनको बनाने वाले हाथ मुस्कराते हैं गीत जो उभर आया उसे गुनगुनाते हैं यही हाथ और कहीं कितने ही हाथों के साथ कहीं बनाते है नगर बसाते हैं और ऊबड़खाबड़ को पट कर देते हैं।"[166]

'हाथों' को व्यक्ति के समकक्ष त्रिलोचन ने 'नगई-महरा' कविता में अंकित किया है-

"पूरा परिवार मैंने देखा
पैरों पैरों है
हाथों ने काम कोई लिया, किया
हो जाने को ही काम
हाथों में आता था।"[167]

'नगई महरा' कविता में कवि त्रिलोचन ने 'हाथ जोड़ने' की क्रिया के लिए नये शब्दों का सहारा लिया है जो इसी अर्थ को द्योतित करता है-

"परसों आना
इज्जत मैं क्या दूँगा
फिर भी दसों नह जोड़े"[168]

'नगई महरा' कविता में ही मानव शरीर के अंगों पाँव, कान, मुँह, हाथ द्वारा मानवीय क्रियाओं को दर्शाया गया है। कवि ने स्वयं की मौजूदगी को भी व्यंग्यार्थ में दर्शाया है।

"लेकिन सचेत पाँव कान से कुछ दूर थे
मुँह किसी और हाथ से कुछ कह रहा था।"[169]

स्पष्ट है कि भाषा में शब्दों के अभिधार्थ में व्यंग्यार्थ का विधान नहीं होता। व्यंग्यार्थ सिर्फ वाक्य के माध्यम से स्पष्ट होता है। वाक्य में व्यंग्यार्थ लाने के लिए कभी शब्दों को नये अर्थों में प्रयुक्त किया जाता है, उसकी नयी व्याख्या की जाती है, कभी उनका रूप परिवर्तित किया जाता है, कभी आलंकारिक प्रयोग किया जाता है, तो कभी व्यंजना शब्दशक्ति का सहारा लिया जाता है। मुहावरे एवं लोकोक्तियाँ व्यंजना शब्दशक्ति को ही द्योतित करते हैं। प्रायः सभी मुहावरे लाक्षणिकता एवं व्यंजना लिए होते हैं, अतः उनमें संरचनात्मक अर्थ का कोई स्थान नहीं होता- उदाहरणार्थ 'नौ दो ग्यारह होना' गणित का एक सरल फार्मूला है परन्तु भाषा में इसका अर्थ 'भाग जाना' का गणित से कोई सम्बन्ध-सरोकार नहीं है। अन्धे की लकड़ी, आँखों का

तारा, दो दिन का मेहमान आदि की संरचना का इनके अर्थ से कोई सम्बन्ध नहीं है। लोकोक्तियों की भी यही स्थिति है। कवि त्रिलोचन की कविताओं में व्यंजना रूप में मुहावरों का प्रयोग हुआ है। मुहावरे कविता में उपयुक्त स्थान पर आकर कविता को शोभा प्रदान करते हैं। त्रिलोचन की कविताओं से मुहावरे से युक्त काव्य पंक्तियाँ दृष्टव्य हैं–

"कमी अपार कमी का ही का अपना कोटा,
नित्य कुआँ खोदना तब कहीं पानी पीना।"[170]
"चम्पा, तुम भी पढ़ लो
हारे गाढ़े काम सरेगा"[171]

"माँ ने कहा : देखते हुए मक्खी लीलते नहीं बनता,
पढ़ लिख कर ही आखिर फलाने विक्षिप्त हुए,"[172]

"साथियों की आँखों में आँखें डाल डाल कर
पूछते हैं, क्या होगा"[173]

"हाथ पर हाथ धरे हिन्दुस्तान की जनता बैठी है"[174]

"जैसे हो चलना तो है
भले कुछ न हो संभर
वही कम नहीं है जो है
एक ओर खाई है
एक ओर कुआ"[175]

"खींचा नोची मची हुई है, अपनी अपनी
ढपली अपना अपना राग, सुने फिर किसकी
कौन।"[176]

"ठोक बजा कर देख लिया, कुछ कसर न छोड़ी
दुनिया के सिक्के को बिल्कुल खोटा पाया"[177]

"बात जो अभी कही है
सौ बातों की बात वही है"[178]

"कभी नहीं देखा है इसको चलते धीमे,
धुन का पक्का है, जो चेते वही चिताए।"[179]

"तबियत खट्टी आज अहिंसा की है..."[180]

"जिस तरह से बुढ़ापे की लकड़ी
के बल पर कोई बूढ़ा तन को ढोता है
उसी तरह से होता है साहित्य सहारा
सब के मन का।"[181]

"दुःखों ने कितनी आँख तरेरी"[182]

उपर्युक्त काव्य-पंक्तियों से स्पष्ट है कि त्रिलोचन की कविताओं में मुहावरों का काव्यात्मक प्रयोग हुआ है जो काव्य में चमत्कार पैदा करता है। 'दुःखों का आँखों तरेरना' 'अहिंसा की तबियत खट्टी होना', हिन्दुस्तान की जनता का हाथ पर हाथ धरे बैठना' आदि नवीन काव्यात्मक प्रयोग मुहावरों के प्रयोग से ही सम्भव हुए हैं। निश्चित ही मुहावरे एवं कहावतें काव्य में व्यंग्य की सृष्टि करती हैं।

साहित्य की किसी भी विधा में अलंकारों का प्रयोग करना भी व्यंग्यार्थ के अन्तर्गत आता है। कवि त्रिलोचन की कविताओं का अस्वाद लेने के लिए वैसे तो बहुत दिमागी कसरत नहीं करनी पड़ती फिर भी काव्य में आलंकारिक प्रयोग देखने को मिल जाते हैं। अलंकारों में कवि ने मानवीकरण, उपमा, रूपक एवं अनुप्रास का प्रयोग मुख्य रूप से अधिक किया है। उनकी कविताओं में अलंकारों से सज्जित काव्य पंक्तियाँ इस प्रकार है-

मानवीकरण

"देखा, उनकी श्यामल हरियाली में
हलके धुएँ की तरह
कुहरा
किरणों से परास्त हो
छिप कर रहने का उद्योग अथक करता था।"[183]

"अनभव किया, पुकार रही है
प्यास, सुखा कर तालू को।"[184]

"कई घाव जैसे मुँह बाए
नीरव आत्मकथा कहते थे"[185]

"व्यथा जाने का द्वार भूल गयी है शायद
प्राण को छोड़ती नहीं है कहीं भी जाये"[186]

उपर्युक्त उदाहरणों में देखा जा सकता है कि कुहरा, प्यास, घाव, व्यथा आदि का मानवीकरण किया गया है। व्यथा जो कि मानवीय भाव है, उसे मनुष्य रूप में चित्रित किया गया है।

अनुप्रास

"नीबू सुलभ और स्वादिष्ट
पेय है। भारतीय संस्कृति का
पोषण और प्रेरक है।"[187]

"गरमी का ताप दबे
सुर का हिम पवन पटल पर पसरे।"[188]

"मन के मौन मनन की मात्रा
तुल कर छन्दो में उतरी है।"[189]

उपर्युक्त सभी अनुप्रास अलंकार के उदाहरणों में क्रमशः 'स' और 'प' वर्ण की, तथा 'म' वर्ण की आवृत्ति एक बार से अधिक हुई है। इस कारण काव्य पंक्तियों में चमत्कार की सृष्टि हुई है।

रूपक

अनुप्रास और मानवीकरण अलंकार के अतिरिक्त त्रिलोचन की कविताओं में रूपकों की बहुत सुन्दर योजना हुई है। उनके द्वारा रचित काव्य-संग्रहों में उपलब्ध कविताओं में से कुछ उदाहरण दृष्टव्य हैं–

"बरखा, मेघ-मृदंग थाप पर
लहरों से देती है जी भर
रिमझिम रिमझिम नृत्य-ताल पर
पवन अथिर आये।"[190]

"व्योम पर मन के किसी क्षण मेघ का उल्लास छाए।"[191]

"मैं केवल दर्शक था
दृष्टि का प्रकाश-जल
उर्मिल भी बँधा हुआ शान्त था
इस प्रकाश-जल को
मर्यादा की परिधि ने
संस्कारों के बल से
बाँध कर रखा था
लेकिन
इस जल को
लहरा देने वाला मन
बन्धन से परे था।"[192]

'मैंने सहसा कहा, 'चाँद दिखलाओ।
व्यंग्य-विनोद चुगा था मन के पक्षी ने,"[193]

"जीवन के सागर का
तल सम नहीं है
कहीं कहीं छिछला है
कहीं कहीं गहरा"[194]

"लेकिन अनजाना अवसाद किसी का उड़ कर मेरे
उर की कोमल टहनी पर आ बैठा है।"[195]

उपर्युक्त सभी उदाहरणों में रूपक अलंकार की सुन्दर निष्पत्ति हुई है। इनमें क्रमशः वर्षा का मृदंग की थाप पर नाचने, मन को व्योम की भाँति विशाल मानने, मर्यादा का संस्कारों के बल से बँधने, मन का पक्षी रूप में चित्रण, जीवन को सागर के समान विशाल और विस्तृत मानने, तथा अवसाद का मन रूपी कोमल टहनी पर बैठने के रूपकों का निर्माण किया गया है। ये सभी रूपक प्रयोग की दृष्टि से नवीन है जो व्यंग्यार्थ की सृष्टि करने में पूर्णतः सफल हुए हैं।

उपमा

व्यंग्यार्थ को तरजीह देने के कारण त्रिलोचन की कविताओं में उपमा अलंकार भी देखने को मिलता है। उनकी कविताओं में से उपमा अलंकार से सज्जित कुछ काव्य-पंक्तियाँ दृष्टव्य हैं–

"धरातल उसके स्वर का तिब्बत के पठार-सा ऊँचा अब है।"[196]

"शिरीष का प्रसून
चित्रकार की तूलिका सा होता है।
कोमलता और सुरभि उसमें अधिकाते हैं।"[197]

"चली नदी सी पद की परम्परा रूकी नहीं,
वेग कभी चुका नहीं, नये-नये पैर
अनेक भाव से बढ़े।"[198]

"बालिका सी सरदी की धूप यह
तन मन को ताजा कर देती है।"[199]

"सड़के धुली धुली हैं
जैसे तेल लगी त्वचा हाथी की।"[200]

उपमा अलंकार के उपर्युक्त सभी उदाहरणों में क्रमशः स्वर को तिब्बत के पठार की, शिरीष के फूल को चित्रकार की तूलिका की, पद की परम्परा को नदी के समान प्रवाहशील होने की, सरदी की धूप को बालिका के समान चंचल होने की, तथा धुली सड़क को हाथी की तेल लगी त्वचा के समान होने की सुन्दर उपमा दी गयी है। सम्भवतः ये सभी नवीन उपमाएँ हैं जो अन्य कहीं प्राप्त होनी विरल है।

इस प्रकार कहा जा सकता है कि अर्थ स्तर पर अनेक नवीन प्रयोग त्रिलोचन के कविताओं में मौजूद हैं। मानवीकरण के श्रेष्ठ उदाहरणों से त्रिलोचन की कविताएँ भरी पड़ी है। त्रिलोचन की दृष्टि में जगत की शायद ही कोई ऐसी वस्तु होगी जो मानवीय तथा जीवन्त न हो। प्रकृति से सम्बन्धित अवस्थाएँ हो चाहे व्यक्ति मन से जुड़ी दशाएँ, सभी कुछ उन्हें चलता-फिरता, जीता-जागता, रोता-हँसता दिखाई देता है। यही स्थिति रूपक और उपमा की भी है। उपमाओं के सर्वथा नवीन एवं बिरले रूप इनकी कविताओं में आये

हैं। इस दृष्टि से कहा जा सकता है कि त्रिलोचन ने अपनी कविताओं के माध्यम से शब्दों के अर्थ को एक नया विस्तार दिया है। मुहावरें एवं कहावतों के सम्मिश्रण ने उनकी कविताओं में निहित अर्थ को समझने में सहायता की है। अत: कह सकते हैं कि अर्थ की दृष्टि से त्रिलोचन की कविताएँ अप्रतिम एवं सराहनीय हैं।

सन्दर्भ

1. देवेन्द्रनाथ शर्मा, दीप्ति शर्मा, 'भाषाविज्ञान की भूमिका', पृ. 216
2. डॉ. मुकेश अग्रवाल, 'हिन्दी भाषा की संरचना', पृ. 35
3. वही
4. वही
5. वही
6. त्रिलोचन, 'दिगन्त', पृ. 11
7. त्रिलोचन, 'ताप के ताये हुए दिन', पृ. 45
8. त्रिलोचन, 'दिगंत', पृ. 07
9. त्रिलोचन, 'उस जनपद का कवि हूँ', पृ. 24
10. त्रिलोचन, 'गुलाब और बुलबुल', पृ. 28
11. त्रिलोचन, 'ताप के ताये हुए दिन', पृ. 53
12. त्रिलोचन, 'शब्द', पृ. 35
13. त्रिलोचन, 'ताप के ताये हुए दिन', पृ. 40
14. त्रिलोचन, 'दिगन्त', पृ. 09
15. त्रिलोचन, 'उस जनपद का कवि हूँ', पृ. 60
16. त्रिलोचन, 'धरती', पृ. 30
17. त्रिलोचन, 'ताप के ताए हुए दिन', पृ. 28
18. वही, पृ. 19
19. त्रिलोचन, 'गुलाब और बुलबुल', पृ. 35
20. त्रिलोचन, 'दिगंत', पृ. 47
21. वही, पृ. 56
22. त्रिलोचन, 'ताप के ताये हुए दिन', पृ. 66
23. त्रिलोचन, 'उस जनपद का कवि हूँ', पृ. 94
24. वही, पृ. 105
25. वही, पृ. 114
26. वही, पृ. 12
27. वही, पृ. 26
28. त्रिलोचन, 'शब्द', पृ. 44
29. भोलानाथ तिवारी, 'भाषाविज्ञान', पृ. 329

30. त्रिलोचन, 'तुम्हें सौंपता हूँ', पृ. 52
31. त्रिलोचन, 'तुम्हें सौंपता हूँ', पृ. 52
32. वही, पृ. 52-53
33. वही, पृ. 52-53
34. त्रिलोचन, 'अरघान', पृ. 19
35. लियोनार्ड ब्लूमफील्ड, 'लैंग्वेज', पृ. 178
36. भोलानाथ तिवारी, 'भाषाविज्ञान', पृ. 381
37. डॉ. पृथ्वीनाथ पाण्डेय, 'मानक सामान्य हिन्दी', पृ. 138
38. 'आधारशिला', त्रिलोचन विशेषांक 2009, पृ. 99
39. त्रिलोचन, 'शब्द', पृ. 42
40. वही, पृ, 34
41. त्रिलोचन, 'अरघान', पृ. 31
42. त्रिलोचन, 'सबका अपना आकाश', पृ. 17
43. त्रिलोचन, 'अरघान', पृ. 18
44. त्रिलोचन, 'शब्द', पृ. 44
45. वही, पृ. 46
46. वही, पृ. 29
47. त्रिलोचन, 'दिगन्त', पृ. 09
48. त्रिलोचन, 'धरती', पृ. 42
49. त्रिलोचन, 'तुम्हें सौंपता हूँ', पृ. 46
50. त्रिलोचन, 'ताप के ताए हुए दिन', पृ. 61
51. त्रिलोचन, 'धरती', पृ. 30
52. त्रिलोचन, 'दिगन्त', पृ. 07
53. त्रिलोचन, 'उस जनपद का कवि हूँ', पृ. 11
54. वही, पृ. 17
55. त्रिलोचन, 'गुलाब और बुलबुल', पृ. 28
56. त्रिलोचन, 'ताप के ताए हुए दिन', पृ. 53
57. त्रिलोचन, 'शब्द', पृ. 35
58. त्रिलोचन, 'ताप के ताये हुए दिन', पृ. 61
59. त्रिलोचन, 'दिगन्त', पृ. 09
60. त्रिलोचन, 'धरती', पृ. 95
61. त्रिलोचन, 'अरघान', पृ. 114
62. त्रिलोचन, 'उस जनपद का कवि हूँ', पृ. 114
63. त्रिलोचन, 'शब्द', पृ. 21
64. त्रिलोचन, 'उस जनपद का कवि हूँ', पृ. 70
65. वही, पृ. 30
66. त्रिलोचन, 'तुम्हें सौंपता हूँ', पृ. 45

67. वही, पृ. 39
68. त्रिलोचन, 'तुम्हें सौंपता हूँ', पृ. 28
69. वही, पृ. 34
70. त्रिलोचन, 'चैती', पृ. 54
71. त्रिलोचन, 'सबका अपना आकाश', पृ. 15
72. त्रिलोचन, 'मेरा घर', पृ. 37
73. त्रिलोचन, 'जीने की कला', पृ. 21
74. त्रिलोचन, 'दिगन्त', पृ. 49
75. त्रिलोचन, 'ताप के ताए हुए दिन', पृ. 66
76. त्रिलोचन, 'अरघान', पृ. 47
77. त्रिलोचन, 'ताप के ताए हुए दिन', पृ. 39
78. त्रिलोचन, 'धरती', पृ. 21
79. त्रिलोचन, 'दिगन्त', पृ. 28
80. त्रिलोचन, 'तुम्हें सौंपता हूँ', पृ. 41
81. त्रिलोचन, 'अरघान', पृ. 27
82. त्रिलोचन, 'उस जनपद का कवि हूँ', पृ. 49
83. डॉ. कपिलदेव द्विवेदी, 'भाषाविज्ञान एवं भाषाशास्त्र', पृ. 298
84. कामताप्रसाद गुरु, 'हिन्दी व्याकरण', पृ. 377
85. भोलानाथ तिवारी, 'भाषाविज्ञान', पृ. 221
86. डॉ. कपिलदेव द्विवेदी, 'भाषाविज्ञान एवं भाषाशास्त्र', पृ. 299
87. कामताप्रसाद गुरु, 'हिन्दी व्याकरण', पृ. 401
88. त्रिलोचन, 'दिगन्त', पृ. 39
89. त्रिलोचन, 'सबका अपना आकाश', पृ. 60
90. त्रिलोचन, 'शब्द', पृ. 47
91. त्रिलोचन, 'सबका अपना आकाश', पृ. 12
92. वही, पृ. 09
93. त्रिलोचन, 'धरती', पृ. 75
94. त्रिलोचन, 'दिगन्त', पृ. 16
95. वही, पृ. 64
96. त्रिलोचन, 'ताप के ताए हुए दिन', पृ. 79
97. त्रिलोचन, 'जीने की कला', पृ. 20
98. त्रिलोचन, 'अरघान', पृ. 19
99. त्रिलोचन, 'दिगन्त', पृ. 20
100. त्रिलोचन, 'जीने की कला', पृ. 16
101. वही, पृ. 17
102. त्रिलोचन, 'शब्द', पृ. 47
103. त्रिलोचन, 'जीने की कला', पृ. 31

104. त्रिलोचन, 'धरती', पृ. 55
105. त्रिलोचन, 'दिगन्त', पृ. 09
106. त्रिलोचन, 'शब्द', पृ. 46
107. त्रिलोचन, 'उस जनपद का कवि हूँ', पृ. 17
108. वही, पृ. 105
109. त्रिलोचन, 'ताप के ताए हुए दिन', पृ. 56
110. त्रिलोचन, 'दिगन्त', पृ. 18
111. त्रिलोचन 'ताप के ताए हुए दिन', पृ. 80
112. त्रिलोचन, 'धरती', पृ. 120
113. वही, पृ. 31
114. वही, पृ. 39
115. वही, पृ. 43
116. वही, पृ. 103
117. वही, पृ. 116
118. त्रिलोचन, 'उस जनपद का कवि हूँ', पृ. 77
119. त्रिलोचन, 'ताप के ताए हुए दिन', पृ. 17
120. वही, पृ. 19
121. त्रिलोचन, 'धरती', पृ. 56
122. वही, पृ. 103
123. वही, पृ. 112
124. त्रिलोचन, 'दिगन्त', पृ. 13
125. त्रिलोचन, 'धरती', पृ. 47
126. वही, पृ. 56
127. वही, पृ. 106-107
128. भोलानाथ तिवारी, 'भाषाविज्ञान', पृ. 227
129. त्रिलोचन, 'दिगन्त', पृ. 36
130. त्रिलोचन, 'धरती', पृ. 47
131. त्रिलोचन, 'शब्द', पृ. 18
132. वही, पृ. 29
133. त्रिलोचन, 'उस जनपद का कवि हूँ', पृ. 18
134. त्रिलोचन, 'धरती', पृ. 42
135. वही, पृ. 74
136. वही, पृ. 77
137. त्रिलोचन, 'शब्द', पृ. 88
138. वही, पृ. 49
139. त्रिलोचन, 'उस जनपद का कवि हूँ', पृ. 50
140. त्रिलोचन, 'धरती', पृ. 118

141. वही, पृ. 122
142. त्रिलोचन, 'धरती', पृ. 88
143. त्रिलोचन, 'दिगन्त', पृ. 16.
144. वही, पृ. 18
145. वही, पृ. 63
146. त्रिलोचन, 'सबका अपना आकाश', पृ. 13
147. वही, पृ. 42
148. त्रिलोचन, 'उस जनपद का कवि हूँ', पृ. 57
149. वही, पृ. 102
150. त्रिलोचन, 'धरती', पृ. 97
151. वही, पृ. 120
152. वही, पृ. 122
153. त्रिलोचन, 'उस जनपद का कवि हूँ', पृ. 143
154. वही, पृ. 71
155. त्रिलोचन, 'दिगन्त', पृ. 30
156. त्रिलोचन, 'धरती', पृ. 98
157. त्रिलोचन, 'शब्द', पृ. 63
158. त्रिलोचन, 'ताप के ताए हुए दिन', पृ. 44
159. वही, पृ. 81
160. त्रिलोचन, 'धरती', पृ. 123
161. त्रिलोचन, 'चैती', पृ. 11
162. त्रिलोचन, 'उस जनपद का कवि हूँ', पृ. 25
163. डॉ. कपिलदेव द्विवेदी, 'भाषाविज्ञान एवं भाषाशास्त्र', पृ. 324
164. भोलानाथ तिवारी, 'भाषाविज्ञान', पृ. 261
165. त्रिलोचन, 'दिगन्त', पृ. 63
166. त्रिलोचन, 'ताप के ताये हुए दिन', पृ. 61
167. वही, पृ. 66
168. वही, पृ. 66
169. वही, पृ. 66
170. वही, पृ. 56
171. त्रिलोचन, 'धरती', पृ. 88
172. वही, पृ. 81
173. वही, पृ. 95
174. वही, पृ. 95
175. त्रिलोचन, 'ताप के ताये हुए दिन', पृ. 38
176. त्रिलोचन, 'फूल नाम है एक', पृ. 16
177. वही, पृ. 35

178. त्रिलोचन, 'शब्द', पृ. 58
179. त्रिलोचन, 'उस जनपद का कवि हूँ', पृ. 11
180. त्रिलोचन, 'संशय कर', 'फूल नाम है एक'
181. त्रिलोचन, 'अनकहनी भी कुछ कहनी है', पृ. 80
182. वही, पृ. 63
183. त्रिलोचन, 'धरती', पृ. 47
184. त्रिलोचन, 'उस जनपद का कवि हूँ', पृ. 57
185. वही, पृ. 81
186. त्रिलोचन, 'गुलाब और बुलबुल'
187. त्रिलोचन, 'जीने की कला', पृ. 49
188. वही, पृ. 50
189. त्रिलोचन, 'सबका अपना आकाश', पृ. 49
190. वही, पृ. 09
191. वही, पृ. 24
192. त्रिलोचन, 'चैती', पृ. 24
193. त्रिलोचप, 'उस जनपद का कवि हूँ', पृ. 59
194. त्रिलोचन, 'अरघान', पृ. 11
195. त्रिलोचन, 'तुम्हें सौंपता हूँ, पृ. 65
196. वही, पृ. 58
197. त्रिलोचन, 'जीने की कला', पृ. 46
198. त्रिलोचन, 'चैती', पृ. 46
199. त्रिलोचन, 'धरती', पृ. 74
200. त्रिलोचन, 'चैती', पृ. 20

त्रिलोचन का काव्य : शैलीवैज्ञानिक अध्ययन

5.1 शैली की संकल्पना

'शैली' शब्द अंग्रेजी के 'स्टाइल' शब्द का हिन्दी पर्याय है। अतः शैली को समझने के लिए 'स्टाइल' शब्द के मूल अर्थ तथा इतिहास को जान लेना आवश्यक है।

'स्टाइल' शब्द, भारतीय परिवार की भाषाओं में अपने मूल में बहुत पहले से मौजूद है। ग्रीक में 'स्टाइलोस', लैटिन में 'स्ताइलुस', अवेस्ता में 'स्तएर' आदि रूपों में इसकी उपलब्धता प्राप्त होती है। इनमें से 'लैटिन' शब्द 'स्ताइलुस' का प्राचीनतम प्राप्त प्रयोग पत्थर, हड्डी या धातु से बनी उस कल़म के लिए मिलता है जिससे मोमचढ़ी 'टिक्कियों' पर लिखा जाता था। भिन्न प्रकार के लेखन के लिए भिन्न प्रकार के 'स्ताइलुस' की आवश्यकता पड़ती थी। इस तरह 'प्रकार' और 'आवश्यकता' के चलते इस शब्द के अर्थ में परिवर्तन प्रारम्भ हुआ और धीरे-धीरे विभिन्न प्रकार के लेखन के 'ढंगों' और 'प्रकारों' के लिए होने लगा और बाद में 'भाषिक अभिव्यक्ति' के अर्थ में शैली अर्थात् 'स्टाइल' शब्द रूढ़ हो गया। लेकिन अगर भारतीय परिप्रेक्ष्य में देखें तो शैली की भारतीय अवधारणा कुछ इस प्रकार है–

शैली की भारतीय अवधारणा

भारतीय साहित्यशास्त्र में रीति सिद्धान्त शैली के काफी निकट है लेकिन इसमें वक्रोक्ति, ध्वनि, अलंकार, रस और औचित्य सिद्धान्तों का भी कम योगदान नहीं है।

भरतमुनि ने अपने नाट्यशास्त्र में शैली को संसार के विभिन्न देशों की वेशभूषा, भाषा, व्यवहार, वार्तालाप आदि के रूप में विश्लेषित किया है। वे 'रीति' को वक्ता के स्वभाव, उसकी संस्कृति या उसकी प्रादेशिक विशेषताओं से जोड़ते हैं। उनके अनुसार वृत्ति, मानसिक तत्व है, इसका व्यक्त रूप प्रवृत्ति है और इन प्रवृत्तियों का सामूहिक तथा सामान्यीकृत रूप रीति है।

दण्डी ने गुण रूपी काव्यप्राण को शैली का नियामक माना है तथा अलंकारों को शैली का शोभाकारक धर्म। इनके अनुसार 'काव्य शोभाकरान् धर्मान् अलंकरान् प्रचक्षते'[1] अर्थात् काव्य की शोभा करने या बढ़ाने वाले धर्म को अलंकार कहते हैं। जबकि वामन काव्य के शोभाकारक धर्म को गुण कहते हैं–'काव्यशोभाया: कर्तारो धर्मा: गुणा:'।[1]

इन्हीं दो सूत्रों के आधार पर शैली पर बात की गयी है।

वामन–वामन ने 'रीयते गम्यते अनेन रीति' के आधार पर काव्यमार्ग को भाषायी आधार पर स्पष्ट करते हुए रीति की अवधारणा रखी। रीति को पदों की विशिष्ट रचना कहा–"विशिष्ट: पद रचना रीति:।" इस पदरचना की विशिष्टता गुण है–'विशेषो गुणात्मा'। ये गुण काव्य के शोभाकारक धर्म हैं। (काव्याशोभाया: कर्त्तारो धर्मा: गुणा:) इस प्रकार भरत की प्रवृत्ति और दंडी के काव्यमार्ग को वामन ने रीति की संज्ञा दी है।

भामह–भामह ने 'वक्रोक्ति' को काव्य का मूल अलंकार माना है। वक्रोक्ति का अर्थ उन्होंने 'अतिशय उक्ति' या 'शब्दार्थ की रमणीयता' बताया है। इनका मानना है कि वक्रोक्ति के बिना काव्य काव्य नहीं वरन् सामान्य कथन या वार्त्ता होता है। शब्दार्थ की रमणीयता ही शैली है। दरअसल, शैली में भाषा का सर्जनात्मक प्रयोग होता है, इसमें भाषिक संरचना एवं कलात्मक सौन्दर्य का संयोजन होता है। और, वक्रोक्ति में भी शब्दार्थ अर्थात्, भाषा की कलात्मकता होती है।

कुन्तक–इनके अनुसार वक्रोक्ति वह उक्ति अथवा कथन शैली है जो व्यावहारिक दृष्टि से साधारण भाषा प्रयोग से भिन्न तथा विशिष्ट होती है। यह वामन की 'रीति' से अलग नहीं है। वरन् इसके अन्तर्गत विशिष्टता के सभी गुण आ जाते हैं। इसीलिए कुन्तक ने वक्रोक्ति के क्षेत्र को व्यापक बनाते हुए उसमें भाषा संरचना के सभी स्तरों तथा उपस्तरों को अर्थात् वर्ण-विन्यास वक्रता से प्रबन्धवक्रता तक के सभी भेदों-प्रभेदों को सम्मिलित किया है।

आनन्दवर्धन–इन्होंने ध्वनि को काव्यात्मा मानते हुए उसे भाषा का ही गुण माना जिसे शब्द के आधार पर समझा जा सकता है। ध्वनि, सामान्य कथन से नितान्त भिन्न एवं विशिष्ट कथन है।

इस प्रकार काव्य में रीति, वक्रोक्ति, अलंकार, गुण, ध्वनि आदि का उचित नियोजन होने से काव्यत्व स्थिर रह सकता है जो आधुनिक शैली विवेचन का भी मूल दृष्टिकोण है।

उपर्युक्त छह सिद्धान्तों की अवधारणा से शैली की अवधारणा किस तरह मिलती है। कहाँ-कहाँ इन सिद्धान्तों एवं शैली में समानता है। यहाँ यही बताया गया है।

हिन्दी साहित्य में शैली

1) श्यामसुन्दर दास–इन्होंने कवि या लेखक की शब्द-योजना, वाक्यांशों का प्रयोग, वाक्यों की बनावट और उसकी ध्वनि आदि को शैली कहा है।
2) बाबू गुलाबराय–ये शैली को अभिव्यक्ति का गुण कहते हैं जिसे कवि या लेखक प्रभाव को समान रूप से दूसरों तक पहुँचाने के लिए अपने मन में अपनाता है।
3) आचार्य रामचन्द्र शुक्ल–ने प्रत्यक्ष रूप से शैली के विषय में कोई बात नहीं की है। किन्तु, काव्यभाषा पर चर्चा करते हुए उन्होंने काव्यभाषा के चार तत्व स्वीकार किये हैं–(i) लक्षण शक्ति (ii) विशेष रूप-व्यापार सूचक शब्द (iii) वर्ण विन्यास (iv) साभिप्राय विशेषण ये काव्यभाषा के अन्तर्तत्व हैं।

बहरहाल, हिन्दी साहित्य के विद्वानों ने शैली-सम्बन्धी गम्भीर और सैद्धान्तिक चर्चा न करके उसके गुणों आदि को मात्र गिनाया है।

डॉ. विद्यानिवास मिश्र ने अपनी पुस्तक 'रीतिविज्ञान' में अंग्रेजी शब्द 'स्टाइल' के लिए 'रीति' शब्द का प्रयोग किया है। और, लिखा है कि इसमें सन्देह की गुंजाइश नहीं कि 'रीति' अपने प्राचीन काव्यशास्त्रीय अर्थ में 'स्टाइल' या 'शैली' है। उनके अनुसार–"शैली का प्रयोग प्राचीन भारतीय वाङ्मय में साहित्येतर विधाओं के सन्दर्भ में प्रादेशिक विशेषताओं को जतलाने के लिए हुआ है, या किसी व्यक्ति की साहित्यिक अभिव्यक्ति की विशेषताओं को जताने के लिए आधुनिक समीक्षा-साहित्य में हुआ है।"[2]

प्रसिद्ध भाषावैज्ञानिक भोलानाथ तिवारी मिश्रजी के इस तथ्य से असहमति रखते हैं। उनके विचार में 'स्टाइल' शब्द के पर्याय रूप में 'शैली' शब्द का प्रयोग आधुनिक समीक्षा-साहित्य का न होकर पर्याप्त पुराना है–कम-से-कम दूसरी सदी ई.पू. का है। इस शब्द की व्युत्पत्ति तथा इसके पुराने प्रयोगों आदि का हवाला देते हुए उन्होंने बताया है कि 'शैली' शब्द के मूल में 'शील' शब्द है जिसका प्रयोग वैदिककाल से ही होने लगा था। उदाहरण के लिए, माध्यंदिन संहिता (30-40) में 'शील' देवता विशेष है, जिनका मेर्ण्य आंजनी विद्या है। इस विद्या में 'लीपना', 'आंजना' तथा 'पालिश करना' आदि का

आना 'शील' शब्द को अर्थ के स्तर पर 'शैली' के काफी निकट ला देता है। यास्क के 'निरुक्त' में भी 'शील' शब्द दो स्थलों पर प्रयुक्त हुआ है। इसी 'शील' शब्द में 'अण्' प्रत्यय के योग से 'शैली' शब्द बना है। यों तो उपर्युक्त प्रयोगों में 'शील' शैली से बहुत दूर नहीं है किन्तु संस्कृत भाषा में 'शील' शब्द अपने बहुव्यवहृत रूप में 'स्वभाव' के अधिक करीब है, और 'शैली' शब्द का निर्माण कदाचित् 'स्वाभाविक प्रवृत्ति' या 'अभिव्यक्ति की स्वाभाविक प्रवृत्ति' की संकल्पना को अभिव्यक्ति देने के लिए हुआ होगा। प्रदीपकार कय्यट (11वीं सदी) कहते हैं–

'शीले स्वभावे भवा वृत्तिः शैली'।

डॉ. भोलानाथ तिवारी 'स्टाइल' शब्द के लिए 'शैली' शब्द के प्रयोग के पक्ष में हैं, 'रीति' के नहीं। उनका मानना है कि शब्द का प्रयोग मूल अथवा प्राचीन अर्थ से कहीं अधिक रूढ़ि, परम्परा, समकालीन अर्थ तथा परम्परागत साहचर्य (association) आदि बातों पर निर्भर करता है। 'रीति' शब्द रूढ़ि तथा परम्परा आदि के कारण हिन्दी में मुख्यतः तीन अर्थों में प्रयुक्त होता है–(क) पद्धति ढंग, (ख) गौड़ी, पांचाली, वैदर्भी आदि रीतियाँ; तथा (ग) आचार्यों द्वारा निरूपित काव्यशास्त्रीय रीतिबद्धता, जिसके आधार पर आधुनिक हिन्दी साहित्य में रीतिकाल, रीतिकाव्य, रीतिबद्ध, रीतिसिद्ध, रीतिमुक्त जैसे शब्द प्रचलित हैं। अतः उनके विचार में, 'रीति' शब्द को पूर्वोक्त तीन अर्थों में चलने देना चाहिए तथा 'शैली' को 'स्टाइल' के अर्थ में रहने देना चाहिए जैसा कि बहुत दिनों से चलता आ रहा है।

शैली की पाश्चात्य अवधारणा

जैसा कि पहले बताया गया है, पश्चिम में 'स्टाइल' शब्द मुख्यतः लेखन की विशेषता के रूप में प्रयुक्त हुआ है। इस शब्द की व्युत्पत्ति लैटिन भाषा के 'स्टीलस' (stilus) से हुई, जिसका अर्थ है–'लौह लेखनी'। प्राचीन रोमनकाल में इस लौह लेखनी से मोमचढ़ी पट्टियों पर या कागजों पर लिखा जाता था। किन्तु बाद में यह शब्द अभिव्यक्ति का प्रतीक बन गया। इसका प्रयोग 'लिखने की विशिष्ट शैली' अथवा 'स्व की अभिव्यक्ति की रीति' के रूप में होने लगा। हालाँकि धीरे-धीरे इसकी (शैली की) संकल्पना का विस्तार हुआ और इसका प्रयोग विभिन्न साहित्येतर सन्दर्भों में होने लगा। मसलन-बोलने-चालने, खेलने-कूदने, नाचने-गाने, पढ़ने-पढ़ाने, खाने-पीने, वेश-भूषा आदि जीवन के विभिन्न क्षेत्रों में होने लगा। इसकी व्यापकता का

प्रमाण अंग्रेजी के केवल आक्सफोर्ड कोश में ही मिल जाता है। इसमें इसके 34 मुख्य अर्थ दिये गये हैं जिनमें 28 संज्ञा के रूप में और 6 क्रिया के रूप में तथा 70 अर्थ गौण दिये गये हैं। शैली का प्रयोग अंग्रेजी के 'स्टाइल' शब्द के आधार पर हो रहा है और यह प्राय: अभिव्यक्ति की पद्धति या रीति का बोध कराती है।

दरअसल, पाश्चात्य काव्यशास्त्र में शैली का तार्किक विवेचन बहुत कम हुआ है किन्तु उसकी विशेषताओं और उसके गुण-दोषों के बारे में काफी चर्चा हुई है। सर्वप्रथम, प्लेटो ने काव्यभाषा का विवेचन करते हुए शैली की व्याख्या न कर उसके तीन भेद बताए- सहज, विचित्र और मिश्रित शैली। अरस्तू ने शैली की महत्ता पर चर्चा करते हुए स्पष्टता और औचित्य, शैली के दो गुण माने हैं। होरेस ने शैली में विवेक, शब्द-योजना, स्पष्टता आदि गुणों को प्राथमिकता दी है।

सिसरो के अनुसार शैली के चार तत्व हैं-(1) उपयुक्त शब्द-चयन, (2) स्पष्ट और मुहावरेदार भाषा, (3) चुने हुए शब्दों से सामंजस्यपूर्ण रचना, (4) कर्कशता-रहित वर्ण-गुम्फ। इन्होंने शैली के दो भेद माने-(1) ऐटिक शैली अर्थात् सरल, ऋजु, अनलंकृत और संयत शैली, तथा (2) एशियाटिक शैली, अर्थात् अतिशय अलंकृत तथा चमत्कारपूर्ण शैली। इन्हें पढ़कर अनायास दण्डी द्वारा प्रस्तुत वैदर्भ और गौड़ नामक काव्य-मार्गों की स्मृति हो आती है।

होरेस के लिए काव्य-शैली से तात्पर्य विवेक-सम्मत एवं स्पष्ट शब्द-योजना से है। लॉन्जाइनस इससे भिन्न काव्य की महान शैली आत्मा की महत्ता की प्रतिध्वनि को मनाते हैं। इन्होंने शैली के पाँच उद्‌गम स्रोतों की बात कही है-(1) धारणा की भव्यता, (2) भावना की तीव्रता, (3) अलंकारों का उपयुक्त प्रयोग, (4) भाषागत आभिजात्य, और (5) पदरचना की गरिमा और औदार्य।

बेन जॉनसन शैली का प्रमुख गुण प्रसाद मानते हैं। और, उसके प्रमुख दोष के रूप में क्लिष्टता को देखते हैं जिसके लिए व्याख्याता की जरूरत पड़ जाय। हिन्दी में इसके उदाहरण 'कठिन काव्य के प्रेत' कहे जाने वाले केशव के अधिकतर पद हैं। केशव की कविताई समझने के लिए काव्यशास्त्र के नियमों का अध्ययन आवश्यक हो जाता है जो कि उपयुक्त शैली के अनुकूल नहीं है। जॉनसन ने शैली के संक्षिप्त, संश्लिष्ट, विश्लिष्ट और समंजित चार रूप माने हैं।

मैथ्यू आर्नल्ड उदात्त शैली के पक्ष में हैं, पर इसके साथ उनका यह भी मानना है कि काव्य का विषय और उसकी शैली दोनों ही उदात्त कोटि के होनी चाहिए।

इस प्रकार, पाश्चात्य काव्यशास्त्र में 'शैली' अनेक विचारधाराओं से प्रभावित होते हुए अन्ततः उसी निष्कर्ष पर पहुँची है जहाँ भारतीय काव्यशास्त्र में 'रीति' जा पहुँची थी। अतः एक वाक्य में कहा जा सकता है कि "रीति अथवा इसकी समकक्ष शैली ऐसी शब्द-योजना है जिसका प्रयोग वर्ण्य विषय के अनुकूल ही सुन्दर होता है, अन्यथा नहीं। साथ ही, यह रचयिता के व्यक्तित्व की भी द्योतक होती है।"[3]

अठारहवीं शती से पूर्व शैली का प्रयोग कवि के लिए शिक्षागत होता था लेकिन उसके बाद शैली का विश्लेषण काव्य के सन्दर्भ में होने लगा। वास्तव में काव्य में संवेदनशीलता के साथ भाषा-प्रयोग का समन्वय रहता है। कवि की भाषा में बहुत से ऐसे नये शब्द अथवा शब्दों के नये अर्थ प्रयुक्त होते हैं जिनमें अभिव्यंजना की शक्ति होती है।

इस प्रकार पाश्चात्य काव्यशास्त्र में भाव और भाषा के पारस्परिक सम्बन्धों पर बल दिया गया है। पहले भाव तथा विचार पैदा होते हैं और उनके अनुकूल भाषा बनती है, तदनंतर भाषा की काया में शैली की प्राण-प्रतिष्ठा होती है। इसीलिए पश्चिमी आचार्यों ने भव्य शैली के लिए सरलता, स्पष्टता, प्रभावोत्पादकता, लयात्मकता आदि को किसी ने किसी प्रकार से भाषा में अनुस्यूत माना है। शैली एक ऐसी विलक्षण और विशिष्ट पद्धति है जिसमें जातिगत तथा व्यक्तिगत विशिष्टताओं का, प्राचीनता एवं नवीनता का, स्थायित्व और परिवर्तन का विचित्र समन्वय और संयोजन होता है।

अन्ततः कहा जा सकता है कि भारतीय एवं पाश्चात्य दृष्टि से शैली के तीन प्रमुख तत्व- उपयुक्त शब्दचयन, विषयानुकूल मंजुल अर्थात् गाढ़ पदबन्ध और स्पष्टता हैं। इन्हीं गुणों में शेष सभी गुण समाहित हैं।

भारतीय एवं पाश्चात्य अवधारणाओं से अवगत होने के पश्चात् शैली की कुछ परिभाषाएँ कथ्य के आधार पर भी देखी जा सकती हैं, जो इस प्रकार हैं-

हेनरी मोरियर के अनुसार-"शैली किसी के भी होने का एक ढंग है।"[4]

शैली विचलन है-ब्लॉक आदि कुछ लोगों के अनुसार शैली भाषा के सामान्य मानक रूप से विचलन अथवा विपथन में होती है।

मरि शैली भाषा की उस विशेषता को कहते हैं जो किसी के भाव अथवा विचार को ठीक-ठाक व्यक्त करती है।

डॉ. भोलानाथ तिवारी के अनुसार-"किसी भी व्यक्ति की कृति में- चाहे वे कविताएँ हों अथवा कहानियाँ, चित्र हों अथवा मूर्तियाँ या कुछ और जो आभिव्यक्तिक विशेषताएँ बार-बार मिलती हैं, शैली उन्हीं का योग है।"[5]

शैली विचार की प्रतिलिपि है–इस मान्यता को मानने वालों में प्लेटो, गेटे, न्यूमैन, शापनेहावर, चेस्टरफील्ड आदि का नाम प्रमुख है। सभी शैली को लगभग विचार या मस्तिष्क की प्रतिलिपि मानते हैं।

शैली वैयक्तिक विशेषता है–प्रत्येक मनुष्य का अपना व्यक्तित्व होता है और उस व्यक्तित्व के अनुरूप ही उसकी अभिव्यक्ति शैली होती है। प्रसिद्ध फ्रांसीसी विद्वान बुफ़ो इस मान्यता के अगुवा हैं। उनके अनुसार–"शैली स्वयं आदमी है।" (Style is the man himself.)

अर्थात् प्रत्येक व्यक्ति अपनी शैली में स्वयं प्रतिबिम्बित होता है, उसकी शैली उसके व्यक्तित्व का दर्पण होती है। वस्तुत: शैली के व्यक्तित्व से जुड़े होने की बात भारतीय परिप्रेक्ष्य में भी विचार की गयी है। विश्व में कदाचित् इस ओर सबसे पहले ध्यान भारतीयों का ही गया। भारत में मनुष्य के स्वभाव, उसकी प्रकृति अथवा चरित्र की व्याख्या करने के लिए 'शील' शब्द का प्रयोग किया जाता है। हिन्दी में शील-निरुपण, शील-स्वभाव जैसे पद आज भी अपने मूल अर्थ में प्रयुक्त किये जाते हैं। अनुमान है कि कालान्तर में इसी स्वभाव अथवा प्रकृति वाले शब्द 'शील' से 'शैली' शब्द बना।

इस प्रकार हम देखते हैं कि शैली की इन परिभाषाओं में किसी ने उसे विषय-वस्तु से तो किसी ने विचार या शैलीकार के व्यक्तित्व से जोड़कर देखने का यत्न किया। डॉ. भोलानाथ तिवारी के अनुसार शैली को यदि अपने व्यापकतम रूप में लें तो–

"किसी भी कार्य के करने के विशिष्ट ढंग का नाम शैली है।"[6]

डॉ. रवीन्द्रनाथ श्रीवास्तव भी शैली को कुछ इस प्रकार परिभाषित करते हैं–"शैली भाषा के सर्जनात्मक प्रयोग और साहित्य की कलात्मक संगठना को जोड़ने वाली संकल्पना है।"[7]

शैलीविज्ञान का स्वरूप एवं क्षेत्र

शैली के वैज्ञानिक अध्ययन को शैलीविज्ञान की संज्ञा से अभिहित किया गया है। शैलीविज्ञान प्रायोगिक भाषाविज्ञान की एक उपशाखा है। किसी भी साहित्यिक कृति की जाँच-पड़ताल करने की बहुत-सी अध्ययन दृष्टियाँ आज हमें देखने को मिलती हैं। उदाहरण के लिए कवि सम्बन्धी मनोवृत्ति या बोध को केन्द्र में रखकर चलने वाली मनोविज्ञान प्रधान आलोचना, पाठक की दृष्टि को केन्द्र में रखकर चलने वाली रसवादी या प्रभाववादी आलोचना, सामाजिक परिप्रेक्ष्य के आधार पर समाजशास्त्रीय आलोचना तथा साहित्य एवं

संस्कृति को केन्द्र मानकर चलने वाली साहित्यिक या सांस्कृतिक आलोचना आदि। तात्पर्य यह है कि साहित्यिक कृति को यदि उपर्युक्त में से किसी एक दृष्टि के बल पर जाँचा-परखा जाये तो उसके विविध सन्दर्भ हमें देखने को मिलते हैं। इसी प्रकार शैलीवैज्ञानिक दृष्टि भी साहित्यिक-भाषा के प्रायः सर्जनात्मक प्रयोगों का भाषावैज्ञानिक विश्लेषण करती है। डॉ. रवीन्द्रनाथ श्रीवास्तव के शब्दों में–"शैलीविज्ञान भी साहित्य को समझने-समझाने की दृष्टि है जो 'शैली' के साक्ष्य पर एक ओर साहित्यिक कृति की संरचना (स्ट्रक्चर) और गठन (टेक्सचर) पर प्रकाश डालती है और दूसरी ओर कृति का विश्लेषण करते हुए उसमें अन्तर्निहित 'साहित्यिकता' का उद्घाटन करती है।"[8]

स्पष्ट है कि साहित्य में भाषा का सर्जनात्मक प्रयोग एवं उसका व्यंजक प्रभाव होता है। शैलीविज्ञान इसीलिए साहित्यिक विश्लेषण में शैली की कलात्मक सौन्दर्य एवं भाषिक संरचना का सेतु मानती है और शैली के अध्ययन-विश्लेषण के आधार पर पाठक में साहित्यिक पाठ के प्रति उसके बोध को बढ़ाती है।

शैलीविज्ञान की शाखा की सबसे महत्त्वपूर्ण बात यह है कि शैलीविज्ञान साहित्य की वस्तुनिष्ठ व्याख्या का विज्ञान है, जिसमें कृति को केवल कृति के रूप में देखा-परखा जाता है और बाह्य प्रभावों को अर्थात् कृति के बाहर की अन्य सभी चीज़ों को अलगाकर, देखने का यत्न किया जाता है। साहित्यिक कृति भाषिक अभिव्यक्ति होती है, और इसीलिए साहित्यिक कृति स्पष्टतः या अस्पष्टतः प्रत्यक्ष एवं परोक्ष रूप से पूरी तरह भाषिक संरचना से जुड़ी होती है। वस्तुतः कृति और उसकी भाषिक संरचना एक ही चीज है- कृति का अस्तित्व उसकी भाषिक संरचना में ही होता है। इसीलिए शैलीविज्ञान कृति की भाषिक संरचना के माध्यम से ही कृति को व्याख्यायित करता है- उसका विश्वास है कि कृति, भाषिक संरचना के अतिरिक्त कुछ भी नहीं है, अतः उसकी भाषिक संरचना को छोड़कर और कोई भी ऐसा आधार नहीं है, जिसके द्वारा उसे वास्तविक रूप में जाँचा-परखा जा सके। इसीलिए शैलीविज्ञान अपनी आलोचना-परिधि के भीतर न तो कवि अथवा उसकी सर्जनात्मक प्रतिभा का सहारा लेता है और न ही पाठक और उसकी रसात्मक अनुभूति का। इसी प्रकार उसके लिए न तो साहित्यिक कृति से बाहर स्थित सामाजिक परिवेश अथवा नैतिक मूल्य कुछ मायने रखते हैं न ही जातीय परम्परा और सांस्कृतिक चेतना।

अतः शैलीविज्ञान यह मानकर चलता है कि कवि या पाठक और सामाजिक परिवेश या नैतिक मूल्य साहित्येतर उपादान हैं। साहित्येतर होने के कारण वे साहित्य को समझने-समझाने के लिए उचित सन्दर्भ नहीं प्रदान कर सकते। शैलीविज्ञान का यह भी मानना है कि साहित्यिक सौन्दर्य का उद्घाटन स्वयं साहित्यिक कृति के द्वारा ही सम्भव है। अतः कवि, पाठक, समाज, इतिहास, संस्कृति आदि साहित्येतर सन्दर्भ उनके और साहित्य के बीच के सम्बन्ध का विश्लेषण या व्याख्या तो कर सकते हैं पर स्वयं साहित्यिक कृति के सौन्दर्य का उद्घाटन करने में असमर्थ हैं।

इसी सन्दर्भ में शैलीविज्ञान साहित्य और समाज के संश्लिष्ट सम्बन्धों पर बात करते हुए 'समाज में साहित्य' और 'साहित्य में समाज' इन दोनों दृष्टियों में से 'साहित्य में समाज' को अपनी काव्यवस्तु के उपांग के रूप में ग्रहण करता है। काव्यकृति के बाहर का संसार अपने सन्दर्भों के आधार पर यह बताता है कि कौन-से साहित्यकार ने किस जातीय समाज के लिए, किस उद्देश्य से प्रेरित होकर किस स्थान और काल में साहित्यिक कृति की रचना की। पर साहित्यिक कृति के भीतर का संसार उस जीवित सन्दर्भ को उपस्थित करता है जिसके भीतर रहकर उसके पात्र जीवन जीते हैं, क्रियाकलाप करते हैं, अपनी परिस्थितियों से जूझते हुए अपने काव्य-व्यक्तित्व का उद्घाटन या विकास करते हैं। और, जिनको समझने के लिए उसे ऐसे स्थान और काल की सीमाओं में बाँधते हैं जो साहित्यकार के अपने युग से जुड़े होने के कारण ठोस भी होता है और उससे मुक्त होकर कालातीत भी हो जाता है। यही वजह है कि प्रेमचन्द का 'गोदान' हो या तुलसीदास का 'रामचरितमानस'–इन कृतियों को हम आज भी पढ़ते हैं और उनमें निहित साहित्यिकता की समझ के लिए इन कृतियों के भीतरी संसार को ही अपना सन्दर्भ बनाते हैं। शैलीविज्ञान 'साहित्य में समाज' पर केन्द्रित है। वह साहित्यिक पाठ को कला-संसार की घटना मानता है। निष्कर्षतः डॉ. रवीन्द्रनाथ श्रीवास्तव के शब्दों में कहा जा सकता है कि–"शैलीवैज्ञानिक आलोचना का सन्दर्भ काव्येतर बाह्य संसार न होकर काव्यकृति और उसमें निहित संसार होता है।"[9]

शैलीविज्ञान वस्तुनिष्ठ एवं भाषापरक आलोचना है जो साहित्य के मर्म तक पहुँचाने में सहायक होता है। यह अभिव्यक्ति पक्ष के आधार पर कथ्य की खोज करता है। इस दृष्टि से साहित्य अनुभूतिजन्य संरचना है जिसके सर्जनात्मक एवं कलात्मक प्रयोगों का अध्ययन शैली विज्ञान करता है। साहित्य की संरचना, संघटना एवं प्रकार्य का अध्ययन करने से सौन्दर्यबोध होता है।

इसलिए इसकी सैद्धान्तिक मान्यताएँ भाषापरक हैं। भाषापरक होने के कारण यह साहित्यिक कृति को स्वायत्त 'शाब्दिक कला' मानता है। जिसके एक ओर कला है और दूसरी ओर भाषा। साहित्य मूलतः कला है लेकिन इस कला की प्रकृति शाब्दिक होती है। अर्थात् यह भाषा की परिधि से घिरी हुई कला है। इसका निर्माण शब्दों के माध्यम से होता है। इसी मायने में यह बढ़ई, लुहार, सुनार, कुम्हार आदि की कलाओं (जो उपयोगी कला के अन्तर्गत आती हैं) से भिन्न होता है क्योंकि इनकी कलाकृतियों के निर्माण में शब्दों की कोई भूमिका नहीं रहती। अतः हम कह सकते हैं कि कलात्मक संवेग का हर प्रतिफलित रूप (यथा : वास्तुकला, मूर्तिकला, चित्रकला) साहित्य नहीं होता।

इसी प्रकार साहित्य मूलतः भाषा का व्यक्त रूप है लेकिन भाषा का हर व्यक्त या प्रतिफलित रूप साहित्य नहीं होता क्योंकि भाषा का प्रयोग तो कई सन्दर्भों में होता है मसलन- रोजमर्रा की जिन्दगी में बोलचाल की भाषा के रूप में इतिहास, भूगोल, विज्ञान आदि से सम्बन्धित ज्ञानवृद्धि वाली भाषा के रूप में आदि। लेकिन इन भाषाओं का सम्बन्ध साहित्य से नहीं होता क्योंकि ये भाषाएँ हमारे भावजगत से नहीं जुड़ी होती हैं। ये उपयोगी साहित्य की भाषा हैं, ललित साहित्य की नहीं। साहित्य 'शाब्दिक कला' है, इस बात को हम निम्न आरेख से समझ सकते हैं–

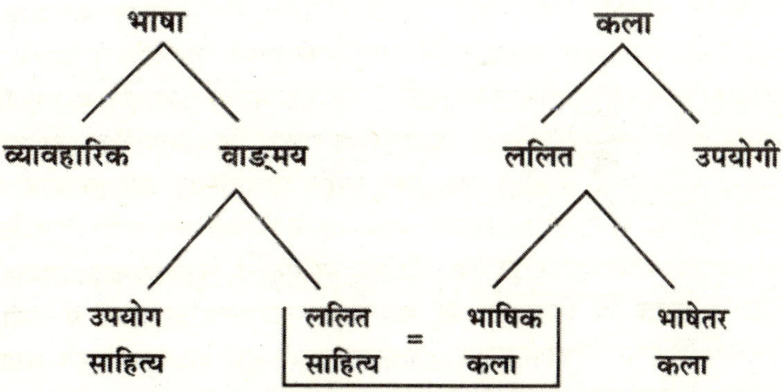

(शाब्दिक कला)[10]

जिस प्रकार कला के अध्ययन का क्षेत्र 'कलाशास्त्र' और भाषा के अध्ययन का क्षेत्र 'भाषाविज्ञान' के नाम से जाना जाता है उसी प्रकार हम यह सकते हैं कि 'शाब्दिक कला' के रूप में परिभाषित साहित्य के अध्ययन

विश्लेषण का क्षेत्र 'शैली विज्ञान' का क्षेत्र है। इसे हम निम्न आरेख द्वारा समझ सकते हैं–

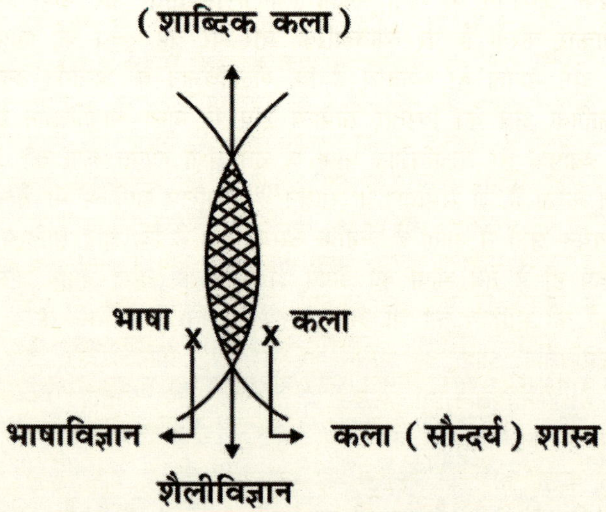

इस आधार पर हम कह सकते हैं कि शैलीविज्ञान वस्तुतः भाषा और कला के अनुबन्धन का शास्त्र है। अतः अपने क्षेत्र में काम करने वाले विद्वानों से यह अपेक्षा रखता है कि वह सौन्दर्यशास्त्र का विशेषज्ञ तो हो पर साथ ही भाषा-संरचना सम्बन्धी ज्ञान से भी परिचित हो। वर्तमान में हमें यह स्थिति देखने को नहीं मिलती। आज स्थिति यह है कि साहित्यिक आलोचक और भाषावैज्ञानिक के बीच संवाद की स्थिति ही नहीं रह गयी है। दोनों ही अपने क्षेत्र से जुड़े होने के कारण अन्य क्षेत्रों की अवहेलना करते हैं या उसे अनावश्यक बोझ मानते हैं। इस सोचनीय स्थिति पर दुःख प्रकट करते हुए रोमन याकोब्सन ने ठीक कहा है कि–"भाषा के काव्यफलन के प्रति बधिर भाषावैज्ञानिक और भाषावैज्ञानिक समस्याओं से उदासीन एवं भाषावैज्ञानिक प्रणालियों से अपरिचित साहित्यशास्त्री, दोनों ही समानरूप से अपने समय से बहुत पीछे हैं।"[11]

साहित्य को शाब्दिक कला के रूप में व्याख्यायित करने के कारण प्रायः यह प्रश्न उठाया जाता रहा है कि शैलीविज्ञान कलाशास्त्र का अंग है या भाषाविज्ञान का? इस प्रश्न के सन्दर्भ में कहा जा सकता है कि भले ही भाषा का हर प्रतिफलित रूप साहित्य न हो पर अपनी मूल प्रकृति में साहित्य भाषा

का ही एक अभिव्यक्त रूप है। अतः साहित्य-समीक्षा वस्तुतः भाषा-अध्ययन अर्थात् भाषाविज्ञान की ही एक शाखा है। यद्यपि सिद्धान्त रूप में शैलीविज्ञान साहित्यिक अध्ययन के दोनों प्रसंगों (कला-सिद्धान्त और भाषा-सिद्धान्त) को स्वीकार करता है पर व्यावहारिक स्तर पर वह स्वयं को भाषाविज्ञान का ही अंग मानता है। ध्यातव्य है कि शैलीविज्ञान के अन्तर्गत आने वाले भाषावैज्ञानिक क्षेत्र का विस्तार सामान्य रूप से मान्य भाषाविज्ञान से कहीं अधिक व्यापक है। शैलीविज्ञान भाषा के उन सभी व्यक्त रूपों को अपने में समाहित करता है जो सम्प्रेषण के साधन हैं। इसलिए साहित्य भी शैलीविज्ञान के अध्ययन-क्षेत्रों में आता है क्योंकि उसका मत है कि यदि साहित्य मूलतः भाषा रूप ही है तब भाषा को अपने अध्ययन का केन्द्र बनाने वाले भाषा वैज्ञानिकों को साहित्य को भी अपने अध्ययन क्षेत्रों में शामिल करना होगा।

शैलीविज्ञान, भाषा के आधार पर की गयी साहित्य की सौन्दर्यमूलक व्याख्या है। शैलीविज्ञान इस व्याख्या का आधार 'भाषा' इसलिए मानता है कि वह साहित्य को 'शाब्दिक कला' या 'भाषिक कला' मानता है। साहित्य के 'भाषिक कला' होने की बात में यह महत्त्वपूर्ण है कि वह 'कला' होने के साथ 'भाषिक' भी है और उसकी यह 'भाषिकता' ही उसे संगीत, मूर्ति, चित्र आदि अन्य कलाओं से अलगाती है। इसलिए सिद्धान्त के स्तर पर शैलीविज्ञान का मानना है कि भाषा-व्यापार का केवल वह रूप ही इसके अध्ययन-क्षेत्र में आता है जो कलात्मक संवेग का परिणाम होता है। भाषा की अनिवार्यता पर बल देते हुए शैलीविज्ञान यह भी स्थापित करता है कि भाषा के आधार के बिना साहित्य कोई मूल्य नहीं रखता। दूसरा तथ्य यह भी है कि साहित्य के लिए भाषा केवल कला-सामग्री ही नहीं है अपितु कला-माध्यम भी है। साहित्य में भाषा की अनिवार्यता और महत्ता बताते हुए शैलीविज्ञान यह भी स्थापना करता है कि साहित्य के सन्दर्भ में भाषा की अपनी एक विशिष्ट स्थिति है, जिसके कारण स्वयं में जीवन्त और गत्यात्मक होने के कारण भाषा साहित्यकार और साहित्य पर अपना विशिष्ट दबाव डालती है। जबकि अन्य कलाओं में प्रयुक्त होने वाले पत्थर अथवा धातु अपनी प्रकृति में जड़ एवं निष्क्रिय होते हैं और इस कारण कलाकृति से हटकर उनका कोई मूल्य नहीं होता तथा वे प्रवृत्यात्मक भी नहीं हो सकते।

दूसरा तथ्य यह है कि भाषा स्वयं संस्कृति एवं परम्परा की संवाहिका होती है। वह संस्कृति को सक्रिय शक्ति प्रदान करती है।

तीसरी महत्त्वपूर्ण बात यह है कि भाषा एक सामाजिक वस्तु भी है और

संकल्पनात्मक बोध भी। इसीलिए साहित्य में निहित सौन्दर्य और कला-बोध भाषा के माध्यम से ही अभिव्यक्त होते हैं और भाषा की संरचना द्वारा नियंत्रित भी होते हैं। ध्यातव्य है कि भाषागत संरचना में ही काव्यात्मकता छिपी होती है।

एक अन्य महत्त्वपूर्ण बात यह भी है कि अभिव्यक्ति माध्यम के अध्ययन-विश्लेषण का क्षेत्र भाषाविज्ञान का क्षेत्र है इसलिए भी शैलीविज्ञान अपने को भाषाविज्ञान की एक उपशाखा के रूप में स्थापित करता है।

निष्कर्ष रूप में डॉ. रवीन्द्रनाथ श्रीवास्तव के शब्दों में कहें तो- "'शाब्दिक कला' के रूप में साहित्य के अध्ययन के दो प्रसंग हैं- कला (शास्त्र) का प्रसंग और भाषा (विज्ञान) का प्रसंग, पर अपनी सैद्धान्तिक मान्यताओं और प्रणालीगत आवश्यकताओं के सन्दर्भ में शैलीविज्ञान अपने को प्रतीकविज्ञान की उपशाखा मानता है।"[12]

कृति भाषा के माध्यम से ही हमारे सामने आती है—उसका भौतिक या स्थूल रूप वही है, जो भाषा के ताने-बाने में हमारे सामने है, ऐसी स्थिति में उसे भाषिक रूप के माध्यम से ही उसके स्थूल और सूक्ष्म सभी सौन्दर्य को जाँचा-परखा जा सकता है। अज्ञेय ने ठीक कहा है—"कविता में क्या भाषा ही सब कुछ है? वस्तु और रूप, भाषा और विचार, अनुभावन और सम्प्रेषण की एकता पर बल देना हो तो इस प्रश्न का उत्तर एक दूसरे प्रश्न से दिया जा सकता है—कि भाषा नहीं तो क्या महत्व रखता है? क्योंकि काव्य के जो भी गुण बताये जाते हैं या जा सकते हैं, अन्ततोगत्वा भाषा के ही गुण हैं।"[13]

साहित्य, साहित्यिक भाषा के माध्यम से रूपायित होता है और उसका उद्देश्य होता है साहित्यकार की अनुभूति का इस रूप में चित्रण कि वह पाठक या श्रोता की अनुभूति बन जाये। निश्चित ही साहित्यकार का अनुभव सामान्य न होकर अतिविशिष्ट होता है और इसीलिए उसे विशिष्ट भाषा का प्रयोग करना पड़ता है जो साहित्यिक भाषा या काव्यभाषा कहलाती है तथा जो सामान्य भाषा से भिन्न होती है। इसकी बुनावट के लिए साहित्यकार मुख्यतः चयन, विचलन, समानांतरता, अप्रस्तुत विधान, बहुअर्थता आदि का प्रयोग करता है। इन शैलीय उपकरणों की उदाहरण सहित चर्चा अगले उपअध्याय में की जायेगी।

5.2 विचलन-अनुप्रयोग

साहित्य के सर्जक का काम साहित्य-सृजन में सामान्य भाषा से नहीं चलता। सामान्य भाषा केवल सामान्य अनुभवों तथा जीवन की सामान्यताओं को ही

अभिव्यक्ति दे पाती है, विशिष्ट अनुभवों या विशिष्टताओं को नहीं। इसके लिए साहित्यिक भाषा का निर्माण सामान्य भाषा का अतिक्रमण करके, उससे आगे बढ़कर करना पड़ता है। सामान्य भाषा 'बैकग्राउंडिंग' है तथा उससे आगे बढ़कर उसके ही आधार पर उसका अतिक्रमण करके नयी भाषा (काव्यभाषा) का निर्माण 'फोर ग्राउंडिंग' है। इसे अग्रगामिता कहा जाता है जो शैलीविज्ञान का विशिष्ट पारिभाषिक शब्द है। इसकी संकल्पना मूलत: भाषाशास्त्र के प्राग सम्प्रदाय की है। इस सम्प्रदाय के प्रसिद्ध भाषाशास्त्री मुकारोफ़्स्की ने चेकभाषा में सर्वप्रथम इस अर्थ में Iaktualsce शब्द प्रयोग किया था। 'फोर ग्राउंडिंग' इसी शब्द का अंग्रेजी अनुवाद है। हिन्दी में 'फोरग्राउंडिंग' के लिए 'अग्रगामिता', 'अग्रप्रस्तुति' तथा 'पेशबन्दी' शब्दों का प्रयोग होता है।

प्राय: देखा जाता है कि अपने व्यावहारिक जीवन में अपने से परिचित स्थितियों के हम इतने अभ्यस्त हो जाते हैं कि उनको हम कुछ संकेतों द्वारा ही पहचानकर उनसे अपना काम चला लेते हैं। दरअसल, हम संकेतों के सहारे पहचानने के आदी हो चुके होते हैं इसीलिए वे हमारे लिए अतिसामान्य हो जाते हैं। उदाहरण के लिए समुद्र के किनारे रहने वाले व्यक्ति लहरों के गर्जन को सुनते-सुनते इस प्रकार उसके अभ्यस्त हो उठते हैं कि उसकी आवाज़ को सुनकर भी वह उसे सुन नहीं पाते। लहरों के गर्जन की ध्वनि उनकी रोजमर्रा के क्रियाकलाप का हिस्सा बन चुकी होती है या रेलगाड़ी की पटरी के निकट बने मकानों में रहने वाले लोग रेल के गुजरने पर पटरियों में होने वाले कंपन को महसूस करने के इतने आदि हो जाते हैं कि उनके लिए यह अतिसामान्य हो जाता है। इसी प्रकार हम भाषा का इतना प्रयोग करते हैं कि दैनिक प्रयोग की भाषा की विशिष्टता हमारे लिए निर्विशिष्ट हो जाती है। अज्ञेय के शब्दों में कहें तो उसका 'मुलम्मा' छूट जाता है। डॉ. रवीन्द्रनाथ श्रीवास्तव के अनुसार–"पेशबन्दी वस्तुत: अभिव्यक्ति की वह भंगिमा है जो अपनी वक्रता के कारण हमारा न केवल ध्यान आकर्षित करती है, वरन् यन्त्रस्थ होती जा रही हमारी संवेदनाओं में एक नया रंग भरती है और वस्तुगत के प्रति हमारे रूढ़िगत बोध में एक नवीनता का उन्मेष करती है।"[14]

तकनीकी अभिकरण के रूप में अग्रगामिता या पेशबन्दी एक ओर 'सहेतुक विचलन' को अपनाती है तो दूसरी ओर 'समानांतरता' को। ये दोनों अभिकरण अथवा उपकरण हमारी प्रत्यक्षानुभूति को सघनता प्रदान करते हैं। हमारे अनुभवों के बहुआयामी पक्ष को उभारते हैं तथा कृति की बनावट को और अधिक ऐन्द्रिय रूप प्रदान करते हैं।

यहाँ 'विचलन' शब्द व्याख्यापेक्ष है। भाषा के सन्दर्भ में यह कहा जा सकता है कि प्रत्येक भाषा के अपने कुछ नियम होते हैं जिनके अनुसार वह प्रयोग में लायी जाती है। यथा- ध्वनि, रूप-रचना, शब्द-प्रयोग, वाक्य-रचना तथा अर्थ निर्माण आदि के विभिन्न स्तरों पर उसकी अपनी व्यवस्था होती है। भाषा का व्याकरण इन्हीं नियमों और व्यवस्थाओं की व्याख्या करता है। सामान्य भाषा इन्हीं नियमों में बँधी होती है, किन्तु सामान्य भाषा की यह नियमबद्धता काव्य-भाषा के स्वछन्द और लचीले व्यक्तित्व के बहुत अनुकूल नहीं पड़ती। कारण कि, अपने दैनिक प्रयोग में हम इन नियमों के इतने आदी हो चुके होते हैं कि उनके आधार पर व्यवस्थित सामान्य भाषा हमारे लिए यांत्रिक और रूढ़िगत हो जाती है। क्योंकि हमारे अनुभव और अनुभूतियाँ भाषा से अलग होकर अभिव्यक्ति नहीं पा सकतीं अतः हम सामान्य भाषा के माध्यम से केवल उन्हीं अनुभवों को अभिव्यक्त कर पाते हैं जिनके हम अभ्यस्त हो चुके होते हैं। किन्तु काव्य विशिष्ट अनुभव पर आधृत होता है। काव्य के इस विशिष्ट अनुभव को पकड़ने की कोशिश में काव्यशास्त्र को विशिष्ट बनना ही पड़ता है- सामान्य भाषा के नियमों और जड़ बन्धनों को तोड़कर। होता यह है कि अनुभव का दबाव काव्य-सृजन के लिए काव्य-सर्जक को मजबूर करता है और इसी दवाब में सामान्य भाषा के नियम-बन्धन चरमराकर टूट जाते हैं और काव्य-भाषा अपने नये रचाव के साथ नये रूप में जन्म लेती है, विशिष्ट अनुभूति के अनुरूप, उसके अनुकूल। काव्यभाषा की यह विशिष्टता वस्तुतः यन्त्रस्थ भाषा के परिचित नियमों के अतिक्रमण का परिणाम होती है। डॉ. रवीन्द्रनाथ श्रीवास्तव के अनुसार–"सामान्य भाषा के सामान्य भाषिक नियमों के इस अतिक्रमण को ही विचलन (डेविएशन) कहा जाता है।"[15]

इस विचलन को सोद्देश्य एवं सहेतुक इसलिए कहा जाता है क्योंकि इसके पीछे काम करने वाला तत्व और कुछ नहीं बल्कि काव्यात्मक अभिव्यक्ति की वह जरूरत है जो उसे सामान्य भाषा से विपथन की ओर ले जाती है। रवीन्द्रनाथ श्रीवास्तव के अनुसार–"एक सच्ची कविता में विचलन सर्जनात्मक उद्देश्यों के पूरा करने का एक समर्थ अभिकरण है।"[16] उदाहरण के लिए 'सवेरा' और उसके सभी पर्याय–'प्रातः काल', 'भोर', 'प्रभात', 'बिहान' आदि हिन्दी में पुल्लिंग हैं। कविवर पन्त को 'सवेरा' की अनुभूति स्त्री-सुलभ कोमलता के साथ हुई, अतः उन्होंने हिन्दी में लिंग-बन्धन को तोड़कर भोर, प्रभात आदि को स्त्रीलिंग रूप में अपनी कविताओं में प्रयुक्त किया–

"सौ सौ साँसों में पत्रों की
उमड़ी हिमजल सस्मित भोर।
अथवा
रूधिर से फूट पड़ी रुचिमान
पल्लवों की यह सजल प्रभात[17]

इस सम्बन्ध में स्वयं कवि का कथन है कि–"मैंने अपनी रचनाओं में कारणवश जहाँ कहीं व्याकरण की लोड़े की कड़ियाँ तोड़ी हैं, यहाँ उनके विषय में भी कुछ लिख देना उचित समझता हूँ। मुझे अर्थ के अनुसार ही शब्दों को स्त्रीलिंग-पुल्लिंग मानना अधिक उपयुक्त लगता है। जो शब्द केवल आकारांत, ईकारांत के अनुसार ही पुल्लिंग अथवा स्त्रीलिंग हो गये हैं, और जिनमें लिंग का अर्थ के साथ सामंजस्य नहीं मिलता, उन शब्दों से ठीक-ठीक चित्र ही आँखों के सामने नहीं उतरता, और कविता में उनका प्रयोग करते समय कल्पना कुण्ठित-सी हो जाती है।... प्रभात और प्रभात के पर्यायवाची शब्दों का चित्र मेरे सामने स्त्रीलिंग में ही आता है, चेष्टा करने पर भी मैं कविता में उनका प्रयोग पुल्लिंग में नहीं कर सकता।... प्रभात आदि को पुल्लिंग मान लेने पर मेरे सामने प्रभात का सारा जादू, स्वर्गश्री, सौरभ, सुकुमारता आदि नष्ट-भ्रष्ट हो जाते हैं उनका चित्र ही नहीं उतरता।"[18]

इस तरह भाषा के सामान्य नियम-बन्धन को तोड़ना कवि की, काव्य-भाषा की मजबूरी है और अनिवार्य आवश्यकता भी है।

डॉ. भोलानाथ तिवारी के अनुसार–"सामान्य भाषा के नियम, बन्धन, चलन अथवा पथ को छोड़कर नये का अनुसरण करना, नये पथ पर चलना ही विलचन (Deviation), विपथन आदि है।"[19]

वास्तव में, पश्चिम में 'पोयटिक लाइसेंस (कवि द्वारा ली गयी छूट) अथवा संस्कृत का प्रसिद्ध कथन 'निरंकुशाः कवयः' (कवि निरंकुश होते हैं) इसी विचलन की ओर संकेत करते हैं। भारतीय काव्यशास्त्र के 'वक्रोक्ति-सम्प्रदाय' की 'वक्रोक्ति' भी इसी ओर इशारा करती है। सामान्य भाषा की उक्ति सामान्य अथवा अवक्र होती है तथा काव्यभाषा की उक्ति वक्र अथवा असामान्य होती है।

ध्यातव्य है कि विलचन, मात्र विचलन के लिए नहीं होना चाहिए। वह सहेतुक होना चाहिए। किसी काव्यात्मक आवश्यकता की पूर्ति करने वाला होना चाहिए। विचलन सोद्देश्य होना चाहिए और यह सोद्देश्यता विशिष्ट काव्यानुभूति की अभिव्यक्ति से जुड़ी होने में है।

आधुनिक साहित्यकारों, मुख्यत: कवियों में चौंकाने के लिए विचलन के प्रयोग की प्रवृत्ति विशेष रूप से मिलती है जो काव्यात्मकता की दृष्टि से भले ही आकर्षक हो किन्तु निरर्थक होती है। भोलानाथ तिवारी ने अपनी पुस्तक 'शैलीविज्ञान' में उदाहरणस्वरूप अज्ञेय की एक कविता का उल्लेख किया है–

"आयी चित्रतेना पुरती लम्बी प्रकातीक्षा
उसने तो तुर्तदी हमारी शब्द संस्कर्दीक्षा
हम प्रसुग्ध हो झबूले
यह पटनत्रिका फलूले
और क्या सेरें हम उसकी समालीक्षा।"[20]

भावों को बिखरने न देने के लिए अथवा अर्थ को इकाई में व्यक्त कर बिखराव से बचाने के लिए संक्षेप के प्रयोग का विचलन काव्यभाषा में मिलता है, किन्तु यहाँ संक्षेप के प्रयोग से वह सिद्धि नहीं होती। यह तो मात्र चमत्कार के लिए है : चित्र + चेतना = चित्रेतना; प्रकाशन + प्रतीक्षा = प्रकातीक्षा; तुरत + कर दी = तुर्तदी; संस्कार + दीक्षा = संस्कर्दीक्षा; प्रसन्न + मुग्ध = प्रसुग्ध; झूमे + बोले = झबूले; पटना की पत्रिका = पटनत्रिका; फले + फूले = फलूले; कैसे + करें = सेरें; समालोचना + समीक्षा = समालीक्षा।

इसी प्रकार कविता में कभी-कभी केवल तुक के लिए अथवा लयात्मकता लाने के लिए भी विचलन किया जाता है जिसे ध्वनि स्तर के विचलन के अन्तर्गत रखा जाता है। ध्वनि विचलन में यह ध्यान देने की बात है कि छन्द के लिए ली गयी छूटें भी एक सीमा तक ही कवि को दी जा सकती हैं। सीमा से अधिक किसी कवि द्वारा ली गयी इस प्रकार की छूटें उसकी काव्य-सृजन सम्बन्धी अक्षमता को ही द्योतित करती हैं।

डॉ. भोलानाथ तिवारी के अनुसार–"वस्तुत: सर्वोत्तम विचलन वही है जो या तो कुछ अतिरिक्त कहे या फिर रचना के मूल स्वर को रेखांकित करे। जो विचलन मात्र छन्द की आवश्यकता के लिए हो किन्तु जिसके कारण रचना में कोई अटपटापन न आये वह क्षम्य माना जा सकता है। किन्तु ऐसा विलचन जो इन दोनों से भिन्न हो, उसे दोष की श्रेणी में रखा जायेगा।"[21]

शैलीविज्ञान विचलन को दो सन्दर्भों में रखकर देखता है। व्याकरणिकता (ग्रामेटिकलिटी) एवं आवृत्ति (फ्रीक्वेन्सी) का सन्दर्भ।

व्याकरणिकता

व्याकरणिकता की संकल्पना हमें यह बताती है कि वाक्य या भाषा का कोई भी खण्ड कहाँ तक व्याकरण-सम्मत है। किसी भी वाक्य या भाषा के किसी खण्ड की व्याकरणिकता पर दो तरीकों से विचार करने की आवश्यकता होती है। पहली यह कि जिस वाक्य को वैयाकरण सुगठित (वेल-फॉर्म्ड) मानते हैं वह लोक में स्वीकृत भी है या नहीं अर्थात् उस वाक्य को उसके प्रयोक्ता व्याकरणिक स्वीकारते हैं या नहीं। ऐसा सम्भव है कि कोई वाक्य पूरी तरह व्याकरण सम्मत होते हुए भी लोक में स्वीकृत न हो। ठीक इसके विपरीत एक सम्भावना यह भी बनती है कि कोई वाक्य लोकजीवन में तो पूर्ण रूप से स्वीकृत हो किन्तु व्याकरण के नियमों के अनुसार उसमें दोष हो। ऐसी स्थिति में यह आवश्यक है कि वाक्य या कथन की दो दृष्टियों से पड़ताल की जाये। एक दृष्टि व्याकरण की हो जिसमें यह देखा जा सके कि वाक्य की रचना कहाँ तक व्याकरण के नियमों के अनुकूल हुई है (यह प्रश्न व्याकरणिकता के प्रश्न से सम्बन्धित है) और दूसरी दृष्टि लोकस्वीकृति की हो जिसमें यह पता लगाया जाये कि कोई वाक्य उसके बोलने वाले प्रयोक्ताओं द्वारा मान्य है या नहीं। (यह प्रश्न स्वीकार्यता के सवाल से जुड़ा है।)

व्याकरणिकता और स्वीकार्यता की इस द्वन्द्वात्मक प्रकृति के कारण चार स्थितियाँ देखने को मिलती हैं जिन्हें निम्नलिखित आरेख[22] द्वारा समझा जा सकता है-

		व्याकरणिता	
		+	–
स्वीकार्यता	+	1	2
	–	3	4

1. व्याकरण संगत और स्वीकार्य : 'इस फूल की कीमत मोहन ने चुकाई है।
2. व्याकरण-असंगत पर स्वीकार्य : एक फूल की कीमत हजारों सिसकियों ने चुकाई है।
3. व्याकरण संगत पर अस्वीकार्य : 'एक रंगविहीन सतरंगी सिसकी शांत भाव से पहाड़ पर पड़ी हुई है।
4. व्याकरण असंगत और अस्वीकार्य : 'सिसकी हजारों ने हुआ कीमत फूल है चुकाई एक की।'

यदि व्याकरण असंगत वाक्यों (2 और 4) पर ध्यान दें तो स्पष्ट हो जाता है कि अस्वीकृत वाक्य 4 पूर्ण रूप से अशुद्ध एवं अव्याकरणिक है। वह केवल शब्दों का जमावड़ा है जिसमें से अर्थ गायब है। मात्र शब्दों को एक जगह रख दिया गया है। कोई क्रम इनमें नहीं है। इसमें हिन्दी भाषा के व्याकरण की अवहेलना की गयी है। इसके बरक्स संख्या-2 के वाक्य में व्याकरणिक नियमों का पूर्ण रूप से पालन किया गया है। किन्तु संख्या-2 के वाक्य का गठन उन नियमों का कहीं अतिक्रमण भी करता है। ध्यातव्य है कि नियमों का अतिक्रमण भी नियम-सापेक्ष होता है। इस प्रकार के सभी वाक्य पहले नियमों की सत्ता की अपेक्षा रखते हैं और फिर उन्हीं नियमों का अतिक्रमण भी करते हैं। किन्तु जहाँ नियमों की सत्ता ही न हो तो उसमें विचलन या अतिक्रमण का प्रश्न ही नहीं उठता है। जैसा कि वाक्य संख्या-4 में हम देखते हैं।

लोकस्वीकृत पर व्याकरण-असंगत वाक्यों को भाषाविज्ञान में अर्द्धवाक्य (सेमी-सेटेंस) की संज्ञा दी गयी है। अर्द्धवाक्य अव्याकरणिक वाक्य न होकर ऐसे रचनाबद्ध वाक्य होते हैं जो भाषिक (व्याकरणिक) नियमों से बँधे होते हुए भी उनका अतिक्रमण करते हैं।

विचलन की प्रकृति और विशेषताओं एवं काव्य के विश्लेषण में उसकी महती भूमिका पर विस्तृत चर्चा करने के बाद कवि त्रिलोचन की कविताओं में इसकी उपस्थिति को देखा जाना अपेक्षित है। त्रिलोचन की काव्यभूमि में अवध-संस्कृति की गूंज बहुत दूर तक है। भाषाविज्ञान के सभी स्तरों यथा-ध्वनि, शब्द, वाक्य, आदि का शैलीवैज्ञानिक दृष्टि से अध्ययन करने पर ज्ञात होता है कि इन सभी भाषिक स्तरों पर अवध के किसानी जीवन की छाप है। यही कारण है कि हिन्दी में कविता रचते हुए कवि ने विचलनपरक काव्यात्मक संरचनाओं का प्रयोग किया है जिससे कविता में उनका अवध और हिन्दी भाषा घुलमिल गये हैं और कविता में नयी भंगिमा का विन्यास हो गया है। त्रिलोचन ने एक समर्थ अभिकरण के रूप में विचलन का सायास प्रयोग किया है, जो कि सराहनीय है। अनपेक्षित काव्यात्मक पंक्तियाँ इनकी कविताओं में बहुत कम देखने को मिलती हैं। शब्दों के साथ अधिक तोड़-मरोड़ कवि की प्रकृति नहीं है। किन्तु जहाँ कहीं भी विचलनपरक स्थल देखने को मिलते हैं वे काव्यात्मक आकर्षण में इजाफा ही करते हैं।

जैसा कि पहले चर्चा की जा चुकी है कि भावों को बिखरने न देने के लिए अथवा अर्थ को इकाई में व्यक्त कर बिखराव से बचाने के लिए संक्षेप

के प्रयोग का विचलन काव्य-भाषा में मिलता है। त्रिलोचन ने भी एकाध स्थलों पर अपनी कविताओं में इस प्रकार के विचलन का प्रयोग किया है। उदाहरणार्थ–

"चोट जभी लगती है
तभी हँस देता हूँ..."[23]

"अच्छे समय चला था कवि जी, आप मिल गये
आपी को मैं खोज रहा था।..."[24]

"...संत्रासन की रीति मिटे,
अपनाव ही बने नयी व्याख्या।"[25]

उपर्युक्त पंक्तियों में दृष्टव्य है कि 'जभी' और 'तभी' शब्दों का संक्षेपण की दृष्टि से प्रयोग किया गया है। कवि कहना चाहता है कि चोट जब + भी = जभी लगती है, तब + ही वह हँस देता है। यहाँ 'जभी' शब्द के रूप में जब + भी (निपात) को संक्षेप में लिखा गया है तो 'तभी' शब्द का निर्मण 'तब + ही' निपात को जोड़कर संक्षेप में लिखने से किया गया है। वस्तुतः यह अर्थ को बिखराव से बचाने तथा आम बोलचाल के अधिक निकट ले आने का सार्थक प्रयास है। इसी प्रकार से 'आपी' शब्द का निर्माण 'आप + ही' निपात से संक्षेप में लिखकर किया गया है। ऐसा बल देने के लिए किया गया है।

ध्वनि विचलन–ध्वनि के विचलन का भी सर्जनात्मक प्रयोग काव्यात्मक अथवा साहित्यिक भाषा में मिलता है, यद्यपि इनकी संख्या अपेक्षाकृत कम होती है। कवि त्रिलोचन ने भी ध्वनिगत विचलन का प्रयोग अपने काव्य में कम ही किया है। फिर भी, इनकी प्रसिद्ध लम्बी कविता 'नगई महरा' में कविता के पात्रों को ग्रामीण संस्कारों में रचे-बसे, उनकी ठेठ बोली-बानी व्यवहृत करते हुए दर्शाने के लिए हिन्दी के कुछ शब्दों में ध्वनिगत विचलन किया है। वास्तव में कवि द्वारा ऐसा करने का प्रयोजन मात्र इतना है कि कविता में प्रयुक्त पात्र सजीव एवं जीवन्त लगें न कि कृत्रिम। कुछ उदाहरण इस प्रकार हैं–

'गुन'	–	गुण
'रामायन'	–	रामायण
'सनेहिल'	–	स्नेहिल
'दोस'	–	दोष

‘तमाखू’ – तम्बाकू
‘पंचपरमेसर’ – पंचपरमेश्वर[26]
‘पसु परानी’ – ‘पशु प्राणी’[27]

उपर्युक्त उदाहरणों में देखा जा सकता है कि ग्रामीण वातावरण में पला-बढ़ा, अपढ़ नगई हिन्दी शब्दों का प्रयोग तो कर रहा है किन्तु ध्वनिगत भेद के साथ। उपर्युक्त शब्दों में भाषावैज्ञानिक पैटर्न ध्यातव्य है। ‘गुण’ शब्द में अन्त का ‘ण’, ‘न’ में, ‘रामायण’ शब्द का अन्त ‘न’ के साथ ‘दोष’ शब्द का ‘स’ के साथ हुआ है। ‘गुण’, ‘रामायण’ शब्दों में ‘ट’ वर्ग का अन्तिम नासिक्य व्यंजन ‘ण’, ‘न’ में परिवर्तित हो गया है। इसी प्रकार ‘पंचपरमेश्वर’, ‘स्नेहिल’ तथा ‘तम्बाकू’ शब्दों में क्रमशः संयुक्त व्यंजन ‘श्व’ ‘स्ने’ तथा ‘म्बा’ का संयोग खंडित कर एकल बना दिया गया है। इसी प्रकार ‘पसु परानी’ में ‘पशु’ का ‘श’ , ‘स’ हो गया है तथा ‘प्राणी’ का ‘प्र’ एक पूर्ण अक्षर के रूप में प्रयुक्त किया गया है। वास्तव में अनेक ग्रामीण जनों की बोली में ‘स’, ‘श’ और ‘ष’ के उच्चारण में कोई भेद नहीं होता। वे इन तीनों ध्वनियों का उच्चारण ‘स’ ही करते हैं। कवि त्रिलोचन ने ठेठ ग्रामीण नगई की बोली में इसी व्यावहारिकता को दिखाने का प्रयास किया है। अतः इन सभी शब्दों में ध्वनि-विचलन का सायास और सप्रयोजन प्रयोग किया गया है।

इसी प्रकार ध्वनि विचलन के कुछ अन्य उदाहरणों को भी देखा जा सकता है जैसे–

1. ‘जब जिस छन मैं
   हारा, हारा, हारा
   मैंने तुम्हें पुकारा...।’[28]

2. ‘छायापथ में मँडलाती हैं, धारक धृतियाँ
   कौंध कौंध कर छिप जाती हैं–किसे पुकारे...’[29]

3. ‘गाहक ने सुना नहीं
   और दाम चुका कर
   चला गया।’[30]

4. ‘...हम लोगों की चलती है, हो तुम्हीं खिवैया,
   साँस, कल, नहीं आये, क्या इस जन से रूछे।’[31]

उपर्युक्त चारों उदाहरणों में 'क्षण', 'मँडराती', 'ग्राहक', 'रूठे' शब्दों का क्रमशः 'छन', 'मँडलाती', 'गाहक', 'रूछे' के रूप में ध्वनि के अन्तर से किया है। 'छन' का प्रयोग वस्तुतः कोमल पदावली की आवश्यकता के लिए प्रयोग किया है। 'ग्राहक' शब्द का 'ग्र' ध्वनि के 'ग् + र' के संयोग का लोप किया गया है। 'रूठे' शब्द की अन्तिम ध्वनि का 'छ' ध्वनि में विचलन काव्यात्मक चमत्कार उत्पन्न करने के उद्देश्य से किया गया है।

शब्दगत/रूपगत विचलन–शब्दगत तथा रूपगत विचलन भी साहित्यिक भाषा में प्रयुक्त होता है। इस प्रकार के विचलन में शब्दों के स्वरूप में परिवर्तन किया जाता है। त्रिलोचन की कविताओं में भी इसकी उपस्थिति देखी जा सकती है। इनकी कविताओं के कुछ उदाहरण दृष्टव्य हैं–

1. 'सॉनेट से मजाक भी उसने खूब किया है,
   जहाँ तहाँ कुछ रंग व्यंग छिड़क दिया है।'[32]

उपर्युक्त पंक्तियों में कवि ने 'व्यंग्य' शब्द के रूप में विचलन करके 'व्यंग' रूप में उसको लिया है। ध्यातव्य है कि यहाँ 'रंग' के साथ 'व्यंग' प्रयुक्त करने का उद्देश्य 'गेयता' को बरकरार रखना है।

2. 'धरम कमाता है वह तुलसीकृत रामायण
   सुन पढ़कर, जपता है नारायण नारायण।'[33]

इन पंक्तियों में कवि साधारण जन के विषय में बात कर रहा है जो कविता करना नहीं जानता। दीन-दुनिया के विषय में जिसकी जानकारी बहुत अल्प है। ऐसे दुःखी साधारण जनमानस का चित्र खींच रहा है जो निरन्तर सघर्षशील है, पीड़ित है। अतः इस साधारण मनुष्य के लिए कवि ने आत्मीयता दर्शाने के लिए, समभाव दिखाने के लिए उसकी बोली-बानी में प्रयुक्त होने वाले शब्द रूप को कविता में स्थान दिया है। 'धर्म' शब्द को 'धरम' के विचलित रूप में प्रस्तुत किया है।

इसी प्रकार अन्य कविताओं में शब्दगत / रूपगत विचलन देखा जा सकता है। यथा–

1. 'मिहनत तुम्हारी अकेले की नहीं है
   मेरा भी साझा है, हाथ है...'[34]
2. 'इस पृथिवी की रक्षा मानव का अपना कर्तव्य है...'[35]
3. 'बैरागी का बियाह महजी से हुआ था
   महजी इस महरिन की कोख से जनमी थी'[36]

4. 'पहले दिन
जब उसने
मुझे रोक लिया था
तब उसका हँसलोना मुँह
मैंने देखा था...'[37]
5. 'सरदी के ठिठुरे शरीर के
अंग अंग को छूकर
सूरज की किरणों ने
बँधी मुट्ठियों को खोला'[38]
6. 'और पास आयी, चीन्हा, अवतरिया थी, जो
मेले में हिरा गयी थी। बोली, "लाचारी
मुझे फेर लायी, वह तज कर गया सरग को।"[39]
7. 'अब जान के
राह में हूँ
जग में किस का घर और घराई हुई।'[40]
8. 'दिखलाई देती थी मुझ को, जब आराधा
तुझ को मन सा सुमन चढ़ा कर तब तो आकर
सुर के खुल खुल चले भाव पर भाव बता कर
ऐसे जीवन के प्रश्नों की हुई समाधा।'[41]
9. 'ये जीवन के वाहक, अच्छी तरह तपे हैं
तपी भूमि से, और चाह ने इन्हें उखेड़ा,
पौली पौली दौड़ाया, हर ओर पछेड़ा,[42]
10. 'हम उस की विश्वास-छाँह में सुख पाते हैं
अनचिन्तन में लीन और कुछ और सहारा
माँग माँग कर मौन भाव भी चुन लेते हैं।"[43]
11. 'पुष्प वृंत से गिर जाते हैं, सन्निकर्ष से
कुवलय खिलते हैं, जगते हैं खग कुलाय में
चूँ चूँ चह चह से लगता है परामर्श से
अभिनन्दन प्रभात का करते हैं...'[44]
12. 'दर्द कहाँ ठहरा
साँसों की गली में

देता रहा पहरा

× × ×

सागर ने छोड़ दिया जिसे
उस मरु का, सिकता के सागर का,
हाहाकार
कितना मिटा सकेगा लहरा।'[45]

13. 'शक्ति नहीं है, आप एक चुभती सी कोई
कविता लिख दें, उसे भेज दूँ, स्नेह समोई।'[46]

14. 'स्वर्गादपि गरीयसी भारत की वसुधा पर
हैं दधीचि और कर्ण सरीखे, प्राप्त दान पर
कुछ दिन जी लेंगे, अपनी काँवर बहना है'[47]

15. 'अस्ताचलगामी किरणें, केन की लहरियाँ
मिलकर अपने गान गा रही थीं कल स्वन से
भावों में तल्लीन, उसे सुनने को जैसे
शान्त समीर हो गया था, अदृश्य अप्सरियाँ
नृत्यशील थीं नीलाम्बर में, अपने मन से,'[48]

16. 'अनदिख टहनियाँ
रजनीगन्धा की
हवा में
फैली हैं'[49]

17. 'पाँव में गड़ गया
आन में अड़ गया
शूल को क्या हुआ
राह में पड़ गया
बंजरी भूमि होगी बबूलों भरी।'[50]

ध्यातव्य है कि उपर्युक्त सभी उदाहरणों में से संख्या 8, 9, 12 एवं 14 के उदाहरणों में छन्द-लय की आवश्यकता से प्रेरित होकर कवि ने शब्दों के रूप में विचलन किया है। संख्या-8 में 'समाधा' और 'आराधना' शब्दों के वास्तविक रूप में फेरबदल किया है तो संख्या-9 की पंक्तियों में प्रयुक्त 'उखेड़ा', 'पछेड़ा' में लयात्मकता की दृष्टि से विचलन करते हुए मात्रागत फेरबदल किया है। 'उखेड़ा', 'पछेड़ा' शब्दों का वास्तविक रूप क्रमशः 'उखाड़ा', 'पछाड़ा' है। शब्दों को आकार के स्थान पर एकार कर दिया गया

है। इसी प्रकार संख्या-12 की पंक्तियों में 'पहरा', 'ठहरा', 'लहरा' के मध्य लय-अन्विति को बैठाने के लिए 'लहर', 'पहर', 'ठहर' शब्द में विचलन किया गया है। संख्या-15 की पंक्तियाँ भी गेयता के उद्देश्य से दृष्टव्य हैं। इनमें भी 'लहरियाँ', 'अप्सरियाँ' विचलित रूप हैं। अन्य उदाहरणों में 'मिहनत', 'पृथिवी', 'बियाह', 'हसँलोना', 'सरदी', 'सरग', 'घराई', 'अनचिन्तन', 'कुलाय', 'समोई', 'काँवर', 'अनदिख', 'बंजरी', शब्द क्रमशः 'मेहनत', 'पृथ्वी', 'ब्याह', 'हँसमुख', 'सर्दी', 'स्वर्ग', 'घरवाली', 'अचिन्तन', 'कुल', 'समाया', 'कुँवारी', 'अनदेखा', 'बंजर' शब्दों के विचलित शब्दरूप हैं।

संज्ञा विचलन

संज्ञा शब्दों के विचलन भी साहित्यिक भाषा में अनेक प्रकार के मिलते हैं। इसमें एक संज्ञा के स्थान पर दूसरी का प्रयोग मिलता है। संज्ञा शब्द वाक्य में किसी-न-किसी कारक में आते हैं अतः विचलित संज्ञा प्रयोगों को कारकों में आये विचलन में ही देखा जा सकता है। उदाहरणार्थ-

"अपनी कैसे कहूँ
यहाँ कौन कान सुनेगा"[51]

उपर्युक्त उदाहरण में 'कौन कान सुनेगा' में विचलन है। 'कान' से सुना जाता है अतः वह करण कारक के स्थान पर प्रयुक्त होना चाहिए किन्तु यहाँ 'कान' को 'कर्ता' रूप में दिखाया गया है अतः 'कर्ता कारक' में विचलन है।

इसी प्रकार 'नगई महरा' कविता में कवि त्रिलोचन ने लिखा है-

"पूरा परिवार मैंने देखा
पैरों पैरों है
हाथों ने काम कोई लिया, किया
हो जाने को ही काम
हाथों में आता था।"[52]

उपर्युक्त काव्यांश में दृष्टव्य है कि तीसरी पंक्ति में 'पूरा परिवार' के स्थान पर 'हाथों' को कर्तारूप में रखा गया है। अतः यहाँ विचलन है। किन्तु अन्तिम पंक्ति में यही 'हाथों' शब्द अपने उपयुक्त स्थान पर आया है। 'काम' हाथों में आने से ही सम्पन्न किया जाता है। अतः अन्तिम पंक्ति में विचलन नहीं है। कोई भी कार्य 'हाथों द्वारा' किया जाता है जो कि करण कारक के अन्तर्गत आता है।

"लेकिन सचेत पाँव कान से कुछ दूर थे
मुँह किसी और हाथ से कुछ कह रहा था"[53]

इन पंक्तियों में ध्यातव्य है कि तीन वक्ता-श्रोताओं की उपस्थिति का पता चलता है। पहला वह श्रोता जिसके सचेत पाँव बोलने वाले से कुछ दूर खड़े हैं। दूसरा वह वक्ता किसी अन्य से कुछ कह रहा है तथा तीसरा वह श्रोता जो बोलने वाले की बात सुन रहा है। कवि इस सुनने वाले तीसरे श्रोता के लिए 'हाथ से' पद का प्रयोग किया है। अतः देख सकते हैं कि यहाँ कवि ने कर्ता रूप में व्यक्तियों को प्रयुक्त कर उनके भाव-भंगिमाओं को स्थान दिया है जो कि कर्ताकारक में विचलन का अन्यतम उदाहरण है।

क्रिया विचलन

'पंखे का प्रबन्ध था <u>पसीना चल रहा</u> था
और बड़े-बड़े पंखे तीन-चार हाथों से
हवा को लहराते थे।'[54]

दृष्टव्य है कि उपर्युक्त पंक्तियों में पसीने के साथ 'बह' क्रिया के स्थान पर विचलन के माध्यम से 'चल' क्रिया-रूप प्रयुक्त किया गया है। द्रव्य पदार्थ 'बहता' है, 'चलता' नहीं। नदी के पानी के पानी को भी 'बहना' कहते हैं यथा-'नदी में पानी बह रहा है।'

"लेकिन
अनहोनी भी होनी बन जाती है कभी-कभी
<u>सोतीरात</u> तुमने मुझे आगे आकर रोका
बचाओ-बचाओ मुझे"[55]

इन पंक्तियों में 'सोती रात' पद ध्यान देने योग्य है। रात के साथ सोती क्रिया विचलन का अन्यतम उदाहरण है। सजीव प्राणियों यथा-मनुष्य, अन्य पशु के साथ 'सोना' क्रिया का प्रयोग होता है। यहाँ सजीव की क्रिया के साथ निर्जीव संज्ञा कर्ता रूप में आयी है। अतः विचलन है।

'पत्ते पुराने पियरा चले'[56]

उपर्युक्त पंक्तियों को दो दृष्टियों से देखा जा सकता है। पहली यह कि इस पंक्ति में 'पियरा चले' में क्रियागत विचलन है। 'पीले हो चले', 'पीले हो गये' के स्थान पर कवि ने लोकबोली के शब्द का प्रयोग कर उससे क्रिया का काम लिया है। दूसरी दृष्टि इसी से सम्बन्धित है कि चूँकि इसमें लोक

बोली के शब्द का प्रयोग हिन्दी की वाक्य संरचना में किया गया है तो यह विचलन न होकर कोड-मिश्रण का उदाहरण हो सकता है।

'बाबू की तपस्या का फल
तुम्हें मिला है मिलेगा
मैं इस स्नेहिल असीस से
चुपाया रहा'[57]

उपर्युक्त उद्धृत पंक्तियों में 'चुपाया' क्रिया उल्लेखनीय है। यहाँ कवि ने 'चुप' क्रिया के स्थान पर 'चुपाया' नवीन क्रिया रूप का प्रयोग किया है जो कि सामान्य हिन्दी भाषा की क्रिया नहीं है अत: यहाँ क्रियागत विचलन है।

"बुढ़िया असीसती हुई
चली गयी।"[58]

उपर्युक्त पद्यांश में 'असीसती हुई' पद ध्यातव्य है। 'असीस देती हुई' क्रियापद को संक्षेप में लिखने के कारण इसमें क्रिया विचलन है।

'हाथ मैंने
ऊँचाए हैं
उन फलों के लिए
जिनको
बड़े हाथों की प्रतीक्षा है'।[59]

उद्धृत पंक्तियों में 'ऊँचाए हैं' क्रियापद व्याख्या योग्य है। यहाँ कवि ने 'ऊँचे किये हैं' क्रियापद में विचलन की तकनीक अपनाकर उसे संक्षेप में लिखकर विचलन उत्पन्न किया है।

इसी प्रकार 'पाकर' शब्द का प्रयोग भी कवि ने अपनी कविता में किया है। यह शब्द भी 'पियरा' शब्द की ही तरह एक ओर हिन्दी भाषा की वाक्य संरचना में प्रयुक्त होने के कारण विचलन का उदाहरण है तो दूसरी ओर लोकबोली के शब्द का प्रयोग करने पर चयन का।

'साँझ पड़ते ही मन में प्रतीक्षा की
आ जाती है'[60]

उपर्युक्त पंक्तियों में 'साँझ' संज्ञा के साथ 'पड़ते' क्रिया का प्रयोग विचलनपरक है। 'साँझ' के साथ 'होने' क्रिया का प्रयोग यहाँ न करके कवि ने नवीन क्रिया का प्रयोग किया है जो कि सामान्य प्रयोग से भिन्न एवं विशिष्ट है।

'शहरों में आदमी को आदमी नहीं चीन्हता।
पुरानी पहचान भी बासी हो कर बस्साती है।'[61]

इन पंक्तियों में 'बस्साती है' क्रियापद व्याख्यापेक्ष है। 'बास मारती है' क्रियापद के स्थान पर त्रिलोचन ने 'बस्साती है' क्रियापद का प्रयोग किया है। अतः इसमें संक्षेपण के कारण विचलन है।

लिंग विचलन–संज्ञा शब्दों के लिंग में परिवर्तन करना विचलन के अन्तर्गत आता है। वास्तव में किसी भी शब्द के लिंग का निर्धारण उस भाषा के व्याकरण एवं उसके प्रयोक्ताओं पर निर्भर करता है। हिन्दी भाषा में भी प्रत्येक संज्ञा शब्द के साथ लिंग का निर्धारण किया गया है। किन्तु कवि या लेखक अपने मन्तव्य को प्रभावी एवं आकर्षक तरीके से बयान करने के लिए कभी-कभी संज्ञा शब्द के लिंग में परिवर्तन कर विचलन पैदा करता है। कवि त्रिलोचन की कविताओं में इस कोटि का विचलन अपेक्षाकृत कम देखने को मिलता है। फिर भी एक उदाहरण दृष्टव्य है–

"छाया छाया छाया छाया - जब भी देखा
केवल छाया दिखी; रूप किस ओर खो गया
अपनी चमक दिखा कर, कहाँ गया वह आत्मा
जिसकी सब तलाश करते हैं;"[62]

उपर्युक्त उद्धृत पंक्तियों में कवि त्रिलोचन ने 'आत्मा' शब्द का प्रयोग पुल्लिंग रूप में किया है जबकि हिन्दी भाषा में यह शब्द 'स्त्रीलिंग' संज्ञा रूप में प्रयुक्त होता है। अतः यहाँ 'आत्मा' शब्द में लिंग विचलन है। वस्तुतः यहाँ 'आत्मा' को पुल्लिंग रूप में प्रयुक्त करने का कारण यह है कि कवि 'आत्मा' की विराटता, महत्ता को द्योतित करना चाहता है।

क्रम विचलन–हर भाषा में, वाक्य में, पद विशेष क्रम में रखे जाते हैं, किन्तु काव्य-भाषा में मुख्यतः कविता की भाषा में, यह क्रम सर्वदा वही नहीं होता जो सामान्य बोलचाल या गद्य में होता है। इसीलिए प्रायः लोग कविता के छन्दों को अन्वय अथवा पैराफ़्रेज करके समझते-समझाते हैं। किन्तु वास्तविकता यह है कि कविता की भाषा में वाक्य के पदों का वास्तविक क्रम वही होता है जो कविता में होता है। उस क्रम से लयात्मक प्रभाव का अपना महत्व है जो अर्थ से भी किसी-न-किसी रूप में, किसी-न-किसी स्तर पर सम्बद्ध होता है। इस रूप में काव्य-भाषा का क्रम सामान्य क्रम से विचलित अथवा परिवर्तित होता है। यदि उसे सामान्य क्रम में रख दें तो उसका वह सौन्दर्य समाप्त हो जायेगा और परिणामतः काव्य-भाषा की क्षति होगी। त्रिलोचन की कविताओं में कविता के वाक्यों में भी क्रम परिवर्तन देखने को मिलता है। छन्द की आवश्यकता से इतर भी त्रिलोचन हिन्दी भाषा

के सामान्य क्रम कर्त्ता+कर्म+क्रिया में परिवर्तन कर उसे अन्य क्रम में प्रयुक्त करना श्रेयस्कर मानते हैं। उदाहरणार्थ–

'स्कूल जाने का समय हो आया था
बहुत व्यग्र बुआ के पास खड़ा खड़ा मैं
उससे किताबें नयी लेने के लिए पैसे माँग रहा था'[63]

उपर्युक्त पद्यांश में गौर करें तो देखेंगे कि त्रिलोचन ने दूसरी पंक्ति में 'खड़ा-खड़ा' क्रिया को कर्ता से पहले स्थान दिया है। इसी तरह तीसरी पंक्ति में 'किताबें' का विशेषण 'नयी' को बाद में स्थान दिया है जबकि हिन्दी भाषा की वाक्य संरचना के अनुसार विशेषण सदैव संज्ञा से पहले प्रयुक्त होते हैं। अत: यहाँ क्रम विचलन है। इन पंक्तियों का वास्तविक सामान्य क्रम होगा–

'स्कूल जाने का समय हो आया था
मैं बहुत व्यग्र बुआ के पास खड़ा खड़ा
उससे नयी किताबें लेने के लिए के लिए पैसे माँग रहा था।'

छन्द-विचलन–छन्द का सम्बन्ध किसी रचना की गति से होता है तथा रचना की गति निर्भर करती है उसकी ध्वनि-व्यवस्था पर। समर्थ कवि कभी-कभी सोद्देश्य छन्दोभंग करता है। छन्द की सामान्य गति में, उसकी सामान्य गति-व्यवस्था में विचलन लाता है। उदाहरण के लिए कवि निराला ने ऐसा कई स्थानों पर किया है। निराला की प्रसिद्ध कविता 'राम की शक्ति पूजा' की आरम्भिक तीन पंक्तियाँ दृष्टव्य हैं–

'रवि हुआ अस्त: ज्योति के पत्र पर लिखा समर
रह गया राम रावण का अपराजेय समर
आज का, तीक्ष्ण शर-विधृत-क्षिप्र-कर वेग प्रखर'[64]

उपर्युक्त पंक्तियों में एक बहुत बड़ा वाक्य प्रथम पंक्ति में 'ज्योति' से शुरू होकर तीसरी पंक्ति में 'आज का' पर आकर समाप्त होता है। इस कविता की सामान्य पंक्तियाँ 24-24 मात्राओं की हैं, जिनमें आठ-आठ पर यति है–

'देखते राम, जल रहे शलभ, ज्यों रजनीचर'[65]

किन्तु उपर्युक्त बड़े वाक्य के लिए इस नियम को तोड़ दिया गया है। 'अपराजेय समर' के बहुत लम्बे खिंचने को कवि इस अत्यन्त लम्बे वाक्य में संकेतित कर रहा है। इसको पढ़ने वाला साँस रोककर, बिना यति के इस लम्बे वाक्य को पढ़ने को बाध्य होता है।

त्रिलोचन ने भी सॉनेट की रचना में चौबीस मात्रिक रोला छन्द को

अपनाया है। इसके चारों चरणों में मात्राओं का क्रम समान होता है तथा प्रत्येक चरण में ग्यारह और तेरह के विश्राम से चौबीस मात्राएँ होती हैं। त्रिलोचन सॉनेट की रचना में चौबीस मात्राओं के अनुशासन को तो अपनाते हैं किन्तु ग्यारह और तेरह पर विश्राम के बन्धन को उन्होंने नहीं स्वीकारा है। इस दृष्टि से विश्राम के बन्धन को तोड़ते हुए त्रिलोचन ने छन्द विचलन अपनी रचनाओं में किया है। वास्तव में एक सॉनेट में कुछ चौदह चरणों का निर्माण होता है। अष्टपदी में पहली से चौथी की, चौथी से पाँचवी की और पाँचवी से आठवीं पंक्ति की तुक मिलाई जाती है इसी प्रकार दूसीर से तीसरी की, तीसरी से छठवीं की और छठवीं से सातवीं पंक्ति की तुक मिलायी जाती है। दो तकों के बीच मनोहारी ध्वनि निर्बाध रूप से समस्वरता उत्पन्न करती है। उदाहरणार्थ–

"गधा पड़ा था, जान न थी। मालिक उदास था।
लोथ देखते मुझसे बोला, बड़ा भला था
बेचारा! इसका दम रहते, थाम चला था
अपनी अच्छी तरह। लगा, ग़म उसे खास था।"[66]

उपर्युक्त पंक्तियों में देख सकते हैं कि पहली पंक्ति में चौदह और दस पर विश्राम है, ठीक उसी प्रकार अगली पंक्ति में सोलह और आठ पर विश्राम है। स्पष्ट है कि त्रिलोचन ने चौबीस मात्रिक पंक्ति तो रची है किन्तु विश्राम का अनुशासन नहीं अपनाया है। यही छन्द विचलन दृष्टव्य है। ध्यातव्य है कि सॉनेट इतालवी और अंग्रेजी के आभिजात्य में पली-बढ़ी रचना है, उसे त्रिलोचन जी ने लोक की वाणी में ढालकर हिन्दी का जातीय छन्द बना दिया है।

5.3 समानान्तरता-अनुप्रयोग

शैलीविज्ञान के महत्त्वपूर्ण अभिकरण के रूप में साहित्यिक अभिव्यक्ति में व्याप्त सौन्दर्य को उद्घाटित करने में 'समानांतरता' अतिप्रचलित है। यह पश्चिमी शैलीवैज्ञानिक साहित्य में प्रयुक्त शब्द 'पैरेललिज्म' (Parallelism) का पर्याय है। पारिभाषिक रूप में इस शब्द का प्रयोग रोमन याकोब्सन जैसे रूपवादी आलोचकों ने काव्य-भाषा के प्रसंग में किया है।

दरअसल, सामान्य प्रयोग में भाषा का सामान्य, सरल, सपाट, अवक्र एवं अविचलित रूप ही प्रयुक्त होता है जिसे पश्चिमी शब्दावली में पुरा व्यवस्था अथवा पश्चभूमि (Backgrounding) कहते हैं। किन्तु जैसा पहले भी बताया जा चुका है कि काव्य-भाषा इससे भिन्न होती है। जिसे नव्यव्यवस्था अथवा

अग्रभूमि (Foregounding) के नाम से जाना जाता है। काव्यभाषा सामान्य भाषा को ठीक उसी रूप में प्रस्तुत न कर उसमें वक्र-भंगिमा, विचलन, अप्रस्तुत-विधान, समानांतरता आदि तमाम तरह के सर्जनात्मक उपकरणों का प्रयोग करती है। कहा जा सकता है कि पेशबन्दी के अभिकरण के रूप में साहित्यकार संरचना के धरातल पर समानांतरता का सार्थक प्रयोग करता है।

समानान्तरता से आशय 'किसी रचना में समान या विरोधी भाषिक इकाइयों का समानान्तर प्रयोग' से है। इसमें समान भाषिक इकाई की एक या अधिक बार आवृत्ति होती है अथवा दो या अधिक विषम भाषिक इकाइयाँ एक साथ एक ही सन्दर्भ में साथ-साथ आती हैं। तात्पर्य यह है कि इसमें सम या विषम सन्तुलन होता है जो समानांतरता के कारण ही सम्भव हो पाता है। इसीलिए डॉ. रवीन्द्रनाथ श्रीवास्तव अपनी पुस्तक 'संरचनात्मक शैलीविज्ञान' में इसे परिभाषित करते हुए कहते हैं–"किसी भाषिक लक्षण या विधान की पुनरावृत्ति की नियमितता।"[67]

इस आधार पर कहा जा सकता है कि अगर विचलन का सिद्धान्त अनियमितता की संकल्पना को अपना आधार बनाता है तो समानांतरता अतिरिक्त नियमितता की संकल्पना को।

ध्वनीय समानांतरता का विधान हमें छन्द-शास्त्र के रूप में देखने को मिलता है। छन्द की संकल्पना का आधार ही है संगीतपरक स्पन्दन अर्थात् समान कालस्पंद की पुनरावृत्ति, क्योंकि उच्चारण की लघुतम इकाई अक्षर, वर्ण है और इन अक्षरों का उच्चारणकाल के रूप में मापांकन करना सम्भव है, अतः अक्षर/ वर्ण की संख्या और उनकी मात्रा के आधार पर क्रमशः आक्षरिक, वर्णिक और मात्रिक छन्दों की उद्भावना मिलती है। भारतीय काव्यशास्त्र में इसका सूक्ष्मातिसूक्ष्म अध्ययन और वर्गीकरण देखने को मिलता है।

इसी प्रकार अलंकारों में अगर अनुप्रास अलंकार पर ध्यान दें तो वह स्वर की विषमता के रहते हुए भी केवल व्यंजना की पुनरावृत्ति के आधार पर पारिभाषिक संकल्पना ठहरता है। 'अनु' का अर्थ है बारम्बारता और 'प्र' का प्रकर्षता। भारतीय आचार्यों ने अनुप्रास को वर्णानुप्रास (अर्थात् निरर्थक वर्णों की पुनरावृत्ति) और शब्दानुप्रास (अर्थात् सार्थक वर्णों की पुनरावृत्ति) के रूप में वर्गीकृत किया है। इसी प्रकार वर्णानुप्रास को छेकानुप्रास और वृत्यानुप्रास तथा शब्दानुप्रास को पदावृत्ति और नामावृत्ति अनुप्रास के रूप में विभाजित किया गया है।

यह भी ध्यान देने की आवश्यकता है कि समानांतरता अगर संरचना के धरातल पर पुनरावृत्ति की संकल्पना को आधार बनाती है तो दूसरी ओर

समतुल्यता की अवधारणा को। समतुल्यता समतापरक भी हो सकती है और विरोधपरक भी। पर दोनों ही स्थितियों में यह समान पैटर्न में समता या विरोध ढूँढ़ती है। समतुल्य संरचना के भीतर से अर्थपरक वैषम्य की स्थिति को आचार्य रामचन्द्र शुक्ल ने अपने निबन्धों में अभूतपूर्व रूप से व्यंजित किया है–

"लोभियो! तुम्हारा अक्रोध; तुम्हारा इन्द्रिय-निग्रह, तुम्हारी मानपमान समता, तुम्हारा तप अनुकरणीय है; तुम्हारी निष्ठुरता, तुम्हारी निर्लज्जता, तुम्हारा अविवेक, तुम्हारा अन्याय विगर्हणीय है। तुम धन्य हो। तुम्हें धिक्कार है।"[68]

यहाँ दोनों वाक्यों के भीतर तो वाक्य-स्तरीय समानांतरता (समतामूलक तथा विरोधमूलक) है ही, ये आपस में प्रोक्ति के स्तर पर भी समानान्तर है। पहले वाक्य का पहला खंड (तुम्हारा अक्रोध अनुकरणीय है) 'तुम धन्य हो' के साथ है तथा दूसरा खंड 'तुम्हें धिक्कार है' के साथ।

समानान्तरता के प्रकार

क) समानता-असमानता के आधार पर - इस आधार पर समानांतरता मुख्यतः दो प्रकार की हो सकती है-

1) समतामूलक समानान्तरता - इसमें समान भाषिक इकाइयाँ साथ-साथ आती हैं।

2) विरोधमूलक समानान्तरता - इसमें विरोधी भाषिक इकाइयाँ साथ-साथ आती हैं।

इन दोनों के संयोजन से एक तीसरे प्रकार की समानांतरता की बात भी की जा सकती है–

3) मिश्रित समानांतरता - जहाँ समान और विरोधी समानांतरता का मिश्रण हो।

ख) भाषिक इकाइयों के आधार पर - इस आधार पर मोटे रूप में छह भेद किये जा सकते हैं–

1) ध्वनीय समानान्तरता।

2) शब्दीय समानान्तरता।

3) रूपीय समानान्तरता।

4) वाक्यांशीय समानान्तरता

5) अर्थीय समानान्तरता।

6) प्रोक्तिस्तरीय समानान्तरता।

कहा जा सकता है कि शैलीविज्ञान में समानांतरता पेशबन्दी के अभिकरण के रूप में स्वीकृत है जिसको भाषा-प्रयोग की सहेतुक पुनरावृत्ति के रूप में

देखा जाना चाहिए। इसकी प्रकृति ऐसी नहीं है कि किन्हीं निश्चित वर्गीकरण के भीतर समेटकर सीमित कर दिया जाए। भाषा के हर स्तर-ध्वनि, रूपिम, शब्द, पदबन्ध, वाक्य आदि पर इसका अध्ययन-विश्लेषण किया जा सकता है। आज की कविता में समानांतरता को ध्वनि-स्तर की तुलना में कहीं अधिक वाक्य-विन्यास या अर्थ के स्तर पर प्रतिफलित होते पाते हैं किन्तु कवि त्रिलोचन की कविताओं में समानांतरता के उदाहरण शब्द, रूपिम, ध्वनि स्तर पर अधिक मिलते हैं। आगे क्रमशः इन्हें लिया जा रहा है–

ध्वनीय समानान्तरता–यह समानांन्तरता केवल समतामूलक होती है। इसमें समान ध्वनियों की आवृत्ति होती है। अनुप्रास के सभी प्रकार वस्तुतः इसी के अन्तर्गत आते हैं। इसके कई भेद-उपभेद हैं। कवि त्रिलोचन की कविताओं के उदाहरण से इसे स्पष्ट किया जा रहा है–

क) समध्वनीय समानान्तरता–

'जाने हुए शब्द भी मैं प्रायः चुनता हूँ
अपने अन्तर्गत अर्थों में, अभिप्रेत ध्वनि'[69]

ख) समध्वनीय-अक्षरीय समानान्तरता–

'फिर देखा यह अपना घर है जिसमें टोटा
ही टोटा है, काम चला कर कितना खोटा
लगता है, हिसाब तो लेने वाला जो है
खालीपन का दर्द हो गया मन को मोटा।'[70]

समध्वनीय-अक्षरीय समानांतरता का बेजोड़ उदाहरण त्रिलोचन की 'होड़ा होड़ी' कविता है। इस कविता में कवि ने समध्वनीय-अक्षरीय समानांतरता का पैटर्न प्रयुक्त करने के लिए आम बोलचाल के अति सामान्य शब्दों से लयात्मकता का विन्यास किया है–

"कब तक जीवन में समाज में होड़ा होड़ी
चला करेगी, और राष्ट्र भी उसी बाट से
चला करेंगे; रोज नये से नये ठाठ से
छीनाझपटी नहीं करेगी तोड़ा तोड़ी,
फिर अपने दल-बल के हित में जोड़ा जोड़ी
किया करेगी। मानवता क्या इसी घाट से
पानी लिया करेगी, इसको किसी काट से
ऐसा करना है कि न चाही मोड़ा मोड़ी"[71]

'जीना सब से कठिन' कविता में भी कवि ने दो-दो पंक्तियों की समध्वनीय-अक्षरीय समानांतरता का प्रयोग किया है। इसमें 'पहली और चौथी' तथा 'दूसरी और तीसरी' पंक्ति में समानांतरता देखने को मिलती है। इस कविता से एक पद्यांश दृष्टव्य है–

'जीना सब से कठिन काम है; सचमुच जीना
केवल साँस नहीं लेना है। इस से ऊपर
कुछ करना है। कुछ करने में ही इस भू पर,
हाँफा पकड़ लिया करता है। और पसीना'[72]

यदि आवृत्तित भाषिक इकाई के अर्थ अलग-अलग हैं तो वह समध्वनीय समानांतरता है किन्तु यदि दोनों के अर्थ भी एक हों तो वह पुनरुक्ति है, जिसे शब्दीय समानांतरता कहा जा सकता है–

क) 'से धीरे धीरे सारे संसार में
फैल गयी। धूमाच्छादित हैं वृक्ष वे,
टहनी, टहनी, डाली डाली थाम के
धुआँ और ऊपर चढ़ता है, गन्ध से'[73]

ख) 'घिर घिर घन आये, व्योम में गाना गाया,
फिर फिर नव वर्षा नृत्य अपना दिखा के
जल बन कर छाई, भूमि ने रंग पाए
खिल खिलकर पौंधे भेंट जैसे खड़े हैं
× × ×
रँग रँग उठता है छोर कोई दिशा का
उठ उठ कर पौधे धान से ताकते हैं'[74]

ऊपर उद्धृत अंशों में देख सकते हैं कि 'टहनी टहनी', 'डाली डाली', 'घिर घिर', 'फिर फिर', 'खिल खिल', 'रँग रँग' 'उठ उठ' आदि पुनरुक्त शब्द अर्थ की दृष्टि से समान हैं।

ध्वनीय समानांतरता के काव्य-भाषा में पास, पास; दूर-दूर पंक्ति के आदि और अन्त में, शब्द के आदि, मध्य, अन्त में, पूरी रचना में, रचना के खंडों में, आदि के आधार पर अनेक पैटर्न आधुनिक कविता में मिलते हैं। कवि त्रिलोचन की कविताएँ इसका अपवाद कही जा सकती है। अधिक जटिल ध्वनीय समानांतरता के उदाहरण इनके यहाँ नहीं मिलते। कारण कि, अत्यधिक

सरल कविता रचने में ही त्रिलोचन कवि-कर्म सार्थक मानते हैं। कविता की पंक्तियों के साथ ज्यादा छेड़छाड़ उनके कवि-स्वभाव में नहीं है।

वास्तव में ध्वनीय समानांतरता चाहे गद्य में हो या पद्य में—एक प्रकार की लयात्मकता उत्पन्न करती है। इस तरह यह किसी भी स्थिति में काम्य हो सकती है, किन्तु इसकी सर्जनात्मकता तब और भी बढ़ जाती है जब इसका भावों के साथ संयोजन कर दिया जाए। इस दृष्टि से कवि निराला ने काफ़ी स्थलों पर ध्वनीय समानांतरता को भावों के साथ संयोजित कर कविता के प्रभाव को बढ़ाया है। उदाहरण के लिए, उपहासात्मक कविताओं में ध्वनीय समानांतरता पर आधारित तुकों से वे बेतुकापन की सृष्टि करते दीखते हैं—

"मैं ही डाँडी से लगा पल्ला
सारी दुनिया तोलती गल्ला
मुझसे मूछें मुझसे कल्ला
मेरे लल्लू मेरे लल्ला।"[75]

तो 'तुलसीदास' तथा 'राम की शक्ति-पूजा' जैसी भाव सघन कविताओं में ध्वनीय समानांतरता भी अधिक सघन है। 'राम की शक्तिपूजा' के कुछ अंशों का पाठकों पर ध्वनीय समानांतरता के कारण ही अधिक स्थायी प्रभाव लक्षित होता है।

छन्दीय समानांतरता भी वस्तुतः ध्वनीय समानांतरता के अन्तर्गत ही आती है। छन्द में चरणों या पंक्तियों में समान मात्रा (मात्रिक छन्दों में), समान वर्ण (वर्णिक छन्दों में), तथा तुकीय शब्दों आदि की आवृत्ति ध्वनीय समानांतरता ही है। वस्तुतः भाषा में समानांतरता का प्रयोग पहले पहल छन्दीय समानांतरता के रूप में हुआ होगा। अन्य प्रकार की समानान्तरताओं की जननी छन्दीय समानांतरता ही है।

शब्दीय समानान्तरता—शब्दीय समानान्तरता से तात्पर्य ऐसी समानांतरता से है जहाँ एक शब्द पर अधिक बल हो। तथा इस कारण उस शब्द की एक से अधिक बार पुनरावृत्ति हो। शब्दीय समानांतरता के उदाहरण कवि त्रिलोचन की कविताओं में बहुत अधिक संख्या में नहीं है। एक पद्यांश दृष्टव्य है—

'संशय कर / संशय कर / संशय पर / संशय से
तू जीवन का प्रखर सत्य पाएगा।'[76]

जैसा कि कविता के शीर्षक से ही आभासित है, यह कविता व्यक्ति को संशय कर तार्किक दृष्टि से सोचने-विचारने के लिए प्रेरित कर रही है। अतः 'संशय कर' पदबन्ध की तीन बार आवृत्ति की गयी है।

वाक्यांशीय समानान्तरता–यह वाक्य के भीतर वाक्यांशों, पदबन्धों तथा उपवाक्यों आदि में होती है। यह समतामूलक तथा विरोधमूलक समानांतरता दोनों रूपों में मिलती है। आ. रामचन्द्र शुक्ल में शैली की एक बहुत बड़ी विशेषता वाक्यीय समानांतरता है। एक उदाहरण दृष्टव्य है–

"विशुद्ध सुख की अनुभूति होने पर हम बहुत करेंगे–दाँत निकालकर हँसेंगे, कूदेंगे या सुख पहुँचाने वाली वस्तु से लगे रहेंगे, इसी प्रकार शुद्ध दुःख में हम बहुत करेंगे–हाथ-पैर पटकेंगे, रोयेंगे, चिल्लायेंगे या दुःख पहुँचाने वाली वस्तु से हटेंगे।"[77]

इसमें समतामूलक तथा विरोधमूलक दोनों समानांतरता है। कवि त्रिलोचन के यहाँ भी समतामूलक समानांतरता और विरोधमूलक समानांतरता का प्रयोग हुआ है। इनकी कविताओं में से कुछ पद्यांश दृष्टव्य हैं–

विरोधमूलक समानांतरता–

क) 'मैं लिहाफ के अन्दर, बाहर गाढ़ा कुहरा'[78]

ख) 'आग आगे नहीं बढ़ी
झगड़ा बढ़ते-बढ़ते
किसी तरह शान्त हुआ'[79]

ग) 'वह सर्दी की रात और बातों की गर्मी,
वह कठोरता गयी, रह गयी केवल नर्मी।'[80]

घ) 'आजकल का ढंग ही विचित्र है
हमारे घर
जितने ही निकट निकट होते हैं
उतने ही दूर-दूर
हमारे मन
होते हैं'[81]

ङ) 'अलगाव दूर था लगाव पास पास था'[82]

च) 'दीनता देह से लिपटी है, मन तो अदीन है।'[83]

छ) 'है अचल पवन, साँसे, चल'[84]

उपर्युक्त वाक्यांशों में देखा जा सकता है कि प्रत्येक वाक्य एवं वाक्य बन्ध में विलोम युग्मों का प्रयोग है। एक स्थिति के समानान्तर दूसरी विरोधी स्थिति को रखा गया है। जैसे–'अन्दर-बाहर', 'बढ़ना-नहीं बढ़ी', 'सर्दी-गर्मी', 'कठोरता-नर्मी', 'निकट-दूर', 'अलगाव-लगाव', 'चल-अचल'। सभी पंक्तियों में विरोधमूलक समानांतरता के माध्यम से काव्यात्मक सर्जन

की उत्कृष्ट संरचना कवि त्रिलोचन ने यहाँ की है। महत्त्वपूर्ण यह है कि दो विरोधी स्थितियाँ समान रूप से सभी उदाहरणों में उपस्थित है।

इसी प्रकार **समतामूलक समानांतरता** का सर्जनात्मक प्रयोग भी कवि त्रिलोचन ने किया है। इसके कुछ उदाहरण इनकी कविताओं से लिए जा रहे हैं–

'तारे चुपचाप देखा करते हैं
पृथ्वी को
राहें उदास देखती हैं
आकाश को।'[85]

उपर्युक्त पंक्तियों में 'तारे', और 'राहें' क्रमशः 'पृथ्वी' और 'आकाश' को 'चुपचाप' तथा 'उदास' देख रहे हैं। 'देखना' क्रिया दोनों पदबन्धों में समान है। देखने वाला कर्ता दोनों में मौजूद है। अन्तर है तो बस इतना कि एक पुल्लिंग कर्ता (तारे) है तो दूसरी स्त्रीलिंग कर्ता (राहें)। विशेषण 'चुपचाप' और 'उदास' का दोनों पदबन्धों में प्रयोग किया है।

'मन मिला तो मिल गये और मन हटा तो हट गये',[86]

'तुम जल हो मैं निहित बिम्ब हूँ,'[87]

उपर्युक्त पंक्तियों में समतामूलक समानांतरता दृष्टव्य है। 'मन के मिलने पर मिलना' और 'मन के हट जाने पर हटना' समान रूप से घटित होने वाली समानान्तर संरचना यहाँ द्योतित की गयी है। इसी प्रकार, 'तुम' और 'मैं' दो कर्ता क्रमशः 'जल' और 'निहित बिम्ब' के रूप में समानान्तर प्रयुक्त किये गये हैं। 'हो' और 'हूँ' क्रिया भी दोनों कर्ताओं के लिए समानान्तर प्रयोग में लायी गयी हैं।

एक भिन्न एवं नवीन समानांतरता का प्रयोग कवि त्रिलोचन ने अपनी कविता 'मैं-तुम' में किया है। इसमें कवि ने तत्सम-तत्भव शब्दों को एक ही वाक्य में समानान्तर प्रयुक्त किया है। यह एक नया प्रयोग है। इसकी बानगी इस प्रकार है–

'दिन-रात प्रातः-सन्ध्या कितने अलग-अलग रूपों में आतें हैं कोई इन्हें देखे या अनदेखा कर जाय',[88]

प्रोक्तिस्तरीय समानान्तरता–प्रोक्ति (डिस्कोर्स) पूरी कृति (उपन्यास, कहानी, महाकाव्य, खंडकाव्य, मुक्तक, कविता आदि) भी हो सकती तथा उसका अर्थ की दृष्टि से सुसम्बद्ध एक अंश भी। यह कई वाक्यों का समूह होता है। प्रत्येक वाक्य एक विशेष सन्दर्भ में एक-दूसरे में गुम्फित होते हैं।

यह एक वाक्यबन्ध भी हो सकता है और एकाधिक वाक्यबन्धों का समूह भी। प्रोक्ति के स्तर पर भी समानांतरता देखने को मिलती है। यों तो ध्वनीय, शब्दीय, रूपीय, वाक्यांशीय तथा अर्थीय समानांतरता भी प्रोक्ति में ही होती है, किन्तु यहाँ प्रोक्तिस्तरीय समानांतरता के अन्तर्गत अलग-अलग वाक्यों आदि में प्राप्त समानांतरता को लिया जा रहा है। उदाहरण के लिए निराला ने 'भिक्षुक' कविता में 'दो टूक कलेजे के करता पछताता पथ पर आता' का प्रयोग चार पंक्तियों के अन्तराल से दो बार किया है। यह प्रोक्तीय समानांतरता है। आचार्य रामचन्द्र शुक्ल के साहित्य में इसके पर्याप्त उदाहरण देखे जा सकते हैं। विवेच्य कवि त्रिलोचन की कविताओं में भी प्रोक्तिस्तरीय समानांतरता लक्षित होती है। कुछ उदाहरणों के माध्यम से इसे स्पष्ट किया जा रहा है।

'आँखें तुम्हें देख अब नहीं पाती
कान में तुम्हारे स्वर नहीं पड़ते
बाँहें भी तुम्हारी अब न' बनती हैं कण्ठहार'[89]

उपर्युक्त पंक्तियों में देखा जा सकता है कि कवि गोविन्द का स्मरण कर रहा है। यहाँ लौकिक या अलौकिक मनुष्य दोनों में से किसी एक की चर्चा हो रही है। कविता के पाठ से यह जान पड़ता है कि मित्रवत् भाव कवि का गोविन्द से रहा होगा जो अब कवि के साथ नहीं है। कवि उसको अपनी स्मृतियों में याद कर रहा है। इस सन्दर्भ की पृष्ठभूमि में यदि उपर्युक्त पंक्तियों पर ध्यान दें तो पता चलेगा कि कवि गोविन्द को 'देखने', 'सुनने', और उसका 'आलिंगन' करने के लिए व्याकुल है। जो कि उसे उपलब्ध नहीं है। यहाँ प्राक्तिस्तरीय समानांतरता है। 'आँखों से दर्शन करना', 'कानों में उसके स्वर सुनना', 'बाँहों में आलिंगन लेना' प्राक्ति के स्तर पर समानान्तर हैं।

'सूरज की–
एक किरण
पीपल के पत्ते पर
ठहरी है
एक किरण
बेले के फूलों पर
फिसली है
एक किरण
ताल की तरंगों पर
थिरकी है

एक किरण
शिशु की दँतुलियों पर
बिहँसी है–
–सूरज की।"[90]

यह पूरी कविता सूरज की किरणों के व्यापक प्रसार को दर्शाती है। इसमें प्रोक्ति के स्तर पर सभी बन्ध समानान्तर प्रयोग किये गये हैं। सन्दर्भ 'सूरज की किरण' है। कवि ने प्रत्येक बन्ध का आरम्भ 'एक किरण' पद से किया है। और, चार बार इसका प्रयोग किया है। 'पीपल के पत्तों पर', 'बेले के फूलों पर', 'ताल की तरंगों पर', 'शिशु की दँतुलियों पर', सूरज की किरण क्रमशः 'ठहरी', 'फिसली', 'थिरकी', तथा 'बिहँसी' है। इस प्रकार सभी बन्धों में समानान्तर रूप से सूरज की किरण की क्रियात्मकता को दर्शाता गया है। यह कविता भाव-संवेदना की दृष्टि से भी उत्कृष्ट है। कवि-कल्पना की सर्जनात्मकता यहाँ अपनी ऊँचाई पर स्थित है। कविता में प्रोक्ति के विशेष सन्दर्भ 'सूरज की किरण' से ही कविता का अन्त भी किया गया है। अतः प्रारम्भ और अन्त समान होने के कारण यहाँ प्रोक्तिस्तरीय समानांतरता सराहनीय है।

इसी प्रकार 'युग की पुकार' कविता भी समान रूप से प्रयोग किये गये पदबन्धों के कारण प्रोक्तिस्तरीय समानांतरता का अन्यतम उदाहरण है। इसमें भी कवि ने 'तुम्हें पुकार रहा है कोई' से कविता का प्रारम्भ तथा अन्त किया है। प्रत्येक पैरे के बाद 'तुम्हें पुकार रहा है कोई' पदबन्ध का प्रयोग कुल तीन बार हुआ है। उदाहरणार्थ–

"तुम्हें पुकार रहा है कोई
अभी तुम्हारी शक्ति शेष
अभी तुम्हारी साँस शेष है
मत अलसाओ, मत चुप बैठो
तुम्हें पुकार रहा है कोई
× × ×
तुम्हें पुकार रहा है कोई।"[91]

"मैंने कब कहा था
कविता की साँस मेरी साँस है
जानता हूँ मेरी साँस टूटेगी
और यह दुनिया

जिसे दिन रात चाहता हूँ
एक दिन छूटेगी
मैंने कब कहा था
× × ×
जिसे दिन रात देखता हूँ
एक दिन चुकेगी
मैंने कब कहा था
× × ×
जिसे दिन रात जानता हूँ
और और भड़केगी।"[92]

उपर्युक्त पंक्तियों में ध्यातव्य है कि 'मैंने कब कहा था' पदबन्ध का प्रयोग पर्याप्त अन्तराल से तीन बार हुआ है। इसी प्रकार 'जिसे दिन रात', पदबन्ध के साथ क्रमशः 'चाहता हूँ', 'देखता हूँ', 'जानता हूँ', क्रिया का प्रयोग हुआ है। ठीक इसी तरह 'एक दिन छूटेगी', 'एक दिन चुकेगी' तथा 'और और भड़केगी'। पदबन्ध का प्रोक्तिस्तरीय समानान्तर प्रयोग किया गया है।

5.4 चयन-अनुप्रयोग

'चयन' का अर्थ है 'चुनना', अर्थात्, उपलब्ध अनेक विकल्पों में से एक को लेना। शैलीविज्ञान के प्रसंग में इसका अर्थ होगा किसी भाषा में प्राप्त एकाधिक इकाइयों या व्यवस्थाओं में, अपनी अभिव्यक्ति के लिए 'किसी एक को चुन लेना'।

साहित्यकार ध्वनि, शब्द, वाक्य आदि सभी स्तरों पर चयन करता है। जैसे भाषा में कर्तृवाच्य के भी वाक्य होते हैं और कर्मवाच्य के भी। दोस्तोवस्की ने अपने उपन्यास 'अपराध और दंड' में जिस समाज का चित्र खींचा है, वह चेहरा-विहीन है, लोगों में वैयक्तिकता जैसे है ही नहीं। इसकी अभिव्यक्ति के लिए उन्होंने अपने प्रायः सत्तर प्रतिशत वाक्य कर्मवाच्य के चुने हैं, क्योंकि कर्तृवाच्य के वाक्य वैयक्तिकतायुक्त होते हैं और कर्मवाच्य के वाक्य निर्वैयक्तिक। हजारीप्रसाद द्विवेदी किसी बात को जहाँ झकझोर कर नकारता चाहते हैं, सीधे निषेधवाचक वाक्य का चयन न कर प्रश्नवाचक वाक्य का चयन करते हैं जिससे तीव्र निषेध की अभिव्यक्ति हो सके। पाठक स्वयं निषेध रूप में जिसका उत्तर दे–'कौन कहता है कि विद्वान ज्ञानी होता है?' ऐसे ही तुलसी (कनक भूधराकार सरीरा) तथा निराला (भूधर ज्यों ध्यानमग्न)

दोनों ही, जहाँ भारी-भरकमता का बोध कराना हो, वहाँ मात्रा की दृष्टि से ठीक होने के बावजूद 'पर्वत' का चयन न करके 'भूधर' का चयन करते हैं।

पं. विद्यानिवास मिश्र मानते हैं कि चयनात्मक प्रक्रिया भाषा की सामान्य परिधि के भीतर नहीं, बल्कि उसके इर्द-गिर्द आने वाली उक्तियों की भंगिमा को भी अपने भीतर समेटती है। उदाहरण के लिए- बोलने की काकु में अन्तर आने से, या किसी शब्द की पुनरावृत्ति से, या वाक्य में क्रम-भंग लाने से या प्रत्याशित विशेषण के स्थान पर अप्रत्याशित विशेषण लाने से, जो एक प्रकार का वैशिष्ट्य उत्पन्न होता है, उसको 'रीति' की विचार-कोटि में लाया जाता है, बशर्ते इस प्रकार की विशेषताओं का उपयोग केवल दिखलाने के लिए न हो, प्रेषणीय अर्थ के द्योतन के लिए एकमात्र सार्थक माध्यम के रूप में हो, क्योंकि इसी अर्थ में तो सामान्य भाषा से साहित्य की भाषा विशिष्ट कही जा सकती है।

चयन के उदाहरण के लिए निम्नलिखित वाक्य लिया जा सकता है जो धनुष-भंग के प्रसंग में परशुराम लक्ष्मण को निर्देशित करके कह रहे हैं- रमणीयः क्षत्रियकुमार आसीत्।

अब इसके कुछ लगभग समानार्थक सामान्य व्याकरण-सम्मत वाक्य-पर्यायों का परीक्षण किया जाये-

1. यह लड़का देखने में इतना सुन्दर है, पर इतना कटुभाषी है कि इसका वध करना ही होगा।
2. दुःख है कि ऐसे खूबसूरत लड़के के ऊपर मुझे हाथ उठाना होगा।
3. यह खूबसूरत लड़का अब जीवित नहीं रहेगा।
4. कितना रमणीय यह क्षत्रिय कुमार था।

इन चारों वाक्यों में सन्देश लगभग एक ही है, किन्तु जितनी संक्षिप्तता, प्रत्यग्रता और नुकीलेपन के साथ यही सन्देश चौथे वाक्य के द्वारा अभिहित किया जा सकता है, उतने अच्छे ढंग से पहले तीन वाक्यों के द्वारा नहीं। क्यों यह चौथा वाक्य सार्थक है? इसलिए कि केवल जीवित और वर्तमान वस्तु के सन्दर्भ में भूतकाल की क्रिया का प्रयोग कर देने से एक साथ दो बातें ध्वनित होती हैं–पहली तो यह कि उसका जीवित न रहना उसी प्रकार सुनिश्चित है, जैसे कि वह घटना पहले से घट चुकी हो, दूसरी यह कि 'रमणीय' कहने से आशंसा-प्रेरित अनुकम्पा की भावना ही प्रमुख रूप से अभिव्यक्त होती है। साथ ही अपने आप उसे न मारने की इच्छा होते हुए भी मारने की लाचारी 'क्षत्रिय कुमार' कहने से द्योतित होती है, क्योंकि क्षत्रिय

यदि युद्ध के लिए प्रोत्साहित करता है तो उसकी चुनौती के जवाब में उसके साथ दूसरा व्यवहार सम्भव ही नहीं। इस प्रकार भाषागत रीतिविधान का यह बौद्धिक आधार व्याकरण के भीतर से ही उद्भूत है और व्याकरण की कोटियों को एक अतिरिक्त अर्थवत्ता प्रदान करने के लिए है।

सामान्य शब्दों में कहा जाये तो जिस तरह से भाषा के बारे में कहते हैं कि कोई भी भाषा व्याकरण से रहित नहीं होती और हर बोली का अपना व्याकरण होता है, उसी तरह भाषा की हर उक्ति की अपनी शैली होती है। कोई उक्ति शैली रहित नहीं होती। व्याकरण उक्ति का नियन्त्रक है, शैली उक्ति की विशिष्टता है। अतः व्याकरण के क्षेत्र में चयन की अधिक गुंजाइश नहीं है, जबकि शैली की दृष्टि से व्यक्ति के सामने अनंत विकल्प है। अगर हम प्रैग्मैटिक चयन को छोड़ दें, जो नाटक और संवादात्मक पाठ आदि का उपादान है और पूरे पाठ के ताने-बाने में सन्देश को व्यक्त करता है तो शेष समस्त विकल्पों को सन्देश-प्रकरण-अर्थ के सन्दर्भ में एक नाम देना चाहेंगे। यहाँ सन्देश को तथ्य से भिन्न और व्यापक अर्थ में लिया जा रहा है। तथ्य प्रकरण भी सन्देश का ही एक प्रकार्य है।

इन्क्विस्ट ने शैली को व्याकरणिक और तथ्यगत चयन से अलग करने का यत्न किया है। प्रस्ताव है कि तीनों ही प्रकार के चयन वास्तव में शैली के चयन है। व्याकरण में मुक्त वितरण के आधार पर चयन हो सकता है। जहाँ मुक्त वितरण 'नहीं किया गया है', 'किया नहीं गया है' व्याकरणिक अर्थ या सम्प्रेष्य में अन्तर नहीं पैदा करते, वहाँ समासचयन नहीं है। ऐसे स्थल व्यक्ति की शैली के अभिलक्षणों के सांख्यिकीय अध्ययन का आधार बन सकते हैं। लेकिन ऐसे सन्दर्भों में भी शैलीगत सन्देश देखे जा सकते हैं। जहाँ 'पूरी', 'पूड़ी' के विकल्पों में से कविता में 'पूड़ी', 'चूड़ी' की तुक के लिए चयन करता है, वहाँ सन्देश है। जहाँ व्याकरणिक रचना में परिवर्तन व्याकरणिक अर्थ में अन्तर पैदा करता है, वहाँ निश्चित रूप से शैलीगत चयन का आधार बनता है। इस तरह व्याकरण के तीन प्रकार के चयन बन सकते हैं- अनिवार्य, नेमी तथा मुक्त। तीनों ही प्रकार विकल्पों के सन्दर्भ में शैली भेद को जन्म देते हैं। यद्यपि इन्क्विस्ट ने अव्याकरणिक प्रयोगों को शैली से अलग रखा है, सन्देश या सम्प्रेषणीयता के स्तर पर ये प्रयोग भी शैली को जन्म देते हैं, इसी प्रक्रिया को शैलीविज्ञान में विचलन के रूप में देखा जाता है। चूँकि विचलन लेखक की ओर से सम्प्रेषण की दृष्टि से मान से भिन्न (अव्याकरणिक या अप्रचलित) प्रयोगों का सायास उपयोग है, इसे हम चयन के सिद्धान्त के

अन्तर्गत देख सकते हैं। विचलन को कोई व्यक्ति व्याकरण-असम्मत विचलन की अवस्था में त्रुटि (error) कहता है तो उसका आशय व्यक्ति की संस्कृति की ओर नहीं, बल्कि भाषा की ओर है। सामान्य बोलचाल की भाषा में भी हम सन्देश के सन्दर्भ में भाषा के नियमों को तोड़ते हैं।

हिन्दी साहित्य के प्रगतिवादियों कवियों में भी शैलीगत चयन के अनेक रूप एवं स्तर देखने को मिलते हैं। त्रिलाचेन के यहाँ यह विविधता कुछ अधिक हैं। तो भी उनके अन्य समकालीनों नागर्जुन, केदारनाथ अग्रवाल आदि के काव्य में भी शैलीगत चयन के पैटर्न देखने को मिलते हैं। ध्वनि के क्षेत्र में चयन द्वारा हम विशेष प्रकार का प्रभाव उत्पन्न करते हैं अथवा अर्थ-विशेष का द्योतन करते हैं। इसका आशय यह हुआ कि हर ध्वनि का एक सीमा तक विशेष प्रकार का प्रभाव अथवा 'प्रभाव-जनित अर्थ' होता है। 'ध्वनियों के प्रभाव जनित अर्थ' से यहाँ आशय यह है कि अर्थ की वह 'अनुभूति' जो ध्वनियों को सुनने पर उनके प्रभाव-स्वरूप श्रोता को होती है। इसके लिए दरअसल 'अर्थ' शब्द बहुत उपयुक्त नहीं है। वास्तव में यह अर्थ से अधिक 'अर्थ का सांकेतिक ध्वनन' है।

यों तो ध्वनियों का प्रभाव-जनित अर्थ उनके उच्चारण पर आधारित है, अत: एक सीमा तक यह सार्वभाषिक भी हो सकता है, किन्तु सामान्यत: जैसे प्रभावों की चर्चा काव्य-भाषा के प्रसंग में की जाती है, वह भाषा-विशेष और परम्परा से भी एक सीमा तक सम्बद्ध ज्ञात होता है। उदाहरण के लिए काव्य-भाषा में कुछ ध्वनियों का प्रभाव कठोरता कहा जाता है तो कुछ ध्वनियों का कोमल। इसी आधार पर कठोर और कोमल ध्वनियों की बात की जाती है, जो काव्यशास्त्र में ओज और माधुर्य गुणों से सम्बद्ध की जाती है।

काव्य-भाषा में तत्व: ध्वनियों का चयन नहीं होता, अपितु ध्वनि के प्रभाव तथा विशिष्ट भावों से उनके सम्बद्ध होने के आधार पर विशिष्ट ध्वनियुक्त शब्दों का चयन होता है। उदाहरण के लिए शृंगार रस या कोमल भावों के लिए कोमल ध्वनि वाले शब्दों या चुनाव तथा वीर और रौद्र रस या परुष भावों के लिए कठोर ध्वनियों वाले शब्दों का चुनाव कवि अपनी रचना में साभिप्राय करता है। जैसे- केदारनाथ अग्रवाल की दो कविताओं को देखा जा सकता है- 'वे किशोर नयन', तथा 'आँखों देखा'। दोनों कविताएँ शृंगार रस या कोमल भावों की व्यंजना करती हैं। 'वे किशोर नयन' में कवि ने 'बावरा', 'निहार', जैसे कोमल शब्दों का चयन सहेतुक किया है। 'बावरा' शब्द 'बावला' का परिवर्तित रूप है। किशोर के नयन कवि को आकर्षित

कर गये, उसके हृदय में बस गये। इसके लिए कवि ने 'आज मुझे भा गये' जैसी कोमल काव्य-पंक्ति रची है। इसी प्रकार 'निहार' के स्थान पर 'देख' गये शब्द का भी प्रयोग किया जा सकता था किन्तु काव्य की दृष्टि से यह इतना रमणीय प्रयोग न होकर अति सामान्य प्रयोग है। 'आँखों देखा' कविता में 'पातहीन', 'कपोलो' जैसे काव्यात्मक शब्दों का चयन कवि का शैलीगत चयन है।

कवि त्रिलोचन को तो 'शब्दों का मास्टर' कहा जाता है। अतः इनकी कविताओं में शैलीगत चयन बहुत अधिक देखने को मिलता है। उदाहरण के लिए-

शब्द चयन

"आओ,
अच्छे आये समीर
ज़रा ठहरो
फूल जो पसन्द हों, उतार लो
× × ×
एक अनुरोध मेरा मान लो
सुरभि हमारी यह
हमें बड़ी प्यारी है।
इस को सँभाल कर जहाँ जाना
ले जाना
इसे तुम्हें सौंपता हूँ।"[93]

यहाँ 'हवा' 'पवन' न कहकर 'समीर' को पुरुष रूप में और 'खुशबू' को स्त्री रूप में लिया गया है। 'समीर' के साथ 'सुरभि' उड़कर कहीं भी चली जायेगी। यहाँ 'समीर' और 'सुरभि' शब्दों का चयन सप्रयोजन है।

छन्द-सम्बन्धी चयन

"महल खड़ा करने की इच्छा है शब्दों का
जिसमें सब रह सकें रम सकें लेकिन साँचा
ईंट बनाने का मिला नहीं है, अब्दों का
समय लग गया, केवल काम चलाऊ ढाँचा..."[94]

उद्धृत पंक्तियों में 'शब्दों' और 'अब्दों' का शब्द-चयन विवेचनीय है। यह एक सॉनेट है। सॉनेट में पहली और तीसरी तथा दूसरी और चौथी पंक्ति में लय का अन्वय होता है। इस दृष्टि से कवि ने 'शब्दों' शब्द के साथ छन्द की आवश्यकता को पूरा करने के लिए तीसरी पंक्ति में 'अब्दों' शब्द का

प्रयोग किया है। त्रिलोचन शब्दों के पारखी कवि हैं। यह तथ्य इस सन्दर्भ में सटीक बैठता है। 'अब्द' शब्द अति प्रचलित शब्द नहीं है। सामान्य जन इसका प्रयोग न के बराबर करता है। इस शब्द का अर्थ है– 'एक वर्ष'। यहाँ कवि ने इस शब्द का सप्रयोजन प्रयोग किया है साथ ही इसे बहुवचन रूप में प्रयुक्त कर लम्बी कलावधि की ओर संकेत किया है।

तद्‌भव-तत्सम रूप का चयन

कवि त्रिलोचन ने एक ही कविता में एक ही शब्द के तत्भव-तत्सम रूपों का प्रयोग एक साथ किया है। यह चयन अनायास न होकर सप्रयास है। उदाहरण के लिए–

> "सप्त बालचन्द्री आयस पुल राजघाट का
> सात फलाँगों में गंगा को पार कर गया..."[95]

इस उद्‌धृत अंश में प्रथम पंक्ति में तत्सम शब्द 'सप्त' का प्रयोग है तो दूसरी पंक्ति में 'सात' तद्‌भव शब्द का। ऐसा चयन करने के पीछे कारण है कि कवि पुनरुक्ति दोष से बचना चाहता है। यह कविता ऐतिहासिक राजा के विषय में है। अतः इसमें तत्सम शब्दों का प्रयोग कविता के कथ्य की अपनी जरूरत को पूरा कर रहा है। इस कारण इसमें सामासिक शब्दों का प्रयोग भी कवि ने किया है। जैसे- 'प्रत्यवरोहारोह', 'अद्रिभेदिनी', 'पट-विहीन', 'स्तम्भ-क्रम', 'स्तम्भन-शक्ति' आदि।

इसी प्रकार 'आकाश' के लिए 'व्योम' तत्सम शब्द का चयन कवि ने अनेक कविताओं में किया है। 'सन्त बालचन्द्री आयस पुल', 'गीतमयी हो तुम', आदि।

इसी प्रकार एक अन्य कविता 'मैंने जीवन की शराब पी' में कवि ने 'शिरा-शिरा' के स्थान पर 'सिरा-सिरा' तद्‌भव शब्द का चयन किया है। कवि द्वारा यह सहेतुक चयन सानुप्रासिक ध्वनि को व्यक्त करने के उद्देश्य से किया गया है–

> "...अन्तस्तल में ढाला
> उस रस को जिस की संचित सोद्वेग चाह थी
> सिरा सिरा में।..."[96]

ध्वनिगत साम्य के लिए शब्द-चयन

> "नौजवान आते हैं, आती हैं महिलाएँ,
> विस्फारित लोचन बिलोकने वे उपदाएँ
> जो गंगा ने दी हैं, जो हैं आनी-जानी।"[97]

उपर्युक्त पंक्तियों में कवि त्रिलोचन ने ध्वनिगत साम्य को नियोजित करने के लिए उपहार, अथवा भेंट के लिए 'उपदाएँ' शब्द का प्रयोग किया है जो कि संस्कृत का शब्द है तथा इस सन्दर्भ में इस शब्द का प्रयोग दैनन्दिन व्यवहार में नहीं होता। अतः यहाँ 'महिलाएँ' के साथ ध्वनिगत लय के लिए 'उपदाएँ' शब्द का चयन सप्रयोजन हुआ है।

नवीन उपमानों का चयन

"बादलों ने हलकी अंगड़ाई ली
एक ओर चमक जरा बढ़ गयी
हवा नये अँखुओं से यों ही बतियाती है
उनका सिर हिलता है
फूल खिलखिलाते हैं।"[98]

'झापस' कविता में से उद्धृत इन पंक्तियों में कवि ने 'वर्षा' के वातावरण को सजीव किया है। वर्षा होने पर प्रकृति और उसमें वास करने वाले सभी जीवों पर इसका प्रत्यक्ष अथवा अप्रत्यक्ष प्रभाव पड़ता है। धूप का प्रकोप कम हो जाता है और समस्त प्रकृति हरी-भरी दिखाई देती है। ऐसे में हवा भी अपनी रफ्तार से गतिमान होती है। कवि ने यहाँ 'नये प्रस्फुटित अंकुरों के लिए 'नये अखुँओं' विशेषणसंज्ञा पद का चयन किया है जो काव्यात्मकता की दृष्टि से अधिक रमणीय और आकर्षक है। हवा इन नये अंकुरों को भी अपने वेग से हिला रही है मानों उनसे बातें कर रही हो। वे भी सिर हिलाकर बातचीत को आगे बढ़ा रहे हैं। दृष्टव्य है कि यहाँ अंकुरों को मानव रूप में सजीव प्रस्तुत किया गया है जो बोलते-बतियाते हैं। वास्तव में यही काव्यगत सृजनात्मकता की कसौटी है।

क्रियागत चयन

"...वास तज कर बिचरते पशु
विहग उड़ते पर पसारे
नील नभ में मेघ हारे..."[99]

वास्तव में कविता अथवा साहित्य में यह अवकाश रहता है कि अनेक समान से लगाने वाले शब्दों में से किसी एक शब्द का चयन किया जा सके। यह चयन शब्द, ध्वनि के स्तर पर तो सर्वाधिक सम्भव और उपलब्ध होता है। किन्तु कभी-कभी कवि क्रिया रूप का चयन भी सजग होकर करता है। उपर्युक्त पंक्तियों में 'पसारे' शब्द की व्याकरणिक कोटि 'क्रिया रूप' की है। 'पसारे' के अतिरिक्त इसका अन्य समानधर्मा शब्द 'फैलाये' भी है। किन्तु

कवि ने विवेच्य शब्द 'पसारे' का चयन दो दृष्टियों से सहेतुक किया है। पहला कारण यह है कि 'विहग उड़ते पर पसारे' में 'पर पसारे' में सानुप्रासिक सौन्दर्य उद्घाटित हो रहा है तो दूसरा कारण यह है कि इसकी अगली पंक्ति का अन्तिम शब्द 'हारे' है जो कि लयात्मक दृष्टि से 'पसारे' शब्द के साथ अन्वित किया गया है। अतः सजग होकर कवि ने यहाँ 'पसारे' क्रिया रूप का ही चयन किया है।

कोमल शब्दों का चयन

"...मेह का चुपके-चुपके आ जाना
और आकाश-भर में छा जाना
चमकना गरजना बरसना फिर
बात की बात में बिला जाना..."[100]

विषय के अनुसार कोमलकान्त शब्दों का प्रयोग भी कविगण अपनी कृति में करते हैं। ध्वनिगत प्रभाव पाठक के मन पर अमिट छाप छोड़ता है। इस कारण यहाँ पर्याय माला में से 'बादलों' के लिए 'मेघ', 'घन', 'जलधर', 'वारिद', 'जलद' आदि किसी भी शब्द का प्रयोग न करके कवि ने यहाँ इसके लिए 'मेह' शब्द का चयन किया है। उच्चारण करने में यह शब्द अधिक कोमल और सहज प्रतीत होता है। अर्थ की दृष्टि से 'मेह-मेघ' दोनों शब्द एक ही वस्तु को द्योतित करते हैं किन्तु 'स्वनिमिक दृष्टि' से 'मेघ' में 'घ' ध्वनि महाप्राण ध्वनि है किन्तु 'मेह' की 'ह' ध्वनि अल्पप्राण है इसलिए अधिक कोमल है। अतः 'मेह' शब्द का चयन कवि ने सप्रायोजित रूप से किया है।

वाक्य-चयन

भाषा में वाक्य-रचना के स्तर पर भाषा में चयन का अवकाश सबसे अधिक होता है। शैली का सबसे महत्त्वपूर्ण अंग वाक्य-रचना है। हर भाषा में कुछ मूल वाक्य-साँचे होते हैं। जब भी कोई व्यक्ति उस भाषा में कोई बात कहना चाहता है तो उसके मन में 'सम्बद्ध विचार' कुछ मूल वाक्यों के रूप में उभरते हैं। इन मूल वाक्यों में ही मूलभूत संकल्पनाएँ होती हैं। व्यक्ति इन मूल वाक्यों को ही कभी तो ज्यों-का-त्यों कह देता है और कभी उनमें रूपान्तरण करके स्वयं को व्यक्त करता है। ये मूल वाक्य उस भाषा में आन्तरिक धरातल के होते हैं। उन पर आधारित जो वास्तविक अभिव्यक्ति होती है, वह भाषा के बाह्य धरातल की कही जा सकती है। अर्थात् हम जो वाक्य बोलते या लिखते

हैं वे बाह्य धरातल के होते हैं तथा जो मूल वाक्य हमारे मन में उभरते हैं, वे आन्तरिक धरातल के। जैसा कि ऊपर संकेत किया गया, भाषा का प्रयोक्ता या लेखक या कवि आन्तरिक धरातल के वाक्यों को कभी तो ज्यों-का-त्यों बाह्य धरातल पर ला देता है, और कभी आन्तरिक धरातल के मूल वाक्य या वाक्यों को रूपान्तरित या परिवर्तित रूप में बाह्य धरातल पर लाता है। उदाहरण के लिए आन्तरिक धरातल पर इस मूल वाक्य को देखें-

'शीना गयी'।

वक्ता या लेखक इसे बिना किसी परिवर्तित रूप के बाह्य धरातल पर ला देगा–

'शीना गयी'।

अर्थात् यह वाक्य अन्तरिक व बाह्य, दोनों धरातलों पर एक समान हैं। इसके विपरीत यदि वक्ता के मन में या आन्तरिक धरातल पर दो मूल वाक्य हो–

'शीना ने कहा।' या 'चम्पा लड़की है'

'शीना जायेगी।' या 'चम्पा का पिता सुन्दर है।'

ये दोनों वाक्य दो भिन्न मूल संकल्पनाएँ हैं। बाह्य धरातल पर अभिव्यक्ति के समय इन्हें ठीक इन्हीं रूपों में व्यक्त नहीं किया जा सकता, अतः वक्ता या लेखक को इनकी मूल संरचनाओं में परिवर्तिन करना ही होगा। रूपान्तरण के बाद इन दोनों वाक्यों को मिलाकर एक वाक्य बनाया जायेगा–

'शीना ने कहा कि वह जायेगी।'

'चम्पा सुन्दर की लड़की है।'

किन्तु यह रूपान्तरण कई अन्य प्रकारों से भी हो सकता है, विशेष रूप से हिन्दी भाषा में। हिन्दी भाषा में इस वाक्य को व्यक्त करने के चार तरीके हो सकते हैं–

'शीना ने कहा, 'मैं जाऊँगी'।

शीना ने कहा कि मैं जाऊँगी।

शीना ने कहा कि वह जायेगी।

शीना ने जाने को कहा। आदि।

आन्तरिक धरातल के मूल वाक्यों या मूल संकल्पनाओं को जब बाह्य धरातल पर अभिव्यक्त करना होता है तो यह भाषा-विशेष की प्रयोग-परम्परा पर निर्भर करता है कि उन वाक्यों में रूपान्तर किया जाये या नहीं और किया जाये तो किस प्रकार का या कितने प्रकार से।

इस प्रकार भाषा के आन्तरिक धरातल के मूल वाक्य रूपान्तरण की दृष्टि से मुख्यत: दो प्रकार के हो सकते हैं–अरूपान्तरणीय तथा रूपान्तरणीय।

पहले प्रकार के वाक्य तो वे होंगे जिनमें किसी भी प्रकार के रूपान्तरण की कोई गुंजाइश न हो। दूसरे प्रकार के रूपान्तरणीय वाक्य में दो स्थितियाँ सम्भव हैं–

क) विकल्पहीन स्थिति–ऐसी स्थिति जिसमें रूपान्तरण में कोई विकल्प ही न हो। अर्थात् मूल वाक्यों में केवल एक प्रकार का रूपान्तरण ही उस भाषा में सम्भव हो। जैसे–

‘शीना गयी
शान गया।’

रूपान्तरिक वाक्य होगा - ‘शीना और शान गये’।

ख) विकल्पयुक्त स्थिति–विकल्पयुक्त स्थिति वह है जिसमें रूपान्तरों में विकल्प की गुंजाइश रहती है। यदि कोई दो मूल वाक्य लें तो उनके कई रूपान्तर हो सकते हैं जैसे–

‘रानी जा रही है।’
‘रानी राजा की है।’

इन दो मूल वाक्यों के कई प्रकार से रूपान्तर हो सकते हैं–

‘राजरानी जा रही है।’
‘राजा की रानी जा रही है।’
‘जो रानी जा रही है, वह राजा की है।’
‘जो जा रही है, वह राजरानी है।’

वास्तव में शैली का मुख्य क्षेत्र ये विकल्पयुक्त स्थितियाँ ही होती हैं। शैलीकार इन वैकल्पिक स्थितियों में से किसी एक का चयन अपने अनुसार करता है। सभी शैलीकार अपनी रुचि, प्रवृत्ति और सन्दर्भ के अनुसार एक स्थिति में एक विकल्प का चयन करता है तो दूसरी स्थिति में दूसरे विकल्प का। इस प्रकार वाक्य संरचना के धरातल पर विभिन्न लेखकों की लेखकीय शैली में भिन्नता मिलती है। वस्तुत: वाक्य के स्तर पर प्रत्येक भाषा में चयन का अवकाश इतना अधिक होता है कि किसी भी भाषा में सम्भावित सभी वाक्यों की संख्या अनगिनत भी हो सकती है।

साधारण-संयुक्त-मिश्र वाक्य

वाक्य के इन तीनों भेदों पर अध्याय-तीन में सविस्तर चर्चा की जा चुकी है। त्रिलोचन के बारे में यह सुप्रसिद्ध है कि वे वाक्यों में कविता लिखते हैं।

यही कारण है कि उनके काव्य में से वाक्य के इन तीनों भेदों के पर्याप्त उदाहरण प्रस्तुत किये जा सकते हैं। कवि या लेखक अक्सर वाक्य के इन तीनों भेदों में से किसी को चुनते हैं या सभी का प्रयोग अपनी कृति में करते हैं। उदाहरण के लिए जैनेन्द्र कुमार में साधारण वाक्य अधिक पाये जाते हैं तो डॉ. नगेन्द्र में संयुक्त और मिश्रित। इसी प्रकार कवि निराला की रचनाओं में भी साधारण वाक्य न के बराबर हैं। वस्तुतः इस चयन का आधार लेखक या कवि की चिन्तन पद्धति, उसके व्यक्तित्व तथा कथ्य आदि पर बहुत कुछ निर्भर होता है। त्रिलोचन के काव्य में से वाक्य के इन तीनों भेदों के कुछ उदाहरण इस प्रकार है–

साधारण वाक्य

"आजकल लड़ाई का जमाना है
× × ×
हाथ पर हाथ धरे हिन्दुस्तान की जनता बैठी है।"[101]
"पृथ्वी गल गयी है
पेड़ों की पकड़ ढीली हो गयी है।..."[102]
"सड़क भीग गयी है..."[103]

मिश्र वाक्य

"उसने भी हँसते हुए मुझसे कहा
अब हम मित्र हैं..."[104]

"चित्रा मुसकराती रही
और
फिर
हँसती हुई मुझे देखती रही।"...[105]

"मेरा हाथ
अपनी हथेलियों में ले लिया
और कुछ दबाती रही..."[106]

"कल फिर वह भिक्षुक आया था जो शाहों की
भाषा में बोला करता है"....[107]

"पूर्व की चादर गयी जल
जो सितारों से छपाई..."[108]

"ऐसा लगता था कि
सुविस्तृत आसमान का
नीला नीला रंग छूट कर
पेड़ों के पत्तों-पत्तों में
गिरते गिरते उलझ गया है।"[109]

संयुक्त वाक्य

"नन्हें नन्हें हाथों ने
पकड़ लिया मेरा हाथ
और शेकहैंड किया
× × ×
चेहरे पर हँसी
और
रोम रोम में फुर्ती
हँसी पकड़ लेती है।"...[110]

एक वाक्यीय कविता

कवि त्रिलोचन के यहाँ केवल एक वाक्य की कविताएँ भी प्राप्य हैं। ऐसी कविताएँ आकार में भले छोटी हों किन्तु वाक्य की दृष्टि से पूर्ण हैं तथा सन्दर्भ और कथ्य को भली-भाँति प्रस्तुत कर देती हैं। ऐसी कविताओं के कुछ उदाहरण दृष्टव्य हैं–

"मित्रों से बात करना अच्छा है
और यदि मुँह से बात ही न निकले तो
उतनी देर साथ रहना अच्छा है
जितनी देर मित्रों को
यह चुप्पी न खले।"[111]

"उस ठंड से सब मरते हैं
जो चेतना की शिराओं को
सुन्न कर देती है, और
जीवन की ऊष्मा हर लेती है।"[112]

"इन आँखों की ज्योति
और इन केशों की छाँह
पथ पर हो
और
कुछ और नहीं चाहिए।"[113]

छोटे वाक्य-बड़े वाक्य

काव्य या गद्य में वाक्यों की लम्बाई कथ्य और सन्दर्भ पर बहुत कुछ निर्भर करती है। कवि त्रिलोचन ने अपनी लम्बी कथात्मक कविताओं में लम्बे वाक्यों का प्रयोग किया है और लघु कविताओं में अक्सर छोटे-छोटे वाक्य प्रयुक्त किये हैं। यह चयन वास्तव में कविता के कथ्य पर आधारित होता है। संवादात्मक स्थितियों में लम्बे-लम्बे वाक्यों का चयन कविता की अपनी माँग होती है। त्रिलोचन की कविताओं में से छोटे-बड़े वाक्यों के उदाहरण इस प्रकार है–

बड़े वाक्य का चयन

"जब तुम किसी बड़े या छोटे कारखाने में
कभी काम करते हो किसी भी पद पर
तब मैं तुम्हारे इस काम का महत्व खूब जानता हूँ
और यह भी जानता हूँ- मानव की सभ्यता
तुम्हारे ही खुरदरे हाथों में नया रूप पाती है।
और नया रूप आनेवाले कल के किसी नये रूप की
भूमिका है और यह भूमिका भविष्य का।
संविधान बनती है वैसे ही जैसे समाज सारा आज का
आदिम समाज का विकास है,
आदिम समाज की अनेक बातें आज भी क्या नहीं हैं
व्यक्ति पर समूह या समाज में
कहीं किसी जनपद में राज्य में राष्ट्र में
और फिर राष्ट्रों में
तुम्हें इतना और यह सब सोचने समझने की
चिन्ता नहीं चिन्ता का भार तो तुमने कहीं और
डाल दिया है और इस भार को उठाने वाले

दूसरे हैं जो तुम्हारे और मेरे बीच
अपने आप आ जाते हैं आया करते हैं
मैं तुम से, तुम्हीं से, बात किया करता हूँ
और यह बात मेरी कविता है"[114]

ध्यातव्य है कि इस कविता का एक पूरा पैराग्राफ एक वाक्य है।

बड़े वाक्यों की भाँति त्रिलोचन की कविताओं में लघु वाक्यों से निर्मित कविताएँ भी देखने को मिलती हैं। इनमें दो शब्दीय वाक्य भी प्राप्त होते हैं। जैसे–

"...मैंने उल्लास से कहा
तू आ
घोंसला बना
जहाँ पसन्द हो..."[115]

"वर्षा आयी। घटा घिरी। पूर्वा लहरायी।"[116]

रूप-चयन

किसी भी भाषा में रूपों की दृष्टि से चयन का बहुत अधिक अवकाश नहीं रहता, क्योंकि व्याकरणिक रूप सीमित प्रकार के होते हैं। हिन्दी की काव्यभाषा में मुख्यत: निम्नांकित प्रकार के रूपों में चयन मिलता है–

मध्यम पुरुष एकवचन सर्वनाम के रूप में–हिन्दी में मध्यम पुरुष एकवचन सर्वनाम के तीन रूप मिलते हैं। 'तू', 'तुम', 'आप'। इसमें सामान्यत: 'तू' के लिए 'आ', 'तुम' के लिए 'आओ' तथा 'आप' के लिए 'आइए' का चयन किया जाता है, किन्तु कभी-कभी दूसरे प्रकार के चयन भी मिलते हैं। उदाहरण के लिए 'तुम आओ' अनौपचारिक है तो 'आप आइए' औपचारिक है। कुछ साहित्यकार औपचारिकता-अनौपचारिकता के बीच में रखने के लिए कभी-कभी 'आप आओ' का प्रयोग भी करते हैं। इस प्रकार के चयनित रूप एक साथ प्रयुक्त किये जाते हैं तो अन्वय की दृष्टि से विचलन हो जाता है। त्रिलोचन ने हिन्दी के मध्यम पुरुष एकवचन सर्वनाम रूप के तीनों रूपों का सन्दर्भ के अनुसार चयन किया है। उदाहरण के लिए, 'तुम्हें सौंपता हूँ' कविता में कवि ने 'समीर' के लिए 'तुम' मध्यम पुरुष एकवचन सर्वनाम का चयन किया है और इसी के अनुसार 'आओ' क्रिया का प्रयोग किया है। 'तुम' सर्वनाम के विषय में हमें कविता के अन्त में पता चलता है जो कि

इस कविता का शीर्षक भी हैं यहाँ कवि ने 'तुम' के विकारी रूप 'तुम्हें' प्रयुक्त किया है। देखें–

"आओ,
अच्छे आये समीर,
जरा ठहरो
फूल जो पसन्द हों, उतार लो
शाखाएँ, टहनियाँ
हिलाओ, झकझोरो
जिन्हें गिरना हो गिर जायें
जायें जायें...
× × ×
एक अनुरोध मेरा मान लो
सुरभि हमारी यह
हमें बड़ी प्यारी है
इस को सँभाल कर जहाँ जाना
ले जाना
इसे
तुम्हें सौंपता हूँ"[117]

'तू' मध्यम पुरुष एकवचन सर्वनाम का प्रयोग भी त्रिलोचन की कविताओं में देखा जा सकता है। वास्तव में 'तू', 'तुम', 'आप' का चयन सम्बोधित व्यक्ति की आयु, सम्बन्ध पर बहुत कुछ निर्भर करता है। अपने से आयु में छोटे तथा प्रिय के लिए 'तू', अपने से आयु में समान व्यक्ति के लिए 'तुम' तथा अपने से आयु में बड़े तथा वरिष्ठ अधिकारी के लिए 'आप' का चयन हिन्दी में किया जाता है। इसी के अनुसार कवि त्रिलोचन ने 'चिड़िया' के लिए 'तू' सर्वनाम का चयन किया है। पशु-पक्षी मानव से श्रेष्ठ नहीं है। दूसरा कारण यह भी है कि निम्नोक्त कविता में कवि चिड़िया को अपना साथी बनाना चाहता है जो कि एक निजी अपेक्षा है। अतः अनौपचारिक सम्बन्ध स्थापित करते हुए कवि चिड़िया को सम्बोधित करते हुए कहता है–

"चोंच में दबाए एक तिनका
गौरय्या
मेरी खिड़की के खुले हुए
पल्ले पर

बैठ गयी
और देखने लगी
मुझे और
कमरे को।
मैंने उल्लास से कहा
तू आ
घोंसला बना
जहाँ पसन्द हो।
शरद के सुहावने दिनों से
हम साथ हों।"[118]

'आप' मध्यम पुरुष एकवचन सर्वनाम का प्रयोग भी कवि त्रिलोचन की कविताओं में प्राप्य है। 'रैन बसेरा' कविता में कवि ने परमानन्द और गुरूजी के बीच संवाद की स्थिति में 'आप' सर्वनाम का प्रयोग गुरूजी के लिए किया है। दृष्टव्य है कि निम्नलिखित संवाद में कवि ने 'आप' सर्वनाम के साथ 'सो', 'सोओ', 'सोइए' क्रिया में से 'सोइए' क्रिया का चयन किया है जो कि व्याकरणिक है।

"परमानन्द बोले, मैं आज बहुत थका हूँ
और कहीं सो जाना चाहता हूँ
मैंने कहा, आप कहाँ सोते हैं
आजकल बोले कोई ठीक नहीं
× × × ×
तुम्हें मार देने की चर्चा मैंने सुनी है
मैंने कहा, यदि ऐसी बात है
कहीं और सोइए
अब बोले, गुरुजी
मैं किसी का क्या लेता हूँ
कहीं सो रहता हूँ..."[119]

मानक रूपों-अमानक रूपों का चयन

कुछ साहित्यकार इन दोनों में भी चयन करना पसन्द करते हैं : खाना-खाइयो ('कागा सब तन खाइयो', गुरूबख्शसिंह का कहानी-संग्रह); कीजिये-करिये ('करिये छिमा'- शिवानी) दरअसल, ताजगी, नयापन, आकर्षण, टटकापन

तथा ग्रामीणता आदि के लिए अमानक रूपों का चयन किया जाता है। ये अमानक रूप या तो ग्रामीण बोलियों के होते हैं या मध्यकालीन हिन्दी भाषा के। इस प्रकार चयनित रूप सामान्य मानक भाषा के बीच प्रयुक्त होने पर विचलन की श्रेणी में आ जाते हैं। अत: इनकी विस्तार से चर्चा 'विचलन' के अन्तर्गत की गयी है।

5.5 अन्य शैलीवैज्ञानिक आधारों का प्रयोग

साहित्यकार सम्प्रेषण के सन्दर्भ में नित नूतन अभिव्यक्ति प्रणाली का आविष्कार करता है। कथ्य की विशिष्टता उसे कथन-भंगिमा में विशिष्टता लाने की ओर प्रेरित करती है। मौलिकता और सर्जनात्मकता ही किसी काव्य को चिरंजीवी और सार्वकालिक होने का दर्जा दे पाती है। अनेक काव्यात्मक उक्तियों का सहारा लेकर साहित्यकार अपने कथ्य में नयापन आकर्षण एवं नवीन भाव स्थापित करने का प्रयास करता है। सर्जनात्मक अभिव्यक्तियाँ सामान्य भाषा से परे कुछ भिन्न भंगिमा लिए हुए होती हैं। इनमें मानवीकरण, उपमा, रूपक, विरोधाभास, प्रतीक आदि का विशिष्ट महत्व है। कवि विलोचन की कविताओं में भी इन सभी काव्यात्मक उपकरणों का प्रयोग अधिक या कम मात्रा में हुआ है। कहना चाहिए कि सामान्य भाषा से इतर काव्यात्मक भाषा इन्हीं सर्जनात्मक उपकरणों के कारण एक विशेष स्थान को प्राप्त कर पाती है। अत: उपर्युक्त सर्जनात्मक उपकरणों का क्रमवार अध्ययन त्रिलोचन की कविताओं के आधार पर यहाँ किया जा रहा है–

मानवीकरण

मन की दशाओं की तीव्रता का वर्णन करते समय उनको इन्द्रियों द्वारा बोधगम्य रूप दे दिया जाता है। मनोवेग अमूर्त होते हैं। जब उनमें मूर्तिमत्ता स्थापित की जाये अर्थात् उसे मूर्त व सजीव बना दिया जाये। मन की भावनाओं में मानवीय गुण आरोपित कर दिये जाये और उसका तद्नुसार वर्णन किया जाये तो उसे भावों का मानवीकरण कहते हैं। मानवीकरण के तीन रूप देखे जाते हैं–

कभी-कभी किसी अचेतन या निर्जीव (पदार्थ) को चेतन प्राणी अथवा व्यक्ति के समान प्रकट किया जाता है। वह एक प्रकार का मानव-रूपक है। इसमें अचेतन (पदार्थ) को मानवोचित गुणों से युक्त करके सचेतन जैसा कहा जाता है इसे अंग्रेजी में पर्सनल मेटाफर (Personal Metaphor) कहते हैं। यथा–

"झाँयँ झायँ दुपहरिया नाच रही थी जलती हुई"[120]

"अनुभव किया, पुकार रही है प्यास, सुखा कर तालू को"[121]

'दुकानें उदास हैं'

"बैठे दुकानदार मक्खी मार रहे हैं"[122]

इन उक्तियों में 'दुपहरिया' और 'प्यास' क्रमशः 'नाच' और 'पुकार' रहे हैं। मनुष्य नाचता और पुकारता है कोई अचेतन नहीं। 'प्यास' एक भाव है तो 'दोपहर' एक प्रकृति का अंश है। यहाँ 'दोपहर' और 'प्यास' को मानव-गुण से सम्पन्न किया गया है। इसी तरह 'दुकानें' निर्जीव वस्तु हैं उनमें 'उदासी' जैसा मानवोचित व्यवहार दर्शाया गया है। इसी प्रकार-

'कई घाव जैसे मुँह बाए नीरव आत्मकथा कहते थे-भद जीवन का।'[123]

उपर्युक्त पंक्ति में भी 'घाव' को मानवोचित व्यवहार करते हुए आत्मकथा कहते हुए दर्शाया गया है। अतः यहाँ भी मानवीकरण है।

कभी-कभी प्राकृतिक वस्तुओं को चेतना से युक्त प्रणी के रूप में वर्णन करके मनुष्योचित भावों से युक्त व मानसिक क्रियाओं के करने में समर्थ बतलाया जाता है। प्रकृति में चेतना का अस्तित्व समझ कर उसके वर्णन में मानव के व्यापारों एवं भावों का समावेश किया जाता है। अतः यह एक प्रकार का भावना-सम्बन्धी हेत्वाभास (Fallacy) है। अंग्रेजी में इसे फैलेसी (Pathetic Fallacy) कहते हैं।

"मिट्टी की चादर ताने
पहाड़ सोया है।"[124]

"साँझ गुलाबी काँप रही है ठंड से,"[125]

"उठ-उठ कर पौधे धान के ताकते हैं"[126]

"हवा बही, सूखे पत्ते बोले, चल चल चल
हम सब देख चुके हैं जो तू देख रहा है
भोग चुके हैं, जिन भागों की साध जगाए
तू जीवन से लगा हुआ है, अब तो गल गल
हमें खाद बनना है, विधि का लेख रहा है
इसी अर्थ का, ऊँचे थे हम नीचे आये।"[127]

"मटर उखड़ रही है। गेहूँ, जौ खड़े हैं, हवा में झूम रहे हैं।"[128]

"कुहरा
किरणों से परास्त हो
छिप कर रहने का उद्योग अथक करता था।"[129]

"पेड़ों की टहनियाँ इस लडरीली धूप में सारे दिन अपने सुख नाच करती रही।"[130]

"पेड़ अपनी उँगलियों टहनियों को
हिला हिला कर मुझे बुलाते हैं
कानों में कहते हैं
आओ आओ यहाँ मेरे पास
बैठ जरा सुस्ताओ।"[131]

उपर्युक्त सभी पद्यांशों में ध्यातव्य है कि 'पहाड़', 'सांझ', 'पौधे', 'सूखे पत्ते', 'मटर', 'गेहूं', 'जौ', 'पेड़ों की टहनियां', 'पेड़' सभी प्राकृतिक वस्तुएँ हैं। इन सभी को मानवजनित क्रियाकलापों द्वारा सजीव व क्रियाशील बनाकर मानव गुणों से लैस यहाँ दर्शाया गया है। पहाड़,'सोया' है तो साँझ, 'काँप' रही है, पौधे धान के 'ताक' रहे हैं। सूखे पत्ते 'बोल' रहे हैं। 'पेड़ों' की टहनियाँ 'नाच रही हैं'। 'पेड़ अपनी उंगुलियों से बुला रहे हैं'। स्पष्ट है कि इन सभी में मानवीय क्रिया-कलापों, व्यवहारों को प्रकृति पर आरोपित किया गया है। मानव शरीर में अँगुलियाँ होती हैं। यहाँ 'पेड़' में भी अंगुलियाँ दर्शायी गयी हैं।

मानवीकरण का तीसरा प्रकार वह है जिसमें अचेतन व निर्जीव पदार्थों, मानसिक दशाओं आदि को मनुष्य के गुण, कार्य, विचार, भाव आदि से सम्पन्न बतलाया जाता है और इस प्रकार उन्हें मानव का व्यक्तित्व प्रदान कर दिया जाता है। इसे अंग्रेजी में पर्सोनीफिकेशन (Personification) कहते हैं। जैसे–'हँसता तो है केवल तारा एक' में तारा को मनुष्य के गुण हँसने से समन्वित किया है। कवि त्रिलोचन की कविताओं से उदाहरण लें तो–

'व्यथा जाने का द्वार भूल गयी है शायद
प्राण को छोड़ती नहीं है कहीं भी जाये।'[132]

'दर्द कहाँ ठहरा
सांसों की गली में
देता रहा पहरा'[133]

'दु:ख जब जब जब तुम आये मैंने स्वागत किया तुम्हारा।'[134]

'दुखों ने कितनी आँख तरेरी
लेकिन मेरा कदम किसी दिन कहीं न अटका'[135]

उपर्युक्त उदाहरणों में दृष्टव्य है कि 'व्यथा', 'दु:ख' 'दर्द' तीनों ही मनुष्य की भाव दशाएँ हैं जो व्यक्ति पर नकारात्मक प्रभाव डालती हैं। इन मानसिक स्थितियों को मनुष्य रूप में व्यवहृत होता हुआ यहाँ दिखाया गया है। 'व्यथा' को स्त्री के रूप में व्यंजित किया गया है जो जाने का मार्ग भूल गयी है। 'दर्द' को एक पहरेदार के रूप में दर्शाया गया है। 'दु:ख' को एक व्यक्ति के रूप में अंकित किया गया है जिसका कवि ने सर्वदा स्वागत सत्कार ही किया है। अन्तिम उदाहरण में 'दु:ख' आँख तरेर रहा है जबकि आँखें 'तरेरने' जैसी क्रिया एक व्यक्ति द्वारा ही सम्पन्न की जा सकती है। इस प्रकार उपर्युक्त पंक्तियों में मानव मन की दशाओं का मानवीकरण कर काव्यात्मकता को उन्नत किया गया है। मानसिक भावदशाओं को व्यक्तित्व प्रदान किया गया है।

विरोधाभास

जब दो विरोधी पदार्थों का संयोग एक साथ दिखाया जाता है अथवा जाति, द्रव्य, गुण और क्रिया द्वारा उनके संयोग से परस्पर विरोधी काम होता है तब उसे विरोध कहते हैं। जैसे, किसी वियोगिनी स्त्री की दशा में दो परस्पर विरोधी जाति (जल और आग) का एक साथ होना वर्जित है। दरअसल, देखने में यह विरोध जान पड़ता है, उसका आभास होता है, परन्तु वास्तव में वह है असत्य। शब्दों के अर्थों पर ध्यान देने से स्पष्ट हो जाता है यह विरोध न कहलाकर विरोधाभास है। अत: इसे विरोधाभास कहना अधिक उपयुक्त प्रतीत होता है। महाकवि भूषण ने 'शिवराजभूषण' में विरोध और विरोधाभास को भिन्न माना है। भूषण के मत से 'विरोधाभास' वहाँ होता है जहाँ उसका विरोध न होने पर भी विरोध-सा जान पड़ता है। अत: विरोधाभास वहाँ होता है जहाँ वास्तव में विरोध न होने पर भी विरोध जान पड़े। इसी को कुछ लोग

विरोध भी कहते हैं। यह विरोध कई प्रकार से जान पड़ सकता है। क) कहीं जाति का जाति से, ख) कहीं जाति का उसके गुण अथवा क्रिया से और कहीं क्रिया, गुण और जाति में आपस में या इनमें किन्हीं दो में विरोध-सा प्रतीत होता है। उनके शब्दार्थ पर ध्यान देने से प्रकट हो जाता है कि उनमें वास्तव में विरोध नहीं है। त्रिलोचन की कविताओं में से उदाहरण लेकर इसे स्पष्ट किया जा रहा है। यथा–

"जीवन की शय्या पर आकर मरण सो गया।"[136]

"आदमी जी रहा है मरने को,
सबसे ऊपर यही सचाई है।"[137]

"मधुर मधुर सजीव गर्जन से
ध्वनित जग हो गया था।
× × × ×
सतत वर्षण-शील जलदों को चलाकर
मधुर गर्जन-शील कर बिजली जगा कर..."[138]

"...पृथ्वी में खान खोद कर जा बैठा,
दुर्गम पहाड़ियाँ उसे सुगम हैं..."[139]

"जीवन जड़ के ऊपर छा गया
जहाँ रंग न था रंग आ गया"[140]

"वैयक्तिक भी कार्य तुम्हारा
सामूहिक है..."[141]

उपर्युक्त उदाहरणों में स्पष्ट है कि प्रत्येक पंक्ति में विरोधमूलक दो स्थितियों, दशाओं को एक ही सन्दर्भ में साथ-साथ प्रयुक्त किया गया है। जो विरोध-सा जान पड़ने पर भी विरोध न होकर सर्जनात्मक उत्कर्ष को प्राप्त काव्य-सत्य है। 'जीवन की सेज पर मरण का सोना', 'गर्जन' जो कि कठोर व कटु होता है उसके साथ मधुर विशेषण का प्रयोग किया गया है। आदमी मरने के लिए जी रहा है। ये सभी बातें परस्पर विरोधी है। किन्तु इनमें से प्रस्फुटित होने वाला सार यह है कि जीवन का अन्त निश्चित है। अतः एक न एक दिन जीवन मरण में तब्दील हो जायेगा। व्यक्ति को पता है

कि वह अजर अमर नहीं है तो भी वह जीने के अनेक सामान ताउम्र जुटाता फिरता है। इसे ही कवि ने मरने के लिए जीना कहा है। दुर्गम पहाड़ियाँ हिम्मती, साहसी व्यक्ति के लिए सुगम है। यह प्रत्यक्ष रूप से दिखने वाला विरोधाभास है जबकि प्रत्यक्षतः यह विरोध न होकर व्यक्ति के साहसी गुण को घोषित कर रहा है। निर्जीव के ऊपर सजीव जीवन का छा जाना, वस्तुतः जीवन के फिर से जी उठने, हरे-भरे होने को संकेतित कर रहा है काई जो कुछ सड़ने के बाद लग जाती है वह भी हरी-भरी होकर जीवित होने का प्रमाण दे रही है। इसी प्रकार अन्तिम पंक्ति में तरूण द्वारा किया गया वैयक्तिक कार्य भी सामूहिक इस रूप में है कि वह सर्वजन हिताय है। सबके उत्थान और भले के लिए उसका उठाया गया वैयक्तिक कदम अनेक के हित में है।

इस प्रकार देखा जा सकता है कि त्रिलोचन ने विरोधाभास जैसे काव्यात्मक उपकरण का अपने काव्य में बेहतर प्रयोग किया है।

रूपक अलंकार

रूपक शब्द का अर्थ होता है—रूप धारण करना। इस अलंकार में उपमेय उपमान का रूप धारण करता है। इसलिए इसका नाम रूपक पड़ा है। अतः जब उपमेय को उपमान के रूप में दिखाया जाता है तब रूपक अलंकार होता है। 'उपमा' में उपमेय और उपमान का भेद बना रहता है; उन दानों का अस्तित्व अलग-अलग होता है,परन्तु जब उनमें इतनी समता बढ़ जाती है कि दोनों एक-से जान पड़ने लगते हैं, तब वहाँ रूपक होता है। इसमें सन्देह नहीं कि रूपक में उपमेय और उपमान भिन्न होते हैं। वे एक नहीं हो जाते। दोनों का अस्तित्व बना रहता है। फिर भी दोनों समान ही लगते हैं। अर्थात् उपमा में उपमेय उपमान के सदृश्य होता है, किन्तु रूपक में उनमें एकरूपता होती है। जैसे 'मुखचन्द्र' से वाचक धर्म-लुप्तोपमा 'चन्द्रमुख' का आशय नहीं है। वाचक और धर्म से युक्त करने पर 'चन्द्रमुख' का पूरा रूप होगा- चन्द्रमा के (समान सुन्र) मुख परन्तु 'मुख-चन्द्र' का विस्तार करके 'मुख' (के समान सुन्दर) चन्द्रमा' नहीं कह सकते। इस (मुखचन्द्र) का अर्थ तो है 'मुख ही चन्द्रमा' है। इसी प्रकार 'राम के नेत्र कमल ही हैं' में 'नेत्र और कमल' में भेद नहीं रखा गया। यहाँ भी रूपक है। इन दोनों उदाहरणों में उपमेय और उपमान में भेद नहीं देखा गया है। ये अभेद रूपक के उदाहरण हैं। अभेद का अर्थ है, 'जहाँ या जिसमें उपमेय और उपमान में भेद न हो।'

इसके अतिरिक्त एक अन्य प्रकार का भी रूपक होता है। जब उपमेय और उपमान में भेद रखते हुए भी किसी गुण, कर्म आदि के कारण उनमें एकरूपता स्थापित की जाती है तब उसे तद्रूप रूपक कहते हैं।

कवि त्रिलोचन की कविताओं में रूपक अलंकार (मेटाफर) का सटीक प्रयोग हुआ है। उनकी कविताओं में से कुछ उदाहरण दृष्टव्य हैं–

"अपने अपने मन में भटक भटककर पैठें
उस दुख के सागर में जिसके तीर चिताएँ
अभिलाषाओं की जलती हैं धूधूधूधू।"[142]

उपर्युक्त पद्यांश में दृष्टव्य है कि दुख के सम्बन्ध में रूपक की रचना की गयी है। दुख रूपी सागर के किनारे अभिलाषाओं की चिता उसी प्रकार धूधूधू करके जल रही है जिस प्रकार किसी नदी किनारे किसी व्यक्ति के पार्थिव शरीर की चिता धूधूधू कर जल उठती है। यहाँ 'दुख' उपमेय है तथा 'सागर' उपमान है। इसी प्रकार तीसरी पंक्ति में उपमेय लुप्त है केवल 'अभिलाषाओं की चिता' उपमान की उपलब्धता है अत: यहाँ रूपक है। एक अन्य उदाहरण प्रस्तुत है–

"लेकिन अनजाना अवसाद किसी का उड़ कर मेरे उर की कोमल
टहनी पर आ बैठा।"[143]

उपर्युक्त पंक्तियों में हृदय के धर्म 'कोमलता' का रूपक लेकर हृदय रूपी कोमल टहनी पर पक्षी रूपी अनजाने अवसाद के आ बैठने की बात कही गयी है। यहाँ 'हृदय' उपमेय है तथा 'कोमल टहनी' उपमान है जो अभेद लक्षित होते हैं। उसी प्रकार 'पक्षी' उपमेय लुप्त है किन्तु 'अनजान अवसाद' उपमान उपलब्ध है।

"जीवन के सागर का
तल सम नहीं है
कहीं कहीं छिछला है
कहीं कहीं गहरा।"[144]

यहाँ 'जीवन' के लिए 'सागर' का रूपक ग्रहण किया है। जिस प्रकार सागर विशाल और गहरा होता है उसी प्रकार जीवन भी लम्बा और गहराई लिए होता है। सागर के तल के समान जीवन का पथ भी दु:ख-सुख, अच्छा बुरा अपने में समेटे होता है ठीक उसी प्रकार जिस प्रकार सागर का तल एक समान न होकर कहीं छिछला, तो कहीं गहरा होता है। यहाँ जीवन 'उपमेय' है तो 'सागर' इसका उपमान। यहाँ पूर्ण रूप से रूपक है।

"व्यंग्य-विनोद चुगा था मन के पक्षी ने"[145]

प्रस्तुत पंक्तियों में 'मन' को पक्षी का रूपक दिया गया है जिसने 'दाने' रूपी व्यंग्य-विनोद को चुगा था। यहाँ 'मन' उपमेय है तो 'पक्षी' उसका उपमान। यहाँ सम रूपक है क्योंकि उपमेय 'मन' और उपमान 'पक्षी' में समता दिखायी गयी है। अत: इसे अभेद या तद्रूप रूपक कहा जायेगा।

उपमा अलंकार

साम्यमूलक अलंकारों में उपमा अलंकार सबसे प्रधान है–'उपमा' शब्द का अर्थ है उप(समीप)+ मा(नापना, तौलना)= समीप रखकर (दो पदार्थों का) मिलान करना। इसमें दो वस्तुएँ समानता द्वारा एक दूसरे से मिलायी जाती हैं। जब किसी वस्तु का वर्णन करके उससे अधिक प्रसिद्ध किसी वस्तु से उसकी समानता की जाती है तब वहाँ उपमा अलंकार होता है। जैसे,'दमयन्ती रति के समान सुन्दरी है'–इस कथन में 'दमयन्ती' की सुन्दरता के विषय में कहा गया है। इसको बढ़ाकर कहने के लिए सुन्दरता के लिए संसार में प्रसिद्ध रति को चुना गया है। दमयन्ती तथा उसके सौन्दर्य को समान बता कर दमयन्ती की सुन्दरता की श्रेष्ठता प्रकट की गयी है। 'दमयन्ती बहुत सुन्दरी है' ऐसा कहने से यह सुन्दरता वह उत्कर्ष न पाती जो उक्त कथन से आ सकी है।

इस प्रकार की समता दो वस्तुओं के क) रूप ख) वर्ण (रंग) और ग) गुण में की जाती है। रूप की समता का उदाहरण ऊपर दिया जा चुका है। रंग की समता 'दमयन्ती के शरीर की कान्ति चांदनी के समान प्रकाशमान है'; इस वाक्य में है। और, गुण की समता–'दमयन्ती पार्वती के समान पति परायणा है; इस वाक्य में मिलती है।

साधारणतया रूप, वर्ण और गुण इन तीनों में कम से कम एक को दृष्टि में रखकर समता की जाती है। जब दो या तीनों में समता हो जाती है तब वह और प्रभावी होती है।

उपमा के अंग

ऊपर 'दमयन्ती रति के समान सुन्दरी है'–यह वाक्य उपमा के उदाहरण के रूप में दिया जा चुका है। इसका विश्लेषण करने पर प्रकट होता है कि इस वाक्य के चार अंग हैं।

1. दमयन्ती–मुख्य, वर्ण्य या प्रस्तुत विषय है। इसका वर्णन अभीष्ट है।
2. रति–इससे मुख्य, वर्ण्य या प्रस्तुत विषय की समता स्थापित की गयी है।

3. सुन्दरी–इससे वह विशेषता सूचित होती है जिसमें दमयन्ती और रति की समता दी गयी है। और,
4. समान–इस शब्द से समता प्रकट होती है।

इन चारों में क) जिसकी तुलना की जाये उसे उपमेय (प्रस्तुत),ख) जिससे तुलना की जाये उसे उपमान (अप्रस्तुत), ग) जिस बात में तुलना की जाये उसे साधारण धर्म (अथवा धर्म) और घ) जिसे शब्द से तुलना प्रकट हो उसे वाचक कहते हैं।

किसी उक्ति में इन चारों अंगों के उपस्थित रहने पर पूर्णोपमा होती है। जब इनमें कोई भी एक नहीं रहता तब लुप्तोपमा होती है। ऊपर दिया गया उदाहरण पूर्णोपमा का है। यदि, 'दमयन्ती रति के समान है' ऐसा कहा जाये तो इसमें साधारण धर्म के सूचक 'सुन्दरी' का अभाव होगा। यह लुप्तोपमा का उदाहरण होगा।

उपमा के लिए कुछ अनिवार्य तत्त्व

केवल दो वस्तुओं में परस्पर तुलना कर देने से उपमा अलंकार नहीं होता। उपमा के लिए पहली आवश्यकता यह है कि दो भिन्न वस्तुओं में तुलना की जानी चाहिए। 'दमयन्ती दमयन्ती के समान है, 'तुम सम तुम', आदि उदाहरणों में उपमा अलंकार नहीं माना जायेगा। कारण, इनमें उपमेय और उपमान दो भिन्न-भिन्न व्यक्ति नहीं हैं। उपमा के लिए दूसरी आवश्यकता यह है कि उपमेय से उपमान उस बात में बढ़कर हो जिसमें दोनों की समता की जाये और उसका बढ़कर होना लोक-प्रसिद्ध भी हो। 'उसकी टांगे सारस के समान हैं'–इस वाक्य में सारस की टांग पैरों के सुन्दर उपमान नहीं हैं। अतः इसे उपमा मानना ठीक नहीं होगा। तीसरी महत्त्वपूर्ण बात यह है कि उपमा द्वारा सुन्दर चित्र अंकित करने की चेष्टा की जानी चाहिए। प्रातः काल उदय होते हुए सूर्य के लाल बिम्ब को देखकर केशवदास की भांति यह कहना कि 'वह टटके रक्त से भरे हुए कालरूपी कापालिक के खप्पर के समान है', सूर्यबिम्ब के सौन्दर्य को नष्ट कर उसे वीभत्स बना देता है। ऐसी उपमा अनुचित होने से संग्रहणीय नहीं मानी जायेगी।

उपमा अलंकार के सिद्धान्त की विस्तार से चर्चा करने के बाद कवि त्रिलोचन की कविताओं में इस अलंकार के सर्जनात्मक प्रयोग की बारीकियों को जान लेना यहाँ अपेक्षित है। त्रिलोचन की कविताओं से कुछ उदाहरण इस सन्दर्भ में ध्यातव्य हैं–

"बादल चले गये वे
दो दिन पाहुन जैसे रह कर।"[146]

उपर्युक्त पद्यांश में 'बादल' को 'पाहुन' की उपमा दी गयी है। बादल भी पाहुन के समान दो दिनों के मेहमान बनकर वापस चले गये। यहाँ 'बादल' प्रस्तुत अर्थात् उपमेय है। 'पाहुन' (दामाद) अप्रस्तुत उपमान है। साधारण धर्म 'मेहमान' है तथा 'जैसे' शब्द से तुलना प्रकट की गयी है जो कि 'वाचक' शब्द है। इस प्रकार यह पूर्णोपमा का उदाहरण है। दामाद के बारे में लोकप्रसिद्ध है कि वह ससुराल में अधिक दिन नहीं ठहरता। इस साधारण स्वभाव की तुलना बादलों के लिए की गयी है।

अन्य उदाहरण है–

"बालिका सी सरदी की धूप यह
तन मन को ताजा कर देती है।"[147]

इन पंक्तियों में सरदी की धूप (उपमेय) को बालिका (उपमान) की उपमा दी गयी है। 'सी' शब्द के माध्यम से तुलना की गयी है। अत: यह वाचक शब्द है। 'साधारण धर्म' तन-मन को ताजा कर देना है। जिस प्रकार बालिका अपने स्वभाव से सभी का मन हर्षित कर देती है उसी प्रकार सरदी की धूप ठंड से सिकुड़ रहे प्राणियों के तन-मन को अपनी ऊष्मा से ताजा कर देती है। यह उपमा अलंकार का सुन्दरतम उदाहरण है।

एक अन्य स्थल पर, त्रिलोचन ने 'प्यार' के लिए 'ज्ञान का सहज सलोना शिशु' सुन्दर उपमा का प्रयोग किया है। यह जीवन का वह अतिथि जिसका सभी स्वागत करते हैं। निम्नोक्त पंक्तियों में उपमा के सभी अंग भले ही निर्दिष्ट न किये गये हों किन्तु इससे पहले किसी अन्य कवि ने 'प्यार' के लिए इतनी सुन्दर उपमा का प्रयोग नहीं किया है। यथा–

"जीवन का वह अतिथि, ज्ञान का सहज सलोना
शिशु, जिसको दुनिया में प्यार कहा जाता है,"[148]
"सुर भी क्या कंठ से निकलता था
जैसे असाढ़ के मेघ की गरज"[149]

इसमें कंठ से निकलने वाले सुर के लिए 'असाढ़ के मेघ की गरज की' उपमा दी गयी है। कंठ से निकलने वाला सुर और असाढ़ के मेघ की गरज में समान धर्म यह है कि दोनों ही अति प्रबल और स्पष्ट होते हैं। अत: यहाँ भी अपमा अलंकार है।

"पथचारी आँखों के आँसू राह-चलते
मैं चुपके से चुन लेता हूँ जैसे माली
फूल चुना करता है..."[150]
"धरातल उस के स्वर का
तिब्बत के पठार-सा ऊँचा अब है।"[151]

इन अन्तिम दो पद्यांशों में भी उपमा का प्रभावी प्रयोग किया गया है। जैसे माली फूल चुनता है उसी प्रकार कवि राह चलते पथिक के आँसू चुपके से चुन लेता है। अर्थात् उनका दुख हर, उनके आँसू बहने से रोक देता है। यहाँ 'जैसे' वाचक शब्द है। 'माली का फूल चुनना' उपमान है। 'पथचारी आँखों के आँसू चुनना' उपमेय। यहाँ समान धर्म का अंशतः अभाव है। अतः यह लुप्तोपमा का उदाहरण कहलाना चाहिए।

दूसरे पद्यांश में 'सा' वाचक शब्द है 'धरातल' के स्वर को 'तिब्बत के पठार' के समान ऊँचा बताया गया है। इस प्रकार यहाँ भी रूपक अलंकार की योजना की गयी है। एक सर्वथा नवीन उपमा की कल्पना त्रिलोचन के यहाँ मिलती है। यथा-"सड़कें धुली धुली हैं, जैसे तेल लगी त्वचा हाथी की"[152]

प्रतीकात्मकता

प्रतीकात्मकता भी शैली का एक महत्त्वपूर्ण और अत्यन्त प्रभावी उपकरण है। 'प्रतीक' शब्द के संस्कृत में 'की ओर मुड़ा' 'उलटा', 'चिह्न' तथा 'अवयव' आदि कई अर्थ दिये गये हैं। किन्तु अब हिन्दी में यह अंग्रेजी शब्द 'सिंबल' (Symbol) के समानार्थी शब्द के रूप में स्थापित हो चुका है। इसका वृहत्तर अर्थ है 'वह जो परम्परा या रूढ़ि आदि के कारण किसी अन्य को द्योतित करे।' उदाहरण के लिए 'सिंह' 'वीरता' को द्योतित करता है तो 'गीदड़' 'कायरता' को। 'गुलाब' कोमलता का वाचक है तो 'कांटे' 'कठोरता' का। यों तो साहित्य तथा चित्रकला आदि में प्रतीकवाद का आन्दोलन सन् 1880 के पहले फ्रांस में फिर और जगह फैला; किन्तु साहित्य आदि में प्रतीकों के प्रयोग का चलन काफी प्राचीन काल से चला आ रहा है। ऋग्वेद में इन्द्र, मित्र, मरुत, सविता, रूद्र आदि देवता क्रमशः शक्ति, चेतना, बल, प्रेरणा तथा दण्ड के प्रतीक माने जाते हैं। ऐसे ही यजुर्वेद, अथर्वेद, कठोपनिषद्, बौद्ध साहित्य तथा सिद्ध साहित्य आदि में भी काफी प्रतीक प्रयुक्त हुए हैं। हिन्दी में नाथ साहित्य में 'मृग' मन का प्रतीक है तो 'स्त्री' माया का, 'पुरुष' ब्रह्म का तथा 'कौवा' जीव का। भक्तिकालीन सूफी काव्य विशेषकर 'मधुमालती'

तथा 'पद्मावत' जैसे काव्यों का कथानक पूरी तरह प्रतीकों पर आधारित है। छायावादी कवियों तथा नये कवियों ने भी तरह-तरह के प्रतीकों का प्रयोग किया है।

प्रतीकों का वर्गीकरण कई आधारों पर कई प्रकार से किया गया है। आ. रामचन्द्र शुक्ल के अनुसार प्रतीक दो प्रकार के हैं–क) भावात्मक (Emotional) प्रतीक तथा ख) विचारात्मक (Intellectual) प्रतीक। उदाहरणार्थ कबीर में 'दुलहिनी गावहु मंगलाचार, हम घरि आये हो राजा राम भरतार' में 'दुलहिनी' (आत्मा), तथा 'भरतार' (ब्रह्म) भावात्मक प्रतीक के द्योतक हैं तो इन्हीं के यहाँ 'तरवर एक पेड़ बिना ठाढ़ा' में 'तरवर' (शरीर) विचारात्मक प्रतीक भी प्राप्त होते हैं।

पाश्चात्य विद्वान अरबन प्रतीकों को मुख्यत: क) बाहरी (Extrinsic) और आन्तरिक (Intriasic) प्रतीक में विभाजित करते हैं। बाहरी प्रतीक से तात्पर्य उन प्रतीकों से है जिनका अर्थ से कोई सम्बन्ध नहीं होता, वैसे ही किसी को प्रतीक मान लिया जाता है। जैसे नाथों ने 'भील' को ब्रह्म का प्रतीक माना है। आन्तरिक प्रतीक वे होते हैं जो किसी प्रकार के सादृश्य के कारण अर्थ से जुड़े होते हैं। जैसे 'माया' के लिए 'कामिनी', 'आत्मा' के लिए 'हंस', 'ब्रह्म' के लिए 'पुरूष' या 'मन' के लिए 'मृग' आदि प्रतीक।

अन्य वर्गीकरण के अन्तर्गत प्रतीकों को एकदेशीय या एक क्षेत्रीय प्रतीकों में भी बांटा जा सकता है। ध्यातव्य है कि एक देश या एक क्षेत्र के प्रतीक कभी-भी एक से नहीं होते। उदाहरण के के लिए भारत में 'उल्लू' मूर्खता का प्रतीक है तो यही उल्लू यूरोप में बुद्धिमता का प्रतीक है। इसी प्रकार हिन्दी के भक्तिकालीन प्रतीक, छायावादी प्रतीक तथा नयी कविता के प्रतीक एक नहीं हैं। बहुत सारे प्रतीक व्यक्तिगत भी होते हैं। प्रयोगवादी कवियों ने व्यक्तिगत प्रतीकों का अधिक प्रयोग किया है। इसीलिए अज्ञेय या शमशेर जैसे प्रयोगवादी कवियों को मुख्यत: प्रतीकवादी भी कहा जाता है। अनेक का मानना है कि प्रयोगवादी कवियों ने प्रतीकों का प्रयोग यथार्थ की कटुता और नग्नता आदि से बचने के उपाय के रूप में किया है। किन्तु वास्तव में प्रतीकों के माध्यम से अपनी बात को अधिक सर्जनात्मक एवं प्रभावी ढंग से कहा जा सकता है।

प्रतीकों का वर्गीकरण स्रोत के आधार पर भी किया जाना सम्भव है। जैसे पौराणिक (रावण, राम, द्रौपदी, एकलव्य, अमृत) ऐतिहासिक (ईसा, गाँधी), वनस्पति (गुलाब, कुकुरमुत्ता, अमरबेल, फूल, कांटा), जीव (मछली, गाय,

सिंह, हाथी, भ्रमर, उल्लू, हारिल) ऋतु (वसन्त, पतझड़), समय (संध्या, प्रातः, रात, दिन) आदि।

महत्त्वपूर्ण सवाल यह है कि प्रतीकात्मकता शैली के सौन्दर्य को बढ़ाने का महत्त्वपूर्ण उपकरण क्यों है? इसका उत्तर यह है कि प्रतीकों का प्रयोग न करके यदि सीधे सपाट बयानी के रूप में अभिधा के स्तर पर कथ्य को कहा जाये तो उसमें अभिव्यक्ति सामान्य भाषा की हो जायेगी, अतः उसमें सर्जनात्मक अभिव्यक्ति का उत्कर्ष नहीं आ पायेगा, न ही वह प्रभावी हो सकेगा। प्रतीकों के कारण बिम्बात्मकता आती है जो अर्थ सम्प्रेषण में बहुत सहायक होती है। अज्ञेय की कविता की एक पंक्ति है – 'यह दीप अकेला स्नेहभरा।' यहाँ 'दीप' व्यक्ति का प्रतीक है। वास्तव में सामान्य शब्दों में थोड़े से सामान्य अर्थ ही भरे होते हैं किन्तु प्रतीकों में अर्थ का विस्तार होता है। ऊपर व्यक्ति को 'दीप' कहने में स्नेहयुक्त, चमकीला, दैदीप्यमान, आकर्षक अँधेरे को दूर करने वाला, पथप्रदर्शक, स्नेह (तेल) न होने पर बुझ जाने वाला आदि अनेक अर्थ भंगिमाएँ सहज ही उभर कर आ गयी है। जहाँ तक यौन-प्रतीकों की बात है वहाँ नग्नता को बचाना, काव्य को अश्लील की कोटि से दूर रखना भी प्रतीकों का काम है। कभी-कभी प्रतीकों के प्रयोग से एकाधिक अर्थ एक साथ व्यक्त किये जा सकते हैं जैसे 'पद्मावत' में। इस तरह निश्चित रूप से प्रतीकात्मकता शैली का अनिवार्य गुण है।

शैली के इस बेहद अनिवार्य गुण का प्रयोग कवि त्रिलोचन की कविताओं में बहुत नहीं हुआ है। जैसा कि पहले भी चर्चा की जा चुकी है कि त्रिलोचन सपाटबयानी के कवि हैं। कथ्य को उलझाकर पेश करना इन्हें नहीं आता। प्रतीक कविता में बहुअर्थता को जन्म देते हैं। त्रिलोचन के यहाँ इनका बहुत संयमित प्रयोग देखने को मिलता है यथा–

"नदी ने कहा था : मुझे बाँधो
मनुष्य ने सुना और
आखिर उसे बाँध लिया
बांध कर नदी को
मनुष्य दुह रहा है
अब वह कामधेनु है।"[153]

"पीले गुलाबों को देखा
तो चाह किया तुम्हें"[154]

"दुनिया है
यहाँ कोई
अक्षयवट नहीं है
आया सो जायेगा
अमृत नहीं पिया है
मैंने कभी
मिला कहाँ"[155]

उपरोक्त पद्यांशों में 'कामधेनु', 'पीले गुलाब' एवं 'अक्षयवट' प्रतीक विवेच्य हैं। इनमें से 'कामधेनु' तथा 'अक्षयवट' तो पौराणिक प्रतीक हैं किन्तु पीले गुलाब लौकिक प्रतीक है। कवि ने मनुष्य की प्रकृति के साथ 'दोहन प्रवृत्ति' को प्रथम उदाहरण में लक्षित किया है। नदी जल का स्रोत है यानी मनुष्य के जीवन का आधार। नदी ने अपनी अजस्त्र धारा मनुष्य के लिए सदा प्रवाहमान रखी है। इसी का लाभ उठाते हुए मनुष्य ने नदी के जल का दुरूपयोग आरम्भ कर दिया। इस कविता में कवि मनुष्य की लोभ प्रवृत्ति को लक्ष्य करते हुए कहते हैं कि उसने नदी को कामधेनु गाय की भांति दोहना आरम्भ कर दिया है। पुराण कथाओं में एक ऐसी गाय को कामधेनु कहा गया है जो इच्छा प्रकट होते ही अपने थनों से दूध देने लगती है। मनुष्य ने भी नदी को कामधेनु गाय की भाँति दुहना शुरू कर दिया है। वह नदी से मनचाहा काम लेता है। यहाँ कवि ने नदी को 'कामधेनु' का प्रतीक बताया है। इससे काव्य में लाक्षणिकता आ गयी है। व्यंग्य का पुट मजबूत हुआ है।

दूसरे उदाहरण में लौकिक प्रतीत के रूप में पीले गुलाबों की चर्चा की गयी है। प्रेमी को पीले गुलाबों को देखकर अपनी प्रेमिका का स्मरण हो आता है। यहाँ 'पीले गुलाब' प्रेमिका के प्रति प्रेमी के प्रेम को व्यक्त कर रहे हैं। अतः 'पीले गुलाब' प्रेम के प्रतीक हैं।

अन्तिम उदाहरण में पुनः पौराणिक प्रतीक 'अक्षयवट' का उल्लेख किया गया है। इसकी चर्चा भी पौराणिक ग्रन्थों में मिलती है जो समुद्र मुंथन के समय समुद्र से अवतरित हुआ था। यह ऐसा वृक्ष है जो सभी मनोकामनाओं को पूर्ण करने वाला है। कवि ने इसका प्रयोग इस लिहाज से किया है कि दुनिया अक्षयवट के समान नहीं है कि जिसकी शीतल छाया में बैठकर मनुष्य आराम कर सकेगा। दुनिया अनेक विद्रूपताओं, उतार-चढ़ारवों से युक्त है। यहाँ किसी की मनोकामना पूर्णरूप से फलीभूत नहीं होती।

इस प्रकार, ये तीनों प्रतीक अपनी सर्जनात्मक क्षमता में कवि के मन्तव्य को एक नया मुकाम देने में पूर्ण रूप से सफल हुए हैं।

सन्दर्भ

1. सत्यदेव चौधरी, भारतीय काव्यशास्त्र, पृ. 366
2. विद्यानिवास मिश्र, 'रीतिविज्ञान', पृ. 14
3. सत्यदेव चौधरी, भारतीय काव्यशास्त्र, पृ. 433
4. भोलानाथ तिवारी, शैलीविज्ञान, पृ. 15
5. वही, पृ. 17
6. वही, पृ. 22
7. डॉ. रवीन्द्रनाथ श्रीवास्तव, संरचनात्मक शैलीविज्ञान, पृ. 28
8. वही, पृ. 15
9. वही, पृ. 17
10. वही, पृ. 18 से साभार
11. वही, पृ. 20 से उद्धृत
12. वही, पृ. 23
13. अज्ञेय, 'सीढ़ियों पर धूप में' भूमिका
14. रवीन्द्रनाथ श्रीवास्तव, 'संरचनात्मक शैलीविज्ञान' पृ. 48
15. वही, पृ. 49
16. वही, पृ. 49
17. सुमित्रानन्दन पन्त, पल्लव, पृ. 13
18. वही, पृ. 12-13
19. भोलानाथ तिवारी, शैलीविज्ञान, पृ. 49
20. भाषा, मार्च-जून, 1975, पृ. 84
21. भोलानाथ तिवारी, शैलीविज्ञान, पृ. 50
22. रवीन्द्रनाथ श्रीवास्तव, संरचनात्मक शैलीविज्ञान, पृ. 49
23. त्रिलोचन, अरघान 'उनका हो जाता हूँ', पृ. 22
24. त्रिलोचन, अनकहनी भी कुछ कहनी है' 'अच्छे समय चला था', पृ. 16
25. त्रिलोचन, तुम्हें सौंपता हूँ, 'होड़ा होड़ी', पृ. 45
26. त्रिलोचन, ताप के ताये हुए दिन, 'नगई महरा', पृ. 66
27. त्रिलोचन, तुम्हें सौंपता हूँ, 'चारों ओर घोर बाढ़ आई है', पृ. 50
28. त्रिलोचन शास्त्री, 'धरती', 'जब जिस छन मैं हारा', पृ. 42,
29. त्रिलोचन, 'धरती', 'एक समय आता है', पृ. 19
30. त्रिलोचन, 'अरघान', 'सब्जी वाली बुढ़िया', पृ. 71
31. त्रिलोचन, 'फूल नाम है एक', 'निरधिन देखे मुझे', पृ. 14
32. त्रिलोचन, 'दिगन्त', 'सॉनेट का पथ', पृ. 7

33. त्रिलोचन, 'उस जनपद का कवि हूँ', 'उस जनपद का कवि हूँ', पृ. 17
34. त्रिलोचन, 'ताप के ताये हुए दिन', 'मैं-तुम', पृ. 61
35. वही
36. त्रिलोचन, 'ताप के ताए हुए दिन', 'नगई महरा', पृ. 66
37. त्रिलोचन, 'ताप के ताये हुए दिन', 'चित्रा जाम्बोरकर', पृ. 80
38. त्रिलोचन, 'धरती', 'एक पहर दिन आया होगा', पृ. 47
39. त्रिलोचन, 'दिगन्त', 'अवतरिया', पृ. 25
40. त्रिलोचन, ताप के ताए हुए दिन', 'रात में', पृ. 33
41. त्रिलोचन, 'शब्द', 'बीन बजाने वाली', पृ. 15
42. त्रिलोचन, 'शब्द', 'किस के हैं पाँव', पृ. 44
43. त्रिलोचन, 'शब्द', 'सस्वर सौन्दर्य', पृ. 54
44. त्रिलोचन, 'उस जनपद का कवि हूँ', 'वही हवा आई थी', पृ. 49
45. त्रिलोचन, 'अरघान', 'दर्द', पृ. 11
46. त्रिलोचन, 'अनकहनी भी कुछ कहनी है', 'अच्छे समय चला था', पृ. 16
47. त्रिलोचन, 'अनकहनी भी कुछ कहनी है', 'क्या वह भी साहित्यकार हैं', पृ. 33
48. त्रिलोचन, 'बात मेरी कविता', 'केन किनारे की चट्टान', पृ. 199
49. त्रिलोचन, 'चैती', 'रजनीगन्धा', पृ. 22
50. त्रिलोचन, 'मेरा घर', 'गीत', पृ. 30
51. त्रिलोचन, 'ताप के ताये हुए दिन', 'कौन कान सुनेगा', पृ. 28
52. त्रिलोचन, 'ताप के ताए हुए दिन', 'नगई महरा', पृ. 66
53. वही
54. वही
55. त्रिलोचन, 'तुम्हें सौंपता हूँ', 'और क्या होना है', पृ. 48
56. त्रिलोचन, 'तुम्हें सौंपता हूँ', 'सूरज से मैंने कहा', पृ. 34
57. त्रिलोचन, 'ताप के ताए हुए दिन', 'नगई महरा', पृ. 66
58. त्रिलोचन, 'अरघान', 'सब्जी वाली बुढ़िया', पृ. 71
59. त्रिलोचन, 'तुम्हें सौंपता हूँ', 'ललक', पृ. 36
60. त्रिलोचन, 'सबका अपना आकाश', 'मुझे लगता है कोई बुलाता है', पृ. 62
61. त्रिलोचन, 'मेरा घर', 'आदमी की गन्ध', पृ. 37
62. त्रिलोचन, 'शब्द', 'जल के हिल जाने पर जैसे तल की छाया', पृ. 21
63. त्रिलोचन, 'धरती', 'जीवन का एक लघु प्रसंग', पृ. 81
64. निराला, 'प्रतिनिधि कविताएँ', 'राम की शक्ति पूजा', पृ. 44
65. वही, पृ. 44
66. त्रिलोचन, 'ताप के ताए हुए दिन', 'गधे की याद', पृ. 55
67. रवीन्द्रनाथ श्रीवास्तव, 'संरचनात्मक शैलीविज्ञान', पृ. 58
68. रामचन्द्र शुक्ल, 'चिन्तामणि, भाग-1', पृ. 85
69. त्रिलोचन, 'शब्द', 'अभी-अभी जो चला गया', पृ. 30

70. त्रिलोचन, 'तुम्हें सौंपता हूँ', 'तलाशी', पृ. 39
71. त्रिलोचन, 'तुम्हें सौंपता हूँ', 'होड़ा होड़ी', पृ. 45
72. त्रिलोचन, 'अनकहनी भी कुछ कहनी है', 'जीना सब से कठिन काम है', पृ. 67
73. त्रिलोचन, 'अरघान', 'वातावरण', पृ. 31
74. त्रिलोचन, 'अरघान', 'यह समय मेरी क्या बात सुनेगा', पृ. 10
75. रामविलास शर्मा, 'राग-विराग', 'कुकुरमुत्ता', पृ. 147
76. त्रिलोचन, 'फूल नाम है एक', 'संशय कर', पृ. 52
77. रामचन्द्र शुक्ल, 'चिन्तामणि भाग-I', पृ. 3
78. त्रिलोचन, 'दिगन्त', 'अवतरिया', पृ. 25
79. त्रिलोचन, 'तुम्हें सौंपता हूँ', 'रैन बसेरा', पृ. 78
80. त्रिलोचन, 'उस जनपद का कवि हूँ', 'कटहल के फूलों की लहरों में', पृ. 60
81. त्रिलोचन, 'ताप के ताए हुए दिन', 'चित्रा जाम्बोरकर', पृ. 80
82. त्रिलोचन, 'ताप के ताए हुए दिन', 'नगई महरा', पृ. 66
83. त्रिलोचन, 'उस जनपद का कवि हूँ', 'चीर भरा पाजामा', पृ. 12
84. त्रिलोचन, 'धरती', 'मिलकर वे दोनों प्रानी दे रहे खेत में पानी', पृ. 18
85. त्रिलोचन, 'ताप के ताए हुए दिन', 'पृथ्वी-आकाश', पृ. 18
86. त्रिलोचन, 'गुलाब और बुलबुल', 'कोई दिन था जबकि हमको भी बहुत कुछ याद था', पृ. 24
87. त्रिलोचन, 'शब्द', 'जल के हिल जाने पर जैसे तल की छाया', पृ. 21
88. त्रिलोचन, 'ताप के ताये हुए दिन', 'मैं-तुम', पृ. 61
89. त्रिलोचन, 'धरती', 'गोविन्द आज तुम नहीं हो', पृ. 56
90. त्रिलोचन, 'अरघान', 'प्रसार', पृ. 20
91. त्रिलोचन, 'तुम्हें सौंपता हूँ', 'युग की पुकार', पृ. 33
92. त्रिलोचन, 'चैती', 'विपर्याय', पृ. 50
93. त्रिलोचन, 'तुम्हें सौंपता हूँ', पृ. 89
94. त्रिलोचन, ताप के ताये हुए दिन, अपना ही घर, पृ. 53
95. त्रिलोचन, 'उस जनपद का कवि हूँ', सप्त बालचन्द्री आयस पुल, पृ. 71
96. त्रिलोचन, 'शब्द', 'मैंने जीवन की शराब पी', पृ. 35
97. त्रिलोचन, 'दिगन्त', 'बाढ़ में दशाश्वमेध घाट', पृ. 49
98. त्रिलोचन, ताप के ताये हुए दिन, 'झापस', पृ. 39
99. त्रिलोचन, 'धरती', 'बादलों में लग गई है आग', पृ. 65
100. त्रिलोचन, प्रतिनिधि कविताएँ, 'नींद आयी तो कहा जा तू जा', पृ. 37
101. त्रिलोचन, 'धरती', 'आजकल लड़ाई का जमाना है, पृ. 95
102. त्रिलोचन, 'तुम्हें सौंपता हूँ', 'चारों ओर घोर बाढ़ आई है', पृ. 50
103. त्रिलोचन, 'ताप के ताये हुए दिन, 'झापस', पृ. 39
104. त्रिलोचन, 'ताप के ताये हुए दिन', 'चित्रा जाम्बोरकर', पृ. 80
105. वही, पृ. 50

106. वही, पृ. 80
107. त्रिलोचन, 'उस जनपद का कवि हूँ', 'कल फिर वह भिक्षुक आया था', पृ. 105
108. त्रिलोचन, 'धरती', 'बादलों में लग गयी है आग', पृ. 65
109. त्रिलोचन, 'धरती', 'एक पहर दिन आया होगा' पृ. 47
110. त्रिलोचन, 'ताप के ताये हुए दिन', 'चित्रा जाम्बोरकर', पृ. 80
111. त्रिलोचन, 'तुम्हें सौंपता हूँ', 'अस्वस्थ होने पर', पृ. 108
112. त्रिलोचन, 'मेरा घर', 'ठंड', पृ. 56
113. त्रिलोचन, 'अरघान', 'कुछ और नहीं चाहिए', पृ. 19
114. त्रिलोचन, 'ताप के ताए हुए दिन', 'मैं-तुम', पृ. 61
115. त्रिलोचन, 'ताप के ताए हुए दिन', 'हम साथी', पृ. 17
116. त्रिलोचन, 'उस जनपद का कवि हूँ', 'दूब', 'गर्मियों में देखा', पृ. 51
117. त्रिलोचन, 'तुम्हें सौंपता हूँ', 'तुम्हें सौंपता हूँ', पृ. 52
118. त्रिलोचन, 'ताप के ताए हुए दिन', 'हम साथी', पृ. 17
119. त्रिलोचन, 'तुम्हें सौंपता हूँ', 'रैन बसेरा', पृ. 78
120. त्रिलोचन, 'उस जनपद का कवि हूँ', 'झाँय झाँय करती दुपहरिया', पृ. 57
121. वही, पृ. 57
122. त्रिलोचन, 'चैती', 'झापस', पृ. 20
123. त्रिलोचन, उस जनपद का कवि हूँ', 'स्त्री के लिए जान दे दी', पृ. 81
124. त्रिलोचन, 'अरघान', 'रूपान्तर', पृ. 26
125. त्रिलोचन, 'अरघान', 'वातावरण', पृ. 31
126. त्रिलोचन, 'अरघान', 'यह समय मेरी क्या बात सुनेगा', पृ. 10
127. त्रिलोचन, 'फूल नाम है', 'बिछे बाग में', पृ. 37
128. त्रिलोचन, 'चैती', 'सारनाथ', पृ. 48
129. त्रिलोचन, 'धरती', 'एक पहर दिन आया होगा', पृ. 47
130. वही, पृ. 48
131. त्रिलोचन, 'मेरा घर', 'मेरा घर', पृ. 13
132. त्रिलोचन, 'गुलाब और बुलबुल', 'बात कहने की अगर हो', पृ. 107
133. त्रिलोचन, 'अरघान', 'दर्द', पृ. 11
134. त्रिलोचन, 'अनकहनी भी कुछ कहनी है', 'दुख जब जब तुम आए',
135. त्रिलोचन, 'अनकहनी भी कुछ कहनी है', 'हंस कर, गा कर और खेल कर', पृ. 63
136. त्रिलोचन, 'दिगन्त', 'भाषा की लहरें', पृ. 63
137. त्रिलोचन, 'गुलाब और बुलबुल', 'बिस्तरा है न चारपाई है', पृ. 28
138. त्रिलोचन, 'धरती', 'आज का दिन बादलों में खो गया था', पृ.73
139. त्रिलोचन, 'अरघान', पर्वत की दुहिता, पृ. 43
140. त्रिलोचन, 'ताप के ताए हुए दिन', 'काई हरियाई फिर', पृ. 37
141. त्रिलोचन, 'मेरा घर', 'तरूण से', पृ. 25
142. त्रिलोचन, 'उस जनपद का कवि हूँ', 'हम दोनों हैं दुखी', पृ. 40

143. त्रिलोचन, 'तुम्हें सौंपता हूँ', 'आज मैं तुम्हारा हूँ', पृ. 65
144. त्रिलोचन, 'अरघान', 'दर्द' पृ.11
145. त्रिलोचन, 'उस जनपद का कवि हूँ', 'चाँद दूज का आए', पृ. 59
146. त्रिलोचन, 'धरती', 'दो दिन पाहुन जैसे रह कर बादल चले गये वे', पृ. 73
147. त्रिलोचन, 'धरती', 'झीने श्वेत बादल आकाश में', पृ. 74
148. त्रिलोचन, 'दिगन्त', 'प्यार', पृ. 09
149. त्रिलोचन, 'ताप के ताए हुए दिन','नगई महरा', पृ. 66
150. त्रिलोचन, 'शब्द', 'अपना ही दुख', पृ. 19
151. त्रिलोचन, 'तुम्हें सौंपता हूँ', 'रहस्य', पृ. 58
152. त्रिलोचन, 'चैती', 'झापस', पृ. 20
153. त्रिलोचन, 'ताप के ताये हुए दिन', 'नदी : कामधेनु', पृ. 15
154. त्रिलोचन, 'मेरा घर', 'याद', पृ. 20
155. त्रिलोचन, 'मेरा घर', 'शब्दों से मेरा सम्बन्ध छूट जायेगा', पृ. 27

सन्दर्भिका

आधार ग्रन्थ

1. शास्त्री त्रिलोचन, 'दिगन्त', जगत शंखधर, पो.बॉ. 22, वाराणसी, 1957
2. शास्त्री त्रिलोचन, 'धरती', नीलाभ प्रकाशन, इलाहाबाद, 1977
3. शास्त्री त्रिलोचन, 'शब्द', वाणी प्रकाशन, दिल्ली, 1980
4. शास्त्री त्रिलोचन, 'ताप के ताये हुए दिन', सम्भावना प्रकाशन, हापुड़, 1980
5. शास्त्री त्रिलोचन, 'उस जनपद का कवि हूँ', राधाकृष्ण प्रकाशन, दिल्ली, 1981
6. शास्त्री त्रिलोचन, 'अरघान', यात्री प्रकाशन, दिल्ली, 1983
7. शास्त्री त्रिलोचन, 'गुलाब और बुलबुल', वाणी प्रकाशन, दिल्ली, 1985
8. शास्त्री त्रिलोचन, 'फूल नाम है एक', राजकमल प्रकाशन, दिल्ली, 1985
9. शास्त्री त्रिलोचन, 'अनकहनी भी कुछ कहनी है', राधाकृष्ण प्रकाशन, 1985
10. शास्त्री त्रिलोचन, 'तुम्हें सौंपता हूँ', राधाकृष्ण प्रकाशन, दिल्ली, 1985
11. शास्त्री त्रिलोचन, 'चैती', वाणी प्रकाशन, दिल्ली, 1987
12. शास्त्री त्रिलोचन, 'सबका अपना आकाश', राजकमल प्रकाशन, दिल्ली, 1987
13. शास्त्री त्रिलोचन, 'अमोला', वाणी प्रकाशन, दिल्ली, 1990
14. शास्त्री त्रिलोचन, 'मेरा घर', राजकमल प्रकाशन, दिल्ली,. 2002
15. शास्त्री त्रिलोचन, 'जीने की कला', किताबघर प्रकाशन, दिल्ली, 2004

सहायक ग्रन्थ

हिन्दी पुस्तकें

1. पाण्डेय त्रिलोचन, छायावादोत्तर हिन्दी कविता-प्रमुख प्रवृत्तियाँ, कैलाश पुस्तक सदन, भोपाल, 1981

2. रहबर हंसराज, 'प्रगतिवादी पुनर्मूल्यांकन', नवयुग प्रकाशन, दिल्ली, 1966
3. डॉ. रणजीत, 'हिन्दी की प्रगतिशील कविता', हिन्दी साहित्य संसार, प्रगतिशील प्रकाशन, 1971
4. मिश्र उमेशचन्द्र, 'प्रगतिशील काव्य', ग्रन्थम, कानपुर, 1966
5. सम्पा. ध्रुव शुक्ल, त्रिलोचन संचयिता : वाणी प्रकाशन, 2002, प्रथम संस्करण
6. सम्पा. गोविन्द प्रसाद, त्रिलोचन के बारे में, वाणी प्रकाशन, 1994
7. फिलीप एम. राजू, त्रिलोचन का काव्य', यात्री प्रकाशन, 1985
8. पचौरी सुधीश, 'आलोचना से आगे', राधाकृष्ण प्रकाशन, 2000
9. नारंग गोपीचन्द, 'संरचनावाद, उत्तर संरचनावाद एवं प्राच्यकाव्यशास्त्र', साहित्य अकादमी, नयी दिल्ली, 2000
10. श्रीवास्तव रवीन्द्रनाथ, 'संरचनात्मक शैलीविज्ञान', आलेख प्रकाशन, दिल्ली, 1996
11. तिवारी भोलानाथ, 'शैलीविज्ञान', शब्दकार प्रकाशन, दिल्ली, 1997
12. सिंह केदारनाथ सम्पा., 'प्रतिनिधि कविताएँ' त्रिलोचन, राजकमल प्रकाशन, दिल्ली, 2001
13. श्रीवास्तव रवीन्द्रनाथ, 'शैलीविज्ञान और आलोचना की नयी भूमिका', केन्द्रीय हिन्दी संस्थान, आगरा, प्रथम संस्करण, 1972
14. चतुर्वेदी रामस्वरूप, 'भाषा और संवेदना', भारतीय ज्ञानपीठ प्रकाशन, प्रथम संस्करण-1964
15. तिवारी भोलानाथ, 'भाषाविज्ञान', किताब महल, नयी दिल्ली, प्रथम संस्करण-2001
16. द्विवेदी कपिलदेव, 'भाषा-विज्ञान एवं भाषा-शास्त्र', विश्वविद्यालय प्रकाशन, वाराणसी, आठवाँ संस्करण-2003
17. शर्मा विष्णुचन्द्र, 'त्रिलोचन का कवि कर्म', वाणी प्रकाशन, दिल्ली, 2010
18. राय लल्लन, 'हिन्दी की प्रगतिशील कविता', हरियाणा साहित्य अकादमी, चण्डीगढ़, 1969
19. श्रोत्रिय प्रभाकर, 'कवि परम्परा: तुलसी से त्रिलोचन', भारतीय ज्ञानपीठ, तीसरा संस्करण, 2009
20. जोशी राजेश, 'समकालीनता और साहित्य', राजकमल प्रकाशन, दिल्ली, 2010

21. श्रीवास्तव रवीन्द्रनाथ, 'साहित्य का भाषिक चिन्तन', राधाकृष्ण प्रकाशन, 2004
22. प्रधान अवधेश (सम्पा.), 'काव्य और अर्थ-बोध', साहित्य वाणी, इलाहाबाद, 1995
23. वैद्य सरिता, 'नयी कविता की भाषिक संरचना', हिमाचल पुस्तक भण्डार, 1993
24. सिह चन्द्रबली, 'आलोचना का जनपक्ष', वाणी प्रकाशन, दिल्ली, 2003
25. भादू राजाराम, 'कविता के सन्दर्भ', रचना प्रकाशन, जयपुर, 1990
26. सिंह विजय बहादुर, 'कविता और संवेदना : 'आसध्यवीणा' से अँधेरे में', रामकृष्ण प्रकाशन, मध्यप्रदेश, 1998
27. सलिल सुरेश (सम्पा.), 'त्रिलोचन की चुनी हुई कविताएँ', मेधा बुक्स, नवीन, शाहदरा, दिल्ली, 2010
28. रमण रेवती, 'समकालीन कविता का परिप्रेक्ष्य', नवनीत प्रकाशन, इलाहाबाद, 1994
29. कमल अरुण, 'कविता और समय', वाणी प्रकाशन, दिल्ली, 2002
30. पचौरी सुधीश, 'विभक्ति और विखण्डन-हिन्दी साहित्य में उत्तर-आधुनिक मोड़', अनंग प्रकाशन, दिल्ली-53, 2002
31. कार्तिकेय महेन्द्र, आधुनिक कविता के नये मूल्य : विद्या प्रकाशन मन्दिर, नयी दिल्ली, 1984
32. जैन निर्मला, 'कविता का प्रति संसार', राधाकृष्ण प्रकाशन, दिल्ली, 1994
33. जैन निर्मला (सम्पा.), 'संकल्प समीक्षा-दशक', हिन्दी अकादमी, दिल्ली, 1992
34. शर्मा रामविलास, 'नयी कविता और अस्तित्ववाद', राजकमल प्रकाशन, दिल्ली, 1993
35. द्विवेदी हजारीप्रसाद, 'भाषा, साहित्य और देश', भारतीय ज्ञानपीठ, 2009
36. चतुर्वेदी रामस्वरूप, 'आधुनिक कविता-यात्रा', लोकभारती प्रकाशन, 2005
37. पाण्डेय मैनेजर, 'अनभै साँचा', वाणी प्रकाशन, प्रथम (वाणी) संस्करण, 2012
38. पाण्डेय मैनेजर, 'आलोचना की सामाजिकता', वाणी प्रकाशन, आवृत्ति संस्करण 2012
39. शंभुनाथ, 'कविता की नयी दुनिया', वाणी प्रकाशन, 2012

40. पाण्डेय मैनेजर, 'संकट के बावजूद', वाणी प्रकाशन, 2002
41. पाण्डेय मैनेजर, 'शब्द और कर्म', वाणी प्रकाशन, परिवर्धित संस्करण 1997
42. नवल नन्द किशोर, 'कविता की मुक्ति', वाणी प्रकाशन, 1996
43. जोशी ज्योतिष, 'शमशेर का अर्थ', वाणी प्रकाशन, 2011
44. शम्भूनाथ (सम्पा.), 'समकालीन सृजन', अंक-21, 2002
45. जैन, नेमीचन्द्र (सम्पा.), 'मुक्तिबोध रचनावली-भाग-5', राजकमल प्रकाशन, दिल्ली, प्रथम संस्करण, 1985
46. सिंह ऊषा (सम्पा.), 'बात मेरी कविता', किताबघर प्रकाशन, दिल्ली, प्रथम संस्करण, 2009
47. सिंह नामवर, 'आधुनिक साहित्य की प्रवृत्तियाँ', लोकभारती प्रकाशन, इलाहाबाद, 2000
48. मुक्तिबोध, 'नये साहित्य का सौन्दर्यशास्त्र', राधाकृष्ण प्रकाशन, दिल्ली, प्रथम संस्करण, 2008
49. चौधरी सत्यदेव, 'भारतीय काव्यशास्त्र', अलंकार प्रकाशन, दिल्ली, प्रथम संस्करण-2003
50. सिंह नामवर, 'कविता के नये प्रतिमान', राजकमल प्रकाशन, दिल्ली, प्रथम संस्करण-2008
51. शर्मा रामविलास, 'भाषा, युगबोध और कविता', वाणी प्रकाशन, दिल्ली, प्रथम संस्करण, 2000
52. मुक्तिबोध, 'चाँद का मुँह टेढ़ा है', भारतीय ज्ञानपीठ, दिल्ली, आठवाँ संस्करण, 1985
53. अज्ञेय (सम्पा.), 'तीसरा सप्तक', भारतीय ज्ञानपीठ, दिल्ली, द्वितीय संस्करण, 2009
54. शर्मा रामविलास, 'महावीर प्रसाद द्विवेदी और हिन्दी नवजागरण', राजकमल प्रकाशन, दिल्ली, प्रथम छात्र संस्करण, 2012
55. चतुर्वेदी रामस्वरूप, 'आधुनिक कविता यात्रा', सुलभ प्रकाशन, लखनऊ, 1983
56. शर्मा रामविलास, 'भाषा और समाज', राजकमल प्रकाशन, दिल्ली, चौथा संस्करण, 2000
57. सिंह नामवर, 'छायावाद', राजकमल प्रकाशन, दिल्ली, पाँचवा संस्करण, 1990

58. त्रिलोचन, 'रोजनामचा', साहित्यवाणी, इलाहाबाद, प्रथम संस्करण, 1992
59. मधुकर महेन्द्र, 'काव्यभाषा के सिद्धान्त', स्वराज प्रकाशन, दिल्ली, प्रथम संस्करण, 2004
60. तिवारी सियाराम, 'काव्यभाषा', मैकमिलन, प्रथम संस्करण, 1976
61. वैद्य सरिता, 'नयी कविता की भाषिक संरचना', हिमाचल पुस्तक भण्डार, दिल्ली-31, प्रथम संस्करण, 1993
62. शुक्ल रामचन्द्र, 'चिन्तामणि-भाग-I', मलिक एण्ड कम्पनी, जयपुर, प्रथम संस्करण, 2004
63. अग्रवाल मुकेश, 'हिन्दी भाषा की संरचना', के.एल.पचौरी प्रकाशन, दिल्ली, द्वितीय संस्करण, 2009
64. पाण्डेय पृथ्वीनाथ, 'मानक सामान्य हिन्दी', अरिहन्त पब्लिकेशन्स, प्रा. लि., मेरठ
65. गुरु कामताप्रसाद, 'हिन्दी व्याकरण', चौखम्भा प्रकाशन, दिल्ली, द्वितीय संस्करण
66. मिश्र विद्यानिवास, 'रीतिविज्ञान', किताबघर प्रकाशन, दिल्ली, प्रथम संस्करण, 1985
67. सहाय रघुवीर, 'सीढ़ियों पर धूप में', राजकमल प्रकाशन, दिल्ली, प्रथम संस्करण, 1990
68. निराला सूर्यकान्त त्रिपाठी, 'प्रतिनिधि कविताएँ', राजकमल प्रकाशन, दिल्ली, 2000
69. राय अमृत (अनु.), 'काव्य और छन्द, रवीन्द्रनाथ के निबन्ध भाग-3', नयी दिल्ली
70. द्विवेदी हजारी प्रसाद, 'साहित्य सहचर', वाराणसी, 1956
71. उपाध्याय बलदेव, 'संस्कृत साहित्य का इतिहास', वाराणसी, 1953
72. 'भरत नाट्यशास्त्र', 13/40, काशी संस्कृत सीरीज
73. शुक्ल रामचन्द्र, 'बुद्धचरित', वाराणसी, 1995

अंग्रेजी पुस्तकें

1. ब्लूमफील्ड लियोनार्ड, 'लैंग्वेज', एलन एण्ड यूनियन, लन्दन, 1935
2. वैलरी पाल, 'द आर्ट ऑफ पोएट्री', (अनु.) डेनिस फालियट, लन्दन, 1958
3. सैंडर्स जेराल्ड, 'ए पोएट्री प्राइमर', लन्दन, 1964

4. सैंसम क्लाइव, 'द वर्ल्ड ऑफ पोएट्री', लन्दन, 1956
5. लेविस सी.डे., 'ए होप फार पोएट्री', ऑक्सफोर्ड, 1947
6. ब्रुक्स क्लियेंथ और वारेन पेन राबर्ट, 'अंडरस्टैंडिंग पोएट्री', न्यूयार्क, 1950
7. चैतन्य कृष्ण, 'संस्कृत पोयटिक्स', बम्बई, 1965
8. कॉलरिज एस.टी., 'बायग्राफिया लिटरेरिया', लन्दन, 1960
9. रीड हर्बर्ट, 'फेसेज ऑफ इंगलिश पोएट्री', लन्दन, 1960
10. कॉडवेल, 'इल्युजन एंड रियलिटी', नयी दिल्ली, 1956
11. ल्यूकस एफ.एल, 'स्टाइल', लन्दन, 1964
12. रीड हर्बर्ट (सम्पा.), 'स्पेकुलेशंस', लन्दन, 1958
13. होर्फ बी.एल., 'लैंग्वेज; थॉट एंड रियेलिटी', एम.आई.टी. प्रेस, दिल्ली, 1966
14. लीविस एफ.आर., 'न्यू बियरिंग्स इन इंगलिश पोएट्री', पेंग्विन बुक्स, दिल्ली, 1963
15. टॉमस आर.एस., 'वर्ड्स एंड पोएट', कार्डिफ, 1964
16. लिपकिंग, आई. लारेंस एण्ड लिट्ज़ ए. वाल्टन, 'मॉडर्न लिटररी क्रिटिसिज़्म (1900-1970)', एथेन्यूम, न्यूयॉर्क, प्रथम संस्करण, 1972
17. ड्रिउ एलिजाबेथ, 'डिस्कवरिंग पोएट्री', न्यूयॉर्क, 1963
18. एंप्सन, 'सेवन टाइप्स ऑफ एंबिगुइटी', न्यूयॉर्क, 1960
19. बिंस ए.एल., 'लिंग्विस्टिक रीडिंग: सजेशंस ऑफ द क्वालिटी ऑफ लिटरेचर', लन्दन, 1966
20. Spiller, Michael RG, 'Development of the Sonnet : An Introduction', Routledge, London, 1992
21. Toolan Michael, Arnold, 'Language in Literature : An Introduction to Stylistics', London, 1998.
22. (ed.) Charles Bally and Albert Scchehaye, 'Course in General Linguistic', Duckworth, 1983-I

पत्र-पत्रिकाएँ

1. बहुवचन : (सम्पा.) प्रो. जी. गोपीनाथन, अंक-17, अक्टूबर-दिसम्बर, 2007, महात्मा गाँधी अन्तर्राष्ट्रीय हिन्दी विश्वविद्यालय, वर्धा।
2. वागर्थ : (सम्पा.) एकान्त श्रीवास्तव, कुसुम खेमानी, अंक-159, अक्टूबर-2008, भारतीय भाषा परिषद, कोलकाता।

3. संवेद : (सम्पा.) किशन कालजयी, वर्ष-2, अंक-7, अगस्त-2010, रोहिणी, दिल्ली।
4. आधारशिला : त्रिलोचन : इतने पास अपने (सम्पा.) दिवाकर भट्ट, त्रिलोचन विशेषांक-2009, वर्ष 25, अंक 70-72, हल्द्वानी, उत्तराखण्ड।
5. आधारशिला : बारम्बार त्रिलोचन (सम्पा.), दिवाकर भट्ट, त्रिलोचन विशेषांक-2, वर्ष 26, अंक-87, फवरी, 2011, हल्द्वानी, उत्तराखण्ड।
6. आधारशिला : (सम्पा.) दिवाकर भट्ट, वर्ष 26, अंक-88, मार्च 2011, हल्द्वानी, उत्तराखण्ड।
7. वसुधा : (सम्पा.) स्वयं प्रकाश, राजेन्द्र शर्मा, अंक-3, वर्ष-4, भोपाल।
8. आजकल : जनपद के कवि त्रिलोचन, (सम्पा.) सीमा ओझा, अप्रैल 2010, प्रकाशन विभाग, दिल्ली।
9. समालोचक : (सम्पा.) रामविलास शर्मा, जून, 1958, विनोद पुस्तक मन्दिर, आगरा, उत्तर प्रदेश।
10. युगतेवर : (सम्पा.) कमलनयन पाण्डेय, दिसम्बर-फरवरी 2008-09, अंक-4, सुलतानपुर, उत्तर प्रदेश।
11. प्रगतिशील वसुधा-75, वर्ष-4, अंक-3
12. धरातल-8, जून 1979
13. विवरणिका, मध्यप्रदेश हिन्दी साहित्य सम्मेलन, जून, 1981
14. प्रतीक, नवम्बर-1951
15. अलाव, सम्पा. रामकुमार कृषक, जनवरी-फरवरी, 2011
16. नयी दुनिया, 6 जून, 1982
17. भाषा, मार्च-जून, 1975
18. सर्वनाम-21, जनवरी-फरवरी-मार्च, 1991
19. धर्मयुग साप्ताहिक, 21 अगस्त, 1966 बम्बई।
20. आलोचना, जुलाई-सितम्बर, 67
21. धर्मयुग, 13 अगस्त 1972
22. 'महत्व' स्मारिका (त्रिलोचन), सम्पा. ओम भारती, 5-6 जून, 1982

□□